Thieme

LINDAUER
PSYCHOTHERAPIE
MODULE

Peter Buchheim
Manfred Cierpka

Psychotherapie der Somatisierungsstörungen

Krankheitsmodelle und Therapiepraxis – störungsspezifisch und schulenübergreifend

Herausgegeben von Hans-Peter Kapfhammer und Harald Gündel

Mit Beiträgen von

R. Bodden-Heidrich
H. Csef
G. Dammann
H. Ebel
U. T. Egle
U. Ehlert
A. M. Friedle
U. Gieler
H. Gündel
G. Heuft
G. Holtmann
P. Joraschky
H.-P. Kapfhammer
K.H. Ladwig
M. Langkafel
E. Leibing
M. Müller-Küppers
R. Nickel
V. Niemeier
E. Reisenzein
W. Rief
P. Schöps
R. Schors
G. Schüßler
M. Siess
U. Stangier
H.-P. Volz
A. Wolowski

13 Abbildungen
44 Tabellen

Georg Thieme Verlag
Stuttgart · New York

Die Deutsche Bibliothek – CIP-Einheitsaufnahme

Psychotherapie der Somatisierungsstörungen : Krankheitsmodelle und Therapiepraxis – stärungsspezifisch und schulenübergreifend / hrsg. von Hans-Peter Kapfhammer und Harald Gündel. Mit Beitr. von R. Bodden-Heidrich ... – Stuttgart ; New York : Thieme, 2001
(Lindauer Psychotherapie-Module)

Wichtiger Hinweis:
Wie jede Wissenschaft ist die Medizin ständigen Entwicklungen unterworfen. Forschung und klinische Erfahrung erweitern unsere Erkenntnisse, insbesondere was Behandlung und medikamentöse Therapie anbelangt. Soweit in diesem Werk eine Dosierung oder eine Applikation erwähnt wird, darf der Leser zwar darauf vertrauen, dass Autoren Herausgeber und Verlag große Sorgfalt darauf verwandt haben, dass diese Angabe **dem Wissensstand bei Fertigstellung des Werkes** entspricht.
Für Angaben über Dosierungsanweisungen und Applikationsformen kann vom Verlag jedoch keine Gewähr übernommen werden. Jeder Benutzer ist angehalten, durch sorgfältige Prüfung der Beipackzettel der verwendeten Präparate und gegebenenfalls nach Konsultation eines Spezialisten festzustellen, ob die dort gegebene Empfehlung für Dosierungen oder die Beachtung von Kontraindikationen gegenüber der Angabe in diesem Buch abweicht. Eine solche Prüfung ist besonders wichtig bei selten verwendeten Präparaten oder solchen, die neu auf den Markt gebracht worden sind. Jede Dosierung oder Applikation erfolgt auf eigene Gefahr des Benutzers. Autoren und Verlag appellieren an jeden Benutzer, ihm etwa auffallende Ungenauigkeiten dem Verlag mitzuteilen.

Rüdigerstraße 14
D- 70469 Stuttgart
Unsere Homepage: http://www.thieme.de

Printed in Germany
Umschlaggestaltung: Martina Berge, Erbach-Ernsbach
Datenaufbereitung und Layout:
Georg Thieme Verlag, Stuttgart
Druck:Zechner Datenservice und Druck GmbH & Co. KG, Speyer

ISBN 3-13-126871-9 1 2 3 4 5 6

Geleitwort der Reihenherausgeber

In den letzten Jahren hat die Diagnostik und die Psychotherapie von Somatisierungsstörungen immer mehr klinisches Interesse und wissenschaftliche Bedeutung gefunden. In der Psychoanalyse hatten die Konzepte der Konversion und der Hysterie schon eine klassische Tradition. Seit den 80er Jahren erlangte im Rahmen der neuen DSM-III/ -IV und ICD-10 Klassifikation die Gruppe der somatoformen Störungen und insbesondere die Somatisierungsstörungen infolge von Ergebnissen epedemiologischer Studien und gesundheitsökonomischer Strategien einen neuen Stellenwert in der Krankenversorgung. Die psychotherapeutische Behandlung von Somatisierungsstörungen hat durch die Modifikation psychodynamischer, behavioraler und psychoedukativer Ansätze in den letzten Jahren insbesondere bei chronischen Krankheitsverläufen erhebliche Fortschritte gemacht.

Der vorliegende Band bietet einen Einblick in den aktuellen Wissensstand über die Diagnostik und Therapie von Somatisierungsstörungen in den verschiedenen medizinischen Fachgebieten und widmet sich ausführlich u.a. den somatoformen Schmerzstörungen, dem chronischen Müdigkeits- und dem Fibromyalgie-Syndrom. Das Spektrum der Therapieansätze reicht von psychoedukativen Bewältigungsprogrammen über modifizierte psychodynamische Verfahren bis zu den kognitiv-behavioralen Therapieprogrammen und berücksichtigt auch physikalisch-therapeutische und psychopharmakologische Interventionen.

Die Vermittlung der Kenntnisse und Fertigkeiten zur Psychotherapie der Somatisierungsstörungen erfolgt, wie in dieser Reihe üblich, praxisorientiert und fallbezogen. Das Buch entspricht insofern den aktuellen Anforderungen an eine intensive psychotherapeutische Weiterbildung, wie wir sie auch für die schulenübergreifenden und störungsorientierten Module der Lindauer Psychotherapiewochen konzipiert haben. In diesen Modulen werden psychodynamische, verhaltenstherapeutische, systemische und körperorientierte Ansätze zum Verständnis und zur Behandlung psychischer Störungen so dargestellt, dass den Teilnehmerinnen und Teilnehmern anschauliche Kriterien für differentielle Indikationsentscheidungen für eine Psychotherapie an die Hand gegeben werden. In den therapeutischen Ansätze, die sich für die Behandlung dieser Störungen bewährt haben, wird von sehr erfahrenen Experten der Blick auf den Patienten, auf seine spezifische Störung aber auch auf die Vielgestaltigkeit des Beschwerdebilds gelenkt.

Wir wünschen dem Buch „Psychotherapie der Somatisierungsstörungen", das von H.-P. Kapfhammer und H. Gündel herausgegeben wird, eine gute Resonanz.

Wir danken Frau Ueckert vom Thieme-Verlag für ihr Engagement bei der Umsetzung unserer Weiterbildungsmodule in eine Reihe von Fort- und Weiterbildungstexten.

München und Heidelberg, im Mai 2001 P. Buchheim, M.Cierpka

Vorwort der Bandherausgeber

Somatisierungsphänomene bzw. Patienten mit Somatisierungsstörungen spielen eine grosse Rolle in nahezu allen ambulanten und stationären Bereichen der klinisch-medizinischen Patientenversorgung. Während aber Patienten mit primär psychischer Beschwerdesymptomatik oft noch relativ schnell *identifiziert* und in eine adäquate Psychotherapie vermittelt werden können, ist dies bei einer Vielzahl von Patienten mit Somatisierungsstörungen aufgrund der meistens eben *auch* anzutreffenden organischen Schädigung und der damit höheren diagnostischen Unsicherheit schwieriger. Ähnliches gilt für die Aufnahme der indizierten Psychotherapie: Während Patienten mit primär psychischer Beschwerdesymptomatik häufig rasch für eine weiterführende Psychotherapie motivierbar und dankbar für eine diesbezügliche Therapieplatz-Vermittlung sind, ist dies bei einer grösseren Untergruppe von Patienten mit Somatisierungsstörungen nicht der Fall. Vor der eigentlichen Psychotherapie muss hier zunächst einmal die diesbezügliche *Motivation* geweckt werden. Diese Umstände und die oft in der klinischen Realität nicht ausreichenden zeitlichen, personellen und/oder konzeptionellen Angebote führen nicht selten zu einer Begünstigung einer individuell tragischen „Karriere" als chronischer Kopfschmerz-, Rückenschmerz etc. – Patient innerhalb eines somatisch orientierten Versorgungssystems. Ist hingegen der erste Schritt in eine passende Psychotherapie gelungen, so geht es im längerfristigen Verlauf oft weniger um körperliche Beschwerden als um zunächst abgewehrte psychosoziale und innerpsychische Konflikte, wenngleich spezifische Behandlungsprobleme bei Somatisierungspatienten innerhalb laufender Psychotherapien immer wieder zutage treten.

Aufgrund dieser Problematik liegt der Schwerpunkt des vorliegenden Buches zunächst auf einer *Präzisierung und Ordnung* der vielfältigen Befunde zu den einzelnen häufig anzutreffenden Somatisierungsphänomenen in den jeweiligen medizinischen Fachbereichen. Die Identifikation und auch die sich direkt anschließenden ärztlichen und/oder psychologischen Interventionen zur weitergehenden Psychotherapiemotivation sollen durch die Beschreibung klinisch typischer Syndrome und deren spezifischer Rahmenbedingungen erleichtert werden. Im Therapieteil des Buches geht es vor allem um die vertiefte Darstellung methodenspezifischer psychotherapeutischer Zugangsweisen, wobei diese Zusammenstellung dem Gedanken der Integration verschiedener psychotherapeutischer und auch physiotherapeutischer Maßnahmen Rechnung trägt.

München, im Mai 2001 H.-P. Kapfhammer, H. Gündel

Inhaltsverzeichnis

Anschriften

Dr. med. Ruth Bodden-Heidrich
Universitäts-Frauenklinik
Heinrich Heine Universität
Arbeitsbereich Psychosomatik/
Psychotherapie
Moorenstraße 5
40225 Düsseldorf

Prof. Dr. med. Herbert Csef
Medizinische Poliklinik
Universität Würzburg
Arbeitsbereich Psychosomatische Medizin
und Psychotherapie
Klinikstraße 6 - 8
97070 Würzburg

Dr.med. Dipl.-Psych. Gerhard Dammann
Klinikum rechts der Isar
Poliklinik für Psychosomatische
Medizin und Psychotherapie
Langerstraße 3
81675 München

Priv. Doz. Dr.med. Hermann Ebel
Klinik für Psychiatrie und
Psychotherapie/Psychosomatik
Klinikum Ludwigsburg
Posilipostraße 4
71640 Ludwigsburg

Univ.-Prof. Dr. med. Ulrich T. Egle
Klinik für Psychosomatische Medizin
und Psychotherapie
Universitäts-Klinikum Mainz
Untere Zahlbacherstraße 8
55131 Mainz

Prof. Dr. Ulrike Ehlert
Psychologisches Institut
Klinische Psychologie II
Zürichbergstraße 43
CH - 8044 Zürich

Dr. phil. Anna Maria Friedle
Psychologische Psychotherapeutin
Kobellstraße 5
80336 München

Prof. Dr. med. Uwe Gieler
Klinik für Psychosomatik
und Psychotherapie
Justus-Liebig-Universität
Ludwigstraße 76
35392 Gießen

Dr. med. Harald Gündel
Klinikum rechts der Isar
Poliklinik für Psychosomatische
Medizin und Psychotherapie
Langerstraße 3
81675 München

Univ.-Prof. Dr. med. Gereon Heuft
Klinik und Poliklinik für Psychosomatik
und Psychotherapie
Universitätsklinikum Münster
Domagkstraße 22
48149 Münster

Prof. Dr. med. Gerald Holtmann
Zentrum für Innere Medizin
Abteilung Gastroenterologie und
Hepatologie
Universitätsklinikum
Hufelandstraße 55
45122 Essen

Prof. Dr. med. Peter Joraschky
Klinik für Psychotherapie
und Psychosomatik
Fetscherstraße 74
01307 Dresden

Prof. Dr. med. Hans-Peter Kapfhammer
Psychiatrische Universitäts-Klinik
Klinikum Innenstadt
Nußbaumstraße 7
80336 München

Priv. Doz. Dr. med. habil.
Karl-Heinz Ladwig
Klinikum rechts der Isar
Poliklinik für Psychosomatische
Medizin und Psychotherapie
Langerstraße 3
81675 München

Dr. med. Mathias Langkafel
Klinik für Psychotherapie
und Psychosomatik
Universitätsklinikum Essen
Virchowstraße 174
45147 Essen

Dipl. Psych. Dr. rer. nat. Eric Leibing
Abteilung Psychosomatik und
Psychotherapie, Universität Göttingen
von-Siebold-Straße 5
37075 Göttingen

Dr. med. Markus Müller-Küppers
Klinik für Psychiatrie und
Psychotherapie der RWTH Aachen
Pauwelsstraße 30
52074 Aachen

Dr. med. Ralf Nickel
Johannes-Gutenberg-Universität
Klinik für Psychosomatische
Medizin und Psychotherapie
Untere Zahlbacher Straße 8
55131 Mainz

Dr. med. Volker Niemeier
Klinik für Psychosomatik
und Psychotherapie
Justus-Liebig-Universität
Ludwigstraße 76
35392 Gießen

Dr. rer. nat. Elisabeth Reisenzein
Fichtenweg 8
A - 5400 Hallein-Rif

Prof. Dr. med. Winfried Rief
Abteilung Klinische Psychologie
und Psychotherapie
Universität Marburg
Gutenbergstraße 18
35032 Marburg

Dr. med. Peter Schöps
Städtisches Krankenhaus
München-Harlaching
Klinik für Physikalische Medizin,
Prävention und Rehabilitation -
Schwerpunkt Algesiologie
Sanatoriumsplatz 2
81545 München

Dr. med. Rainer Schors
Städtisches Krankenhaus
München-Harlaching
Abteilung Psychosomatische Medizin
Sanatoriumsplatz 2
81545 München

Prof. Dr. med. Gerhard Schüßler
Universitätsklinik für Medizinische
Psychologie und Psychotherapie
Sonnenburgstraße 9
A - 6020 Innsbruck

Dr. med. Martin Siess
Klinikum rechts der Isar
Chirurgische Universitäts-Klinik
TU München
Ismaninger Straße 22
81675 München

Priv. Doz. Dr. Ulrich Stangier
Psychologisches Institut der
Universität Frankfurt
Georg-Voigt-Straße 8
60054 Frankfurt

Priv. Doz. Dr. med. Hans-Peter Volz
Bezirkskrankenhaus Schloss Werneck
Klinik für Psychiatrie und Psychotherapie
Balthasar-Neumann-Platz 1
97740 Werneck

Priv. Doz. Dr. med. Anne Wolowski
Poliklinik für Zahnärztliche Prothetik des
Zentrum für Zahn-, Mund- und Kiefer-
krankeiten der
Westfälischen Wilhelms-Universität
Waldeyerstraße 30
48129 Münster

Grundlagen der Somatisierung

1. Einleitung*

Hans-Peter Kapfhammer

Das traditionelle Verhältnis von Arzt und Patient beinhaltet stets auch eine allgemeinere psychosomatische Perspektive. Diese betrachtet differentiell organmedizinische Krankheiten, die über objektive biologische Anomalien in der Struktur und/oder Funktion von Organsystemen definiert werden (disease), ein individuelles körperliches Kranksein bzw. Sich-krank-fühlen, das sich auf die subjektive Wahrnehmung von Unwohlsein und Leistungseinbuße bezieht (illness) sowie eine sozial vermittelte Krankenrolle mit impliziten Vergünstigungen und Pflichten des Krankenstatus (sickness) (Susser 1990). Diese drei Aspekte von Krankheit, Kranksein und Krankenrolle sind im individuellen Einzelfall keineswegs deckungsgleich. Auch unterliegen sie je für sich einem anhaltenden historischen Wandel.

Es kennzeichnet die Praxis der medizinischen Versorgung, dass bei einem hohen Prozentsatz der Patienten, die einen Arzt wegen eines körperlichen Symptoms aufsuchen, keine spezifische organische Ursache gefunden wird (Kroenke u. Mangelsdorff 1989, Kroenke u. Mitarb. 1990). Die vorgebrachten Beschwerden sind häufig passager. Sie können aber auch hartnäckig persistieren, ein intensives individuelles Leiden und eine hohe psychosoziale Beeinträchtigung begründen, eine starke Inanspruchnahme von vielfältigen medizinischen und sozialen Ressourcen beinhalten (Craig u. Mitarb. 1993). Diese Patienten, bei denen im obigen Sinne keine organische Krankheit (disease) vorliegt, wohl aber ein Kranksein bzw. Sich-krank-fühlen (illness), werden von den Ärzten sehr häufig als schwierig erlebt. D. h. die Arzt-Patienten-Beziehung wird leicht durch emotionale Konflikte belastet, die eigendynamisch zu Behandlungabbrüchen, zu Ärztewechseln und zur Chronifizierung der Beschwerden führen können (Mayou u. Sharpe 1995).

Das Konzept der *Somatisierung* wird häufig zu einem besseren Verständnis dieser Patienten mit „medizinisch unerklärten körperlichen Symptomen" gefasst. Der Begriff der Somatisierung wurde erstmals von W. Stekel (1908) verwendet. Er verwies auf eine psychodynamische Theorie von Krankheitsverursachung, nach der psychologische Konflikte in einen körperlichen Distress übersetzt würden. Diesem Transformationsprozess lag im wesentlichen ein breit gefasster Konversionsmechanismus zugrunde (s. u.). Bridges und Goldberg (1985) definierten hingegen Somatisierung operational als die typische Präsentationsform einer genuin psychiatrischen Störung (z. B. einer depressiven Störung oder einer Angststörung nach DSM-III) innerhalb des primären medizinischen Versorgungssektors. Für Lipowski (1988) wiederum stellte Somatisierung ein Krankheitsverhalten dar, eine vorübergehende oder anhaltende Tendenz, psychosozialen Stress in der Form von körperlichen Symptomen wahrzunehmen und zu kommunizieren und hierfür um medizinische Hilfe nachzusuchen. Kellner (1990) ergänzte, dass Somatisierung weder eine diskrete klinische Identität darstelle, noch aus einem einheitlichen

* Die Kapitel 1 bis 3 bilden einen Text, der in modifizierter Form in zwei zusammenhängende Arbeiten eingegangen ist, die Herrn Prof. Dr. H. Hippius zum 75. Geburtstag sehr herzlich gewidmet sind. (Nervenarzt 2001, im Druck; Fortschr Neurol Psychiat 2001; 69: 58-79)

pathologischen Prozess resultiere. Es ist Aufgabe einer sorgfältigen Diagnostik, die Beziehung der Somatisierung zu einer definierten psychiatrischen Störung und/oder einer psychosozialen Problematik zu klären. Pathogenetisch ist Somatisierung jeweils innerhalb eines multimodalen Bedingungssystems zu analysieren.

Literatur

Bridges KW, Goldberg DP (1985) Somatic presentation of DSM-III psychiatric disorders in primary care. J Psychosom Res 29: 563-569

Craig TKJ, Boardman AP, Mills K, et al (1993) The South London somatization study I: Longitudinal course and the influence of early life experiences. Br J Psychiatry 163: 570-588

Kellner R (1990) Somatization, theories and research. J Nerv Ment Dis 178: 150-160

Kroenke K, Arrington MA, Mangelsdorff D (1990) The prevalence of symptoms in medical outpatients and the adequacy of therapy. Arch Intern Med 150: 1685-1689

Kroenke K, Mangelsdorff D (1989) Common symptoms in ambulatory care: Incidence, evaluation, therapy, and outcome. JAMA 86: 262-266

Lipowski ZJ (1988) Somatization. The concept and its clinical application. Am J Psychiatry 145: 1358-1368

Mayou R, Sharpe M (1995) Patients whom doctors find difficult to help. An important and neglected problem. Psychosomatics 36: 323-325

Stekel W (1908) Nervöse Angstzustände und ihre Behandlung. Urban & Schwarzenberg, Berlin

Susser M (1990) Disease, illness, sickness: Impairment, diability and handicap. Psychol Med 20: 471-473

2. Entwicklung der Konzepte von Hysterie, Konversion und Somatisierung und hin zu den somatoformen Störungen

Hans-Peter Kapfhammer

Patienten mit medizinisch unerklärten körperlichen Symptomen waren den Ärzten zu allen Zeiten bekannt. Bereits aus den Anfängen der Medizin existieren Berichte, die in den Kontext der Diskussion um die Hysterie gestellt werden können (Micale 1994).

Positionen in Neurologie und Psychiatrie des 19. Jahrhunderts

Innerhalb der sich entwickelnden *modernen Neurologie und Psychiatrie* kam es während der zweiten Hälfte des 19. Jahrhunderts zu einer bedeutsamen nosologischen Ausdifferenzierung des Hysteriekonzeptes. So wurden fortan monosymptomatische versus polysymptomatische klinische Formen, akute versus chronische Verlaufstypen skizziert. Abb. 2.1 zeigt diese Denkrichtungen mit ihren Auswirkungen auf psychiatrische Klassifikationssysteme bis in die Gegenwart auf. Festgehalten werden muss aber, dass den einzelnen Positionen in der Hysteriediskussion z. T. sehr divergierende theoretische Vorstellungen zugrunde liegen.

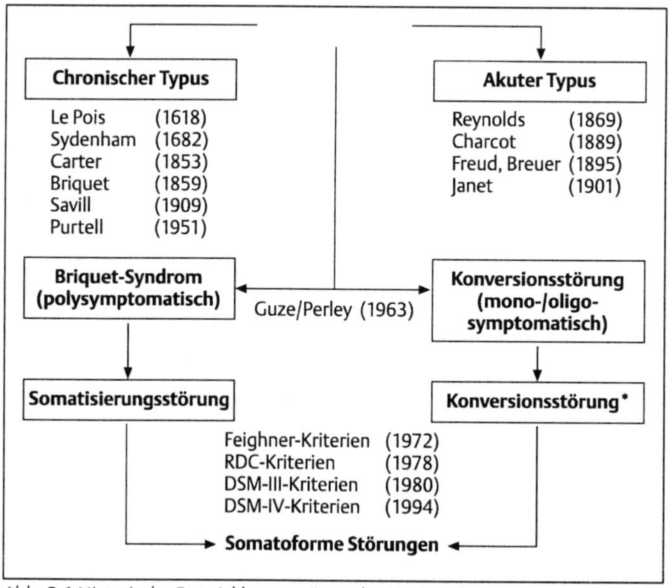

Abb. 2.1 Historische Entwicklungsstränge des Hysteriekonzeptes bis zur modernen Klassifikation der somatoformen Störungen nach DSM-IV (nach Ebel 1996)
* Konversionsstörung im ICD-10 als „dissoziative Störung" aufgeführt

P. Briquet beschrieb 1859 mustergültig jenes polysymptomatische Erscheinungsbild der Hysterie, das in der Folgezeit als *Briquet-Syndrom* modellwirkend bis zum modernen Konzept der Somatisierungsstörung bezeichnet wurde. An 430 Patienten (davon nur sieben Männer), die er während eines 10-Jahres-Zeitraums sah, skizzierte er folgende syndromale Kennzeichen: Hyperästhesien, Parästhesien, Anästhesien, Spasmen, Anfälle, Paresen, Paraplegien, abnorme Veränderungen in Muskelkontraktion, in Respiration und in Sekretion. Als Cluster ätiologisch relevanter Faktoren diskutierte er: junges Erwachsenenalter, weibliches Geschlecht, affektives und suggestibles Temperament, positive Familienanamnese, niedrige soziale Klasse, Migration, gestörte Sexualität, Situationsprobleme, schlechte körperliche Gesundheit. In der Behandlung dieser Patientengruppe hob er die Bedeutung einer Verbesserung der sozialen Lebenssituation sowie eines problemlösenden und supportiven psychotherapeutischen Ansatzes hervor.

Schloss Briquets Hysteriekonzept typischerweise eine polysymptomatische Erscheinung mit Affektion zahlreicher Organsysteme ein, geriet die Hysterie bei J.-M. Charcot (1872) zu einer *quasi-neurologischen Krankheitseinheit.* Er ging von der klinischen Beobachtung aus, dass bestimmte neurologisch imponierende Symptome wie etwa eine Lähmung, eine sensorische oder sensible Störung, ein Anfall auch ohne nachweisbare organpathologische Veränderungen gleichsam funktionell auftreten können. Revolutionär war seine Einsicht, dass diese Symptombildung sich nicht an die anerkannten Gesetzmäßigkeiten der Neuroanatomie halte, sondern sich vielmehr an den subjektiven Vorstellungen der Patienten über die betroffenen Körperfunktionen orientiere, dass der Einfluss von starken, speziell von traumatischen Emotionen bedeutsam sei, dass veränderte Bewusstseinslagen wie z. B. hypnoide Trancezustände für die Ausbildung der Symptome wichtig zu sein schienen, und dass diese auch unter einer Hypnose experimentell hervorgerufen bzw. therapeutisch aufgelöst werden könnten. Grundlegend für diese neurologische Konzeption blieb aber die Annahme eines hereditär-degenerativen Faktors, der zentralnervöse Prozesse in ihrer Integrationsfähigkeit vulnerabler mache. Dieser könne also z. B. die Koordination von emotionalen Signalen und motorischen Handlungsentwürfen irritieren und leichter Dissoziationen zwischen den unterschiedlichen Systemen des Zentralnervensystems bewirken.

Von seinem Schüler und Mitarbeiter P. Janet (1889) wurden diese klinischen Erkenntnisse theoretisch noch weiter vertieft. Auf Janet geht der Begriff der *Dissoziation* bzw. „desagregation" im wesentlichen zurück. Er betrachtete das mentale Leben als zusammengesetzt aus psychischen Elementen, die er als psychologische Automatismen bezeichnete. Jedes dieser Elemente bestehe aus einer komplexen Handlungstendenz, die auf eine definierte Reizsituation ausgerichtet sei und sowohl eine Vorstellung als auch eine Emotion umfasse. Normalerweise seien die psychologischen Automatismen in einem phänomenalen Bewusstsein vereint und auch einer willentlichen Kontrolle zugängig. Unter traumatischen Belastungsbedingungen könnten vereinzelte Automatismen jedoch abgespalten, vom übrigen Bewusstsein dissoziiert werden und eigendynamisch wirken. Genetisch vermittelte Temperamentseigenschaften, aber auch frühere Erfahrungen und aktuelle Besonderheiten der physischen Kondition definierten je die psychische Integrationskapazität einer Person gegenüber neuen Informationen im allgemeinen und gegenüber traumatischen Erfahrungen im besonderen. Wenngleich Janets Modell der Dissoziation traumapsychologisch ausgerichtet ist, fußt es doch wesentlich auf einer konstitutionellen Prädisposition zur Dissoziation (degenerescence), stellt also tatsächlich eine Theorie von *Diathese-Stress* dar. Der prämorbiden Vulnerabilität eines Individuums zu dissoziativen Störungen kommt somit eine entscheidende Bedeutung zu.

Erste *psychoanalytische Modellvorstellungen* entstanden in der unmittelbaren Erfahrung und Auseinandersetzung mit diesen französischen Lehren zur Hysterie. Ähnlich wie Charcot konzentrierten sich auch Breuer und Freud (1893) auf die Analyse der Entstehung eines hysterischen Symptoms. In ihrer „vorläufigen Mitteilung über den psychischen Mechanismus hysterischer Phänomene“ beschrieben sie paradigmatisch den *Konversionsmechanismus*. Ihre frühe psychoanalytische Position war gekennzeichnet durch die Erkenntnis, dass Konversionssymptome aus bedeutsamen Triebkonflikten resultierten, die auf traumatische Erlebnisse in biographisch frühen Familieninteraktionen verwiesen. Erinnerungen hieran würden verdrängt, müssten also unbewusst bleiben, könnten in späteren Lebensabschnitten aber anlässlich analoger Konflikte wieder aktualisiert werden und würden nach einer erneuten Verdrängung somatisiert. Die körperlichen Symptome stellten eine Kompromisslösung zwischen Triebimpulsen und psychologischer Abwehr dar, und zwar in einem symbolischen Ausdruck. In dieser Konfliktlösung über eine Konversion liege der primäre Krankheitsgewinn. Mit der dadurch möglichen Übernahme einer Krankenrolle werde aber auch ein sozial zu verstehender sekundärer Krankheitsgewinn erzielt.

Die ursprüngliche Konversionslehre von S. Freud und J. Breuer (1893) war dem Modell der Dissoziation von P. Janet noch sehr ähnlich. Auch sie sahen den Zusammenhang von traumatischer Exposition in einem sensiblen Entwicklungsabschnitt und Entstehung von dissoziativer Psychopathologie als entscheidend an. Auch sie erkannten die Bedeutung einer zu Abwehr traumatischer Erfahrungen eingesetzten Autosuggestion in der Pathogenese dissoziativer Syndrome sowie den besonderen Stellenwert hypnotischer Verfahren in der Behandlung dieser speziellen Störung. Im Fortgang der psychoanalytischen Theorienbildung kam es aber zu einer bedeutsamen Schwerpunktsverlagerung in der psychodynamischen Traumakonzeption. Dominierte anfänglich die Orientierung an äußeren Ereignissen mit subjektiv nicht mehr zu bewältigenden traumatischen Erregungen und hieraus resultierenden Gefühlen einer psychophysischen Hilflosigkeit, identifizierte Freud später immer stärker den Einfluss von unbewussten Phantasien in der Bedeutungsattribution an traumatische Situationen. Nicht mehr die mit einem äußeren Ereignis verknüpfte, quantitativ unkontrollierbare Erregung, sondern das triebbestimmte unbewusste Bedeutungserleben eines Individuums bildete fortan den Fokus seines psychoanalytischen Interesses. Aus einer äußeren Traumasituation wurde eine intrapsychische Gefahrensituation, auf die sich eine Ich-Instanz antizipatorisch mit dosierter Signalangst einstellen und aktiv mit spezifischen Abwehrmechanismen z. B. mit Verdrängung reagieren konnte (Freud 1926). Keineswegs leugnete aber Freud die Existenz und klinische Relevanz von realen Traumata auch weiterhin. Seine Konzepte der „Verdrängung“ und der „Abwehrneurosen“ wurden aber in der Folgezeit zum führenden Paradigma der dynamischen Psychiatrie, das Janets Konzept der Dissoziation über viele Jahrzehnte in Vergessenheit geraten ließ (Nemiah 1998).

Auch prominente *Vertreter der klinischen Psychiatrie* beteiligten sich seit der Jahrhundertwende an der Hysteriediskussion. So betonte z. B. Kraepelin (1915) in seinem Klassifikationssystem psychiatrischer Krankheiten eine enge Assoziation hysterischer Zustandsbilder mit der Gruppe der manisch-depressiven Psychosen. Hoche (1916) vertrat die These, dass im Prinzip jeder Mensch unter entsprechenden Umständen hysteriefähig sei. Eine feine Differenzierung in unterschiedliche Hysterieformen stammt von Kretschmer (1923). Er sah es als möglich an, dass unter dramatischen, insbesondere schockartigen Affekteindrücken ein Mensch auf instinktmäßige motorische Schablonen auch ohne typische Persönlichkeitsstruktur zurückgreifen könne. Beispiele hierfür seien etwa der Bewegungssturm oder der Totstellreflex. Damit sei aber das eigentliche Wesen der Hysteriebegriffs noch nicht erfasst. Vielmehr ziele dieser auf eine bestimmte Persönlichkeit ab, die sich habituell auf solche biologische Reaktionsmuster in der Erledigung von Affekteindrücken stütze, dadurch zu einer Überbetonung des psychomotorischen Ausdrucks gelange und gleichzeitig zu einer Abnahme der affektiven Erlebnisauthentizität führe. Schultz (1955) widmete sich in einer feinen Analyse speziell diesem Problem von Echtheit und Unechtheit in der psychomotorischen Ausdrucksphäre des hysterischen Gehabes und beschrieb die Auswirkungen auf die zwischenmenschliche Beziehungsfähigkeit einerseits und auf ein typisches Selbsterleben andererseits.

Diese frühe Hysteriediskussion der Moderne beinhaltete nicht nur eine Präzisierung medizinischer, insbesondere neurologischer Konzepte. Sie förderte nicht nur das Entstehen neuer ärztlicher und allgemeiner intellektueller Denkansätze wie besonders die Begründung der Psychoanalyse (Micale 1994). Sie thematisierte nicht nur beispielhaft das traditionelle Leib-Seele-Thema und schaffte ein grundlegendes Modell der psychosomatischen Medizin (Porter 1995). Diese frühe Hysteriebestimmung trug in ihrem Wesen auch zentrale Diskurse über das Verhältnis der Geschlechter zueinander, über den sexuellen Körper, über Macht und Ohnmacht in der Arzt-Patienten- bzw. Arzt-Patientin-Beziehung, über körperliche Ausdrucksformen und Täuschungsmanöver im präsentierten Symptom bei(Gilman u. Mitarb. 1993). Sie deckte auch zentrale politische Implikationen auf, wie die Behandlung des Hysterieproblems bei Soldaten während des I. Weltkriegs durch führende Psychiater verrät (Riedesser u. Verderber 1996).

Entwicklung zum Konzept der Konversionsstörung

Das klinische Verständnis der vorrangig *monosymptomatischen Konversionshysterie* unterliegt in den Folgejahrzehnten des 20. Jahrhunderts mannigfaltigen konzeptuellen Veränderungen. Als eine zentrale Tendenz innerhalb des neurologischen Faches fällt auf, dass mittlerweile eine stattliche Anzahl von klinischen Syndromen nun mit einer eigenständigen Pathophysiologie und z. T. mit genetischen Korrelaten beschrieben werden können, die noch zur Jahrhundertwende als typische hysterische Konversionsbildungen galten. Beispiele hierfür sind etwa die Migräne und andere Kopfschmerzsyndrome, das thoracic outlet syndrome, faziale Dyskinesien, Dystonien, Syndrome nach einem HWS-Schleudertrauma, Globus hystericus (Merskey 1990). Vor diesem veränderten neurologischen Wissenstand müssen selbst die bekannten Krankengeschichten Freuds (1895), die er in seinen „Studien über Hysterie" niederlegte zuweilen in einem neuen Licht gesehen werden. Z. B. ist heute für die Hysterie der „Frau Emmy von N." eine Tic-Erkrankung als sehr wahrscheinlich anzunehmen, möglicherweise ein Gilles de la Tourette-Syndrom zu diskutieren (Pappenheim 1989). Auch für das dramatische Zustandsbild des „Fräulein Anna O." können gewichtige neuropsychiatrische Argumente aufgeführt werden (Micale 1994). Dennoch wird auch in der modernen Neurologie für eine Untergruppe von Patienten mit typischen Symptombildern das Konzept der Konversionsstörung weiterhin akzeptiert (Marsden 1986, Brandt u. Mitarb. 1994).

Im Rahmen der neuen klassifikatorischen Aufteilung der großen psychiatrischen Störungen, der schizophrenen Psychosen einerseits, der affektiven Psychosen andererseits interpretierte die *klinische Psychiatrie* spezielle körperliche Symptombildungen, die noch während des 19. Jahrhunderts im breiten Hysteriekonzept verstanden wurden, neu (Klerman 1982). Die engere Hysteriediskussion wurde freilich weiterhin stark von psychoanalytischen Positionen mitbestimmt, die nach Freud aber ebenfalls vielfältig modifiziert wurden (vgl. ätiopathogenetische Modelle). Innerhalb der psychiatrischen Kommunität wurden unter dem Eindruck von systematischeren klinischen Studien folgende Modifikationen erkennbar:

- Das epidemische Auftreten von klassischen Konversionssymptomen in Kriegszeiten oder nach Katastrophen erschütterte die Annahme unabdingbarer frühkindlicher Traumata und hiermit verknüpfter Triebkonflikte für die Pathogenese. Es lockerte auch eine übermäßige Assoziation dieser Symptome mit dem weiblichen Geschlecht (Merskey 1990)

- Untersuchungen zur Persönlichkeitstypologie von Patienten mit Konversionssymptomen legten eine Vielfalt von unterschiedlichen Persönlichkeitsstrukturen nahe. Neben der hysterischen (histrionischen) Persönlichkeit treten v. a. passive, dependente, depressive Persönlichkeitszüge auf (Chodoff u. Lyons 1958, Ljungberg 1957)
- Exakte klinische, internistisch-neurologische Statuserhebungen deckten eine häufige Koinzidenz mit relevanten organischen, v. a. neurologischen Befunden bzw. Krankheitsprozessen auf (Merskey u. Buhrich 1975, Roy 1977, Whitlock 1967)
- Eine Charakterisierung begleitender psychopathologischer Syndrome wies auf eine breite Verteilung bei unterschiedlichsten psychiatrischen Erkrankungen hin. Eine besondere Häufung von Konversionssymptomen in affektiven Krankheitsverläufen, aber auch das mögliche Vorkommen bei schizophrenen Psychosen wurde betont (Slater u. Mitarb. 1965, Ziegler u. Mitarb. 1960).

In den modernen Revisionen der *psychiatrischen Klassifikationssysteme von ICD und DSM* wurde das Konzept der Konversionshysterie, der Konversionsstörung, zunehmend auf pseudoneurologische Symptome eingeengt. Trotz einer bekundeten Philosophie, auf theoretische Vorannahmen weitgehend zu verzichten und sich stattdessen um eine deskriptive Operationalisierung zu bemühen, sind in den Versionen von DSM-IV bzw. ICD-10 wichtige theoretische, psychoanalytische bzw. traumapsychologische Annahmen weiterhin verdeckt enthalten. Die diagnostischen Kriterien für eine Konversionsstörung beinhalten den Verlust oder die Veränderung einer neurologischen Funktion, die den Verdacht auf eine neurologische Störung nahelegen, aber durch eine bekannte neurologische Erkrankung oder einen definierten pathophysiologischen Mechanismus nicht hinreichend erklärbar sein dürfen. Ein zeitlicher Zusammenhang von körperlicher Symptombildung und einer psychosozialen Belastung bzw. einer innerseelischen Konfliktlage wird gefordert. Die Symptombildung darf nicht willentlich kontrolliert sein, auch kein kulturell sanktioniertes Reaktionsmuster darstellen und sich syndromal auch nicht ausschließlich auf Schmerzen oder sexuelle Dysfunktionen beschränken, denen ein eigenständiger diagnostischer Status eingeräumt wird. Während die Konversionsstörung im DSM-IV als typische *somatoforme Störung* geführt wird, erscheint sie im ICD-10 als eine *dissoziative Störung der Bewegung und Sinnesempfindung.*

Hier zeichnet sich ein Wiederanknüpfen an frühe Überlegungen von P. Janet ab. Die Annahme einer gestörten Integration psychischer Funktionalität, also einer Dissoziation als durchgängiges klassifikatorisches Ordnungsprinzip auf der einen und die besondere syndromale Ausformung einer psychischen Störung über körperliche Symptome ohne erklärende organmedizinische Basis als definitorisches Merkmal auf der anderen Seite begünden die Diskrepanzen der beiden aktuellen Klassifikationssysteme von ICD-10 und DSM-IV bei der diagnostischen Einordnung von Konversionsbildungen. Beide teilen jedoch wichtige konzeptuelle Merkmale. Beide verweisen auf eine pseudoneurologische Symptomatik mit Störungen in der bewussten Erlebnissphäre. Spezielle, gegenwärtige und vergangene Erfahrungen sind zeitweilig der bewussten Aufmerksamkeit entzogen, beeinflussen aber weiterhin in Form impliziter Perzepte und Erinnerungen die Erlebnisse, Vorstellungen und Handlungen einer Person. So können einerseits bestimmte bewusst geplante, zielgerichtete Handlungen nicht ausgeführt werden. Andere Handlungen wiederum, die außerbewusst geplant wurden, werden als unwillkürlich erlebt (Kihlstrom 1994).

Entwicklung zum Konzept der Somatisierungsstörung

Die *polysymptomatische Verlaufsform* der Hysterie wird mit den Bezeichnungen Briquet-Syndrom, chronische Hysterie, Somatisierungsstörung oder multiples somatoformes Syndrom im modernen klinischen Kontext annähernd synonym beschrieben. Betroffene Patientinnen und Patienten weisen im Laufe ihres Lebens multiple organbezogene Symptomkomplexe auf, für die keine ausreichende medizinische Erklärung gefunden wird. Der Krankheitsverlauf ist sehr häufig chronisch. In zeitlich variierender Abfolge können gastrointestinale, kardiopulmonale, pseudoneurologische, psychosexuelle, gynäkologische und Schmerzsymptome beklagt werden. Diese Symptome führen zu Inanspruchnahme vielfältiger Ärztekontakte, hierbei zu mannigfaltigen diagnostischen Prozeduren und internistischen wie chirurgischen Therapien und bedingen einen kaum mehr überschaubaren Gebrauch von unterschiedlichen Medikamenten. Sie bestimmen die Lebensführung grundlegend. Die historischen Etappen zur diagnostischen Konzeptualisierung dieser Störung seit der klassischen Briquet-Monographie sind v. a. die Wiederaufnahme in den frühen Arbeiten der St. Louis-Schule während der 50er und 60er Jahre, die Feighner-Kriterien, die DSM-III- und DSM-III-R-Versionen hin zum DSM-IV-System. Die Etappen sind einerseits gekennzeichnet durch eine sukzessive Einengung und Reduktion der geforderten Symptomanzahl sowie durch eine Befreiung von der ursprünglichen Assoziation zu neun von zehn Symptomgruppen, andererseits durch unterschiedliche Ausschlusskriterien wie z. B. eine Manifestation der Symptome im unmittelbaren Zusammenhang mit einer depressiven oder Panikstörung sowie eine differenzierte Bewertung begleitender organischer Krankheiten und pathophysiologischer Mechanismen (Cloninger 1996). Die erstmals auch im ICD-10 aufgeführte *Somatisierungsstörung* folgt im wesentlichen der DSM-Entscheidungslogik. Nicht nachzuvollziehen ist aber, warum hier pseudoneurologische Symptome aus dem Pool der in Frage kommenden Symptome ausgegliedert sind. Den einzelnen diagnostischen Systemen gemeinsam ist, dass über sie eine Kerngruppe schwerst gestörter Patienten definiert wird.

Diese konzeptuelle Präzision in der Forderung einer hohen Symptom-Schwelle erweist sich aber gleichzeitig epidemiologisch und in den unterschiedlichen medizinischen Versorgungssektoren als ein großes Hindernis, da Patienten mit dem Vollbild einer Somatisierungsstörung relativ selten sind. Die sehr viel häufigeren Patienten mit einer geringeren Anzahl von somatoformen Symptomen werden hingegen in der diagnostischen Restkategorie einer *undifferenzierten somatoformen Störung* geführt. Dieses unbefriedigende klassifikatorische Ergebnis, dass viele Patienten mit mehreren somatoformen Symptomen infolge eines hohen Schwellenwerts z. B. von 13 aus 35 Symptomen (DSM-III-R) trotz vergleichbarer Chronizität der subjektiven Beschwerden, psychiatrischer Komorbidität, sozialer Behinderung und Auffälligkeiten des Krankheitsverhaltens diagnostisch nicht in die Kategorie einer Somatisierungsstörung aufgenommen werden können, führte zur Entwicklung eines variabler gestalteten *Somatischen Symptom-Indexes (SSI)*. Dieser erlaubt es, die mannigfaltigen Somatisierungssyndrome in der Allgemeinbevölkerung und in den unterschiedlichen klinischen Settings realistischer abzubilden. Escobar u. Mitarb. (1987 a,b) belegten mit empirischen Daten, dass bereits Patienten mit vier bzw. Patientinnen mit sechs aus den 35 DSM-III-R-Symptomen, also einem reduzierten SSI („abridged somatization disorder", SSI-4/6) in den unterschiedlichen Dimensionen dem Vollbild einer Somatisierungsstörung sehr nahe kamen. Auch Katon u. Mitarb. (1991), Hiller u. Mitarb. (1995) und Kroenke u. Mitarb. (1997) plädierten für die Annahme eines „Somatisierungsspektrums", eines „variablen Somatisierungs-Konzepts" bzw. einer „multisomatoformen Störung". All diesen Konzepten einer polysymptomatischen Somatisierungsstörung ist im Unterschied zur Konversionsstörung bzw. zur dissoziativen Störung von Bewegung und Sinnesempfindung in der Definition gemein, dass sie weitgehend theoriefrei gehalten sind.

Entwicklung zum Konzept der Schmerzstörung

Prominente Schmerzsymptome sind traditionell sowohl innerhalb des Konzeptes der monosymptomatischen Konversionshysterie als auch der polysymptomatischen Verlaufsform beleuchtet worden. Dominieren sie das klinische Bild eines Patienten, so wird ihnen innerhalb der Gruppe der somatoformen Störungen seit DSM-III ein eigenständiger diagnostischer Status eingeräumt, als *psychogene Schmerzstörung* (DSM-III), als *somatoforme Schmerzstörung* (DSM-III/R), als *Schmerzstörung* (DSM-IV, ICD-10: nur anhaltender Verlaufstypus). Die besondere diagnostische Behandlung dieser Schmerzstörungen ist Ergebnis der überragenden Bedeutung von Schmerzproblemen innerhalb des medizinischen Versorgungsystems einer modernen Gesellschaft. In den Klassifikationsbemühungen bis zum DSM-IV sind jedoch eine Reihe von Kritikpunkten anzuführen (King u. Strain 1992):

- Mangelhaft operationalisierte diagnostische Kriterien mit einem zu hohen Interpretationsspielraum für den Anwender
- Große Überlappung mit anderen diagnostischen Kategorien wie z. B. der Somatisierungsstörung, den depressiven oder Angststörungen
- Problematische Bestimmung eines exzessiven Schmerzerlebens im Hinblick auf vorliegende Organbefunde
- Problematische Bestimmung einer „fehlenden Organpathologie oder eines pathophysiologischen Mechanismus“ als Erklärungsbasis für den Schmerz bei der Möglichkeit einer unzureichenden diagnostischen Beurteilung oder eines klinischen Verlaufs noch unter der Schwelle der objektiven Nachweisbarkeit
- Ausschluss von Patienten mit einer dysfunktionalen Schmerzreaktion auf eine organische Läsion
- Ungerechtfertigte Vorgabe einer eigenständigen Schmerzform durch die Qualifikation „somatoform"
- Einengung auf Chronizität durch ein 6-Monats-Kriterium und damit Ausschluss von akuteren Schmerzformen, bei denen ebenfalls psychologische Faktoren eine wichtige Rolle spielen können.

Das DSM-IV versucht in der Neukonzeptualisierung einer Schmerzstörung diese Kritikpunkte weitgehend zu berücksichtigen. Es erlaubt die Möglichkeit unterschiedlicher Subtypen, in denen psychologische Einflussfaktoren und organische Prozesse jeweils separat oder aber in Kombination gewürdigt werden, sowie eine Unterscheidung nach akuten und chronischen Verlaufstypen. Das ICD-10 konzentriert sich ausschließlich auf eine anhaltende Schmerzstörung. Es muss offenbleiben, ob künftig die Schmerzstörung weiterhin unter der Rubrik der somatoformen Störungen oder aber eigenständig geführt werden wird.

Entwicklung zum Konzept der Hypochondrie

Die Hypochondrie begleitete bereits in der historischen Entwicklung die Hysteriediskussion (Micale 1994). Sie ist auch in der modernen diagnostischen Gruppe der somatoformen Störungen enthalten. Dabei ist der konzeptuelle Status der Hypochondrie mit ihrer besonderen Wahrnehmungssensibilität gegenüber normalen Körpersensationen und hieraus resultierender Krankheitsfurcht und / oder – überzeugung umstritten (Kellner 1986). Vor allem die Tatsache, dass hypochondrische Syndrome häufig sowohl bei einer Reihe anderer psychiatrischer Störungen als auch bei zugrundeliegenden organischen Erkrankungen auftreten können, trägt hierzu bei. Kenyon (1964) kam in seiner Analyse stationär-psychiatrischer Patienten mit prominenten hypochondrischen Syndromen zum apodiktischen Urteil, dass Hypochondrie stets als ein besonderes psychopathologisches Kennzeichen in den Kontext einer übergeordneten anderen psychischen Störung zu stellen sei. Hiergegen steht aber bereits die frühe Arbeit von Gillespie (1929), die klare empirische Belege für einen eigenständigen Status der Hypochondrie erbrachte. Warwick und Salkovskis (1990) wiesen auf die Bedeutung von zeitlichen Zusammenhängen in der Entwicklung hypochondrischer und anderer psychopathologischer Störungen bei einem Patienten hin. In einer modernen Sichtweise wird die Unterscheidung in eine *primäre* Hypochondrie und *sekundäre* Hypochondrien als klinisch gut gesichert angenommen. Eine primäre Hypochondrie ist in dem engeren diagnostischen Verständnis der aktuellen psychiatrischen Klassifikationssysteme eine häufig zur Chronizität neigende somatoforme Störung mit quälenden Gesundheitsängsten und damit assoziierten medizinisch unerklärten Körpersymptomen. Sie ist sowohl im Verständnis von DSM-IV als auch von ICD-10 von einer *Krankheitsphobie*, also einer phobischen Vermeidung von allem, was konnotativ mit Krankheit, Krankheitserregern, krankheitsbezogenen Informationen usw. verbunden ist, abzugrenzen. Eine solche Krankheitsphobie wird als spezifische Phobie verstanden.

Entwicklung zum Konzept der körperdysmorphen Störung

Nach einer klassischen Arbeit von Morselli (1886) lässt sich die *Dysmorphophobie* oder *Missgestaltsfurcht* als eine überwertige oder wahnhafte Überzeugung beschreiben, dass ein Körperteil verunstaltet sei, obwohl er objektiv normal erscheint. Es liegen allenfalls geringfügige Anomalien vor. Trotzdem besteht subjektiv das Gefühl, hässlich zu sein, einen ästhetischen Mangel im äußeren körperlichen Erscheinungsbild zu zeigen, der in den Augen der anderen zur Zielscheibe von Spott, Verachtung und Beschämung werde. Die Prägnanz und Eigenständigkeit der klinischen Symptomatik machen es verständlich, dass sich trotz bewegter Diskussion des nosologischen Status diese psychische Störung bis in die Gegenwart praktisch unverändert gehalten hat. Die neutralere Bezeichnung *körperdysmorphe Störung* wurde in den letzten beiden DSM-Manualen gewählt, um zum einen die engere diagnostische Konzeptualisierung als eine nicht-wahnhafte somatoforme Störung zu verdeutlichen und um zum anderen die häufig irreführende psychopathologische Konnotation einer Phobie bzw. einer phobischen Vermeidung zu korrigieren. Während das DSM-IV die körperdysmorphe Störung als eine eigenständige Kategorie der somatoformen Störungen behandelt, wird sie im ICD-10 als eine Variante der hypochondrischen Störung gesehen.

Entwicklung zum Konzept der somatoformen autonomen Funktionsstörung

Störende Symptome einer autonom-vegetativen Dysregulation kennzeichnen im ICD-10 die diagnostische Rubrik der *somatoformen autonomen Funktionsstörung*. Das DSM-IV besitzt im Vergleich zum ICD-10 kein Analogon in seiner diagnostischen Aufgliederung der somatoformen Störungen, wenngleich für künftige Revisionen ebenfalls eine *autonome Funktionsstörung* (*autonomic arousal disorder*) diskutiert wird (Martin 1996). Mit der Aufnahme dieser diagnostischen Subkatagegorie berücksichtigt das ICD-10 eine lange Tradition innerhalb der Inneren Medizin und der Psychosomatik, in der funktionelle Syndrome seit jeher gesondert beachtet und mit zahlreichen Synonymen bezeichnet wurden. *Funktionell* impliziert hierbei in Abgrenzung zu einer *organisch-anatomischen Strukturläsion* eine Störung physiologischer Funktionen, speziell des autonomvegetativen Nervensystems. Große Überschneidungen bestehen allerdings auch zu der psychiatrischen Konzeptualisierungstradition einer somatisierten bzw. larvierten Depression (Kapfhammer 1999 a). Die somatoforme autonome Funktionsstörung verweist

- zum einen auf typische organbezogene Symptomkomplexe im kardiovaskulären, oberen und unteren gastrointestinalen, respiratorischen sowie urogenitalen System,
- zum anderen auf ein allgemeines psychovegetatives Syndrom, in dem anatomisch schwer lokalisierbare Beeinträchtigungen der körperlichen Befindlichkeit mit Müdigkeit, Erschöpfbarkeit, Nervosität, Kopfdruck, Schwitzen, Zittern und Unruhe, aber auch diffuse seelische Beschwerden wie angstvolle Spannungszustände, Bedrücktsein oder Unlust imponieren können.

Die Einführung einer eigenständigen diagnostischen Kategorie der somatoformen autonomen Funktionsstörung besitzt den Vorteil, dass organzentrierte Funktionsstörungen, die beispielsweise als Herzneurose, Hyperventilationssyndrom oder Colon irritabile in den einzelnen internistischen Spezialitäten als typisch identifiziert werden, eine rasche Entsprechung innerhalb eines psychiatrischen Klassifikationssystems finden. Dies gilt auch für die diagnostische Einstufung von Patienten, die jenes in der ärztlichen Praxis so oft angetroffene Syndrom einer allgemeinen vegetativen Labilität aufweisen. Andererseits birgt die Gegeüberstellung von funktionell vs. strukturell eine problematische dualistische Dichotomisierung. Wird ferner die Tatsache berücksichtigt, dass die in einzelnen medizinischen Disziplinen als je typisch erachteten Funktionsstörungen einen beträchtlichen Überlappungsbereich aufzeigen (s. u.), so ergeben sich große differentialdiagnostische Abgrenzungsprobleme etwa zur Somatisierungsstörung (mit variablem Symptomindex), zur generalisierten Angststörung, besonders zur Panikstörung, zur depressiven Störung, aber auch zur Neurasthenie.

Entwicklung zum Konzept der Neurasthenie

Die *Neurasthenie* umschreibt syndromal einen Zustand einer anhaltenden übersteigerten Müdigkeit und Erschöpfung, einer exzessiven Ermüdbarkeit selbst nach geringen seelischen und körperlichen Anstrengungen. Fluktuierende Konzentrationsstörungen, muskuläre Schwächen, lokalisierte und generalisierte Muskelschmerzen und andere körperliche Missempfindungen sind häufige Begleitsymptome. Eine frühe Beschreibung des Syndroms stammt von dem schottischen Arzt J. Brown (1780). Er prägte gleichzeitig den Begriff Neurasthenie. Populär in der medizinischen Terminologie und öffentlichen Meinung wurde das Konzept aber durch den amerikanischen Neurologen George Beard (1869). Beard zählte in einer breiten klinischen Extension zahlreiche „medizinisch unerklärte körperliche und psychische Symptome" zur Neurasthenie. Er beschrieb eine „Erschöpfung des Nervensystems" mit „allgemeinem Malaisegefühl, Beeinträchtigung aller Funktionen, Appetitmangel, persistierender Schwäche von Nacken und Rücken, flüchtigen neuralgischen Schmerzen, Hysterie, Schlaflosigkeit, Hypochondrismen, Abneigung vor anhaltender geistiger Anstrengung, schwere und schwächende Anfälle von Kopfschmerzen und andere ähnliche Symptome". S. Freud (1895) trennte von diesem überinklusiven Syndrom überzeugend einen Symptomkomplex ab, den er als „Angstneurose" kennzeichnete. Zusammen mit der Hypochondrie und der Angstneurose gruppierte er die nun symptomatologisch enger gefasste Neurasthenie (körperliche Müdigkeit, Kopfschmerzen, spinale Parästhesien, Dyspepsie, Obstipation, nachlassende sexuelle Aktivität) zu den sogenannten „Aktualneurosen" (s.o.). Für diese postulierte er im wesentlichen organische Ursachen und stellte sie den vorrangig psychogen bedingten „Übertragungsneurosen" gegenüber. Ähnlich gliederte auch Janet (1903) aus dem breiten Neurastheniekonzept die Hysterie aus und fasste einige dem ursprünglichen klinischen Bild zugehörige, phobische und zwanghafte Symptome zum Konzept der „Psychasthenie" zusammen.

Der nosologische Status der Neurasthenie gestaltete sich in den Folgejahrzehnten außerordentlich variabel, eingespannt in eine Diskussion um eine behauptete vorrangig organische Ätiologie einerseits und eine vorrangig psychologische andererseits (Ferraro 1954). In den DSM-Klassifikationssystemen hielt sich die Neurasthenie bis zum DSM-II, wurde dann in den Folgesystemen aber aufgegeben. Im ICD-10 wurde der Neurasthenie der Status einer neurotischen Störung zugesprochen, wobei die Erkenntnis grundlegend war, dass diese Diagnose v. a. in Ländern der westlichen Hemisphäre nur sehr selten gestellt wird, hingegen in der vormaligen Sowjetunion sowie in ostasiatischen Ländern wie z. B. China stark verbreitet ist (Morey u. Kurtz 1996).

Andererseits erwuchs für die Neurasthenie gerade in den westlichen Ländern in dem, ursprünglich als reines Forschungskonstrukt eingeführten, *chronischen Müdigkeitssyndrom* (chronic fatigue syndrome, CFS) ein bedeutsames Alternativkonzept. Es weist symptomatologisch breite Überschneidungen mit der Neurasthenie auf. Der initiale Beobachtungskontext konzentrierte sich v.a. auf Verläufe nach Infektionen. Seit der Definition durch die Centers for Disease Control (CDC) erlangte das CFS aber, nicht zuletzt durch seine große Publizitätsträchtigkeit, fast den Stellenwert einer neuen nosologischen Entität (Holmes u. Mitarb. 1988). In der Sichtweise zahlreicher Autoren, v. a. auch psychiatrischer Experten handelt es sich hierbei aber im wesentlichen um eine Renaissance der alten Neurasthenie im Gewande moderner Ätiologieüberlegungen (Greenberg 1990, Wessely 1990).

Es ist davon auszugehen, dass die in Neurasthenie bzw. CFS enthaltenen zentralen Symptome von Müdigkeit und Erschöpfung zwar eine eigenständige psychopathologische Wertigkeit beanspruchen können (Berrios 1990), sowohl in der Allgemeinbevölkerung als auch in unterschiedlichen klinischen Settings häufig verbreitet sind, aber keinesfalls einem homogenen Krankheitsbild zuzuordnen sind. Das Syndrom einer chronischen Müdigkeit kann nach körperlichen Erkrankungen wie z. B. viralen Infekten, aber auch nach und im Kontext unterschiedlicher psychiatrischer Störungen auftreten. Breite Übergänge zu affektiven, Angst-, somatoformen und Persönlichkeitsstörungen müssen hierbei klassifikatorisch im Auge behalten werden. Gerade beim CFS sind auch gewichtige kulturelle und gesellschaftliche Einflüsse zu beachten, die zur Konzeptualisierung neuzeitlicher Diagnosen und Modekrankheiten beitragen können (Abbey u. Garfinkel 1991, Shorter 1992, Showalter 1997).

Die diagnostische Gruppe der somatoformen Störungen

Somatoforme Störungen verweisen seit der Einführung von DSM-III (1980) auf eine Klasse von psychiatrischen Störungen, deren wesentliche Charakteristika körperliche Symptome sind. Diese scheinen eine somatische Krankheit anzuzeigen, ohne dass hierfür ausreichende Belege einer organischen Pathologie oder bekannter pathophysiologischer Mechanismen erbracht werden können. Es besteht bei ihnen der starke klinische Eindruck, dass psychologische Einflüsse oder Konflikte und psychosoziale Stressoren in der Symptombildung bedeutungsvoll sind. Im Unterschied zu den vorgetäuschten (artifiziellen) Störungen oder zur Simulation liegt bei ihnen aber keine willentliche Kontrolle der körperlichen Symptomatik vor (Kapfhammer 1999 b).

Gegenüber dem DSM-IV weist das ICD-10 nicht nur marginale Unterschiede auf. Reflektiert auf eine übergeordnete Klasse somatoformer Störungen erheben sich auch grundlegendere nosologische Fragen. So kombiniert zunächst das ICD-10 somatoforme Störungen mit stressbezogenen und neurotischen Störungen, um eine Assoziation zum traditionellen Neurosekonzept und eine hierbei unterstellte vorrangige Psychogenese zu bewahren. Andererseits ist wiederum die *Konversionsstörung* aus der Klasse der somatoformen Störungen herausgenommen. Zusammen mit den dissoziativen Störungen wird sie in einer eigenen Gruppe geführt. Obwohl sie paradigmatisch eine somatoforme Störung im obigen definierten Sinne verkörpert, ist der Tribut an das historische Hysterie-Verständnis für das ICD-10 höherrangig als die schlüssige Eingliederung in die neue diagnostische Klasse. Ein weiterer Grund für die Abtrennung besteht in der relativ akuten und meist nur kurzfristigen Symptommanifestation der Konversionsstörung, während die übrigen somatoformen Störungen eine sehr viel stärkere Tendenz zur Chronizität aufweisen. Als eigenständige diagnostische Kategorie wird im ICD-10 ferner die *somatoforme autonome Dysfunktion* geführt, die kein Analogon im DSM-IV besitzt. Die subkategorisierende Orientierung an traditionellen Organsystemen verrät eine originäre internistische bzw. psychosomatische Konzeptualisierung. Für die einzelnen medizinischen Fachdisziplinen besitzen diese funktionellen Störungen mit labiler vegetativer Innervierung einen wichtigen differentialdiagnostischen Stellenwert. Aus einer psychiatrischen Perspektive müssen aber die sehr engen Beziehungen zu diversen affektiven, Angst- und Panikstörungen herausgestellt werden. Die *körperdysmorphe Störung* hingegen verliert im ICD-10 ihre kategoriale Selbständigkeit und wird unter die hypochondrische Störung subsumiert. Die *Neurasthenie*, die im wesentlichen synonym für das Müdigkeitssyndrom steht, wird im ICD-10 miteingeschlossen, aber wenig schlüssig nicht als somatoforme, sondern als getrennte Kategorie geführt.

Es überrascht deshalb nicht, dass an der neu eingeführten diagnostischen Klasse der somatoformen Störungen auch heftige Kritik geübt wird. Die Einordnung von körperlichen Symptomen mag auf Grund der operationalisierten diagnostischen Kriterien durchaus reliablen Standards genügen, besitzt jedoch möglicherweise eine fragwürdige Validität. Murphy (1990) fasste seine Kritik thesenhaft zusammen:

- Eine Einteilung auf Grund körperlicher Symptome allein muss oberflächlich erscheinen, berücksichtigt man die große psychopathologische Heterogenität, die den einzelnen Syndromen jeweils zugrunde liegen kann.
- Individuelle Störungen erscheinen nicht qualitativ verschieden, sondern gehen häufig ineinander über. Klinisch zeigen sich nicht selten Zeichen aus verschiedenen diagnostischen Kategorien, es handelt sich also nur in seltenen Fällen um reine Zustandsbilder.
- Die Beschreibung spezifischer Störungen ist großenteils aus Erfahrungen mit stationären Patienten in medizinischen und psychiatrischen Einrichtungen abgeleitet und überbetont eventuell eine Chronizität dieser Störungen.
- Eine dimensionale Beschreibung einiger begründender Konzepte wie medizinisches Hilfesuchverhalten, Anzahl der somatischen Symptome oder hypochondrische Einstellungen usw. besitzt Vorteile gegenüber einer kategorialen Abgrenzung (s. u.).
- Das Stellen von Diagnosen erweckt den oberflächlichen Eindruck eines Verstehens und führt zur naiven Annahme von Krankheitsentitäten.

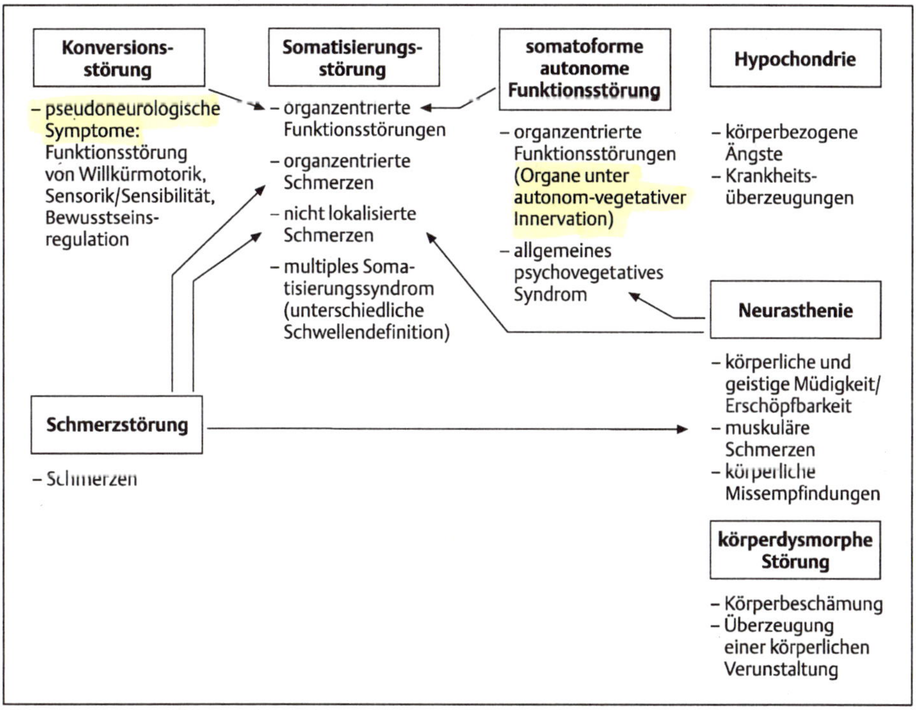

Abb. 2.2 Diagnostische Charakteristika somatoformer Störungen (gegenüber ICD-10 und DSM-IV modifizierte Darstellung) (nach Kapfhammer 1999c)

Der Mangel unterschiedlicher impliziter Theorieannahmen trotz oberflächlicher Deskriptionsbehauptung bei dieser sehr heterogenen Krankheitsgruppe darf nicht übersehen werden (Martin 1999). Angesichts des häufigen chronischen Verlaufs ergibt sich zusätzlich die Frage, ob es sich beispielsweise bei der Hypochondrie oder der Somatisierungsstörung weniger um eine Achse-I-Diagnose als vielmehr um eine Persönlichkeitsstörung, also eine Achse-II-Diagnose handelt (Bass u. Murphy 1995, Tyrer u. Mitarb. 1990).

Abb. 2.2 fasst wesentliche *diagnostische Charakteristika* der in den offiziellen psychiatrischen Klassifikationssystemen aufgeführten somatoformen Störungen zusammen. Die einzelnen somatoformen Störungen sind kategorial konzipiert, lassen aber doch erhebliche Überlappungsbereiche erkennen. Als zentrale Störung erscheint in der Tat die Somatisierungsstörung. Zu ihr können sowohl Aspekte der Konversions-, der Schmerz-, der autonomen somatoformen Funktionsstörung als auch der Neurasthenie konvergieren. Aus einer klinischen Perspektive erscheint es sinnvoll, einen sehr variablen Somatisierungsindex anzunehmen, also nicht eine exzessiv hohe Schwelle, wie noch z. B. im DSM-III-R, zu fordern.

In einer *pragmatischen diagnostischen Haltung* empfiehlt es sich bei klinischem Verdacht auf eine vorliegende somatoforme Störung die Beschwerden und Begleitumstände entlang diskreter Dimensionen zu beschreiben und erst in einem zweiten diagnostischen Schritt, eine kategoriale Zuordnung zu einer bestimmten somatoformen Störung zu versuchen (Tab. 2.1). Diese dimensionale Betrachtungsweise trägt auch der empirischen Beobachtung Rechnung, dass zwischen den als exklusive diagnostische Gruppen definierten somatoformen Störungen einerseits und den artifiziellen Störungen bzw. der Simulation andererseits keinswegs eine kategoriale Grenze zu ziehen ist. Vielmehr verweisen Verlaufsbeobachtungen, aber auch theoretische Überlegungen eher auf dimensionale Übergänge hin (Fink 1992 a, Kapfhammer u. Mitarb 1998 a, b, Taylor u. Hyler 1993).

Tabelle 2.1 Dimensionale Beschreibung von Patienten mit funktionellen körperlichen Störungen (nach Mayou et al. 1995)

Körperliche Symptome/Beschwerden
- mono-/oligosymptomatisch versus polysymptomatisch
- Akuität versus Chronizität

Zentrale körper-/krankheitsbezogene Erfahrungen
- hypochondrische Ängste/Überzeugungen
- externalisierende Attributionen, z. B. an Umwelt
- organisch zentrierte versus psychologische Krankheitskonzepte

Krankheitsverhalten
- Kontaktverhalten zu Ärzten/medizinische Einrichtungen
- selbstdestruktive Dimension (Anzahl invasiver Eingriffe, Suizidalität, offene/heimliche Selbstschädigung, chronische Schmerzen)

Psychosoziale Stressoren
- akut versus chronisch

Psychopathologische Begleitsyndrome
- z. B. Angst, Depression, Substanzmissbrauch

Kontrolle über Symptomproduktion
- somatoform – artifiziell – simuliert

Koexistente organische Störungen/pathophysiologische Mechanismen

Literatur

Abbey SE, Garfinkel PE (1991) Neurasthenia and chronic fatigue syndrome: The role of culture in the making of a diagnosis Am J Psychiatry 148: 1638-1646

Bass C, Murphy M (1995) Somatoform and personality disorders: Syndromal comorbidity and overlapping developmental pathways. J Psychosom Res 39: 403-427

Beard GM (1869) Neurasthenia or nervous exhaustion. Boston Med Surgical J 3: 217-120

Berrios G (1990) Feelings of fatigue and psychopathology. Compr Psychiatry 31: 140-151

Brandt T, Huppert D, Lempert T, Dieterich M (1994) Psychogen-funktionelle Gang- und Standstörungen. In: Martinius J, Kapfhammer HP (Hrsg) Nervenärztliche Dialoge. MMV Medizin Verlag, München, 91-101

Breuer J, Freud S (1893) Über den psychischen Mechanismus hysterischer Phänomne. Vorläufige Mitteilung. Neurol Zbl 12: 4-10

Briquet P (1859) Traite de l' hysterie. Bailliere et Fils, Paris

Brown J (1780) Elementa Medicinae, Edingburgh

Charcot JM (1872) Lecons sur les maladies du système nerveux faites à la Salpêtriere. Delahaye, Paris

Chodoff P, Lyons H (1958) Hysteria, the hysterical personality, and "hysterical" conversion. Am J Psychiatry 114: 734-740

Cloninger CR (1996) Somatization disorder. In: Widiger TA, Frances AJ, Pincus HA (eds) DSM-IV sourcebook, vol 2. American Psychiatric Association, Washington, DC, 885-892

Ebel H (1996) Somatoforme Störungen. Empirische Untersuchungen zu Psychopathologie, Persönlichkeit und Krankheitsverhalten. Habilitationsschrift. Medizinische Fakultät, RWTH Aachen

Escobar JI, Burham A, Karno M, et al (1987 a) Somatization in the community. Arch Gen Psychiatry 44: 713-718

Escobar JI, Golding JM, Hough RL, et al (1987b) Somatization in the community: Relationship to disability and use of services. Am J Public Health 77: 837-840

Ferraro A (1954) Nosological position of neurasthenia in psychiatry. J Nerv Ment Dis 119: 299-314

Fink P (1992) Surgery and medical treatment in persistent somatizing patients. J Psychosom Res 36: 439-447

Freud S (1895) Studien über Hysterie. GW I, 75-312

Freud S (1895) Über die Berechtigung von der Neurasthenie einen bestimmten Symptomenkomplex als „Angstneurose" abzutrennen. GW I, 315-342

Freud S (1920) Jenseits des Lustprinzips. GW XIII, 1-69

Gillespie RD (1929) Hypochondria. Kegan Paul, London

Gilman SL, King H, Porter R, Rousseau GS, Showalter E (1993) Hysteria beyond Freud. University of California Press, Berkeley

Greenberg DB (1990) Neurasthenia in the 1980s: Chronic mononucleosis, chronic fatigue syndrome, and anxiety and depressive disorders. Psychosomatis 31: 129-137

Hiller W, Rief W, Fichter M (1995) Further evidence for a broader concept of somatization disorder using the Somatic Symptom Index (SSI). Psychosomatics 36: 285-294

Hoche H (1916) Über Hysterie. Arch Psychiat 56: 331

Holmes GP, Kaplan JE, Gantz NM, et al (1988) Chronic fatigue syndrome: A working case definition. Ann Intern Med 108: 387-389

Janet P (1889) L'automatisme psychologique. Alcan, Paris

Janet P (1894) État mental des hystériques. Rueff, Paris

Janet P (1903) Les obsessions et psychasthenie. Felix Alcan, Paris

Kapfhammer HP (1999 a) Die larvierte Depression als psychosomatische Krankheit. In: Nissen G (Hrsg) Depressionen. Prävention und Therapie. Huber, Bern, Göttingen (im Druck)

Kapfhammer HP (1999 b) Somatoforme Störungen. In: Möller HJ, Laux G, Kapfhammer HP (Hrsg) Psychiatrie und Psychotherapie. Springer, Berlin, Heidelberg, New York, 1303-1310

Kapfhammer HP (1999c) Behandlung von somatoformen Störungen. In: Möller HJ (Hrsg) Therapie psychiatrischer Krankheiten. 2. Aufl. Thieme, Stuttgart, 844-858

Kapfhammer HP, Dobmeier P, Mayer C, Rothenhäusler HB (1998a) Konversionssyndrome in der Neurologie - eine psychopathologische und psychodynamische Differenzierung in Konversionsstörung, Somatisierungsstörung und artifizielle Störung. Psychosom Psychother med Psychol 48: 463-474

Kapfhammer HP, Dobmeier P, Rothenhäusler HB, Mayer C (1998 b) Artifizielle Störungen: Zwischen Täuschung und Selbstschädigung. Nervenarzt 69: 401-409

Katon W,Lin E, Von Korff M, et al (1991) Somatization: A spectrum of severity. Amer J Psychiatry 148: 34-40

Kellner R (1986) Somatization and hypochondriasis. Praeger-Greenwood, New York

Kenyon FE (1964) Hypochondriasis: A clinical study. Br J Psychiatry 110: 478-488

Kihlstrom JF (1994) One hundred years of hysteria. In: Lynn SJ, Rhue JW (eds) Dissociation. Clinical and theoretical perspectives. Guilford, New York, London, 365-394

King SA, Strain JJ (1992) Revising the category of somatoform pain disorder. Hosp Community Psychiatry 43: 217-219

Klerman GL (1982) Hysteria and depression. In: Roy A (ed) Hysteria, Wiley, Chichester, 211-228

Kraepelin E (1915) Die Hysterie. In: Psychiatrie. Ein Lehrbuch für Studierende und Ärzte. IV. Band. Klinische Psychiatrie, III. Teil. Barth, Leipzig

Kretschmer E (1923) Hysterie. 7. neugefasste Auflage.Thieme, Stuttgart 1974

Kroenke K, Spitzer RL, deGruy FV, u. Mitarb. (1997) Multisomatoform disorder. An alternative to undifferentiated somatoform disorder for the somatizing patient in primary care. Arch Gen Psychiatry 54: 352-358

Ljungberg L (1957) Hysteria: Clinical, prognostic and genetic study. Acta Psychiatr Scand 32 (suppl 112):1-162

Marsden CD (1986) Hysteria - a neurologist's view. Psychol Med 16: 277-288

Martin RD (1999) The somatoform conundrum: A question of nosological values. Gen Hosp Psychiatry 21: 177-186

Martin RL (1995) DSM-IV changes for the somatoform disorders. Psychiatr Annals 25: 29-39

Martin RL (1996) Conversion disorder, autonomic arousal disorder, pseudocyesis. In: Widiger TA, Frances AJ, Pincus HA, et al (eds) DSM-IV sourcebook, vol 2. American Psychiatric Association, Washington, DC, 893-914

Mayou R, Bass C, Sharpe M (1995) Overview of epidemiology, classification and aetiology. In: Mayou R, Bass C, Sharpe M (eds) Treatment of functional somatic symptoms. Oxford University Press, Oxford, New York, Tokyo, 42-65

Merskey H (1990) Conversion symptom revised. Sem Neurology 10: 221-228

Merskey H, Buhrich NH (1975) Hysteria and organic brain disease. Br J Med Psychol 48: 359-366

Micale MS (1994) Approaching hysteria. Princeton University Press, Princeton

Morey LC, Kurtz JE (1996) The place of neurasthenia in DSM-IV. In: Widinger TA, Frances AJ, Pincus HA (eds) DSM-IV Sourcebook. American Psychiatric Press, Washington, DC, 961-971

Morselli E (1886) Sulla dismorfofobia e sulla tafefobia. Bolleltino Accademia delle Scienze. Mediche di Genova VI, 110-119

Murphy MR (1990) Classification of the somatoform disorders. In: Bass C (ed) Somatization: Physical symptoms and psychological illness. Blackwell, Oxford, 10-39

Nemiah JC (1998) Early concepts of trauma, dissociation, and the unconscious: Their history and current implications. In: Bremner JD, Marmar CR (eds) Trauma, memory, and dissociation. American Psychiatric Press, Washington, DC, London, 1-26

Pappenheim E (1989) Freud und Gilles de la Tourette. Spekulationen über die Diagnose von Frau Emmy von N. Psyche 43: 929-951

Porter R (1995) Psychosomatic disorders: Historical perspectives. In: Mayou R, Bass C, Sharpe M (eds) Treatment of functional somatic symptoms. Oxford University Press, Oxford, New York, Tokyo, 17-41

Riedesser P, Verderber A (1996) „Maschinengewehre hinter der Front". Zur Geschichte der deutschen Militärpsychiatrie. Fischer Taschenbuchverlag 10876, Frankfurt a. Main

Roy A (1977) Cerebral disease and hysteria. Compr Psychiatry 18: 607-609

Roy A (1980) Hysteria. J Psychosom Res 24: 53-56

Schultz JH (1955) Grundfragen der Neurosenlehre. Thieme, Stuttgart

Shorter E (1992) From paralysis to fatigue. A history of psychosomatic illness in the modern era. The Free Press, New York

Showalter E (1997) Hystories. Hysterical epidemics and modern culture. Picador, London

Slater E, Beard W, Glithero E (1965) A follow-up of patients diagnosed as suffering from hysteria. J. Psychosom Res 9: 9-13.

Taylor S, Hyler SE (1993) Update on factitious disorders. Int J Psychiatry Med 23: 81-94

Tyrer P, Fowler-Dixon R, Ferguson B, Keleman A (1990) A plea for the diagnosis of hypochondrial patients. Psychol Med 23: 167-173

Warwick HMC, Salkovskis PM (1990) Hypochondriasis. Behav Ther Res 28: 105-117

Wessely S (1990) Old wine in new bottles: Neurasthenia and 'ME'. Psychol Med 20: 35-53

Whitlock FA (1967) The aetiology of hysteria. Acta Psychiatr Scand 43: 144-162

Ziegler FG, Imboden JB (1962) Conversion reactions. Arch Gen Psychiatry 6: 279-287

3. Ätiopathogenetische Modelle der Somatisierung

Hans-Peter Kapfhammer

Somatisierung ist kein einheitliches Konzept. Somatisierung ist zentrales Merkmal der diagnostisch äußerst heterogenen Gruppe der somatoformen Störungen. Somatisierung liegt aber auch häufig bei affektiven und Angststörungen vor. In einer ätiopathogenetischen Perspektive darf deshalb nicht von monokausalen Modellen ausgegangen werden. Vielmehr ist ein vielfältig determinierter Prozess anzunehmen, auf den sehr unterschiedliche Faktoren einwirken können (Abb. 3.**1**). Eine ätiopathogenetische Diskussion orientiert sich an einzelnen Dimensionen. Hierdurch wird nicht unbedingt ein je exklusiver Ausschnitt der Verursachung von Somatisierung markiert, sondern es werden häufige, besondere, sich ergänzende theoretische Sichtweisen auf unterschiedlichen Abstraktionsniveaus vermittelt.

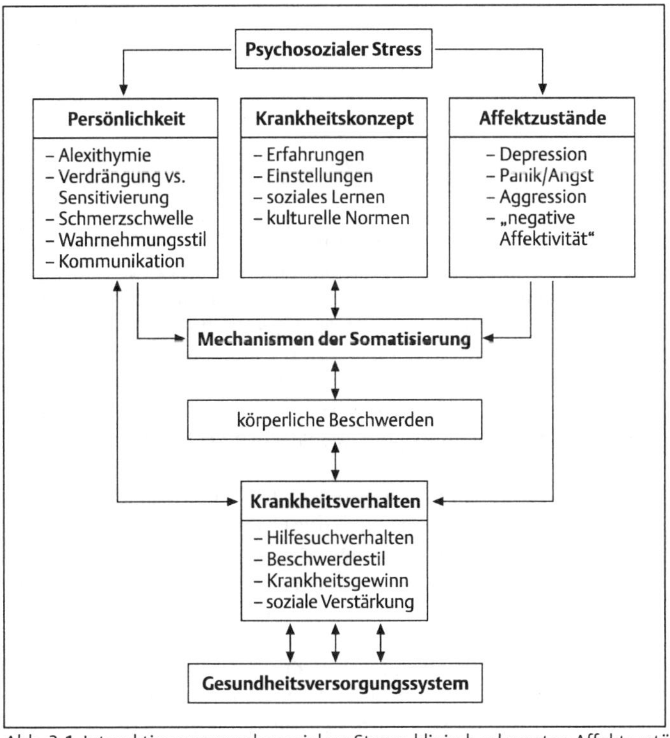

Abb. 3.1 Interaktion von psychosozialem Stress, klinisch relevanten Affektzuständen, Krankheitskonzept und Primärpersönlichkeit mit Mechanismen der Somatisierung und des Krankheitsverhaltens (nach Kapfhammer 1999b)

Genetische Aspekte

Die große Heterogenität der Patienten in den diversen somatoformen Störungsgruppen, die bedeutsamen symptomatologischen Überlappungen und Übergangswahrscheinlichkeiten im Verlauf, aber auch die häufige Assoziation somatoformer mit anderen komorbiden psychiatrischen Störungen macht die Interpretation von genetischen Untersuchungen schwierig. Vorliegende Ergebnisse basieren meist auf epidemiologisch konzipierten *Familien- oder Zwillingsstudien.*

- In einer frühen Zwillingsstudie fand Slater (1961) zwischen zwölf monozygoten und zwölf dizygoten Zwillingen mit Konversionsbildungen keine signifikanten Konkordanzunterschiede. Schepanks (1974) Untersuchung von 50 Zwillingspaaren deckte zwar eine höhere Konkordanz bei monozygoten Zwillingen hinsichtlich allgemeiner neurotischer Symptome auf, nicht aber hinsichtlich typischer Konversionssymptome (z. B. Gangstörungen usw.). In seiner norwegischen Zwillingsstudie identifizierte Torgersen (1986) 35 Paare (14 monozygot, 21 dizygot) mit somatoformen Störungen. In keinem Fall lag beim Zwillingspartner die diagnostisch identische somatoforme Untergruppe vor. Hinsichtlich somatoformer Störungen allgemein betrug die Konkordanzrate bei eineiigen Zwillingen 29%, bei zweieiigen Zwillingen 10%. Eine große Häufigkeit von Angststörungen v. a. in generalisierter Form beim Zwillingsgeschwister war zu beachten. Obwohl eine familiäre Häufung gegeben zu sein schien, war eben so sehr auch eine Transmission über sehr ähnliche peristatische Einflüsse in der frühen familiären Umwelt zu diskutieren.
- Ähnliche Trends wiesen familiengenetische Untersuchungen von Patienten mit Konversionsstörungen auf, bei denen die Angehörigen v. a. von Patientinnen ein erhöhtes Indexrisiko zeigten (Guze u. Mitarb. 1986, Ljungberg 1957).
- In einer kleinen Familienstudie an 19 Patienten mit einer Hypochondrie (DSM-III-R) und 72 Verwandten 1. Grades verglichen mit 24 Probanden ohne Hypochondrie und 97 Angehörigen fanden Noyes u. Mitarb. (1997) keine erhöhte familiäre Rate an Hypochondrien bei den Indexpatienten, auch nicht hinsichtlich bedeutsamer anderer psychiatrischer Störungen, wohl aber hinsichtlich Somatisierungsstörungen. Hypochondrie erschien so nicht als eine unabhängige Störung, sondern als eine besondere psychopathologische Dimension, z. B. einer Somatisierungsstörung.
- Die vermutlich bedeutsamsten Einsichten in eine differentielle genetische Vermittlung somatoformer Störungen stammen aus den zahlreichen Untersuchungen der St. Louis-Schule zur polysymptomatischen Form der Hysterie, dem Briquet-Syndrom. Eine deutliche familiäre Häufung von multiplen somatoformen Syndromen wurde beobachtet:
  - Zwischen 10% und 20% der weiblichen Verwandten 1. Grades von Patientinnen mit einem Briquet-Syndrom (diagnostiziert nach dem Goldstandard der Feighner-Kriterien: 25 von 59 Symptomen) wiesen die gleiche Diagnose auf.
  - Männliche Verwandte dieser Patientinnen wiederum zeigten ein höheres Risiko hinsichtlich antisozialer Persönlichkeitsstörungen, Kriminalität und Alkoholmissbrauch (Arkonac u. Guze 1963).
  - Aber auch die Ehemänner dieser Patientinnen mit Briquet-Syndrom wiesen eine Häufung von Alkoholismus und Soziopathie auf (Woerner u. Guze 1968).
  - In einer schwedischen Adoptionstudie stellte sich diese differentielleVerteilung aber nur bei Patientinnen dar, die ein Hoch-Frequenz-Somatisierungsmuster mit häufigen Bauch-, Rückenschmerzen und psychiatrischen Problemen (5% des Samples) aufwiesen (Bohman u. Mitarb. 1984).

- Patientinnen mit einem polymorphen Somatisierungsmuster und seltenerer Behinderung (13% des Samples in der Adoptionsstudie) hatten häufiger biologische Väter mit Alkoholproblemen (Cloninger u. Mitarb. 1984).
- Männer mit multiplen medizinisch unerklärten körperlichen Symptomen zeigten hingegen keine vergleichbare familiäre Transmission hinsichtlich ihrer weiblichen und männlichen Verwandten. Bei ihnen schien sich ein verstärkter Zusammenhang zu familiär gehäuften Angststörungen und Persönlichkeitsstörungen mit prominenter Angstsysmptomatik anzudeuten (Cloninger u. Mitarb. 1984).
- Lediglich bei Frauen mit einem Briquet-Syndrom (25 aus 59 Symptomen in 9 neuen von 10 Symptomgruppen), nicht aber mit einer Somatisierungsstörung nach DSM-III-Kriterien (14 aus 35 Symptomen) konnte eine klare familiäre Assoziation gefunden werden (Cloninger u. Mitarb. 1986).
- Der pathogenetische bzw. vermittelnde Stellenwert eines hyperkinetischen Syndroms in der Kindheit von Patienten mit späteren Briquet-Syndromen bzw. Somatisierungsstörungen musste offenbleiben (Guze 1993).

Diese Studien legten also einen wichtigen genetischen Einfluss auf die Entstehung einer Somatisierungsstörung mit sehr hohem Symptomindex nahe und machten auch geschlechtsdifferentielle Entwicklungspfade wahrscheinlich.

Untersuchungen, die auf dem *Paradigma der psychiatrischen Komorbidität* beruhen, bieten eine weitere Möglichkeit, eventuell vorliegende familiengenetische Einflussfaktoren aufzuzeigen.

➤ Zwischen einer Panikstörung und einer Somatisierungsstörung (DSM-III-R) besteht ein bedeutsamer Zusammenhang. Battaglia u. Mitarb. (1995) führten eine genetisch-epidemiologische Studie durch, in der sie Patienten mit einer Panikstörung mit Patienten verglichen, die neben einer Panikstörung auch die diagnostischen Kriterien einer Somatisierungsstörung erfüllten. Die Risiken für Panikstörung, Panikstörung mit Agoraphobie und Alkoholismus waren in den Familien von Patientinnen beider Patientengruppen bedeutsam höher als in jenen der nicht-psychiatrischen Kontrollgruppe. Das familiäre Risiko von Patientinnen mit Panik- und Somatisierungsstörung hinsichtlich antisozialer Persönlichkeit war bedeutsam höher im Vergleich zu Verwandten von Patientinnen mit ausschließlicher Panikstörung und der Kontrollgruppe. Die Somatisierungsstörung erschien so nicht einfach als eine Variante der Panikstörung, beide Störungen konnten vielmehr bei einem Patienten koexistieren, ohne aber eine gemeinsame genetische Diathese besitzen zu müssen.

➤ Fasst man eine somatoforme Störung enger, indem man sie auf auf eine klinisch-symptomatologisch homogen definierbare funktionelle Störung, z. B. die Fibromyalgie beschränkt, und stellt sie in ein breit angelegtes Spektrumkonzept unterschiedlicher somatischer und psychiatrischer Störungen, so ergeben sich interessante Aspekte. Patienten mit einer Fibromyalgie zeigten eine hohe Lebenszeitprävalenz von Migräne, Colon irritabile, chronischem Müdigkeitssyndrom, Major Depression und Panikstörung sowie eine bedeutsame familiäre Häufung von Stimmungsstörungen (Hudson u. Mitarb. 1992). Die Befunde vertrugen sich mit der Hypothese, dass diese verschiedenen Störungen möglicherweise eine gemeinsame physiologische Dysfunktionalität teilten. Der hohen Assoziation von Fibromyalgie und eigen- sowie familienanamnestischer Depression (Offenbächer u. Mitarb. 1998) entsprachen Befunde signifikant erhöhter Substanz-P-Werte (Marker der Nozizeption), niedrigerer 5-Hydroxy-Indolessigsäure-Werte (Indikator der serotonergen Transmission), höherer BDI-Scores (Depressivität) und Auffälligkeiten im Serotonin-Polymorphismus (funktionelle Mutation von Cystein zu Serin im 5-HT 2 c-Rezeptorgen) (Bondy u. Mitarb. 1999). In diesen Ergebnissen deutet sich möglicherweise eine genetisch vermittelte

Verschränkung von Nozizeption, Depressivität und Serotonin-System an. Diese Zusammenhänge verweisen weniger auf nosologische Störungsgruppierungen per se, sondern eher auf allgemeinere psychopathologische und pathophysiologische Dimensionen.

Neurologische, neurophysiologische, neuropsychologische, psychophysiologische und endokrinologische Aspekte

Auch andere Modelle mit biologisch-psychiatrischer Schwerpunktsetzung kämpfen mit der großen diagnostischen Heterogenität der untersuchten Patientengruppierungen. Unklar bleibt, ob aufgedeckte Befunde zufällig koexistent zur Konversionsbildung bzw. Somatisierung zu sehen sind oder ob sie die Pathogenese oder aber die Aufrechterhaltung einer Symptomatik entscheidend bestimmen. Die hier referierten Befunde erfolgen in einer Gegenüberstellung von mono- bzw. oligosymptomatischen Konversionsbildungen versus polysymptomatischen Somatisierungssyndromen.

➤ Sorgfältige *klinisch-medizinische*, insbesondere *neurologische Untersuchungen* von Patienten mit Konversionssyndromen deckten eine häufige Koexistenz mit relevanten organischen, v. a. neurologischen Befunden auf (Folks u. Mitarb. 1984, Marsden 1986, Merskey u. Buhrich 1975, Merskey u. Trimble 1979, Ron 1994, Roy 1977). Hirnorganische Störungen können für Konversionsstörungen entweder prädisponieren oder aber als Krankheitsmodelle für soziale Lernvorgänge dienen. Ein anschauliches Beispiel ist das häufig gemeinsame Auftreten von epileptischen und nichtepileptischen Anfällen, die in bis zu 25% bei Epilepsiepatienten diagnostiziert werden (Ramchandani u. Schindler 1993). Diese Koexistenz ist häufiger bei Epilepsiepatienten mit früh erworbenen Hirnschädigungen und sekundären kognitiven Defiziten. Frontalhirndefizite mit resultierenden Beeinträchtigungen in Mechanismen der Aufmerksamkeit und Handlungsplanung scheinen ebenfalls für Konversionsbildungen zu prädisponieren (Ron 1994, Spiegel 1991).

Einige *neurophysiologische Hypothesen* könnten weiter zum Verständnis von Konversionsvorgängen beitragen. So postulierten Ludwig (1972) und Whitlock (1967) einen kortikofugalen Hemmungsmechanismus gegenüber afferenten Stimuli, eine Störung der Aufmerksamkeitsfunktionen als grundlegend bei der Konversionsbildung. Ähnlich wie bereits Kretschmer (1923), der einen Rückgriff auf instinktmäßige motorische Schablonen wie die Extremformen eines „Bewegungssturms" oder „Totstellreflexes" bei schockartigen Affekterlebnissen als Hysteriemodell formulierte, beschrieben auch die Autoren Katastrophenreaktionen als zunehmend regressivere Modi der Auseinandersetzung mit unerträglichen Stressoren. Diese regressiven Handlungsweisen tragen zu einer wehrlosen und hilflosen Pose bei, beeinträchtigen auch eine reife Realitätskontrolle, so dass eine psychologische Abschottung von einer als gefährlich erachteten sozialen Situation oder inneren Konfliktlage gelingt. Gleichzeitig sind sonst frei verschiebbare Aufmerksamkeitsleistungen in einer Konzentration auf das körperliche Symptom blockiert. Ein Zusammenhang zum klinischen Zeichen der „belle indifference" deutet sich hier an. Als bestätigender empirischer Beleg für einen solchen kortikalen Hemmmechanismus könnte eine interessante Fallstudie an einer Frau mit linksseitiger Plegie nach psychosozialem Trauma gewertet werden (Marshall u. Mitarb. 1997). PET- und rCBF-Untersuchungen zeigten, dass der Versuch, das gelähmte linke Bein zu bewegen, nicht den primären motorischen Cortex rechts aktivierte, sondern mit einer starken Aktivierung des rechtsseitigen orbito-frontalen Cortex und der rechtsseitigen anterioren Anteile des Cingulums einherging. Die Autoren postulierten, dass diese beiden Hirnregionen präfrontale willentliche Effekte auf den rechten primären motorischen Cortex hemmten.

Möglicherweise spielt auch eine *beeinträchtigte Informationsabstimmung zwischen den beiden Hirnhemisphären* eine bedeutsame Rolle, wie klinische Beobachtungen über ein gehäuftes Auftreten von Konversionssymptomen (v. a. sensorisch-sensibel) in der linken Körperhälfte anzeigen (Bishop u. Mitarb. 1978, Galin u. Mitarb. 1977, Miller 1984, Stern 1974).

Auch *neuropsychologische Befunde* sprechen für eine mögliche hemisphärale Dysfunktionalität. Flor-Henry u. Mitarb. (1981) wiesen bei einer Gruppe von Patienten mit häufig rezidivierenden Konversionssymptomen neben bifrontalen Veränderungen v. a. Funktionsstörungen in der nicht-dominanten Hirnhemisphäre nach. In ihrer neuropsychologischen Studie berichteten sie über eine bedeutsame Hemmung verbal kodierter Vorstellungsbilder bei einer gleichzeitig imponierenden affektiven Inkongruenz. Die experimentell erzielten Ergebnisse erinnerten an psychoanalytische Konzepte beispielsweise eines „impressionistischen kognitiven Stils" oder einer „Affektualisierung" (Shapiro 1965). Beobachtungen von psychopathologisch relevanten Veränderungen bei lokalen Hirnläsionen wie z. B. einem Hemineglect, also einer Anosognosie für eine Hemiplegie bei betroffener nicht-dominanter Parietalregion oder einer Anosodiaphorie, also einer unkritischen, den Defekt verleugnenden Heiterkeit bei rechts-frontalen Hirnschädigungen könnten modellhafte Anstöße zu einem neuropsychologischen Verständnis für bestimmte psychopathologische Auffälligkeiten bei Konversionsstörungen etwa einer „belle indifference" geben (Cutting 1990).

Während bei akuten monosymptomatischen Konversionsbildungen mögliche Aufmerksamkeitsstörungen auf einen besonderen Hemmmechanismus gegenüber afferenten Stimuli hinweisen, ist ein analoger Mechanismus bei einem persistenten Somatisierungsverhalten nicht zu erwarten. Es scheint hingegen vielmehr eine gegenteilige Aufmerksamkeitsdysfunktion vorzuherrschen, die eine Störung in der Reizfilterung und der Diskriminationsfähigkeit zwischen relevanten und irrelevanten Reizen signalisiert. *Neurophysiologische Studien* mittels ereigniskorrelierten evozierten Potentialen sprechen für eine solche Störung der Aufmerksamkeitsfokussierung (Gordon u. Mitarb. 1986, James u. Mitarb. 1987, 1989, 1990). Eine besondere Akzentuierung in der rechtshemisphäralen Verarbeitung zeichnet sich auch hier ab (Wittling u. Mitarb. 1992). Inwieweit diese typische Aufmerksamkeitsdysfunktion, die zu einem in afferenten viszeralen oder peripheren Reizen Sichverfangen eines chronisch somatisierenden Patienten führt (stimulus entrapment) (Meares 1997), auf grundlegenderen neurobiologischen Mechanismen einer Hypersensitivierung *(kindling process)* beruht, ist in weiteren empirischen Untersuchungen zu klären. Vor allem bei Patienten mit somatoformen Schmerz- oder polysymptomatischen Somatisierungssyndromen könnten solche Mechanismen eine wichtige Rolle spielen (Fink 1997).

Eine frühe Hypothese von Eysenck (1967) besagte, dass der Persönlichkeitsdimension „emotionale Labilität" auf einer biologischen Ebene eine Disposition zu vegetativer Labilität entspreche. Wenngleich Myrtek und Fahrenberg (1998) kürzlich in einer eindrucksvollen methodenkritischen Arbeit betonten, dass die psychophysiologische Persönlichkeitsforschung diese Annahme von Eysenck nicht bestätigen konnte, darf hieraus nicht abgeleitet werden, dass den weiter unten dargestellten persönlichkeits- und wahrnehmungspsychologischen Aspekten des Somatisierungsverhaltens keinerlei *psychophysiologische Korrelate* zukämen. Vielmehr muss festgehalten werden, dass psychophysiologische Studien an homogenen klinischen Patientengruppen, die über eine operationalisierte Diagnostik definiert wurden, nach wie vor eine große Rarität darstellen. Es muss weiterhin als Hypothese offenbleiben, ob eine Teilgruppe von Patienten mit somatoformen Störungen nicht doch labilere oder reaktivere physiologische Systeme besitzt und deswegen dazu neigt, verstärkt zahlreiche Körpersymptome als Reaktion auf soziale Stressoren und Emotionen zu erfahren (Weiner 1992). In der Tat mag in dieser psychophysiologischen Dimension ein grundlegender Unterschied zwischen akuten Konversionsbildungen und chronisch persistierenden Somatisierungssyndromen bestehen. Hierauf weisen bereits frühe Untersuchungen. Während eine akute Konversionssymptomatik durch eine normale psychophysiologische Aktivierung gekennzeichnet zu sein schien (Lader u. Sartorius 1968), wurden bei chronischen Somatisierungsverläufen Merkmale eines hohen psychophysiologischen Arousals beobachtet (Meares u. Horvath 1972). Die jüngst publizierte Studie von Rief u. Mitarb. (1998) wies in eine ähnliche Richtung.

Eine Reihe von pathophysiologischen Mechanismen wie z.B. ein erhöhtes autonomes Arousal, muskuläre Verspannungszustände, Hyperventilation, ein gestörter Schlaf und eine ausgeprägte körperliche Inaktivität könnte also einem Somatisierungsprozess entscheidend zugrunde liegen, einzelne Syndrome sogar typisch vermitteln (Sharpe u. Bass 1992).

Nicht nur psychophysiologische Daten, auch *endokrinologische Forschungsergebnisse* tragen dazu bei, bestimmte Untergruppen von Patienten mit somatoformen Störungen zu charakterisieren. Die Psychoneuroendokrinologie des Somatisierungsprozesses steht allerdings ebenfalls erst in den Anfängen. Zwei Trends lassen sich trotzdem als möglicherweise bedeutsam ausmachen. So können Subgruppen von Somatisierungspatienten gekennzeichnet werden, die analog des vorliegenden erhöhten psychophysiologischen Arousals eine verstärkte neuroendokrine Stressreaktion mit z. B. erhöhter Basalsekretion von Cortisol zeigen (Rief u. Mitarb. 1998), während wiederum andere Somatisierungspatienten eher eine erschöpfte neuroendokrine Antwort mit niedrigen Cortisol-Ruhewerten aufweisen (Heim u. Mitarb. 1998). Interessanterweise lässt sich erstere Subgruppe eher im neuroendokrinen Kontext einer depressiven Störung, letztere aber in dem einer Posttraumatischen Belastungsstörung (PTSD) konzeptualisieren. Entgegen früherer theoretischer Erwartungen zeichnet sich lediglich die Major Depression durch eine progressive Desensitivierung der HPA-Achse aus, die PTSD hingegen vielmehr durch eine progressive Sensitivierung (Kapfhammer 1999d). Dieses unterschiedliche neuroendokrine Reaktionspattern hat möglicherweise entscheidende Effekte auf nachgeschaltete neurochemische und immunologische Systeme, die Mechanismen der Somatisierung differentiell beeinflussen könnten.

Wenngleich die hier kurz skizzierten Ergebnisse aus Studien zur biologischen Untersuchung von Somatisierungssyndromen sporadisch, inkonsistent und erst in Anfängen begriffen sind, so machen sie doch klar, dass Somatisierung keineswegs in einer ausschließlich psychologischen Perspektive, z. B. nur innerhalb eines kognitiv-behavioralen oder psychodynamischen Ansatzes verstanden werden darf, sondern psychobiologische Variablen eine wichtige Rolle spielen dürften (Manu 1998).

Persönlichkeits-, wahrnehmungs- und kognitionspsychologische Aspekte

Es lassen sich einige Dimensionen beschreiben, die für somatisierende Patienten recht typisch sind. Es handelt sich hierbei nicht einfach um statische Kernmerkmale der Persönlichkeit, sondern auch um Charakteristika mit bedeutsamen Auswirkungen auf die jeweils aufgenommene Arzt-Patienten-Beziehung (Kapfhammer 1997).

Negative Affektivität

Das Konzept der negativen Affektivität (Pennebaker u. Watson 1991) bezieht sich auf eine grundlegende Disposition zahlreicher somatisierender Patienten. Sie drückt eine Neigung aus, auf Belastungen jeglicher Art verstärkt aversiv-emotional zu reagieren oder auch spontan vermehrt aversiv-emotionale Zustände zu erleben. Es handelt sich hierbei um eine vermutlich multimodal erworbene Persönlichkeitseigenschaft. Sie geht in der subjektiven Erfahrung mit Gefühlen von Nervosität, Anspannung und Besorgnis einher. Im interpersonalen Erleben des Partners werden affektpsychologisch aber ganz gemischte Emotionen wie Ärger, Verachtung, Ekel, Schuld, Unzufriedenheit, Kränkung und Zurückweisung wahrgenommen. Das Konzept ist persönlichkeitspsychologisch mit anderen Dispositionskonstrukten wie mit Neurotizismus, Trait-Angst, Pessimismus sowie allgemeiner psychosozialer Fehlanpassung eng verknüpft. Negative Afektivität ist eine Variante eines negativen Selbstbildes. Sie zeigt eine hohe Korrelation mit der Rate geäußerter subjektiver Gesundheitsbeschwerden, die als solche noch keineswegs distinkte Funktionsstörungen in den unterschiedlichen Organsystemen signalisieren müssen. Es besteht auch bezeichnenderweise keine Korrelation zum langfristigen objektiven Gesundheitsstatus. Somatisierung drückt in dieser Perspektive eine nichtspezifische Verstärkung von Stresswahrnehmung aus.

Alexithymie

Alexithymie stellte bei seiner Einführung in die psychoanalytische Psychosomatik ein Persönlichkeitskonstrukt dar, das Patienten mit schweren psychosomatischen Erkrankungen ätiopathogenetisch charakterisieren sollte (Nemiah u. Sifneos 1970). Das mehrdimensionale Konzept beeinhaltet eine Unfähigkeit oder Schwierigkeit, zwischen körperlichen Empfindungen einerseits und Emotionen andererseits zu unterscheiden, eine Unfähigkeit oder Schwierigkeit, Gefühle verbal zu beschreiben, reduzierte imaginative Fähigkeiten in Phantasie und Traum sowie einen operativer Denkstil mit einer Einengung auf konkrete Details der äußeren Realität. Eine empirische Überprüfung des Konzeptes konnte den ursprünglichen theoretischen Anspruch nicht einlösen. Alexithymie scheint weder kausal noch spezifisch chronische organische Krankheiten zu bedingen. Sie geht aber offenkundig mit einer tonischen physiologischen Übererregbarkeit einher, ist mit einer Reihe von ungesunden Verhaltensweisen wie z. B. Nikotin- oder Alkoholabusus korreliert und bahnt die Wahrnehmung in Richtung auf eine verstärkte Registrierung von somatischen Empfindungen und Symptomen (Lumley u. Mitarb. 1996). Ein statistischer Zusammenhang zwischen Alexithymie und Somatisierung ist wohl als belegt anzusehen (Cohen u. Mitarb. 1994). Obwohl ursprünglich als Trait-Variable der Persönlichkeit konzipiert, weisen Beobachtungen darauf hin, dass alexithyme Stile auch unter stressvollen und konflikthaften Einflüssen state-abhängig auftreten können (Pennebaker u. Mitarb. 1990). Mit dem quantitativen Ausmaß eines Somatisierungsverhalten steigt der Alexithymie-Score, wobei v.a. die erste Komponente des Konstrukts, nämlich die Schwierigkeit zwischen körperlichen Sensationen und Emotionen zu unterscheiden, betroffen zu sein scheint (Kapfhammer u. Mitarb. 2001). Somatisierung könnte in diesem Zusammenhang als Tendenz betrachtet werden, gewöhnliche körperliche Sensationen speziell unter psychosozialem Stress eher als Anzeichen einer vorliegenden Dysfunktion fehlzudeuten und dafür medizinische Hilfe zu beanspruchen, als sie auf emotionale oder interpersonelle Konflikte zu attribuieren (Kirmayer u. Mitarb. 1994).

Hypochondrie/Gesundheitsängste

Eine hypochondrische Einstellung lässt sich charakteristischerweise durch eine besondere Wahrnehmungssensibilität gegenüber normalen körperlichen Sensationen beschreiben, die als Anzeichen von befürchteten schwerwiegenden Erkrankungen interpretiert werden. Diese grundlegende perzeptiv-kognitive Haltung liegt vielfältigen, medizinisch unerklärten Körpersymptomen zugrunde. Es herrscht meist eine quälende Krankheitsfurcht bzw. Krankheitsüberzeugung vor, die auch nach eingehender ärztlicher Untersuchung und Versicherung persistiert. Obwohl sie zentral die eigenständige diagnostische Kategorie der Hypochondrie definiert, lehrt die klinische Erfahrung, dass hypochondrische Ängste und Überzeugungen in allen somatoformen Gruppierungen auftreten. Hypochondrie kann deshalb als eine eigenständige Dimension des Somatisierungsverhaltens angesehen werden (Kellner 1991). Auch wenn enge Zusammenhänge zwischen den einzelnen Komponenten des Konstruktes der Hypochondrie bzw. der Gesundheitsängste angenommen werden müssen, ist eine Unterscheidung in vorrangig perzeptiv-attentive versus vorrangig kognitiv-evaluative Aspekte vorteilhaft.

Eine besondere Fähigkeit, somatische Sensationen präzise aufzudecken und korrekt zu diskriminieren, ist keineswegs durchgängiges Merkmal von ängstlichen und hypochondrischen Personen (Vögele 1998). Dennoch besagt ein zentrales Konstrukt, dass hypochondrische Patienten, über eine *erhöhte perzeptive Sensibilität gegenüber körperlichen und viszeralen Sensationen* verfügten, die von einer *selektiven Aufmerksamkeit* begleitet würden (Barsky 1992). Hiermit unmittelbar gekoppelt gehe ein Mechanismus einher, der die Perzeption dieser körperlichen Empfindungen verstärke (amplifizierender somatischer Stil). Es ist sehr wahrscheinlich, dass in diesen perzeptiv-attentiven Vorgang einer „somatosensorischen Amplifikation" (Barsky 1979) auch Aspekte der beschriebenen negativen Affektivität (Pennebaker u. Watson 1991) sowie einer differentiellen Abwehrbereitschaft, auf bedrohliche Reize eher im Sinne einer Sensitivierung versus einer Unterdrückung zu reagieren, (Byrne 1961) eine maßgebliche Rolle spielen. Wickramasekera (1988) wies ferner nach, dass sowohl eine sehr hohe wie auch eine sehr niedrige *Hypnotisierbarkeit*, die als Indikator für eine Suggestibilität gelten kann, zu einem körperlichen Distress beiträgt. Ein Extrem drückt ein zu intensives Absorbiertwerden durch mögliche schädliche Reize aus, das andere Extrem signalisiert eine Unfähigkeit, schädliche Reize bei normaler Konzentration wirksam auszublenden. Die Unterdrückung eines emotionalen Ausdrucks und die Unfähigkeit zur kognitiven Bewältigung eines emotionalen Konflikts sind sowohl mit psychophysiologischen Störungen als auch mit Somatisierung in Verbindung zu bringen (Bonanno u. Singer 1990). Anschluss an diese Überlegungen finden wiederum Aspekte des oben ausgeführten Alexithymie-Konzeptes wie auch typische Charakteristika des kognitiven Bewertungsstils zahlreicher hypochondrischer Patienten mit somatoformen Symptomen (Lupke u. Ehlert 1998).

Von zentraler Bedeutung für die Strukturierung der leitenden kognitiven Schemata und Überzeugungen in der Hypochondrie sind *prägende elterliche Einstellungen* zu Krankheit und Gesundheit, persönliche Erfahrungen mit eigenen Erkrankungen und denen von Familienmitgliedern, aber auch kulturell erworbene Stereotype. Warwick und Salkovskis (1990) begründeten hierauf ihr kognitives Modell der Entstehung von Hypochondrie. Neben entwicklungs-, familien- und sozialpsychologischen Faktoren, die dysfunktionale Annahmen über die Bedeutung körperlicher Empfindungen und Symptome begründen, kommt dem aktualgenetischen Einfluss von kritischen Lebensereignissen, wie z. B. dem plötzlichen Tod oder einer ernsthaften Erkrankung eines Familienangehörigen eine besondere auslösende Rolle zu. Diese life events bestätigen langfristige Erwartungshaltungen und kognitive Schemata. Sie legen die eingeengte Interpretation nahe, bei den verspürten körperlichen Sensationen könne es sich nur um untrügliche

Anzeichen einer verborgenen organischen Erkrankung handeln. Eine reaktiv erhöhte Angst verstärkt infolge der somatischen Begleitsensationen den hypochondrischen Wahrnehmungs- und Evaluationssprozess noch weiter. Neben den affektiven, kognitiven und physiologischen Komponenten der hypochondrischen Einstellungen und Gesundheitsängste sind auch typische Verhaltensweisen wie Vermeidung, überprüfende Selbstbeobachtung, Manipulation sowie Suche nach fortlaufender Rückversicherung und ärztliche Konsultation zu beachten und als eigenständige Variablen in der Aufrechterhaltung der Symptomatik zu bewerten.

Destruktive Momente im somatisierenden Krankheitsverhalten

Die Dimension der Destruktivität bei somatisierenden Patienten kann sehr unterschiedliche Aspekte aufweisen. Diese treten beispielsweise in Form von früheren und aktuellen Suizidversuchen, von offener-impulshafter und/oder heimlich-täuschender Selbstschädigung, von chronischen Schmerzsyndromen und schließlich invasiven Eingriffen auf. Gerade letztere müssen als durchgeführte diagnostische Maßnahmen und Operationen hinsichtlich möglicher iatrogener Schädigungen reflektiert werden.

Iatrogene Schädigungen können als Folge einer einseitigen diagnostischen Haltung des Arztes, als Folge einer unbewussten Selbstschädigung des Patienten sowie als Folge von Täuschung und heimlicher Selbstmisshandlung durch einen Patienten mit artifizieller Störung auftreten. Alle drei Fälle können in unterschiedlicher Akzentuierung bei Patienten mit Somatisierungssyndromen auftreten. Somatoforme Störungen einerseits und artifizielle Störungen andererseits sollten hierbei weniger als getrennte diagnostische Kategorien verstanden werden. Vielmehr bilden sie in der klinischen Realität eine breite Übergangszone (Kapfhammer u. Mitarb. 1998 a, b).

Entwicklungsspekte des sozialen Lernens, Aspekte des Krankheitswissens und der öffentlichen Krankheitskonzeptualisierung

Ein übermäßiger *Somatisierungsstil und Krankheiten in der Familie* allgemein, speziell Klagen über Schmerzen oder körperliche Behinderungen von Familienmitgliedern prägen früh entstehende Krankheitskonzepte bei späteren Patienten mit Somatisierungssyndromen (Benjamin u. Eminson (1992). Craig u. Mitarb. (1993) fanden, dass eine *mangelnde elterliche Fürsorge* und eigene schwerwiegende Krankheiten in der Kindheit die besten Prädiktoren für ein Somatisierungsverhalten im Erwachsenenalter sind. Andererseits wurde auch eine besondere *mütterliche Überprotektivität*, eine starke Ängstlichkeit gegenüber tatsächlichen oder vermeintlichen körperlichen Krankheitsanzeichen des heranwachsenden Kindes mit fokussierter Evaluation innerhalb eines engen Rahmens von Gesundheit und Krankheit als Risikovariable für spätere hypochondrische Einstellungen hervorgehoben (Baker u. Merskey 1982). Egle (1992) konnte mittels einer „strukturierten Anamnese für Schmerzpatienten" (SABS) folgende anamnestische Angaben als aussagekräftige Indikatoren für das Vorliegen eines Schmerzsyndroms mit bedeutsamer psychosozialer Verursachung herausstellen:

- *In der Kindheit:* mangelndes emotionales Verständnis, mangelnde Geborgenheit und Zuneigung durch die Eltern, Misshandlungen, häufiger Streit oder Scheidung der Eltern, starke berufliche Anspannungen beider Elternteile, keine konstruktive Auseinandersetzung mit den Eltern, häufige Bauchschmerzen

- *Aktuell:* mangelndes Verständnis des Partners für die Erkrankung, schlechte Qualität der Partnerbeziehung, aktuelle Konflikte mit Vorgesetzten, geringe subjektive Bedeutsamkeit des Sexuallebens, ähnliches Beschwerdebild oder Schmerzerkrankung im persönlichen Umfeld.

Früheres, aber auch späteres *Lernen am Modell* zeigt sich auch bei Patienten mit pseudoneurologischen Konversionssyndromen, wenn man den hohen Prozentsatz von Patienten beachtet, die entweder selbst in klinischen Einrichtungen arbeiten, mit Krankenhauspersonal befreundet oder verheiratet sind und auch häufig in ihrem familiären und unmittelbaren sozialen Umfeld Personen haben, die phänomenologisch sehr ähnliche Symptome aufweisen (Kapfhammer u. Mitarb. 1992).

Frühkindliche körperliche oder sexuelle Traumatisierungen scheinen in ganz besonders verheerender Weise eine Vulnerabilität für spätere Somatisierungssyndrome zu setzen. Dies gilt sowohl für Konversionsbildungen (Alper u. Mitarb. 1993), für diverse Somatisierungssyndrome (Coryell u. Norten 1981, Drossman u. Mitarb. 1990, Golding 1994, Morrison 1989, Walker u. Mitarb. 1992), für spezielle Schmerzsyndrome (Walker u. Mitarb. 1996), für hypochondrische Einstellungen (Barsky u. Mitarb. 1994), aber auch für artifizielle Störungen (Kapfhammer u. Mitarb. 1998 b).

Stuart und Noyes (1999) reflektierten diese entwicklungspsychologischen Risikoeinflüsse auf ein späteres Somatisierungsverhalten innerhalb eines *bindungstheoretischen Modells*. Somatisierende Personen zeigten demnach ein vorrangig ängstlich-vermeidendes Bindungsverhalten, das aus frühkindlichen Erfahrungen v.a. mit den Eltern resultiere. Eine Exposition gegenüber Krankheiten erhöhe die Wahrscheinlichkeit dafür, dass späterer Distress körperlich ausgedrückt werde. Unter psychosozialer Belastung würden die späteren Erwachsenen bevorzugt körperliche Beschwerden einsetzen, um Unterstützung und Fürsorge zu erzielen. Typische Interaktionen auch mit medizinischem Personal führten leicht zu einer Zurückweisung und bestärkten grundlegende Ängste des Verlassenwerdens.

Es ist bedeutsam, dass der *aktuelle Wissensstand über bestimmte Krankheiten* auch jenseits subjektiver Krankheitserfahrungen starken soziokulturellen Determinanten unterliegt und multimedial vermittelt wird. Er beeinflusst auch die subjektiven Krankheitstheorien von Einzelpersonen und kann unter dem Eindruck aktueller Krankheitsschicksale im sozialen Umfeld die perzeptiv-evaluativen Einstellungen gegenüber eigenen körperlichen Sensationen verändern. Ernsthafte Erkrankungen, aber auch epidemische Gesundheitsängste z.B. hinsichtlich der Umweltverschmutzung, dramatische Berichte in den Medien über spezielle Krankheitsmoden können zu einer besonderen Sensibilität beitragen (Cooper 1993, David u. Wessely 1995). Individuelles Somatisierungsverhalten und gesellschaftlich konstruierte Modekrankheiten können sich hierbei im subjektiven Sich-krank-fühlen (illness) oft zum dominanten Lebensstil verschränken (Ford 1997, Showalter 1997). Dem manchmal verhängnisvollen Einfluss von Ärzten in der Förderung von hypochondrisch und paranoid ausgestalteten Umweltängsten gilt es gesondert Rechnung zu tragen (Kapfhammer 1999 e).

Aspekte negativer Lebensereignisse, chronischer psychosozialer Stressoren, reduzierter Coping-Fertigkeiten und mangelnder Unterstützungsressourcen

Die vorliegende empirische Literatur lässt wenig Zweifel daran, dass *psychosozialer Stress* eine entscheidende Rolle in der Auslösung, Exazerbation und Aufrechterhaltung von Somatisierungsverhalten spielt und somit die meisten Definitionen von Somatisierung (s. o.) bestätigt. Hierbei ist eine Vermittlung möglich, die entweder direkt ein Somatisierungsverhalten anstößt, oder aber erst über eine primäre psychische Störung (z. B. Angst-, depressive Störung) ein solches fördert (Simon 1991). Bereits Briquet (1859) hob in seiner klassischen Monographie die Rolle belastender Lebensschicksale hervor. Moderne Untersuchungen untermauerten diesen Einfluss kritischer Lebensereignisse auf das Somatisierungsverhalten (de Leon u. Mitarb. 1987, Scaloubaca u. Mitarb. 1988, Kapfhammer u. Mitarb. 1992).

Unter einer *systemischen Warte* ist zu beachten, dass ein Somatisierungsverhalten beispielsweise innerhalb einer Partnerdyade oder eines Familiensystems den Aufmerksamkeitsfokus auf das Krankheitsverhalten lenkt und existente Konflikte zu neutralisieren scheint (Mullins u. Mitarb. 1990, Willi 1975). Familiensysteme mit Somatisierungsstil als prominentem Modus der Kommunikation und Konfliktbewältigung wurden andererseits als weniger unterstützend, kohäsiv und anpassungsfähig beschrieben (Walker u. Mitarb. 1987, 1988). Bass und Murphy (1995) betonten, dass diese Kommunikations- und Copingstile in der Kindheit durchaus noch einen adaptiven Wert zeigen könnten, aber bei Persistenz die Komplexität der Herausforderungen eines Erwachsenenlebens notgedrungen verfehlen müssten. Somatisierung erscheint hier modellhaft als eine erlernte Tendenz, für gewöhnliche körperliche Symptome medizinische Hilfe zu suchen.

Die medizinsoziologischen *Theorien zur Krankenrolle* (Parsons 1951), *zum Krankheitsverhalten* (Mechanic 1962) bzw. *zum abnormen Krankheitsverhalten* (Pilowsky 1990) sehen in dieser Reaktionstendenz ein erlerntes Verhaltensmuster, mit emotionalen Stresssituationen durch eine Fokussierung auf körperliche Symptome sowie durch ein Hilfesuchverhalten in medizinischen Einrichtungen fertig zu werden. Aspekte des mangelnden Selbstwerts, des reduzierten Selbstverständnisses, der verringerten Selbstwirksamkeit, der extern attribuierten Handlungskontrolle spielen bei diesen somatisierenden Personen eine zentrale Rolle, wie dies im Modell von Lazarus und Folkman (1987) beispielhaft beschrieben wird.

Personen mit nur *geringer sozialer Unterstützung* oder in *sozialer Isolation* zeigen ein signifikant erhöhtes Inanspruchnahmeverhalten vielfältiger medizinischer Einrichtungen. Zu Zeiten erhöhten psychosozialen Stresses benützen sie ärztliche und andere medizinisch tätige Personen als wichtige unterstützende Partner. Sie stellen zu ihnen den Kontakt bevorzugt über ein somatoformes Beschwerdeangebot her (Ford 1986, Robinson u. Granfield 1986).

Aspekte des medizinischen Versorgungssystems und sozialer Verstärkersysteme

Somatisierung weist eine eigenständige *iatrogene Dimension* auf. Sie stellt sich als eine Konsequenz des jeweiligen medizinischen Versorgungssystems dar. Kulturelle Einflüsse, aber auch die in einer Gesellschaft verfügbaren medizinischen Einrichtungen bedingen diesem Modell zufolge in ihrer vorrangigen Konzentration auf somatische Symptomberichte und der damit assoziierten Ausblendung von psychologischen und psychosozialen Problemen erst ein typisches Verhalten, das Patienten mit Somatisierungssyndromen in exemplarischer Weise auszeichnet (Mayou 1976). Eine einseitige Konzeptualisierung von somatischen Symptomen innerhalb eines organmedizinischen Krankheitsverständnisses, die Durchführung nicht streng indizierter diagnostischer Maßnahmen sowie die unbegründete Verordnung von Medikamenten sind als weitere iatrogene Faktoren zu identifizieren. In einem pointierten Editorial hoben Mayou und Sharpe (1995) hervor, dass Patienten mit zahlreichen und/oder persistierenden medizinisch unerklärten Körpersymptomen beispielhaft zu jener Gruppe von Patienten gehören, die Ärzte als schwierig erleben. Die Sorge, ein Patient könnte eine schwerwiegende, diagnostisch noch unklare Krankheit haben, die tatsächliche Koexistenz mit einer somatischen Krankheit, die mangelhafte Ausbildung von Praktikern für den Umgang mit somatisierenden Patienten, aber auch das Interaktionsverhalten derselben tragen zu einer solchen Einschätzung bei. Es existieren typische Schwierigkeiten in der Interaktion. Eine hohe Rate an emotionalen und sozialen Problemen, ein starker Leidensdruck bei einem hartnäckigen Fokus auf körperliche Beschwerden einerseits, die relative Ineffektivität internistischer oder chirurgischer Standardbehandlungen von überforderten und unverständigen Klinikern andererseits bedingen Unzufriedenheit und Enttäuschungsärger bei beiden Partnern.

Einige Dimensionen in typischen Interaktionen zwischen Ärzten und Patienten mit Somatisierungssyndromen können eigenständig beschrieben werden. Sie gilt es gerade in klinischen Einrichtungen mit hoch diversifizierten somatischen Diagnostikmöglichkeiten und technisch immer spezialisierteren Therapieansätzen zu reflektieren. Eine Skizzierung der Dimensionen macht verständlicher, warum es so häufig zu Interaktionsproblemen in der Arzt-Patienten-Beziehung kommt, welche Formen diese annehmen und zu welchen auch sozioökonomischen Folgen sie führen können. Eine Orientierung an bereits eingeführten Persönlichkeitskonzepten somatisierender Patienten (s. o.) in ihren Auswirkungen auf die Arzt-Patienten-Beziehung ist hierbei vorteilhaft (Kapfhammer 1997).

Es gilt die vielfältigen Konsequenzen aus einem persistierendem Somatisierungsverhalten zu beachten. Diese können sowohl im Hinblick auf eine bedeutsame psychosoziale Behinderung und erhöhte psychiatrische Komorbidität als auch auf enorme ökonomische Gesundheitskosten hin reflektiert werden.

Psychosoziale Behinderung. Im Vergleich zu Patienten mit organischen Krankheiten weisen Patienten mit Somatisierungssyndromen, speziell einer Somatisierungsstörung, einen wesentlich höheren psychosozialen Behinderungsgrad auf (Zoccolillo u. Cloninger 1986). Gesundheitspolitisch relevant ist, dass sie an durchschnittlich sieben Tagen pro Monat arbeitsunfähig sind im Vergleich zu 0.5 Tagen in der Allgemeinbevölkerung. Im weiteren Krankheitsverlauf werden über 80% der Patienten wegen ihrer Somatisierungsstörung vorzeitig berentet (Smith u. Mitarb. 1986). In einer englischen Untersuchung waren 10% der Patienten schließlich auf einen Rollstuhl angewiesen, ohne dass hierfür eine organmedizinische Begründung vorlag (Bass u. Murphy 1991). Analoge Ergebnisse stellten sich in der Studie von Kapfhammer u. Mitarb. (1998 a) dar.

Psychiatrische Komorbidität. Wichtige zusätzliche psychiatrische Implikationen ergeben sich aus der Tatsache, dass Patienten speziell mit einer Somatisierungstörung sowohl im aktuellen Beschwerdebild als auch in der Lebenszeitperspektive eine stark erhöhte Komorbidität bzw. Koexistenz mit weiteren psychischen Störungen wie Depression, Angst, Panik, Zwang, Drogen-, Medikamentenmissbrauch, Suizidalität, multiple Persönlichkeit und diverse Persönlichkeitsstörungen zeigen (Brown u. Mitarb.1990, Kapfhammer u. Mitarb. 1998 a, Liskow u. Mitarb. 1986, Tomasson u. Mitarb. 1991). Koexistente psychiatrische Störungen oder Persönlichkeitsstörungen bestimmen nicht nur den Schweregrad einer Somatisierungsstörung (Russo u. Mitarb. 1994), sie sind auch mit einer insgesamt negativeren Verlaufsprognose verknüpft (Rief u. Mitarb. 1995).

Sozioökonomische Gesundheitskosten. Typischerweise unterziehen sich Patienten mit einer Somatisierungsstörung im Laufe ihrer Krankheitskarriere exzessiven medizinischen Untersuchungen, absolvieren zahlreiche medikamentöse Therapien und weisen eine erhöhte Rate von operativen Eingriffen auf (Smith u. Mitarb. 1986, Swartz u. Mitarb. 1986, Zoccolillo u. Cloninger 1986). Während einer 8-Jahres-Periode fanden sich im Danish National Patient Register 282 Patienten, die während dieses Zeitraums mindestens zehnmal ein Krankenhaus aufsuchten. Ein Fünftel dieser Patientengruppe zeigte ein peristierendes Somatisierungsverhalten mit 22 stationären Aufnahmen im Median. Dies machte 3% aller Einweisungen in nicht-psychiatrische Kliniken aus (Fink 1992 b). Unterzogen sich Patienten mit chronischen Somatisierungsyndromen einem operativen Eingriff, so musste in 75% der Fälle ein Misserfolg notiert werden. In ca. zwei Drittel der Fälle waren auch internistisch verordnete Medikationen erfolglos (Fink 1992a, c).

Aspekte koexistenter/komorbider psychiatrischer Störungen

Bridges und Goldberg (1985) wiesen darauf hin, dass Patienten mit primären psychiatrischen Problemen, speziell *depressiven* oder *Angststörungen* ihre Symptome üblicherweise über einen Somatisierungsmodus darstellen. Das heisst, sie berichten ihren behandelnden Ärzten in erster Linie die somatischen Symptome ihrer psychischen Erkrankung wie z. B. Schlaf- und Appetitstörungen, unspezifische kardiopulmonale oder gastrointestinale Beeinträchtigungen, Irritabilität, Müdigkeit oder Konzentrationsdefizite. Wenngleich diese Symptome von den Patienten auf vermeintlich körperliche Erkrankungen attribuiert werden, sind die erhobenen Organbefunde in der Regel unauffällig. Häufig endet der diagnostische Prozess des Arztes bei dieser Unauffälligkeit des somatisch-medizinischen Status. Bei einem spezifischen Nachfragen wäre der Arzt aber meist imstande, auch bedeutsame, diagnostisch klärende, affektive und kognitive Symptome zu erfragen. Nach Kirmayer und Young (1998) sind „körperliche Symptome weltweit die häufigste Ausdrucksform für emotionalen Distress“. Ca. 80% der Patienten mit depressiven Störungen werden zunächst wegen ihrer Beschwerden bei Hausärzten oder Internisten vorstellig. Hierbei präsentieren ca. 50% der Patienten ihre Beschwerden mit einer vorrangig körperlichen Symptomatik, nur ca. 20% berichten eine vorrangig seelische, d. h. affektive und kognitive Symptomatik ihrer depressiven Verstimmung. Allgemein ist davon auszugehen, dass allenfalls die Hälfte der Patienten in ihrer Problematik diagnostisch auch erkannt wird.

Eine Dimension dieses Problems ergibt sich möglicherweise aus der empirischen Tatsache, dass sich somatisierende Patienten für den ärztlichen Praktiker in ihren Beschwerden relativ uniform präsentieren, obwohl sie diagnostisch auf recht unterschiedliche Störungen verweisen können (Lloyd 1986, Kirmayer u. Robbins 1991, Katon u. Mitarb. 1991).

Fasst man die Darstellungsform, in der depressive Patienten ihre Beschwerden dem Arzt vortragen, näher ins Auge, so ergibt sich zudem keine einfache kategoriale Auftrennung von Patienten mit psychologischen Krankheitskonzepten einerseits und mit organischem Krankheitsverständnis andererseits. Vielmehr muss eine Übergangsreihe angenommen werden, die mit Patienten beginnt, die ihre depressive Verstimmung detailliert in typischen affektiven und kognitiven Symptomen im Kontext psychosozialer Belastungen schildern können (1: psychologisierend), über Patienten, die initial eine ausschließlich somatische Präsentation ihrer Symptome wählen, bei gezieltem Nachfragen aber sehr wohl zu psychosozialen Erklärungen imstande sind (2: initial somatisierend), ferner

Patienten, die trotz intensiven Nachfragens nur somatische Attributionen für sich selbst behaupten, lediglich allgemein psychosoziale Einflüsse auf analoge Beschwerden für möglich halten (3: fakultativ somatisierend) bis hin zu Patienten führt, die trotz nachweisbarer psychosozialer Stressoren hartnäckig an einem somatischen Modell ihrer Beschwerden festhalten (4: echt somatisierend) (Kirmayer u. Mitarb. 1993, Kirmayer u. Robbins 1996). Untersucht man auf dieser Dimension der *Psychologisierung versus Somatisierung* die Rate der jeweils von den Ärzten diagnostisch erkannten depressiven Störungen, so lässt sich eine signifikante Abnahme der diagnostischen Erkennbarkeit mit einer Intensivierung der Somatisierungshaltung (1 - 4) feststellen (Kirmayer u. Mitarb. 1993).

Auch andere, mit einer Somatisierung häufig assoziierte Merkmale beeinflussen die Wahrscheinlichkeit, mit der ein Arzt einen Patienten in seiner depressiven Problematik erkennt. Es ist offenkundig weniger die Anzahl der aktuell vorliegenden medizinisch unerklärten Körpersymptome ($p = 0.45$) als vielmehr die in einer Lebenszeitperspektive registrierte Häufigkeit solcher medizinisch unerklärter Körpersymptome ($p = 0.03$), die einen Hinweis für die Tendenz zu einer persistierenden Somatisierungstendenz abbilden könnte. Und auch das Ausmaß der zusätzlich vorliegenden hypochondrischen Besorgnisse und Gesundheitsängste macht es einem Arzt leichter, eine depressive Störung bei einem Patienten zu erkennen ($p < 0.01$) (Kirmayer u. Mitarb 1993).

In einer weiteren empirischen Perspektive treten Depression und Somatisierung ebenfalls in einen sehr engen Kontext. Zahlreiche Studien, die sorgfältig die *Koexistenz bzw. Komorbidität* psychiatrischer Störungen bei Patienten mit multiplen somatoformen Symptomen (Somatisierungsstörung) untersuchten, deckten in ca. 80% koexistente Depressionen auf (Bacon u. Mitarb. 1994, Brown u. Mitarb. 1990, Gureje u. Mitarb. 1997, Rief u. Mitarb. 1995). Diese hohen Prävalenzzahlen lassen sich v. a. bei stationär behandelten Patienten nachweisen, bei ambulanten Patienten liegen sie in der Regel niedriger (Bridges u. Mitarb. 1991, Katon u. Mitarb. 1991, Kirmayer u. Robbins 1993). Möglicherweise bildet sich in dieser Differenz zunächst vorrangig das Problem der Akuität versus Chronizität einer Somatisierungsstörung ab. Diese nämlich zeichnet sich in ihrer klinischen Verlaufsdynamik sehr häufig durch eine persistierende Chronizität der körperlichen Beschwerden aus, geht mit einem hohen subjektiven Leidensdruck und Krankheitsgefühl einher und bedingt dann regelhaft eine massive psychosoziale Behinderung. Depressionen erwiesen sich in dieser Blickweise v. a. als sekundäre Komplikationen. Der enge Zusammenhang von Depression und somatoformer Störung, der sich durch das empirische Untersuchungsprinzip der Komorbidität bzw. Koexistenz ergibt, lässt sich auf einer theoretischen Ebene inhaltlich aber unterschiedlich diskutieren (Lipowski 1990):

- Somatoforme und depressive Störung teilen sich eine gemeinsame psychologische und/oder biologische Basis.
- Eine somatoforme Störung erhöht in ihrem klinischen Verlauf das Risiko einer sekundär auftretenden depressiven Störung.
- Eine depressive Störung erhöht in ihrem klinischen Verlauf das Risiko einer sekundär auftretenden somatoformen Störung.
- Eine somatoforme Störung ist Bestandteil einer zugrunde liegenden depressiven Störung.

Viel zuwenig ist nach wie vor darüber bekannt, wie eine gemeinsame psychologische und/oder biologische Basis der beiden klinisch-operational konzipierten Störungen aussehen könnte. Verlaufsuntersuchungen legen nahe, dass in der zeitlichen Abfolge signifikant häufiger eine Depression einer somatoformen Störung nachfolgt als umgekehrt (Rief u. Mitarb. 1992). Dennoch weist speziell Akiskal (1983) darauf hin, dass nicht voll remittierte depresssive Phasen protrahierte residuale Zustände nach sich ziehen können, in denen v.a. Symptome einer beeinträchtigten Körperfühlsphäre mit multiplen somatoformen Symptomen (in moderner Terminologie) imponieren. Ein somatisches, somatisiertes, vitales, endomorphes Syndrom ist wiederum integraler Definitionsbestandteil einer Major Depression in den modernen psychiatrischen Klassifikationssystemen von ICD-10 und DSM-IV. Bedeutsame Interaktionen zwischen Depression und somatoformer Störung lassen sich auf unterschiedlichen Ebenen skizzieren, die zum Verständnis der häufigen Koexistenz beitragen können (Hegerl 1998).

Für eine Reihe von speziellen funktionellen Syndromen wird jenseits der häufigen allgemeinen Assoziation zwischen Depression und somatoformer Störung ein besonders engerer Zusammenhang diskutiert. Dies gilt speziell für den atypischen Gesichtsschmerz, die Fibromyalgie, das chronische Müdigkeitssyndrom, das Colon irritabile (Kapfhammer 1999 a).

Epidemiologische Studien belegen, dass auch Patienten mit den diversen Angststörungen ein außergewöhnlich hohes Inanspruchnahmeverhalten der unterschiedlichsten ambulanten und stationären medizinischen Einrichtungen zeigen (Kennedy u. Schwab 1997). Gerade auf Grund der meist sehr eindrücklichen körperlichen Symptome, die Patienten beklagen, erhöht sich für Ärzte ein enormer differentialdiagnostischer Druck, relevante somatische Krankheiten übersehen zu können zum Schaden der Patienten und zu erhöhtem eigenen Risiko hinsichtlich möglicher juristischer Verwicklungen und finanzieller Regressansprüche. In der Tat liegt nicht selten ein komplexes Bedingungsgefüge von Angst und Organkrankheit vor. Dies kann trefflich am Beispiel von funktionellen und organpathologischen Störungen des Herzens veranschaulicht werden (Katon 1996). Eine ähnlich komplexe Verschränkung von Angst und Organstörung deutet sich für funktionelle gastrointestinale Störungen wie z. B. dem Colon irritabile einerseits, für entzündliche Darmerkrankungen wie Colitis ulcerosa oder Morbus Crohn andererseits an, die jeweils durch eine hohe Prävalenz von Panikstörungen ausgezeichnet sind (Lydiard u. Mitarb. 1994). Der Zusammenhang von Angst-, speziell von Panikstörungen zu anderen, aus dem Blickwinkel der jeweiligen fachmedizinischen Disziplin formulierten Somatisierungssyndrome wie z. B. phobischem Schwankschwindel (Kapfhammer u. Mitarb. 1997), Fibromyalgie oder chronischer Müdigkeit (Manu 1998) muss psychiatrisch beachtet werden.

Traumapsychologische Aspekte

Zahlreiche empirische Studien machen es sehr wahrscheinlich, dass zumindest bei einer Subgruppe von Patienten mit Somatisierungssyndromen in der biographischen Vorgeschichte und / oder aktuellen Lebenssituation traumatische Erfahrungen für die Entstehung und Auslösung des Somatisierungsprozesses eine wesentliche Rolle spielen könnten. Hierbei sind die theoretischen Konzepte von Somatisierung, Dissoziation und Trauma in einer einheitlichen Perspektive zu fassen. In der historischen Monographie von P. Janet (1889) „L'automatisme psychologique" ist dieser Zusammenhang bereits richtungsweisend formuliert. *Dissoziation* erweist sich bereits in den modellhaften Überlegungen von Janet als ein Prozess einerseits, als ein Coping-Mechanismus andererseits. Sie stellt sowohl einen grundlegenden Bewältigungsversuch angesichts traumatischer emotionaler Erfahrungen dar und reflektiert gleichermaßen auch ein Versagen in der Fähigkeit zur Affektintegration. *Somatisierung* verweist in dieser Sichtweise einerseits auf jene die Horrorsituation begleitende somatisch-viszerale Aktivierung, deren selbstreflexive und aktiv-imaginative Komponenten in der Dissoziation verlustig gingen. In der traumatischen Erinnerung, einer meist unkontrollierbar getriggerten Intrusion, ist Somatisierung die konditionierte somatisch-vizerale Reaktion, der ein Zusammenhang zur ursprünglichen traumatischen Gesamtszene zu fehlen scheint. Somatisierung verweist andererseits auf die Kosten, die Langzeitfolgen eines ineffizienten Copings in einer sukzesiv eskalierenden Erschöpfung der Anpassungsressourcen (Kapfhammer 2001).

In einer Sichtung der empirischen Literatur lässt sich sowohl ein enger Zusammenhang zwischen Dissoziation einerseits und Somatisierung andererseits nachweisen (Freyberger u. Mitarb. 1998, Saxe u. Mitarb. 1994). Auch eine unmittelbare Assoziation von Trauma und Dissoziation ist gut belegt (Gershuny u. Thayer 1999). Rodin u. Mitarb. (1998) liefern überzeugende Belege, die es erlauben, Dissoziation und Somatisierung in die übergreifende Perspektive einer Traumaexposition, eines posttraumatischen Distresses, einer posttraumatischen Belastungsstörung (PTSD) zu stellen. Für das psychosomatische Verständnis einer PTSD ist aber wiederum eine Beschreibung nicht nur in psychodynamischen, entwicklungspsychologischen, behavioral-kognitiven, sondern auch in neurobiologischen Aspekten entscheidend. Und gerade letztere Aspekte, so die mit einer PTSD assoziierten Dysfunktionen in den diversen (v. a. adrenergen, serotonergen, opioidergen) Neurotransmittersystemen, die besondere neurohormonelle Dysregulation des Hypothalamus-Hypophysen-Nebennierenrinden-Systems (HPA-Achse), die traumabedingten funktionellen und strukturellen Veränderungen in speziellen neuroanatomischen Zentren der Informationsverarbeitung (v. a. Amygdala, Hippocampus) machen die vielschichtigen symptomatologischen Auffälligkeiten von PTSD-Patienten erst verständlich (Kapfhammer 1999 d).

Psychodynamische Aspekte

Der Beitrag der Psychoanalyse zum Verständnis der Somatisierung ist keineswegs monolithisch, sondern umfasst zahlreiche Modellvorstellungen. Diese dürfen nicht im Widerspruch zu den oben skizzierten Aspekten gesehen werden. Sie ergänzen diese vielmehr bedeutungsvoll. Auch wenn die meisten psychodynamischen Konzepte nicht aus systematischen empirischen Studien abgeleitet worden sind, entstammen sie doch breiten klinischen Beobachtungen. Auf sie zu verzichten hieße, eine subtile psychopathologische Erfahrungstradition zu leugnen, was einer grundlegenden Verarmung der Psychologie bzw. Psychosomatik von Somatisierungssyndromen gleichkäme.

Traditionell thematisiert ein psychodynamischer Ansatz zwei grundlegende Modi, den Modus der *Konversionsbildung* und den Modus der *Affektsomatisierung*. Inhärent ist beiden Modi eine Diskussion auf unterschiedlichen Strukturniveaus, d. h. ein konflikorientierter Fokus richtet sich auf höher strukturierte, reifere intrapsychische Konfliktformen einerseits, auf basalere, eher interpersonale Konfliktformen andererseits. Der jeweilige Stellenwert des Somatisierungssymptoms in seiner Ausdrucksgestalt als Symbol oder Zeichen ist hierbei differentiell zu erörtern. Die zunehmende Sensibilität für die Bedeutung objektiver Traumatisierungen in der sozialen Realität für die individuelle biographische Entwicklung im allgemeinen und für konkrete psychopathologische Syndrome im besonderen, führte mittlerweile auch innerhalb der psychoanalytischen Kommunität zu einer erneuten eigenständigen Beachtung traumapsychologischer Aspekte in ihren psychodynamischen Implikationen.

Psychodynamik der Somatisierung im Kontext von Traumaerfahrung und -verarbeitung

Die ursprüngliche Position S. Freuds und J. Breuers (1895) war der von P. Janet noch durchaus gleichzusetzen (Kapfhammer 1999 f). Auch sie sahen den Zusammenhang von traumatischer Exposition in einem sensiblen Entwicklungsabschnitt und Entstehung von dissoziativer Psychopathologie als entscheidend an. Auch sie erkannten die Bedeutung einer zur Abwehr traumatischer Erfahrungen eingesetzten Autosuggestion in der Pathogenese dissoziativer Syndrome sowie den besonderen Stellenwert hypnotischer Verfahren in der Behandlung dieser speziellen Störung. Im Fortgang der psychoanalytischen Theorienbildung kam es aber zu einer bedeutsamen Schwerpunktsverlagerung in der psychodynamischen Traumakonzeption. Dominierte anfänglich die Orientierung an äußeren Ereignissen mit subjektiv nicht mehr zu bewältigenden traumatischen Erregungen und hieraus resultierenden Gefühlen einer psychophysischen Hilflosigkeit, identifizierte Freud später immer stärker den Einfluss unbewusster Phantasien in der Bedeutungsattribution auf traumatische Situationen. Nicht mehr die mit einem äußeren Ereignis verknüpfte, quantitativ unkontrollierbare Erregung, sondern das triebbestimmte unbewusste Bedeutungserleben eines Individuums bildete fortan den Fokus des psychoanalytischen Interesses. Aus einer *äußeren Traumasituation* wurde eine *intrapsychische Gefahrensituation*, auf die sich eine Ich-Instanz antizipatorisch mit dosierter Signalangst einstellen und aktiv mit spezifischen Abwehrmechanismen z. B. Verdrängung reagieren kann (Freud 1926).

Traumatische Erinnerungen und assoziierte schmerzliche Affekte können nicht mehr konstruktiv verarbeitet werden. Hiermit beschreibt Freud im wesentlichen ein Dissoziationsmodell. Intrapsychisch herrscht einerseits eine Tendenz zum Wiederholungszwang, andererseits eine Leugnungshaltung vor. Auf einer phänomenologischen bzw. Verhaltensebene korrespondieren hiermit ein intrusives Wiedererleben des ursprünglichen Traumas sowie ein Vermeidungsverhalten. In diesem Dissoziationsmodell entsteht ein entscheidender intrapsychischer Konflikt dadurch, dass im Wiederholungszwang immer auch ein aktiver Versuch zu sehen ist, das Trauma doch noch zu bewältigen, dass aber gegen die Wiederkehr traumatischer Rekollektionen auch eine intensive Abwehr gerichtet ist. Massive Angstaffekte unterstreichen die Intensität dieses Konfliktes. Misslingen spätere Bewältigungsversuche, so kommt es zu einem sozialen Rückzug der Person, zu einer vita minima. Horowitz (1986) reformulierte dieses Freudsche Traumamodell innerhalb eines modernen Informationsverarbeitungsansatzes. Dieser dient heute als wichtige psychodynamische Referenzbasis, das initiale Erleben eines traumatischen Ereignisses sowie Stufen seiner Verarbeitung bzw. seiner Fehlverarbeitung besser verstehen zu können.

Krystal (1978, 1985, 1997) hob in einer Reihe von entwicklungspsychologischen Arbeiten ein prinzipielles Abwehrversagen in der Anpassung an ein katastrophales Trauma hervor. Er unterschied die Konsequenzen eines psychischen Traumas für ein Kind von jenen für einen Erwachsenen. Die Konzeptualisierung des *infantilen Traumas* stimmt in etwa mit den Freudschen Vorstellungen überein und hebt die massiven Störungen in der weiteren kognitiven und affektiven Entwicklung mit fehlschlagender Desomatisierung der Affekte, verzögertem bzw. behindertem Verbalisieren von emotionalen Erfahrungen, verringerter Affekttoleranz sowie fehlenden Signaleigenschaften von Affekten in späteren Gefahrensituationen hervor. Die Konzeptualisierung des *Erwachsenentraumas* betont hingegen eine Intaktheit der Signalfunktion von Affekten. Die antizipatorisch erfasste Unabwend- und Unvermeidbarkeit einer überwältigenden Gefahr erst führt zur umfassenden Blockade jeglicher Affekte und leitet einen Prozess des Sich-Aufgebens ein, der verhaltensmäßig in einen katatonoiden Zustand einmünden kann. Eine massive

Affekteinengung bzw. eine Affektverarmung mit einem alexithymen Denk- und Wahrnehmungsstil resultiert. Diese grundlegende Aufgabereaktion mit den sekundären affektiven und kognitiven Veränderungen behindert notwendige innerseelische Anpassungsprozesse z. B. in einer geforderten Trauerarbeit.

In weiteren psychoanalytischen Beiträgen zu v. a. personenbezogenen Traumatisierungen wird der Mechanismus der *Identifikation mit dem Aggressor*, der aktiven Umkehr einer passiven Opferrolle in unterschiedlichen Verhaltensinszenierungen herausgestellt. Hierin wird einerseits ein verständlicher Schritt gesehen, das Unerträgliche zu ertragen, andererseits auch ein entscheidendes Hemmnis in der prinzipiellen Bearbeitung der traumatischen Erfahrungen erkannt (Emery 1996). In den sehr tiefgründigen, auf zahlreichen Begegnungen mit extremtraumatisierten Personen gestützten Analysen von R. J. Lifton (1993) kehren als zentrale existentielle Themen u. a. die Todeserfahrung, die Überlebensschuld und Selbstverurteilung, die Diskontinuität und Fragmentierung des Selbst- bzw. Identitätsgefühls, die Suche nach Sinn, Kohärenz und Moralität jeweils in ihren psychodynamischen Konsequenzen für das posttraumatisch gestörte Individuum wieder.

Vor diesem traumapsychologischen Hintergrund kommt der *Dissoziation* ein wichtiger Schutzcharakter zu. Sie resultiert aber in bedeutsamen sekundären Einschränkungen der affektiv-kognitiven Verarbeitung, die klinisch als Alexithymie zu Tage tritt, die heftigen somatischen Reaktionen unvermittelt gegenübergestellt erscheint. Andererseits bietet *Somatisierung* wiederum eine Chance, chaotische Affekterlebnisse zu organisieren und zu konkretisieren. Sie erlaubt auch in der Wahrnehmung körperlicher Empfindungen eine größere Authenizität des Selbsterlebens sowie ein höheres Realitätsgefühl (Rodin u. Mitarb. 1998). Auf einer klinisch-phänomenologischen Ebene kann die über eine traumatische Erfahrung vermittelte Somatisierung in der Gestalt eines pseudoneurologischen Konversionssymptoms (z. B. einer Parese) erscheinen und sich hier als ein elementarer Schutzmechanismus gegen die traumatische Affektüberflutung darstellen. Dies schließt an eine Konzeptualisierung an, wie sie bereits Kretschmer (1923) von psychiatrischer Seite oder aber Ludwig (1972) und Whitlock (1967) von neurophysiologischer Seite formulierten (s.o.). In zahlreichen Organsystemen lokalisierte funktionelle körperliche Symptome können aber auch als integraler Bestandteil der traumatischen Panik- bzw. Horror-(wieder-) erfahrung selbst auftreten, oder aber infolge einer fortgesetzten Abwehrbemühung gegen die zentralen Affekte einer befürchteten erneuten Traumaexposition aufrechterhalten werden (s. u.).

Psychodynamik der Somatisierung im Kontext einer fortgesetzten Affektabwehr

Bereits früh wurde innerhalb der Psychoanalyse ein Modell der Somatisierung diskutiert, in dem funktionelle körperliche Störungen als *Affektäquivalente* erscheinen (Fenichel 1945). In konflikthaften oder allgemein belastenden psychosozialen Situationen richtet sich die Abwehr einer Person gegen die volle Erfahrung einer unangenehmen, schmerzlichen Emotion. Die innerseelischen kognitiven Komponenten werden verdrängt. Aus der ursprünglichen affektiven Erlebnisszene bestehen lediglich die körperlichen Begleitreaktionen fort, welche die Person als drängende Anspannung oder schmerzhafte Körperempfindung wahrnimmt. Im Gegensatz zum Konversionsmodus (s. u.) liegt nicht ein Versuch vor, „eine Emotion zum Ausdruck zu bringen, sondern die physiologische Reaktion der vegetativen Organe auf anhaltende oder periodisch wiederkehrende emotionale Zustände“ (Alexander 1951, S.22, 23). In dieser ursprünglichen Vorstellung kann die persistierende physiologische Reaktion als Affektkorrelat zur vegetativen Neurose (d. h. somatoformen Störung), oder aber zur Organneurose (d. h. psychosomatischen Störung) führen.

Von M. Schur (1955) stammen wichtige Ich-psychologische Ergänzungen. Seine Hypothesen zur *De- und Resomatisierung* von Affekten basieren auf entwicklungspsychologischen Vorstellungen über Zusammenhänge reifender somatischer Funktionskreise und allmählich errichteter Ich-Kapazitäten. Ursprünglich noch an biologische Grundreaktionsmuster geknüpfte Vorläufer von Ich-Funktionen werden sukzessiv durch Reifungs- und Lernprozesse überformt und werden schließlich autonom z. B. in einer reifen Signalfunktion der Affekte, in der sprachlich und imaginativ verfügbaren Affekterfahrung oder in einer sozial orientierten Affekttoleranz und Triebimpulskontrolle. Diese im Laufe einer relativ ungestörten biographischen Entwicklung erzielte psychische Integrationsfähigkeit kann aber unter massiven lebenssituativen Belastungen überfordert werden. Ein von Schur beschriebener sogenannter Resomatisierungsprozess kann dann einsetzen. Er stellt aber weniger eine physiologische Regression im Sinne eines Rückgriffs auf vermeintlich labilere oder vulnerablere physiologische Reaktionssysteme dar, wie vielleicht Margolin (1953) noch glaubte. Er drückt vielmehr einen in den psychologischen Leistungen geringergradig differenzierten und komplexen Reaktionsmodus aus, der mit der situativen seelischen wie körperlichen Angespanntheit weniger adaptiv umgeht.

Auch bei gesunden Personen sind funktionelle Symptome häufig anzutreffen, ohne dass bei ihnen hieraus ein typisches Krankheitsverhalten resultiert. Wird einem biopsychosozialen Konzept von Gesundheit und Krankheit (Köhle 1991) zufolge den Affekten und Emotionen eine zentrale Mittlerrolle für eine psychovegetative Befindlichkeit eingeräumt, so dürfte es sich bei gesund bleibenden Personen bevorzugt um vorübergehende Irritationen ihres psychosomatischen Gleichgewichts durch innere Konfliktspannungen oder äußere Belastungen handeln. Die funktionellen Körpersymptome stellen in diesem Fall meist die physiologischen Korrelate bewusst durchaus noch wahrnehmbarer Affekte von z. B. Angst, Ärger, Bedrücktsein usw. dar. Unterliegen diese Affekte aus innerseelischen Gründen aber einer Abwehr, so können sie passager bewusst nicht mehr wahrgenommen werden und erscheinen dann als somatische Affektäquivalente. Die persönlichen Coping-Möglichkeiten und die interpersonalen Unterstützungsressourcen reichen jedoch meist aus, über kurz oder lang diese Stressoren konstruktiv zu meistern, bevor ein Krankheitserleben entsteht.

Wird hingegen eine individuelle Verarbeitungsschwelle durch prolongierte und/oder gehäufte Belastungen in der aktuellen Lebenssituation z. B. durch chronische Konflikte in der Partnerschaft, in der Familie, am Arbeitsplatz usw. überschritten und versagt gleichzeitig das soziale Unterstützungsnetz in seiner kompensierenden Funktion, dann kann es zu einem affektiven Spannungszustand kommen. Dieser kann dann schließlich automatisiert als vegetativer Spannungszustand mit korrelierten psychovegetativen Dysfunktionen einhergehen. Wenngleich bei dieser Resomatisierung von Affekten der ursprüngliche Konfliktkontext ausgeblendet und die Wahrnehmung fast ausschließlich auf die veränderten Körperfunktionen zentriert erscheinen, so ist die innerseelische Abwehrbewegung aber nicht irreversibel. Vielmehr kann sie oft schon durch einfache Interventionen in einer einfühlsamen und stützenden Arzt-Patienten-Beziehung auf den ursprünglichen situativen Erlebniszusammenhang rückbezogen werden.

Nicht so ohne weiteres aber bei Menschen, die durch bestimmte Perönlichkeitsstrukturen ausgezeichnet sind. In einer psychodynamisch orientierten Typologie lassen sich hier drei Persönlichkeitsstrukturen gehäuft nachweisen, die einerseits eine harmonische soziale Integration erschweren, die andererseits eine erhöhte äußere Abhängigkeit aufweisen. Eine mangelhafte Ausdifferenzierung autonomer affektiver Regulationssysteme und eine erhöhte Vulnerabilität des psychosomatischen Gleichgewichts bei auftretenden Störungen in den sozialen Beziehungen ist ihnen gemeinsam. Kennzeichnend für sie ist ferner eine Entfremdung von den eigenen Gefühlen, Bedürfnissen und Wünschen meist schon seit der frühen biographischen Entwicklung (Köhle 1991). Es handelt sich um:

- *Abhängige Persönlichkeiten* mit weitgehendem Angewiesensein auf die Realpräsenz von emotional engen Bezugspersonen als unbedingter Voraussetzung für das eigene Sicherheitsgefühl und seelische Wohlbefinden,
- *Narzisstische Persönlichkeiten*, die für ihr labiles Selbstwerterleben der fortgesetzten Anerkennung und Bewunderung anderer Personen bedürfen, jedoch in wichtigen anderen Gefühls- und Beziehungsdimensionen unsensibel geblieben sind,
- *Persönlichkeiten mit einem falschen Selbst*, die sich aus Sicherheits- und Überlebensgründen forciert einem äußerlichen Erwartungsstereotyp anpassen und ihre innere personale Identität in den zentralen Wünschen und Bedürfnissen verleugnen mussten.

Als typische auslösende Situationen lassen sich entsprechend für diese Persönlichkeiten phantasierte, drohende oder reale Verlusterlebnisse, narzisstische Kränkungen bzw. fehlschlagende Anpassungsversuche des falschen Selbsts oder eine verunsichernde Selbst-Konfrontation mit lange abgewehrten Individuationsbedürfnissen formulieren. Die hierdurch konflikthaft angestoßenen Gefühle von Hilf- und Hoffnungslosigkeit, von Depression, Trennungs- und Verlustängsten, von verunsichertem Selbstwert und narzisstischer Wut, von Neid und Lebensangst können diese Persönlichkeiten bewusst nicht voll erleben, da ihnen wesentliche Entwicklungsvoraussetzungen einer reifen Affektdesomatisierung fehlen. Ihr Affekterleben ist weitgehend im Körperlich-Physiologischen verhaftet geblieben und nicht weiter kognitiv ausdifferenziert worden. Sie neigen also dazu, zentrale Affektregungen per se schon als physiologische Dysfunktionen zu erleben und in einen sozialen Kontext von somatischer Erkrankung zu stellen. Ihre körperzentrierten Wahrnehmungs- und Bewertungsfunktionen tragen durch die Ausblendung der skizzierten Konflikte zu einer gewissen Entlastung bei.

Die physiologische Symptomatik wird häufig sekundär durch einen phobischen bzw. einen hypochondrischen Modus verarbeitet. Herrscht im einen Fall ein zunehmendes Schonverhalten mit Meidung körperlicher Anstrengungen und sukzessivem Rückzug aus den diversen Rollenanforderungen des Erwachsenenlebens vor, fällt im anderen Fall eine überzogene Selbst-Besorgnis auf. Die Angst vor den körperlichen Symptomen kann so zu einer Stabilisierung der durch konflikhafte Affekte verunsicherten Selbst-Struktur einer Person führen, wird aber mit einer bedenklichen seelischen und sozialen Einengung erkauft. Verschränkt sich dieser perzeptiv-kognitive Stil auf einer Ebene des Krankheitsverhaltens mit einem einseitig organizistisch ausgerichteten medizinischen Versorgungssystem, dann wird nicht selten eine weitere Chronifizierung der körperlichen Beschwerden gefördert (Ermann 1987).

Sowohl eine nähere Betrachtung der auslösenden psychosozialen Stressoren und innerseelischen Konflikte als auch eine detailliertere Würdigung der strukturellen Voraussetzungen bei Personen mit wiederkehrendem oder persistierendem Reaktionsmodus einer Affektsomatisierung zeigen, dass bei ihnen sehr wahrscheinlich grundlegendere Probleme der Selbst- und Objektentwicklung weniger im Sinne einer Resomatisierung, sondern einer Desomatisierung vorliegen. Ganz offensichtlich sind zentrale Etappen der Affektentwicklung beeinträchtigt (Kapfhammer 1995).

Den in Kontexten einer narzisstischen Krise auftretenden Affekten haften Merkmale einer kognitiven Entdifferenzierung im Erleben und im Ausdruck, einer mangelnden oder fehlenden Verbalisierung, d. h. einer Alexithymie an, während die somatischen Sensationen in den persönlichen Aufmerksamkeitsfokus treten. Gerade aber durch diese auf körperliche Vorgänge eingeengte Wahrnehmung und ein vorrangig von Schmerzempfinden und körperlichem Unwohlsein bestimmtes affektives Erleben gelingt oft eine überraschende Ich- bzw. Selbststabilisierung. Kommunikationspsychologisch zielen körperliche Missempfindung und Schmerzerleben weniger auf die symbolhafte Darstellung von innerseelischen Konflikten ab. Sie dienen vielmehr der Wiederherstellung eines bedrohten existentiellen Selbstgefühls in einer selbstobjekthaften Arzt-Patientenbeziehung (Rodin 1991). Die skizzierten psychodynamischen Aspekte der Affektsomatisierung sind gut vereinbar mit neurophysiologischen Überlegungen zu besonderen Aufmerksamkeitsdysfunktionen bei Somatisierungspatienten (Meares 1997, s. o.).

Psychodynamik der Somatisierung im Kontext einer Konversionsbildung

Eine frühe psychoanalytische Position besagte (Breuer u. Freud 1893), dass Konversionssymptome aus bedeutsamen Triebkonflikten resultieren, die auf traumatische Erlebnisse in biographisch frühen Familieninteraktionen verweisen. Erinnerungen hieran müssen verdrängt werden und unbewusst bleiben. In späteren Lebenssituationen können diese aber anlässlich analoger Konflikte wieder aktualisiert werden. Um die stark affektbesetzten Erlebnisse zu vermeiden, werden sie nach einer erneuten Verdrängung somatisiert. Die körperlichen Symptome stellen in einer symbolischen Ausdrucksweise eine Kompromisslösung zwischen Triebimpulsen und Abwehr dar. In dieser Konfliktlösung über eine Konversion liegt der primäre Krankheitsgewinn. Mit einer dadurch möglichen Übernahme einer Krankenrolle wird aber auch ein sozial vermittelter sekundärer Krankheitsgewinn erzielt, der zu einer weiteren inneren und äußeren Entlastung beiträgt.

In den Folgejahrzehnten gelangte die Psychoanalyse zu einer erheblichen Differenzierung bzw. Modifizierung ihres ursprünglichen Konversionsverständnisses, das im wesentlichen ein Hysterie-Konzept darstellte. Wurden zunächst vorrangig Triebkonflikte aus sexuellen Traumatisierungen auf einer ödipalen Entwicklungsstufe als entscheidend für Konversionsbildungen angesehen, so weitete sich die Palette möglicher Konflikte fortan beträchtlich. Die Konfliktarten umspannen nun aggressive Impulse, Motive einer narzisstischen Selbstwertregulation, Probleme der Trennung und Individuation sowie eine nach Verlusterlebnissen ausgelöste Trauerarbeit. Ich-psychologische Befunde zeigten, dass nicht in jedem Fall einer Konversionsbildung eine reife Symbolisierung gegeben ist. In Abhängigkeit vom Strukturniveau der innerseelischen Verarbeitung und der Regressionstiefe können auch unreifere körperliche Ausdrucksweisen vorliegen. Konversionsbildungen stellen sich in einer aktuellen psychodynamischen Sichtweise als eine eigenständige Lösungsstrategie dar, mit einer Fülle von innerseelischen, interpersonalen und sozialen Konflikten durch die Identifikation mit einer bestimmten Krankenrolle fertig zu werden. Dieser Konfliktlösungsmodus ist nicht an eine bestimmte Persönlichkeitsstruktur gebunden (Mentzos 1980). Einen wertvollen Definitionsvorschlag zur psychodynamischen Operationalisierung des Konversionsmechanismus legte Hoffmann (1996) vor.

In einer empirischen Perspektive erscheinen Konversionssyndrome als durch eine bunte Fülle von intrapsychischen und interpersonalen Konflikten sowie von zahlreichen psychosozialen Faktoren in ihrer Entstehung wie auch ihrer Aufrechterhaltung gesteuert (Kapfhammer u. Mitarb. 1992). Keineswegs sind sie immer Ausdruck reifer und hochstrukturierter Coping- bzw. Abwehrmechanismen, wie noch die klassische Konzeption der hysterischen Konversionsneurose nahelegte. Weder eine durchgängige Assoziation mit einer speziellen Konfliktthematik noch mit einem reifen Verarbeitungsniveau einer vorrangig durch ödipale Beziehungserfahrungen strukturierten hysterischen Persönlichkeit kann in der unvoreingenommenen Betrachtung von Konversionsbildungen bei einer größeren Anzahl von Patienten bestätigt werden. In neueren psychoanalytischen Konzeptualisierungsversuchen zur Konversion beispielsweise von Green (1976), Mentzos (1980), Ermann (1989) oder Rupprecht-Schampera (1995) wird sehr unterschiedlichen innerseelischen Verarbeitungsniveaus Rechnung getragen. Es entsteht in diesen klinisch-theoretischen Arbeiten der Eindruck, dass bei Konversionsbildungen der Gegenwart nicht nur motivpsychologisch, sondern v.a. auch Ich-psychologisch häufig ein Rückgriff auf biographisch sehr viel früher erworbene Ausdrucksmodi erfolgt, die mit unreiferen Formen der Affektkontrolle sowie mit sehr viel stärker an der Konsolidierung eines basalen Selbstgefühls orientierten Abwehrbestrebungen korrespondieren. Bei einer Subgruppe von Patienten muss angenommen werden, dass die Konversionssymptomatik im Dienste einer schwererwiegend gestörten Persönlichkeit steht (Rohde-Dachser 1989).

Die vormals noch regelhafte Annahme eines symbolhaften Ausdrucks von Konfliktthema und Abwehr im körperlichen Symptom bei der empirischen Untersuchung kann an einem größeren Sample neurologischer Patienten mit Konversionssyndromen nur relativ selten nachvollzogen werden (Kapfhammer u. Mitarb. 1998 a). Denoch besitzt die Darbietungsform der pseudoneurologischen Symptomatik eine offenkundige zeichenhafte Ausdrucksdimension, die meist den Eindruck von Hilflosigkeit und Hilfesuche, von erschütterter Selbstsicherheit vermittelt. Wird eine diagnostische Differenzierung vorgenommen, sind bedeutsame Einsichten in psychodynamische Aspekte der Konversionsbildung möglich.

Die Gruppe von Patienten mit *Konversionsstörung* unterscheidet sich von den beiden kleineren diagnostischen Subgruppen durch eine signifikant niedrigere Rate an koexistenten psychopathologischen Syndromen einerseits, durch ein selteneres Vorliegen einer Persönlichkeitsstörung andererseits. Aber auch sie weist durchschnittlich noch eine Reihe anderer medizinisch unerklärter Körpersymptome auf, demonstriert also ein zusätzliches Somatisierungsverhalten, das psychodynamisch am ehesten einer Somatisierung von zentralen Affekten entspricht. Hiermit geht einher, dass Konversionspatienten keineswegs häufig jenes typische Zeichen einer affektiven belle indifference, sondern in ca. einem Drittel sogar bedeutsame emotionale, v.a. ängstliche und depressive Belastungsreaktionen zeigen. Sowohl die häufige Vergesellschaftung von Konversions- und psychovegetativer Störung als auch die unvollständige Bindung konflikthafter Affekte im Konversionssymptom beim individuellen Patienten deuten in die Richtung nicht durchgängig hochstrukturierter Abwehrformationen, wie noch das traditionelle Konversionsmodell nahelegte. Der Befund, dass bei 25% der betrachteten Konversionspatienten auch noch ein hartnäckiges Schmerzsyndrom vorherrscht, könnte ebenfalls als Beleg für diese modifizierte Sichtweise auf die Konversionsbildung angesehen werden und auf eine schwererwiegende Bedrohung der Selbstorganisation hinweisen. Affektpsychologisch zeigt sich bei dieser Untergruppe von Konversionspatienten auch eine Verschiebung in Richtung aggressiver, schuldhafter und selbstbestrafender Gefühlskonflikte.

In einer dimensionalen Betrachtungsweise scheint es sich bei den beiden anderen Subgruppen mit Konversionssyndromen im Rahmen einer *Somatisierungsstörung* bzw. einer *artifiziellen Störung* einerseits um eine weitere Zunahme des Schweregrads des Somatisierungsverhaltens im Kontext einer ernsthafter gestörten Persönlichkeit, andererseits inhaltlich-thematisch um eine noch stärkere Verschiebung in Richtung auf destruktiv-aggressive Motive im Somatisierungsverhalten zu handeln. Es ist hierbei nicht anzunehmen, dass die erschreckend hohe Rate an koexistenten psychopathologischen Syndromen z.B. bei Patienten mit einer Somatisierungsstörung eine psychische Komorbidität im eigentlichen Sinne darstellt. Sie charakterisiert vielmehr eine sehr labile Persönlichkeitsorganisation, die unter vielfältigen Stressoren verstärkt sowohl zu körperlicher als auch zu seelischer Missbefindlichkeit neigt und darin generell beeinträchtigte Abwehr- und Copingmöglichkeiten signalisiert.

Der Blick sowohl auf die frühe biographische Entwicklung als auch auf die selbstdestruktive Dimension im Krankheitsverhalten der beiden kleineren Subgruppen verrät ebenfalls mehr Ähnlichkeiten als Unterschiede. In beiden Gruppierungen zeichneten sich für den frühen Entwicklungskontext schwerwiegende traumatische und emotional deprivierende Beziehungserfahrungen ab, die einen höchst negativen Einfluss auf die Entwicklung der Selbstidentität, speziell des Körperselbst, und der Beziehungsfähigkeit nehmen mussten. Hierbei lässt die psychiatrische Anamnese dieser Patientensubgruppen keine kategoriale Trennung zwischen somatoformen und artifiziellen Störungen, sondern vielmehr breite Übergänge erkennen (Kapfhammer u. Mitarb. 1998 a, b). Es ist also zunächst für beide Patientengrupierungen von einer einheitlicheren Störung auszugehen, wie sie z.B. Orbach (1997) in einer eindruckvollen Studie skizzierte. Demnach führt die Internalisierung von negativen primären Beziehungserfahrungen zu einer verzerrten Wahrnehmung des eigenen Körpers und zu negativen Einstellungen und Gefühlen ihm gegenüber. Eine mangelhaft modulierte selbstgerichtete Aggressivität, eine gestörte Einstimmung in körperliche Bedürfnisse, eine verringerte Selbstfürsorge und Selbsttröstung in der Phantasie, eine verzerrte Wahrnehmung von Schmerz und Lust, eine Dissoziationsneigung sowie ein symbolisierter Hass gegen den eigenen Körper sind typische Begleitphänomene dieser negativen inneren Sozialisierung.

Hinsichtlich der selbstdestruktiven Dimension des Krankheitsverhaltens entsprechen sich die beiden Subgruppen praktisch völlig in den Aspekten Suizidalität und Häufigkeit invasiver Diagnostik bzw. operativer Eingriffe. Patienten mit artifizieller Störung neigen stärker zu einer impulshaften, offenen Selbstbeschädigung und praktizieren definitionsgemäß häufiger eine heimliche Selbstmisshandlung ihres Körpers. Bei Patienten mit einer Somatisierungsstörung zeigt sich hingegen öfter ein hartnäckiges Schmerzsyndrom. Nur auf einem oberflächlichen ersten Blick geben sich letztere Patienten in ihrer Selbstdestruktivität als weniger gestört, weil stummer und weniger augenscheinlich. Bereits K. Menninger (1934) wies in einer subtilen klinischen Studie auf eine meist verhängnisvolle unbewusste Selbstschädigungstendenz bei ihnen hin. Im Laufe ihres Lebens trachten sie danach, sich zahllosen Operationen zu unterziehen. In der Interaktion mit einem Chirurgen leben sie unbewusste Selbstbestrafungsimpulse und archaische Schuldgefühle aus. Ärzte führen wiederholt Operationen aus, deren medizinische Indikation im weiteren Verlauf meist kaum mehr nachzuvollziehen ist. Iatrogen können so schwerwiegende Behinderungen entstehen, ohne dass diese über unbewusste Motive gesteuerte Induktion innerhalb der Arzt-Patienten-Beziehung je selbstkritisch reflektiert würde. Im Gegensatz zu dieser stellvertretenden Körperschädigung bei vielen Patienten mit einer Somatisierungsstörung fügen sich Patienten mit artifizieller Störung in einer heimlichen Selbstmisshandlung Wunden zu, induzieren künstliche Krankheitssymptome oder interferieren höchst negativ mit einer laufenden Therapie. Wenngleich diese Manipulationen in einem destruktiven Selbstdialog zwischen dem Patienten und seinem Körper ablaufen, erlangen sie ihre interaktionelle Bedeutung erst durch die Tatsache, dass Ärzte auf typische Weise miteinbezogen werden. Zentral ist hierbei die Täuschung, der Tarnungscharakter, worüber der Patient zumindest partielle Einsicht hat, wenngleich ihm die eigentlichen Motive seines Handelns oft bewusst verstellt sind (Plassmann 1987). Das Moment der interaktionellen Täuschung tritt bei Patienten mit einer Somatisierungsstörung hingegen völlig in den Hintergrund. Nimmt man beide Subgruppen in einer prototypischen klinischen Erscheinungsform, dann darf man bei Patienten mit einer Somatisierungsstörung zunächst nicht a priori von einer geringeren Selbstdestruktivität ausgehen, sondern muss stattdessen bei Patienten mit artifizieller Störung die häufigen verzweifelten Versuche wahrnehmen, eine gefährdete Autonomie zu behaupten, und sei es auch in der perversen Gestalt einer Manipulation des Arztes über den heimlich geschädigten eigenen Körper.

Psychoanalytische Ansätze können also zu einer sehr differenzierten Betrachtung des Somatisierungsverhaltens sowie unterschiedlicher psychodynamischer Mechanismen des Somatisierungsprozesses beitragen.

Literatur

Akiskal HS (1988) Dysthymic disorder: Psychopathology of proposed chronic depressive subtypes. Am J Psychiatry 140: 11-20

Alexander F (1951) Psychosomatische Medizin. Grundlagen und Anwendungsgebiete. De Gruyter, Berlin

Alper K, Devinsky O, Vasquez B, et al (1993) Nonepileptic seizures and childhood sexual and physical abuse. Neurology 43: 1950-1953

Arconac O, Guze SB (1963) A family study of hysteria. N Engl J Med 268: 239-242

Bacon, N.M.K., Bacon, S.F., Hampton Atkinson, J., et al. (1994) Somatization symptoms in chronic low back pain patients. Psychosom. Med. 56, 1994, 118-127

Baeyer W von (1947) Zur Statistik und Form der abnormen Erlebnisreaktion in der Gegenwart. Nervenarzt 19: 402-408

Baker B, Merskey H (1982) Parental representation of hypochondriacal patients. Br J Psychiatry 141: 233-238

Barsky AJ (1979) Patients who amplify bodily sensation. Ann Intern Med 91: 63-70

Barsky AJ (1992) Amplification, somatization, and the somatoform disorders. Psychosomatics 33: 28-34

Barsky AJ, Wool C, Barnett MC et al (1994) Histories of childhood trauma in adult hypochondriacal patients. Am J Psychiatry 151: 397-401

Bass C, Murphy M (1991) Somatization disorder in a British teaching hospital. Br J Clin Pract 45: 237-244

Bass C, Murphy M (1995) Review: Somatoform and personality disorders: Syndromal comorbidity and overlapping developmental pathways. J Psychosom Res 39: 403-427

Bass C, Wade C, Hand D, Jackson G (1983) Patients with angina with normal and near-normal coronary arteries: Clinical and psychosocial state 12 months after angiography. BMJ 287. 1505-1508

Battaglia M, Bernardeschi L, Polti E et al. (1995) Comorbidity of panic and somatization disorder: A genetic-epidemiological approach. Compr Psychiatry 36: 411-420

Benjamin S, Eminson DM (1992) Abnormal illness behaviour: Childhood experiences and long-term consequences. Int Rev Psychiatry 4: 55-70

Bishop ER, Mobley MC, Farr WF (1978) Lateralization of conversion symptoms. Compr Psychiatry 19: 393-396

Bohman M, Cloninger CR, von Knorring AL, et al (1984) An adoption study of somatoform disorders: III. Cross-fostering analysis and genetic relationship to alcoholism and criminality. Arch Gen Psychiatry 41: 872-878

Bonanno GA, Singer JL (1990) Repressive personality style: Theoretical and methodological implications for health and pathology. In: Singer JL (ed) Repression and dissociation: Implications for personality theory, psychopathology, and health. University of Chicago Press, Chicago, 435-470

Bondy B, Spaeth M, Offenbaecher M et al (1999) The T102C polymorphism of the 5-HT2A-receptor. Neurobiology of Disease 6: 433-439

Bremner JD, Vermetten E, Southwick SM, Krystal JH, Charney DS (1998) Trauma, memory, and dissociation: An integrative formulation. In: Bremner JD, Marmar CR (eds) Trauma, memory, and dissociation. American Psychiatric Press, Washington, DC, London, 365-402

Breuer J, Freud S (1893) Über den psychischen Mechanismus hysterischer Phänomne. Vorläufige Mitteilung. Neurol Zbl 12: 4-10

Bridges K, Goldberg D, Evans B, Sharpe T (1991) Determinants of somatization in primary care. Psychol Med 21: 473-483

Bridges KW, Goldberg DP (1985) Somatic presentation of DSM-III psychiatric disorders in primary care. J Psychosom Res 29: 563-569

Briquet P (1859) Traite´clinique et therapeutique de l'hysterie. J.B. Ballière, Paris

Brown FW, Golding JM, Smith GR (1990) Psychiatric comorbidity in primary care somatization disorder. Psychosom Med 52: 445-451

Byrne D (1961) The repression-sensitization scale: Rationale, reliability and validity. J Pers 29: 334-349

Cloninger CR, Martin RL, Guze SB, Clayton PJ (1986) A prospective follow-up and family study of somatization in men and women. Am J Psychiatry 143: 873-878.

Cloninger CR, Sigvardsson S, von Knorring AL et al (1984) An adoption study of somatoform disorders: II. Identification of two discrete somatoform disorders. Arch Gen Psychiatry 41: 863-871

Cohen K, Auld F, Brooker H (1994) Is alexithymia related to psychosomatic disorder and somatization? J Psychosom Res 38: 119-127

Cooper B (1993) Single spies and battallions: The clinical epidemiology of mental disorders. Psychol Med 23: 891-907
Coryell W, Norten SG (1981) Briquet's syndrome (somatization disorder) and primary depression: Comparison of background and outcome. Compr Psychiatry 22: 249-256
Craig TKJ, Boardman AP, Mills K, et al (1993) The South London somatization study I: Longitudinal course and the influence of early life experiences. Br J Psychiatry 163: 570-588
Cutting J (1990) The right cerebral hemisphere and psychiatric disorders. Oxford University Press, Oxford
David AS, Wessely SC (1995) The legend of Camelford. J Psychosom Res 39: 1-10
De Leon J, Saiz-Ruiz J, Chinchilla A, Morales P (1987) Why do some psychiatric patients somatize? Acta Psychiat Scand 76: 203-209
Drossman DA, Leserman J, Nachman G, et al (1990) Sexual and physical abuse in women with functional or organic gastrointestinal disorders. Ann Intern Med 113: 828-833
Egle UT (1992) Das benigne Schmerzsyndrom. Diagnostische Subgruppen, Screening-Parameter, biographische Disposition. Psychother Psychosom Med Psychol 42: 261-272
Emery PE (1996) The inner world in the outer world: The phenomenology of posttraumatic stress disorder from a psychoanalytic perspective. J Am Acad Psychoanal 24: 273-291
Ermann M (1989) Psychogene Bewegungsstörungen - Schiefhals und Schreibkrampf im Verständnis des erweiterten Konversionsmodells. In Hippius H, Rüther E, Schmauß M (Hrsg) Katatone und dyskinetische Syndrome. Springer, Berlin, Heidelberg, New York, 41-46
Ermann M (1994) Diagnostik und Behandlung psychovegetativer Störungen aus psychotherapeutischer Sicht. Internist 35: 842-848
Ermann, M. (1987) Psychotherapeutische und psychosomatische Medizin. Kohlhammer, Stuttgart
Eysenck H (1967) The biological basis of personality. Thomas, Springfield, I
Fenichel O (1945) The psychoanalytical theory of neurosis. Norton, New York
Fink P (1997) Persistent somatization. Faculty of Health Sciences, University of Aarhus
Fink P (1992 a) Physical complaints and symptoms of somatizing patients. J Psychosom Res 36: 125-136
Fink P (1992 b) The use of hospitalizations by persistent somatizing patients. Psychol Med 22: 173-180
Fink P (1992 c) Surgery and medical treatment in persistent somatizing patients. J Psychosom Res 36: 439-447
Flor-Henry P, Fromm-Auch D, Taper M, Schopflocher D (1981) A neuropsychological study of the stable syndrome of hysteria. Biol Psychiat 16: 601-626
Folks DG, Ford CV, Regan WM (1984) Conversion symptoms in a general hospital. Psychosomatics 25: 285-295
Ford CV (1986) The somatizing disorders. Psychosomatics 27: 327-337
Ford CV (1997) Somatization and fashionable diagnoses: Illness as a way of life. Scand J Work Environ Health 23 (suppl 3): 7-16
Freud S (1920) Jenseits des Lustprinzips. GW XIII. Fischer, Frankfurt a. Main, 1-69
Freud S (1923) Eine Teufelsneurose im siebzehnten Jahrhundert. GW 13, 317-353
Freud S (1926) Hemmung, Symptom, Angst, GW XIV, Fischer, Frankfurt a. Main, 111-205
Freud S, Breuer J (1895) Studien über Hysterie. GW 1, 75-312
Freyberger HJ, Spitzer C, Stieglitz RD, Kuhn G, Magdeburg N, Bernstein-Carlson E (1998) Fragebogen zu dissoziativen Symptomen (FDS). Deutsche Adaptation, Reliabilität und Validität der amerikanischen Dissociative Experience Scale (DES). Psychother Psychosom med Psychol 48: 223-229
Galin D, Diamond R, Broff D (1977) Lateralization of conversion symptoms: More frequent on the left. Am J Psychiatry 134: 578-580
Gershuny BS, Thayer JF (1999) Relations among psychological trauma, dissociative phenomena, and trauma-related distress: A review and integration. Clin Psychol Review 19: 631-657
Gilman SL, King H, Porter R, Rousseau GS, Showalter E (1993) Hysteria beyond Freud. University of California Press, Berkeley, Los Angeles, London
Golding JM (1994) Sexual assault history and physical health in randomly selected Los Angeles women. Health Psychol 13: 130-138
Gordon E, Kraiuhin C, Meares R, Howson A (1986) Auditory evoked response potentials in somatization disorder. J Psychiat Re 20: 237-248
Green A (1976) Hysterie. In Eicke D (Hrsg) Die Psychologie des 20. Jahrhunderts, Bd. II, Freud und die Folgen (1). Kindler, München, 623-651
Gureje O, Simon GE, Ustun TB, Goldberg DP (1997) Somatization in cross-cultural perspective: A World Health Organization Study in primary care. Am J Psychiatry 154: 989-995
Guze SB (1993) Genetics of Briquet's syndrome and somatization disorder. A review of family, adoption, and twin studies. Annals Clin Psychiatry 5: 225-230
Guze SB, Cloninger CR, Martin RL, Clayton PJ (1986) A follow-up and family study of Briquet's syndrome. Br J Psychiatry 149: 17-23

Hegerl U (1998) Interaktion von Depression und Somatisierung. In: Möller HJ, Lauter H, Kapfhammer HP (Hrsg) Psychiatrie für die Praxis 28. Somatisierung, Angst und Depression. MMV Medien & Medizin, München, 49-55

Heim C, Ehlert U, Hanker JP, Hellhammer DH (1998) Abuse-related posttraumatic stress disorder and alterations of the hypothalamic-pituitary-adrenal axis in women with chronic pelvic pain. Psychosom Med 60: 309-318

Hoffmann SO (1996) Der Konversionsmechanismus. Vorschlag zur operationalen Definition eines für die Psychosomatische Medizin grundlegenden Konzepts. Psychotherapeut 41: 88-94

Horowitz MJ (1986) Stress response syndromes (2. ed). Jason Aronson, Northvale, NJ

Hudson JI, Hudson MS, Pliner LF, Goldenberg DL, Pope HG Jr (1985) Fibromyalgia and major affective disorders. A controlled phenomenology and familiy history study. Am J Psychiatry 142: 441-446

James L, Gordon E, Kraiuhin C et al (1990) Augmentation of auditory evoked potentials in somatization disorder. J Psychiat Res 24: 155-163

James L, Gordon E, Kraiuhin C, Meares R (1989) Selective attention and auditory event-related potentials in somatization disorder. Compr Psychiatry 30: 84-89

James L, Singer A, Zurynski Y et al (1987) Evoked response potentials and regional cerbral blood flow in somatization disorder. Psychother Psychosom 47: 190-19996

Janet P (1889) L´automatisme psychologique. Alcan, Paris

Janet P (1894) État mental des hystériques. Rueff, Paris

Kapfhammer HP (1999 a) Die larvierte Depression als psychosomatische Krankheit. In: Nissen G (Hrsg) Depressionen. Prävention und Therapie. Huber, Bern, Göttingen (im Druck)

Kapfhammer HP (1999 b) Somatoforme Störungen. In: Möller HJ, Laux G, Kapfhammer HP (Hrsg) Psychiatrie und Psychotherapie. Springer, Berlin, Heidelberg, New York, 1303-1310

Kapfhammer HP (1999 c) Behandlung von somatoformen Störungen. In: Möller HJ (Hrsg) Therapie psychiatrischer Krankheiten. 2. Aufl. Thieme, Stuttgart, 844-858

Kapfhammer HP (1999d) Posttraumatische Belastungsstörung. In: Möller HJ, Laux G, Kapfhammer HP (Hrsg) Psychiatrie und Psychotherapie. Springer, Berlin Heidelberg New York 1242-72

Kapfhammer HP (1999e) Psychiatrische Aspekte der Umweltmedizin - Zur Diagnostik und Behandlung von Umwelt-ängsten und somatoformen Umweltunverträglichkeiten. In: Dott W, Merk HS, Neuser J, Osieka R (Hrsg) Lehrbuch der Umweltmedizin. Wissenschaftliche Buchgemeinschaft, Mannheim 1999 (im Druck)

Kapfhammer HP (1999 f) Dissoziative Störungen. In: Möller HJ, Laux G, Kapfhammer HP (Hrsg) Psychiatrie und Psychotherapie. Springer, Berlin, Heidelberg, New York, 1273-1302

Kapfhammer HP (1997) Somatoforme und Konversionsstörungen im Krankenhaus. Psychotherapie in Psychiatrie, Psychotherapeutischer Medizin und Klinischer Psychologie 2, Heft 2: 72-82

Kapfhammer HP (1995) Entwicklung der Emotionalität. Psychoanalytische Entwicklungspsychologie. Kohlhammer, Stuttgart

Kapfhammer HP (2001) Trauma und Dissoziation – eine neurobiologische Perspektive. Persönlichkeitsstörungen, Theorie und Therapie (PTT). (im Druck)

Kapfhammer HP, Buchheim P, Bove D, Wagner A (1992) Konversionssymptome bei Patienten im psychiatrischen Konsiliardienst. Nervenarzt 63: 527-538

Kapfhammer HP, Dobmeier P, Mayer C, Rothenhäusler HB (1998 a) Konversionssyndrome in der Neurologie - eine psychopathologische und psychodynamische Differenzierung in Konversionsstörung, Somatisierungsstörung und artifizielle Störung. Psychosom Psychother med Psychol 48: 463-474

Kapfhammer HP, Dobmeier P, Rothenhäusler HB, Mayer C (1998 b) Artifizielle Störungen: Zwischen Täuschung und Selbstschädigung. Nervenarzt 69: 401-409

Kapfhammer HP, Mayer C, Hock U, Huppert D, Dieterich M, Brandt T (1997) Course of illness in phobic postural vertigo: Results of a neuropsychiatric follow-up study. Acta Neurologica Scandinavica 95: 23-28

Kapfhammer HP, Wittbrodt M, Tischinger M, Rothenhäusler HB (2001) Conversion syndromes in neurology – a test-psychological differentiation. J Psychosom Res (submitted)

Katon W (1996) Panic disorder: Relationship to high medical utilization, unexplained physical symptoms and medical costs. J Clin Psychiatry 57 (10 suppl) 11-18

Katon W, Lin E, von Korff M et al. (1991) Somatization: A spectrum of severity. Am J Psychiatry 148: 34-40

Kennedy BL, Schwab JJ (1997) Utilization of medical specialists by anxiety disorder patients. Psychosomatics 38: 109-112

Kirmayer LJ, Robbins JM (1991) Three forms of somatization in primary care: Prevalence, cooccurrence, and sociodemographic characteristics J Nerv Ment Dis 179: 647-655

Kirmayer LJ, Robbins JM (1996) Patients who somatize in primary care: A longitudinal study of cognitive and social characteristics. Psychol Med 26: 937-957

Kirmayer LJ, Robbins JM, Dworkind M, Yaffe MJ (1993) Somatization and the recognition of depression and anxiety in primary care. Am J Psychiatry 150: 734-741

Kirmayer LJ, Robbins JM, Paris J (1994) Somatoform disorders: Personality and the social matrix of somatic disease. J Abnorm Psychol 103: 125-136

Kirmayer LJ, Young A (1998) Culture and somatization: Clinical, epidemiological, and ethnographic perspectives. Psychosom Med 60: 420-430

Köhle K (1991) Funktionelle Syndrome in der inneren Medizin. Epidemiologie, Ätiologie, Pathogenese, Psychodynamik und Differentialdiagnose. Internist 32: 3-11

Kohut H (1971) The analysis of the self. A systematic approach to the psychoanalytic treatment of narcissistic personality disorders. International Universities Press, New York

Kranz H (1949) Zeitbedingte abnorme Erlebnisreaktionen. Allg Z Psychiat 124: 336

Kretschmer E (1923) Hysterie. 7. neugefasste Auflage.Thieme, Stuttgart 1974

Krystal H (1978) Trauma and affects. Psa Study Child 33: 81-116

Krystal H (1985) Trauma and the stimulus barrier. Psa Inquiry 5: 131-161

Krystal H (1997) Desomatization and the consequences of infantile psychic trauma. Psa Inquiry 17: 126-150

Krystal JH, Bremner JD, Southwick SM, Charney DS (1998) The emerging neurobiology of dissociation: Implications for treatment of posttraumatic stress disorder. In: Bremner JD, Marmar CR (eds) Trauma, memory, and dissociation. American Psychiatric Press, Washington, DC, London, 321-364

Lader M, Sartorius N (1968) Anxiety in patients with hysterical conversion symptoms. J Neurol Neurosurg Psychiatry 31: 490-495

Lazarus RS, Folkman S (1987) Transactional theory and research on emotions and coping. Eur J Personality 1: 141-169

Lifton RJ (1993) From Hiroshima to the Nazi doctors. The evolution of psychoformative approaches to understanding traumatic stress syndromes. In: Wilson JP, Raphael B (eds) International handbook of traumatic stress syndromes. Plenum, New York, 11-23

Lipowski ZJ (1990) Somatization and depression. Psychosomatics 31: 13-21

Liskow B, Othmer E, Penick E, et al. (1986) Is Briquet's syndrome a heterogeneous disorder? Am J Psychiatry 143: 626-629

Ljungberg L (1957) Hysteria: Clinical, prognostic and genetic study. Acta Psychiatr Scand 32 (suppl 112):1-162

Lloyd GG (1986) Psychiatric syndromes with a somatic presentation. J Psychosom Res 30: 113-120

Ludwig AM (1972) Hysteria: A neurobiological theory. Arch Gen Psychiatry 27: 771-777

Lumley MA, Stettner L, Wehmer F (1996) How are alexithymia and physical illness linked? A review and critique of pathways. J Psychosom Res 41: 505-518

Lupke U, Ehlert U (1998) Selektive Aufmerksamkeitsleistung auf gesundheitsbedrohliche Reize bei Patienten mit einer somatoformen Störung. Zschr Klin Psychol 27: 163-171

Lydiard R, Greenwald S, Weissman M et al (1994) Panic disorder and gastrointestinal symptoms: Findings from the NIMH Epdemiologic Catchment Area project. Am J Psychiatry 151: 64-70

Manu P (ed) (1998) Functional somatic syndromes. Etiology, diagnosis and treatment. Cambridge University Press, Cambridge, 32- 57

Margolin SG (1953) Genetic and dynamic psychophysiological determinants of pathophysiological processes. In: Deutsch F (ed) The psychosomatic concept in psychoanalysis. International Universities Press, New York, 3-34

Marmar CR, Weiss DS, Metzler T (1998) Peritraumatic dissociation and posttraumatic stress disorder. In: Bremner JD, Marmar CR (eds) Trauma, memory, and dissociation. American Psychiatric Press, Washington, DC, London, 229-252

Marsden CD (1986) Hysteria - a neurologist`s view. Psychol Med 16: 277-288

Marshall JC, Halligan P, Fink GR et al (1997) The functional anatomy of a hysterical paralysis. Cognition 64: B1-B8

Mayou R (1976) The nature of bodily symptoms. Br J Psychiatry 129: 55-60

Mayou R (1989) Illness behavior and psychiatry. Gen Hosp Psychiatry 11: 307-312

Mayou R, Sharpe M (1995) Patients whom doctors find difficult to help. An important and neglected problem. Psychosomatics 36: 323-325

Mayou R, Bass C, Sharpe M (eds) (1995) Treatment of functional somatic symptoms. Oxford University Press, Oxford, New York, Tokyo

Meares R (1997) Stimulus entrapment: On a common basis of somatization. Psa Inquiry 17: 223-234

Meares R, Horvath T (1972) Acute and chronic hysteria. Br J Psychiatry 121: 653-657

Mechanic D (1962) The concept of illness behavior. J Chron Dis 15: 189-194

Menninger K (1934) Polysurgery and polysurgery addiction. Psa Quarterly 3: 173-199 .

Mentzos S (1980) Hysterie. Zur Psychodynamik unbewusster Inszenierungen. Kindler, München

Merskey H, Buhrich NH (1975) Hysteria and organic brain disease. Br J Med Psychol 48: 359-366
Merskey H, Trimble M (1979) Personality, sexual adjustment, and brain lesions in patients with conversion symptoms. Am J Psychiatry 136: 179-182
Miller L (1984) Neuropsychological concepts of somatoform disorders. Int'l J Psych Med 14: 31-46
Moersch E (1978) Sozialpsychologische Refelexionen zum Symptomwandel psychischer Störungen. Psyche 32: 1-6
Morrison J (1989) Childhood sexual histories of women with somatization disorder. Am J Psychiatry 146: 239-241
Mullins LL, Olson RA (1990) Familial factors in the etiology, maintenance, and treatment of somatoform disorders in children. Fam Syst Med 8: 159-175
Myrtek M, Fahrenberg J (1998) Somatoforme Störungen: Konzeptuelle und methodologische Kritik und ein Plädoyer für die funktionelle Analyse des Krankheitsverhaltens. In: Margraf J, Neumer S, Rief W (Hrsg) Somatoforme Störungen. Ätiologie, Diagnose und Therapie. Springer, Berlin, Heidelberg, New York, 191-211
Nemiah JC, Sifneos PE (1970) Psychosomatic illness: A problem of communication. Psa Quart 44: 81-106
Noyes R, Holt CS, Happel RL et al (1997) A familiy study of hypochondriasis. J Nerv Ment Dis 185: 223-232
Offenbaecher M, Glatzeder K, Ackenheil M (1998) Self-reported depression, familial history of depression and fibromyalgia (FM), and psychological distress in patients with FM. Zschr Rheumatol 57 (suppl 2): 94-96
Orbach I (1996) The role of the body experience in self-destruction. Clin Child Psychol Psychiatry 1: 607-619
Parsons T (1951) The social system. Free Press of Glencoe, New York
Pennebaker JW, Czaijka JA, Cropanzano R et al (1990) Levels of thinking. Person Soc Psychol Bull 16: 743-757
Pennebaker JW, Watson D (1991) The psychology of somatic symptoms. In: Kirmayer LJ, Robbins JM (eds) Current concepts of somatization: Research and clinical perspectives. American Psychiatric Press, Washington, DC, 21-35
Pilowsky I (1990) The concept of abnormal illness behavior. Psychosomatics 21: 207-213
Plassmann R (1987) Der Arzt, der Artefakt-Patient und der Körper. Eine psychoanalytische Untersuchung des Mimkry-Phänomens. Psyche 41: 883-899
Ramchandani D, Schindler B (1993) Evaluation of pseudoseizures. A psychiatric perspective. Psychosomatics 43: 70-79
Rief W, Hiller W, Geissner E, Fichter MM (1995) A two-year follow-up study of patients with somatoform disorders. Psychosomatics 36: 376-386
Rief W, Schaefer S, Hiller W, Fichter MM (1992) Lifetime diagnosis in patients with somatoform disorders: Which came first? Eur Arch Psychiatry Clin Neurosci 241: 236-240
Rief W, Shaw R, Fichter MM (1998) Elevated levels of psychophysiological arousal and cortisol in patients with somatization syndrome. Psychosom Med 60: 198-203
Robinson JO, Granfield AJ (1986) The frequent consulter in primary medical care. J Psychosom Res 30: 589-600
Rodin G, Groot de J, Spivak H (1998) Trauma, dissociation, and somatization. In: Bremner JD, Marmar CR (eds) Trauma, memory, and dissociation. American Psychiatric Press, Washington, DC, 161-178
Rodin GM (1991) Somatization: A perspective from self psychology. J Am Acad Psychoanal 19: 367-384
Rohde-Dachser C (1989) Das Borderline-Syndrom. Huber, Bern, Stuttgart, Toronto
Ron MA (1994) Somatization in neurological practice. J Neurol Neurosurg Psychiatry 57: 1161-1164
Rost KM, Akins RN, Brown FW, Smith GR (1992) The comorbidity of DSM-III-R personality disorders in somatization disorder. Gen Hosp Psychiatry 14: 322-326
Roy A (1977) Cerebral disease and hysteria. Compr Psychiatry 18: 607-609
Rupprecht-Schampera U (1995) The concept of 'early triangulation' as a key to a unified model of hysteria. Int J Psychoanal 76: 457-473
Russo J, Katon W, Sullivan M, et al (1994) Severity of somatization and its relationship to psychiatric disorders and personality. Psychosomatics 35: 546-556
Saxe GN, Chinman G, Berkowitz R et al (1994) Somatization in patients with dissociative disorders. Am J Psychiatry 151: 1329-1334
Scaloubaca D, Slade P, Creed F (1988) Life events and somatization among students. J Psychosom Res 32: 221-229
Schepank H (1974) Erb- und Umweltfaktoren bei Neurosen. Tiefenpsychologische Untersuchungen an 50 Zwillingspaaren. Monographien aus dem Gesamtgebiete der Psychiatrie, Bd. 11. Springer, berlin, Heidelberg, New York
Schur M (1955) Some comments on the metapsychology of somatization. Psa Study Child 10: 119-164

Shapiro D (1965) Neurotic styles. Basic Books, New York 1965

Sharpe M, Bass C (1992) Pathophysiological mechanisms in somatization. Int Rev Psychiatry 4. 81-97

Shorter E (1992) From paralysis to fatigue: A history of psychosomatic illness in the modern era. Free Press, New York

Showalter E (1997) Hystories. Hysterical epidemics and modern culture. Columbia University Press, New York

Simon GE (1991) Somatization and psychiatric disorders. In: Kirmayer LJ, Robbins JM (eds) Current concepts of somatization: Research and clinical perspectives. American Psychiatric Press, Washington, DC, 37-62

Slater E (1961) The thirty-fifth Maudsley lecture: „Hysteria 311". J Ment Sci 107: 359-381

Smith GR, Monson RA, Ray DC (1986) Patients with multiple unexplained symptoms. Arch Int Med 146: 69-72

Spiegel D (1991) Neurophysiological correlates of hypnosis and dissociation. J Neuropsychiatry Clin Neurosci 3: 440-445

Stern DB (1977) Lateral distribution of conversion reactions. J Nerv Ment Dis 164: 122-128

Stolorow RD, Brandchaft B, Atwood GE (1987) Psychoanalytic treatment. An intersubjective approach. Analytic Press, Hillsdale, NJ

Stuart S, Noyes R (1999) Attachment and interpersonal communication in somatization. Psychosomatics 40: 34-43

Swartz M, Blazer D, George L, et al (1986) Somatization disorder in a community population. Am J Psychiatry 143: 1403-1408

Taylor GJ, Bagby RM, Parker JDA (1997) Disorders of affect regulation. Alexithymia in medical and psychiatric illness. Cambridge University Press, Cambridge

Tomasson K, Kent D, Coryell W (1991) Somatization and conversion disorder: Comorbidity and demographics at presentation. Acta Psychiatr Scand 84: 288-293

Torgersen S (1986) Genetics of somatoform disorders. Arch Gen Psychiatry 43: 502-505

Vögele C (1998) Die Interozeption körperlicher Empfindungen bei somatoform gestörten Patienten. In: Margraf J, Neumer S, Rief W (Hrsg) Somatoforme Störungen. Ätiologie, Diagnose und Therapie. Springer, Berlin, Heidelberg, New York, 167-182

Walker EA, Gelfand AN, Gelfand MD et al (1996) Chronic pelvic pain and gynecological symptoms in women with irritable bowel syndrome. J Psychosom Obstet Gynecol 17 39-46

Walker EA, Katon WJ, Hansom J et al (1992) Medical and psychiatric symptoms in women with childhood sexual abuse. Psychosom Med 54: 658-664

Walker LS, Greene JW (1987) Negative life events, psychosocial resources, and psychophysiological symptoms in adolescents. Clin Child Psychol 16: 29-36

Walker LS, McLaughlin FJ, Greene JW (1988) Functional illness and family functioning: A comparison of healthy and somatizing adolescents. Fam Proc 27: 317-325

Warwick HMC, Salkovskis PM (1990) Hypochondriais. Behav Res Ther 28: 105-117

Weiner H (1992) Perturbing the organism: The biology of stressful experience. University of Chicago Press, Chicago

Whitlock FA (1967) The aetiology of hysteria. Acta Psychiatr Scand 43: 144-162

Wickramasekera IE (1988) Clinical behavioral medicine: Some concepts and procedures. Plenum Press, New York

Willi J (1975) Die Zweierbeziehung. Rowohlt, Reinbeck

Wittling W, Roschmann R, Schweiger E (1992) Topographic brain mapping of emotion-related hemisphere activity and susceptibility to psychosomatic disorders. In: Maurer K (ed) Imaging brain in psychiatry and related fields. Springer, Berlin, Heidelberg, New York, 271-276

Woerner PI, Guze SB (1968) A family and marital study of hysteria. Br J Psychiatry 114: 161-168

Zoccolillo M, Cloninger CR (1986) Somatization disorder: Psychological symptoms, social disability, and diagnosis. Compr Psychiatry 27: 65-73

4. Epidemiologie und gesundheitsökonomische Relevanz der somatoformen Störungen

Harald Gündel, Martin Siess und Ulrike Ehlert

Im folgenden soll zunächst auf die Epidemiologie von somatoformen Störungen innerhalb der Allgemeinbevölkerung sowie innerhalb klinischer Patientengruppen sowie auf einige Erkenntnisse zum Verlauf dieser Störungsbilder eingegangen werden. Im zweiten Teil dieses Beitrags werden kurz die Grundlagen sozioökonomischer Evaluationsansätze im Gesundheitswesen beschrieben und nähere Erkenntnisse zu sozioökonomischen Aspekten der somatoformen Störungen dargestellt.

Allgemeine Epidemiologie somatoformer Beschwerden

Somatoforme Beschwerden treten im medizinisch-klinischen Alltag, aber auch in der Allgemeinbevölkerung sehr häufig auf, neigen zur Chronifizierung und können bei einem Teil der Patienten zu einer häufigen Inanspruchnahme vielfältiger medizinischer Dienstleistungen führen (Craig 1993). Bei mindestens einem von fünf Patienten, die wegen einer körperlichen Beschwerde ambulant einen Arzt aufsuchen, wird keine spezifische organische Ursache gefunden (Bridges u. Goldberg 1985, Bridges u. Mitarb. 1991).

Gemäß der Kriterien des Klassifikationssystems DSM-III-R wurde bei Patienten mit multiplen somatoformen Beschwerden entweder eine Somatisierungsstörung klassifiziert (diagnostiziert) oder sie mussten aufgrund der strengen Einschlusskriterien unter unklaren Restkategorien eingeordnet werden, über die wenig gesichertes Wissen vorliegt. Es wurde kritisiert, dass ein Großteil der Patienten mit funktionellen körperlichen Beschwerden nicht einer aussagekräftigen, spezifischeren diagnostischen Hauptgruppe zugeordnet werden konnte und somit das Klassifikationssystem in diesem Bereich ungenügend sei. Deshalb führten Escobar u. Mitarb. (1987 a,b, Escobar u. Cabino 1989) den Begriff der „abrigded somatization disorder" ein. Als Einschlusskriterium müssen Männer mindestens vier, Frauen mindestens sechs Symptome der 35 Somatisierungssymptome (SSI-4/6) nach DSM-III-R aufweisen (s. Kap. 2). Als deutschsprachiges Synonym für das Konzept des SSI-4/6 wurde der Begriff des „multiplen somatoformen Syndroms" vorgeschlagen (Rief u. Mitarb. 1996).

Da sich somatoforme Erkrankungen im zeitlichen Verlauf meist polyphasisch fluktuierend darstellen und somit das jeweils im Vordergrund der Beschwerden stehende Beschwerdebild häufiger wechseln kann, eignen sich solche aggregierende klassifikatorischen (diagnostischen) Verfahren mit Berücksichtigung einer gewissen Schwellenanzahl somatoformer Symptome besser zu einer klinisch relevanten Erfassung somatoformer Erkrankungen als verlaufsinstabile Symptomdiagnosen (Franz u. Mitarb. 1998). Vor diesem Hintergrund kann man heute folgende epidemiologischen Angaben machen:

- Ca. 80% der Bevölkerung erleben mindestens einmal pro Woche somatische Symptome, denen keine umschriebene körperliche Erkrankung zugrundeliegt (Kellner 1986).

- Die Prävalenz funktioneller psychosomatischer Erkrankungen (definiert durch ICD-Diagnose und klinisch signifikante Überschreitung eines Beeinträchtigungs-Schwere-Schwellenwerts) in einer erwachsenen Stadtbevölkerung beträgt ca. 11,7% (Schepank 1987).
- In einer großen amerikanischen epidemiologischen Studie (ECA) betrug die Prävalenzrate für das multiple somatoforme Syndrom 4,4 % (Escobar u. Canino 1989).
- Baruffol u. Mitarb. (1994) beschrieben eine Punkt-Prävalenz von 8,9% für das Somatisierungssyndrom.
- Je nach Strenge der definierten Einschlusskriterien variieren Angaben zur Prävalenz der somatoformen Störung in der Allgemeinbevölkerung unter Bezugnahme auf DSM-III- Kriterien zwischen 0 und 0,7 % und bei etwas weiterer Definition (Escobar-Kriterien; Escobar u. Mitarb. 1987a, b, Escobar u. Canino 1989) zwischen 9 und 20 % (Simeon u. Korff 1991, Hiller u. Mitarb. 1995, Escobar 1997).
- Die Punktprävalenz der somatoformen Störung in Hausarztpraxen und verschiedenen stationären Fachabteilungen liegt bei ca. 20 - 40 % (Simeon u. von Korff 1991).

Gerade Patienten mit anhaltenden organisch nicht begründbaren körperlichen Beschwerden bereiten oft erhebliche diagnostische und therapeutische Schwierigkeiten: 1000 Patienten, die innerhalb eines 3-Jahres-Zeitraumes internistische poliklinische Einrichtungen aufsuchten, wurden retrospektiv hinsichtlich der Inzidenz, der diagnostischen Maßnahmen und der therapeutischen Interventionen bei häufigen Allgemeinsymptomen (wie Brustschmerz, Müdigkeit, Schwindel, Kopf-, Bauch- und Rückenschmerz, Atemnot, Schlafstörung, Taubheitsgefühl, Impotenz, Gewichtsverlust, Husten, Obstipation) untersucht. 38% aller Patienten klagten über mindestens eine dieser Beschwerden als Hauptgrund der ärztlichen Konsultation. Die mittlere Beschwerdedauer zum Zeitpunkt der Vorstellung betrug sieben Monate. Obwohl bei ca. zwei Drittel der Patienten eine umfangreiche Diagnostik durchgeführt wurde, fand sich lediglich bei ca. 16% ein relevanter organpathologischer Befund. Die Kosten dieser diagnostischen Maßnahmen waren erheblich, am höchsten bei Patienten mit Kopf- und Rückenschmerzen (7778 bzw. 7263 Dollar). Bei ebenfalls zwei Drittel der Patienten wurden therapeutische Interventionen durchgeführt, oft ohne anhaltenden Erfolg. Als prognostisch günstige Faktoren konnten ätiologisch relevante Organbefunde, Symptomdauer unter vier Monaten und zwei oder weniger Symptome in der Anamnese herausgestellt werden (Kroenke u. Mangelsdorff 1989).

Geschlechtsspezifische Aspekte

Im klinischen Alltag überwiegt unter den Patienten mit Somatisierungsstörungen bei weitem das weibliche Geschlecht (Cloninger u. Mitarb. 1986, Golding u. Mitarb. 1991). Dabei ist bis heute umstritten, ob dieses Ungleichgewicht in der Geschlechtsverteilung den tatsächlichen Prävalenzverhältnissen bei der somatoformen Störung entspricht oder ob Frauen nicht einfach viel eher als Männer medizinische Beratung und Therapie aufsuchen (Goldberg u. Bridges 1988). Ursächlich wurde vermutet, dass die Krankenrolle für Frauen sozial akzeptabler sei als für Männer (Furnham 1997) und sie deswegen körperliche Beschwerden auch eher als Zeichen einer tatsächlichen körperlichen Erkrankung werten (Mechanic 1976, Scicchitano u. Mitarb. 1996). Kirmayer u. Robbins (1991) fanden in ihrer Untersuchung von 81 Patienten mit einer somatoformen Störung ein Überwiegen weiblicher, unverheirateter Patienten mit tendenziell eher niedrigerem sözioökonomischem Status. Dennoch waren immerhin 32% der untersuchten Patienten Männer. Bei einer Untersuchung des hausärztlichen Inanspruchnahmeverhaltens wies Golding ein signifikantes Überwiegen der Frauen nach (Golding u. Mitarb. 1991).

Eine aktuelle Studie, in deren Rahmen in den Jahren 1990-92 eine repräsentative Stichprobe von insgesamt 7460 bundesdeutschen Frauen untersucht wurde, kam zu folgenden Ergebnissen (Ladwig u. Mitarb. 1999): Bei 906 Probandinnen lag nach eigenen Angaben zum Befragungszeitpunkt keine medizinische Diagnose vor. 137 Probandinnen dieser nach dem o. g. Kriterium gesunden Stichprobe klagten dennoch über multiple somatoforme Beschwerden im Sinne einer somatoformen Störung (Definition nach ICD-10: mindestens sechs körperliche Beschwerden in mindestens zwei verschiedenen Körperarealen; erhoben mit der von Zerssen - Beschwerdeliste). Im Verhältnis zu der Gesamtstichprobe von n=7460 liegt die Prävalenz der so definierten somatoformen Beschwerden bei 1,84 %. Dies entspricht nur einem Bruchteil der tatsächlichen Prävalenz, da aus methodischen Gründen alle Patienten ausgeschlossen wurden, die nach eigenen Angaben unter einem definierten medizinischen Krankheitsbild (= medizinische Diagnose) litten. In dieser so definierten, repräsentativ ausgewählten Untergruppe lag das Risiko für das Merkmal Somatisierungssyndrom für Frauen um den Faktor 1,63 höher als für Männer. Dieses Risiko erhöhte sich gegenüber Männern auf das Vierfache für die Kombination weiblich, untere soziale Schicht und emotionale Belastung. Zusammengefasst stützt dieses Studienergebnis die Auffassung, dass es eine unterschiedliche, geschlechtsbezogene Prävalenzrate für Somatisierungssyndrome nicht nur im klinischen Alltag, sondern auch in repräsentativ ausgewählten Bevölkerungsstichproben gibt.

Verlauf somatoformer Beschwerden

Zum Verlauf somatoformer Störungen liegen vergleichsweise wenige empirische Studien vor (z. B. Rief 1996). Allgemein wird aber angenommen, dass somatoforme Störungen oft eine hohe zeitliche Verlaufsstabilität zeigen (Margo u. Margo 1994). So erwies sich z. B. die Diagnose einer somatoformen Störung (nach DSM-III) innerhalb einer 4-Jahres-Verlaufsbeobachtung von 70 Patienten, die initial entweder die Diagnose einer Konversions- oder die einer somatoformen Störung erhalten hatten, als außerordentlich stabil. Nur eine von insgesamt 38 Patienten erhielt vier Jahre nach der ursprünglichen diagnostischen Einschätzung eine andere Diagnose (hier: unipolare Depression), d. h. bei 97,4 % der Patientengruppe mit der Diagnose einer somatoformen Störung kamen die Untersucher vier Jahre später zu einer gleichlautenden diagnostischen Einschätzung. Demgegenüber wurden immerhin 31,2 % der Patienten mit der initialen Diagnose einer Konversionsstörung vier Jahre später diagnostisch abweichend eingeschätzt: Bei sechs von insgesamt zehn Patienten ließ sich zum zweiten Diagnosezeitpunkt durch das Hinzutreten weiterer körperlicher, organisch nicht begründbarer Beschwerden die Diagnose einer somatoformen Störung stellen (alle Patienten waren weiblich), bei vier Patienten lag allerdings im 4-Jahres-Follow-up eine mittlerweile organisch begründbare Ätiologie der aktuellen Beschwerden vor (Kent u. Mitarb. 1995).

Rief u. Mitarb. (1995) untersuchten 30 Patienten mit multiplen, chronifizierten (Mittelwert: 11,9 Jahre) somatoformen Symptomen bei der Aufnahme in eine verhaltensmedizinische Klinik und zwei Jahre später. Als Veränderungsmaß wurden eine Checkliste (SOMS) mit insgesamt 53 Items, die v.a. unterschiedliche körperliche Beschwerden repräsentieren, sowie einige Subskalen der SCL-90R angewandt. 27% (n = 8) der stationär behandelten Patienten wiesen eine Remission ihrer Beschwerden auf (Definition: weniger als fünf somatoforme Symptome im 2-Jahres-Follow-up). Zusammengefasst zeigte sich eine recht gute Remissionswahrscheinlichkeit bei denjenigen Patienten, bei denen zum Aufnahmezeitpunkt keine psychiatrische Komorbidität festgestellt werden konnte. Bei einer oder gar zwei und mehr psychiatrischen Zusatzdiagnosen (z. B. depressive Störungen) zum Aufnahmezeitpunkt verschlechterte sich die Prognose deutlich.

Im Rahmen des Mannheimer Kohortenprojektes (Schepank 1990) wurde eine repräsentative Stichprobe der Mannheimer Stadtbevölkerung über einen Zeitraum von insgesamt 11 Jahren mehrmals untersucht. Die intraindividuelle Verlaufsstabilität der funktionell-psychosomatische Beschwerden umfassenden ICD-Diagnosen betrug nach drei Jahren 36,2% (Franz u. Schepank 1995, Franz u. Mitarb. 1995). Bei 35,5% der Probanden, die initial die ICD-Diagnose einer somatoformen Störung erhielten, wurde drei Jahre später eine andere psychogene Erkrankung (z. B. Psychoneurose oder Persönlichkeitsstörung) diagnostiziert (Schepank 1990, Franz u. Mitarb. 1994). Eine echte Remission im Sinne einer nicht mehr nachweisbaren psychogenen Erkrankung war nur bei 28,4% der ursprünglichen Patientengruppe festzustellen. Ein großer Teil dieser Probanden war jedoch nicht beschwerdefrei, sondern litt auch weiterhin unter funktionellen Beschwerden, die jedoch nicht mehr unter einer ICD-Diagnose zu subsumieren waren. Die höchste Verlaufsstabilität innerhalb der Probandengruppe mit somatoformen Beschwerden wiesen Schmerzen des Bewegungsapparates (52%), Kopfschmerzen (49%) und Oberbauchbeschwerden (41%) auf (Franz u. Mitarb. 1998). Insgesamt schlossen die Autoren aus diesen Daten auf eine Inkonstanz des jeweiligen somatoformen Beschwerdebildes im Verlauf bei einer hohen Stabilität der Tendenz zur Entwicklung somatoformer und anderer psychogener Symptome.

Lupke u. Mitarb. (1996) berichten über 27 Patienten mit somatoformen Störungen, die im Rahmen eines stationären Aufenthaltes im Allgemeinkrankenhaus durch den psychologischen Konsiliar- und Liaisondienst mittels einer verhaltenstherapeutischen Kurzzeitintervention behandelt wurden. Verglichen mit einer unbehandelten Kontrollgruppe leiteten die so behandelten Patienten (n = 18) nach der Entlassung aus stationärer Behandlung häufiger weiterführende psychotherapeutische Behandlungen ein als Patienten der Vergleichsgruppe. Die Autoren ziehen hieraus die Schlussfolgerung, dass durch eine wenige Therapiesitzungen umfassende Intervention bei Patienten mit somatoformen Störungen ein Wechsel von körperlicher Attribuierung zu einer psychodynamischen erreicht werden und dadurch die Therapiemotivation verbessert werden kann, ein aus unserer Sicht klinisch naheliegendes und potentiell wichtiges Fazit.

Kosten-Nutzen-Aspekte

Ähnlich wie in den USA und GB zeichnen sich auch in Deutschland Entwicklungen ab, die zu einer weiteren Verknappung der verfügbaren finanziellen Mittel und zu einer an nachweisbare Effizienzkriterien gebundenen Mittelzuweisung führen. So spricht beispielsweise Lamprecht davon, dass - bei einem Anteil der Ausgaben für unser Gesundheitssystem von ca. 8,7% des Bruttosozialproduktes - „der Kampf um die ... Ressourcenallokation ... voll entbrannt" sei (Lamprecht 1996). Es ist leicht einsehbar, dass auch Klinikverwaltungen und Kostenträger in Deutschland, die über die weitere Ausstattung bzw. die Neueinrichtung einer psychosomatischen Abteilung bzw. über die Finanzierung ambulanter psychotherapeutischer Behandlungsverfahren zu entscheiden haben, verstärkt empirisch nachweisbare Erfolgs- bzw. Effizienzkriterien verlangen werden (Gündel u. Mitarb. 2000).

In dieser Situation ist es wichtig, dass Psychosomatik und Psychotherapie ihre Position offensiver vertreten. Hierzu gehört auch die - bislang meist wenig beachtete - *Dokumentation des ökonomisch fassbaren Nutzens* ihrer klinisch sinnvollen, oft hochspezialisierten Interventionen gegenüber den zuständigen Kostenträgern.

Dieser Ansatz wurde im Bereich der stationär-psychosomatischen Behandlungen von Deter (für eine krankheitsorientierte Gruppentherapie von Asthmapatienten) und von Wittmann (für eine analytisch orientierte psychosomatische Fachklinik) mit überraschend eindrucksvollem Ergebnis erfolgreich angewendet (Deter 1986, Wittmann 1996). Für ambulante psychoanalytische Behandlungen konnten Breyer u. Mitarb. (1997) mit Hilfe einer anonym und retrospektiv durchgeführten ökonometrischen Analyse zeigen, dass schon gut zwei Jahre nach Therapieende durchschnittlich ein Viertel der Therapiekosten durch eine verminderte Inanspruchnahme von Dienstleistungen im Gesundheitssystem sowie durch eine Reduktion der Arbeitsunfähigkeits-Tage eingespart wurde.

Gerade in einer Zeit zunehmend vernetzter und ökonomisch orientierter Behandlungsansätze und einer auch in Deutschland zunehmenden Budgetierung der Gesundheits-Dienstleistungen erscheint also ein Effektivitätsnachweis spezialisierter psychosomatischer/psychotherapeutischer Behandlungsverfahren besonders wichtig.

Als sinnvolle Zielgruppe für gezielte psychosomatische Interventionen bieten sich gerade im Hinblick auf einen auch sozioökonomisch fassbaren Nutzen Patienten mit Somatisierungsstörungen (Simeon u. von Korff 1991, Smith 1994, Lamprecht 1996) bzw. somatoformen Störungen an, da deren Behandlungskosten gegenüber der Normalbevölkerung nachweisbar um das Sechsfache (für Krankenhausbehandlungen) bzw. 14fache (für ambulante Therapiemaßnahmen) gesteigert sind. Ebenso ist zu beachten, dass sich gerade bei älteren Patienten (> 55 Jahre) die deutlichsten Kostenreduktionseffekte zeigten (Mumford u. Mitarb. 1984). Deshalb soll im folgenden kurz auf die zu beachtenden Prinzipien einer sozioökonomischen Evaluation eingegangen werden.

Sozioökonomische Grundlagen und Messverfahren

Der Nachweis des ökonomisch fassbaren Nutzens psychosomatischer bzw. psychotherapeutischer Behandlungsansätze kann über gesundheitsökonomische Evaluationsverfahren erfolgen, die die Kosten und die klinischen Ergebnisse dieser Tätigkeit in Beziehung setzen.

Kosten und Effekte bzw. Wirkungen einer Intervention bilden die Grundbestandteile einer ökonomischen Evaluation. Diese beiden Grundelemente können ihrerseits in mehrere Kategorien unterteilt werden.

Auf der Kostenseite kann zwischen direkten und indirekten Kosten unterschieden werden (Szucs 1997, Drummond 1997). Unter direkten Kosten subsumieren sich die Kosten, die direkt durch die Inanspruchnahme einer Therapiemaßnahme oder anderer Dienstleistungen im medizinisch-psychosozialen Bereich entstehen. Als indirekte Kosten werden diejenigen finanziellen Aufwendungen bezeichnet, die mittelbar, d.h. durch außerhalb des medizinisch-psychosozialen Versorgungssystems in Anspruch genommene Leistungen entstehen. Hierunter fallen insbesondere der krankheitsbedingte Ausfall an Arbeitskraft und beispielsweise auch die Kosten der anfallenden Krankenfahrten. Eine Eingrenzung der in Frage kommenden Bereiche ist schwierig. In Anbetracht der Vielfalt aller in ökonomischen Analysen potentiell zu berücksichtigenden Kosten wird verständlich, dass eine korrekte Berechnung der Kostenseite fast nie vollständig möglich ist (Übersicht zur sozioökonomischen Evaluationsprinzipien bei Gündel u. Mitarb. 2000).

Beispiele für Interventionsmöglichkeiten bei somatoformen Störungen unter Kosten-/Nutzen-Aspekten

Die Behandlungskosten von Patienten mit Somatisierungsstörungen können im Vergleich zur Normalbevölkerung bis zu neunmal so hoch sein (Smith 1986). Auch Ladwig u. Mitarb. (1999) konnten eine signifikant erhöhte Zahl an Arbeitsunfähigkeits-Tagen und eine signifikant erhöhte Inanspruchnahme medizinischer Dienstleistungen durch Patienten mit Somatisierungsstörungen nachweisen. Fink (1993) fand in einer epidemiologischen Untersuchung in Dänemark, dass häufiger Arztwechsel und (bei 62% der Somatisierer) eine Krankenhauseinweisung direkt über die Notaufnahme typisch für Patienten mit somatisierten Beschwerden sind. Bei fast der Hälfte der medizinisch nicht sicher begründbaren Krankenhauseinweisungen wurde eine Operation durchgeführt, v. a. im gynäkologischen und chirurgisch-gastroenterologischen Fachgebiet. Ca. 75% der Patienten verspürten nach der jeweiligen Operation keine Beschwerdebesserung (Fink 1992).

Vor diesem Hintergrund untersuchten Kashner u. Mitarb. (1992) den Kosten-Kompensationseffekt einer psychiatrischen Empfehlung an den behandelnden Hausarzt von Patienten mit einer Somatisierungsstörung. Bei den 73 Patienten der Untersuchung beliefen sich die Behandlungskosten für den Ein-Jahres-Zeitraum vor der Intervention auf durchschnittlich 3808 $ pro Patient. Davon entfielen ca. 10% der Kosten auf eine psychiatrische Behandlung. Bei den 40 Patienten, deren Hausarzt über die Ergebnisse einer psychiatrischen Untersuchung schriftlich informiert wurde, reduzierten sich in den folgenden zwölf Monaten die Kosten für somatomedizinische Behandlungsmaßnahmen um durchschnittlich 526 $ pro Patient. Die Kosten für psychiatrische Behandlungsmaßnahmen stiegen im Mittel um 455 $, womit sich eine mittlere Reduktion der Gesamtkosten von 71 $ ergab. Ein Vergleich dieser Befunde mit den Ergebnissen der Patienten, deren Hausarzt keinen psychiatrischen Befundbericht erhielt, ergab insofern keine interpretierbaren Ergebnisse, als bei diesen 33 Patienten zum Baseline-Zeitpunkt eine im Mittel deutlich günstigere psychische und physische Verfassung bestand und sich dementsprechend niedrigere Behandlungskosten errechneten.

Die Effekte einer psychiatrischen Konsultation bei Patienten mit Somatisierungsverhalten wurden von Smith, u. Mitarb. (1986) in einem Kontrollgruppendesign geprüft. Dementsprechend wurden 38 Patienten psychiatrisch untersucht, wobei die Hausärzte von 19 dieser Patienten über die Ergebnisse der Untersuchung informiert wurden und eine Behandlungsempfehlung erhielten, während die Hausärzte der verbleibenden 19 Patienten nicht informiert wurden (Kontrollgrupe). Die Effektivität der psychiatrischen Intervention wurde anhand der in den folgenden 18 Monaten entstehenden Kosten für ambulante und stationäre diagnostische und therapeutische Maßnahmen geprüft. Im Vergleich zu der Kontrollgruppe kam es in der Interventionsgruppe zu einer signifikanten Kostenreduktion (2681 $ vor der Intervention, 1606 $ nach der Intervention) und einer Verringerung der stationären Behandlungstage (6,4 Behandlungstage vor der Intervention, 2 Behandlungstage nach der Intervention).

> Die hier referierten Einzelergebnisse zeigen, dass eine per se von der Chronifizierung bedrohte Erkrankung wie die Somatisierungsstörung doch psychotherapeutische Möglichkeiten offenlässt und – gerade in Anbetracht der beeindruckenden epidemiologischen Daten – ein noch viel zu sehr vernachlässigtes Betätigungsgebiet für den Facharzt für Psychotherapeutische Medizin bzw. für entsprechend qualifizierte Psychologen darstellt (Lamprecht 1996). Hierauf wird detaillierter in den nachfolgenden Kapiteln eingegangen werden.
>
> Die Begrenztheit der finanziellen Mittel auch im öffentlichen Gesundheitssystem der Bundesrepublik Deutschland wird zunehmend deutlich und verändert den klinischen Alltag. Im Zuge dieser Entwicklung werden die verschiedenen Anbieter (auch von medizinisch-psychologischen Dienstleistungen) innerhalb des Gesundheitssystems immer mehr nach empirisch beweisbarer Effektivität und Wirksamkeit der von ihnen angebotenen Therapieverfahren gefragt, bewertet und dementsprechend finanziell ausgestattet werden (Smith 1998). Im Hinblick auf die deshalb in Zukunft sicher wachsende Bedeutung von direkten Effektivitätsnachweisen der angebotenen Behandlungsverfahren sollte die sozioökonomische Evaluationsebene gerade in der Behandlung von Patienten mit Somatisierungsstörungen nicht übersehen werden.

Natürlich stehen dem Versuch, verschiedene Therapieverfahren nach monetären Gesichtspunkten zu bewerten, klinische und ethisch-moralische Bedenken sowie zahlreiche methodische Probleme entgegen (Schmidt 1997). Dennoch ist es unerlässlich, im Hinblick auf die ökonomischen Realitäten unseres Gesundheitssystems kostensenkende (z. B. den stationären Aufenthalt verkürzende) Aspekte psychosomatischer Interventionen systematischer zu dokumentieren (Thomas u. Mitarb. 1998).
Eine solche, angesichts der Kostenexplosion im Gesundheitssystem und der zunehmend knapper werdenden volkswirtschaftlichen Ressourcen auch in Deutschland mögliche Entwicklung bietet Psychosomatischen Abteilungen die Chance, ihre klinisch meist evident sinnvolle Tätigkeit auch auf der sozioökonomischen Ebene empirisch zu belegen und damit ihre Verhandlungsposition gegenüber Krankenkassen und Krankenhausträgern zu stärken. Diese Chance sollte nicht verpasst, diese Anforderung eines sich wandelnden Gesundheitssystems nicht übersehen werden.

Literatur

Baruffol E, Thilmany MC (1993): Anxiety, depression, somatization and alcohol abuse. Prevalence rates in a general Belgian community sample. Acta Psychiatrica Belgiae 93: 136-153

Breyer F, Heinzel R, Klein Th (1997): Kosten und Nutzen ambulanter Psychoanalyse in Deutschland. Gesundh.ökon.Qual.manag. 2, 59-73

Bridges KW, Goldberg DP (1985): Somatic presentation of DSM-III psychiatric disorders in primary care. J Psychosom Res 29: 563-569

Bridges KW, Goldberg DP, Evans B, Sharpe T (1991): Determinants of somatization in primary care. Psychol Med 21: 473-83

Cloninger SR, Martin RL, Guze SB et al. (1986): A prospective follow-up and family study of somatization in man and women. Am J Psychiatry 143: 873-78

Craig TKJ, Boardman AP, Mills K et al. (1993): The South London somatization study I: Longitudinal course and the influence of early life experiences. Brit. J. Psychiatry 163: 570-588

Deter HC (1986): Ökonomische Effekte einer krankheitsorientierten Gruppentherapie von Asthmapatienten. Allgemeinmedizin 15, 25-28

Drummond MF (1997): Methods for the Economic Evaluation of Health Care Programmes. Oxford University Press 1997.

Escobar JI, Burnam AM, Karno M, Forsythe A, Golding JM (1987a): Somatization in the community. Arch Gen Psych 44:713-718

Escobar JI, Golding JM , Hough RL, Karno M, Burnam AM, Wells KB (1987b): Somatization in the community: relationship to disability and use of services. American Journal of Public Health, 77: 837-840

Escobar JI, Canino G (1989): Unexplained physical complaints. Psychopathology and epidemiological correlates. Brit J Psychiat 154: 24-27

Escobar JI (1997): Developing practical indexes of somatization for use in primary care. J Psychosom Res 42: 323-328

Fink P (1992): The use of hospitalisations by persistent somatizing patients. Psychological Medicine 22, 173-180

Fink P (1992): Surgery and medical treatment in persistent somatizing patients. J Psychosom Res. 355: 439-447

Fink P (1993): Admission Patterns of Persistent Somatization Patients. Gen Hosp Psychiatry 15: 211- 218

Franz M, Schepank H, Reister G, Schellberg D: (1994): Epidemiologische Befunde zum Langzeitspontanverlauf psychogener Erkrankungen über 10 Jahre. Psychother Psychosom Med Psychol 44: 22-28.

Franz M, Schellberg D, Schepank H (1995): Indikatoren und Einflussfaktoren des Langzeitspontanverlaufes psychogener Erkrankungen. Psychother Psychosom Med Psychol 45: 41-51

Franz M, Schepank H (1995): Funktionelle Erkrankungen – Verlauf und Risikofaktoren aus epidemiologischer Sicht. Der praktische Arzt 18: 74-80

Franz M, Schmitz N, Lieberz K und Schepank H (1998): Das multiple somatoforme Symptom in der Allgemeinbevölkerung. In: Somatoforme Störungen: theoretisches Verständnis und therapeutische Praxis (Hrsg.: Rudolf G, Henningsen P). Stuttgart New York: Schattauer 1998

Furnham A, Kirkcaldy B (1997): Age and sex differences in health beliefs and behaviors. Psychol Rep 80: 63-66

Goldberg DP, Bridges K (1988): Somatic presentations of psychiatric illness in primary care settings. J Psychosom res 32. 137-44.

Golding JM, Smith GR, Kashner TM (1991): Does somatization disorder occur in men ? Clinical characteristics of women and men with multiple unexplained somatic symptoms. Arch gen Psychiat 48: 231-35

Gündel H, Siess M, Ehlert U, (2000): AEPK. Konsiliar-Liaison-Tätigkeit aus der sozioökonomischen Perspektive - ein Plädoyer für Kosten-Ergebnis-Analysen in der Psychosomatik. PPmP 2000; 50: 247-254

Hiller W, Rief W, Fichter MM (1995): Further evidence for a broader concept of somatization disorder using the somatic symptom index. Psychosomatics 36: 285-94

Kashner TM., Rost K., Smith G R, Lewis S. (1992). An analysis of panel data. The impact of a psychiatric consultation letter on the expenditures and outcomes of care for patients with somatization disorder. Medical Care 30, 811-821

Kellner R (1986): Somatization and hypochondriasis. Praeger Publishers, New York.

Kent DA, Tomasson, K, Coryell W (1995): Course and Outcome of Conversion and Somatization Disorders. a Four-Year Follow-Up. Psychosomatics 36: 138-144

Kirmayer LJ, Robbins GM (1991): Three forms of somatization in primary care: prevalence, cooccurence and sociodemographic characteristics. J Nerv Ment Dis 179: 647-55

Kroenke K, Mangelsdorff D (1989): Common symptoms in ambulatory care: incidence, evaluation, therapy, and outcome. The American Journal of Medicine 86: 262-266

Ladwig KH, Marten-Mittag B, Formanek B, Gündel H (1999): Occurence, gender differences and illness behavior of somatization in a representative German health examination survey. zur Publikation eingereicht.

Lamprecht F (1996): Die ökonomischen Folgen von Fehlbehandlungen psychosomatischer und somatopsychischer Erkrankungen. Psychother Psychosom Med Psychol 46:283-291

Lupke U, Ehlert U, Hellhammer D (1996): Verhaltensmedizin am Allgemeinkrankenhaus: Verlaufsuntersuchungen an Patienten mit Somatoformen Störungen. Verhaltenstherapie 6: 22-32

Margo KL, Margo JM (1994): The problem of somatization in family practice. American Family Physician 49: 1873-1879

Mechanic D (1976) Sex, illness, illness behavior, and the use of health services. J Human Stress 2: 29-40

Mumford E, Schlesinger HJ, Class GV, Patrick C, Cuerdon T (1984). A new look at evidence about reduced cost of medical utiliza-tion following mental health treatment. American Journal of Psychiatry 141, 1145-1158

Rief W, Hiller W, Geissner E, Fichter MM (1995) A two-year follow-up study of patients with somatoform disorders. Psychosomatics 36:376-86

Rief W (1996): Die somatoformen Störungen.- Großes unbekanntes Land zwischen Psychologie und Medizin. Zeitschrift f. klinische Psychologie 25: 173-189

Schepank H (1987): Psychogene Erkrankungen der Stadtbevölkerung. Springer, Heidelberg

Schepank H (1990) Verläufe. Heidelberg: Springer

Schmidt, Jürgen (1997): Modelle der Kosten - Ergebnis - Analyse am Beispiel von psychischen und psychosomatischen Störungen. Unveröffentlichtes Manuskript

Scicchitano J, Lovell P, Pearce A et al. (1996): Illness behavior and somatization in general practice. J Psychosom Res 41: 247-254

Simeon GE & von Korff M (1991): Somatization and psychiatric disorder in thr NIMH Epidemiologic Catchment Area study. Am J Psychiat. 148 (11): 1494-500

Smith GR, Monson Ra, Ray DC (1986): Patients with multiple unexplained symptoms. Their characteristics, functional health, and health care utilization. Arch Intern Med 146: 69-72

Smith GR (1994). The Course of somatisation and its effects on utilization of health care resources. Psychosomatics 35, 263-267

Smith R (1998) Plädoyer für eine offene Rationierungsdebatte. Deutsches Ärzteblatt 95, Heft 40: 1922-1925

Szucs FD (1997): Medizinische Ökonomie, S. 54ff. . Medizin & Wissen, München

Thomas W, Köhle K (1998): Psychosozialer Liaisondienst in internistisch-onkologischen Akutkliniken - Bedarf, Inanspruchnahme, Kosten. In: Koch U, Weis J (Hrsg. unter Mitarbeit von K. Mathey). Förderschwerpunkt Rehabilitation. Schattauer, Stuttgart (im Druck)

Wittmann WW (1996): Evaluation in der Rehabilitation. Wo stehen wir heute ? DRV-Schriften, hrsg. vom Verband Deutscher Rentenversicherer, Bd 6, 27-37

Somatisierungssyndrome in den verschiedenen Fachgebieten

5. Somatoforme Syndrome in der Neurologie

Harald Gündel

Historisch gesehen ist ein Teil der psychosomatischen Medizin aus der zur damaligen Zeit selbst noch sehr jungen Disziplin der Neurologie hervorgegangen. Diese gemeinsamen Wurzeln von Neurologie und Psychosomatik werden z. B. darin deutlich, dass in der ersten Hälfte des 19. Jahrhunderts die Krankheitsbezeichnung Neurose noch für alle, d. h. auch die organischen Funktionsstörungen des Nervensystems gebraucht wurde (Reynolds 1990). So publizierten J. Breuer und S. Freud (1893) ihre „vorläufige Mitteilung" ... „über den psychischen Mechanismus hysterischer Phänomene" noch im Neurologischen Zentralblatt (Franz 1990). Nicht nur Freuds berufliche Entwicklung legt allerdings nahe, dass Neurologie und klassische Psychoanalyse/Psychotherapie zwar ähnliche Wurzeln und inhaltliche Berührungspunkte haben, aus vielen Gründen (u.a. Setting, Ausbildung, Zeitbedarf pro Patient) aber ein zugleich neurologisch und psychoanalytisch orientierter Zugang zum Patienten auf Dauer schwierig zu vereinbaren ist. Auch deshalb werden Patienten mit aus dem neurologischen Formenkreis stammenden Somatisierungsstörungen optimalerweise in enger Kooperation zwischen Neurologen und Psychosomatiker diagnostiziert und in eine geeignete Behandlung überwiesen.
Im folgenden Beitrag werden nach einigen allgemeinen, auf das neurologische Fachgebiet zugespitzten Begriffsbeschreibungen die klinisch wichtigsten psychogenen („pseudoneurologischen") Störungsbilder beschrieben. Die Beschäftigung mit der großen Gruppe der neurologischen Störungsbilder, bei der auf der Grundlage eines fachspezifisch definierten Krankheitsbegriffes psychoreaktive Faktoren eine große Rolle spielen können (z. B. Kopfschmerz vom Spannungstyp, Migräne, Rückenschmerzen), würde den Rahmen des hiesigen Beitrages überschreiten. Für spezielle Aspekte, die im Kapitel über die somatoforme Schmerzstörung (vgl. Beitrag von Egle u. Mitarb. in diesem Band) nicht erwähnt sind, möchten wir daher auf die weiterführende Literatur (Bräutigam u. Mitarb.1992, Ahrens u. Schulze-Venrath 1995) verweisen.

Epidemiologie

Bei einer Untersuchung von 100 konsekutiv erstmals stationär in die Neurologie aufgenommenen Patienten fanden Ewald u. Mitarb. (1994), dass bei 14% dieser Patienten keinerlei organische Grundlage für die beklagte körperliche Symptomatik gefunden werden konnte. Bei weiteren 26% bestanden medizinisch erklärbare und medizinisch nicht erklärbare Symptome nebeneinander. Generell kann bei ca. einem guten Drittel der stationär-neurologischen Patienten eine psychiatrische Zweitdiagnose gestellt werden (Schiffer 1983, Metcalfe u. Mitarb. 1988, Creed u. Mitarb. 1990, Rogne u. Mitrab. 1994). Eine aktuelle Studie an 93 konsekutiv untersuchten, stationär-neurologischen Patienten einer Universitätsklinik fand ebenfalls einen psychosomatischen Behandlungsbedarf bei ca. einem Drittel dieser Patienten (Fritsche u. Mitarb. 1999).

Unter den rein bis überwiegend psychogenen Störungsbildern in der Neurologischen Klinik stehen zahlenmäßig Schmerzsyndrome, Bewegungsstörungen und Schwindel an erster Stelle, gefolgt von anfallsartigen Ereignissen und Sensibilitätsstörungen (Lempert u. Mitarb. 1990a).

Im Rahmen der Mannheimer Kohortenstudie zur Epidemiologie psychogener Erkrankungen wurde innerhalb einer 10-Jahres-Follow-up-Studie in insgesamt drei Erhebungswellen eine Bevölkerungsstichprobe (repräsentativ für die Mannheimer Stadtbevölkerung) wiederholt untersucht (Franz u. Mitarb. 1993 und 1998). Für die so genannten neurologisch relevanten Symptomgruppen ergab sich insgesamt folgende Rangfolge der Symptomhäufigkeiten in dieser Allgemeinbevölkerungsstichprobe: Kopfschmerzen; HWS-/LWS-Beschwerden; Konzentrationsstörungen, Schlafstörungen, Schwindelgefühle, funktionelle Hyperkinesien. Die höchste Verlaufsstabilität und damit die negativste Verlaufsprognose ergab sich für Kopfschmerzen, HWS-/LWS-Beschwerden und Schlafstörungen. Eine demgegenüber geringere Verlaufsstabilität (und damit möglicherweise eine erhöhte Tendenz zu Spontanremissionen oder Symptomwechsel) zeigte sich bei Schwindelbeschwerden, Konzentrationsstörungen und funktionellen Hyperkinesien. Männer berichteten signifikant häufiger über Schlafstörungen und funktionelle Hyperkinesien, Frauen über Kopfschmerzen und Schwindel.

Untergruppen pseudoneurologischer Störungsbilder

Der häufig verwendete deskriptive Begriff der sog. pseudoneurologischen Syndrome steht für „funktionelle" Störungen an zentralnervös versorgten Organen und für sensorische Störungen. Die Herkunft des Begriffes ist heute nicht mehr sicher zu klären (Hoffmann 1996). In der Übersichtsarbeit von Woolsey (1976) werden den pseudoneurologischen Syndromen folgende Störungsbilder zugeordnet:

- Krampfanfälle
- Sensorische (sensible) Störungen
- Motorische Störungen
- Psychische Störungen
- Störungen der Sinnesorgane

Im wesentlichen werden somit durch den Begriff der pseudoneurologischen Störung einzelne Ausdrucksformen einer Somatisierung bzw. einer Konversionsstörung beschrieben, die Übergänge zu den Somatisierungsstörungen (ICD F 45) sind fließend.

Konversionsstörungen in der Neurologie (ICD F44)

Eine Konversionsstörung ist eine mono- oder oligosymptomatische Störung, die im Rahmen einer psychosozialen Belastung oder emotionalen Konfliktlage meistens akut beginnt (Kap. 2). Innerhalb des ICD-10 werden Konversionsstörungen unter die dissoziativen Störungen der Bewegung und Sinnesempfindung des ICD-10 (F. 44.4 – 44.6) klassifiziert.

Eine aktuelle empirische Untersuchung von Kapfhammer u. Mitarb. (1998) fand unter den 169 innerhalb eines 4-Jahres-Zeitraums konsiliarisch gesehenen Patienten einer großen neurologischen Abteilung überwiegend motorische Störungen (Stand- und Gangstörungen 27,2%, Paresen/Plegien 24,3%), aber auch sensible (21,9%) und sensorische (5,3%) Ausfälle sowie pseudoepileptische Anfälle (19,5%). Häufige Gelegenheitsursachen für die Entwicklung einer Konversionssymptomatik sind ein Trauma, eine Functio laesa (z.B. Spina bifida occulta) oder ein episodisches körperliches Symptom (sog. somatisches Entgegenkommen) (Ahrens 1995). Kapfhammer u. Mitarb. (1998) fanden bei 34% der neurologischen Patienten mit Konversionsstörung eine gleichzeitig bestehende organische Störung. Während die Mehrzahl der Konversionspatienten in der Neurologie innerhalb von 2-4 Gesprächen eine gewisse Einsichtsfähigkeit für die Rolle psychosozialer Belastungen entwickeln konnte, beharrten ca. ein Drittel der Patienten mit Somatisierungsstörungen auf einer rein körperlichen Genese ihrer Beschwerden (Kapfhammer u. Mitarb. 1998).

Auch bei den neurologischen Konversionsstörungen liegt ein reifes intrapsychisches Verarbeitungsniveau im Sinne einer ödipal strukturierten hysterischen Persönlichkeit nur bei einer Minderheit der Patienten vor, bei einer Untergruppe sind auch Persönlichkeitsstörungen zu beobachten (Rhode-Dachser 2000). Die tradierte regelhafte Annahme eines spezifischen symbolhaften Ausdrucks von innerem Konflikt und Abwehr im Körpersymptom konnte in der o. g. Untersuchung an Patienten mit neurologischen Konversionsstörungen nur selten bestätigt werden (Kapfhammer u. Mitarb. 1998). Ähnlich wie in der Untersuchung von Spitzer (1994) litten die meisten der hier untersuchten Patienten unter zusätzlichen organisch nicht begründbaren Körpersymptomen, 25% aller Patienten mit neurologischen Konversionsstörungen wiesen außerdem ein chronisches Schmerzsymptom auf. Diese Befunde deuten auf eine schwerwiegendere strukturelle Schädigung dieser Patientenuntergruppe hin, die nicht mit dem hochstrukturierten traditionellen Konversionsmodell vereinbar ist.

Somatoforme Störungen/Somatisierungsstörungen in der Neurologie (ICD F45)

Im Unterschied zum eher mono- oder oligosymptomatischen Bild einer Konversionsstörung mit meist intermittierendem Verlauf besteht bei der Somatisierungsstörungen (laut DSM-IV und ICD-10) ein komplexes, polysymptomatisches Beschwerdebild (s. Kap. 2).

Spezielle klinische Bilder

Im folgenden werden die häufigsten neurologisch-psychosomatischen Störungsbilder (Lempert u. Mitarb. 1990), die unter dem Begriff der sog. pseudoneurologischen Störung zusammengefasst werden können und bei denen der Mechanismus der Somatisierung eine wesentliche Rolle spielt, im einzelnen dargestellt. Es handelt sich um Bewegungsstörungen, Störungen der Sensibilität, Pseudoepileptische Anfälle und Schwindel.

Im klinischen Einzelfall kann es sich bei diesen Symptomen sowohl um eine Konversionsstörung als auch um im Rahmen einer Somatisierungsstörung auftretende Symptome handeln (s.o.). Denn während Freud und Charcot überwiegend monosymptomatische Störungsbilder (oft im Sinne einer Konversionsstörung) beschrieben, sind heutzutage Patienten mit komplexen psychogen-neurologischen Störungsbildern, oft kombiniert mit massiven depressiven und Angstbeschwerden, viel häufiger (Spitzer 1994). Symptomatologisch ähnliche Störungsbilder können sich auf dem Boden einer sehr unterschiedlichen Persönlichkeitsstruktur und Konfliktdynamik entwickeln. Die zusätzliche Erfassung dieser komplexen Störungszusammenhänge für Diagnose, Therapieindikation und Verlaufsprognose ist daher unerlässlich. Patienten mit psychogenen Störungen in der Neurologie erweisen sich somit sowohl unter symptomatologischen Aspekten als auch im Hinblick auf die klinisch-psychodynamische Strukturdiagnose als eine vielfältig und vielschichtig gestörte Gruppe (Spitzer 1994). Entsprechend breit muss das Repertoire an diagnostischen Interviewtechniken und psychotherapeutischen Behandlungsmöglichkeiten sein. Auf die ebenfalls sehr häufig in der Neurologie anzutreffende somatoforme Schmerzstörung wird in Kapitel 15 eingegangen. Ausgenommen von der folgenden Abhandlung sind primär neurologische Störungsbilder, die durch psychosoziale Einflüsse in ihrer Ausprägung wesentlich moduliert werden können, wie z.B. Migräne, Spannungskopfschmerz, primär organische Dystonien wie Torticollis u. ä.

Psychogene Bewegungsstörungen

Der Begriff der sog. psychogenen Bewegungsstörungen umfasst ein breites klinisches Spektrum. Am häufigsten handelt es sich dabei um unspezifische Gangstörungen, Tremor, vielfältige dystone Störungen und Myoklonien. Das tatsächliche klinische Spektrum psychogener Bewegungsstörungen reicht aber weiter und kann vielfältige unspezifische Ausdrucksformen annehmen. Zunächst werden einige gemeinsame Charakteristika aller Bewegungsstörungen erläutert, anschließend wird näher auf die einzelnen Störungsbilder eingegangen.

Definition. Als psychogen wird eine Bewegungsstörung im allgemeinen bezeichnet, wenn sie nicht einem der bekannten organisch begründeten Störungsbilder zugeordnet werden kann und wenn sich deutliche Hinweise für eine wesentliche Rolle psychogener Einflüsse zeigen (Williams u. Mitarb. 1995).

Epidemiologie. Laut Fahn (1994) liegt die Häufigkeit psychogener Bewegungsstörungen in der Gruppe aller Patienten, die sich in einer US-amerikanischen neurologischen Universitäts-Spezialambulanz für Bewegungsstörungen mit idiopathischen oder symptomatischen Dystonien vorstellen, bei 1,6 - 3,2%. Frauen sind häufiger als Männer betroffen.

Ätiopathogenese. Aus ätiopathogenetischer Sicht kann es sich sowohl um Konversionsphänomene (bis zu 75% aller Patienten), um Somatisierungsstörungen (im Sinne eines nicht konvertierten, sog. funktionellen Begleitsymptoms eines Affektes, ca. 12,5%) als auch um eine Artefakterkrankung (8%) handeln (Williams u. Mitarb. 1995). Die zugrundeliegende Konfliktdynamik oder persönlichkeitsstrukturelle Störung kann sehr unterschiedlich sein. Im Rahmen der biographischen Anamnese wird jedoch manchmal deutlich, wieso es gerade zur (unbewussten) Symptomwahl einer Bewegungsstörung als Ausdruck einer zugrundeliegenden psychosozialen Problematik kam. Aufgrund des im psychotherapeutischen Erstkontakt häufiger abwehrenden Gesprächsverhaltens der betroffenen Patienten lässt sich der psychodynamische Hintergrund einer psychogenen Bewegungsstörung z. T. nicht sofort aufklären und wird erst im Laufe einer weiterführenden psychotherapeutischen Behandlung deutlich (Williams u. Mitarb. 1995).

Eine Untergruppe von Patienten mit psychogenen Bewegungsstörungen leidet gleichzeitig auch unter organisch begründeten Störungen (wie z. B. milde segmentale Dystonien oder beginnendes Parkinson-Syndrom), die aber allein das Ausmaß der Störung nicht erklären können. Die Prävalenz dieser kombinierten, um einen organischen Kern psychogen erheblich ausgestalteten Bewegungsstörungen liegt bei ca. 13% aller psychogenen Bewegungsstörungen (Williams u. Mitarb. 1995), wobei diese Zahl für die jeweiligen Bewegungsstörungen variiert (s. u.).

Klinische Phänomenologie. Bezüglich der Prävalenz unterschiedlicher klinischer Bilder innerhalb der Gruppe der psychogenen Bewegungsstörungen existieren ganz unterschiedliche Angaben (s .u.). Williams u. Mitarb. (1995) beschreiben als häufigste Störungsbilder Tremor, Gangstörungen und unspezifische Dystonien, die bei den von Williams untersuchten Patienten ca. 75% aller psychogenen Bewegungsstörungen ausmachen. Die restlichen ca. 25% bestehen aus verschiedensten, teilweise bizarren und schwer einheitlich zu klassifizierenden Störungsformen.

Diagnose/Differentialdiagnose. Für Patienten mit psychogenen Bewegungsstörungen empfiehlt sich schon in der Diagnosephase eine enge Abstimmung zwischen den initial untersuchenden neurologischen und den meist später hinzugezogenen psychosomatisch/psychiatrischen Experten. Der Neurologe stellt aufgrund des klinischen Erscheinungsbildes die Diagnose einer psychogenen Bewegungsstörung. Der Psychosomatiker/Psychiater versucht diese aus dem biographischen und psychodynamischen Kontext positiv zu erhärten (Auslöser, zugrundeliegende psychische Störungebene), eine Motivation für eine psychotherapeutische Behandlung beim Patienten zu wecken und diese auf dem Boden einer individuell differentiellen Indikation konkret zu vermitteln.

Fahn u. Mitarb. (1988) sowie Williams (1994) unterscheiden aus neurologischer Sicht als vier unterschiedliche Stufen der diagnostischen Sicherheit bei einer psychogenen Bewegungsstörung *dokumentiert, klinisch gesichert, wahrscheinlich und möglich.* Diese Kriterien gelten daher international nicht nur für die Diagnose psychogener Gangstörungen, sondern auch für die anderen psychogenen Bewegungsstörungen wie Tremor, psychogene Dystonie und parkinsonistische Syndrome (Tab. 5.**1**).

Tabelle 5.1 Stufen der diagnostischen Sicherheit bei der Diagnose einer psychogenen Bewegungsstörung (nach Fahn 1994)

1. Dokumentierte psychogene Bewegungsstörung:

Eins der folgenden Kriterien trifft zu:

- Komplette Remission durch Psychotherapie
- Komplette Remission durch Suggestion (inklusive Physiotherapie)
- Komplette Remission nach Placebogabe
- Beschwerdefreiheit wenn unbeobachtet

2. Klinisch gesicherte psychogene Bewegungsstörung:

- Wechselnde Symptomatik im zeitlichen Verlauf *oder*
- Störungsbild weicht von bekannten Bewegungsstörungen deutlich ab

plus eines der folgenden Kriterien

- Zusätzlich sicher psychoreaktive neurologische Symptomatik
- Vielfältige somatoforme Beschwerden
- Deutliche psychiatrische Störung
- Verschwinden der Symptomatik bei Ablenkung
- Exzessive allgemeine Bewegungsverlangsamung

3. Wahrscheinliche psychogene Bewegungsstörung:

- Wechselnde Symptomatik im zeitlichen Verlauf *oder*
- Störungsbild weicht von bekannten Bewegungsstörungen deutlich ab

- Konstante, organisch wirkende Symptomatik *plus*
- deutliche Verminderung der Beschwerdesymptomatik bei Ablenkung (wenn ungewöhnlich bei organischer Ätiologie)

- Konstante, organisch wirkende Symptomatik *plus*
- sicher psychoreaktive neurologische Symptomatik

- Konstante, organisch wirkende Symptomatik *plus*
- vielfältige somatoforme Beschwerden

4. Mögliche psychogene Bewegungsstörung:

- Konstante, organisch wirkende Symptomatik *plus*
- unspezifische psychische Auffälligkeit

Verlauf und Prognose. Erfahrungsgemäß akzeptieren ca. 70% aller Patienten mit psychogenen Bewegungsstörungen nach einer adäquaten diagnostischen Aufklärung durch den Neurologen die Möglichkeit einer primär psychogenen Verursachung und stimmen einer

Vorstellung in der Psychosomatik/Psychiatrie zu. Ca. ein Drittel aller Patienten lehnen eine entsprechende Vorstellung ab. Bis zu 60% der Patienten, die mit einer konsiliarischen Vorstellung in Psychosomatik/Psychiatrie einverstanden sind, erreichen in der eingeleiteten Psychotherapie eine komplette Beschwerderemission oder wenigstens eine spürbare Verbesserung der Symptomatik. Eine Klassifikation als Konversions- oder Somatisierungsstörung erweist sich prognostisch als eher günstig. Tritt die Bewegungsstörung im Rahmen einer Artefakterkrankung oder vermuteten Simulation auf, sind die Behandlungsaussichten wesentlich schlechter (Williams u. Mitarb. 1995).

In der Untersuchung von Williams u. Mitarb. (1995) hatten weder Alter, Geschlecht, Intelligenzquotient, Art der Bewegungsstörung und Dauer der Erkrankung einen signifikanten Einfluss auf den letztendlichen Verlauf. Aus seiner Erfahrung heraus vertritt Williams daher die Auffassung, dass es keine sicheren Prädiktoren bezüglich des Erfolges psychotherapeutischer Maßnahmen für Patienten mit diesen Störungsbildern gibt.

Spezielle Therapie. Bei Verdacht auf das Vorliegen einer psychogenen Bewegungsstörungstörung empfehlen Fahn (1994) sowie Williams u. Mitarb. (1995) folgendes Vorgehen:

1. Stationäre Aufnahme des Patienten (zur Sicherung der Diagnose, aber auch zur Diagnosevermittlung bei einem diesbezüglich schon ambulant sehr abwehrend reagierendem Patienten)
2. Gründlicher Ausschluss einer organischen Genese
3. Kontrakturen im neurologischen Untersuchungsbefund sprechen nicht gegen eine psychogene Gangstörung
4. Konsiliarische Vorstellung in der Psychosomatik oder bei einem psychosomatisch erfahrenen Psychiater. Die meisten Patienten mit funktionellen Gangstörungen lehnen zunächst einen Zusammenhang zwischen der körperlich erlebten Symptomatik und emotional wichtigen, innerseelischen Konflikten im Privat- und/oder Berufsleben ab. Es hat sich daher als hilfreich erwiesen, die konsiliarische Vorstellung in der Psychosomatik mit einer möglichen Hilfestellung in der individuellen Krankheitsbewältigung zu begründen
5. Ggf. Anwendung von intensiven physio- und krankengymnastischen Maßnahmen, um die diagnostische Sicherheit einer psychogenen Bewegungsstörung zu erhöhen. (Fahn empfiehlt zu diesem Zweck auch Placebo-Verfahren.)
6. Niemals den Patienten aus der stationären Behandlung entlassen, ohne ihn von der korrekten Diagnose vorsichtig aber zweifelsfrei zu informieren
7. Dem Patienten erklären, dass gewisse motorische Programme neu erlernt werden müssen, und dies nur mit intensiver Physiotherapie möglich ist. Wenn möglich, initiieren eines multimodalen Behandlungsprogrammes: Psychotherapie, Ermutigung, Physiotherapie, ggf. unterstützend medikamentös (auch Placebo)

Dieser psychoedukativ-suggestive Kurzbehandlungsansatz wurde zunächst für die meisten Patienten als ausreichend erachtet. Mit fortschreitender klinischer Erfahrung ist jedoch auch aus neurologischer Perspektive deutlich geworden, dass Patienten mit zugrundeliegenden komplexen psychischen Störungsmustern eine differenziertere und längere, individuell angepasste Psychotherapie benötigen und der psychoedukativ-suggestive Behandlungsansatz allein bei vielen Patienten nicht zu dauerhaften Behandlungserfolgen führt (Williams u. Mitarb. 1995).

Um überhaupt eine psychotherapeutische Therapiemotvation beim Patienten aufbauen zu können, darf die Diagnosemitteilung keinen stigmatisierenden oder latent vorwurfsvollen Charakter haben. Zeigt der Patient erhebliche Widerstände gegen diese Diagnose, ist es oft hilfreich, dem Patienten in seinem primär organischen Krankheitsverständnis entgegenzukommen und z. B. die neurobiologischen Folgen von Stress, z. B.

in Form der vorliegenden Bewegungsstörung, zu betonen. Den Patienten hingegen regelmäßig im Erstgespräch damit zu konfrontieren, dass seine Beschwerden Ausdruck von unbewussten Konflikten, Impulsen und Gefühlen seien, kann im Einzelfall die individuelle Abwehr verstärken und das Verbleiben des Patienten im für die weitere Therapie so wichtigen Behandlungskontakt gefährden. Die Vermittlung in weiterführende, stationäre oder ambulante Psychotherapie sollte eng mit der Diagnosemitteilung verbunden sein und schon in dieser Gesprächssituation eingeleitet werden. Wenn ein sekundärer Krankheitsgewinn (laufendes Renten-, Berufsunfähigkeitsverfahren etc.) deutlich wird, ist es oft sinnvoll, eine entsprechende psychotherapeutische Behandlung erst nach dem Abschluss des laufenden Verfahrens zu beginnen.

Das Spektrum der individuell indizierten Psychotherapieform umfasst nahezu alle gängigen Verfahren (Psychodynamisch, verhaltens-, familien-, körpertherapeutisch, Hypnose etc.). Auf jeden Fall sollte eine individuelle psychotherapeutische Behandlung in einen multimodalen Behandlungsplan (physikalische Medizin, neurologische Kontrolle, etc.) eingebettet sein. Leider gibt es kaum (s.u.) systematische Verlaufsbeobachtungen von Patienten mit psychogenen Bewegungsstörungen nach adäquater Psychotherapie.

Psychogene Gangstörungen

Definition. Die Ursachen von Gangstörungen (einschließlich Gangunsicherheit, Gleichgewichtsstörung und erhöhter Fallneigung) sind außerordentlich vielfältig. Gestörtes Gehen allein ist keine eigenständige Erkrankung, sondern ein häufig in der Neurologie anzutreffendes Symptom (Conrad 1996). Psychogene Gangstörungen sind dabei nicht selten.

Epidemiologie. Die Angaben zur Epidemiologie sind sehr unterschiedlich: Nach Ehrbar und Waespe (1992) leiden etwa die Hälfte alle stationär-neurologischen Patienten ohne fassbaren organischen Befund an einer „funktionellen" Gangstörung. (Die Autoren verwenden „funktionell" hier im Sinne des Fehlens einer strukturell fassbaren Läsion). Keane (1989) berichtet, dass innerhalb eines 10-Jahres-Beobachtungszeitraumes ca. ein Viertel derjenigen stationär-neurologischen Patienten einer US-amerikanischen Universitätsklinik, die die Diagnose einer pseudoneurologischen, organisch nicht begründbaren Störung erhielten (n = 228), als führende oder wesentliche Symptomatik eine Gangstörung aufwiesen. (In beiden Arbeiten werden die Diagnosekriterien nicht expliziert).

Ätiopathogenese. Aus ätiopathogenetischer Sicht können Gangstörungen sowohl als eher monosymptomatische Konversionsphänomene oder auch im Rahmen einer komplexeren Somatisierungsstörungen auftreten (s.o.).

Klinische Phänomenologie. Psychogene Gangstörungen (Astasie, Abasie) mit Paresen, teilweise sogar mit Plegien einer oder mehrerer Extremitäten sind nicht selten. Häufiger sind bei diesen funktionellen Störungen die links- als die rechtsseitigen Extremitäten betroffen. Meistens ist die funktionelle Gangstörung auf eine Schwäche (Parese) oder Lähmung (Plegie) eines oder beider Beine zurückzuführen, selten auf koordinative Störungen oder starke, bewegungsabhängige Schmerzen ohne Parese. Charakteristisch ist in der Regel das klinisch-neurologisch ungewöhnliche Erscheinungsbild und das Fehlen einer ausreichenden organisch fassbaren Ursache.

Diagnose/Differentialdiagnose. Allgemein gelten die Kriterien nach Fahn u. Mitarb. (1988) sowie Williams u. Mitarb. (1995).

Alternativ bzw. ergänzend zu den o. g. Kriterien einer funktionellen Bewegungsstörung beschreiben Lempert u. Mitarb. (1991) nach einer Videoanalyse sechs Merkmale, die sie bei funktionellen, psychogenen Gangstörungen als charakteristisch erachten (Tab. 5.2).

Selten besteht eine isolierte Gangstörung, meistens berichten die Patienten zumindest über einige wenige Begleitsymptome, am häufigsten über sensible und/oder motorische Störungen sowie Miktionsstörungen (Ehrbar u. Waespe 1992).

Die initiale Verdachtsdiagnose einer psychogenen Gangstörung wird in der Regel vom Neurologen gestellt, der Psychosomatiker übernimmt ggf. die positive Bestätigung der Diagnose und die differentielle Therapievermittlung.

Tabelle 5.2 Charakteristische Merkmale einer psychogenen Gangstörung (Lempert u. Mitarb. 1991)

- Deutliche Fluktuationen in der Ausprägung des Gang- und Standbildes, die mit einer echten neurologischen Erkrankung nicht zu vereinbaren sind
- Starke Verlangsamung und Verzögerung der Bewegungen („wie in Zeitlupe")
- Psychogen auffälliger Romberg-Test: z.B. Verbesserung der Standfähigkeit bei Ablenkung des Patienten oder konstante Fallneigung in Richtung oder entgegen der Richtung der Position des Untersuchers, unabhängig von dessen Standort
- Unökonomische Bewegungsabläufe mit hohem Aufwand an Muskelkraft, um trotz ungewöhnlicher Haltung die Balance zu halten: z. B. Gehen mit (anstrengender) permanenter Beugung in Hüft- und Kniegelenken
- „Walking on Ice": Gangmuster wie bei Gesunden, die auf rutschigem, schlüpfrigem Untergrund gehen (vorsichtige, breitbeinige Schritte mit verkürzter Schrittlänge)
- Plötzliches Einknicken im Kniebereich, meist ohne hinzufallen. Wenn ein Sturz erfolgt, verläuft dieser quasi abgefedert und ist leicht von echten „drop-attacks" zu unterscheiden

Verlauf und Prognose. Die Ansichten bezüglich der Prognose variieren. Ehrbar und Waespe (1992) halten die meisten funktionellen Gangstörungen für rasch reversibel, wobei sie bei akut aufgetretenen Störungsbildern die besten Remissionschancen beobachteten. Bei der Verlaufsbeobachtung von 47 Patienten mit funktionellen Gangstörungen zeigten 13 Patienten (28%) einen chronischen Verlauf (Krankheitsdauer >1 Jahr). Keane (1989) beobachtete unter ähnlichen suggestiven Behandlungsmaßnahmen während des stationär-neurologischen Aufenthaltes (Ermutigung, Physiotherapie) eine Spontanheilungsrate von ca. 50% akut und ca. 25% im Verlauf der folgenden zwei Monate. Ca. 25% der funktionellen Gangstörungen chronifizierten. Brandt (1994) beschrieb hingegen, dass sich über die Hälfte aller Patienten mit psychogener Gangstörung innerhalb einer mittleren Nachbeobachtungszeit von 2,6 Jahren im Beschwerdeausmaß nicht verbessert bzw. verschlechtert hatte (Brandt 1994). Diese letztere, eher verhaltene prognostische Einschätzung halte ich - zumindest unter der Bedingung einer wahrscheinlich suboptimalen psychotherapeutischen Behandlung - aus klinischer Erfahrung für die realistischere.

Fallbeipiel

Beschwerden: Bei Frau L., einer geistig und körperlich sehr rüstigen 76-jährigen Dame, bestehen seit ca. zehn Jahren wohl zunächst nach einer Hüftoperation sehr milde, die Patientin kaum beeinträchtigende Gehstörungen mit seit vier bis fünf Jahren allmählicher Verschlechterung und intermittierendem Einknicken im rechten Knie. Die jetzigen Beschwerden im Sinne einer fluktuierenden Gang- und Standunsicherheit mit plötzlichem Wanken und häufig sogar Rückwärtsgehen (!) von einigen Schritten haben sich in 1/96 - kurz nach dem Wegzug der nahestehenden Schwester - in deutlicher Ausprägung entwickelt. Aufgrund der in der Folgezeit zunehmenden alltagspraktischen Beeinträchtigung der sich zuvor komplett selbst versorgenden Patientin habe die einzige Schwester ihren Wohnsitz in Griechenland einige Monate

später wieder aufgegeben, habe sich eine Wohnung neben derjenigen der Patientin gekauft und sie während des letzten Jahres fast täglich mitversorgt.
Biographisch berichtet Frau L., zusammen mit ihrer um ein Jahr älteren Schwester in wohlhabenden Verhältnissen aufgewachsen zu sein. Der Vater verstarb schon 1944. Im Zuge der Vertreibungen der deutschstämmigen Minderheit gegen Ende des 2. Weltkrieges aus der Tschechoslowakei habe auch Frau L. schwerwiegende traumatisierende Erfahrungen durchgemacht. Nach dem Abitur habe sie zunächst eine Krankenschwester-Ausbildung absolviert, das gewünschte Studium nach dem Krieg v. a. aus finanziellen Gründen habe sie aber nicht mehr beginnen können. Nach dem 2. Weltkrieg lebte Frau L. in Niederbayern und arbeitete engagiert an einer kommunalen Behörde. Von ihrer ersten großen Liebe sei sie Ende der 50er Jahre nach drei Jahren Partnerschaft verlassen worden. Danach habe es viel verdrängte Traurigkeit und lange Zeit – aus Angst vor erneuter Kränkung – keine neue Partnerschaft, aber viele gesellschaftliche Kontakte gegeben. 1981 Berentung. 1989 Beginn einer neuen Partnerschaft mit einem sehr rüstigen Mann. Die anschließenden vier Jahre seien „das Beste gewesen, was ich je gehabt habe". Nach dem plötzlichen Tod des Partners aus zuvor scheinbar voller Gesundheit sei sie innerlich zusammengebrochen, habe diese Traurigkeit und Verzweiflung jedoch – wie immer in ihrem Leben – keinem gezeigt, äußerlich sich nichts anmerken lassen.
Die geistig rege, gepflegt wirkende Patientin berichtete zugewandt, zunächst sehr sachlich und zurückhaltend, im weiteren Verlauf zunehmend offen von Lebenssituation und -vorgeschichte. Im Gesprächsverlauf wurde eine starke Traurigkeit spürbar, Frau L. standen Tränen in den Augen. Sie selbst sprach von einer „Einsamkeit im Herzen", unter der sie leide, die sie aber nicht zugeben wolle, auch von ihren besten Freundinnen verberge.
Psychodynamisch ließ sich im Laufe der zwei psychosomatischen Gespräche als Auslösesituation der zunächst schleichend progredienten Gangstörung der plötzliche Tod des Lebensgefährten feststellen. Nach dem Wegzug der danach verbleibenden einzigen engen Bezugsperson, der Schwester, aus dem niederbayrischen Wohnort nach Griechenland kam es zur Exazerbation der Gangstörung bei Frau L. Kaum wahrnehmen konnte Frau L. in dieser Zeit tiefgreifende Einsamkeitsgefühle und Wünsche nach menschlicher Nähe und liebevoller Versorgung. Durch die zunehmende alltagspraktische Hilflosigkeit zog die Schwester der Patientin wieder in deren Nähe, kümmerte sich jetzt täglich um sie (sekundärer Krankheitsgewinn). Frau L. hingegen war jahrelang sehr auf ihre körperliche Einschränkung und deren intensive Behandlung (häufige ambulante Arztkontakte) fixiert, realisierte nicht die massiven, verdrängten Einsamkeitgefühle und Depressionen (primärer Krankheitsgewinn).
Diagnostisch handelt es sich um eine Konversionsstörung (ICD-10 F44.4), ausgelöst durch ein wiederholtes Verlusterlebnis.
Nach einer Kurzintervention im Sinne von Fahn von neurologischer Seite (s. o.) sowie nach der heftigen emotionalen Reaktion im Rahmen der psychosomatischen Gespräche kam es zu einer (überraschenden) Spontanremission der Beschwerden. Die Dauerhaftigkeit dieser Symptomverbesserung bleibt abzuwarten.

Psychogener Tremor

Definition. Mit der Bezeichnung Tremor wird ein rhythmisches, sinusförmiges Oszillieren eines Körperteils beschrieben.

Epidemiologie. Besonders zur Zeit des I. Weltkrieges und in den Folgejahren war das sog. Kriegszittern, engl.: shell shock syndrome, weit verbreitet (Kretschmer 1918, Freud 1919). Demgegenüber ist der psychogene Tremor heute ein seltener anzutreffendes

Krankheitsbild geworden. Die genaue Bestimmung der Prävalenz ist dadurch erschwert, dass der psychogene Tremor häufiger im Zusammenhang mit anderen, eher im klinischen Vordergrund stehenden Konversions- oder somatisierten Beschwerden auftritt und so nicht spezifisch erfasst wird. Unter den im Rahmen eines psychiatrischen oder psychosomatischen Konsiliardienstes in der Neurologie gesehenen Patienten beträgt die Prävalenz der Erstdiagnose psychogener Tremor ca. 2 % (Lempert u. Mitarb. 1990). Innerhalb der Gruppe der psychogenen Bewegungsstörungen soll der psychogene Tremor begleitend bei bis zu 50% der Patienten auftreten (Factor u. Mitarb. 1995). Innerhalb der Gruppe der in einer neurologischen Universitätsambulanz für Bewegungsstörungen (⇒ Selektionseffekt) vorgestellten Tremorpatienten erhielten 11% aller Patienten die Diagnose eines psychogenen Tremors. Bisherige Daten sprechen für ein Überwiegen des weiblichen Geschlechtes (zwei Drittel Frauen, ein Drittel Männer).

Ätiopathogenese. Aus ätiopathogenetischer Sicht kann es sich dabei um Konversionsphänomene (DSM IV) bzw. um sog. dissoziative Phänomene (ICD 10) handeln, die als kompromisshafter Lösungsversuch eines neurotischen Konfliktes verstanden werden können. Ebenso kann der psychogene Tremor aber auch nur unspezifischer körperlicher Ausdruck einer massiven individuellen seelischen Überlastungssituation ohne den für Konversionsreaktionen typischen Ausdruckscharakter sein, also gerade nicht Ausdruck eines Abwehrvorganges, sondern Versagen von Abwehrvorgängen mit der Dekompensation von Ich-Funktionen (Scheidt u. Schlemper 1996).

Klinische Phänomenologie. Grundsätzlich gelten für die Diagnostik die allgemeinen Kriterien:

1. des Ausschlusses einer zugrundeliegenden körperlichen Erkrankung und
2. des zeitlichen Zusammenhanges zwischen Auftreten des Tremors und einer akuten oder chronifizierten psychosozialen Belastungssituation.

Speziell im Hinblick auf den psychogenen Tremor sind sowohl aus neurologischer als auch aus psychosomatischer Sicht spezifische Merkmale formuliert worden (Tab. 5.**3** u. 5.**4**): Der psychogene Tremor betrifft meist den dominanten Arm (Williams u. Mitarb. 1995) oder beginnt bilateral (Koller 1989) und besteht sowohl in Ruhe als auch bei Bewegung.

Wenn die meisten der o. g. Kriterien im Einzelfall vorliegen, fällt die Diagnose eines psychogenen Tremors leicht.

Diagnose/Differentialdiagnose. Im Unterschied zum klinischen Profil des psychogenen Tremors (s. o.) beginnt der essentielle Tremor oder der Tremor beim Parkinson-Syndrom ganz allmählich, meistens einseitig, nimmt im Verlauf an Intensität zu und breitet sich zunehmend auf andere Körperteile aus. Ein auf Hirndurchblutungsstörungen zurückzuführender Tremor kann zwar akut beginnen, ist aber meist nicht beidseitig und geht mit anderen pathologischen Befunden im neurologischen Untersuchungsbefund einher. In manchen Fällen ist die Diagnose aber ausgesprochen schwierig und eher eine Ausschlussdiagnose. Zusätzlich ist zu beachten, dass bei ca. 25% aller Bewegungsstörungen gleichzeitig organische und psychogene Ursachen vorliegen können (Factor u. Mitarb. 1995). Überhaupt kann eine gewisse organische Vorschädigung im Bereich der betroffenen Extremität das auftreten eines Tremors in einer psychosozialen Krisensituation begünstigen (sog. somatisches Entgegenkommen). Als psychogene Myoklonien (Monday 1993) bezeichnet man unwillkürliche, plötzlich auftretende, kurz dauernde Muskelzuckungen mit klinisch sichtbarem Bewegungseffekt (Benecke 1996).

Verlauf und Prognose. Bislang existieren nur wenig gesicherte Beobachtungen zum Verlauf des psychogenen Tremors. Bei einer Untersuchung von 21 Patienten mit psychogenem Tremor wiesen diese einen größtenteils mehrjährigen Krankheitsverlauf mit z. T. erheblichen Folgewirkungen (Arbeitsunfähigkeit, Berentung) auf. Allerdings können diejenigen Patienten, die eine (psychiatrisch oder psychosomatisch vermittelte) Psychotherapie aufnehmen, in der Mehrzahl mit einer Verbesserung ihrer Symptomatik rechnen (Scheidt u. Schlemper 1996). Koller u. Mitarb. (1989) berichten, dass es nur bei einem knappen Viertel ihrer Patienten mit psychogenem Tremor im Verlauf zu einer Verminderung oder einer Remission der Beschwerden kam (keine genauen Angaben über evtl. psychotherapeutische behandlung).

Tabelle 5.3 Klinische Merkmale des psychogenen Tremors (nach Koller u. Mitarb. 1989, Scheidt u. Mitarb. 1996)

- Plötzlicher, meist beidseitiger Beginn
- Insgesamt fehlende Progredienz bei fluktuierendem Befund
- Fühlbare muskuläre Vorspannung der Extremität, wenn der Patient anhaltend zur Entspannung aufgefordert wird, verschwindet der Tremor
- Wechselnde Tremorfrequenz und -ausprägung (auch im EMG);
  ein organischer Tremor verringert unter Pharmakotherapie die Amplitude, nicht die Frequenz.
- Klinisch: Abnehmende Symptomatik bei Ablenkung
  EMG: Abnehmende Tremoramplitude bei Ablenkung
- Zunehmende Symptomatik bei Aufmerksamkeitszuwendung
- Neurologisch nicht näher klassifizierbarer Tremor
- Ansprechen auf Placebo (?)
- Abnahme unter Psychotherapie
- Vollständige Spontanremission im Verlauf
- Keine weiteren pathologischen (neurologischen) Untersuchungsbefunde

Tabelle 5.4 Häufige psychosomatische Begleitbefunde des psychogenen Tremors (nach Koller u. Mitarb. 1989, Scheidt u. Mitarb. 1996)

- Funktionelle/psychosomatische Erkrankungen in der Vorgeschichte
- Kombination mit anderen Konversions- oder Somatisierungssyndromen (besonders häufig sind chronische Schmerzsyndrome)
- Am Beginn des Tremors psychosozialer Konflikt oder „Bagatelltrauma" im Rahmen einer seelischen Belastungssituation (in der Untersuchung von Scheidt u. Mitarb. bei 90% !)
- Biographische Belastungen
- Wunsch nach Entlastung (sekundärer Krankheitsgewinn)

Spezielle Therapie. Psychotherapeutisch wird von manchen Autoren eine initial stationäre Psychotherapie empfohlen, da das oft rein somatische Krankheitsverständnis vieler Patienten einen therapeutisch mehrdimensionalen Ansatz erfordere, der eher im Rahmen eines stationären Behandlungssettings realisiert werden kann (Scheidt u.Schlemper 1996). Wie bei vielen anderen Störungsbildern, wird sich auch hier die letztendliche Differentialindikation bezüglich der Einleitung einer bestimmten psychotherapeutischen Behandlung nach der individuellen Konstellation richten.

Fallbeispiel

Beschwerden: Der 51-jährige Herr F. bemerkte in 6/96 ein zunächst rechtsseitiges, bald darauf beidseitiges grobschlägiges Zittern der Extremitäten und des Kopfes. Später kamen schmerzhafte Beschwerden im Bereich beider Schultergelenke und des Rückens mit Ausstrahlung in den Hinterkopf hinzu. Eine intensive stationär-neurologische Diagnostik konnte den Tremor keinem bekannten neurologischen

Krankheitsbild zuordnen. Beschrieben wurde jedoch eine Zunahme des Zitterns bei gezielter Beobachtung durch andere sowie ein fast vollständiges Verschwinden desselben bei Ablenkung (auch im Verlauf des psychosomatischen Gespräches !) oder in Situationen, in denen sich Herr F. unbeobachtet fühlte. Eine funktionelle Genese wurde für möglich gehalten.
Anlässlich der konsiliarischen Vorstellung berichtete Herr F., dass die genannten Beschwerden kurze Zeit nach der Kündigung seines Arbeitsverhältnisses als Facharbeiter aufgetreten seien. Zuvor habe er niemals ähnliche Beschwerden gehabt. Seit seiner Kündigung lebe er in zunehmenden finanziellen Schwierigkeiten, Zuhause lägen noch viele unbezahlte Rechnungen. Außerdem seien noch zwei Klagen anhängig, wobei es jeweils um die (Rück-)Zahlung größerer Beträge an die geschiedene Ehefrau sowie an eine ehemalige Freundin ging. Er selbst lebe mit der aktuellen Freundin in einem kleinen Appartement, habe kaum Freunde, wisse mit seiner Zeit nichts Rechtes anzufangen, wisse insgesamt weder ein noch aus. Aufgrund der zunehmenden Beschwerden habe er jetzt wenigstens einen Antrag auf Erwerbsunfähigkeitsrente gestellt.
Biographisch berichtet er, bis zum 18. Lebensjahr zusammen mit seiner Mutter im heutigen Kroatien aufgewachsen zu sein, der Vater sei im Krieg gefallen. Nach der Übersiedlung von Mutter und Sohn nach Deutschland 1960 habe er zunächst in verschiedenen Jobs, später als Berufskraftfahrer gearbeitet. Nach einer wohl betriebsbedingten Kündigung Annahme eines zufällig vermittelten Arbeitsplatzes als Facharbeiter. Dieser sei wie beschrieben vor acht Monaten aufgrund notwendigen Personalabbaus gekündigt worden. Die Scheidung von der ersten Ehefrau sei auf deren Wunsch hin erfolgt. Der Ehe entstammen zwei erwachsene Söhne, zu denen kein Kontakt mehr bestehe.
Der deutlich vorgealterte, leicht adipöse, sehr einfach strukturierte Patient spricht stockend von Vorgeschichte und aktuellen Beschwerden. Dabei im Gesprächsverlauf abnehmender, eher grobschlägiger Tremor des Kopfes sowie der rechtsseitigen Extremitäten. Starke Fixiertheit auf körperliche Beschwerden. So zeigt Herr F. z. B. mehrmals seine Hände, wobei sich der Tremor erheblich verstärkt. Eine Introspektionsfähigkeit ist kaum gegeben, ein möglicher innerer Zusammenhang zwischen Kündigung und Auftreten der Beschwerden kann von Herrn L. derzeit nicht wahrgenommen werden.
Insgesamt sprechen die im wesentlichen unspezifischen bzw. unauffälligen neurologischen Untersuchungsbefunde, der klinische Befund sowie der unmittelbare zeitliche Zusammenhang zwischen Kündigung des Arbeitsplatzes und Auftreten der Beschwerden für eine psychoreaktive Genese der Beschwerden. Die aktuelle psychosoziale Situation ist sehr schwierig und von massiven finanziellen Schwierigkeiten (mit bestehender Pfändung) und massiven Hilflosigkeits- und Überforderungsgefühlen des Patienten geprägt.
Therapeutisch empfahlen wir zunächst eine initial stationär-verhaltenstherapeutische Behandlung, wobei wir dem Patienten sehr ausführlich die möglichen Zusammenhänge zwischen zuviel Stress und Überforderung und möglichen körperlichen Reaktionen erklärten und ihm eine fachgerechte Hilfe bei der Stressbewältigung, v. a. durch die Vermittlung von Entspannungsverfahren und Problemlösungsstrategien, in einfachen Worten anboten. Trotz anfänglichen Widerwillens, überhaupt zum hiesigen Konsil zu erscheinen, willigte Herr. F. auf dieser Grundlage ein und hat die genannte Behandlung begonnen.

Störungen der Sensibilität

Definition. Störungen der Sensibilität können v. a. als Reiz- oder Ausfallsymptome (s. u.) auftreten. Sensible Empfindungen dienen nicht nur der Wahrnehmung von Sinnesreizen, sondern auch der Regulierung der Motorik und der vegetativ-autonomen Innervation (Poeck 1992).

Epidemiologie. Sensible Störungen wie Anästhesie (Taubheitsgefühl), Hyp- und Dysästhesien (vermindertes Empfinden bzw. Missempfinden) sowie Hyperästhesien (übermäßiges Berührungsempfinden) sind häufig. Bei einer konsekutiven Untersuchung stationär-neurologisch behandelter Patienten mit Konversionsstörungen waren Störungen der Sensibilität der zweithäufigste Symptomkomplex (Spitzer 1994).

Ätiopathogenese. Alle sensiblen Wahrnehmungen sind in starkem Maße von subjektiven Faktoren wie Einstellung, Aufmerksamkeit oder Stimmung abhängig. Psychogene oder psychogen überlagerte Sensibilitätsstörungen kommen allerdings oft nicht isoliert, sondern in Kombination mit anderen körperlichen Beschwerden oder Einschränkungen (Schwindel, Schwächegefühle, Schmerzen etc.) vor. Wahrscheinlich gibt es deshalb wenig Literatur, die sich mit rein sensiblen psychogenen Störungen beschäftigt.

Klinische Phänomenologie. Klinisch unterscheidet man Ausfallssymptome (Ausfall/Verminderung bestimmter sensibler Leistungen, z. B. Taubheitsgefühle) oder Reizsymptome (Schmerzen oder Missempfindungen). Nach älteren Untersuchungen zeichnen sich psychogene Sensibilitätsstörungen oft nicht durch ein mehr oder weniger an sensibler Wahrnehmung, sondern eine „andere" Wahrnehmung aus (Niedermayer 1954).

Aus ätiopathogenetischer Sicht kann es sich bei psychogenen Sensibilitätsstörungen zum einen um Konversions- (DSM IV) bzw. um sog. dissoziative Phänomene (ICD 10) handeln. Allerdings treten Störungen der Sensibilität oft auch im Rahmen symptomatisch komplexer Somatisierungsstörungen auf. Ebenso können psychogene Sensibilitätsstörungen auch nur unspezifischer körperlicher Ausdruck einer massiven individuellen seelischen Überlastungssituation ohne den für Konversionsreaktionen typischen Ausdruckscharakter sein.

Diagnose/Differentialdiagnose. Meist lassen sich psychogene von organisch bedingten Sensibilitätsstörungen durch die Unvereinbarkeit der subjektiven Ausfälle mit peripheren bzw. segmentalen Innervationsmustern abgrenzen (oft Angabe von einseitigen, handschuh- oder strumpfförmigen Ausfällen bei unauffälliger Elektrophysiologie).

Als ein weiterer Test für die Psychogenese veränderten sensiblen Empfindens gilt die Überprüfung des Vibrationsempfindens im Bereich der gestörten Berührungsempfindung durch das Aufsetzen einer Stimmgabel auf einen Knochen. Da das Vibrationsempfinden durch zumindest längere Körperknochen unabhängig vom sensiblen Empfinden auf der Hautoberfläche weitertransportiert wird, sollte das Vibrationsempfinden auch über anästhetischen Hautarealen nicht beeinträchtigt sein.

Die empirische Überprüfung einzelner Kriterien zeigte aber, dass sowohl eine streng in der Körpermittellinie verlaufende Sensibilitätsgrenze als auch eine verminderte Knochenleitung sowohl bei organisch bedingten als auch bei psychogenen Sensibilitätsstörungen auftritt und diesen Kriterien kein differentialdiagnostischer Wert zukommt (Rolak 1988). Genaugenommen wird bei ca. 8% der betroffenen Patienten auch bei rein organisch begründeter Hemihypästhesie (z. B. Zustand nach Schlaganfall) die Mittellinie des Körpers als sensible Grenze angegeben (Rolak 1988). Diesbezüglich richtungsweisender, aber eher von akademischem Interesse ist der sog. „Forced-Choice-Test" (Grosz 1965). Ein Patient soll raten, ob ein bestimmter Gegenstand das anästhetische Hautareal gerade berührt oder nicht - ein Patient mit psychogener Sensibilitätsstörung soll dabei entgegen der Anzahl einer Normalverteilung entsprechenden Zufallstreffern signifikant mehr falsch-negative Ergebnisse angeben.

Zusammengefasst sind die folgenden Hinweise für eine psychogene Ätiologie einer Sensibilitätsstörung beschrieben worden (Neundörfer 1997; Tab. 5.5).

Tabelle 5.5 Hinweise für eine psychogene Ätiologie einer Sensibilitätsstörung (Neundörfer 1997)

- Diskrepanz zwischen Beschwerdeangabe und anatomisch begründeten sensiblen Innervationsmustern (z.B. ringförmige Begrenzung der psychogenen Sensibilitätsstörung mit Abschluss am Schultergelenk, sog. Schneiderpuppenmuster)
- Normal auslösbare Fremdreflexe im angeblich anästhetischen Hautareal (Bauchhautreflex, Plantarreflex)
- Unterschiedliche Angaben zu den Sensibilitätsstörungen bei unterschiedlichen Prüfungssituationen (z.B. ein Patient, der bei geschlossenen Augen bei Berührung im fraglichen Hautareal angibt, er spüre nichts)
- Wechselnde Angaben zu den Ausfallsgrenzen

Verlauf und Prognose, spezielle Therapie. Hier werden in der Literatur keine spezifischen Erfahrungen oder Empfehlungen berichtet, so dass die allgemeinen Regeln für Patienten mit pseudoneurologischen Konversions- bzw- Somatisierungsstörungen gelten.

Fallbeispiel

Beschwerden: Frau U. berichtet, eines Morgens mit Taubheitsgefühlen der gesamten linken Körperseite aufgewacht zu sein. Im Laufe der folgenden zwei Wochen Persistenz bzw. Übergang in ein linksseitiges „Pelzigkeitsgefühl", kurzfristig später Übergreifen auf die rechte Seite. Wenige Tage nach Beginn der stationär-neurologischen Diagnostik, weitgehend Remission des o. g. Beschwerdebildes. Weiterhin tritt die genannte Symptomatik in Belastungssituationen in verminderter Form wieder auf.
Im Hinblick auf ihre Lebenssituation berichtet Frau U. über vielfältige Anforderungen, bei denen sie sich alleingelassen fühle und die Grenze der Belastbarkeit eigentlich überschritten sei: Zum einen erziehe sie ihre drei, fünf und sieben Jahre alten Kinder, für die sie tagsüber dasein wolle, um auch „eine gute Mutter zu sein". „Nebenher" arbeite sie in leitender Position eines mittelständischen Unternehmens, mit einer täglichen Arbeitszeit von 20.00 Uhr bis 2.00 oder 3.00 Uhr morgens, beginnend nach dem Zubettgehen der Kinder. Im Laufe der letzten Monate sei eine zunehmende Arbeitsbelastung durch wiederholte berufliche Erfolge und neu entstehende Geschäftsfelder entstanden. Sie wolle allen beweisen, „dass man als Frau und halbtags besser ist als alle anderen", könne die verschiedenen Aufgaben aber eigentlich nicht mehr miteinander vereinbaren. Es sei „einfach uferlos". Auf Nachfrage berichtet sie gegen Ende des Gespräches, dass sie verheiratet sei, ihr Ehemann beruflich ebenfalls sehr engagiert sei, sich in der Organisation des Haushaltes und der Erziehung der Kinder vollkommen zurückziehe.
Biographisch berichtet Frau U., als zweite von vier Geschwistern aufgewachsen zu sein. Der Vater sei als Persönlichkeit sehr problematisch gewesen, habe mehr im Beruf als mit der Familie gelebt, für die Kinder „so gut wie nicht greifbar". Die demgegenüber „ganz liebe" Mutter sei im Kindesalter der Patientin verstorben. Frau U. habe in den folgenden Jahren gelernt, dass „ich sowieso alles alleine machen muss", dabei versucht, durch schulische Leistung Anerkennung, also Zuwendung vom Vater zu bekommen; damals schon depressive Stimmungsschwankungen, Selbstwertzweifel.
Die schlank und dynamisch wirkende Patientin trat zunächst als perfekte Managerin mit chronischem Zeitmangel auf, betonte, „alles zu wollen", Grenzen kaum akzeptie-

ren zu können. Im Laufe der beiden Gespräche konnte sie zunehmend die starke Funktionalität der aktuellen Lebenssituation erkennen, spürte ansatzweise massiven Ärger, Wut und Enttäuschung besonders auf den zehn Jahre älteren, sich ähnlich wie ihr Vater sehr distanziert und unbeteiligt verhaltenden, sie mit Kindern und Beruf alleinlassenden Ehemann.

Diagnostisch besteht eine überwiegend sensible Konversionssymptomatik (ICD-10 F 44.6) im Rahmen einer sich zuspitzenden Belastungssituation bei langjähriger, am ehesten hysterisch-narzisstischer Entwicklung. Wir empfahlen Frau U. eine ambulante psychodynamische Psychotherapie.

Pseudoepileptische Anfälle

Definition. Pseudoepileptische Anfälle (PES) sind plötzlich auftretende, im klinischen Erscheinungsbild organisch begründeten Epilepsien teilweise ähnliche Zustände, die sich primär auf eine psychogene Genese zurückführen lassen.

Aus der angloamerikanischen Literatur kommend, existieren ca. 15 Synonyma für die Gruppe der PES. Am gebräuchlichsten sind die Termini „psychogener Anfall" oder „pseudoepileptischer Anfall" (Lesser 1996), die auch in der Folge verwendet werden.

Als *pseudoepileptischer Status* wird ein anfallsartiges Ereignis bezeichnet, bei dem für eine Dauer von mehr als 30 Minuten eine verminderte Ansprechbarkeit sowie Störungen der Motorik und/oder Atmung persistieren und somit eine hohe symptomatologische Ähnlichkeit zum Status epilepticus besteht. Rechlin u. Mitarb. (1997) konnte zeigen, dass diesem, häufiger bei jungen Frauen auftretenden Störungsbild oft eine schwere persönlichkeitsstrukturelle Störung mit einer Anamnese von Suizidversuchen, selbstschädigendem Verhalten, Essstörungen und Suchterkrankungen zugrundeliegt.

Epidemiologie. Zur allgemeinen Inzidenz und Prävalenz von PES gibt es nur wenig Zahlen. Eine populationsbezogene Untersuchung aus Island gibt an, dass die Inzidenz (Neuauftritt) von PES in der Allgemeinbevölkerung bei ca. 4% der Inzidenz für alle Formen organisch begründeter Epilepsie liege, in der Altersklasse von 15 - 24 Jahren sogar bei 5% (Sigurdardottir u. Olafsson 1998). Ähnliche Inzidenzen wurden aus den USA berichtet (Hauser u. Mitarb. 1993).

In Epilepsieambulanzen beträgt der Anteil von Patienten mit ausschließlich pseudoepileptischen Anfällen zwischen 5 und 22% (Schultz-Venrath 1995, Benbadis u. Mitarb. 1996). Das Altersspektrum der betroffenen Patienten ist weit und reicht vom Kindes- bis ins Greisenalter (genau 4–77 Jahre) (Hauser u. Hesdorffer 1990; Fakhoury u. Mitarb. 1993), die meisten Patienten (bis zu 90%) sind aber unter 40 Jahre alt (van Merode u. Mitarb. 1997). Frauen sind ca. dreimal häufiger betroffen als Männer. Die PES imitieren bei Männern in ca. 80% den generalisierten, tonisch-klonischen Anfallstyp, während bei Frauen sowohl Anfallsbilder vom tonisch-klonischen Typ als auch vom komplex-partialen (früher: psychomotorischen) Typ beobachtet werden (van Merode u. Mitarb. 1997).

Während etwa 20-30% der Epilepsie - Patienten psychogene, also pseudoepileptische Anfälle haben, findet sich unter den Patienten mit der Erstdiagnose PES eine echte Epilepsie nur in 8-10%.

Ätiopathogenese. PES sind psychodynamisch überwiegend als Konversionsstörungen verstehbar, die häufig nicht isoliert, sondern auf dem Boden verschiedener Persönlichkeitsstörungen und in Begleitung anderer psychischer Störungen entstehen. Als psychodynamisch relevante Abwehrmechanismen sind häufig Verdrängung (denial) und Verleugnung (repression) anzutreffen Ein Teil dieser Patienten ist im ärztlichen Kontakt unauffällig, freundlich und kooperativ, setzt aber einer psychodynamischen Zugangsweise oft erheblichen passiven (oder auch aktiven) Widerstand entgegen (Jawad u. Mitarb. 1995).

Tatsächlich besteht bei Patienten mit PES eine ebenso hohe Komorbidität mit Persönlichkeitsstörungen (60%), wie sie bei Patienten mit Somatisierungsstörungen gefunden wurde (Rost u. Mitarb. 1992, Bowman u. Markand 1996). Ebenso soll eine hohe Komorbidität mit Somatisierungsstörungen (89%), weiterhin u.a. mit dissoziativen Störungen (91%), affektiven Störungen, v.a. Depressionen (64%) und Angsterkrankungen (47%) bestehen. Ein Drittel aller Patienten mit PES ist psychiatrisch/psychopathologisch aber komplett unauffällig (Jawad u. Mitarb. 1995). Bei 82% aller Patienten mit PES kommt es zusätzlich zur Manifestation einer weiteren Konversionssymptomatik (Bowman u. Markand 1996).

Im Vergleich zu Familen epileptischer Patienten wurde in den Familien der Pseudoepilepsie-Patienten eine signifikant erhöhte Prävalenz an psychosozialer Belastung (Angst, Depression, Kritik, Somatisierung) festgestellt (Woods u. Mitarb. 1998). Im Hinblick auf diese teilweise gravierenden Beziehungsstörungen innerhalb der betroffenen Familien werden an einzelnen Epilepsie-Spezialkliniken auch familientherapeutische Elemente bei der Diagnosebesprechung (mit dem betroffenen Patienten und Familien) zur Erhöhung der Therapieakzeptanz und der weiteren Therapieplanung mit einbezogen (Woods u. Mitarb. 1998). Inhaltlich wird dabei das bestehende pseudoepileptische Anfallsleiden als „durch Stress ausgelöst" bezeichnet, um nicht zu hohe Widerstände gegen eine indizierte Psychotherapie - gerade auch auf Seiten der betroffenen Familienmitglieder - zu wecken.

Tatsächlich konnten verschiedene empirische Untersuchungen ein hohes Ausmaß an sexuellem Missbrauch (67%) und körperlichen Misshandlungen (67%) in der Vorgeschichte bei PES-Patienten feststellen (Bowman 1993, Bowman u. Markand 1996). Einige andere Studien hingegen mit allerdings kleinen Fallzahlen stellten sowohl bei (gematchten) Patienten mit epileptischen als auch bei Patienten mit PES eine relativ hohe lebensgeschichtliche Belastung mit psychosozialen Stressoren fest, jedoch keine höhere Belastung speziell der Patienten mit PES (Jawad u. Mitarb. 1995, Berkhoff u. Mitarb. 1998).

Ein individuell wiederholt beschriebenes Genesemuster ist charakterisiert durch sexuelle und/oder körperliche Traumatisierungen während der Kindheit, erneute akute Traumatisierung im Erwachsenenalter (Auslöseereignis) und anschließende Erstmanifestation eines pseudoepileptischen Anfallsereignisses. Als akute Auslöseereignisse kasuistisch beschrieben sind z. B. erneutes Zusammentreffen mit einer in der Kindheit sexuell missbrauchenden Person, plötzlicher Tod einer in der Kindheit sexuell missbrauchenden Person, erneutes zufälliges Zusammentreffen mit einem Vergewaltiger (Tat lag zwei Jahre zurück), gynäkologische OP bei einem Opfer kindlichen sexuellen Missbrauchs oder Verkehrsunfall mit kleineren Verletzungen bei massiver körperlicher Traumatisierung in der Kindheit.

Bowman und Markand (1996) empfehlen daher dringend, bei Patienten mit Verdacht auf PES nach lang- und kurzfristig zurückliegenden traumatisierenden Erlebnissen zu fragen.

Klinische Phänomenologie. Allein anhand der klinischen Schilderung sind PES meist leicht von vagovasalen Synkopen abzugrenzen. Die rein phänomenologische Trennung von echten und psychogenen Anfällen ist demgegenüber oft nicht sicher möglich: Daher empfiehlt sich in jedem Fall eine einmalige diagnostische Aufnahme in einer Epilepsie-Spezialabteilung mit der Möglichkeit eines Video-EEG-Monitoring.

Vor Beginn einzelner PES kommt es bei über 50% der Patienten - zumindest unter Video-EEG Bedingungen - zu kurzen, schlafartigen Zuständen (Patient bewegt sich nicht, hält die Augen geschlossen) bei allerdings im EEG nachweisbarer Wach-(Alpha-)Aktivität

(Benbadis u. Mitarb. 1996). Dies wird als Teil eines komplexen dissoziativen Ablaufes gesehen. In der Regel beginnen PES allmählich, nicht selten in Form eines einübenden Hineinsteigerns mit zuerst diskreten, dann heftigeren Konvulsionen unterschiedlicher Körperteile oder des gesamten Körpers (Lesser 1996). Im Verlauf imponiert eine undulierende Regellosigkeit, häufig wird während des Anfalles gestöhnt, gejammert, geschrien oder geweint (Schultz-Venrath 1995, Lesser1996). Alle Symptome einer im Rahmen von Panikattacken bekannten Hyperventilationstetanie (Atemnot, Tachycardie mit Herzklopfen, Kribbelparästhesien der Extremitäten etc.) und andere vegetativ-autonome Körperreaktionen können auftreten. Selbst Urin- und/oder Kotinkontinenz ist bei 84 von 412 untersuchten Patienten während PES beobachtet worden (Peguero u. Mitarb. 1995) und wird im Zusammenhang mit dem oft auch anderweitig selbstschädigenden Verhalten der Patienten gesehen. Während des anfallsartigen Geschehens reagieren die Patienten häufig wenig auf Außenreize, lassen sich aber durch verbale Intervention oder Berührung meist unterbrechen (Metrick u. Mitarb. 1991). PES verlaufen oft szenisch-dramatisch, wechselnd zwischen „Bewegungssturm und Totstellreflex" (*Kretschmer* 1946 nach Schultz-Venrath 1995) und treten eher in der Gegenwart von anderen Personen auf. Meist, aber nicht immer, dauern sie länger als ein epileptischer Anfall. Die mittlere Dauer eines psychogenen Anfalles liegt nach empirischen Untersuchungen bei 108 s (Mit einer Spanne von drei Sekunden bis 13 Minuten, Gates 1983). Als Faustregel kann gelten, dass epileptische Anfälle in der Regel weniger als zwei Minuten, PES hingegen eher länger als zwei Minuten andauern. PES können genauso plötzlich wie epileptische Anfälle aufhören, können aber auch ganz langsam ausklingen (Lesser 1996).

PES verbergen sich häufiger hinter der ätiologisch unklaren Erstmanifestation anfallsartiger Ereignisse im Erwachsenenalter (bei Bowman 78% aller Patienten), oft beobachtet man eine sehr hohe oder stark fluktuierende Anfallsfrequenz sowie ein ganz unterschiedliches Ansprechen auf eine nur minimal veränderte Medikation (Bowman u. Markand 1996). Die Anfallserstmanifestation erfolgt bei PES-Patienten durchschnittlich später als bei Epilepsiepatienten (20-23 vs. 12-14 Jahren). 75-80 % der Patienten sind Frauen (Kütemeyer u. Schulz-Venrath 1996).

Diagnose/Differentialdiagnose. Verschiedene klinische Kriterien können in der Differentialdiagnose von pseudoepileptischen vs. epileptischen Anfällen sehr hilfreich sein, wenngleich keines für sich genommen absolute diagnostische Sicherheit bietet. Die letztendliche Differentialdiagnose sollte daher immer im Rahmen einer speziellen Epilepsieeinheit mit der Möglichkeit einer 24h-Video-EEG-Überwachung erfolgen. Den höchsten Hinweischarakter hat dann ein unauffälliges EEG während einer anfallsartigen Attacke mit verminderter Ansprechbarkeit, wenngleich auch hier falsch negative Befunde entstehen können (z. B. bei einer Frontalhirnepilepsie). Mit dieser Einschränkung sind die folgenden diagnostischen Merkmale zu beachten.

Bei einem Vergleich von Mimik und Aktivität der Gesichtsmuskulatur bei Patienten mit epileptischen und psychogenen Anfallsereignissen erwiesen sich folgende Merkmale als auf eine pseudoepileptische Genese hinweisend (DeToledo u. Ramsay 1996) (Tab. 5.**6**).

Nur bei ca. 24% aller epileptischen Anfallsereignisse kommt es zum Zungenbiss, v. a. bei den primär und sekundär generalisiert verlaufenden Anfallsereignissen. Bei den häufigen partial-komplexen (früher: psychomotorischen) Anfallstypen wird ein Zungenbiss nur selten beobachtet. Nach verschiedenen empirischen Beobachtungen weist der laterale Zungenbiss hochspezifisch (100%), ein Zungenbiss anderer Lokalisation immer noch mit hoher Wahrscheinlichkeit (90%) auf ein epileptisches Anfallsgeschehen hin (Benbadis u. Mitarb. 1995). Falls überhaupt, soll der sog. Zungenbiss bei PES in der Zungenmitte, an der Zungenspitze oder an einer Lippe auftreten (Kütemeyer u. Schluz-Venrath 1996, DeToledo u. Ramsay 1996).

Tabelle 5.6 Mimische Hinweise auf eine pseudoepileptische Genese (DeToledo u. Ramsay 1996)

• Kräftiges, länger anhaltendes Zusammenkneifen der Augen während des Anfallereignisses
• Kräftig verschlossener Mund während der scheinbar tonischen Anfallsphase
• Zungenbiss an der Zungenspitze
• Lippenbiss (ausgeschlossen Lippenverletzung im Rahmen eines Sturzereignisses)
• Bisswunde in der Wangenschleimhaut

Die differentialdiagnostische Wertigkeit der postiktal beginnenden Prolaktinbestimmung aus dem Venenblut zur Differenzierung epileptischer vs. psychogener Anfälle ist in letzter Zeit umstritten. Lange Zeitgalt als sicher, dass der Serum-Prolaktinspiegel nach einem PES nicht ansteigen würde. Diese Annahme wurde vor kurzem widerlegt. Auch nach PES kann es zu - quantitativ meist geringer ausgeprägten - Prolaktin-Erhöhungen kommen (Alving 1998). Ein erhöhter Prolaktin-Wert findet sich nach tonisch-klonischen Anfällen bei ca. 80%, nach komplex-fokalen bei 43% und nach einfach-fokalen bei 10% der betroffenen Patienten (Wyllie u. Mitarb. 1984). Auch nach hypotensiv bedingten Synkopen steigt der Prolaktin-Spiegel an (Oribe u. Mitarb. 1996).

Bei v. a. gemischten Anfallsleiden ist die Kontrolle der Antiepileptika-Plasmaspiegel unerlässlich, um mögliche Überdosierungsphänomene auszuschließen.

Besondere differentialdiagnostische Abgrenzungsschwierigkeiten ergeben sich gegenüber partial-komplexen Anfallstypen, v. a. im Hinblick auf die Frontallappenepilepsie. Bei diesem Anfallstyp bestehen oft bizarre stereotype Automatismen (z. B. Wälzen, Grätschen der Beine, Laufautomatismen mit häufig sexueller Tönung) mit begleitenden vegetativen und affektiven Auffälligkeiten. Diese als cinguläre Epilepsie beschriebene Anfallsform wird häufig als psychogen verkannt und ist - wie auch seltener andere Anfallsformen - selbst von einem erfahrenen Untersucher nicht immer von einem PES zu unterscheiden (Matthes u. Schneble 1992). Hier hilft am besten das im Rahmen einer Spezialdiagnostik abgeleitete iktale EEG weiter. Nach übereinstimmenden Berichten zeigen unter Video-EEG-Monitoring ca. 20% aller untersuchten Patienten (mit medikamentös nicht einstellbaren Anfallsereignissen) PES (Gates u. Mitarb. 1985, Bowman u. Markand 1996).

Ein pathologisches EEG im anfallsfreien Intervall schließt psychogene Anfälle nicht sicher aus, da relativ häufig epileptische und pseudoepileptische Anfälle nebeneinander bestehen. Bei 20% der PES-Patienten kommt es während des anfallsartigen Geschehens zu Selbstverletzungen und Inkontinenzen (Meierkord u. Mitarb. 1991).

Der diagnostische Einsatz von sog. Provokationsmethoden, z. B. mittels Placebo-Infusionen, wird auch innerhalb des neurologischen Fachgebietes aus ethisch-moralischen Bedenken unterschiedlich eingeschätzt (Lesser 1996, Schachter u. Mitarb. 1996) und auch nur z. T. - in den USA von ca. 40% aller Epileptologen - regelmäßig angewandt (Schachter u. Mitarb. 1996). Tatsächlich können durch eine bestimmte (z. B. Kochsalz-)Injektion - verbunden mit der begleitenden Instruktion, dass mit hoher Wahrscheinlichkeit ein Anfallsgeschehen ausgelöst werde - bei ca. 70% aller Patienten mit psychogenem Anfallsleiden akute PES ausgelöst werden. Allerdings sind durch ein solches Vorgehen Schäden für das zwischen Patient und Arzt bestehende Vertrauensverhältnis zu befürchten. Auch wird immer wieder kritisiert, dass durch ein solches Vorgehen die ohnehin noch zu weckende, meist mit viel Widerstand behaftete Motivation des Patienten für eine weiterführende Psychotherapie zusätzlichen Schaden nehmen könne. Demgegenüber berichten z. B. Walczak u. Mitarb. (1994) und Berkhoff u. Mitarb. (1998) über positive Erfahrungen mit dieser Provokationsmethode. Nach einer entsprechenden Anfallsprovokation wurden alle Patienten über die eigentliche Harmlosigkeit und den Inhalt (Kochsalz) der vermeintlich anfallsauslösenden Injektion in möglichst nicht anklagender, sondern unterstützend gestalteter Gesprächsathmosphäre aufgeklärt. Angeblich hätten anschließend alle so behandelten Patienten die empfohlene Psychotherapie aufgenommen (Walczak u. Mitarb. 1994) und so eine potentiell für die Patienten belastende und gefährliche Pharmakotherapie vermieden werden können.

Verlauf und Prognose. Die Prognose einer Pseudoepilepsie hängt wesentlich von der zugrundeliegenden Störung ab. Während Patienten mit klassisch neurotischer Erlebnisverarbeitung im Sinne einer reinen Konversionsstörung unter Psychotherapie eine günstige Prognose auch im Hinblick auf spätere Anfallsfreiheit aufweisen, sind die Verläufe bei Patienten mit zugrundeliegender persönlichkeitsstruktureller (z. B. Borderline-)Störung oder begleitender hirnorganischer Beeinträchtigung wesentlich ungünstiger.

Zusammengefasst ist nach übereinstimmenden Katamneseberichten bei gelungener Vermittlung der Patienten in verschiedene psychotherapeutische Verfahren bei ca. 40-45% mit kompletter Anfallsfreiheit, bei insgesamt ca. 60% mit einer deutlichen Verminderung der pseudoepileptischen Anfallsereignisse zu rechnen. Als prognostisch günstig erwiesen sich dabei die Merkmale weibliches Geschlecht, selbstständige Lebensführung, fehlende psychiatrische Komorbidität, fehlende vorangehende Psychotherapie, kurze Erkrankungsdauer, unauffälliges EEG und Fehlen eines zusätzlichen, echten epileptischen Anfallsleidens. Prognostisch ungünstig waren niedriger IQ und gewalttätige Delikte in der Vorgeschichte. (Gates u. Mitarb. 1985, Lempert u. Schmidt 1990b, Nash 1995, Chabolla u. Mitarb. 1996). Die Angaben von Berkhoff u. Mitarb. (1998), dass sechs Monate nach alleiniger Durchführung des Placebo-Infusionstestes mit anschließender Aufklärung der betroffenen Patienten sechs von zehn Patienten anfallsfrei waren und zwei weitere eine wesentliche Reduktion ihrer Anfallsfrequenz aufwiesen, sollte an größeren Stichproben überprüft werden.

Spezielle Therapie. Nach gründlichen empirischen Untersuchungen nimmt mindestens die Hälfte der PES-Patienten Antiepileptika ein (Lempert u. Schmidt 1990). Daher ist es zunächst erst einmal wichtig, PES als solche überhaupt zu erkennen. Häufig erweist es sich dann als schwierig, den betroffenen Patienten eine Einsicht in den (zumindest partiell) psychogenen Anteil ihrer PES zu vermitteln. Leider finden sich nach klinischen Erfahrungswerten immer wieder Kollegen, die dem Wunsch der Patienten bezüglich einer antikonvulsiven Behandlung nachkommen.

Daher beginnt der erste, für den weiteren Verlauf eminent wichtige Schritt zur Psychotherapie von PES schon mit einer adaequaten Vermittlung der Diagnose. Besonders wichtig ist hier, dass der Patient nicht das Gefühl bekommt, überführt und der Simulation angeklagt zu werden. Sinnvoll ist es daher, den Patienten nicht im Rahmen der Visite am Krankenbett und mit vielen Zuhörern zu konfrontieren, sondern ihm die Diagnose im Rahmen eines in Ruhe geführten Gespräches mitzuteilen. Der Patient und möglichst auch seine Familie sollten einmal verstanden haben, dass es sich nicht um epileptische Anfälle handelt. Wichtig ist, dennoch den tatsächlichen behandlungsbedürftigen Krankheitscharakter der Störung herauszustellen. Der Patient simuliert nicht, er leidet aber an nicht-epileptischen, nicht medikamentös sondern psychotherapeutisch behandelbaren Anfallsereignissen. Spätestens nach, besser aber vor der letzendlichen Diagnosestellung sollte in diesem Zusammenhang ein psychosomatisches oder psychiatrisches Konsil mit dem Ziel eines besseren Verständnisses des psychodynamischen Hintergrundes und einer passenden Therapievermittlung erfolgen. Das jeweils indizierte Therapieverfahren richtet sich nach den individuellen Besonderheiten des einzelnen Patienten, in Frage kommt das übliche Spektrum an psychodynamischen, verhaltenstherapeutischen, aber auch hypno- , familientherapeutischen und anderen Behandlungsverfahren. Familientherapie bietet sich v. a. an, wenn der betroffene Patient selbst sich noch im Kindes- oder Jugendlichenalter befindet. Verhaltenstherapie ist besonders indiziert bei Patienten, die wenig Zugang zu ihrem eigenen emotionalen Binnenleben und wenig Verständnis für innere Konflikte aufbringen können; ebenso bei sehr einfach strukturierten Patienten. Therapieziel ist in jedem Fall, dem Patienten im Gesprächskontakt einen innerseelischen Leidensdruck bzw. einen Zusammenhang der Anfallsereignisse mit psychosozialen Geschehnissen und Empfindungen zu vermitteln und es ihm langfristig zu ermöglichen, innerseelische Belastungen adäquater als über PES zum Ausdruck bringen zu können. Schulz (1986) berichtet kasuistisch über gute Behandlungserfolge mittels einer längerfristigen psychoanalytischen Therapie.

Begleitende psychiatrische Störungen, z.B. schwerere depressive Verstimmungen oder Angststörungen, sollten zusätzlich psychopharmakologisch behandelt werden.

Schwindel

Definition. Schwindel ist keine Krankheitseinheit, sondern ein multisensorisches Syndrom unterschiedlicher Ätiologie und Genese (Brandt 1993). In voller Ausprägung kommt es u. a. zur Fallneigung, Übelkeit und Wahrnehmung von Scheinbewegungen. Im Englischen unterscheidet man „vertigo", d.h. Wahrnehmung einer Bewegung, von „dizziness" im Sinne einer allgemeinen Unsicherheit (Poeck 1992).

Epidemiologie. Bei einer Untersuchung von Ambulanzpatienten war Schwindel das dritthäufigste neubeklagte Symptom mit einer 3-Jahres-Inzidenz von 5% (Kroenke u. Mitarb. 1990). Fischer (1972) berichtet, dass 65% der Patienten einer Allgemeinpraxis an Schwindel leiden.

Der Anteil des psychogen verursachten Schwindels wird auf 15-25% (Nedzelski u. Mitarb. 1986) geschätzt, in Schwindel-Spezialambulanzen mit einer Ansammlung therapierefraktärer Fälle werden Häufigkeiten von 16,8% (Huppert u. Mitarb. 1994) bzw. (vermutlich aufgrund besonderer Selektionseffekte) ca. 50% angegeben (Eckardt u. Mitarb. 1996, Eckardt-Henn u. Mitarb. 1997). Dazu kommen Fälle, bei denen leichte oder früher vorhandene neurologische Auffälligkeiten bestehen, die aber deutlich funktionell überlagert (Aggravation, zusätzliche psychische Beeinträchtigung) erscheinen. Diese (als psychosomatisch-somatopsychisch bezeichneten) Patienten machten in der Mainzer interdisziplinären Spezialambulanz zusätzlich 15,8% aus (Eckardt u. Mitarb. 1996).

Ätiopathogenese. Aus psychosomatischer Sicht liegt den als psychogen bzw. psychosomatisch-somatopsychisch bezeichneten Schwindelzuständen am häufigsten (ca. 40-50%) eine Angststörung oder Agoraphobie zugrunde. Diese Beobachtung wird durch das seit langem bekannte Konzept der somatisierten Angst verständlich. Somatisierte Angst bedeutet, dass der Angstaffekt in ein körperliches Symptom transformiert und vom Patienten dann nicht mehr als bewusste Angst wahrgenommen wird. Das körperliche Symptom hat in diesem Fall also die Funktion eines Angstäquivalentes. Schwindel kann aber auch im Rahmen einer somatisierten Depression, als Konversionsstörung oder im Rahmen einer polysymptomatischen Somatisierungsstörung auftreten.

Klinische Phänomenologie. Unter der Bezeichnung Schwindel werden sehr unterschiedliche Missempfindungen verstanden, die vom eindeutig klassifizierten Drehschwindel und klassischem Schwankschwindel über uncharakteristische Gang- und Standunsicherheit bis zu einem Liftgefühl, teilweise auch Benommenheit, reichen (Eckardt 1996) Es ist zudem ein häufiges Syndrom mit einer oft erheblichen Beeinträchtigung des Allgemeinbefindens.

Diagnose/Differentialdiagnose. Der bislang gerade in der Neurologie bekannteste Oberbegriff für psychogene Schwindelzustände ist der des sog. *„phobischen Schwankschwindels"*, der durch die folgenden diagnostischen Kriterien beschrieben wird (Brandt u. Mitarb. 1994):

- Schwankschwindel und subjektive Stand/Gangunsicherheit bei normalem neurologischen Befund und unauffälligen Gleichgewichtstests.
- Der Schwindel wird beschrieben als eine fluktuierende Unsicherheit von Stand und Gang mit attackenartiger Fallangst ohne Sturz, z. T. nur als einzelne unwillkürliche Körperschwankungen.
- Während oder kurz nach diesen Attacken werden (häufig erst auf Befragen) Angst und vegetative Missempfindungen angegeben, wobei die meisten Patienten auch von Schwindelattacken ohne Angst berichten.
- Die Attacken treten oft in auch für reine Phobien typischen Situationen auf (z. B. Brücken, Autofahren, Menschenansammlungen). Im Verlauf entsteht eine Neigung zur Generalisierung und zunehmendem Vermeidungsverhalten gegenüber auslösenden Situationen.
- Vorherrschen zwanghafter Persönlichkeitszüge sowie reaktiv depressiver Symptomatik.
- Der Beginn der Erkrankung lässt sich häufig auf eine initiale vestibuläre Erkrankung (z. B. Neuritis vestibularis) oder besondere Belastungssituationen zurückverfolgen.

In der letzten Zeit ist der Begriff des phobischen Schwankschwindels aus verschiedenen Gründen kritisiert worden. Unter anderem fielen im Rahmen aktueller interdisziplinärer Untersuchungen (Eckardt u. Mitarb. 1996, Eckardt-Henn u. Mitarb. 1997) nur maximal ein Drittel aller Patienten mit psychogenem Schwindel unter die o. g. Kriterien des phobischen Schwankschwindels, so dass diese für die Diagnose eines psychogenen Schwindels nicht bindend bzw. umfassend genug erscheinen.

Für die Diagnose vieler Fälle eines psychogenen Schwindels wesentlich ist einerseits das Fehlen einer objektiv nachweisbaren organischen vestibulären Funktionsstörung (HNO-Untersuchung) bei vager Beschwerdesymptomatik und dramatischer Beschwerdeschilderung (Allum u. Pfaltz 1987), andererseits das gleichzeitige Vorkommen von psychopathologischen Symptomen wie u. a. Angst, Depressivität, Schlaf- und Antriebsstörungen. Die klinische Erfahrung zeigt, dass solche Symptome meist nicht spontan berichtet werden, sondern speziell vom Untersucher angesprochen werden müssen (Eckardt u. Mitarb. 1996). Im Falle einer Konversionssymptomatik ist u. a. der enge Bezug zu einer aktuell konflikthaften Lebenssituation bei fehlenden oder unzureichenden organischen Befunden herzustellen.

Erheblich schwieriger ist oft die Diagnose von psychogenen Schwindelzuständen, an deren Anfang eine klar organische, vestibuläre Symptomatik stand. Bei entsprechenden prämorbiden Persönlichkeitszügen oder akut krisenhaften privaten Lebensumständen kann sich hier eine psychogene Schwindelsymptomatik überlagern, quasi aufpfropfen. Diagnostisch hinweisend ist eine im Krankheitsverlauf auftretende Diskrepanz zwischen Beschwerdeangabe und objektivierbaren Befunden. Häufig werden auch unterschiedliche Schwindelformen gleichzeitig geschildert. Bei entsprechender apparativer Ausstattung (Posturographie-Plattform) soll die Untersuchung der sog. vestibulo-spinalen Reflexe einen wichtigen Beitrag zur Differenzierung zwischen organisch und psychogen bedingtem Schwindel leisten können (Allum u. Pfaltz. 1987).

Verlauf und Prognose. Patienten mit psychogenen Schwindelzuständen weisen eine signifikant längere Krankheitsdauer (durchschnittlich 25 Monate) im Vergleich zu Patienten mit rein organischen Schwindelzuständen (ca. 7,2 Monate) auf (Eckardt-Henn u. Mitarb. 1997). In einer ersten Verlaufsuntersuchung zeigten 72% von 78 Patienten mit phobischen Schwankschwindel eine spürbare Verbesserung der Symptomatik innerhalb des mittleren Beobachtungszeitraumes von 2,5 Jahren. 22% der Patienten litten unter gleichbleibenden oder verschlechterten Beschwerden. Vorausgegangen war eine am ehesten psychoedukativ-suggestive ein- bis dreistündige Intervention (Brandt u. Mitarb.

1994). Bei einer weiteren Verlaufsuntersuchung über 2,5 Jahre (n = 42) zeigte sich, dass lediglich 21% der Patienten einen chronisch-persistierenden oder sogar sich weiter verschlechternden Verlauf aufwiesen (Kapfhammer u. Mitarb. 1997).

Fallbeispiel

Beschwerden: Herr L., selbstständiger 35-jähriger EDV-Kaufmann, litt seit ca. sechs Monaten unter einem permanent-progredienten diffusen Schwindelgefühl „als wenn ich immer leicht betrunken wäre" sowie generalisiertem „Kopfdruck". Eine kurzfristige Exazerbation dieser Symptomatik während einer Autofahrt führte zur stationär-neurologischen Aufnahme. Vielfältige interdisziplinäre (u. a. HNO, Neurologie) diagnostische Untersuchungen erbrachten keinen Hinweis auf zugrundeliegende organpathologische Ursachen.
Im psychosomatischen Erstgespräch berichtete er dann, dass er nach einer Phase zunehmender Zerwürfnisse vor ca. drei Monaten von seiner mehrjährigen Lebensgefährtin und deren kleiner Tochter verlassen worden sei. Er sei davon einerseits „sehr betroffen", wolle andererseits aber Gefühle gar nicht erst an „mich rankommen" lassen, lenke sich lieber mit vielerlei Aktivitäten wie Golftraining und finanziellen Transaktionen ab, um „meinen Neutralzustand" zu erreichen.
Biographisch sei er als einziges Kind in einem norddeutschen Geschäftshaushalt aufgewachsen. Die Eltern hätten nie Zeit für ihn gehabt, er habe sich schon früh mit Computern und gleichgesinnten Freunden beschäftigt. Oberflächlich sei das Verhältnis zu den Eltern gut gewesen, Probleme oder Schwierigkeiten seien aber nie angesprochen worden. Auch während einer mehrjährigen, mittlerweile ausgeheilten internistischen Erkrankung in der Pubertät habe er über Gefühle der existentiellen Bedrohung nicht reden können, später auch nicht mehr wollen, im Laufe der Zeit „zum Schutz eine Mauer" um sich herum aufgebaut. Von der Lebensgefährtin wiederholte Vorwürfe der „Unnahbarkeit" und dass man mit ihm nicht über private Probleme reden konnte, habe er bis zur Trennung wiederholt abgewiegelt. Am gleichen Problem seien auch drei vorangehende, jeweils längere Partnerschaften gescheitert.
Diagnostisch wurde bei dem elegant gekleideten, sportlich-gebräunten, im Gesprächsverhalten intimere Fragen abwehrenden Patienten eine Konversionsstörung auf dem Boden einer narzisstischen Persönlichkeitsentwicklung mit der Verdrängung und Verleugnung eigener emotionaler Betroffenheit deutlich. Den vereinbarten zweiten Gesprächstermin sagte der Patient kurzfristig wegen eines angeblich dringenden Geschäftstermins ab.

Spezielle Therapie. Auch hier werden die Weichen für eine später einsetzende Psychotherapie schon während der Diagnosephase gestellt. Aus den beschriebenen Untersuchungsergebnissen wird deutlich, dass eine im Krankheitsverlauf rein organische (neurologisch-HNO-ärztliche) Diagnostik bei therapierefraktären Schwindelerkrankungen einen wesentlichen Anteil der Schwindelpatienten nicht ausreichend diagnostizieren und infolgedessen keiner geeigneten Therapieform zuführen kann. Die frühe Einbeziehung eines Psychosomatikers bzw. eines psychosomatisch erfahrenen Psychiaters in die Diagnostik entsprechender Verdachtsfälle - besonders nach ausbleibender Wirksamkeit der. psychoedukativ-suggestiven Interventionen - ist daher empfehlenswert. Dieser kann dann zur entsprechenden Behandlungsmotivation des Patienten beitragen und die Vermittlung in die individuell passende Psychotherapie auf dem Hintergrund eines differenzierten psychotherapeutischen Behandlungsangebotes übernehmen.

Abschließende Bemerkungen zu Prognose und Therapie pseudoneurologischer Störungen

Da Patienten mit pseudoneurologischen Störungsbildern ebenso wie bei anderen (z. B. gastrointestinalen) Konversionsstörungen die Symptome in der Regel körperlich erleben und von deren körperlichen Ursprung meist überzeugt sind, ist es häufig für den primär behandelnden Arzt sehr schwer, sie von der Notwendigkeit einer (ergänzenden) psychosomatisch-psychotherapeutischen Untersuchung zu überzeugen. In diesem Falle erweist es sich oft als hilfreich, wenn der Patient unter dem Stichwort „Krankheitsbewältigung - Hilfe beim Leben mit den Auswirkungen der körperlichen Symptomatik" zu einem psychosomatisch erfahrenen Arzt oder Psychologen überwiesen werden kann. Ist der Patient erst einmal in der Psychosomatik angekommen, gelingt es dem erfahrenen Untersucher meist im Laufe von 1-3 Gesprächen, einen tragfähigen Gesprächskontakt aufzubauen und allmählich auch auf die Lebenssituation und die möglichen psychischen Hintergründe der Störungen zu sprechen zu kommen. Auch eine erfolgreiche Motivation des Patienten zur individuell indizierten Psychotherapieform ist dann recht häufig.

Lässt sich ein Patient mit v. a. pseudoneurologischen oder andersartigen psychogenen Beschwerden zunächst nicht von der Notwendigkeit einer psychosomatischen Untersuchung überzeugen oder steht eine solche Untersuchungsmöglichkeit örtlich nicht zur Verfügung, sollte der primär behandelnde Arzt diesen Patienten weiter betreuen. Adler (1996) teilt seinen Patienten in diesem Falle gewöhnlich mit, dass er die Symptomatik des Patienten gerne sofort lindern würde, diese aber zum Gesprächszeitpunkt noch nicht vollständig versteht, technische Untersuchungen aber auch nicht mehr weiterhelfen würden. Er sei aber bereit, ihn in regelmäßigen Abständen zu sehen, um zusammen mit ihm zu erfahren, wie es ihm gehe und unter welchen Umständen er sich besser oder schlechter fühle. So könne die Symptomatik mit der Zeit verstanden und wahrscheinlich doch behandelt werden.

Wenn der Patient in einem solchen Falle realisiert, dass der Arzt ihn nicht in die „psychogene Ecke" drängen, ihm nicht mitteilen will, dass ihm nichts fehle, bleibt er häufig in der Beziehung und drängt nur noch gelegentlich auf neue technische Abklärungsversuche. Im Laufe einer sich idealerweise in der Folge festigenden Arzt-Patienten-Beziehung bemerkt der Patient oft selbst, wie sich die Symptomatik unter bestimmten Lebensumständen bessert oder verschlechtert und kommt dann von selbst auf problematische Lebensbereiche oder konfliktreiche Beziehungen zu wichtigen Bezugspersonen zu sprechen. Die überbrückende Anbehandlung mit physikalischen oder wenig eingreifenden medikamentösen Mitteln kann innerhalb dieser Behandlungskonstellation sinnvoll sein (d. h., der Patient wird im organischen Krankheitsverständnis abgeholt).

Die Prognose der sog. pseudoneurologischen Störungen ist aufgrund der Vielfalt der Syndrome, v.a. aber der zugrundeliegenden psychischen Störungsbilder und der jeweiligen Lebenssituation sehr unterschiedlich.
Allgemein gilt, dass eine akut und unter großer psychischer Belastung auftretende Störung bei einem ansonsten psychisch (abwehr-)stabilen Menschen sich auch relativ schnell wieder auflösen kann. Hier scheinen aus unserer Sicht auch psychoedukativ-suggestive Behandlungsansätze innerhalb der somatischen Medizin, wie z. B. von Brandt (Schwindel) und Fahn oder Waespe (Gangstörungen) vorgeschlagen, ihren hauptsächlichen Wirkungsbereich zu haben. Natürlich sollte aber auch bei einer solchen Konstellation immer die individuelle Indikation für eine weiterführende Psychotherapie fachkonsiliarisch geprüft werden, um einer Chronifizierung der Beschwerden vorzubeugen.

Pseudoneurologische Symptome bei psychisch schwer gestörten Menschen können demgegenüber jahrelang andauern und im Verlauf durch andere Konversions- bzw. Somatisierungsstörungen oder psychische Störungen wie z. B. Alkoholismus, Depressionen, Angststörungen o. ä. abgelöst oder ergänzt werden (Adler 1996). In diesen Fällen greift ein rein psychoedukativ-suggestiv geprägten Kurzinterventionsansatz zu kurz, da die dabei vermittelten Inhalte wegen der zugrundeliegenden neurotischen oder strukturellen Störung nicht ausreichend wirksam werden können. Auch hier sollte eine differenzierte psychosomatisch-psychotherapeutische Diagnostik mit anschließender Vermittlung in eine dem Störungsgrad und der Struktur des Patienten angemessene Psychotherapieform erfolgen.

Literatur

Adler RH. Konversion. In: Adler RH, Herrmann JM, Köhle K, Schonecke OW, von Uexküll Th, Wesiack W, Hrsg. Psychosomatische Medizin, 5. Aufl. Urban & Schwarzenberg, 1996

Ahrens S, Schultz-Venrath U: Psychosomatische Aspekte der neurologischen Diagnostik und Behandlung. In: Psychosomatik in der Neurologie. Hrsg: S. Ahrens, M.. Hasenbring, U. Schultz-Venrath, H.Strenge. Schattauer, Stuttgart-New York 1995.

Allum JHJ, Pfaltz CR: Untersuchung des vestibulospinalen Reflexes zur Differenzierung zwischen organischer und funktioneller (psychogener) Ursache des Schwindels. HNO 1987; 35:128-35

Alving J: Serum prolactin levels are elevated also after pseudo-epileptic seizures. Seizure (1998): 7(2):85-89

American Psychiatric Association: Diagnostic and statistical manual of mental disorders. (DSM-IV). Washington DC, American Psychiatric Association 1994

Benbadis S, Wolgamuth B, Goren H, Brener S, Fouad-Tarazi F: Value of Tongue Biting in the Diagnosis of Seizures. Arch.Intern. Med. 1995; 155:2346-2349

Benbadis S, Lancman M, King LM, Swanson S: Preictal pseudosleep. A new finding in psychogenic seizures. Neurology 1996; 47:63-67

Benecke R. Myoklonus, myoklonische Syndrome und ihre assoziierten Erkrankungen. In: Conrad B, Ceballos-Baumann AO (Hrsg.): Bewegungsstörungen in der Neurologie. Thieme Stuttgart 1996

Berkhoff M, Briellmann R, Radanov P et al.: Developmental Background and Outcome in Patients with Nonepileptic Versus Epileptic Seizures: A Controlled Study. Epilepsia 1998; 39(5):463-69

Bowman ES: Etiology and clinical course of pseudoseizures: relationship to trauma, depression and dissociation. Psychosomatics 34 (1993): 333-342

Bowman E, Markand O: Psychodynamics and Psychiatric Diagnoses of Pseudoseizure Subjects. Am J Psychiat. 153 (1996): 57-63

Bräutigam W, Christian P, von Rad M (1992): Psychosomatische Medizin. Thieme-Verlag, Stuttgart-New York.

Brandt T: Schwindel. In: Therapie und Verlauf neurologischer Erkrankungen (hrsg. v. T.Brandt, J.Dichgans, HC Diener). Stuttgart, Kohlhammer 1993

Brandt T, Huppert D, Dieterich M: Phobic postural vertigo: a first follow-up. J Neurol. 241 (1994): 191-195

Breuer J, Freud S: Über den psychischen Mechanismus hysterischer Phänomene. Vorläufige Mitteilungen. Neurol. Zentralblatt 12 (1893): 4-10

Chabolla DR, Krahn LE, So EL, Rummans TA: Psychogenic nonepileptic seizures. Mayo-Clinic-Proceedings (1996); 71(5):493-500

Creed, F, Firth D et al.: Somatisation and Illness Behaviour in A Neurology Ward. Journal of Psychosomatic Research 34 (1990): 427-437

Conrad B: Gangstörungen. In: Conrad B., Ceballos-Baumann A.O. (Hrsg.): Bewegungsstörungen in der Neurologie. Thieme-Verlag Stuttgart 1996

DeToledo JC, Ramsay RE: Patterns of involvment of fascial muscles during epileptic and nonepileptic events: Review of 654 events. Neurology 1996; 47:621-625

Eckardt A: Die Dissoziation - Klinische Phänomenologie, Ätiologie und Psychodynamik. In: Hysterie heute (Hrsg. v. GH Seidler). Enke, Stuttgart 1996

Eckardt A, Tettenborn B, Krauthauser H, Thomalske C, Hartmann O, Hoffmann SO und Hopf HC: Schwindel- und Angsterkrankungen - Ergebnisse einer interdisziplinären Untersuchung. Laryngo-Rhino-Otol. 75 (1996): 517-522

Eckardt-Henn A, Hoffmann SO, Tettenborn B, Thomalske C, Hopf HC: „Phobischer Schwankschwindel". Eine weitere Differenzierung psychogener Schwindelzustände erscheint erforderlich. Nervenarzt 68 (1997): 806-812.

Ehrbar R, Waespe W: Funktionelle Gangstörungen. Schweiz.med.Wschr. 122 (1992), 833-841

Ewald H, Rogne T, Ewald K, Fink P: Somatization in patients newly admitted to a neurological department. Acta Psychiatr.Scan. 89 (1994): 174-179

Factor SA, Podskalny GD, Molho ES: Psychogenic movement disorders: frequency, clinical profile, and characteristics. J Neurol Neurosur Psychiatry 1995; 59:406–412

Fahn S, Williams DT: Psychogenic Dystonia. In: Fahn S (Hrsg.): Advances in Neurology, S. 431-455. Raven Press, New York 1988

Fahn S: Psychogenic movement disorders. In Marsden CD (Hrsg.): Movement disorders. S. 359-372. London, Butterworth 1994

Fakhoury T, Abou-Khalil B, Newman K: Psychogenic seizures in old age: a case report. Epilepsia 1993; 34.1049-1051

Fischer PA: Schwindel - Neurologische Aspekte. Dtsch. Ärzteblatt 9 (1972): 2533-2537

Franz M: Zur Psychosomatik neurologischer Erkrankungen. Z.Psychosomat.Medizin 36 (1990): 355-373

Franz M, Schmitz N, Lieberz K, Schepank H: Das multiple somatoforme Symptom in der Allgemeinbevölkerung. In: Rudolf G, Henningsen P, Hrsg. Somatoforme Störungen: theoretisches Verständnis und therapeutische Praxis. Stuttgart New York: Schattauer, 1998

Franz M, Schellberg D, Reister G und H Schepank: Häufigkeit und Verlaufscharakteristika neurologisch relevanter psychogener Symptome. Nervenarzt (1993) 64: 369-376

Freud S: Einleitung zu „Zur Psychoanalyse der Kriegsneurosen". Internationaler Psychoanalytischer Verlag, Leipzig und Wien 1919. In Sigmund Freud. Ges. W.Bd. XII. Fischer 1974

Fritsche K, Ratz U, Scheib P, Federschmidt H, Zeeck A, Spahn C, Wirsching M (1999): Psychosoziale Belastungen und Behandlungsbedarf in der Neurologie. PPmP 49: 450-51 (Abstract)

Gates JR, Ramani V, Whalen S et al.: Ictal characteristics of pseudoseizures. Epilepsia 1983; 24:246-47

Gates JR, Ramani V, Whalen S et al.: Ictal characteristics of psychogenic seizures. Arch Neurol. 42 (1985): 1183-87

Grosz HJ, Zimmermann J: Experimental analysis of hysterical blindness. Arch Gen Psychiatry 1965, 13:256-60.

Hauser WA, Hesdorffer DC: Epilepsy: frequency, causes and consequences. New York. Demos 1990

Hauser WA, Annegers JF, Kurland LT: Incidence of epilepsy and unprovoked seizures in Rochester, Minnesota, 1935-84. Epilepsia 1993; 34: 453-68

Hoffmann SO: Die alte Hysterie in den neuen diagnostischen Glossaren. In: Hysterie heute (Hrsg. v. GH Seidler). Enke, Stuttgart 1996

Huppert D, Brandt T, Dieterich M und Strupp M: Phobischer Schwankschwindel. Nervenarzt 65 (1994): 421-423.

Jawad SSM, Jamil N, Clarke E, Lewis A et al.: Psychiatric morbidity and psychodynamics of patients with convulsive pseudoseizures. Seizure 1995, 4:201-206

Kapfhammer HP, Mayer C, Hock U, Huppert D, Dieterich M, Brandt T (1997): Course of illness in phobic postural vertigo. Acta Neurol Scand 95: 23-28

Kapfhammer HP, Dobmeier P, Mayer C, Rothenhäusler HB (1998): Konversionssyndrome in der Neurologie - eine psychopathologische und psychodynamische Differenzierung in Konversionsstörung, Somatisierungsstörungen und artifizielle Störung. PPmP 48: 463-474

Keane JR: Hysterical gait disorders. Neurology (39) 1989: 586-89

Koller W, Lang A, Vetere-Overfield B, Findley L, Cleeves L, Factor S, Singer C, Weiner W: Psychogenic tremors. Neurology 1989; 39: 1094-1099

Kretschmer E: Die Gesetze der willkürlichen Reflexverstärkung in ihrer Bedeutung für das Hysterie- und Simulationsproblem. Z. ges. Neurol. Psychiat. (1918): 41:354-385

Kroenke K, Arrington ME, Mangelsdorff AD: The prevalence of symptoms in medical outpatients and the adequacy of therapy. Arch Intern Med 150 (1990): 1685-1689.

Kütemeyer M und Schultz-Venrath U: Neurologie. In: Psychosomatische Medizin (Hrsg.: T.v.Uexküll) Urban & Schwarzenberg, München 1996

Lempert T, Dieterich M, Huppert D, Brandt T.: Psychogenic disorders in neurology: frequency and clinical spectrum. Acta neurol. scan. 82 (1990a) 335-340

Lempert T, Schmidt D: Natural history and outcome of psychogenic seizures. a clinical study in 50 patients. J. Neurol. 237 (1990b) 35-38.

Lempert T, Brandt T, Dieterich M, Huppert D: How to identify psychogenic disorders of stance and gait, J Neurol. 1991; 238:140–146

Lesser RP (1996): Psychogenic seizures. Neurology 1996 Jun;46(6):1499-507

Lipowski ZJ (1987): Somatization: The Concept and Ist Clinical Application. Am J Psychiatry 145: 1358-1368

Matthes A, Schneble HJ: Epilepsien. 5.Aufl., Thieme-Verlag, Stuttgart 1992.

Meierkord H, Will B, Fish D, Shorvon S: The clinical features and prognosis of pseudoseizures diagnosed using video.EEG-telemetry. Neurology 41 (1991): 1643-46

Metcalfe R, Firth D, Pollock S, Creed F: Psychiatric morbidity and illness behaviour in female neurological inpatients. J Neurol Neurosurg.Psychiatry 51 (1988): 1387-1390
Metrick ME, Ritter FJ, Gates JR, Jacobs MP et al.: Nonepileptic events in childhood. Epilepsia 1991; 32:322-328
Monday K, Jankovic J: Psychogenic myoclonus. Neurology 1993; 43:349-52
Nash JL: Pseudoseizures: An Update. Comprehensive Therapy 1995; 21(9):486-491
Nedzelski JM, Barber HO, McIllmoyl L: Diagnoses in a Dizziness Unit. J Otolaryngol. 15 (1986): 101-104
Neundörfer B: Die Differentialdiagnose psychogener Störungen in der Neurologie. Nervenheilkunde 1997; 16:273-76.
Oribe E, Amini Rohullah, Nissenbaum E, Boal B: Serum prolactin concentrations are elevated after syncope. Neurology 1996; 47:60-62
Peguero E, Abou-Khalil B, Fakhoury T, Mathews G: Self-injury and incontinence in psychogenic seizures. Epilepsia 1995; 36:586-591
Poeck K: Neurologie. 8.Aufl., Springer-Verlag 1992
Rechlin T, Loew TH, Joraschky P: Pseudoseizure „Status". Journal of psychosomatic Research 1997; 42(5): 495-498
Reynolds EH: Structure and Function in Neurology and Psychiatry. Brit.J.Psychiatry 157 (1990) 481-490
Rohde-Dachser C: Das Borderline-Syndrom. 6. Aufl. Göttingen: H. Huber, 2000
Rolak LA: Psychogenic sensory loss. J Nerv. Ment. Dis. 176 (1988): 686-687.
Rost KM, Akins RN, Brown FW, Smith GR: The comorbidity of DSM-III-R personality disorders in somatization disorder. Gen Hosp Psychiat. 14 (1992): 322-326
Russo J, Katon W et al.: Severity of somatization and ist relationship to psychiatric disorders and personality. Psychosomatics 35 (1994): 546-556
Schachter SC, Brown F, Rowan AJ: Provocative testing for nonepileptic seizures.: Attitudes and practices in the United States among American Epilepsy Society members. Journal of Epilepsy (1996); 9(4):249-52
Scheidt CE, Köster B, Deuschl G: Diagnose, Symptomatik und Verlauf des psychogenen Tremors. Nervenarzt (1996) 67: 198-204
Scheidt CE, Schlemper M: Zur empirischen Validierung der Konversion. - Eine kritische Bestandsaufnahme. In: Hysterie heute (Hrsg. v. GH Seidler). Enke, Stuttgart 1996
Schiffer RB: Psychiatric Aspects of clinical neurology. Am.J.Psychiatry 140 (1983): 205-207
Schultz U: Status pseudoepilepticus. In. Psychotherapie und Psychosomatik (Hrsg.: Buchheim P, Ermann M, Seifert T). Springer 1986. 109-119
Schultz-Venrath U: Psychogene und nichtepileptische Anfälle. In: Psychosomatik in der Neurologie. Hrsg: S.Ahrens, M.Hasenbring, U.Schultz-Venrath, H.Strenge. Schattauer-Verlag, Stuttgart-New York 1995.
Sigurdardottir KS, Olafsson E: Incidence of Psychogenic Seizures in Adults: a Population-Based Study in Iceland. Epilepsia 1998; 39(7): 749-52
Spitzer C, Freyberger HJ, Kessler C, Kömpf D: Psychiatrische Comorbidität dissoziativer Störungen in der Neurologie. Nervenarzt (1994); 65:680-88
van Merode T, deKrom MC, Knottnerus JA: Gender-related differences in non-epileptic attacks: a study of patients´cases in the literature. Seizure (1997): 6(4): 311-316
Walczak TS, Williams DT, Berten W: Utility and reliability of placebo infusion in the evaluation of patients with seizures. Neurology 1994; 44:394-399
Weltgesundheitsorganisation: Internationale Klassifikation psychischer Störungen. ICD-10 Kapitel V (F). Übers. und hrsg. von H.Dilling, .. . 2.Aufl., Verlag Hans Huber, Bern 1993
Williams DT, Ford B, Fahn S: Phenomenology and Psychopathology Related to Psychogenic Movement Disorder. In: Behavioral Neurology of Movement Disorders (Ed.: WJ Weiner, AE Lang). Advances in Neurology, Vol.65, New York 1995.
Woods BL, McDaniel S, Burchfiel K, Erba G: Factors Distinguishing Families of Patients with Psychogenic Seizures from Families of Patients with Epilepsy. Epilepsia 1998; 39(4):432-437
Wyllie E, Lüders H, MacMillan J, Gupta M: Serum prolactin levels after epileptic seizures. Neurology 34 (1984): 1601-1604
Woolsey RM: Hysteria: 1875-1975. Dis.Nerv.Syst., 37 (1976)379-386

6. Somatoforme Syndrome in der Gynäkologie

Ruth Bodden-Heidrich

Innerhalb des Fachgebietes der Gynäkologie erscheinen Somatisierungssyndrome, die fachspezifisch allerdings nicht als solche klassifiziert werden. Insbesondere für klinische Symptome, die chronisch rezidivierende Schmerzen implizieren, gelten ähnliche Kennzeichen wie für die Somatisierungssyndrome. Chronische Unterbauchschmerzen, chronische Beschwerden an der Vulva (Vulvodynie), chronische Beschwerden mit urogynäkologischem Bezug und zyklusabhängige Beschwerden wie das Prämenstruelle Syndrom und Mastodynie gelten als gynäkologisch-psychosomatische Krankheitsbilder. Im folgenden sollen die für die Gynäkologie relevanten Krankheitsbilder aufgezeigt werden, die mit Somatisierungssyndromen in Verbindung gebracht werden können.

Einleitung

Allgemein ist ein historischer Wandel in der Sichtweise der gynäkologisch-psychosomatischen Störungsbilder zu erkennen. In früheren Zeiten hat man eine Differenzierung vorgenommen in *mit und ohne Organbefund*. Ursächliche psychische Faktoren wurden bei Beschwerden angenommen oder unterstellt, bei denen keine organische Ursache gefunden werden konnte. Diese Trennung ist weitestgehend überholt. Zum einen, weil die diagnostischen Möglichkeiten ausgeweitet und verfeinert wurden (Mikrochirurgische Verfahren der Diagnostik und Therapie) und früher nicht erkennbare Organdiagnosen heute früher erkannt werden, zum anderen, weil man in Analogie zur DSM-IV Klassifikation der Schmerzstörung beiden Faktoren eine entsprechende Bedeutung zumisst, den psychischen Faktoren wie den sog. medizinischen Krankheitsfaktoren.

Die definierte Somatisierungsstörung (DSM-IV 300.81; F 45.0 ICD 10) tritt innerhalb der Gynäkologie extrem selten auf, da eine Vorgeschichte mit vielen körperlichen Symptomen mit Beginn vor dem zehnten Lebensjahr zumeist nicht besteht. Extrem selten sind auch gleichzeitige Beschwerden in verschiedensten Körperbereichen. Innerhalb der Gynäkologie beschränkt sich das Beschwerdebild meist auf den Körperstamm.

Die undifferenzierte somatoforme Störung (DSM-IV 300.81; F 45.1 ICD 10) kommt schon eher in Betracht, bei einem Kollektiv von 106 Patientinnen mit chronischen Unterbauchschmerzen konnte bei 17 (16%) eine undifferenzierte somatoforme Störung festgestellt werden, während bei 41% der Patientinnen eine Schmerzstörung (DSM-IV 307.80 bzw. 307.89) zugeordnet wurde (Bodden-Heidrich 2001). Nicht verschiedene körperliche Beschwerden, sondern der Schmerz steht im Vordergrund bei Somatisierungsstörungen innerhalb der Gynäkologie.

Bei der sog. Schmerzstörung wird unterschieden, ob die Schmerzstörung mit psychischen Faktoren in Verbindung steht (307.80) oder ob sowohl psychische Faktoren als auch ein sog. medizinischer Krankheitsfaktor eine wichtige Rolle spielen für Beginn, Schweregrad, Exazerbation oder Aufrechterhaltung der Schmerzen.

Die klinischen Diagnosen innerhalb des gynäkologischen Fachgebietes benennen vorrangig die medizinischen Krankheitsfaktoren wie z.B. bei chronischen Unterbauchschmerzen Endometriose oder Adhäsionen.

Die psychosomatischen Dimensionen gynäkologischer Krankheitsbilder finden dabei zunehmend Beachtung, wobei eine integrierte Sichtweise vorliegt und sich niederschlägt als Weiterbildungsinhalt zum Facharzt für Gynäkologie und Geburtshilfe (Ausbildung im Umfang der psychosomatischen Grundversorgung ist erforderlich für die Zulassung zur Facharztprüfung). Die Deutsche Gesellschaft für Psychosomatische Geburtshilfe und Gynäkologie (DGPGG) ist seit Jahrzehnten der Aus- und Weiterbildung verpflichtet und ebenso der Forschung und Qualitätssicherung.

Spezielle klinische Bilder

Chronic Pelvic Pain Syndrome – Chronische Unterbauchschmerzen

Das chronische Unterbauchschmerz Syndrom, international *Chronic Pelvic Pain Syndrome (CPPS)* genannt, stellt ein häufig auftretendes psychosomatisches Krankheitsbild dar.

Epidemiologie. Epidemiologische Daten aus den USA (Reiter u. Gambone 1990) belegen, dass 10 % der ambulanten Patientinnen den Frauenarzt wegen Unterbauchschmerzen aufsuchen, 20 % aller Laparoskopien und 12 % der Hysterektomien erfolgen wegen des CPPS. Multiple Operationen werden durchgeführt, häufig ohne langfristige Besserung für die Patientinnen. Unter 5325 Frauen waren nach Mathias u. Mitarb. (1996) 16 % vom CPPS betroffen. In Großbritannien und in der BRD fehlen epidemiologische Studien zur Prävalenz (Zondervan u. Mitarb. 1998).

Ätiopathogenese. Der chronische Unterbauchschmerz als Symptom einerseits und als Entität eines Syndroms andererseits wird in Lehrbüchern und Publikationen kontrovers diskutiert und behandelt. Wenn man die Entwicklung über die Jahre verfolgt, lässt sich eine analoge Wandlung der Sichtweise und des klinischen Einsatzes von *Psycho-Somatik* in der Frauenheilkunde ablesen. Dabei treffen die verschiedenen Disziplinen Gynäkologie, Psychiatrie/Psychologie/Psychosomatik in der Frage nach der Beziehung zwischen Soma und Psyche aufeinander. Frühe Publikationen reduzieren diese Frage auf eine monokausale Ursache- und Wirkungsbeziehung und weisen damit recht mechanistische Bilder von Medizin, Mensch und Heilung auf. Erst im Laufe der Zeit werden auch sozio-kulturelle Faktoren einbezogen, und es wird ein Menschenbild präsentiert, das eine interdependente Wechselwirkung von Soma und Psyche, Leib und Seele beinhaltet und in einen multifaktoriellen Zusammenhang stellt.

Klinische Phänomenologie. Unter dem Oberbegriff CPPS werden chronische abdominelle Schmerzen zusammengefasst, die länger als sechs Monate bestehen und sowohl zyklusabhängig als auch zyklusunabhängig auftreten können. Zum CPPS zählen Unterbauchschmerzen mit organischen Erkrankungen innerhalb des gynäkologischen Fachgebietes und Unterbauchschmerzen ohne Organbefund. Letztere nehmen mit zunehmenden diagnostischen Möglichkeiten und der Ausweitung des differentialdiagnostischen Blickes an Häufigkeit ab. Darüber hinaus spielen Krankheitsbilder aus anderen medizinischen Fachbereichen wie Urologie, Gastroenterologie und Orthopädie in der Genese und Determination der Beschwerden eine entscheidende Rolle. Wegweisend ist ohnehin die von vornherein interdisziplinäre Evaluation des Krankheitsbildes.

Diagnose/Differentialdiagnose. Mit der Integration der laparoskopischen Diagnostik in eine multidisziplinäre Untersuchung der individuellen Patientin hat die psychosomatisch orientierte Sicht der chronischen Unterbauchschmerzen (Beard 1998, Bodden-Heidrich u. Mitarb. 1996a, 1999b,c,f, Bodden-Heidrich 2000, Low u. Mitarb. 1994, Steege u. Mitarb. 1998) ein differenziertes Konzept erhalten.

Empehlungen zum diagnostischen Vorgehen:

- Symptomanamnese
  - Auslösersituation: Seit wann, Lebensumstände /-situation dabei
  - Beschreibung des Schmerzes mit eigenen Worten: „ist, als wenn, wie"
  - Auswirkungen des Schmerzes auf:
    - Patientin selbst
    - Beziehung
    - Sexualleben
    - Berufsleben
    - Freizeit/Hobby
- Psycho-soziale Anamnese: gestufte biographische Anamnese
- Allgemeine und gynäkologische Anamnese
  - OP-Berichte, nicht Arztbriefe recherchieren und einsehen
  - Berufsanamnese
  - Medikamentenanamnese
  - Symptome aus anderen Disziplinen berücksichtigen
- Gynäkologische Diagnostik
  - Gynäkologische Untersuchung
  - Mikrobiologische Untersuchung
    - Vaginalabstrich
    - Ausschluss von Chlamydien/Mykoplasmen
  - Sonographie
- Orthopädische Untersuchung, besonders Facettensyndrom beachten
- Internistische Differentialdiagnostik
  - Ausschluss Porphyrie
  - Ausschluss Laktoseintoleranz
  - Irritable Bowel Syndrome IBS ?
- Urologische Differentialdiagnostik: Chronische Zystitis, interstitielle Zystitis?
- Chirurgische Differentialdiagnostik: Hernien? Chronische Appendizitis?
- Psychiatrische Diagnostik zum Ausschluss von psychiatrischer Komorbidität

War das CPPS zunächst auf diejenigen Krankheitsbilder bezogen, die eine organische Ursache vermissen ließen, bezieht die neuere Literatur auch Organdiagnosen mit ein, wobei für die Krankheitsbilder Endometriose (s.u.) und Adhäsionen (s.u.) gilt, dass unterschiedliches Ausmaß der Erkrankung nicht mit gleicher Schmerzwahrnehmung und Empfindung korreliert. Die Häufigkeit, mit der organische Ursachen gefunden werden, hängt zunächst einmal davon ab, ob nur die klinische Diagnostik oder zusätzlich Sonographie und Laparoskopie eingesetzt werden. Hinzu kommt, ob sich die somatische Diagnostik auch auf nicht gynäkologische Erkrankungen bezieht. Zur Differentialdiagnostik des CPPS gehört bei der primären Abklärung zum Ausschluss bzw. Auffinden einer speziellen Erkrankung die Laparoskopie (Bodden-Heidrich 2000, Howard 1996). Die erhobenen Befunde müssen der Patientin in ausführlichen Gesprächen vermittelt werden samt des evtl. unauffälligen Befundes. Dabei ist es besonders wichtig, der Patientin in einem integriert psychosomatischem Vorgehen die multifaktoriellen Bedingungen ihrer Beschwerden zu erklären, damit sie einen laparoskopisch unauffälligen Befund in ihr Krankheitsbild und subjektives Krankheitserleben integrieren kann. Adhäsionen (sog. Verwachsungen) und Endometriose (Versprengung von Gebärmutterschleimhaut außerhalb der Gebärmutter) sind die häufigsten Diagnosen, die der klinischen Untersuchung alleine vorenthalten bleiben. Die Indikation zur Laparoskopie ist eine wesentliche Weichenstellung beim CPPS. Sie erfolgt im Spannungsfeld zwischen den beiden Extremen:

Immer zuerst eine Laparoskopie zum Ausschluss organischer Ursachen bevor an psychogene Faktoren zu denken ist vs. Laparoskopie erst, wenn psychische Ursachen und psychiatrische Erkrankungen primär ausgeschlossen sind.

Gynäkologische Krankheitsbilder beim CPPS. Im folgenden sollen die mit dem CPPS in Verbindung stehenden gynäkologischen Ursachen dargestellt werden. Die Inkonsistenz von Ausprägung der jeweiligen Erkrankung und subjektiv erlebtem Schweregrad des CPPS mag bereits darauf hindeuten, dass kein alleiniger Ursache-Wirkungs-Zusammenhang vorliegt.

Endometriose. Mit den chronischen Schmerzen gehört die Endometriose neben den Adhäsionsbefunden zu den häufigsten Diagnosen des CPPS. Die Endometriose, die mit einer Prävalenz von 5–10% auftritt, ist eine Erkrankung der Frau vornehmlich im reproduktionsfähigen Alter. Dabei kommt es zur Ausbildung und Implantation von Gebärmutterschleimhaut außerhalb der Gebärmutter, die zyklisch von Hormonen stimuliert reagiert und damit zu Funktionsstörungen wie z. B. Bildung von Verwachsungen führt. In zweierlei Hinsicht entsteht Leidensdruck bei der Patientin: 1. chronische Unterbauchschmerzen und 2. unerfüllter Kinderwunsch. Mit den chronischen Schmerzen gehört die Endometriose neben den Adhäsionsbefunden zu den häufigsten Diagnosen beim CPPS (Baker 1998, Beard u. MItarb. 1988a, Grandi u. Mitarb. 1988, Peters u. Mitarb. 1991, Taylor 1949, Walker u. Mitarb. 1995). Zu psychosomatischen Implikationen der Endometriose gibt es in der Literatur nachfolgende Ergebnisse.

Jeffcoate (1969) und Kistner (1975) fanden eine erhöhte Inzidenz von Endometriose bei Frauen mit höherer Schulbildung bzw. aus höheren sozialen Schichten. Kistner beschrieb sie ferner als untergewichtig, überängstlich, intelligent, egozentrisch und perfektionistisch.

Unter Anwendung von vorwiegend Interviews fand Collins (1979), dass die Endometriose-Patientinnen mehr Konversionssymptome, häufig sexuell getönte Bezüge im Rohrschach-Test sowie einen frühen Menarchezeitpunkt mit Rollenkonflikt zum Zeitpunkt der Menarche zeigten. Das Erleben der Menstruation war negativ besetzt, ebenso das Selbstbild als Frau. Affektiv ließ sich eine aggressive Haltung gegenüber Männern finden. Diese Aggressivität scheint nach Collins auch in der Dysmenorrhoe als Selbstbestrafung Ausdruck zu erhalten. Die Endometriose-Patientinnen erlebten ein hohes Maß an Angst, schienen unsicher und versuchten, sozialen Erwartungen zu entsprechen. Der Kinderwunsch bei den Patientinnen erschien in Kongruenz zu dem Bemühen der Patientinnen, eine soziale Rolle zu erfüllen. An Abwehrmechanismen standen Verdrängung und Verleugnung im Vordergrund. Die Mütter wurden als wenig warmherzig und zurückweisend geschildert, es schien eine feindliche, aber abhängige Bindung an ein Mutterbild zu bestehen, das gleichzeitig verleugnet wird. Strauß u. Mitarb. (1992) haben subjektives Krankheitserleben und Persönlichkeit induktiv zu erschließen versucht durch Auswertung von Interviews, die nach einem Leitfaden geführt wurden. In einer qualitativ-inhaltsanalytischen Untersuchung (Bodden-Heidrich u. Mitarb. 1999g) konnte über die Problematik der psychosexuellen Entwicklung und Identität hinausgehend ein Aggressionskonflikt herausgearbeitet werden, der intrapsychisch in der subjektiven Beschreibung des Schmerzes Ausdruck findet, sich interpersonell in den Beziehungen der Patientinnen im sozialen Umfeld zeigt und insbesondere in der Arzt-Patientin-Beziehung Bedeutung hat.

Adhäsionen. Unter Adhäsionen versteht man sog. Verwachsungen zwischen einzelnen Organen oder von Organen mit dem Peritoneum, die unterschiedlich entstehen können. Adhäsionen werden bei Endometriose (s.o.) gefunden, darüber hinaus bei oder nach Infektionen (Pelvic Inflammatory Desease, PID) und nach Operationen, wobei es Untersuchungen gibt, inwieweit die Mikrochirurgie (Endoskopie, Laparoskopie) in geringerem Ausmaß zu Verwachsungen führt als die Öffnung der Bauchhöhle über Schnitt

(Laparotomie). Unabhängig von der Erforschung des Pathomechanismus im Hinblick auf eine mögliche Prävention von Adhäsionen bestehen unterschiedliche Meinungen darüber, inwieweit und in welchem Ausmaß Adhäsionen überhaupt zu Schmerzen führen können, es gibt Adhäsionen bei symptomatischen wie asymptomatischen Gruppen von Patientinnen. Daraus ergibt sich folgerichtig die Frage, inwieweit eine operative Adhäsiolyse wirksam und sinnvoll sein kann, zumal andere, neue Adhäsionen entstehen können und ein gewisser Circulus vitiosus in Gang kommt. Diese Erkenntnisse sollten mit in die Indikationsstellung zur Laparoskopie einfließen (Peters u. Mitarb. 1991).

Pelvic Congestion Syndrome. Das von Taylor (1949) zum ersten Mal beschriebene Pelvic Congestion Syndrome (PCS) als organisches Korrelat für den chronischen Unterbauchschmerz hatte im Experiment emotionale Spannungen als Auslöser. Bis heute wird das Phänomen der venösen Stauung oder einer Beckenvarikosis in die Erörterungen des CPPS mit einbezogen (Beard u. Mitarb. 1988 b, Beard 1998, Charles 1995), insbesondere dann, wenn keine anderen fassbaren Organdiagnosen zu finden sind.

Insgesamt steht wohl außer Zweifel, dass es venöse Stauungen und auch Beckenvarikosis gibt. Diese stellen aber allenfalls einen möglichen Kofaktor bei der multifaktoriellen Genese des CPPS dar. Publikationen (Bodden-Heidrich u. Mitarb. 1996 a, 1999f, Bodden-Heidrich 2000, Ryder 1996), die ein multifaktorielles Modell der Pathophysiologie zum CPPS zugrunde legen, zeigen, dass nicht nur gynäkologische Erkrankungen vorliegen.

Gastrointestinale Erkrankungen. Es wird geschätzt, dass 7 - 60 % der Beschwerden, die dem Gynäkologen präsentiert werden, gastrointestinale Ursachen haben und besonders dem Irritable Bowel Syndrome (IBS) (Hogston 1987) zugerechnet werden können. Die Beschwerden des IBS können zum Zeitpunkt der Menstruation exazerbieren, weshalb dann zumeist vorrangig an ein gynäkologisches Krankheitsbild gedacht wird. Abzugrenzen ist das IBS von Darmerkrankungen mit nachweisbaren organischen Veränderungen wie bei den entzündlichen Darmerkrankungen (Morbus Crohn, Kolitis ulzerosa, infektiöse Enterokolitis). Longstreth (1994) gibt an, dass psychosoziale Faktoren einschließlich Depressivität, Somatisation, Substanzmissbrauch und Missbrauchserfahrung in den beiden Gruppen IBS und CPPS ähnlich sind.

Urologische Erkrankungen. Schon im gemeinsamen embryologischen Ursprung deutet sich die anatomische und funktionelle Nähe gynäkologischer Organe zu den Organen des ableitenden Harntraktes an. Entzündungen der Harnblase, insbesondere die interstitielle Zystitis sind nicht selten Grund und Anlass für Unterbauchschmerzen (Summitt 1993), zumeist in Verbindung mit zusätzlichen Symptomen, die die Miktion betreffen (Algurie, Pollakisurie und Urge-Symptomatik). Des weiteren ist das Urethralsyndrom bekannt, dem sich mitunter kein organisches Korrelat zuordnen lässt. Hier werden ebenfalls psychosomatische Zusammenhänge in Erwägung gezogen.

Muskuloskeletale Erkrankungen. Im Kontext des CPPS wird den sog. muskuloskeletalen Ursachen international eine wesentliche Bedeutung zugemessen (Baker 1998). Muskuloskeletale und gynäkologische Schmerzen scheinen ähnlich, und da sie bei Frauen korrelierend mit dem Zyklus häufig verstärkt auftreten, führt der Weg meistens zum Frauenarzt. Werden dann Befunde bei der Untersuchung erhoben, oder zeigt die Laparoskopie einen positiven Befund, z. B von Adhäsionen oder Endometriose, so werden die Schmerzen kausal eher diesem gynäkologischen Befund zugeordnet. Nur die interdisziplinäre Diagnostik kann unter Einschluss der orthopädischen Untersuchung den wesentlich mitdeterminierenden Faktor der muskuloskeletalen Erkrankung aufdecken (Bodden-Heidrich u. Mitarb. 1999f). Hormonale Einflüsse assoziiert mit Menstruation und Schwangerschaft haben einen Einfluss auf die muskuloskeletale Pathologie.

Missbrauch im Kontext des CPPS. Im Laufe der achtziger Jahre wird in der amerikanischen Literatur das CPPS zunehmend mit einer möglichen Missbrauchserfahrung in Zusammenhang gebracht (Collett u. MItarb. 1998, Rapkin u. Mitarb. 1990, Reiter u. Mitarb. 1991, Walker u. Mitarb. 1995). Patientinnen mit Missbrauchserfahrungen haben signifikant häufiger chronische Schmerzsyndrome (Bodden-Heidrich u. Mitarb. 1999b,c,f, Bodden-Heidrich 2000).

Schmerz und Depression. In unterschiedlichen Studiendesigns ist der Zusammenhang zwischen CPPS und Depression untersucht worden (Grandi u. Mitarb. 1988, Magni u. Mitarb. 1983). Bezog sich in früherer Zeit und z. T. auch in Publikationen der achtziger Jahre die Depression und ihre Sonderform der larvierten bzw. verleugneten Depression auf den chronischen Unterbauchschmerz ohne Organbefund (Molinski 1979), so zeigen andere Studien, dass es keine signifikanten Unterschiede beim CPPS mit oder ohne laparoskopisch erhobenen Organbefund gibt (Beard 1998). Wie bei anderen Krankheitsbildern stellt sich auch hier die Frage nach Causa und Effekt beim Zusammenhang zwischen CPPS und Depression. Einige Wissenschaftler gehen implizit davon aus, dass z. B. die verleugnete Depression (Molinski 1979) Ursache der Unterbauchschmerzen ohne Organbefund ist. Der zugehörige pathophysiologische Zusammenhang ist jedoch nicht bekannt.

Verlauf und Prognose. Eine aufwendige interdisziplinäre Diagnostik ist bei den meist multifaktoriell bedingten chronischen Unterbauchschmerzen in der Regel erforderlich. Da das chronische Schmerzsyndrom des Unterbauches in hohem Maße mit frühen und damit schwerwiegenden psychischen Störungen vergesellschaftet ist, erweist sich die Prognose im allgemeinen als deutlich schlechter als z. B. verglichen mit der Vulvodynie.

Spezielle Therapie. In der Literatur wird der Einsatz einer antidepressiven Therapie in Bezug auf das CPPS (u. a. Molinski 1979) empfohlen. Im Hinblick auf die Behandlung der CPPS-Patientinnen beim Frauenarzt scheint es eher bedenklich, wenn Antidepressiva ohne entsprechende psychiatrische Ausbildung und klinische Erfahrung angewendet werden. Im Kontext des CPPS bei Ausschluss spezifischer depressiver Erkrankungen (Zusammenarbeit mit dem Fachgebiet der Psychiatrie/Psychosomatik unerlässlich) handelt es sich um ein psychosomatisches Krankheitsbild im tiefsten Sinne. Es ist eine interdisziplinäre somatische Diagnostik und Therapie erforderlich, die auch die Grenzen der Gynäkologie überschreiten muss (Tab. 6.**1**).

Tabelle 6.1 Therapie bei chronischen Unterbauchschmerzen als definiertes Chronic Pelvic Pain Syndrome

- Behandlung der somatisch erhobenen Befunde bzw. Diagnosen
- Integrierte psychosomatische Behandlung
- Somatische Therapie eingebettet in begleitende Gespräche
- Indikationsstellung zu Operationen erst nach eingehender psychosomatisch orientierter Diagnostik
- Trennung von psychosomatischer Grundversorgung und formaler Psychotherapie
  Begründung: innerhalb der formalen Psychotherapie ist wegen der Übertragungsbeziehung und Abstinenz gleichzeitige und/oder vorangehende auch somatische Behandlung kontraindiziert!
- Bei nicht vorhandener Motivation der Patientin und Möglichkeit zur formalen Psychotherapie: Auf jeden Fall supportive Therapie z.B. im Rahmen der psychosomatischen Grundversorgung so lange wie möglich fortsetzen
- Ausschluss und ggf. Behandlung psychiatrischer Erkrankung
- Antidepressive Therapie nur in Zusammenarbeit mit einem Psychiater

Fallbeispiel

30-jährige Patientin leidet an chronisch rezidivierenden Unterbauchschmerzen. Im Rahmen von Vorbehandlungen wurde Frau V. insgesamt achtmal operiert (fünfmal Laparoskopie, dreimal Laparotomie mit insgesamt Entfernung von Gebärmutter und einem Eierstock). Sie beschriebt ihren Schmerz mit den Worten: „als wenn da einer mit Messer durchgeht". Sie ist fixiert auf ein operatives Vorgehen „sollen sie mir doch den Scheiß-Eierstock rausnehmen", auf dem sie vehement insistiert. Darüber ereignen sich von ihr ausgehend recht aggressive Begegnungen mit Ärzten.
Frau V. wurde als jüngstes von vier Kindern geboren, sie hat einen Bruder und zwei Schwestern. Die Eltern sind beide um 50 Jahre alt und nach 30 Jahren Ehe geschieden. Frau V. hat eine 12-jährige Tochter und eine 6-jährige Tochter. Sie lebt inzwischen mit einem zweiten Partner zusammen, da ihr erster Partner (Vater des ersten Kindes) alkoholabhängig war und sie betrogen und geschlagen hat. Mit der Geburt des zweiten Kindes änderte sich die Beziehung zum ersten Kind. Es wurde sehr aggressiv behandelt und Frau V. gab es in eine Pflegefamilie. Die Unterbauchschmerzen haben mit dem „Kinderkriegen" begonnen. Innerhalb der Primärfamilie ist Frau V. den Aggressionen ihres Vaters ausgesetzt gewesen, zur Mutter bestand eine sehr intensive Beziehung des Kindes.
Die Patientin wurde im Kontext der stationären Behandlung diesmal nicht operiert. Es erfolgte täglich ein psychotherapeutisches Gespräch, darüber hinaus die interdisziplinäre Diagnostik, die eine Laktoseintoleranz zeigte. Eine entsprechende Diät wurde vermittelt. Nach der Entlassung hat sie eine ambulante Psychotherapie begonnen.

Erkrankungen an der Vulva mit Bezug zur somatoformen Störung

Definition. Auch im Bereich der Vulva begegnet man in der Gynäkologie Somatisierungssyndromen, die mit dem klinischen Begriff der Vulvodynie unter den verschiedenen Subtypen gefasst wird. Das Fachgebiet der Frauenheilkunde verzichtet auf die Klassifizierung und Teilbenennung mit dem Begriff Somatisierung zugunsten der gynäkologisch klinischen Nosologie. Die psychosomatischen Aspekte werden als integrierter Bestandteil gesehen und in Diagnostik und Therapie berücksichtigt, kommen aber höchstens in additiven Diagnosen zur klinischen Diagnose zum Ausdruck. Bei den Erkrankungen an der Vulva mit Bezug zur somatoformen Störung zeigen sich oft Interdependenzen zwischen rein organischen und psychoreaktiven Faktoren (Tab. 6.2).

Tabelle 6.2 Vulvaerkrankungen /-symptome mit Bezug zur somatoformen Störung

Vulvodynie
- Chronische Schmerzen an der Vulva mit spezifischer Schmerzcharakteristik: Brennen, Stechen, Reißen, Gefühl wie Wund-Sein über einen Zeitraum von sechs Monaten
  Subtypen:
  - Vulvar Vestibulitis Syndrome VVS
  - Zyklische Vulvovaginitis CVV
  - Dysästhetische Vulvodynie DV

Fluor vaginalis
- Chronischer Ausfluss in verstärktem Maße z. T. zyklusunabhängig
- Mit und ohne Nachweis von Infektionsursachen

Pruritus vulvae
- Isoliertes chronisches Symptom des Juckens an der Vulva
- Gynäkologische und dermatologische Differentialdiagnostik erforderlich

Vulvodynie

Terminologie. Der Begriff der Vulvodynie umfasst ein Syndrom von unerklärlichen Schmerzen im Bereich der Vulva mit psychologischer Belastung und sexueller Dysfunktion (Lynch 1986, McKay 1985, 1988, 1989, 1993; Paavonen 1995a).

Epidemiologie. Es existieren keine verlässlichen epidemiologischen Angaben (Paavonen 1995a,b).

Ätiopathogenese. Bei der Vulvodynie ist mitunter der fehlende sichtbare physikalische körperliche Befund Anlass für die Annahme von psychischen Zusammenhängen. Wie auch beim CPPS müssen aber psychische bzw. psychosomatische Zusammenhänge zugrunde gelegt werden, unabhängig davon, ob ein körperlicher Befund nachweisbar ist (Lynch 1986, Rechenberger 1993, Stewart u. Mitarb. 1994, Bodden-Heidrich u. Mitarb. 1994, 1996c, 1999a; Bodden-Heidrich 2000). Die Vulvodynie kann viele Ursachen haben. So werden verschiedene Subtypen unterschieden: mit Vulvodynie assoziierte Vulvadermatosen (Psoriasis, Seborr. Dermatitis, chronische Kontaktdermatitis, Lichen simplex-planus-sklerosus), Zyklische Vulvovaginitis (CVV), Vulvar Vestibulitis Syndrome (VVS) (Friedrich 1987, Marinoff u. Turner 1991), dysästhetische Vulvodynie (DV) und Vulvapapillomatose.

Es gibt bislang nur wenige psychologische oder psychosomatische Studien zur Vulvaerkrankung. Stewart u. Mitarb. (1994) haben im Rahmen einer psychometrischen Studie nachgewiesen, dass Vulvodyniepatientinnen psychologisch mehr beeinträchtigt sind als andere Vulvapatientinnen. Jadresic u. Mitarb. (1993) haben die Prävalenz psychiatrischer Morbidität bei der essentiellen Vulvodynie untersucht. Bei nur geringer Fallzahl scheint es eine nur schwache Erhöhung der Prävalenz im Vergleich zu anderen Vulvaerkrankungen zu geben. Edwards u. Mitarb. (1997) haben bei Patientinnen mit Vulvodynie eine Untersuchung zum sexuellen Missbrauch im Vergleich zu Patientinnen aus der dermatologischen Praxis mit anderen Vulvaerkankungen durchgeführt. Es ergab sich kein signifikanter Unterschied. Andere Autoren hatten den Eindruck eines erhöhten Auftretens von Missbrauchserfahrungen (Friedrich 1987, Schover u. Mitarb. 1992).

Klinische Phänomenologie. Die Bezeichnung Vulvodynie bezieht sich auf eine chronische Schmerzhaftigkeit, insbesondere bei Wahrnehmungen von Brennen, Stechen, Reißen oder Wundsein über einen Zeitraum von sechs Monaten und mehr. Vulvodynie ersetzt den englischen Begriff des burning vulva syndrome. Die Erkrankung ist vom Pruritus vulvae ohne Schmerzsymptomatik abzugrenzen.

Die chronischen Vulvaschmerzen haben zumeist eine akute Phase, die mit einer Entzündung in Verbindung stehen kann. Erst allmählich entwickelt sich ein chronifiziertes Krankheitsbild.

Diagnose/Differentialdiagnose. Zunächst sind einzelne Subtypen der Vulvodynie zu unterscheiden:

➤ Das *Vulvar Vestibulititis Syndrom (VVS)* (vaginal vestibulum dyspareunia syndrome, VVDS), bekannt als Adenitis, vestibulare Adenitis oder fokale Vulvitis entspricht dem häufigstem Subtyp, charakterisiert durch Dyspareunie, punktuellen Spannungsschmerz beim sog. Swab-Test (Berührung mittels Tupfer) und vestibuläres Erythem unterschiedlichen Ausmaßes betont um die Vestibulardrüsenausführungsgänge (Bergeron u. Mitarb. 1994, Friedrich 1987, McKay u. Mitarb. 1991). Als Ätiologie bzw. auslösende Faktoren wurden die rezidivierende Candidiasis(Friedrich 1987, Marinoff u. Turner 1991), die HPV- (Humanes-Papilloma-Virus-)Infektion bzw. HPV-assoziierte Veränderungen (Turner u. Marinoff 1988, Dennerstein 1994) und immunologische Faktoren diskutiert. Die frühe Einnahme von Kontrazeptiva (Bergeron u. Mitarb. 1997) wie auch die frühe Menarche werden als Risikofaktor angesehen. Psychogene Faktoren werden nicht als ursächlich angesehen. Die Beschwerden haben jedoch starke psychische Auswirkungen auf die Patientin selbst und ihre Beziehung zum Partner. Spontanremissionen der Beschwerden sind auch möglich. Übertherapie ist eine große Gefahr, destruktive Therapieformen sollten strengstens indiziert und niemals Methode der ersten Wahl sein.

- Die *zyklische Vulvovaginitis (CVV)* gilt als der zweithäufigste Subtyp. Vornehmlich bei jüngeren Patientinnen in der dritten Lebensdekade während der Lutealphase treten die Symptome verstärkt auf. Sie sind in besonderer Weise verknüpft mit Schmerzen bei der Kohabitation. Man nimmt eine hypersensitive Reaktion auf ein Candida-Antigen an. Wichtig ist, dass die Candida-Infektion in der Symptomphase schwer nachzuweisen ist. Ein kultureller Abstrich sollte daher in der symptomfreien Phase erfolgen. Eine Langzeitbehandlung mit antimykotischen Agentien systemisch und lokal hat den größten Erfolg (Paavonen 1995a).
- Die *dysäthetische Vulvodynie (DV)* ist auch bekannt als essentielle Vulvodynie (McKay 1993). Sie tritt vorwiegend im perimenopausalen und postmenopausalen Alter auf. Darüber hinaus ist sie nicht zyklisch und zeigt eine mehr diffuse Hyperästhesie. Begleitende urethrale und rektale Symptome sind häufig. Der Schmerz erscheint neuralgiform und spricht (mit klinischer Evidenz) gut auf eine niedrig dosierte Behandlung mit trizyklischen Antidepressiva an.

Allgemeine diagnostische Leitlinien, die prinzipiell für alle hier behandelten Vulvaerkrankungen gelten, sind in Tab. 6.3 zusammengefasst.

Tabelle 6.3 Spezielle Diagnostik von Vulvaerkrankungen

Symptomanamnese u. a.
• Kosmetika, Zeiten der Symptomfreiheit
Medikamentenanamnese
Dermatologische Differentialdiagnostik
• Candidiasis
• Alle Formen des Lichen
• Psoriasis
• Dysplasie (VIN, vulvar intraepithelial Neoplasia)
Gynäkologische Diagnostik
• Inspektion
• Kolposkopie
• Zytologie
• Mikrobiologische Untersuchung
• Biopsie evtl.

Verlauf und Prognose. Chronifizierte Vulvabeschwerden sind oft schwer zu behandeln. Durch eine interdisziplinäre Zusammenarbeit v.a. von Gynäkologie, Dermatologie (primärer oder sekundärer Vulvabefall bei dermatologischer Erkrankung) und Psychosomatik kann die Diagnose – zumindest nach klinischen Eindrücken in der Universitäts-Frauenklinik in Düsseldorf – jedoch deutlich verbessert werden

Spezielle Therapie. Am psychoanalytischen Modell der Entwicklungsphasen gemessen zeigen CPPS-Patientinnen signifikant häufiger als Vulvodyniepatientinnen eine sog. frühe Störung wie die Borderline-Störung. Im Gegensatz dazu haben Patientinnen mit Chronic vulvar pain syndrome (CVPS) signifikant häufiger eine Konversionsstörung, (Bodden-Heidrich u. Mitarb. 1999a, e) was einer höher strukturierten Störung entspricht, die in einer späteren Lebensphase determiniert wird. Dies hat für die Wahl der psychotherapeutischen Interventionsform Konsequenzen.

Die Auswirkungen der Vulvodynie auf die psychische Befindlichkeit sind erheblich und schließen wegen der Symptomatik auch Auswirkungen auf Beziehung und Partnerschaft mit ein. Im Gegensatz zum CPPS erscheinen Vulvodyniepatientinnen eher als Folge der körperlichen Symptomatik auch psychisch beeinträchtigt, sind durchschnittlich in ihrer psychischen Persönlichkeitsstruktur aber weniger gravierend gestört als CPPS-Patientinnen.

Fluor vaginalis

Definition. Für den Fluor vaginalis (Ausfluss in verstärktem Maße z. T. zyklusunabhängig) scheinen im Hinblick auf die psychiatrische Klassifikation der somatoformen Störungen nur selten die Kriterien für die undifferenzierte Somatisierungsstörung (F 45.1) zuzutreffen. Wegen der erheblichen gynäkologisch psychosomatischen Relevanz soll das Krankheitsbild an dieser Stelle dennoch berücksichtigt werden.

Epidemiologie. Da dem Fluor vaginalis auch ein verstärkter physiologischer Ausfluss zugrundeliegen kann und die individuelle Bewertung als krankhaftes Symptom in hohem Maße von der subjektiven Bewertung der Patientin abhängig ist, sind epidemiologische Aussagen schwer zu treffen bzw. liegen nicht vor.

Ätiopathogenese. In der Literatur wird von *Psychogenem Fluor* gesprochen (Richter u. Stauber 1990), bei dem trotz intensivster Therapie unter der Vorstellung, es handle sich um eine Infektion, keine Besserung oder laufende Rezidive auftreten. Dabei werden objektiv Infektionskeime gefunden wie Pilze, Kokken etc., die aber bei klinisch unauffälligen Frauen auch gefunden werden. Ein eigenständiges psychosomatisches Krankheitsbild wird vom Fluor als Begleitsymptom anderer psychosomatischer Erkrankungen unterschieden. Auslösende Konfliktursache sei z. T. die Abwehr des Sexualtriebes oder eine männliche Sexualphysiologie im Sinne eines permanenten Bereitstellungsreflexes.

Klinische Phänomenologie. Die Patientinnen klagen über Fluor oder Ausfluss meist dann, wenn sich Qualität, Quantität oder zeitlicher Bezug zum Zyklus ändern. Manche Frauen empfinden auch völlig normalen, physiologischen Fluor als krankhaft. Es liegt mitunter eben sehr am subjektiven Ermessen der Frau, was als physiologisch normal und was als krankhaft angesehen wird. Selbst die durch Mikroskopie und Kultur objektivierte Scheidenentzündung kann im Kontext psychosomatischer Zusammenhänge auftreten.

Diagnose/Differentialdiagnose. Wegweisend für Diagnostik und Therapie ist die differenzierte Anamnese, in deren Rahmen die spezifische Symptomqualität, der zeitliche Auftretenszusammenhang und die subjektive Bewertung der vermeintlichen Krankheit einfließen muss. Psychosoziale und Sexualanamnese sind ebenfalls zu beachten. Auf der Basis dieser Informationen muss dann die klinische Untersuchung mit kolposkopischer Beurteilung der Portio und Vagina erfolgen. Mikrobiologische und endokrinologische Untersuchungen sind bei qualitativen Veränderungen und verändertem Zyklusbezug in der Regel ebenfalls indiziert.

Spezielle Therapie. Statt wiederholter Vaginalovula bei rezidivierenden Symptomen und Infektionen wird die psychosomatische Diagnostik mit Blick auf die psychosexuelle Identität und die Beziehung zu einem möglichen Partner empfohlen.

Pruritus vulvae

Definition. Im Hinblick auf die Klinik des *chronischen Juckens* an der Vulva gilt mit Bezug auf die psychiatrische Klassifikation der somatoformen Störungen das gleiche wie für den Fluor vaginalis.

Epidemiologie. Das häufigste Symptom an der Vulva noch vor der Vulvodynie ist der Pruritus vulvae (McKay 1985, 1989). Auf den deutschen Sprachraum übertragbare epidemiologische Angaben existieren nicht.

Ätiopathogenese. Im Fachgebiet der Gynäkologie wird der Pruritus spezifischen Infektionen und auch dem Östrogenmangel zugeschrieben. Aussagen, es würden dem psychogenen Pruritus nahezu ausschließlich sexuelle Konflikte zugrunde liegen (Stauber u. Haupt 1980), seien ohne Überprüfung mit quantitativen und qualitativen Forschungsmethoden zur Disposition gestellt. Auch die Ansicht, der Pruritus sei ein masturbatorisches Äquivalent oder eine masochistische Strebung (Prill 1964) muten eher wie klinische Vermutungen an und bedürfen einer wissenschaftlichen Überprüfung.

Klinische Phänomenologie. Von der Vulvodynie ist der Pruritus zu unterscheiden, da er als isoliertes Symptom ohne Brennen und Stechen als Schmerzcharakteristika an der Vulva auftritt.

Diagnose/Differentialdiagnose. Nicht nur die gynäkologische, sondern auch die dermatologische Differentialdiagnostik hat ihren Stellenwert in der Behandlung des Symptoms, das verschiedenen Erkrankungen zugehören kann. Diagnosen wie seniler oder psychogener Pruritus erfüllen nicht die erforderliche reguläre Sorgfalt und Überwachung (Faure 1985).

Spezielle Therapie. Unabhängig davon, ob eine spezifische organische Ursache gefunden werden kann oder nicht, ist das Gespräch mit der Patientin über ihr subjektives Leiden an der Erkrankung, über die Auswirkungen auf sie selbst und auf ihre Partnerschaft für ein psychosomatisch orientiertes Vorgehen immer wichtig. Es bleibt dann der Individualität der Patientin und der je einzelnen Diagnostik überlassen, in wieweit eine Psychopathologie, ein Konflikt, eine Beziehungsstörung eine Rolle spielen mag (Bodden-Heidrich u. Mitarb. 1996c,1999e). Das in Tab. 5.**1** geschilderte therapeutische Vorgehen gilt prinzipiell auch in der Therapie von Vulvaerkrankungen. Allgemeine Entspannungsmaßnahmen wie autogenes Training sollten gerade beim Pruritus versucht werden.

Fallbeispiel

Eine 52-jährige Patientin leidet an chronischen Vulvabeschwerden, die sie mit Jukken, Brennen und Gefühl von Wundsein beschreibt. Es sei „wie in den Nesseln sitzend". Als jüngstes von drei Kindern wurde sie geboren, sie hat einen (8 Jahre) älteren Bruder und eine (10 Jahre) ältere Schwester. Die Mutter ist im Alter von 65 an Krebs gestorben, der Vater Jahre später mit 80 abgemagert. Als Frau B. fünf Jahre alt war, kam der Vater aus Kriegsgefangenschaft zurück. Innerhalb der Familie hat sie sich nie so richtig durchsetzen können und eigentlich auch nicht brauchen. Die Beziehung zu den Eltern war sehr distanziert, zur Mutter war keine Nähe zu bekommen und auch der Vater sei unnahbar, kein Schmusepapa, gewesen. Große Sehnsucht bestand nach Nähe. Über die erste Menstruation war sie sehr erschrocken, Sexualität für sie nie schön. Seit vier Jahren ist sie verheiratet in erster Ehe, ihr Partner ist gleich alt und mit ihr in zweiter Ehe verheiratet. Zum persönlichen Bild bei der Schmerzbeschreibung assoziiert Frau B. zum „in den Nesseln sitzen" dass es innerhalb der Ehe mit ihrem Mann nicht möglich sei, zu streiten. Aggressionen sind für beide ein Problem. Auch am Arbeitsplatz bestehen dahingehend Probleme bei Teambesprechungen, Frau B. ist Krankenschwester. In Tränen bricht Frau B. aus, als sie berichtet, dass ein für sie persönlich langjähriger Berater im letzten Jahr verstorben ist. Zu diesem hatte sie eine Beziehung wie zu seinem Vater, dessen Nähe sie immer vermisst hatte. Frau B. wurde innerhalb der Spezialsprechstunde entsprechend behandelt. Nach fünf Gesprächen hat sie sich zu einer Psychotherapie entschlossen, die noch andauert.

Urogynäkologische Beschwerden und Erkrankungen

Definition. Unter dem Oberbegriff der urogynäkologischen Beschwerdebilder sind Organe und Funktionen zusammengefasst, die wesentliche Dimensionen körperlichen und psychischen Wohlbefindens beinhalten. Der Urin muss nach Produktion ausgeschieden werden und er darf nur in bestimmten Situationen eliminiert werden, was eine körperliche und darüber hinaus eine erwachsen-menschliche Kompetenz erfordert. Die Kontrolle über die Urinelimination hat in der Entwicklung des Menschen vom Säuglingsalter an eine große Bedeutung. Die Sauberkeitserziehung im Kleinkindalter vermittelt dahingehend einen Selbstbezug (Kontrolle über sich selbst) und gleichsam auch eine interpersonale Bezugnahme von Selbstbestimmung, Macht, Ohnmacht im entwicklungspsychologischen Sinne. Ältere Menschen und manche Frauen mit Inkontinenz versuchen, den Kontrollverlust über die Urinelimination mit der Kontrolle der Urinproduktion (wenig trinken) zu kompensieren, weil es so ungemein bedrohlich und zutiefst kränkend ist, ungewollt Urin zu verlieren. Noch schlimmer ist es, wenn zwischenmenschliche Beziehungen reduziert werden, wenn alle Kompensationsversuche scheitern und der Rückzug aus dem sozialen und gesellschaftlichen Leben, aus der Partnerschaft und der Sexualität angetreten wird. Insofern stehen den Beschwerden und Funktionsstörungen im Bereich der Urogynäkologie zwischenmenschliche und intime Bedeutungszusammenhänge zu. Für den deutschsprachigen Raum sind keine gesicherten epidemiologischen Daten bekannt.

Ätiopathogenese. Beschwerden und Funktionsstörungen des ableitenden Harntraktes stehen in einem intentionalen Verhältnis zur individuellen Psyche der Patientin, d. h. die konkrete somatische Erkrankung hat Auswirkungen auf die psychische Befindlichkeit. Es besteht ein möglicher Bezug zur undifferenzierten somatoformen Störung und ganz selten zur Schmerzstörung. Das körperliche Symptom bzw. die Erkrankung trifft dabei auf eine bei der Patientin vorgegebene individuelle psychische Verfassung, wodurch sich die verschiedenen Akzeptanz- und Copingverhaltenweisen verstehen lassen. Darüber hinaus muss sich der Blick darauf richten, ob und in welcher Weise die psychische Vor-Befindlichkeit eingeht in die Pathogenese und das klinische Bild der Erkrankung. Für die Krankheitsbilder Reizblase, rezidivierende Zystitis und Inkontinenz, differenziert nach Urge-und Stressinkontinenz, gibt es psychosomatische Implikationen, die nie monokausal sind und Überschneidungen zeigen. Larvierte Depressivität, Affektstörungen im Hinblick auf Wut und Aggression, verminderte Hingabefähigkeit, Sexualstörungen und Beziehungsstörungen stehen für die psychischen Determinanten. Daneben verbleibt eine mehr oder minder ausgeprägte und im Einzelfall abzuklärende (s. u.) spezifische organische Prädisposition.

Klinische Phänomenologie. Bei den folgenden klinischen urogynäkologischen Beschwerdebildern besteht zumindest für eine Untergruppe ein Bezug zur somatoformen Störung:

- Reizblase/Chronische rezidivierende Zystitis: Reizzustand der Harnblase mit Hypertonie ihrer Muskulatur, gesteigerte Miktionsfrequenz mit und ohne Nachweis einer infektiösen Ursache
- Inkontinenz mit erheblichen psychischen Auswirkungen:
  - Urge-Inkontinenz oder Dranginkontinenz: unwillkürlicher Harnabgang aufgrund einer Detrusorfunktionsstörung. Bei geringer Blasenfüllung kommt es zu einem starken Harndrang mit nicht mehr zu hemmender Entleerung. Typische Anamnese und Nachweis in der urodynamischen Messung.

- Stressinkontinenz: Unwillkürlicher Harnabgang unter Belastung mit konsekutiver Erhöhung des intraabdominellen Druckes durch z.B. Husten, Niesen, Lagewechsel. Ursache ist eine Insuffizienz des Blasenverschlusses infolge von Beckenbodenschwäche respektive Senkung (Descensus genitalis).

Diagnose/Differentialdiagnose. Zunächst sind die allgemeinen fachspezifischen Richtlinien einer umfassenden diagnostischen Abklärung urogynäkologischer Beschwerdebilder zu beachten (Tab. 6.**4**).

Tabelle 6.**4** Spezielle psychosomatische Diagnostik bei urogynäkologischen Erkrankungen

- Symptomanamnese
- Psycho-soziale Anamnese
- Allgemeine und gynäkologische Anamnese unter besonderer Berücksichtigung von
  - Berufsanamnese: schwere körperliche Belastung
  - Vaginale Entbindungen
  - Bindegewebsschwäche; zusätzliche Neigung zu Varicosis
  - Chronische Bronchitis
  - Urologische Komorbidität im engeren Sinne
  - Internistische Komorbidität
  - Neurologische Komorbidität
  - Übergewicht
  - Medikamentenanamnese (besonders neurologische und psychiatrische Medikamente)
- Gynäkologische Diagnostik:
  - Gynäkologische Untersuchung mit voller und leerer Blase
  - Hormonstatus: Beurteilung der lokalen Hormonwirkung vaginal (Hormongrad)
  - Urinstatus
  - Ausschluss Chlamydien/Mykoplasmen
  - Urodynamische Messung bei Indikation
  - Spezielle Sonographie (vaginal und perineale Sonographie vesico-urethraler Winkel)
  - Zystoskopie bei Indikation
- Urologische Untersuchung bei Indikation

Darüber hinaus können die folgenden Syndrome (s. o.) klinisch sinnvoll differenziert werden:

➤ Reizblase/chronisch rezidivierende Zystitis
➤ Stressinkontinenz, Urge-Inkontinenz (Bodden-Heidrich u. Mitarb. 1996 b, Bodden-Heidrich u. Rechenberger 1998, Bodden-Heidrich u. Mitarb. 1999 d, Bodden-Heidrich 2000).

Reizblase und chronisch rezidivierende Zystitis. In der Literatur wird das Krankheitsbild der *Reizblase* nach Ausschluss somatischer Genese mit sexuellen Schwierigkeiten oder chronischer emotionaler Spannungen in Verbindung gebracht. Im Rahmen von Falldarstellungen beschreibt Platz (1985) das psychosomatische Krankheitsbild der Reizblase und benennt aus psychoanalytischer Sicht an diesen Fällen mangelndes Durchsetzungsvermögen, Sexualverdrängung und Störung der Geschlechtsidentität als psychische Korrelate. Er fordert neben der kategorialen eine persönliche Diagnose, die die subjektive Bedeutung des Symptoms für die Patientin selbst beinhaltet, an der dann therapeutisch gearbeitet werden kann.

Auch die *chronisch rezidivierende Zystitis* als Entzündung der Harnblase wurde im Hinblick auf ihre psychosomatische Komponenten untersucht. 30 solcher Patientinnen wurden mit halbstrukturierten Interviews und psychologischen Tests exploriert (Veldkamp u. Diederichs 1993). Als Vergleichsgruppe dienten 15 Frauen ohne Miktionsstörungen. Es zeigten sich in der metapherreichen Sprache der Patientinnen zur Symptombeschreibung urethral-aggressive Elemente und auch Elemente des Nicht-Loslassens. Die kausale Beziehung zwischen Geschlechtsverkehr und Blasenentzündung (Bandhauer 1984) konnten Veltkamp und Diederichs (1993) nicht bestätigen. Therapieempfehlungen wie postkoitale Antibiotikagabe, Empfehlung postkoitaler Miktion oder gar Koitusverbot sind daher nicht sinnvoll. Ebenfalls konnten Veldkamp und Diederichs nicht bestätigen, dass bei Frauen mit Miktionsbeschwerden ausgeprägte Sexualstörungen (Anorgasmie, Vaginismus) vorliegen. Die Miktionsstörung ist nicht Ausdruck einer Sexualstörung, sondern vielmehr - wenn überhaupt - eines larvierten Beziehungskonfliktes. Das veränderte sexuelle Verhalten und die eingeschränkte Erlebnisfähigkeit kann auch sekundär Folge der Miktionsstörung selbst sein (Diederichs 1993). Frauen mit Zystitiden neigen nach Diederichs (1991) dazu, den zwischenmenschlichen und sexuellen Bereich zu spalten. Insgesamt betrachtet Diederichs die bisherigen Theorien über die Bedeutung der sexuellen Aktivität für die Ätiologie der rezidivierenden Zystitis als überholt und stellt fest, dass weiterführende Untersuchungen notwendig sind.

Inkontinenz. Ungeachtet methodenkritischer Gesichtspunkte sind die Studienergebnisse im Hinblick auf eine spezielle psychosomatische Dimension bestimmter Arten von Inkontinenz nicht eindeutig. Keine spezifischen oder signifikanten Unterschiede zwischen Frauen mit Urge-Unkontinenz (Dranginkontinenz) vs. Frauen mit Stressinkontinenz (Inkontinenz durch Senkung des Beckenbodens mit Beeinträchtigung der Harnröhrenfunktion als Lageanomalie) zeigen die Studien von Lagro-Jansen u. Mitarb. (1992), Walters u. Mitarb. (1990) sowie Bodden-Heidrich u. Mitarb. (1996 b, 1999d, Bodden-Heidrich 2000). Berglund u. Mitarb. (1994) ermitteln hingegen höhere Werte für körperliche Angst, psychische Angst und Misstrauen bei stressinkontinenten Frauen. Freeman u. Mitarb. (1985) und Macaulay u. Mitarb. (1991) hingegen ermitteln erhöhte Werte für Angst, Neurotizimus und Depression bei der Urge-Inkontinenz, keine signifikanten Unterschiede bestehen hinsichtlich situationsbedingtem Stress und sexueller Störung.

Zusammenfassend zeigen die Studien widersprüchliche Ergebnisse im Hinblick auf signifikante, psychometrisch messbare Differenzen zwischen Patientinnen mit Stress- vs. Urge-Inkontinenz. Die Bedeutung der Aggression für die Symptomgenese erscheint hoch, sie kristallisiert sich bei urologischen Symptomen der Frau auf Enttäuschungswut und narzisstische Kränkung. Es besteht keine einfache Kausalität zwischen Sexualität und Miktionsstörung. Die gestörte Sexualität steht - wenn überhaupt - im Kontext von Beziehungsstörungen im allgemeinen, in der die Miktionsstörung eine körperliche Ausdrucksform sein kann.

Die der Triebtheorie bzw. Libidotheorie angelehnten Erklärungsversuche zum klinischen Erscheinungsbild (urethralerotisches Syndrom nach Molinski 1985, 1993) oder die Einbeziehung des Erklärungsversuchs in die Objektbeziehungspsychologie (Diederichs 1986, 1991, 1993) bedürfen weiterer klinischer Überprüfung und wissenschaftlicher Untersuchungen.

Symptome wie häufiger Harndrang, Dranginkontinenz, Blasenentleerungsstörung können Teile eines umfangreichen psychosozialen Beschwerdebildes sein, die von einfachen Anpassungstörungen über Angststörungen zu somatoformen- und Somatisierungsstörung, ja affektiven und Persönlichkeitsstörungen reichen können (Bitzer 1993). Davon unabhängig muss auch die somatische Erkrankung urogynäkologischer Genese betrachtet werden, die die Patientin sekundär psychisch belastet.

Fallbeipiel

Einer 33-jährigen Patientin ist bereits mit 31 Jahren die Gebärmutter entfernt worden. Sie gibt jetzt Blasenprobleme mit stetigem Harndrang an. Darüber hinaus besteht eine Senkung der Scheidenwand und Dyspareunie. Das damit verbundene Gefühl beschreibt sie „als wenn ich Hoden in der Hand gehabt hätte". Die Behandlung bislang erfolgte in der Klinik beim eigenen Chef. Auf den ist ihr Ehemann sehr wütend, „der hat dir alles da unten kaputt gemacht". Frau W. ist als zweites von drei Kindern geboren, eine Schwester (+5) und ein Bruder (-6) sind die Geschwister. Die Eltern sind bereits beide tot, der Vater verunglückte kurz nach der Geburt des jüngeren Bruders tödlich. Frau W. ist Krankenschwester. Mit ihrem Ehemann (6 Jahre älter) ist sie seit zehn Jahren verheiratet, ihre einzige Tochter ist sieben Jahre alt. Die Geburt war sehr traumatisch mit erheblichen Geburtsverletzungen, weshalb kein zweites Kind gewollt war. Die Gebärmutterentfernung war wegen Blutungsstörungen erfolgt.
Unabhängig von dem jetzt behandlungsbedürftigen Befund der Senkung von vorderer Vaginalwand, die auch operativ korrigiert wurde, besteht ein Beziehungskonflikt zwischen den Eheleuten, in denen der Gynäkologe als Vorgesetzter eine mehrfache Funktion hat. Der möglicherweise ödipale Konflikt, der sich innerhalb der Ehe aber auch zum vorgesetzten Chef als Gynäkologen auswirkt, hat nicht nur zu Symptomen sondern konsekutiv zur Operation mit Sekundärfolgen geführt. Die Beschwerden im Bereich der Vagina und Harnblase stellen den Ort für den Beziehungskonflikt dar.

Spezielle Therapie. Bei der Therapieplanung urogynäkologischer Erkrankungen sind die folgenden Leitlinien zu beachten:
- Behandlung der somatisch erhobenen Befunde bzw. Diagnosen
- Somatische Therapie eingebettet in begleitende Gespräche, evtl. Gespräche unter Einbezug des Partners
- Physikalische Therapie: Fachgerechte Beckenbodengymnastik
- Entspannungsübungen, Verfahren wie Autogenes Training, progressive Muskelrelaxation
- Ernährungsberatung, Gewichtsreduktion bei Übergewicht
- Bei Vorliegen erheblicher psychischer Komorbidität psychiatrische Differentialdiagnostik, evtl. Indikation zu einer formalen Psychotherapie. Trennung von psychosomatischer Grundversorgung und formaler Psychotherapie, da innerhalb der formalen Psychotherapie wegen der Übertragungsbeziehung und des Abstinenzgebotes gleichzeitige und/oder vorangehende somatische Behandlung durch die gleiche Person kontraindiziert ist!

Prämenstruelles Syndrom

Definition. Innerhalb des gynäkologischen Fachgebietes umfasst das sog. prämenstruelle Syndrom (PMS) zumeist jenseits des 35. Lebensjahres bestehende prämenstruelle Beschwerden, die in der 2. Zyklushälfte (Lutealphase) beginnen. Die DSM-IV-Klassifikation grenzt davon die prämenstruelle dysphorische Störung ab.

Epidemiologie. Bei einer randomosierten Telefonbefragung im US-Staat Virginia klagten von 874 befragten Frauen 8,3% über prämenstruelle Beschwerden. Es bestanden signifikante Korrelationen zwischen dem Auftreten des PMS und subjektiv empfundenem Stress, Alkoholgenuss, jüngerem Lebensalter und längerer Menses (Deuster u. Mitarb. 1999). Es gibt Hinweise auf eine deutlich erhöhte psychiatrische Komorbidität (bei ca. 85% Vorliegen einer psychiatrischen Lebenszeitdiagnose) dieser Patientengruppe

(Chang u. Mitarb. 1991). Aufgrund einer vermuteten Serotoninabhängigkeit und anderer neuroendokriner Zusammenhänge zeichnet sich in Studien ab, dass es eine gewisse regionale Abhängigkeit mit höherer Prävalenz in Ländern mit verlängerten Dunkelzeiten gibt.

Ätiopathogenese. Prämenstruelle Stimmungsschwankungen gelten zunächst einmal nicht als Krankheit und werden von Frauen zumeist als etwas normales akzeptiert und auch in den Alltag integriert d.h. sie sind in der Regel beherrschbar. Diese allgemeinen und eher normalen Schwankungen werden teilweise von der Umgebung (Familie, Arbeitsplatz) als störend wahrgenommen und führen so manches Mal zu diskriminierenden Bemerkungen („die hat's wieder mit den Hormonen, die hat bestimmt ihre Mens"). Es ist häufig eher eine subjektive Bewertung der betroffenen Frau, wenn sie selbst körperliche und/oder psychische Phänomene als störend und krankhaft definiert, einen Gynäkologen aufsucht und um Therapie bittet.

Klinische Phänomenologie. Das prämenstruelle Syndrom, erstmals beschrieben von Frank (1931), wird innerhalb des gynäkologischen Fachgebietes definiert mit prämenstruellen Beschwerden, die mit verstärkter Ödemeinlagerung und Spannungsgefühl in den Brüsten sowie Störungen der seelischen Befindlichkeit einhergehen und als psychoendokrine Dysfunktion umschrieben werden kann (Tab. 6.**5**).

Tabelle 6.5 Klinik des prämenstruellen Syndroms

In der 2. Zyklusphase als Lutealphase bestehende prämenstruelle Beschwerden, die mit Beginn der Follikelphase wieder verschwinden:

- Verstärkte Ödemneigung durch Wassereinlagerung, Spannungsgefühl in den Brüsten sowie
- Störung der seelischen Befindlichkeit: Stimmungsschwankung, depressive Stimmung, Ängste, innere Unruhe, Reizbarkeit
- Abgrenzung zum psychiatrischen Fachgebiet:
  - Abgrenzung zur prämenstruellen dysphorischen Störung gradueller Unterschied: dysphorische Störung hat größeres Ausmaß in der Stärke der Beschwerden und den Auswirkungen auf Lebensqualität, Lebensbereiche Ehe, Familie, Beruf mit deutlicher Einschränkung
  - Abgrenzung zu anderen psychiatrischen Erkrankungen, die prämenstruell exazerbieren, z. B: affektive Störung, Angststörungen, somatoforme Störungen im engeren Sinne

Diagnose/Differentialdiagnose. Die prämenstruelle dysphorische Störung besteht erst dann, wenn die Symptome deutlich die Arbeit, gewöhnliche Aktivitäten und Beziehung zu anderen beeinträchtigen. Das spezielle diagnostische Vorgehen ist überblicksartig in Tab. 6.**6** dargestellt. Zur Unterscheidung und Festlegung wird die Durchführung einer prospektiven Einschätzung nach strikten Kriterien empfohlen. Für die dysphorische Störung müssen fünf oder mehr Kriterien in den letzten zwölf Monaten zutreffen (DSM-IV). Eine weitere Unterscheidung ist von Bedeutung: Die Abgrenzung zur prämenstruellen Exazerbation einer bestehenden psychischen Störung (affektive Störung, Angststörung, Somatoforme Störung, Bulimia Nervosa, Störungen durch Substanzmissbrauch und Persönlichkeitsstörungen). Die Abgrenzung prämenstruelles Syndrom/prämenstruelle dysphorische Störung/Exazerbation einer anderen psychiatrischen Störung prämenstruell ist mitunter schwierig und übersteigt die Kompetenz des Gynäkologen, selbst wenn er psychosomatisch ausgebildet ist.

Auch andersartige medizinische Krankheitsfaktoren müssen ausgeschlossen werden, neurologische Erkrankungen, Anfallsleiden, Schilddrüsen und andere endokrine Störungen, Krebs, systemischer Lupus erythematodes, Anämien, Endometriosen und verschiedene Infektionen.

Verlauf und Prognose. Die bislang vorliegenden Verlaufsuntersuchungen zum PMS im US-amerikanischen Sprachraum zeigen eine hohe Verlaufsstabilität sowohl der psychischen als auch der körperlichen Beschwerden. Dabei waren v. a. die psychischen Beschwerden – Ängste, Stimmungsschwankungen, allg. Irritabilität - für die funktionelle Beeinträchtigung der Patientinnen im Alltag verantwortlich (Bloch u. Mitarb. 1997; Roca u. Mitarb. 1999).

Spezielle Therapie. Bei sehr komplex anzunehmender Ätiologie ist die Therapie symptomorientiert, wobei es historisch dahingehend Schwerpunkte unterschiedlicher Gewichtung gibt. Der Hypothese nachlassender Corpus Luteum Funktion zufolge werden Gestagene gegeben, ferner finden Dopaminagonisten Anwendung, auch Diuretika werden verabreicht. Vieles spricht für eine serotoninerge Dysfunktion bei Frauen mit PMS (Pearlstein 1995), welche ähnliche Mechanismen zu haben scheint wie bei die endogene Depression.

Tabelle 6.6 Spezielle Diagnostik des Prämenstruellen Syndroms (PMS)

- Symptomanamnese:
  - Zyklus
  - Situation
  - Tageszeit
  - Stimmung
- Allgemeine und gynäkologische Anamnese unter besonderer Berücksichtigung von:
  - Psychiatrischer Komorbidität – psychiatrische Diagnostik erforderlich
  - internistischer Komorbidität: endokrinolog. Störungen insbesondere Schilddrüse
  - neurologischer Komorbidität
  - Medikamentenanamnese (besonders neurologische. und psychiatrische. Medikamente)
- Gynäkologische Diagnostik:
  - Gynäkologische Untersuchung
  - Zyklusadaptierte Hormonanalyse

Bei schweren Verlaufsformen mit Abgrenzung der prämenstruellen dysphorischen Störung vom prämenstruellen Syndrom und Ausschluss anderer psychiatrischer Erkrankungen wird heute eine Behandlung in Kombination mit psychiatrischen Medikamenten (besonders mit Serotonin-Wiederaufnahme-Hemmer wie z.B. Fluoxetin, Maprotilin) oder Psychotherapie empfohlen. Die gynäkologische Behandlung setzt bei der Anamneseerhebung an, führt die endokrinologische Diagnostik durch und setzt therapeutisch Hormongaben ein: Gestagengabe, Unterdrückung der Ovulation, mitunter Einsatz von LH-RH Analoga. Eine psychosomatisch orientierte Behandlung mit supportiven Gesprächen z. B. im Rahmen der psychosomatischen Grundversorgung ist hilfreich. Keinesfalls sollten psychiatrische Medikamente vom Gynäkologen gegeben werden.

Fallbeispiel

Eine 38-jährige Patientin leidet an ausgeprägtem prämenstruellem Syndrom. Prämestruell wird Frau F. immer sehr depressiv mit Weltuntergangsstimmung, wie sie sagt. Dabei wird sie ihrem Ehemann gegenüber immer sehr aggressiv. Sie hat von familiärer Prägung her ein sehr negatives Frauenbild, ihre Mutter hat schon immer gesagt: „damit sind wir gestraft", im nächsten Leben würde sie Mann, fügt Frau F. hinzu. Wegen einer Angsterkrankung war Frau F. bereits mehrfach in auch stationärer psychiatrischer Behandlung. Sie hat einen starken Kinderwunsch, der bislang unerfüllt geblieben ist, sie hatte einmal eine Fehlgeburt. Ein Kind sei für sie die Erfül-

lung von Lebensglück. Im Zusammenhang mit der Schwangerschaft hatte sie ihren Partner nach zwölf Jahren geheiratet. Sie ist in der Primärfamilie Einzelkind, ihre Eltern sind inzwischen berentet, ihre Mutter war Lehrerin und hat immer gearbeitet, ihr Vater war Ingenieur. Frau F. selbst arbeitet bei der Stadtverwaltung.
Im Vordergrund steht die psychiatrische Behandlung bei lange bestehender Angststörung. Innerhalb der frauenärztlichen Betreuung erfolgte eine entsprechende Diagnostik (Hormonanalysen und Hormonbehandlung), darüber hinaus erfolgten mehrere Gespräche im Rahmen der psychosomatischen Grundversorgung im Hinblick auf die Kinderwunschproblematik und das Erleben der Menstruation. Eine intensive Zusammenarbeit mit dem behandelnden Psychiater war gegeben.

Literatur

Baker PK. Musculoskeletal Problems. In: Steege JF, Metzger DA, Levy BS. eds. Chronic Pelvic Pain. Philadelphia London Toronto: W.B. Saunders Company;1998: 215-240.

Bandhauer K. Die postkoitale Urethritis der Frau. Verhandlungsbericht der Deutschen Gesellschaft für Urologie. Berlin:Springer Verlag; 1984;321.

Beard RW, Reginald PW, Wadsworth J. Clinical features of women with chronic lower abdominal pain and pelvic congestion. Br J Obstet Gynaecol. 1988a; 95:153-61.

Beard R, Reginald P, Pearce S. Psychological and somatic factors in women with pain due to pelvic congestion. Adv Exp Med Biol. 1988b; 245: 413-421.

Beard RW. Chronic pelvic pain. Br J Obstet Gynaecol. 1998; 105,1: 8-10.

Bergeron C, Moyal-Baracco M, Pelisse M, Lewin P: Vulvar vestibulitis: lack of evidence for a human papillomavirus etiology. J Reprod Med. 1994;39:936-38.

Bergeron C, Binik YM, Khalife S, Pagidas K. Vulvar vestibulitits syndrome: a critical review. Clin J of Pain 1997;13:27-42.

Berglund Al, Eisemann M, Lalos O. Personality characteristics of stress incontinent women: a pilot study. J Psychosom Obstet Gynaecol. 1994;15:165-70.

Bitzer J. Zur Therapie psychosomatischer Miktionsstörungen. Psy Gyn Gebh 1993;73-80.

Bloch M, Schmidt PJ, Rubinow DR. Premenstrual Syndrome: evidence for symptom stability across cycles. Am J Psychiat 1997; 154(12): 1741-6

Bodden-Heidrich R, Küppers V, Rechenberger I: Chronisch rezidivierende Kolpitis nach Abruptio bei Adenosis vaginae. Gynäkologe 1994; 27: 406-407

Bodden-Heidrich R, Üngörgil S, Rechenberger I: Integrierte Psychosomatik: stationäre Behandlung in der Universitäts-Frauenklinik Düsseldorf. Psy Gyn Gebh;1996a: 195-200.

Bodden-Heidrich R, Libera B, Beckmann MW, Rechenberger I, Bender HG. Psychosomatic of urogynaecological diseases. Int Urogynecol J. 1996b;7:14.

Bodden-Heidrich R, Küppers V, Rechenberger I, Bender HG. Zur Psychosomatik der Vulvaerkrankung. Arch Gynecol Obstet. 1996c; 258: 109

Bodden-Heidrich R, Rechenberger I: Psychosomatische Aspekte von Beschwerden und Störungen des ableitenden Harntraktes bei der Frau. Wulf KH, Schmidt-Matthiesen H (Hrsg): Klinik der Frauenheilkunde und Geburtshilfe Band 9: Gutartige gynäkologische Erkrankungen II. Urban und Schwarzenberg 3. Auflage 1998: 119-124.

Bodden-Heidrich R, Küppers V, Beckmann MW, Özörnek M, Rechenberger I, Bender H.G. Psychosomatic Aspects of Vulvodynia: Quantative Study with a Comparison of the Chronic Pelvic Pain Syndrome and Healthy Women. J Reprod Med. 1999a; 44/5: 411-416.

Bodden Heidrich R, Küppers V, Beckmann M W, Rechenberger I, Bender G H: Chronic Pelvic Pain Syndrome - Vulvar Pain Syndrome: Zwei gynäkologisch-psychosomatische Krankheitsentitäten. Psy Gyn Gebh. 1999b; 151-158.

Bodden-Heidrich R, Küppers V, Beckmann MW, Rechenberger I, Bender HG. Chronic Pelvic Pain Syndrome (CPPS) and Chronic Vulvar Pain Syndrom (CVPS). Evaluation of Psychosomatic Aspects. J Psychosom Gynecol Obstet. 1999c; 20:145-151.

Bodden-Heidrich R, Beckmann MW, Libera B, Rechenberger I, Bender HG. Study on Psychosomatic Aspects of Urinary - Incontinence. Archives of Gynecology and Obstetrics. 1999d; 262/3-4: 151-158.

Bodden-Heidrich R, Küppers V, Beckmann MW, Özörnek M, Rechenberger I, Bender H.G: Psychosomatic Aspects of Vulvodynia: Quantative Study with a Comparison of the Chronic Pelvic Pain Syndrome and Healthy Women. J Reprod Med 1999e; 44/5. 411-416.

Bodden-Heidrich R, Busch M, Küppers V, Beckmann MW, Rechenberger I, Bender HG: Chronische Unterbauchschmerzen und chronische Vulvodynie als multifaktorielle, psychosomatische Krankheitsbilder: Ergebnisse einer psychometrischen und klinischen Studie unter besonderer Berücksichtigung der muskuloskeletalen Erkrankungen. Zentralblatt Gynäkol 1999f; 121:389-395.

Bodden-Heidrich R, Hilberink M, Frommer J, Stratkötter A, Rechenberger I, Bender HG, Tress W: Qualitativ-inhaltsanalytische Studie zu psychosomatischen Aspekten der Endometriose. Zsch Psychosom Med. 1999g; 45:372–389

Bodden-Heidrich R: Chronisches Unterbauchschmerzsyndrom, Psychosomatische Aspekte.bei Erkrankungen an der Vulva. In: Neises M., Ditz S, Hrsg. Psychosomatische Grundversorgung in der Gynäkologie und Geburtshilfe. Stuttgart New York: Thieme, 2000: 55–70

Bodden-Heidrich R: Chronische Unterbauchschmerzen. Chronic Pelvic Pain Syndrome – ein multifaktorielles Krankheitsbild. Zentralbl Gynäkol. 2001; 123:10–17

Charles G. Congestive pelvic syndromes. Rev Fr Gynecol Obstet. 1995;90:84-90.

Collett BJ, Cordle CJ, Stewart CR, Jagger C. A comparative study of women with chronic pelvic pain, chronic nonpelvic pain and those with no history of pain attending general practitioners. Br J Obstet Gynaecol 1998;105:87-92.

Chang G, Hutchinson-Williams KA. Lifetime psychiatric illness and premenstrual syndromes. Conn Med. 1991; 55(12): 683-686

Collins ML Personality correlates of endometriosis. Doctoral Thesis. Western Michigan University 1979.

Dennerstein GJ, Scurry JP, Garland SM et al. Human papillomavirus vulvitis: a new disease or an unfortunate mistake? Br J Obstet Gynaecol. 1994; 101: 992-98.

Deuster PA, Adera T, South-Paul J. Biological, social, and behavioral factors associated with premenstrual syndrome. Arch Fam Med 1999; 8(2): 122-8

Diagnostisches und Statistisches Manual Psychischer Störungen DSM IV; Dt. Bearbeitung H. Saß, HU Wittchen, M Zaudig.Hogrefe. Göttingen Bern Toronto Seattle 1996.

Diederichs P. Sexualität und Miktionsstörung. Gynäkologe 1986; 19: 37-41.

Diederichs P. Recurrent cystitis - New psychosomatic aspects. In: Nijs P, Leysen B, Richter D, eds. Advanced Research in Psychosomatic Obstetrics and Gynaecology. Leuven: Uitgrverij Peeters; 1991.

Diederichs P. Zur Psychosomatik der Miktion. Psy Gyn Gebh. 1993; 49-58.

Edwards L, Mason M, Phillips M, Norton J, Boyle M. Childhood Sexual and Physical Abuse. J Reprod Med. 1997;42:135-39.

Faure M. Pruritus vulvae. Rev Fr Gynecol Obstet. 1985;80:509-12.

Frank RT. Hormonal causes of premenstrual dysphoric disorder. Arch Neurol Psychiatry 1931; 26: 1053 f

Freeman RM, McPherson FM, Baxby K. Psychological features of women with ideopathic detrusor instability. Urol Int. 1985;40:257-9.

Friedrich EG. Vulvar vestibulitis syndrome. J Reprod Med. 1987;32:110-14.

Grandi S, Fava GA, Trombini G et al. Depression and anxiety in patients with chronic pelvic pain. Psychiatr Med. 1988;6:1-7.

Hogston P. Irritable Bowel syndrome as a cause of chronic pelvic pain in women attending a gynaecology clinic. Br Med J. 1987;194-95.

Howard FM. The role of laparoscopy in the evaluation of chronic pelvic pain: pitfalls with a negative laparoscopy. J Am Assoc Gynecol Laparosc. 1996; 4,1:85-94.

Jadresic D, Barton S. Neill S, Staughton R, Marwood R. Psychiatric morbidity in women attending a clinic for vulvar problems-is there a higher rate in vulvodynia? Int J of STD & AIDS 1993;4:237-39.

Jeffcoate TNA. Pelvic Pain. Br Med J. 1969;3:431-35.

Kistner RW. Endometriosis as a cause of infertility. In: Behrman SJ, Kistner RW, eds. Progress in infertility. Boston: Little&Brown, 1975.

Lagro-Jansen AML, Debruyne JW, Van WeeC. Psychological Aspects of Female Urinary Incontinence in General Practice. Br J Urol. 1992;70:499-502.

Longstreth GF. Irritable bowel syndrome and chronic pelvic pain. Obstet GynecolSurv. 1994;49:505-07.

Low WY, Edelmann RJ, Sutton CJ. Patients with chronic pelvic pain and/or infertility: psychological differences pre – and post-treatment. J Psychosom Obstet Gynaecol. 1994;15,1:45-52.

Lynch PJ. Vulvodynia: a syndrome of unexplained vulvar pain, psychologic disability and sexual dysfunction. J Reprod Med. 1986;31:773-780.

Macaulay AL, Stern RS, Stanton SL. Psychological aspects of 211 female patients attending a urodynamic unit. J Psychosom Res. 1991;35:1-10.

Marinoff SC, Turner MLC. Vulvar vestibulitis syndrome: an overview. Am J Obstet Gynecol. 1991; 165: 1228-33.

Magni G, De Bertolini C. Chronic pain as a depressive equivalent. Postgrad Med. 1983;73:79-85.

Mathias SD, Kuppermann M, Liberman RF, Lipschutz RC, Steege JF. Chronic pelvic pain: prevalence, health-related quality of life, and economic correlates. Obstet Gynecol. 1996;87,3:321-27.

McKay M. Vulvodynia versus pruritus vulvae. Clin Obstet Gynecol. 1985;28:123-33.

McKay M. Subsets of vulvodynia. J Reprod Med. 1988;33:695-98.

McKay M. Vulvodynia; a multifactorial clinical problem. Arch dermatol. 1989;125: 256-62.

McKay M, Frankman O, Horowitz BJ, Lecart C, Micheletti L, Ridley CM, Turner ML, Woodruff JD: Vulvar vestibulitis and vestibular papillomatosis. J Reprod Med 1991; 36: (6) 413-415

McKay M. Dysesthetic (Essential) Vulvodynia Treatment with Amitriptyline. J Reprod Med. 1993;38:9-13.

Molinski H. Masked depressions in Obstetric and Gynecology. Psychother Psychosom. 1979; 31: 283-87.

Molinski H. Das urethral-erotische Syndrom. Psy Gyn Gebh. 1985; 84-93.

Molinski H. Das urethral-erotische Syndrom: Eine Auswertung von 135 Krankenblättern mit unklaren Beschwerden im Bereich der gynäkologischen Urologie. Psy Gyn Gebh. 1993; 236-45.

Paavonen J. Vulvodynia - a complex syndrome of vulvar. Acta Obstet Gynecol Scand. 1995a;74:243-47.

Paavonen J. Diagnosis and treatment of vulvodynia. Ann Med, 1995b; 27(2): 175-81.

Pearlstein Teri B. Hormones and depression. What are the facts about premenstrual syndrome. Menopause and hormone replacement therapy? Am J Obstct Gynccol. 1995; 173,2: 646 653.

Peters AAW, van Dorst E, Jellis V, van Zuuren E, Hermans J, Trimbos JB . A randomized clinical trial to compare two different approaches in women with chronic pelvic pain. Obstet Gynecol 1991;77:740-4.

Platz P. Die „Reizblase" aus der Sicht der psychosomatisch orientierten gynäkologischen Praxis. Psy Gyn Gebh. 1985; 99-105.

Prill HJ. Psychosomatische Gynäkologie. München: Urban & Schwarzenberg 1964.

Rapkin AJ, Kames LD, Darke LL, Stampler FM, Naliboff BD. History of physical and sexual abuse in women with chronic pelvic pain. Obstet Gynecol. 1990;76:92-96.

Rechenberger I. Psychosomatische Aspekte der Vulvaerkrankung. Gynäkologe 1993;26:287-92.

Reiter RC, Gambone JC. Demographic and historical variables in women with ideopathic chronic pelvic pain. Obstet Gynecol. 1990;75: 428-32.

Reiter RC, Shakerin LR, Gambone JC, Milburn AK. Correlation between sexual abuse and somatization in women with somatic and nonsomatic chronic pelvic pain. Am J Obstet Gynecol. 1991;165:104-09.

Richter D, Stauber M. Psychogener Fluor genitalis. In: Adler R, Herrmann JM, Köhle K, Schonecke OW, von Uexküll Th, Wesiak W. Psychosomatische Medizin. München:Urban & Schwarzenberg; 1990:959-60.

Roca CA, Schmidt PJ, Rubinow DR. A follow-up study of premenstrual syndrome. J Clin Psychiatry 1999; 60(11): 763-6

Ryder RM. Chronic pelvic pain. Am Fam Physician. 1996;547:2225-32.

Schover LR, Youngs DD, Cannata R. Psychosexual aspects of the managment of vulvar vestibulitis. Am J Obstet Gynecol. 1992;167:630-36.

Stauber M, Haupt C. Pruritus vulvae als psychosomatische gynäkologische Erkrankung. Therapiewoche 1980;30:599.

Steege JF, Metzger DA, Levy BS. Chronic Pelvic Pain An Integrated Approach. Philadelphia London Toronto: W.B. Saunders Company; 1998.

Stewart DE, Reicher AE, Gerulath AH, Boydell KM : Vulvodynia and psychological distress. Obstet Gynecol. 1994;84:587-90.

Strauß B, Didzus A, Speidel H. Eine Untersuchung zur Psychosomatik der Endometriose. Psychother Psychosom med Psychol. 1992;42:242-52.

Summitt RL Jr. Urogynecologic causes of chronic pelvic pain. Obstet Gynecol Clin North Am. 1993;20:685-98.

Taylor HC.Vascular Congestion and Hyperemia, I. Physiologic Basis and History of Concept. Am J Obstet Gynecol. 1949; 57:211-30.

Turner MCL, Marinoff SC. Association of human papillomavirus with vulvodynia and the vulvar vestibilitis syndrome. J Reprod Med. 1988;33:533-37.

Walker EA; Katon WJ, Hansom J, Harrop-Griffiths J, Holm L, Jones ML, Hickok LR, Russo J. Psychiatric diagnosis and sexual victimization in women with chronic pelvic pain. Psychosomatics 1995;36,6: 531-40.

Veltkamp V, Diederichs P. „Wie ein Fluch" Empirische Untersuchung zu rezidivierenden Blasenentzündungen bei Frauen aus psychosomatischer Sicht. Psy Gyn Gebh. 1993;225-9.

Walters MD, Taylor S, Schoenfeld LS: Psychosexual study of women with detrusor instability. Obstet Gynecol. 1990;75:22-6.

Zondervan KT, Yudkin PL, Vessey MP, Dawes MG, Barlow DH, Kennedy SH. The prevalence of chronic pelvic pain in women in the United Kingdom: a systemaric review. Br J Obstet Gynaecol. 1998;105,1:93-9.

7. Somatoforme Syndrome in der Dermatologie

Uwe Gieler, Ulrich Stangier und Volker Niemeier

In der dermatologischen Praxis und Poliklinik werden nicht nur Patienten mit klar definierten Dermatosen diagnostiziert, sondern es stellen sich auch Patienten vor, bei denen entweder eine Zuordnung zu einer dermatologischen Entität nicht gelingt, keine objektivierbaren Symptome festzustellen sind oder über eine Vielzahl an Symptomen geklagt wird, die durch die fassbaren Veränderungen nicht zu erklären sind. Die dermatologischen Symptome bestehen meist in Pruritus (Juckreiz), Schmerzen oder Dysästhesien der Haut, Entstellungsgefühl oder nicht objektivierbarem Haarverlust. In letzter Zeit tauchen häufiger diejenigen Patienten auf, die der Meinung sind, durch Umweltgifte Hautveränderungen erworben zu haben, die an nicht nachweisbaren Candida-Infektionen leiden oder nicht fassbare, verdeckte Nahrungsmittelallergien vorweisen (s. Kapitel über somatoforme Störungen bei Umwelterkrankungen). Diese Hautpatienten wurden auch mit Diagnosen wie „Nihilodermie", „Klinisches Öko-Syndrom" (Ring u. Mitarb. 1991), das „Lancet-Artikel-Syndrom" (der Hautarzt denkt sofort an eine seltene Entität und würde den Fall am liebsten publizieren) oder nach Cotterill (1981) „Dermatological Non-Disease" bezeichnet.

Epidemiologie

Systematische Studien zur Erfassung von Prävalenz und Inzidenz somatoformer Störungen in der Dermatologie fehlen noch weitgehend. Dennoch ist die Häufigkeit von somatoformen Störungen in der Dermatologie nicht so selten wie häufig angenommen wird. In einer Studie unserer Arbeitsgruppe an der Universitäts-Hautklinik Marburg wurde die Häufigkeit in einer offenen dermatologischen Poliklinik untersucht. Danach hatten von n = 153 konsekutiven Patienten der Poliklinik fast 40% aller Patienten die Diagnose einer somatoformen Störung (Abb. 7.**1**).

Bei Hauterkrankungen könnte dies z. B. bei einer Patientin zutreffen, die einen lokalisierten Pruritus im Vaginalbereich hat, nachdem sie sich von ihrem Partner getrennt hat. In der Dermatologie wurden diese Juckreizformen früher auch als Witwenpruritus bezeichnet und damit auf die libidinöse Bedeutung des Syndroms hingewiesen, wenn keine sonstigen Erkrankungen vorlagen. Der lokalisierte Pruritus kann in einem solchen individuellen Fall als Konversionssymptomatik verstanden werden wohlwissend, dass nicht jeder Pruritus vaginalis so gedeutet werden darf, wenn keine klar fassbaren psychosoziale Faktoren zu finden sind!

Weitere wichtige dermatologische Symptome, die in einem diagnostischen Prozess ggf. als somatoform eingestuft werden müssen, sind neben dem Juckreiz v. a. Brennen der Haut, Haarausfall und körperdysmorphe Störungen. Während erstere bei somatoformen Störungen kaum beachtet werden, wird die körperdysmorphe Störung ausführlich beschrieben. In der Dermatologie wird sie auch als „Thersites-Syndrom"(Thersites war der hässlichste Mensch im griechischen Heer der Sage von Homer, der sich vor sich selbst schämte) bezeichnet. Morphologische Veränderungen der Haut können subjektiv als entstellend erlebt werden. Im Falle von objektivierbaren, deutlich sichtbaren Hauter-

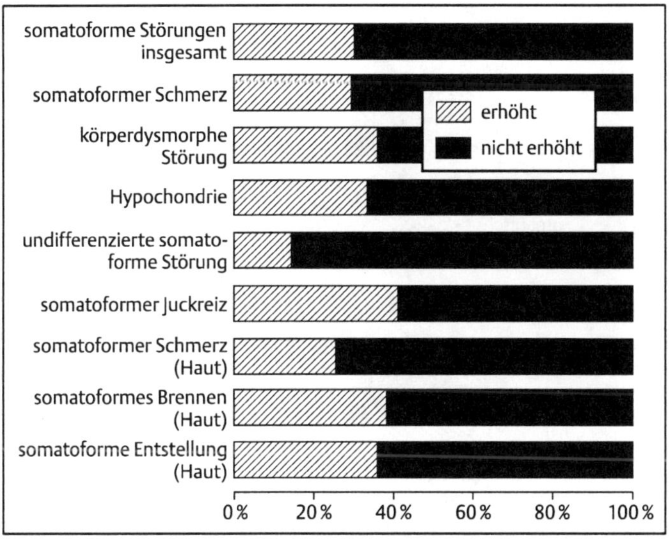

Abb. 7.1 Häufigkeit somatoformer Störungen in der Dermatologie (Stangier u. Gieler 1997). Prozentangaben beziehen sich auf nicht objektivierbare Befunde aller Patienten

krankungen kann dieses Erleben angemessen sein, im Falle von minimalen oder nicht objektivierbaren Hauterscheinungen ist von einer körperdysmorphen Störung auszugehen. Bedauerlicherweise wird oft die körperdysmorphe Störung der Haut mit der hypochondrischen Störung gleichgesetzt, obwohl es sich hierbei häufig um eine sehr umschriebene, nur auf die Haut oder auch nur auf die Haare bezogene Störung handelt und keine hypochondrische Struktur insgesamt vorliegen muss.

Die Prävalenz von körperdysmorphen Störungen in der Bevölkerung wurde bisher wohl eher unterschätzt. Die Angaben schwanken zwischen 4% bei Frauen und 1% bei Männern (Rosen u. Mitarb. 1995) und 28% in einer amerikanischen College-Stichprobe (Selbsteinschätzung nach DSM-III-R, Fitts u. Mitarb. 1989). Wegen der großen Hemmungen der Patienten, anderen ihr Problem mitzuteilen, und aufgrund des Informationsdefizits in der medizinischen Versorgung hinsichtlich der Diagnose sind nur ungenaue Schätzungen möglich. Danach beginnt die Störung am häufigsten in der Adoleszenz (Philipps u. Mitarb. 1993). Die körperdysmorphe Störung weist eine hohe psychiatrische Komorbidität auf. An der Spitze stehen mit ca. 77% affektive Störungen, gefolgt von Angststörungen mit 70%, insbesondere sozialen Phobien, bei ca. 40% bestehen akute Suizidtendenzen (Philipps u. Mitarb. 1993). Es sind große Überlappungen zur Zwangsstörung zu beobachten (Hollander u. Mitarb. 1993). In dieser Patientengruppe wurden auch Suizide beschrieben (Cotteril 1997).

Abb. 7.**2** gibt eine Übersicht über die Häufigkeiten der vier skizzierten dermatologischen Leitsymptome, wie sie in der oben erwähnten Ambulanzstudie einer dermatologischen Universitätsklinik gefunden wurden. Der jeweilige Anteil somatoformer Störungen wird hervorgehoben. Dieser wird zwischen 18,9% bei Juckreiz und 37,5% bei Schmerzen der Haut von den Fachärzten eingeschätzt.

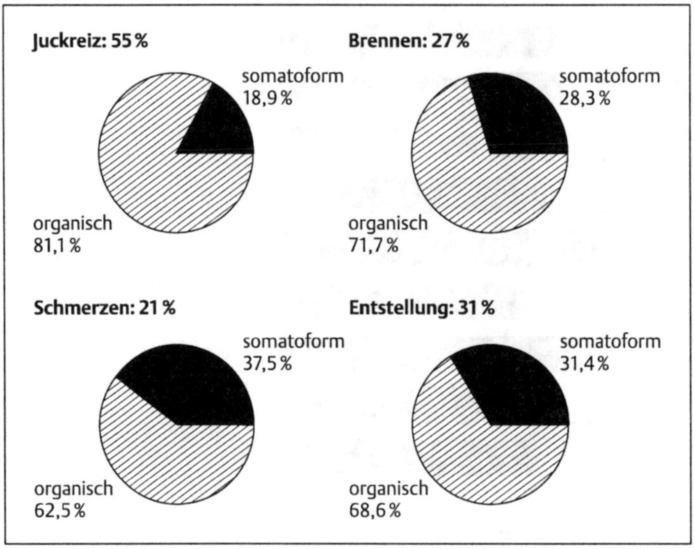

Abb. 7.2 Häufigkeit somatoformer Symptome bei spezifischen dermatologischen Symptomen

Spezielle somatoforme dermatologische Syndrome

Somatoformer Juckreiz

Im ICD 10 (1991) wird unter „andere somatoforme Störungen" auch das psychogene Jucken aufgeführt. In der Dermatologie wird diese Form des Juckreizes bekanntlich als Pruritus sine materia nach Ausschluss den Pruritus ursächlich erklärender Erkrankungen (z. B. Diabetes, Lymphome, hepatogener Juckreiz etc.) bezeichnet.

Ätiopathogenese. Die bisherige Auffassung, Juckreiz sei lediglich ein unterschwelliger Schmerzreiz, kann nicht mehr aufrechterhalten werden. Zum Schmerz bestehen bekanntlich zwar enge Analogien, jedoch gehen Juckreizforscher (Magerl 1991, Handwerker 1993, 1998) heute davon aus, dass Juckreiz über eigene polyglonale C-Fasern übertragen wird und nur z. T. zusammen mit den Schmerzfasern vermittelt wird (Schmelz u. Mitarb. 1997). Juckreiz wird durch direkte mechanische Stimulation, physikalische oder chemische Reize (Freisetzung der Mediatorsubstanz Histamin) an sensiblen Nervenendigungen ausgelöst. Hinzu kommt, dass heute auch synaptische Verbindungen von Nervenfasern an immunkompetenten Zellen der Haut bekannt sind (Williams u. Bienenstock 1995, Bienenstock u. Mitarb. 1991, Naukkarinen u. Mitarb. 1991), die nicht nur einen efferenten, sondern auch einen afferenten Juckreiz nahelegen. Die Erforschung von Neuropeptiden und Neurokininen der Haut ist zur Zeit in vollem Gange (Luger u. Lotti 1998) und verspricht einige Aufklärung über den Juckreiz. Andererseits ist bekannt, dass Juckreiz auch mental auslösbar ist (Niemeier u. Mitarb. 1999). Bethune und Kidd schlugen 1961 für dieses bekannte Phänomen den Begriff „ideosensorischer Juckreiz" vor. Die emotionale und kognitive Wahrnehmung von Juckreiz zeigt sich in folgenden Aspekten:

- Die Intensität des Juckreiz ist abhängig von der Zuwendung der Aufmerksamkeit und subjektiven Kontrollierbarkeit (Hermanns u. Scholz 1992; Scholz u. Hermanns 1994).

- Einen engen Zusammenhang zwischen Depressivität und Juckreiz konnte sowohl in Laborstudien (Arnetz u. Fjellner 1985) als auch in klinischen Untersuchungen mit dermatologischen Patienten (Gupta u. Mitarb. 1989, Gupta u. Mitarb. 1994, Sheehan-Dare u. Mitarb. 1990) festgestellt werden.
- Tierexperimentelle Studien belegen, dass die Ausschüttung von Histamin, einem der wichtigsten juckreizauslösenden Mediatorsubstanzen, klassisch konditionierbar ist (Russell u. Mitarb. 1984; Black u. Friedman 1965). Diese psychoimmunologischen Befunde weisen auf die prinzipielle Möglichkeit hin, dass Juckreizreaktionen einer zentralnervösen Steuerung unterliegen und prinzipiell durch Lern- und Gedächtnisprozesse auf nichtorganische Stimuli übertragbar sind.

Ursachen des ungeklärten Juckreizes können aber auch Dermatosen sein, die eine psychosomatische Komponente haben, wie der aquagene Pruritus, der jeweils nach Wasserkontakt auftritt (Shelley u. Shelley 1998).

Diagnose. Nach unseren Erfahrungen (Stangier 1996) ist die Diagnose eines somatoformen Juckreizes in der Praxis nach Ausschluss organischer Ursachen nach folgenden Kriterien grundsätzlich möglich:

- Starker Leidensdruck oder große Beeinträchtigungen im sozialen/beruflichen Leben
- Psychologische Faktoren spielen eine wichtige Rolle in Beginn, Schweregrad, Auslösung oder Aufrechterhaltung des Juckreizes
- Präokkupation (gedanklich und durch Handlungen) mit dem Juckreiz bzw. dem Hautzustand
- Suche nach ärztlicher Rückversicherung (z. B. Allergie-Testung).

Außerdem sollte in Analogie zur somatoformen Schmerzstörung ebenfalls unterschieden werden, ob es sich um einen akuten oder chronischen (> sechs Monate) Verlauf handelt und ob neben psychologischen Faktoren auch eine körperliche Erkrankung vorliegt, die eine wichtige Rolle in Beginn, Schweregrad, Auslösung oder Aufrechterhaltung des Juckreizes spielt. Im DSM-IV kann der somatoforme Juckreiz v. a. als undifferenzierte somatoforme Störung und Konversionsstörung klassifiziert werden. Hierbei ist auch die Lokalisation des Juckreizes zu berücksichtigen. Der lokalisierte genitale oder anale Juckreiz ist nach Schultz-Amling und Köhler-Weisker (1996) häufig als Ausdruck eines (nicht notwendigerweise unbewussten) sexuellen Konfliktes zu interpretieren und stellt somit häufig eine Konversionsstörung dar. Eine solche Spezifizierung ist jedoch bei generalisiertem Juckreiz weitaus weniger häufig möglich, hier ist v. a. die Diagnose „undifferenzierte somatoforme Störung" zu erwägen.

Dermatologische Differentialdiagnose. Es gibt auch adrenerge Formen der Urticaria (Shelley u. Shelley 1985), die durch die Bestimmung des Adrenalin- bzw. Noradrenalingehalts im Serum erfasst werden kann. Der Juckreiz kann z. B. auch durch die Inkorporation mit Infusionen entstehen, wie dies bei der Hydroxyäthylstärkeinfusion zur Behandlung beispielsweise des Tinnitus nicht selten über Monate auftreten kann (Metzeu. Mitarb. 1997). Somatisch erklärbar sind auch die nach Infektionen der Haut, insbesondere der Skabies, auftretenden Juckreizformen des postscabiösen Ekzems, der mit heftigem Juckreiz trotz erfolgreicher Behandlung verbunden ist und im Einzelfall von der Infestationsphobie (Skabiesphobie) schwer zu unterscheiden ist.

Fallbeispiel

Ein 25-jähriger türkischer Patient, der wegen seiner kurdischer Herkunft Asyl in Deutschland beantragt hatte, klagte über generalisierten Juckreiz am gesamten Körper. In zahlreichen Vorbehandlungen gelang es schließlich nur durch hochdosiert eingesetzte Antidepressiva, den Juckreiz erträglich zu halten. Ausführliche somati-

sche Abklärungen hinsichtlich internistischer Ätiologie einschließlich Porphyrine ergaben keinerlei Anhaltspunkte. Der Juckreiz konnte vom Patienten, der seit elf Jahren in Deutschland zusammen mit seiner Mutter in einer Wohnung lebte, unterschiedlich intensiv wahrgenommen werden. In Phasen von Anspannung und Stress nahm er vermehrten Juckreiz wahr.
Der Patient kam zusammen mit seinen drei Geschwistern aus seiner Heimat nach Deutschland, hatte in der Türkei studiert, musste jedoch wegen politischer Aktivitäten seines Vaters, den er als autoritär und gewaltbereit erlebt hatte, das Land verlassen und sein Studium aufgeben. Schon in der Schule fiel der Patient durch sein ständig störendes Verhalten auf, weshalb er häufig von seinem Vater Prügel bezog. Die Familie war froh, wenn der Vater wegen seines politischen Engagements nicht Zuhause war und sie sich miteinander wohlfühlen konnten. Die Mutter wurde von den Kindern sehr unterstützt, während der Sohn den Vater v. a. durch seine trotzigen Ausbrüche provozierte und so immer wieder Verletzungen erlitt. Dieses Verhalten setzte er nach Antrag auf Asyl mit den deutschen Behörden fort, indem er die staatliche (väterliche) Obrigkeit ebenfalls bekämpfte und sich damit weitgehend in ein gesellschaftliches Abseits manövrierte. Der Juckreiz begann, als er eine deutsche Freundin kennenlernte, die ihm anbot, ihn zu heiraten, um ihm die Eingliederung zu ermöglichen. Das Angebot der ehelichen Nähe war jedoch für ihn nicht erträglich und schien seine mühsame, in der Ablehnung erlebte Autonomie zu gefährden. Seine depressiven Gedanken schob er hierbei immer wieder zur Seite, obwohl ihn auch immer wieder Selbstmordgedanken überfielen, mit denen er versuchte, allein fertig zu werden. Erst der Hinweis auf eine spezielle psychosomatisch-dermatologische Station durch seine behandelnde Hautärztin brachte ihn zur stationären Aufnahme in unsere psychosomatischen Klinik. Dort erlebte er, dass seine Gefühle des Abgelehntseins und der Unwillkommenheit meist nicht zutrafen, er aber durch sein narzisstisch sehr kränkbares Verhalten immer wieder Ablehnung förmlich provozierte. Durch das Bewusstmachen dieser Mechanismen im täglichen Stationsalltag konnte er sein eigenes Verhalten reflektieren und es gelang, die antidepressive Therapie einzustellen, ohne dass ein massiver Juckreiz wieder aufgetreten wäre.
Es konnte die Diagnose einer narzisstischen Persönlichkeitsstörung, verbunden mit einer somatoformen Störung mit Juckreiz, die nach ICD 10 einer undifferenzierten somatoformen Störung entspricht, gestellt werden. Das Symptom, das zu einem vollständigen sozialen Rückzug vor Beginn der stationären Aufnahme geführt hatte, konnte durch das personalintensive, multimodale psychotherapeutische Konzept der Station mit Einzel- und Gruppentherapie, Körper- und Gestaltungstherapie, Entspannungsverfahren und gleichzeitiger dermatologisch-topischer Behandlung mit polidocanolhaltigen Externa vollständig zum Verschwinden gebracht werden.

Somatoformes Brennen

Somatoformes Brennen der Haut ist ein Symptom, das bisher in der Klassifikation der somatoformen Störungen lediglich im Bereich des somatoformen Schmerzsyndroms nur unzulänglich definiert werden kann. Die Patienten klagen über Brennen bzw. sonstige Dysästhesien der Haut. Diese können lokalisiert oder auch generalisiert sein und stellen ähnlich wie der Juckreiz ein die Lebensqualität stark beeinträchtigendes Symptom dar. Teilweise geht das Brennen auch mit thermischen Wahrnehmungsveränderungen einher, wie das Fallbeispiel unten zeigt.

Diagnose. Sind entsprechende Differentialdiagnosen dermatologisch ausgeschlossen, so sollte die Diagnose eines somatoformen Brennens der Haut gestellt werden. Hierbei sind häufig auch Komorbiditäten mit Depressivität, aber auch anderen affektiven Störungen zu sehen. Nicht selten weist das Brennen der Haut eine taktil-halluzinatorische Qualität auf. Der Patient ist hierbei der festen, nicht abweichenden Überzeugung, dass sich in der Haut Partikel oder Substanzen befinden, die das Leiden verursachen. Es besteht eine psychopathologische Übergangsreihe zum sog. Dermatozoen- oder Infestationswahn (Musalek 1991), der eine eigene Krankheitsgruppe darstellt, aber auch mit Brennen der Haut einhergehen kann. Patienten mit taktilen Halluzinosen bearbeiten häufig die eigene Haut autoaggressiv mit entsprechenden medizinischen Geräten, die dann sekundär wiederum zu Dermatosen wie z. B. zu einem Handekzemen führen. Diese artiziellen Syndrome sind hierbei immer zu beachten.

Dermatologische Differentialdiagnose. Das somatoforme Brennen der Haut ist differentialdiagnostisch von ätiopathogenetisch fassbaren Ursachen auch seltenerer Art abzugrenzen (Tab. 7.**1**). Als Beispiele können angeführt werden die lokalisierte Notalgia parästhetica (Goulden u. Mitarb. 1998), die eher eine neuroradikuläre Erkrankung darstellt, oder auch das Brennen, das durch eine erythropoetische Protophyrie (Keller u. Hornstein 1983) bedingt ist, die als angeborene Dermatose in der Regel allerdings bereits in der Kindheit in Erscheinung tritt. Tab. 7.**1** bietet abschließend einen summarischen Überblick über die Differentialdiagnosen und die Einteilung somatoformer Störungen in der Dermatologie. Eine Orientierung erfolgt sowohl am DSM-IV als auch am ICD-10.

Tabelle 7.1 Differentialdiagnosen und die Einteilung somatoformer Störungen in der Dermatologie (Stangier u. Gieler 1997)

Somatoforme dermatologische Symptome	Diagnosen	DSM-IV	ICD 10	Differentialdiagnosen	DSM-IV	ICD 10
sensorische Beschwerden ohne Befund: somatoformer Juckreiz, somatoformes Brennen, somatoformer Schmerz	Undifferenzierte Somatoforme Störung, Konversionsstörung	300.81 300.11	F45.1 F 45.3	Erythrophobie, Angst vor Schwitzen: soziale Phobie, Psychische Faktoren mit Einfluss auf den körperlichen Zustand bei Vorliegen einer Dermatose	300.23 316.00	F 40.1 F 54
Entstellungssyndrom	Körperdysmorphe Störung	300.70	F45.2	Anpassungsstörung (mit depressiver Verstimmung, mit ängstlicher Gestimmtheit) bei Vorliegen einer Dermatose	309.00 309.24	F43.2 F43.22
AIDS-Phobie Parasitenphobie = Dermatozoophobie Melanomphobie Multiple Chemical Sensitivity-Phobie	Hypochondrie	300.70	F45.2	Wahnhafte Störungen: Dermatozoenwahn körperbezogener Wahn (z. B. Eigengeruchswahn) wahnhafte Hypochondrien	297.10	F22.0

Fallbeipiel

Eine 26-jährige Patientin wurde in die Universitäts-Hautklinik zur stationären Behandlung überwiesen. Diagnose des überweisenden Arztes: „Erythrodermie und Hyperthermie im Bereich des Gesichtes im Sinne einer psychovegetativen Störung". Der Hautbefund war unauffällig und blieb es auch während des stationären Aufenthaltes.
Die Patientin zeigte ein bizarr erscheinendes Verhalten: Sie benutzte einen Fächer, mit dem sie fortlaufend ihr Gesicht hektisch anwedelte. Sie berichtete, dass sie damit versuche, Hitzewallungen und ein Erröten des Gesichtes („hektische Flecken") zu verhindern. Die Symptome bestünden seit vier Jahren. Zu dem Fächer habe man ihr in einer anderen Hautklinik geraten; ohne ihn würde ihre Angst unerträglich, weshalb sie zuletzt den Fächer immer mit sich führte. Um eine Erwärmung der Haut zu verhindern, würde sie lieber stehen als sitzen und das Fenster geöffnet haben. In den letzten drei Jahren wurden mehrfach auch stationäre psychiatrische Behandlungen durchgeführt mit unterschiedlicher Dauer von wenigen Tagen bis fünf Monaten. Sie hatte eine große Zahl verschiedener Psychopharmaka erhalten, die Liste der Patientin umfasst Neuroleptika, Antidepressiva und Benzodiazepine. Aktuell ließen sich jedoch keine psychotischen Symptome feststellen.
Die Patientin lebte bei den Eltern. Ihr Vater, gehbehinderter Frührentner, war ein launischer Alkoholiker, der oft nachts betrunken in ihr Zimmer gekommen sei und sie beschimpft habe, allerdings angeblich ohne sie körperlich zu belästigen. Ihre Mutter hatte sich oft mit dem Vater gestritten. Selbst psychisch labil, war sie aufgrund eines „depressiven Erschöpfungssyndroms" gemeinsam mit der Patientin in eine stationäre psychosomatische Klinik überwiesen worden.
Die Hautsymptome seien erstmals vor vier Jahren aufgetreten, nachdem ihr erster Freund „an einer unentdeckten chronischen Nierenkrankheit" gestorben sei (in den Berichten der Vorbehandler war jedoch die Rede von einem Verkehrsunfall). Die Hautsymptome verschlechterten sich vor drei Jahren, nachdem sie eine kurzzeitige Beziehung zu einem 40-jährigen verheirateten Mann gehabt habe. Dieser sei pervers gewesen und habe mit ihr immer Geschlechtsverkehr im Beisein anderer, auch z. B. vor seiner dreijährigen Tochter, haben wollen. Die Hautbeschwerden wären ausgebrochen, als dieser sie gegen ihren Willen auf einem Feldweg in seinem Auto zum Geschlechtsverkehr gezwungen hatte. Er hatte sie danach immer wieder bei Besuchen oder in Briefen belästigt, auch noch nachdem sie die Beziehung beendet hätte, wobei die Mutter offenbar gegen den Willen der Patientin den Kontakt aufrechterhielt. Sie sei ein halbes Jahr lang nicht mehr aus dem Haus gegangen und habe dann nach einem „Nervenzusammenbruch" einen Nervenarzt aufgesucht.
Die dermatologische Symptomatik (Brennen; Hitzewallungen) wurden im Sinne einer undifferenzierten somatoformen Störung interpretiert. Zusätzlich wurde eine posttraumatische Belastungsstörung (PTSD) diagnostiziert.
Nach Exploration und Diskussion des Störungsmodells erfolgte eine graduierte Reizkonfrontation in angstauslösenden Situationen: Verzicht auf den Fächer, Provokation von Durchblutungsreaktionen durch extreme Temperaturwechsel (Spaziergänge im winterlichen Ort der Station, Aufenthalt in aufgeheizten Räumen der Klinik), Exposition mit gerötetem Gesicht (mit Lippenstift hergestellter, künstlicher Fleck im Gesicht, mit dem sich die Patientin für zwei Tage auf Station zeigte). Unter Exposition traten keine pathologischen Hautsymptome auf. Die Patientin konnte ihre Angst schrittweise überwinden, zeigte eine deutliche Abnahme des Vermeidungsverhaltens und konnte sich gegen Ende des stationären Aufenthaltes auch ohne Fächer außer-

halb der Klinik bewegen. Zur Unterstützung der Verarbeitung ihrer traumatisierenden Erfahrungen wurde ihr darüber hinaus die Wiederaufnahme der ambulanten Psychotherapie bei einer weiblichen Therapeutin und im Falle einer erneuten Destabilisierung die Möglichkeit einer stationären Psychotherapie empfohlen.

Somatoformer Schmerz

Somatoforme Schmerzsyndrome mit Bezug zur Haut sind dem somatoformen Schmerzsyndrom grundsätzlich ähnlich. Die Beschwerden beziehen sich häufig aber nicht notwendigerweise ausschließlich auf die Haut. Deshalb sei diese somatoforme Störung hier nur kurz dargestellt, da im Kapitel zum somatoformen Schmerzsyndrom ausführlich darüber berichtet wird.

Wie die Abb. 7.2 zeigt, geben immerhin 21% eines unselektierten Klientels einer dermatologischen Universitäts-Poliklinik Schmerzen der Haut an, von denen 37,5% von Seiten der behandelnden Fachärzte als nicht objektivierbar eingestuft wurden. Auch beim somatoformen Schmerzsyndrom der Haut sollte zwischen lokalisierten Schmerzen, z. B. im Analbereich, und generalisierten Schmerzsyndromen unterschieden werden. Mögliche Erklärungsansätze werden inzwischen von einigen Autoren in Form von veränderten adrenergen Rezeptoren dargestellt (Drummond u. Mitarb. 1996).

Dermatologische Differentialdiagnose. Differentialdiagnostisch sind hier natürlich erklärbare Mechanismen im Rahmen einer postzosterischen Neuralgie oder Schmerzen in Verbindung mit Dermatosen wie Sklerodermie zu differenzieren, die einer spezifischen Behandlung zugänglich sind. In diesem Zusammenhang sollte die Erythromelalgie genannt werden, die ein spezifisches auf die Haut begrenztes Schmerzsyndrom darstellt. Sie ist durch eine anfallsartige schmerzhafte Hyperämie bei einem Defekt im Prostaglandinmetabolismus gekennzeichnet. Ähnlich kann auch die Akrodynie durch eine Quecksilberintoxikation im Kindesalter schmerzhafte und juckende Erytheme verursachen. Auch durch eine PUVA-Behandlung* kann eine schmerzhafte Hautreaktion ausgelöst werden, die zunächst ebenfalls ätiologisch nicht geklärt ist (Burrows u. Norris 1994, Hamada u. Hashimoto 1998).

Fallbeispiel

Ein 62-jähriger Patient kommt nach zehnjähriger Odyssee durch einige Haut- und Schmerzkliniken schließlich zur Aufnahme auf die dermatologisch-psychosomatische Station. Er berichtet von generalisierten Schmerzen ausschließlich auf der Haut, die seinen Schlaf rauben, seit ca. zwölf Jahren in wechselnder Intensität bestehen und in der letzten Zeit durch den andauernden Zustand ihn schier verrückt machen. Ein Leben mit diesem Symptom habe keinen Sinn mehr. Der Patient, ein attraktiv und biologisch jünger aussehender Mann, demonstriert in der Gestaltungstherapie als Symptombild sofort ein aus echtem Draht durchflochtenes Babyhemdchen, wodurch das Team eine eindrucksvolle Darstellung seines Symptoms erlebt. Seine bewegte Lebensgeschichte beginnt vor dem zweiten Weltkrieg in Hause eines Industrieunternehmers, wo er als einziges Kind im Hitler-Deutschland großgeworden ist. Als begeisterter Hitlerjunge hat er den Krieg er- und durchlebt, musste - als er in der ehemaligen DDR gezwungen werden sollte, in die FDJ einzutre-

* P = Psoralene; UVA = langwelliges UV-Licht: Therapie mit lichtsensibilisierendem Medikament in Kombination mit selektivem UV-Licht.

ten - aus politischen Gründen das Land verlassen und baute sich in Westdeutschland nach einem Studium eine eigene Existenz auf. Nach einer ersten gescheiterten, sehr kurz dauernden Ehe war er als Manager sehr erfolgreich, bis seine berufliche Karriere durch eine schwere Infektion, die eine Myokarditis mit Herzinsuffizienz nach sich zog, jeh endete. Genau in dieser Zeit lernte er als Patient im Krankenhaus seine spätere Ehefrau kennen, die sich beruflich selbständig machte und die er fortan wirtschaftlich begleitete und ihr die Praxis führte. Dabei muss erwähnt werden, dass sich für ihn mit dieser Veränderung im Leben eine Erinnerung aus der Kindheit reinszenierte, als er sich von seiner Mutter sehr abhängig fühlte und auch von einer älteren Bekannten als Adoleszenter verführt und im weiteren Sinne missbraucht wurde. Dies ist psychodynamisch betrachtet eine mögliche Erklärung für die vorliegenden Schmerzen der Haut, die immer häufiger auftraten und sich nur besserten, wenn er sich außerhalb der ehelichen Wohnung aufhielt.
Im Verlauf der stationären Psychotherapie durchlebte er noch einmal alle kritischen Situationen seines Lebens und konnte die dadurch von seiner affektiven Seite bedingten Paarkonflikte erkennen und verändern. Der Patient konnte erscheinungsfrei entlassen werden und war auch in der darauffolgenden zweijährigen Katamnese beschwerdefrei.

Körperdysmorphe Störung

Die Medien berichten täglich von perfekten sportlichen Körpern, bereits die Kinder werden durch körperideale Puppen auf die Notwendigkeit einer einwandfreien, in der Natur kaum vorkommenden Körperoberfläche geprägt. Wen verwundert es da, dass körperdysmorphe Störungen offenbar zunehmend ein medizinisch-therapeutisches Problem darstellen (Wegner u. Mitarb. 1999). Gesundheitsmarkt und Beauty-Zentren gaukeln vor, ein perfektes Äußeres biete auch ein psychisch stabiles Ich.

Diagnose. Die körperdysmorphe Störung wird nach DSM-IV (300.7) folgendermaßen definiert:

1. Beschäftigung mit einem imaginierten Mangel im Aussehen; bei Vorliegen einer körperlichen Abweichung ist die Besorgnis übertrieben
2. Starker Leidensdruck oder große Beeinträchtigung im sozialen oder beruflichen Leben
3. Ausschluss anderer psychischer Störungen (insbesondere Körperbildstörungen bei Anorexia nervosa).

Es findet sich bei dieser Störung häufig ein fließender Übergang zwischen Phasen der Einsicht und der teilweisen wahnhaften Fixierung auf die Überzeugung, entstellt zu sein. Die Unterscheidung zwischen dysmorphophober Störung und einem körperdysmorphen Wahn ist natürlich auch hinsichtlich der Notwendigkeit des Einsatzes von Psychopharmaka bei letzterer Diagnose elementar wichtig, wenn auch im Einzelfall durchaus nicht leicht zu entscheiden.

Die Beschwerden können sich auf die Größe oder Asymmetrie von Körperteilen (insbesondere Nase, Augen, Ohren) beziehen, meist stehen Haut (v. a. im Gesicht) und Haare im Vordergrund (Philipps u. Mitarb. 1993). Beispiele sind Besorgnis über Falten, Flecken, Gefäßzeichnungen, Narben, Komedonen, blasse oder gerötete Gesichtsfarbe, übermäßige Behaarung, oder (als zunehmend häufiges Symptom) Haarausfall. Nicht immer sind die Beschwerden konkret, mitunter werden sie auch sehr vage beschrieben. Es besteht jedoch immer die feste Überzeugung, dass die Abnormalität anderen offensichtlich ist. Auffällig ist auch, dass Versuche unternommen werden, den angenommenen Defekt zu überdecken (z. B. mit Make up), zwanghafte Kontrollrituale (insbesondere vor dem Spiegel, 3-5 Stunden vor dem Spiegel pro Tag sind für uns keine Überraschung!), sog. safety behaviours zur Vermeidung von Aufmerksamkeit durch andere (z. B. Helligkeit meiden) und sozialer Rückzug aus Situationen, in denen andere den Makel wahrnehmen könnten (Vealeu. Mitarb. 1995). In der dermatologischen Praxis fallen die Patienten durch einen exzessiven Gebrauch von Substanzen oder Medikamenten (z. B. Cortison) oder durch völlig unangemessene Forderungen nach aggressiven, z. B. operativen Behandlungsmaßnahmen auf.

Dermatologische Differentialdiagnose. Bei Hautkrankheiten ist die körperdysmorphe Störung zusätzlich abzugrenzen von objektiv (d. h. nachvollziehbar) das Aussehen beeinträchtigenden entstellenden Hautveränderungen wie z. B. über der Norm vorhandene Nävuszellnävi (Leberflecken), in diesen Fällen ist die Diagnose einer Anpassungsstörung angemessener (s. Tab. 7.**1**). Bezeichnenderweise sind angeborene Hautveränderungen wie Feuermale (Nävi flammei) oder Tierfellnävi meist ungestört in die eigene Persönlichkeit integrierbar, weil sie offenbar bereits vor der Entstehung des eigenen Ichs durch das Spiegelbild wahrgenommen werden, während später – z. B. durch Unfälle oder Erkrankungen wie Akne - entstandene Veränderungen häufig subjektiv ein überzogenes Entstellungsgefühl verursachen. Auffällig bei Hauterkrankungen ist dabei die Tatsache, dass die subjektve Wahrnehmung des eigenen Äußeren in keiner Weise mit der quasi objektiven Einschätzung des Behandlers korreliert. Ein diagnostisches Inventar findet sich bei Philipps (1991).

Fallbeispiel

Eine 34-jährige promovierte Tierärztin stellte sich in der psychosomatisch-dermatologischen Liaisonambulanz der Universitäts-Hautklinik auf Anraten ihres Hausarztes vor, der sie mit dem Hinweis überwies, dass dort eine mögliche dermatologische Behandlung besprochen werden könne. Die Patientin lebte seit ihrem 17. Lebensjahr allein, hatte bisher weder zu einem Mann noch zu einer Frau eine Beziehung. Sie konnte infolge einer sozialen Phobie inzwischen auch ihren Beruf nicht mehr ausüben. Da sie viel Zeit brauchte, um morgens vor dem Spiegel ihre vermeintliche Entstellung zu überdecken, hatte sie sich ohnehin schon um eine Halbtagsanstellung als Sekretärin bemüht. Der Untersucher, wie bereits viele vor ihm, konnte keine objektiv entstellenden Veränderungen wahrnehmen und wurde wegen seiner Verständnislosigkeit von der Patientin fast attackiert, da er die dünnen Haare, den blassen Teint und die vielen Sommersprossen, von denen sich einige eher frech aussehend auf der Nase befinden, übersehen habe. Innere Sätze wie „Fragen Sie mal meine Freundinnen, wie die mich finden, sie schätzen mich alle hässlich ein" und „die sehen alle aus wie Models, nur ich bin das schwarze Schaf" kennzeichneten die Einstellung der Patientin zu sich selbst. Sogar die Schwelle, sich dem Arzt zur Diagnostik zu präsentieren, musste sie tagelang vorbereiten. Wegen ihrer enormen Kränkbarkeit drohte der Kontakt bereits in den ersten Minuten fast abzubrechen.
In der Vorgeschichte wurde schließlich deutlich, dass sie als Einzelkind zunächt von ihren Eltern sehr verwöhnt wurde, bis diese sich im 4. Lebensjahr wegen einer außerehelichen Beziehung des Vaters zu einer anderen („hübscheren") Frau trennten, die Mutter anschließend depressiv und tablettenabhängig wurde und die Patientin sich nur mit großen Schuldgefühlen von der anhänglichen Mutter lösen konnte. Bereits im Studium begann ihr sozialer Rückzug. Sie betrachtete sich ständig im Spiegel, ein sich selbst verstärkender Dysmorphophobie-Kreislauf begann. Es entwickelten sich sekundär depressive Verstimmungen, lediglich ihr Hund halte sie davon ab, sich völlig zurückzuziehen.

Mühsam gelang es in zwei aufeinander folgenden Ambulanzgesprächen die Patientin von der Notwendigkeit einer psychotherapeutischen Behandlung zu überzeugen, der sie nach längerem Zögern und deutlicher Ambivalenz schließlich zustimmen konnte. Nur die feste Stellungnahme des Untersuchers, der die hinter ihren Klagen stehende Problematik erkannte und ihr überzeugend vermittelte, vermochte sie schließlich zum Einlenken zu bewegen.

Therapie der somatoformen Störungen in der Dermatologie

Grundsätzlich sind die von Rief und Hiller (1992) beschriebenen Prinzipien des Patientenmanagements im Rahmen der medizinischen und psychosomatischen Versorgung auch auf die somatoformen Störungen bei Hautkrankheiten zu übertragen:

1. Aufbau einer von Akzeptanz und Verständnis geprägten Arzt-Patient-Beziehung
2. Vermittlung eines adäquaten (günstigerweise multifaktoriellen) Erklärungsmodells
3. Erarbeiten von Zusammenhängen zwischen Hautstörung und auslösenden emotionalen und kognitiven sowie auch unbewussten Reaktionsmustern
4. Vorbereitung auf eine intensivere Psychotherapie unter Berücksichtigung der Motivation des Patienten

In der Dermatologie hat es sich bewährt, parallel zu einer primär notwendigen Therapie auch symptombezogene Maßnahmen durchzuführen, die sich an den Prinzipien der modernen Dermatotherapie orientieren sollten. Diese werden vom Patienten häufig als Hinweis interpretiert, mit seinem Problem ernstgenommen zu werden. Andererseits besteht die Gefahr, die Fixierung auf die körperlichen Symptome zu verstärken, wenn zu sehr auf die Behandlungserwartungen der Patienten eingegangen wird.

In der Dermatologie gibt es noch einen erheblichen Forschungsbedarf auf diesem Sektor, der durch die dargestellten hohen Prävalenzraten nur unterstrichen wurde. Das Problem bei somatoformen Störungen in der Dermatologie besteht in der notwendigen Gratwanderung zwischen der Notwendigkeit einer fachärztlich-dermatologischen Differentialdiagnostik, andererseits aber auch einer fundierten psychosomatisch-psychotherapeutischen Begleitung des Patienten, um ihn für eine adäquate Therapie zu motivieren. Dies kann in aller Regel nur durch die enge Kooperation zwischen psychosomatischer Medizin und Dermatologie bewältigt werden.
Die dermatologischen Symptome können dabei als Symbole im psychosomatischen Sinn interpretiert werden. So kann ein Ekzem am Ohr ein Hinweis darauf sein, etwas nicht hören zu wollen. Andererseits ist es sehr hilfreich, dem Patienten ein individuelles, psychosoziale Komponenten einbeziehendes Erklärungsmodell zu liefern.
Leider sind die dermatologischen Symptome trotz ihrer weiten Verbreitung bei somatoformen Störungen bisher kaum berücksichtigt worden. Vor allem der somatoforme Juckreiz sollte in die diagnostischen Leitlinien der dermatologischen wie auch der psychologischen Diagnostik aufgenommen werden.

Literatur

Arnetz B, Fjellner BB (1985) Psychological predictors of pruritus during mental stress. Acta Dermatologica et Venereologica 65: 504-508

Bethune HJ, Kidd CB (1961) Psychophysiological mechanisms in skin diseases. Lancet 12: 1419-1422

Bienenstock J, MacQueen G, Sestini P, Marshall JS, Stead RH, Perdue MH (1991) Mast cell/nerve interactions in vitro and in vivo. American Review Respiratory Disease 143: S 55-58

Black S, Friedman M (1965) Adrenal function and the inhibition of allergic responses under hypnosis. British Medical Journal 3: 562-567

Burrows NO, Norris PG (1994) Treatment of PUVA-induced skin pain with capsaicin. British Journal of Dermatology 131: 584-585

Cotterill JA (1981) Dermatological Non-Disease: a common and potentially fatal disturbance of cutaneous body image. British Journal of Dermatology 104: 611-619

Cotterill JA, Cunliffe WJ (1997) Suicide in dermatological patients. British Journal of Dermatology 137: 246-250

Drummond PD, Skipworth S, Finch PM (1996) alpha 1-adrenoceptors in normal and hyperalgesic human skin. Clinical Science Colch 91: 73-77

Fitts SN, Gibson P, Redding CA, Deiter PJ (1989) Body Dysmorphic Disorder: implications for its validity as a DSM-III-R clinical syndrome. Psychological Reports 64: 655-658

Goulden V, Toomey PJ, Highet AS (1998) Succesful treatment of notalgia paresthetica with a paravertebral local anesthetic block. J Am Acad Dermatol 38: 114- 116

Gupta MA, Gupta MK, Kirkby S, Weiner HK, Mace TM, Schorck NJ, Johnson EH, Ellis CN, Vorhees JJ (1989) Pruritus in psoriasis: a prospective study of some psychiatric and dermatologic correlates. Archives of Dermatology 124: 1052-1057

Gupta MA, Gupta AK, Schork NJ, Ellis CN (1994) Depression modulates pruritus perception: a study of pruritus in psoriasis, atopic dermatitis, and chronic idiopathic urticaria. Psychosomatic Medicine 56: 36-40

Hamada K, Hashimoto I (1998) Severe skin pain after combined ultraviolett B and ultraviolet A phototherapy for atopic dermatitis. British Journal of Dermatology 138: 721

Handwerker H (1993) Neurophysiologische Mechanismen des Juckens. Zeitschrift für Hautkrankheiten 68:730-735

Handwerker H (1998) Pathophysiologie des Juckreizes. In: Garbe C, Rassner G (Hrsg.) Dermatologie - Leitlinien und Qualitätssicherung für Diagnostik und Therapie. Springer-Verlag Berlin-Heidelberg, S 43-45

Hermanns N, Scholz OB (1992) Kognitive Einflüsse auf einen histamininduzierten Juckreiz. Quaddelbildung bei der atopischen Dermatitis. Verhaltensmodifikation und Verhaltensmedizin 13: 171-194

Hollander E, Cohen LJ, Simeon D (1993) Body dysmorphic disorder. Psychiatric Annals 23:359-364

Keller J, Hornstein OP (1983) Erythropoetic Protophyria. Deutsche Medizinische Wochenschrift 108: 862-866

Luger TA, Lotti T (1998) Neuropeptides: role in inflammatory skin diseases. Journal of the European Academy of Dermatology and Venerology 10: 207-212

Magerl W (1991) Neurophysiologie des Juckens. Allergologie 14: 395-405

Metze D, Reimann, S, Szepfalusi Z, Bohle B, Kraft D, Luger TA (1997) Persistent pruritus after hydroxyethyl starch infusion therapy: a result of long-term storage in cutaneous nerves. British Journal of Dermatology 136: 553-559

Musalek M (1991) Der Dermatozoenwahn. Thieme Stuttgart-New York

Naukarinnen A, Harvima IT, Aalto MI, Harvima RJ, Horshmanheimo M (1991) Quantitative analysis of contact sites between mast cells and sensory nerves in cutaneous psoriasis and lichen planus basen on a histochemical double staining technique. Archives of Dermatological Research 283: 433-437

Niemeier V, Kupfer J, Gieler U (1999) Juckreiz - mental auslösbar. Dermatology + Psychosomatics 1 (Suppl. 1): 15–18

Philipps KA (1991) Diagnostic module for body dysmorphic disorder. unpublished manuscript. Deutsch: Stangier U, Hungerbühler R, Meyer A (1996) Deutsche Übersetzung des Moduls Körperdysmorphe Störung für Strukturierte Diagnostische Interviews. Unveröffentlichtes Manuskript J.W. Goethe- Univ. Frankfurt/M

Philipps KA, McElroy SL, Keck PE, Pope HG, Hudson JI (1993) Body Dysmorphic Disorder: 30 Cases of Imagined Ugliness. American Journal of Psychiatry 150: 302-308

Rief W, Hiller W (1992) Somatoforme Störungen. Huber-Verlag Bern

Ring J, Gabriel G, Vieluf B, Przybilla B (1991) Das klinische Ökologie-Syndrom (Öko-Syndrom): polysomatische Beschwerden bei vermuteter Allergie gegen Umweltschadstoffe. Münchner Med. Wochenschrift 133: 50 - 55

Rosen JC, Reiter J. Orosan P (1995) Cognitive-behavioral body image therapy for body dysmorphic disorder. Journal of Consulting and Clinical Psychology 64: 263 - 269

Russell M, Dark KA, Cummins RW, Ellman G, Callaway E, Peeke HVS (1984) Learned histamine release. Science 225: 733-734

Schmelz M, Schmidt R, Bickel A, Handwerker HO, Torebjörk HE (1997) Specific C-Receptors for Itch in Human Skin. The Journal of Neuroscience 17: 8003-8008

Scholz OB, Hermanns N (1994) Krankheitsverhalten und Kognitionen beeinflussen die Juckreiz-Wahrnehmung von Patienten mit Neurodermitis! Zeitschrift für klinische Psychologie 23: 127-135

Schultz-Amling W, Köhler-Weisker A (1996) Pruritus ani. In: Gieler U, Bosse KA (Hrsg.) Seelische Faktoren bei Hautkrankheiten 2. Auflage. Huber-Verlag Bern, S.105-112

Sheehan-Dare RA, Henderson MJ, Cotterill JA (1990) Anxiety and depression in patients with chronic urticaria and generalized pruritus. British Journal of Dermatology 123:769-774

Shelley WB, Shelley ED (1985) Adrenergic urticaria: a new form of stress-induced hives. Lancet Nov 2 ; 8463: 1031-1033

Shelley WB, Shelley ED (1998) Aquadynia: noradrenergic pain induced by bathing and responsive to clonidine. Journal of the American Academy of Dermatology 38: 357-358

Stangier U (1996) Verhaltenstherapie bei Hautkrankheiten. In: Senf, W., Broda,M. (Hrsg.) Praxis der Psychotherapie - Lehrbuch der Psychotherapeutischen Medizin und Psychologischer Psychotherapie. Stuttgart. Thieme , S. 436-444

Stangier U, Gieler U (1997) Somatoforme Störungen in der Dermatologie. Psychotherapie 2: 91 - 101

Veale D, Gournay K, Dryden W, Boocock A, Shah F, Willson R, Walburn J (1995) Body dysmorphic disorder: a cognitive behavioural model and pilot randomised controlled trial. Behaviour Research and Therapy 34: 717-729

Wegner U, Meisenzahl EM, Möller HJ, Kapfhammer HP (1999) Dysmorphophobie – Symptom oder Diagnose ? Nervenarzt 70: 233-239

Williams RM, Bienenstock J (1995) Mast cells: the neuroimmune connection. Chemicals & Immunology 61: 208-235

8. Somatisierungssyndrome in der Kardiologie

Karl Heinz Ladwig

Thorakale Beschwerden, Engegefühle und Schmerzen im Brustbereich gehören zu den häufigsten Beschwerden in der Bevölkerung und verlangen – trotz der hohen Prävalenz – eine sorgfältige diagnostische Abklärung und nachfolgende Führung und Therapie der betroffenen Patienten. Dieser Beitrag widmet sich der Ätiologie, Diagnostik und Therapie von Brustschmerzsymptomen aus einer psychosomatischen Perspektive. Dabei steht zunächst die klassische Herzangstneurose im Vordergrund. Das anschließend vorgestellten funktionell-psychogene atypische Brustschmerzsyndrom ist möglicherweise klinisch bedeutsamer, wenngleich es eher selten Gegenstand expliziter Erörterungen ist. Diesen Patienten werden im weiteren Brustschmerzpatienten mit einer pektanginösen Symptomatik mit koronarer Genese gegenübergestellt und es wird gezeigt, dass diese – trotz einer völlig andersartigen Ätiologie – in Krankheitsbewältigung und affektiver Belastung viele Ähnlichkeiten zu Patienten mit atypischem Brustschmerzen aufweisen. Patienten mit Angina pectoris Symptomen nach einem akuten Myokardinfarkt stellen eine hochgefährdete Patientengruppe dar, die in ihrer Krankheitsbewältigung typische Besonderheiten aufweisen, die für eine verständnisvolle Führung dieser Patienten wichtig sind. In einem eigenen Abschnitt werden die psychotherapeutischen Grundzüge einer Brustschmerztherapie dargelegt, die fächerübergreifend sowohl für atypische, psychogen verursachte wie für Brustschmerzsyndrome kardialer Genese Berücksichtigung finden könnte.

Einleitung

Schon seit alters her kommt dem Herzen, das als muskulöses Hohlorgan für die Bewegung des Blutes im menschlichen Organismus sorgt, im Erleben der Menschen eine besondere Bedeutung zu. Es gilt nicht ganz zu Unrecht als das zentrale Organ im menschlichen Körper und entsprechend aufmerksam werden Veränderungen des Herzschlages und v. a. Schmerzen im Brustbereich registriert. Aber nicht nur im subjektiven Erleben der Menschen ist der Herz-Kreislaufbereich von zentraler Bedeutung. Auch die nüchterne Todes-Ursachenstatistik weist diesen Bereich als bedeutenste Quelle für Mortalität in den westlichen hoch-industrielisierten Ländern aus. So ist der akute Myokardinfarkt in Deutschland die wichtigste Einzeltodesursache überhaupt (Gesundheitsberichterstattung der Bundesrepublik Deutschland 1998). Die epidemiologische Datenlage bei der Abschätzung der Morbidität ist zwar deutlich ungenauer, es gilt jedoch als sicher, dass der Myokardinfarkt als eine klinische Manifestation der degenerativen koronaren Herzerkrankung gewissermaßen nur die Spitze des Eisberges darstellt und sich darunter – in Abhängigkeit vom Alter – ein weites Plafont von Risikoträgern mit einer klinisch nicht apparenten arteriosklerotischen Grunderkrankung befindet. Hinzu kommt die nicht unerhebliche Prävalenz nicht arteriosklerotischer somatischer Herzerkrankungen mit der Herzinsuffizienz an erster Stelle. Dennoch, für eine umfassende Abschätzung der sozialmedizinischen Bedeutung des Herz-Kreislaufbereichs reicht die Erfassung der somatisch bedingten Herzerkrankungen nicht aus. Hinzu kommen die funktionellen und psychogenen Erkrankungsbilder im Herz-Kreislaufbereich, zu denen immer noch, je nach Interessenlage, unrealistisch hohe Inzidenz-/Prävalenzangaben gemacht werden oder bei denen der psychogene Anteil des Erkrankungsbildes völlig unberücksichtigt gelassen wird bzw. in Ersatzdiagnosen untergeht.

Aufgrund dieser immensen sozialmedizinischen Bedeutung hat das gesamte Fachgebiet besondere Aufmerksamkeit erlangt und ist Gegenstand intensiver Forschung. Entsprechend bedeutsam sind die Fortschritte, die auf allen Gebieten der Herz-Kreislaufforschung in den letzten 25 Jahren erzielt werden konnten. Auch die verhaltensmedizinische, psychosomatische klinische Forschung hat in den vergangenen Jahren eine Vielzahl wichtiger Ergebnisse erzielen können, die von praktischer anwendungsbezogener Relevanz für Diagnostik und Therapie der betroffenen Herzpatienten sind. Der Bezug auf die spezifischen Anforderungen der klinischen Praxis hat nach unserem Eindruck zu dem Erfolg der psychokardiologischen Forschung ebenso beigetragen wie die Offenheit für unterschiedliche Konzepte von der Einbeziehung der Copingforschung, der Gesundheitspsychologie und der Schmerzforschung bis zur psychophysiologischen Forschung.

Der folgende Beitrag kann die Fülle dieser Ergebnisse nicht vollständig wiedergeben. Der Beitrag beschränkt sich auf einige ausgewählte Krankheitsbilder, wobei die Auswahl nach den Kriterien der klinischen Relevanz in der täglichen Praxis und dem Vorhandensein valider Forschungsergebnisse getroffen wurde. Die Trennlinie wurde damit nicht nach der primär psychogenen oder somatischen Verursachung gezogen. Im Beitrag untersuchen wir die entsprechenden Krankheitsbilder nach der primär körperlichen Repräsentanz (also danach, wie die Patienten ihre Erkrankung wahrnehmen) und fragen nach den psychischen Konsequenzen dieser von den Patienten wahrgenommenen Symptomatik.

Somatisierung bei pektanginösen Beschwerdebildern

Kaum anderswo als in dem hochtechnischen Umfeld einer kardiologischen Notaufnahmestation, in der oftmals Minuten über Leben und Sterben von Menschen entscheiden, wird das Ausmaß der therapeutischen Hilflosigkeit im Umgang mit psychogen verursachten Krankheitsbildern deutlich. Deutete das Meldebild des Rettungsdienstes mit einer schweren pektanginösen Attacke, Atembeschwerden, erhöhter Herzfrequenz und Beklemmungsgefühlen auf ein akutes koronares Geschehen hin, ist das Gefühl einer Enttäuschung und Ablehnung bei den behandelnden Ärzten in der Notaufnahme häufig vorherrschend, wenn sich dieser Befund nicht bestätigt.

Der psychogenen Verursachung der Erkrankung haftet erfahrungsgemäß nach wie vor der Geruch des Simulierten und Unernsthaften an. Die Vermutung einer psychogenen Bedingtheit, der falsch-positive Befund also, umgibt den Patienten wie eine Aura – er wird verstehend und mitleidig von Arzt und Pflegepersonal belächelt. Der Patient spürt aus der Reaktion des ihn behandelnden Arztes, dass dieser ihm die Beschwerden nicht glaubt, seine Symptome nicht für wirklich, sondern für eingebildet hält (Zimmermann 1988; Ladwig u. Dunst 1992). So gerät ein solcher Patient leicht in einen circulus virtuosus: Nachdrücklich beschreibt er sein Leiden, um gegen aufkommendes Desinteresse des untersuchenden Arztes Aufmerksamkeit und Zuwendung aufrechtzuerhalten, was der Arzt dann als Übertreibung und Wehleidigkeit interpretiert und sich in seinem Ausgangsurteil bestätigt sieht.

Der psychisch kranke Patient ist im somatisch ausgerichteten Routinebetrieb der medizinischen Versorgung ein schwieriger Fall, insofern wird er nicht selten umetikettiert. So führt der für beide Seiten konflikthafte Zustand eines psychogenen Krankheitsbildes häufig zu einem mehr oder weniger unbewussten Lösungsprozess zwischen Patient und Arzt, bei dem man sich auf eine somatische Ersatzdiagnose einigt. Dieser Frage ging empirisch erstmals Wooley (1976) nach, als er in Bezug auf die Herzphobie und vergleichbarer Diagnosen fragte: Wo sind die Erkrankungen von gestern geblieben? Wooley konnte in dieser Untersuchung zeigen, dass die psychogenen Herzerkrankungen häufig diagnostisch durch das Mitralklappenprolaps-Syndrom substituiert werden. Wir konnten später für den deutschen Sprachraum diesen Befund weitgehend bestätigen, aber auch belegen, dass bei vielen der betroffenen Patienten die somatische Verdachsdiagnose aufrechterhalten wird (Ladwig 1989). Dies ist sicherlich einer der Gründe, warum gerade bei diesen Problempatienten die Zuweisung zu einer adaequaten Therapie häufig Monate bis Jahre dauert, mit der Konsequenz einer hohen Inanspruchnahmerate medizinischer Dienstleistungen und einem in vielen Fällen dann therapie-restistenten Progressionsgrad der Erkrankung.

Herzangstneurose

Definition. Unter diesem Krankheitsbild versteht man eine körperlich erlebte – nämlich primär auf das Herz bezogene - Angsterkrankung, für die überraschenderweise eine Vielzahl von synonymen Bezeichnungen wie Herzphobie, DaCosta Syndrom, Herzneurose, Herzangstneurose oder auch nur Angstneurose existieren. Im angelsächsischen Sprachraum werden zusätzlich noch die Begriffe soldier's heart und neurocirculatory asthenia verwendet. Die zur Zeit gültige Version der ICD Klassifikation (ICD-10) sieht keine dieser Bezeichnungen mehr vor. Für Patienten, die dem klassischen Diagnosebild einer Herzangstneurose entsprechen, bietet das ICD-10 folgende Möglichkeiten zur diagnostischen Einordnung an: Die Patienten können entweder einer Panikstörung bzw. einer episodisch paroxysmalen Angst (F41.0) oder einer generalisierten Angststörung (F41.1) zugeordnet werden. Eine weitere Zuordnungsmöglichkeit für diese Patienten (die möglicherweise naheliegender ist) besteht unter dem Dach der somatoformen Störungen; genauer der somatoformen autonomen Funktionsstörung des kardiovaskulären Systems (F45.30).

Epidemiologie. Exakte Prävalenzabschätzungen der Herzangstneurose sind außerordentlich schwierig. Dies ist sowohl durch die nosologische Unschärfe des Krankheitsbildes selbst begründet als auch durch den Umstand, dass es sich bei der Diagnosestellung in der Regel um eine Ausschlussdiagnose handelt. Prävalenzschätzungen sind auch von den spezifischen Zugangsorten abhängig, an denen die Patienten erfasst werden. So ist beispielsweise in der Ambulanz der Psychosomatischen Universiätsklinik Heidelberg die Herzangstneurose die am häufigsten gestellte psychosomatische Diagnose (Bräutigam u. Mitarb.1992). In einer epidemiologischen Untersuchung einer fast 50.000 Fälle umfassenden Datenbank (Diagnose- und Therapieindex) einer repräsentativen Stichprobe von Akutklinikpatienten konnten wir (Ladwig 1989) dagegen nur eine verschwindend kleine Zahl von diagnostizierten Herzneurotikern ermitteln. Die Zehnjahresprävalenz betrug 0.89 ‰ im Vergleich zu der Prävalenz von Angina pectoris von 4,60%. Vernachlässigbar mehr Frauen als Männer wurden mit der Diagnosestellung Herz(angst)neurose belegt. Erwartungsgemäß war der Altersgipfel der Diagnosestellung in den jüngeren Altersgruppen (20-39 Jahre). Die Auswertung ergab auch ein insgesamt hohes Ausmaß an Diagnoseunsicherheit bei der Befundung einer herzangstneurotischen Brustschmerzerkrankung. So kamen die später als herzangstneurotisch diagnostizierten Patienten in nur 3,7% der Fälle mit dieser Diagnose zur Einweisung. In 32,5% der Akutklinikbehandlungen bleibt bei der Herzangstneurose am Ende des Krankenhausaufenthaltes die Verdachtsdiagnose bestehen, d. h. es wird kein abschließender positiver Befund gestellt (weitere Einzelheiten bei Ladwig 1989).

Ätiopathogenese. Die Krankheitsursachen der klassischen Herzangstneurose sind schon in den sechsziger Jahren Gegenstand einer extensiven Forschung gewesen (Richter u. Beckmann 1973), deren Ergebnisse noch heute Gültigkeit besitzen. Im Zentrum der Psychodynamik dieser Patienten steht ein als Trennungsambivalenz gegenüber hoch ambivalenten Personen gekennzeichnetes Konfliktmuster.

Fallbeispiel

Die 36-jährige Patientin wird notfallmäßig mit Verdacht auf ein akutes koronares Geschehen in der Klinik aufgenommen. Der Verdacht bestätigt sich nicht und nach einigem Zögern geht sie auf den Vorschlag des sie untersuchenden Kardiologen ein, sich in der psychosomatischen Ambulanz vorzustellen. Wir sehen eine zierliche blasse Person, die einen leidenden, zurückhaltenden Eindruck macht, gleichwohl aber freundlich zugewandt ist und zunehmend Mut findet, über ihre Probleme zu sprechen. Die Patientin hat früh, mit 18 Jahren geheiratet, hat eine 13-jährige Tochter, zu der sie zunehmend die innere Beziehung verliert. Die Patientin berichtet, dass ihr nach zehnjähriger Ehe – also vor etwa acht Jahren – klar wurde, dass sie und ihr Mann sich nichts wesentliches mehr zu sagen hatten und begonnen hatten, sich ausschließlich über Alltagsdinge zu streiten. Die Grundbindung sei nichtsdesdo trotz sehr stark gewesen, was möglicherweise mit dazu beigetragen habe, dass neue Beziehungsversuche auf beiden Seiten gründlich gescheitert seien. Sie habe irgendwann aufgegeben, von einem neuen Leben zu träumen und habe versucht, sich in ihr „Schicksal zu fügen". Es klinge komisch, aber diese Fügsamkeit koste sie viel Kraft; eigentlich gehe es ihr nicht schlecht, aber richtig aus tiefstem Herzen gelacht habe sie schon lange nicht mehr. Zunehmend in den letzten Jahren sei sie krank gewesen und immer häufiger leide sie unter Herzschmerzen. Nachts könne sie lange nicht einschlafen; wache dann oft in der Mitte der Nacht mit einem abgrundtiefen Angstgefühl auf. In letzter Zeit habe sie immer wieder Alpträume gehabt, darunter einer, bei dem sie sich bei stürmisch-regnerischem Wetter, mit der Tochter an der Hand, am offenen Grab ihres Mannes wiederfand. Sie sei dann so extrem erschrocken aufgewacht, dass sie überaus stark atmen und weinen musste und schließlich sei ihr so schwindelig geworden, dass sie dachte, sie müsse sterben.

Die hier vorgestellte Patientin entspricht in mehrfacher Hinsicht dem Wissen über ein klassisches herzangstneurotisches Krankheitsbild. Es handelt sich um eine weibliche Patientin unter 40 Jahren mit einer ausgeprägten Trennungsambivalenz, die sich in ihrer Phantasie bis zur Todesvorstellung ihres Mannes steigert, die sie ausgeprägt schuldhaft und mit größtem Entsetzen abwehrt. Bereits an dieser Stelle deutet sich ein darunter liegendes Konfliktmuster im Kontext von Abhängigkeit und Autonomie ab. Introspektionsfähigkeit und Leidensdruck der Patientin lassen die Einleitung einer psychotherapeutischen Behandlung aussichtsreich erscheinen, wobei wir in diesem Fall wegen der Schwere der Symptomatik und der Schwierigkeit, sich in ihrem familiären Umfeld ausreichend auf ihre Konfliktsituation konzentrieren zu können, die Indikation zu einer stationären, tiefenpsychologisch orientierten Therapie stellten.

Klinik und Diagnosestellung. Die körperlichen Symptome zeigen sich in Nervösität, Zittern, Muskelanspannung, Schwitzen, Benommenheit, Herzklopfen, thorakalen Druckgefühlen, Schwindel und Oberbauchbeschwerden. Eine große Zahl von Sorgen und Zukunftsängsten, die übersteigert sind und nicht an die jeweilige Situation bzw. das Ereignis angepasst sind, vervollständigen das Bild. Als Leitlinie gilt: Die primäre Angstsymptomatik muss an den meisten Tagen, mehrere Wochen mit den Einzelsymptomen nachweisbar sein. Bei der somatoformen autonomen Funktionsstörung des kardiovaskulären Systems stehen frei flottierende generalisierte und anhaltende Angstzustände im Vordergrund, die nicht an eine Situation oder an einen Ort gebunden sind.

Trotz naheliegender Hinweise auf ein psychisches Konfliktmuster erhalten die Patienten mit psychogen verursachten Herzschmerzen häufig keine definitive Diagnosezuweisung. Mit großer Wahrscheinlichkeit liegen die Gründe in der von Arzt und Patient geteilten Scheu, eine psychische Ursache für die Schmerzsymptomatik anzuerkennen. Die nicht gestellte Diagnose belässt die Patienten in Unsicherheit und Ambiguität in einer Situation, in der sie eine widerspruchsfreie und sichere Weisung nötig hätten. Unentschiedenes Verhalten aber fördert eine iatrogene Verfestigung einer hypochondrischen Fehlhaltung (Windgassen 1985). Die alltägliche Erfahrung im Umgang mit diesen Patienten zeigt, einerseits bemüht sich der behandelnde Arzt, seinem Patienten mit aller Vorsicht klar zu machen, dass eine somatische Ursache für die Schmerzerkrankung auszuschließen ist; andererseits verordnet er ihm ein Herzkreislauf wirksames Medikament - wohl, um seinen besorgten Patienten zu beruhigen und ihn an sich zu binden. Angesichts der Chronizität dieser Schmerzerkrankung mit der Tendenz zur Generalisierung hypochondrischer Beschwerden und der Tendenz dieser Patienten, auf immer auf neue apparative Untersuchungen zu drängen, ist eine adäquate positive Diagnosestellung obligat.

Atypischer psychogener Brustschmerz

Definition. Wir haben bereits darauf hingewiesen, dass sich in den Notaufnahme-Stationen der Kliniken oder auch in den kardiologischen Ambulanzen immer wieder Patienten vorstellen, die über alarmierende pektanginöse Brustschmerz-Zustände klagen, die auf eine koronare Herzerkrankung hindeuten, die sich am Ende einer aufwendigen diagnostischen Untersuchungskette nicht bestätigen. Anders als die zuvor geschilderten Patienten mit einer abgrenzbaren Herzangstneurose und einer entsprechenden psychischen Komorbidität, sind die Patienten, die wir in diesem Abschnitt der Arbeit besprechen wollen, aber auch unter psychosomatischer Betrachtungsweise schwierig einzuordnen, da ein klares Konfliktmuster fehlt und die Brustschmerzproblematik oft in ein weites Feld psychischer Symptome eingebunden ist, die den Patienten möglicherweise noch mehr irritieren. Wir sprechen daher von Patienten mit atypischem psychogenen Brustschmerz.

Die Brustschmerzen werden als belastungsabhängig, häufig jedoch auch als belastungsunabhängig geschildert und bieten dem Kardiologen häufig Hinweise auf eine beginnende instabile Angina pectoris, die wegen des hohen Progressionsrisikos eine rasche invasive Diagnostik notwendig macht.

Epidemiologie. Die Prävalenzangaben klinischer Untersuchungsreihen in der Literatur geben die Häufigkeit falsch-positiver Diagnosezuweisungen zur Koronarangiographie zwischen 30% und 40% an. Wir haben die psychische Komorbidität in diesem Patientensegment geprüft und Hinweise dafür gefunden, dass (bei konservativer Schätzung) rund die Hälfte dieser Patienten in die Gruppe der atypischen funktionellen Herzpatienten fällt (Ladwig u. Mitarb. 1997). Damit stellen diese Patienten keineswegs eine in ihrer Prävalenz vernachlässigbare Restgruppe dar, die quasi durch den diagnostisch-technischen Fortschritt und einem großzügigen Zuweisungsverhalten als Spin-off-Effekt künstlich entstehen. Gleichmann u. Mannebach (1994) zeigen, dass von über 246.000 diagnostischen Herzkatheter-Untersuchungen, die im Bundesgebiet für das Berichtsjahr 1993 erfasst werden konnten, nur rund 56.000 (23%) zu interventiven Leistungen führten. In einer umfangreichen Datenbank von 48.114 Patienten einer repräsentativen Akutklinik-Stichprobe, die über einen zehnjährigen Zeitraum gesammelt worden war, hatten wir bei den Patienten mit der Einweisungsdiagnose Angina pectoris eine Teilmenge von knapp 16% feststellen können, bei denen am Ende ihres (immerhin im Durchschnitt 14-tägigen) Klinikaufenthaltes keine definitive Abschlussdiagnose gestellt wurde (Ladwig 1989).

Ätiopathogenese. Aus einer kardiologischen Forschungsperspektive werden immer wieder Anstrengungen unternommen, die Patienten mit atypischem Brustschmerz und koronar-negativem Befund in einem somatisch-kardiologischem Koordinationsystem erklärbar zu machen. Neben einer koronarspastischen Genese wird immer wieder die Möglichkeit einer koronaren mikrovaskulären Dysfunktion diskutiert, für deren Diagnosestellung jedoch im EKG entweder spontane ST-Strecken-Hebungen oder Zeichen eines positives Belastungs-EKGs obligat sind. RO Cannon (1995) hat das „sensitive Herz" als Erklärungsversuch angeboten und die erhöhte intrakardiale Schmerzsensitivität dieser Patienten als ein Extrem in der Verteilungskurve für viszerale sensorische Funktionen ins Gespräch gebracht, auf deren anderem Extrem die Patienten mit stummen Ischämien lokalisiert sind.

Der Schlüssel zum Verständnis dieser Patienten mit einer chronisch intermittierenden Ruhe-Brustschmerz-Symptomatik scheint in der gleichzeitigen Berücksichtigung herzneurotischer, hypochondrischer und somatoformer Anteile zu liegen. Die somatoformen Anteile im Symptombild dieser Patienten sind augenfällig. Sie leiden chronisch-intermittierend an klar definierbaren und eindeutig beschreibbaren Brustschmerzsyndromen, die ohne erkennbare somatische Basis zu einem wesentlichen Lebensmittelpunkt dieser Patienten geworden ist.

Der herzangstneurotische Anteil der Patienten besteht zunächst in der primär auf das Herz bezogenen Angstwahrnehmung, wobei das hohe Ausmaß an Übereinstimmung im klinischen Schmerzbild mit der koronarbedingten Ruhe-Angina pectoris überrascht. J. Barefoot u. Mitarb. (1992) heben völlig zu Recht als den spezifischen psychoneurotischen Aspekt dieser Patienten die somatische Präokkupation hervor. Diese Patienten besitzen offensichtlich eine Sensitivität für körperbezogene Signale, die sie intensiver und häufiger als Gesunde als bedrohlich erleben und denen sie sich hilflos ausgeliefert fühlen.

Allgemein kommen die von Hoffmann u. Egle (1984) beschriebenen vier Erklärungsprinzipien chronischer Schmerzzustände in Frage:

- Das Prinzip der psychischen Substitution als narzisstischer Mechanismus der Schmerzentstehung
- Der Konversionsmechanismus
- Das Prinzip der primären (nicht konvertierten) Umwandlung von Affekten in körperliche Spannungszustände
- Das Prinzip der (sekundären) Lernvorgänge

Klinik und Diagnose. Anders als die klassischen frühadoleszenten Herzneurotiker, die bereits in der Phänomenologie ihrer Schmerzdarstellung (also in der Regel durch eine punktförmig auf die Herzspitze bezogene oder präkordiale flächengroße Lokalisation) oder mit Hinweisen auf Hyperventilationstetanien oder sympathikotonen Anfällen in der Auslösung der Symptomatik eine diagnostische Eingrenzung erlauben, sind diese Patienten gegenüber solchen diagnostischen Entscheidungskriterien resistent. Die wenigen kontrollierten Studien zu diesem Thema sprechen überraschenderweise dafür, dass eine schmerzanamnestische Untersuchung, die die Topographie, die Dauer und Intensität des Schmerzens, seinen spezifischen Charakter und schließlich seine Auslösebedingungen mit in die diagnostische Beurteilung einbezieht, zu keiner differentialdiagnostischen eindeutigen Aussage in Bezug auf eine somatische bzw. psychische Verursachung kommt.

Dies hat für die potentiell koronar-negativen Patienten zur Folge, dass eine auch sorgfältig durchgeführte Schmerzanamnese keine verlässlichen Kriterien für oder gegen die Zuweisung zur Koronarangiographie bietet und hat wiederum für die potentiell koronar-positiven Patienten zur Folge, dass eine atypische - also eine in Dauer, Auslösbarkeit und Lokalisation inkonsistente – Schmerzpräsentation keineswegs Sicherheit darüber stiftet, dass die Brustschmerzsymptomatik dieser Patienten sich einer nichtkoronarpathologischen Ursache verdankt.

Fallbeispiel

Der Patient ist ein auffällig sportlich-jugendlich wirkender großgewachsener und sorgfältig gekleideter 58-jähriger Mann, der in leitender Funktion in einem großen Unternehmen tätig ist. Er ist wegen einer metastasierenden Knochentumorerkrankung in ambulanter strahlentherapeutischer Behandlung. Seinen behandelnden Ärzten berichtet er über eine gleichzeitig intermittierend auftretende schwergradige Brustschmerzsymptomatik mit einem brennenden, auf das Brustbein konzentriertem Schmerz, der den Patienten zu vernichten droht und der in ihm unbeherrschbare Angstgefühle auslöst. Die kardiologische Abklärung ist ohne Befund und er berichtet (mit lächelndem Gesichtsausdruck), dass man ihm gesagt habe, dass der Schmerz nicht lebensbedrohlich sei und er damit leben müsse. Er sei zwar auf Anraten der kardiologischen Ärzte in die Psychosomatische Abteilung gekommen, könne sich aber auf keinem Fall vorstellen, dass diese Schmerzen psychisch ausgelöst werden. Der Patient einigt sich mit dem Untersucher darauf, diese Frage zunächst gänzlich zurückzustellen und unvereingenommen nach der Krankheit und der Krankheitsbewältigung zu fragen. Es stellt sich heraus, dass der Patient vor rund zehn Jahren erstmals und wie aus heiterem Himmel mit der Diagnosestellung eines Primär-Tumors in der Niere konfrontiert wurde, wobei ihm gesagt worden sei, dass er „daran nicht werde sterben müssen". Er habe sich nach erfolgreicher Operation einen Hausarzt gesucht, der mit ihm so getan habe, als sei er gesund. Zufällig sei Jahre später eine Knochenmetastase entdeckt worden und dies habe sich alle paar Jahre wiederholt. Natürlich habe er „Durchhänger" gehabt und (auf nach hartnäckiges Nachfragen) auch schon mal mit dem Gedanken gespielt, sein Leben zu beenden. Er habe sich aber immer wieder in die Arbeit gestürzt und mit einem gewissen Glücksgefühl die Normalität der hektischen Betriebsamkeit seines Arbeitsplatzes genossen. Bei einem wichtigen Empfang sei dann jedoch erstmals die Brustschmerzattacke aufgetreten und er habe sich mit Mühe zurückziehen können. Früher sei er ein fast besessener Bergwanderer gewesen, jetzt reichen schon kleine Hügel, um Brustschmerzen auszulösen und ihn in seinen Möglichkeiten extrem zu limitieren. Bei Belastungstests in der Klinik seien aber eigenartigerweise diese Attacken nicht aufgetreten.

Ischämische Brustschmerzsyndrome

Psychogene Schmerzanteile bei vorbestehendem Koronarbefund

Definition. Stellen sich Patienten mit einer bekannten koronaren Herzerkrankung bei ihrem internistischen Hausarzt mit Klagen über zunehmende und sie beängstigende thorakale Beschwerden vor, wird dieser (zunächst völlig zurecht) an eine Progression der Grunderkrankung denken. Dennoch gilt, dass auch bei vorbestehendem Koronarbefund das Ausmaß an nozizeptiver Stimulierung und die Schmerzperzeption in keinem linearen Verhältnis zueinander stehen müssen. Damit können psychologische Faktoren bei pektanginösen Beschwerden auch bei Patienten mit nachgewiesenem Koronarbefund die

Entstehung bzw. Auslösung von Brustschmerzattacken ursächlich und schmerzverstärkend beeinflussen (Herrmann u. Mitarb. 1994, Ladwig u. Mitarb. 1997, Ladwig et al. 1999). Generell ist also auch für den ischämisch bedingten Herzschmerz davon auszugehen, dass „keine verläßlichen Transformationsregeln zwischen dem Ausmaß einer erkennbaren organischen Beeinträchtigung und der Schmerzstärke zur Verfügung stehen" (Sorgatz u. Mitarb. 1984, S. 128). Umfangreiche epidemiologische Untersuchungen (Herrmann u. Mitarb. 1991) lassen den Schluss zu, dass ein myokardialer Ischämiereiz bei KHK-Patienten mit auffälligen psychologischen Distress-Scores weitaus häufiger zu thorakalen Beschwerden führt als bei psychisch ausgeglichenen Patienten.

Epidemiologie. Brustschmerzsymptome gehören zu den häufigsten Beschwerden in der Bevölkerung hochindustrialisierter Staaten. Ein repräsentativer Gesundheitssurvey (Health and Nutrition Examination Survey) in den USA ergab bei 17,4% der Untersuchten im Alter von 25-74 Jahren Unbehagen im Brustbereich; 13,8% der Befragten berichteten über Druckgefühle und 7,6% über heftige Schmerzen, die eine halbe Stunde oder länger andauerten (Costa u. Mitarb. 1982). Eine epidemiologischen Untersuchung im Schweizer Kanton Zürich stellte bei rund einem Drittel der Befragten Thoraxschmerzen fest (Schüler u. Mitarb.1980). In einer repräsentativen Befragung über den Gesundheitszustand der Bevölkerung der Bundesrepublik Deutschland im Jahr 1984/85 (alte Bundesländer) an einer Untersuchungspopulation von rund 16.000 Befragten im Alter von 25-69 Jahren gaben insgesamt 11,4% der Männer und 10,7% der Frauen an, an Angina Pectoris und Durchblutungsstörungen des Herzens zu leiden (Bormann u. Mitarb. 1990). Die Prävalenzunterschiede zwischen den Geschlechtern sind nicht sehr ausgeprägt; erwartungsgemäß zeigt sich jedoch ein deutlicher Alterstrend.

Validität und Reliabilität solcher subjektiven Prävalenzangaben in Bezug auf eine zugrunde liegende koronare Herzerkrankung lassen mit Sicherheit zu wünschen übrig. G. Rose (1968) untersuchte über einen vier-jährigen Zeitraum eine Kohorte von 818 Probanden im mittleren Lebensalter mit einem standardisierten Fragebogen zur Messung einer belastungsabhängigen Angina pectoris in jährlichem Abstand. Es zeigte sich, dass die erfasste Gesamtprävalenz über alle vier Messzeitpunke praktisch konstant blieb, dass aber innerhalb der Kohorte eine ausgeprägte interpersonelle Variabilität in der Schmerzbelastung zu erkennen war. Dies führte dazu, dass die Gesamt-Prävalenz von positiven Schmerzangaben von nur 3,8% im ersten Survey auf 10,4% nach dem vierten Survey angestiegen war. Demnach kann man davon ausgehen, dass ein bedeutender Teil von in Populationsuntersuchungen erfassten Brustschmerzpatienten nicht an einem chronischen, sondern an einem akuten und remittierenden Schmerzbild leidet, bei dem eine kardiale Ursache zweifelhaft ist.

Über das Verhalten von Patienten mit erstmals aufgetretenen pektanginösen Beschwerden ist wenig bekannt. Empirisch gut belegt ist aber eine ausgeprägte Divergenz zwischen der Wahrnehmung thorakaler Schmerzen und der Schlussfolgerung der Betroffenen, medizinische Hilfe in Anspruch zu nehmen (Gerstenkorn 1990).

Ätiopathogenese. Bei Koronarpatienten, bei denen die Schmerzwahrnehmung in keinem erklärbaren Verhältnis zur Koronarpathologie steht, sich die Schmerzperzeption im Langzeitverlauf gewissermaßen von ihrer somatischen Basis emanzipiert hat und zu einer erkennbaren psychischen Komorbidität führt, erscheint uns die ICD-10 Klassifikation F54 (psychische Faktoren bei andernorts klassifizierten Krankheiten) gerechtfertigt.

In Tabelle 8.1 sind einige neuropsychologischen Mechanismen aufgelistet, die möglicherweise an der endogenen Schmerzmodulation (ausführlich in Ladwig, 1987) beteiligt sind. Auf diesem Hintergrund wird auch nachvollziehbar, dass persönlichkeitsbezogene oder konflikthafte Umstände an der Aufrechterhaltung oder Amplifikation (Verstärkung) auch des ischämischen Herzschmerzens beteiligt sein können. Zu beachten ist, dass bei einigen Patienten die Loslösung der wahrgenommenen Brustschmerzattacke von ihrer pathophysiologischen Grundlage soweit vorangeschritten sein kann, dass bei diesen Patienten die Diagnosestellung einer Panikstörung gerechtfertigt ist.

Tabelle 8.1 Neuropsychologische Mechanismen der Schmerzmodulation bei chronischen Brustschmerzsyndromen

- Intermittierende Schmerzattacken induzieren die Formation einer Gedächnisspur des Schmerzens
- Bahnung zentraler Tormechanismen, die die Schmerztransmission und Integration kontrollieren
- Entwicklung perzeptorischer Vigilanzgewohnheiten auch für niedrigschwellige Hinweisreize („Wahrnehmungsfokus")
- Empfindlichkeitserhöhung der nozizeptiven Afferenzen durch eine efferente Verstärkung aus Kortex und limbischem System

Fallbeispiel

Ein 52-jähriger Automechaniker mit einer bekannten schwerwiegenden koronaren Herzerkrankung wird zur Beobachtung wegen zunehmender, auch belastungsunabhängiger Brustschmerzen in die Klinik aufgenommen. Bei der Vorbereitung einer invasiven Katheteruntersuchung beginnt der Patient plötzlich stark zu schwitzen und zu zittern. Die Untersuchung muss abgebrochen werden, der Patient wird zurück auf die Station gebracht, von der er aber augenblicklich verschwindet. Erst spät in der Nacht kommt er erschöpft und elend in die Klinik zurück. In dem für den nächsten Tag vereinbarten Gespräch mit dem Psychosomatiker, das er erleichtert und aufgeschlossen annimmt, offenbart sich ein Mensch, der in der Vorgeschichte der Erkrankung zunehmend in eine ausgeprägte Isolation geraten war. Die Ehe war bereits vor rund zehn Jahren auseinandergebrochen, wechselnde Liebschaften haben zu Kränkungen und dem Gefühl, nichts mehr wert zu sein geführt; Kollegen und alte Kumpel wendeten sich von ihm ab. Er passt nicht mehr in das gewohnte Bild einer sozialen Umgebung, wie sie üblich war. Er wird zum Einzelgänger wider Willen. Lange Zeit kann er den Einbruch einer depressiven Stimmungslage durch kompensierende Aktivitäten verhindern. Dann kommen die Herzschmerzen und die Gewissheit, nicht mehr lange leben zu können und mit dieser Gewissheit kommt die Angst.

Verlauf und Prognose nach akutem Herzinfarkt. Der akute Myokardinfarkt stellt eine besonders schwerwiegende und lebensbedrohliche klinische Manifestation der koronaren Herzerkrankung dar. Im subjektiven Erleben der betroffenen Patienten imponieren in der akuten Infarktphase häufig Todesangst und pektanginös ausgelöste Vernichtungsgefühle. Klinisch bietet der Patient im akuten Infarktstadium das Bild einer sympathikotonen Überstimulation: mit Tachykardien, peripherer Vasokonstriktion und Schwitzen (Schömig u. Richardt 1991). Cassem u. Hackett (1971) haben zeigen können, dass die betroffenen Patienten auf einen akuten Myokardinfarkt, auf den sie nicht vorbereitet sind und den sie kaum beeinflussen können, nach einer solchen initialen Phase von Todesangst und massiven Schmerzen sehr häufig mit einer innerpsychischen Fluchtreaktion antworten. Auf die massive Angstüberflutung (Thompson u. Mitarb. 1983) folgt ein Zustand der Abwehr und Verleugnung von Angstimpulsen. Der Patient wird still und fügt sich in sein Schicksal (Peglar u. Borgen 1984, Levine u. Mitarb. 1987).

Fallbeispiel

Der Patient, ein 48-jähriger sehr erfolgreicher Geschäftsmann, kommt nach einer Auslandsdienstreise nach Hause, wo alles seinen ruhigen wohlgeordneten Gang geht. Seine Frau empfängt ihn liebevoll. Als er zur Begrüßung seine 4-jährige Tochter Anna auf den Arm nimmt, in einem Zustand entspannter Freude also, durchzuckt ihn zum ersten Mal ein vernichtender Schmerz, von dem er augenblicklich weiss, dass er lebensbedrohlich ist. Später wird er sich an diesen Augenblick erinnern als den Moment, in dem er sich sehr klar darüber ist, dass von nun an nichts mehr so sein wird wie es war. Nach dem Krankenhausaufenthalt regelt er sein Leben radikal neu, zieht sich aus dem Auslandsgeschäft zurück und überlässt die Geschäfte weitgehend seinen Partnern. Akribisch hält er die Diät und Therapievorschriften ein und beginnt sich dennoch (häufiger als ihm lieb ist) zu fragen, wann ihn die Erkrankung wieder einholen wird. Zunehmender Druck im Brustbereich, später Schmerzen, beunruhigen ihn und verstärken seine Unsicherheit. Kardiologische Kontrolluntersuchungen zeigen aber, dass kein Anlass zur Beunruhigung besteht. Hinweise auf eine Krankheitsprogression gibt es nicht. Dennoch wird der Zustand des Patienten nicht besser. Schließlich stellt er sich auf Anraten der Kardiologen in unserer psychokardiologischen Sprechstunde vor und berichtet, dass er mit seinem schweren Wagen in hoher Geschwindigkeit über die Autobahn zur Klinik gefahren sei, als ihn ein imperativer Brustschmerz zum Halten auf einem Notparkplatz gezwungen habe. Er habe diesen Schmerzen „als unverschämt“, als „anmaßend“ erlebt und sei sich nicht sicher, ob seine Gefühle mehr die von Wut und Verzweiflung oder Angst und Panik seien.

Bereits nach wenigen Tagen setzt jedoch für viele Infarktpatienten die aktive Auseinandersetzung mit den veränderten Lebensumständen ein: Der Verlust des gewohnten Lebensraumes und der vertrauten Atmosphäre, das Erleben körperlicher Versehrtheit und Schwäche treten in das Bewusstsein der Patienten und führen sie nun häufig in eine depressive Stimmungslage. Klinisch handelt es sich hierbei in der Mehrzahl der Fälle um eine mäßig schwere depressive Reaktion (Anpassungsreaktion?), gewissermaßen um eine Trauerarbeit, die dem Patienten hilft, prämorbide Befindlichkeitszustände mit den pathophysiologischen Veränderungen auszubilanzieren. Tatsächlich gelingt den meisten Patienten die Restitution einer stabilen Befindlichkeitslage bereits in den ersten zwölf Tagen nach dem Infarktgeschehen.

Die psychische Reaktionsfolge mit den vorherrschenden Befindlichkeitszuständen von Angst, gefolgt von Verleugnung, Abwehr und schließlich einer Trauerreaktion, hat nach heutigem Kenntnisstand salutogenetische Funktion. Die verschiedenen Phasen einer Anpassungsreaktion sind jedoch gleichzeitig auch die Quelle von Fehlanpassungen.

Angst ist ein bedeutsamer Trigger für eine periphere adrenerge Stimulation des überlebenden Herzmuskelgewebes. Sie trägt zur Aufrechterhaltung des kardialen Outputs und zur Prävention eines akuten Pumpversagens bei. Die dabei ausgeschütteten Katecholamine begründen gleichzeitig auch eine Progression der Myokardschädigung sowie arrhythmogene Effekte. Im psychischen Erleben des Patienten wird sie zum Auslöser für akutes Inanspruchnahmeverhalten notfallmäßiger medizinischer Versorgung. Langfristig gesehen birgt eine Angstsymptomatik aber auch die Gefahr von Persistenz und einer generalisierten Angsterkrankung, die dem somatischen Verlauf der KHK nicht äquivalent ist, sondern eine Überreaktion auf das kardiale Ereignis darstellt.

Verleugnung (denial) wird typischerweise seltener gemischt mit Angst und depressiver Symptomatik in Verbindung gebracht (Soloff 1980), sondern stellt eher ein Zwischenstadium dar. Sie ist wichtig in der Verarbeitung der Angstgefühle und dient der Protektion vor massiver Angstüberflutung. In ihrer persistierenden Form allerdings zeigt sie negative Auswirkungen auf den Krankheitsverlauf. Sie führt zu schlechterer Compliance und der Aufgabe von Medikamenteneinnahmen (Croog et al. 1969, Lazarus 1983).

Fallbeispiel

Der Patient, ein 62-jähriger Unternehmer hat (nach seinen Angaben) „wie aus heiterem Himmel“ morgens auf dem Weg in die Frühbesprechung seines Unternehmens einen akuten Myokardinfarkt erlitten, der mit einer massiven Schmerzsymptomatik einherging. Der psychosomatische Konsiliarius wird hinzugezogen, als der Patient bereits von der Intensivstation auf die Normalstation verlegt worden war. Im ersten Gespräch sitzt der Patient aufrecht in seinem Bett, bittet den Konsiliarius jovial zu sich heran und macht ihn mit der Lektüre vertraut, die er gerade liest. Darunter ein Buch mit dem Titel „EKG für Laien“. Er habe, versichert er nachdrücklich, die „Dinge“ längst schon wieder unter Kontrolle und sei auch dabei, vom Krankenbett sein Unternehmen zu dirigieren. Der Psychosomatiker hört dem Patienten aufmerksam und geduldig zu, er unterbricht ihn nicht. Irgendwann gerät der Monolog des Patienten ins Stocken; er wird unsicher, schweigt. Am Ende stützt er sein Gesicht in beide Hände und fragt mit leiser, fast gebrochener Stimme, wie es weiter gehen soll. Er beginnt zu weinen.

Die Trauerreaktion (Cassem u. Hackett; 1971) als leicht bis mäßig depressive Reaktion mündet letztendlich nach mangelnder oder fehlerhafter Anpassung an das akute Ereignis in eine Postinfarktdepression Bei ca. 15-20% aller Infarktpatienten ist mit derartigen persistierenden depressiven Zustandsformen im Verlauf nach akutem Myokardinfarkt zu rechnen (Lloyd u. Cawley 1978, Silverstone 1987, Schleifer u. Mitarb. 1989, Ladwig u. Mitarb. 1991).

Mittlerweile liegen eine Reihe prospektiver Studien zur Postinfarktdepression vor, die den einerseits unabhängigen andererseits klinisch ausgeprägt negativen Einfluss der psychischen Störung auf den somatischen Krankheitsverlauf belegen. Es konnte wiederholt gezeigt werden, dass die Postinfarktdepression unabhängig vom objektivierten klinischen Ausmaß der Schädigung des Myokards die Morbidität und Mortalität drastisch erhöht.

Klinik und diagnostische Einordnung der Post-Infarktdepression. Appels (1997) vermutet in dem weitgehenden Fehlen von Schuldgefühlen einen Unterschied in dem konstituierenden Element der Depression bei Infarktpatienten im Vergleich zu psychiatrischen Populationen. Müdigkeit und Energieverlust stehen im subjektiven Erleben der Herzpatienten zunächst im Vordergrund. In der Befragungssituation bieten die Betroffenen dann allerdings typische Ausdrucksformen der Depression. Dies ist v. a. die depressive Fazies mit psychomotorischer und kognitiver Gehemmtheit sowie traurigen, hoffnungslosen Gedankeninhalten, verbunden mit deutlich eingeschränkten Möglichkeiten interpersoneller Kommunikation. Dies schließt Libidoverlust, Angaben über die Unfähigkeit, sich wie früher zu freuen, sowie Klagen über Gefühlsverarmung gegenüber nahestehenden Personen und lebenswichtigen Interessen ein. Nicht festzustellen sind bei den betroffenen Patienten Hinweise auf direkte psychotische Symptomkomplexe wie halluzinative Beeinträchtigungen des Wachbewusstseins. Die Ermittlung möglicher körperlicher Symptome der Depression ist wegen der Interaktion mit der koronaren Herzkrankheit ebenfalls weitgehend ausgeschlossen.

Die diagnostische Einordnung eines psychopathologischen Befundes wird erst bei Persistenz und sicherem Leidensdruck relevant. Nach unserer Auffassung ist in der postakuten Phase des Myokardinfaktes die ICD-10 Klassifikation „F 43 Reaktionen auf schwere Belastungen und Anpassungsstörungen" besonders geeignet, die psychische Morbidität dieser Patienten zu erfassen. Neben der Anhäufung und / oder der Schwere der Auslösefaktoren ist auch die idiosynkratische Vulnerabilität des Individuums in der Pathogenese essentiell. Die Symptome zeigen sich in depressiver Stimmungslage, Angst, Besorgnis, Gefühl der Hilflosigkeit und der Unfähigkeit zu Handeln. Selten spielen auch Aggressivität und Feindseligkeit eine Rolle. Die Symptome dauern meist nicht länger als sechs Monate, außer es handelt sich um eine längere depressive Reaktion (F 43.21). Zusätzlich wird man bei den Patienten F 54 diagnostizieren können, worunter psychologische Faktoren oder Verhaltensfaktoren bei einer (in diesem Fall: kardiologischen) Grunderkrankungen erfasst werden.

Bei einer Untergruppe der Patienten ist eine depressive Episode (F 32) nicht auszuschließen, die charakterisiert ist durch eine gedrückte depressive Stimmung, einer deutlichen Verminderung von Interesse oder Freude, durch Antriebslosigkeit, Ermüdbarkeit, durch mangelndes Selbstvertrauen und reduziertes Selbstwertgefühl. Grundlose Selbstvorwürfe oder übersteigerte Schuldgefühle können mit hinein spielen und zu wiederkehrenden Todes- und Suizidgedanken führen. Typisch sind auch subjektive oder objektive Agitiertheit, Hemmungen und Schlafstörungen, Appetitverlust bzw. gesteigerter Appetit mit Gewichtszunahme.

Bei einem Großteil der Fälle erschließt sich das depressive Zustandsbild dem diagnostizierenden Arzt nicht unmittelbar. Dies führt dazu, dass der Schweregrad der psychischen Begleiterkrankung von Klinikern und Patienten häufig deutlich unterschätzt wird (Thompson u. Mitarb. 1983, Zung u. Mitarb. 1984, Hermann 1991) und schwere Depressionen unerkannt und unbehandelt bleiben. Problematisch in der Diagnosefindung ist die sich überlappende Symptomatik von Depression und kardialer Erkrankung wie Müdigkeit und Schlaflosigkeit. Wichtig ist eine allgemeine Akzeptanz der Tatsache, dass es nach einem Infarkt zu Depressionen kommen kann, damit der Patient, der auf seine Problematik nicht ausdrücklich hinweist, auch danach befragt wird.

Prognostische Bedeutung. Die empirische Abschätzung der prognostischen Bedeutung der Postinfarktdepression mit Hilfe prospektiver Studien gehört zu den zur Zeit international am besten untersuchten psychopathologischen Störungsbildern.

Mit Hilfe des Minnesota Multiphasischen Persönlichkeitsinventars (MMPI) konnten John G. Bruhn u. Mitarb. (1969) in einer sorgfältigen Fall-Kontrollstudie von 30 Infarktpatienten über einen 18-monatigen Zeitraum einen hochsignifikanten Zusammenhang zwischen dem Ausmaß an Depression und nachfolgender KHK-Mortalität sichern. Erst in den achtziger Jahren wurde dieses Forschungsergebnis wieder aufgegriffen und mit Hilfe prospektiver Untersuchungen bei verschiedenen kardialen Untersuchungsgruppen weiterverfolgt:

- So untersuchten Kennedy u. Mitarb. (1987) 88 Patienten, bevor sie einer programmierten Elektrostimulation unterzogen wurden und erfassten in einer Follow-up Untersuchung von 18 Monaten die eingetretene Mortalität.
- Carney u. Mitarb. (1988) untersuchten 52 Patienten vor einer Koronarkatheteruntersuchung und erfassten einen Zeitraum von zwölf Monaten.
- Ahern u. Mitarb. (1990) beobachteten 502 Patienten im Zustand von 6-60 Tagen nach Infarkt und erfassten einen zwölfmonatigen Nachverfolgungszeitraum.
- Ladwig u. Mitarb. (1991) untersuchten 552 männliche Infarktpatienten im Alter von 29-65 Jahren während des Akutklinikaufenthaltes und erfassten einen sechsmonatigen Zeitraum.
- Von Barefoot u. Mitarb. (1996) wurden 1250 Patienten mit manifester KHK über einen Zeitraum von 19,4 Jahren beurteilt.
- In einer weiteren Studie verfolgte seine Arbeitsgruppe 740 Bewohner einer dänischen Kleinstadt (davon 122 mit initialem Infarkt) über 27 Jahre.

In all den genannten prospektiven Untersuchungen konnte ein signifikanter Zusammenhang zwischen einer Post-Infarkt-Depression und nachfolgender Letalität gesichert werden.

Die Ursachenforschung für das Auftreten einer pathologisch entgleisten Trauerreaktion bei Postinfarktpatienten steht noch am Anfang (Appels 1997, Carney u. Mitarb. 1987). Das signifikant erhöhte Letalitätsrisiko der depressiven Patientengruppe lässt zunächst vermuten, dass der psychische Zustand dieser Patienten Ausdruck des Schweregrades der Erkrankung ist. Es besteht aber Übereinstimmung in der Literatur, dass der Schweregrad des somatischen Befundes in keinem linearen Zusammenhang zum psychischen Befund steht (Billing u. Mitarb. 1980, Carney u. Mitarb. 1987, Havik u. Maeland 1990, Klein u. Mitarb. 1974, Krittayaphong u. Mitarb. 1997, Ladwig u. Mitarb. 1992, Lloyd u. Cawly, 1983, Silverstone 1987, Schleifer u. Mitarb. 1989, Wiklund u. Mitarb. 1984). Dies bedeutet, dass Patienten, die einen schweren transmuralen Myokardinfarkt erleiden, keineswegs gleichzeitig höhere Depressionswerte aufweisen als Patienten, die von geringgradigen Infarkten betroffen sind.

Wachsende empirische Evidenz für eine sympathikotone Imbalanz zeigt sich ebenfalls übereinstimmend in verschiedenen Studien. Herzfrequenz-Variabilitätsuntersuchungen an depressiven KHK-Patienten (Carney u. Mitarb. 1988, 1995, Krittayaphong u. Mitarb. 1997) belegen einen erhöhten adrenergen Tonus bei reduziertem vagalem Input, der eine dynamische Anpassung des Organismus an wechselnde Anforderungen erschwert und den Betroffenen zu einem starren Verhaltensmodus zwingt, der auch einen agierenden Charakter depressiver Symptome beinhalten kann.

Abgesehen davon kann auch die herzkreislauf-spezifische Medikation depressive Symptome auslösen. Wir haben die Beobachtung gemacht, dass die Verordnung von Digitalis-Glykosiden in der Vorinfarkt-Phase eine ausgeprägte Assoziation mit dem Auftreten einer nach dem Infarkt manifest werdenden Depression besitzt. Schleifer u. Mitarb. (1991) berichten ebenfalls über einen Zusammenhang schwergradiger Depression in einem Zeitraum von 3-4 Monaten nach Infarkt mit der Digitalis-Medikation. Diese Ergebnisse müssen aus methodischen Gründen allerdings mit einiger Vorsicht betrachtet werden. Dennoch ist seit langem bekannt, dass Digitalispräparate zu zentralnervösen Effekten führen (Ferguson u. Mitarb. 1989). Möglicherweise bewirken Herzglykoside auch in physiologischen Dosen eine Inhibierung der ZNS-Synthese von Norepinephrin und damit eine unerwünschte Aktivierung zentralnervöser noradrenerger Funktionen (Gaitonse u. Mitarb. 1977, Eisendrath u. Sweeney. 1987). Es erscheint daher in jedem Fall ratsam, vor Verordnung einer Digitalis-Medikation sehr sorgfältig nach Anhaltspunkten für psychoasthenische und depressive Symptome zu suchen. Für betaadrenerge Rezeptor- Antagonisten (Betablocker) berichtete Waal erstmals über eine bemerkenswert hohe Koinzidenz depressiver Symptome bei der Gabe von Propranolol. In drei großen kontrollierten Studien wurde dieser Effekt untersucht und konnte für zwei Studien bestätigt werden. Hellas fand einen depressionsprovozierenden Effekt von mäßiger Ausprägung (RR 1.29; CI 1.08-1.56) für Angiotensin-Converting Enzyme (ACE-Inhibitoren) und Kalzium-Kanal-Blockern.

Krankheitsrelevante depressive Zustände nach Infarkt bilden sich möglicherweise auf dem Boden einer charakteristisch prädisponierenden Prodromalsituation vor dem Infarkt aus. Zur Risikokonstellation zählt in erster Linie das Vorhandensein unspezifischer, psychoasthenischer Erschöpfungszustände. Charakteristischerweise sind Koronarpatienten häufig leistungsorientierte und ehrgeizige Menschen, die ein solches Erschöpfungssyndrom als „Knick in ihrer Lebenslinie" empfinden. Wie wir in einer Analyse von Abrechnungsdaten der gesetzlichen Krankenversicherung (GKV-Analyse) zeigen konnten (Ladwig 1989), suchen solche Menschen gerade in den letzten Tagen vor dem Infarkt ihren Hausarzt mit unspezifischen Symptomen auf. Nicht die Verschreibung von Kardiaka nimmt in diesen entscheidenden Tagen zu, sondern die Verordnung von Heilmitteln gegen Schlafstörungen und Angstzustände. Zustände diffuser Angst und Hilflosigkeit (Alonzo u. Mitarb. 1975, Appels u. Mulder 1988, Kuller 1978) verbinden sich im Vorfeld der Erkrankung mit organisch bedingtem Vitalitätsverlust und Erschöpfung.

Eine lang andauernde Angina-pectoris-Anamnese ist ebenfalls ein Charakteristikum im Vorfeld der Postinfarktdepression. Die nozizeptiven Ischämiezeichen des Herzens weisen den Patienten an einer zentralen Stelle seines Körpers auf die Grenzen seiner Belastbarkeit hin, schränken seinen Aktionsgrad ein und verlangen eine Anpassung der Lebensperspektive auf eine Strategie zur Vermeidung der Auslösung einer angsterzeugenden Schmerzquelle. In der Vorphase eines Myokardinfarkts gelingt es den Koronarpatienten in der Regel, mit einem hohen Ausmaß an Symptomtoleranz und Indolenz gegenüber Beschwerden (Hahn 1982, Ladwig 1989) die mit dieser erzwungenen Anpassungsleistung einhergehende narzisstische Krise zu bewältigen. Der akute Infarkt bedeutet für viele der Angina-pectoris-Patienten nun eine endgültige und sehr dramatische Bestätigung der lange unterdrückten Einbrüche von existentieller Bedrohung in das Bewusstsein, dem der Patient nun nichts mehr entgegenzusetzen hat.

Therapeutische Schlussfolgerungen

Grundlagen einer adjuvanten psychologischen Brustschmerztherapie

Für Patienten mit schwerwiegenden Brustschmerzsymptomen gleich welcher Ätiologie, die häufig auch in Ruhe auftreten, muss bei 70%-80% der Patientenpopulation mit einer langandauernden und eine therapierestistente Morbidität gerechnet werden. Das Gesundheitswesen steht dem Ausmaß an psychischer Belastung und Schmerzpersistenz bislang eher hilflos gegenüber - eine auf diese Problemgruppe bezogene und systematisch verordnete Therapie existiert nicht. Brustschmerz-Patienten ohne nachweisbaren Gefäßbefund stehen mit großer Wahrscheinlichkeit unter einer Dauermedikation weitgehend wirkungsloser Herz/Kreislauf-Therapeutika, werden in ca. 20% der Fälle wegen ihrer Schmerzproblematik rehospitalisiert und werden in ca. 10% der Fälle innerhalb überschaubarer Zeitabstände rekoronarangiographiert. Ein adäquates Behandlungsregime für diese Patientengruppe sollte auf jeden Fall eine umfassende schmerztherapeutische Therapiestrategie beinhalten (Ladwig 1991).

Ohne ein spezifisches Behandlungsregime bleiben diese Patienten symptomatisch. Für die Behandlung der Brustschmerzsymptomatik bei Patienten mit nicht-koronarer Ursache haben eine Reihe von Forschern psychologische Therapieformen vorgeschlagen (Bass u. Mitarb. 1983, Ockene u.Mitarb. 1980, Lantinga u. Mitarb. 1988). In der Literatur beschrieben wurden bislang Fallstudien über den erfolgreichen Einsatz von Stress-Management-Techniken, Biofeedback und Verhaltensmodifikation bei diesen Patienten (Schwartz u. Mitarb. 1984; Levenkron u. Mitarb. 1985).

Fallbeispiel

J. Levenkron u. Mitarb. (1985) berichten über einen 38-jährigen Arbeiter, der vor seiner Erkrankung über einen 14-jährigen Zeitraum kein einziges Mal krank gewesen war. Dieser Mann wurde wegen plötzlich aufgetretener persistierender substernaler Schmerzen mit Verdacht auf einen akuten Myokardinfarkt stationär aufgenommen. Der Verdacht bestätigte sich nicht und wenige Tage später wurde er mit der Abschlussdiagnose von Brustschmerzen muskuloskeletaler Genese entlassen. Die ihm verordneten Medikamente (darunter auch Betarezeptoren-Blocker; Nitrate und Benzodiazepam) führten zu keiner Schmerzentlastung. Er blieb über viele Monate krank-

geschrieben und wurde schließlich nochmals stationär aufgenommen und reangiographiert. Aufgrund des wiederum negativen Befundes wurde er nun an die psychosomatische Abteilung der Klinik weiterverwiesen.
Aus der Eingangsuntersuchung wird über ein elaboriertes Repertoire an Schmerzverhalten des Patienten berichtet. Er war zu diesem Zeitpunkt in seinem sozialen Handlungsspielraum komplett eingeengt, hütete das Bett und sah sich außerstande, alltägliche Verrichtungen zu vollziehen. Er verlor das Interesse an Frau und Kindern und klagte über depressive Symptome (vornehmlich Energieverlust; Schlafstörungen und Niedergeschlagenheit). Eine „nervöse" Ursache seiner Brustschmerzsymptomatik hielt er theoretisch für möglich, konnte sich aber nicht vorstellen, „dass das alles von den Nerven kommen soll...".
Eine Reihe positiver und negativer Verstärker haben das Schmerzverhalten des Patienten ungünstig stabilisiert. So führten Immobilität und die psychotrope Medikation zu einer Senkung der Wahrnehmungsschwelle von viszeralen Impulsen; ein kontingentes schmerzverstärkendes Verhalten war u. a. auf eine maximale Aufmerksamkeits-Zuwendung seiner Frau im Schmerzanfall zurückzuführen. Persönlichkeitspsychologisch erschien er als ein passiv reagierender Charakter, dem es schwer fiel, direkt Gefühle (speziell Ärgergefühle) zum Ausdruck zu bringen. Ärgerunterdrückung war mit einer erhöhten Präokkupation multipler somatischer Symptome verbunden.
Den Therapeuten (einem multidisziplinären Team aus einem Arzt, Psychologen, einer Schwester und einer Krankengymnastin) gelang es, den Patienten zu motivieren, selbstverantwortlich und aktiv an der Therapie seiner Schmerzen mitzuwirken. „A formal treatment contract signed by the patient and all staff involved identified six targets of behavior change to be achieved by learning specific physical, emotional and behavioral skills. Functional ability served as the overriding goal by first establishing physical strength, stamina, and independent daily performance (p.476)".
Als Therapieziel wurde also eine höhere Expressivität und verbesserte kommunikative Fähigkeit des Patienten angestrebt, um den Schmerz als zentralen Gesprächspunkt innerhalb der Familie zu ersetzen: „...pain had become a powerful source of influence within the household, making it necessary for the patient to develop new assertiveness, marital communication, and parenting skills that he could experience as equally influential (p.477)".
Die stationäre Psychotherapie des Patienten dauerte sechs Wochen. Nach der Entlassung folgte eine alle zwei Wochen eine einstündige ambulante Psychotherapie mit der Ehepartnerin über einen fünfmonatigen Zeitraum. In der Einjahres-Evaluation berichtete der Patient über zwei zwischenzeitlich aufgetretene Brustschmerzattakken in einer belastendenen Familiensituation, die in einem Fall zu einer einwöchigen Arbeitsunterbrechung führte. Seine Erwerbstätigkeit war ansonsten nicht beeinträchtigt, sein sozialer Handlungsspielraum wieder im Normalbereich. Die durchgeführte schmerztherapeutische Behandlung konnte den Patienten vor dem Schicksal eines chronischen Siechtums bewahren.

Die bislang einzige kontrollierte Evaluation eines psychologischen Therapieprogrammes zur Behandlung von atypischem, nicht-kardialem Herzschmerz stammt aus Oxford in Großbritannien. Klimes u. Mitarb. (1990) schlossen 31 Patienten mit dem genannten Schmerzbild in die Therapiestudie ein. Die durchschnittliche Schmerzdauer der Patienten war zum Studienbeginn 4,7 Jahre. Die Patienten wurden in eine Therapiegruppe und eine Kontrollgruppe eingeteilt. Die Therapiekozeption basierte auf einem kognitiv-verhaltensmodifizierenden Ansatz. Die Behandlungsziele bei einer durchschnittliche Anzahl von 7,2 Therapiestunden fokusierten auf dem Versuch, inadäquate Krankheitsüberzeugungen der Patienten zu reduzieren und ihnen höhere Freiheitsgrade im

Umgang mit den intermittierenden Schmerzen durch Antizipation und Symptomkontrolle zu ermöglichen. Die Evaluation der Studie ergab signifikante Reduktionen an Brustschmerzen, Limitationen und Brüchen im Alltagsleben, Reduktionen autonomer Reaktionen, Verminderung von Distress und psychischen Störungen in der Behandlungsgruppe im Vergleich zur Kontrollgruppe. In der Kontrollgruppe wurde im Anschluss an diese Therapie-Kontrollphase ebenfalls das Behandlungskonzept durchgeführt und es wurden vergleichbare Resultate erzielt. Eine Abschlussevaluation nach vier bis sechs Monaten ergab eine stabile Erhaltung des initialen Therapie-Erfolges.

Entwicklung von Therapiezielen für Brustschmerzpatienten

W. Eich (1995) hat für die psychosomatische Betreuung von Patienten mit entzündlich-rheumatischen Erkrankungen Zielgrößen der psychosomatischen Grundversorgung aufgelistet, die aus unserer Sicht in abgewandelter Weise auch geeignet sind, die zentralen Therapieziele in einem Curriculum für chronisch-intermittierende Brustschmerzptienten zu beschreiben.

Im folgenden möchten wir den erreichten Kenntnisstand zur Psychosomatik der Brustschmerzsyndrome zu der Formulierung von einigen Therapieprinzipien nutzen, die sowohl für die Therapieplanung in einem eher tiefenpsychologisch, verstehend-biographischen Ansatz als auch in einem kognitiv-verhaltenstherapeutischen Konzept eine Grundlage sein kann:

Therapieziel 1: Aktiv stützende und haltende Einstellung, die den Patienten in seinen Ängsten annimmt

Betrachtet man die pektanginöse Schmerzsymptomatik in einem kardiologisch-internistischen Settung ausschlíeßlich unter dem Gesichtspunkt der diagnostischen Abklärung, also als Symptom für eine möglicherweise kardiologisch zu behandelnde Erkrankung, wird man dem Patienten kaum die Möglichkeit eröffnen, die mit dem Brust-Schmerzbild einhergehenden spezifischen psychischen Begleitsymptome zu offenbaren. Angina pectoris löst Angst aus wobei Angst in vielen Fällen sogar den Brustschmerz als Symptom bei ischämischen Attacken substitutiert (Sylven u. Mitarb.1986). Angst besitzt einen hyperalgesierenden Einfluss durch eine zentralnervös induzierte Senkung der Schmerzschwelle (Bullinger u. Mitarb.1986, Medalie u. Mitarb.1976). Daher gilt als ein zentrales Therapieziel, dass von allem, was Angst reduzieren kann, auch erwartet werden kann, dass es Schmerz lindert.

Therapieziel 2: Information und Beratung des Patienten und der Angehörigen, damit die individuellen und familiären Ressourcen genutzt werden können

Lerntheoretisch orientierte Schmerzforscher wie Fordyce u. Mitarb. (1973) haben auf die Bedeutung der psychisch signifikanten Umgebung auf die Aufrechterhaltung bzw. Unterbrechung chronischer Schmerzzustände aufmerksam gemacht. Hierbei unterscheiden sie - wie Egle und Hoffmann (1989) herausarbeiten - bei der Schmerzwahrnehmung und seiner Mitteilung zwischen zwei Komponenten zum einen Verhaltensweisen, die Folgen von sensorischen Schmerzempfindungen sind („respondentes Schmerzverhalten") und zum anderen Verhaltensweisen, welche aus der Reaktion der Umgebung auf die Schmeräußerung entstehen („operantes Schmerzverhalten"). Solche sozialen Verstärker sind im Familienverbund häufig, wenn dem Patienten aufgrund seiner Schmerzen eine besondere Anteilnahme und Vorteile im alltäglichen Lebensvollzug zuteil werden - mithin sich um den Schmerzkranken eine auf ihn bezogene quasi virtuelle Realität konstituiert, der zu entrinnen häufig weder dem chronisch Schmerzkranken noch seinen Angehörigen gelingt.

Allerdings scheint bei Angina pectoris Patienten ein eher gegenläufiger Mechanismus zu greifen. Insbesondere die Koronar-Patienten tendieren dazu, ihre Schmerzattacken eher zu minimalisieren, den Bedrohungsgehalt der Symptomatik ihrer vertrauten Umgebung vorzuenthalten. Damit isolieren sie sich in einem essentiellen Teil ihrer Lebenswirklichkeit von der Möglichkeit, ihre angstvollen emotionalen Erlebniszustände mitteilbar zu machen und Linderung durch das Mitleiden von ihnen nahestehenden Menschen zu erlangen. Dieses ausgeprägte Ausmaß an schmerzbedingter Isolation - und damit die Notwendigkeit, das Schmerzleid selbst zu tragen, trägt wesentlich zu der Erschöpfung und Niedergeschlagenheit der Betroffenen bei, was im Sinne eines circulus virtiosus einen schmerzverstärkenden Effekt ausübt.

Zentrales Anliegen des zweiten Therapiezieles bewegt sich demnach auf dem schmalen Grad einer psychotherapeutischen Hilfe zum Aufbau einer angemessenen Kommunikationsfähigkeit über die erlebten aversiven Schmerzstimuli und andererseits der Inhibierung operanter Schmerzverstärker da, wo die Schmerzrolle des betroffenen Patienten die dominierende Identität der Familie bzw. der sozialen Umgebung des Schmerzpatienten geworden ist.

Therapieziel 3: Stimulierung einer introspektiven und selbstreflektiven Wahrnehmungsfähigkeit, um die eigene Befindlichkeit sowie Krankheitssymptome und Medikamentenwirkungen (und Nebenwirkungen) angemessen abschätzen zu können

Basler und Rehfisch (1989) erinnern in dem von Ihnen entworfenen konzeptionellen Rahmen einer psychologischen Schmerzbehandlung daran, dass das sensorische Schmerzmodell - also die Annahme, dass spezialisierte Rezeptoren durch unterschiedliche Intensitäten physikalischer Energie stimuliert, eine unmittelbare Zuordnung zwischen physikalischen Reizen und Schmerzreaktionen ermöglichen - allenfalls noch „von historischem Interesse" ist. Dieser mechanischen Sichtweise stellen sie das Schmerzkonzept von Leventhal und Everhart gegenüber, die das *Modell der parallelen Reaktionen* entwickelt haben. Hier wird aus der Vielzahl möglicher Schmerzkomponenten auf die Unterscheidung zwischen sensorischer und emotionaler Reaktion abgehoben, die nicht nacheinander, sondern als Schmerzinformation nebeneinander erfolgen. Arzt und Patient müssen lernen und akzeptieren, dass emotionale Reaktionen natürlicher Bestandteil der Schmerzwahrnehmung sind. Therapeutisch bedeutungsvoll ist es nun, dass weder die wahrgenommene Schmerzstärke noch die Intensität des emotionalen Gestörtseins durch das Schmerzerleben in einem kausalen Verhältnis zum somatischen Befund und damit zu der verkodeten nozizeptiven Impulsfolge steht. Daraus schlussfolgern Basler und Rehfisch (1989) für die psychologische Schmerzbehandlung:

1. Die Enkodierung der Schmerzinformation im Gehirn ist nicht eine Funktion der peripheren Rezeptoren, sondern eine Funktion des zentralen Nervensystems. Die Information wird in verschiedener Weise moduliert, ehe sie Teil unserer Wahrnehmung wird.
2. Es wird eine Unterscheidung zwischen wahrnehmbaren (Perzeption) und wahrgenommenen Schmerzreizen (Focal awareness) vorgenommen. Nicht jeder wahrnehmbare Schmerzreiz mündet in eine Schmerzwahrnehmung.
3. Wahrnehmbares Material wird gefiltert durch unterschiedliche Zustände der Aufmerksamkeit (Attentional channels). Die Wirksamkeit dieser Filter kann durch personenexterne und personeninterne Bedingungen beeinflusst werden. Ziel einer The-

rapie ist es, solche Bedingungen im zentralen Nervensystem zu schaffen, die eine Kontrolle der Schmerzinformation ermöglichen.

Der chronische Verlauf der intermittierenden Brustschmerzsysmptomatik ist durch eine progressive Entgleisung von inhibitorischen Mechanismen gekennzeichnet. Insbesondere durch die Schmerzauslösung auch unter Ruhebedingungen wird der Schmerz zu einem stochastischen Ereignis, dem sich der Betroffene zunehmend hilflos ausgeliefert fühlt und das er durch reflexartiges oder instinktives Verhalten nicht mehr beeinflussen kann. Die Aufmerksamkeitszuwendung fokusiert auf viszerale Impulse (die Aufmerksamkeitskanäle sind weit geöffnet). In solchen Zuständen reichen bereits geringe perzeptorische Hinweisreize aus, das Vollbild des Schmerzens zu generieren.

Bei Patienten mit atypischem Brustschmerz kommt zusätzlich eine erhöhte Bereitschaft zur Konversion seelischen Gestörtseins in multiple somatische Beschwerden hinzu. Bei ihnen ist parallel oder unabhängig von der Schmerzentwicklung mit einer „Aktivierung der körperzentrierten Wahrnehmung" (Ermann 1987) zu rechnen, die die Patienten zu einer „quälend reflektierenden Rückwendung zum eigenen Leib" (Bräutigam 1972) zwingt.

Einige verhaltensmedizinische Therapieziele bei der Reduktion der Schmerzsensitivität sind also:

- Umlenkung der Aufmerksamkeit
- Neu-Interpretation der Bedeutung
- Schaffung von Handlungsmöglichkeiten und Bewältigungsmechanismen.

Das schmerztherapeutische Vorgehen muss daher zu der Verbreiterung der Erfahrungswelt des Patienten beitragen. Es muss erreicht werden, dass der Patient Ausbruchsversuche aus seiner Schmerzwelt wagt, sich bemüht, die Grenzen seines sozialen Handlungsspielraums allmählich auszudehnen und übt, viszerale Impulse nicht unmittelbar mit dem Gefühl existentieller Bedrohung zu assozieren. Der Patient muss lernen, seinen Schmerz als natürliches Warnsignal zu akzeptieren und nicht als Auftakt eines bedrohlichen Vorgangs, dem er hilflos ausgeliefert ist.

Der Patient muss daher auch motiviert und angeregt werden, eine Vielzahl von schmerzentlastenden Techniken zu erproben und auf die Wirksamkeit für sich zu testen. Er muss die Erfahrung machen können, nicht hilflos dem Schmerzgeschehen ausgeliefert zu sein, sondern mit eigenen Mitteln dem Schmerzgeschehen zumindest ein Stück weit entgegentreten zu können.

Therapieziel 4: Kontinuierliche und geduldige Betreuung des Patienten, die das Anlehnungsbedürfnis des Patienten versteht

Viele Patienten - insbesondere die psychisch stabilen und robusten Patienten (Frasure-Smith 1987) - haben eine bereits langandauernde Schmerzanamnese hinter sich, bevor sie sich zu einer systematischen Abklärung ihrer Schmerzsymptomatik entscheiden. Sie weisen eine nur geringe Bereitschaft auf, über ihr Schmerzproblem mit ihrer Umgebung zu kommunizieren. Auf diesem Hintergrund wird der initiale Arzt-Patientenkontakt zu einem biographisch bedeutsamen Ereignis. Seit langer Zeit hat der Schmerzpatient einen basalen Gefühlszustand der Sicherheit und des Wohlbefindens missen müssen - so gewinnt die Beziehung zu dem Experten die besondere Bedeutung einer möglichen Lösung. Die ärztliche Zuwendung repräsentiert eine in den Horizont des Möglichen gerückte Re-Stabilisierung des mit einer kummulativ addierten Reihe traumatisierender Erfahrungen überbelasteten Ichs. Insofern ist das bei den Schmerzpatienten erkennbare Anlehnungsbedürfnis nicht nur Äquivalent der für Herzangstneurotiker typischen Reaktion des Anklammerns im letzten Augenblick, sondern viel eher der Versuch, dem basalen Gefühl der Hilflosigkeit durch das ordnende Handeln des Therapeuten zu entfliehen und dadurch einen „Akt sensorischer Integration“ (Steffens u. Kächele, 1987) zu erreichen.

Therapieziel 5: Ich-Stärkung durch die Bearbeitung individueller Konflikte bei der Schmerzauslösung und im Verlauf der Erkrankung

Die klinische Beobachtung, dass manche Individuen für Schmerzen anfälliger sind als andere, hat Engel (1959) erstmals aus tiefenpsychologischer Sicht systematisch analysiert und damit einen wissenschaftlich begründeten psychologischen Zugang zum Schmerzverständnis und zu dem Phänomen eines „pain-prone patients“ bewirkt. Die Mitbeteiligung psychodynamischer Prozesse bei der Entstehung und Aufrechterhaltung chronischer Schmerzzustände eröffnet zugleich Grundlagen für ein psychoanalytisches Therapiekonzept für entsprechend prädisponierte Patienten.

In der Psychopathologie prädominant psychisch unterhaltender Schmerzen wird man bei kardialen Patienten vermutlich am ehesten mit einer narzisstischen „Neuorganisation als leidendes Opfer“ (Hoffmann u. Egle 1990) in der Folge des traumatischen Einbruchs, des Beginns der koronaren Herzerkrankung rechnen müssen. Individuen, die vulnerabel für eine solche Konfliktverarbeitung sind, lassen auch eine Reihe von Berührungspunkten mit den Persönlichkeitseigenschaften eines typischen Koronarpatienten (Hahn 1982) erkennen, die - wie die somatoformen Patienten - durch eine hohe libidinöse Besetzung ihres Körpers, durch Indolenz und hyperaktivem Verhalten gekennzeichnet sind. Nach den Erfahrungen von Hoffmann und Egle (1990) gehören schließlich „Schmerzpatienten mit ängstlich-hypochondrischer Selbstbeobachtung, die zunehmend das Interesse an allen Vorgängen jenseits ihres Symptoms verloren haben“ zu den therapeutisch problematischsten Patienten.

Einige der genannten Therapieziele sollten Leitlinie in jedem Patient-Arztkontakt bei dieser Patienengruppe sein, einige Therapieziele dagegen können nur in speziellen Settings oder durch ausgebildete Psychosomatiker realisiert werden. So sollte eine aktiv stützende und haltende Einstellung, die den Patienten in seinen Ängsten annimmt (Ziel 1) und das Anlehungsbedürfnis des Patienten versteht (Ziel 4) auch in einer hochtechnischen Umgebung einer kardiologisch-diagnostischen Einheit Prinzip des Arzt-Patientenkontaktes sein. Zur Abschätzung und Therapieempfehlung einer psychopathologischen Mitbeteiligung in der Unterhaltung des chronischen Brustschmerzsyndroms (Ziel 5) sollte konsiliarisch der Psychosomatiker hinzugezogen werden. Die Entwicklung und Erprobung eines verhaltensmedizinischen Konzeptes zur psychologischen Beeinflussung der Schmerzintensität und Persistenz kann gewinnbringend in der stationären und nachstationären Betreuung der Patienten, in Rehabilitationseinrichtungen oder in ambulanten Herzgruppen erfolgen (Ziel 3). Nach unserem Eindruck besteht gerade in dem rehabilitativen Sektor Bedarf nach neuen Therapiekonzepten (Koch u. Haag 1988, Broda 1994), die gezielt einen Beitrag zur Umsetzung des erreichten Kenntnisstandes der klinisch-psychologischen und psychosomatischen Forschung anstreben. Hier - aber auch in der Betreuung von Herzschmerzpatienten in den niedergelassenen Praxen - sollte schließlich das familiäre Umfeld (Ziel 2) mit in den Behandlungskontext integriert werden.

Besonderheiten therapeutischer Interventionen bei Infarktpatienten

Post-Infarkt-Patienten mit persistierender Depression benötigen eine integrierte somato-psychische Therapie. Sie zeigen zwar häufig wenig Bereitschaft, sich psychiatrischen oder psychotherapeutischen Spezialbehandlungen anzuvertrauen, die klinische Erfahrung zeigt aber, dass der Mehrzahl der betroffenen Patienten bereits in der Akutklinik für eine *Krisenintervention* des psychiatrisch / psychosomatischen Konsiliarius gewonnen werden können, wenn dies durch den primär behandelnden Stationsarzt entsprechend routiniert aversiert wird. Über die Wirksamkeit solcher am Krankenbett erfolgenden Interventionen liegen allerdings bislang keine empirischen Daten vor.

Viele Infarktpatienten gelangen nach der Akutbehandlung in eine stationäre Anschlussbehandlung, deren Möglichkeiten einer systematischen spezifischen Intervention zur Behandlung der Postinfarkt-Depression nach unserem Eindruck bislang erst unzureichend genutzt wird. Positive Effekte auf eine Reduktion depressiver Symptome sind jedoch bereits durch unspezifische rehabilitative Maßnahmen, wie dem Bewegungstraining, zu erwarten (Byrne u. Byrne 1993, Giese u. Schomer 1986).

Im chronischen Verlauf der Erkrankung hängt für diese Patienten viel von der therapeutischen Allianz (Swenson u. Abbey 1992) zwischen dem Koronarpatienten und dem niedergelassenen Arzt ab. Hierbei sollte dem Patienten verständlich werden, dass a) die Depression, die die Koronarerkrankung begleitet, zu deutlichen Beeinträchtigungen des Alltagslebens führt. b) Der Patient sollte das Krankheitskonzept der Depression verstehen, d. h. begreifen, dass die Depression affektive und somatische Symptome kombiniert (wie Schlafstörungen, Energieverlust, erhöhte Schmerzperzeption) und nicht mit den üblichen Stimmungsschwankungen in Jedermanns Leben vergleichbar ist und damit c) behandlungsbedürftig ist, d. h. die Anstrengung einschließt, über das Problem zu reden.

Die stützende psychotherapeutische Intervention ist nach heutigem Wissensstand das Mittel der Wahl in der Patientenführung der Post-Infarkt-Depression. Neuere Antidepressiva wie den selektiven Serotonin-Wiederaufnahme-Inhibitoren (SSRI) weisen keine anticholinergen, arrhythmogenen Nebenwirkungen auf und kommen daher für eine Komedikation in Frage (Cleophas 1997, Carney 1997). Ihre Nebenwirkungen zeigen sich in der Interaktion mit anderen Medikamenten wie Betablocker, Warfarin und Antiarrhythmika durch eine Senkung der Aktivität der spezifischen Cytochrom-P 450 Enzyme der Leber und den dadurch verminderten Abbau dieser Medikamente. Bei Komedikation sollte deshalb mit einem anfangs reduzierten SSRI-Dosisschema begonnen werden und ein sorgfältiges Monitoring des Patienten gewährleistet sein (Carney 1997).

Literatur

Ahern DK, Gorkin L, Anderson JL. et al. Biobehavioral variables and mortality or cardiac death in the Cardiac Arrhythmia Pilot Study (CAPS). Am J Cardiol 1990; 66: 59-62

Alonzo, A.A., Simon, A., Feinlieb, M. Prodromata of myocardial infarction and sudden death. Circulation; 1975 52: 1056-1062

Appels A: Mental precursors of myocardial infarction. Br J Psychiatry 1990; 156: 465-471

Appels A, Mulder P. Excess fatigue as a precursor of myocardial infarction. Eur Heart J 1988; 9: 758-764.

Appels A. Depression and coronary heart disease: observations and questions. J Psychosom Research 1997; 43:443-452

Barefoot JC, Beckham JC, Peterson BL, Haney TL, Williams RB Jr.: Measures of Neuroticism and Disease Status in Coronary Angiography Patients. J Consulting and Clinical Psychology 1992; 60, 127-132

Barefoot CJ, Helms MJ, Mark DB et al.: Depression and long-term mortality risk in patients with coronary artery disease. Am J Cardiol. 1996; 78: 613–617

Basler HD, Rehfisch HP: Gruppenbehandlung chronischer Schmerzpatienten in allgemeinärztlichen Praxen. Der Schmerz. 1989; 3: 22–27

Bass C, Wade C, Hand D, Jackson G: Patients with angina with normal and near normal coronary arteries: Clinical and psychosocial state 12 months after angiography. British Med J 1983; 287, 1505-1508

Billing E, Lindell B, Sederholm M, Theorell T. Denial, anxiety, and depression following myocardial infarction. Psychosomatics 1980; 21; 21, 639-645.

Bormann C, Hoeltz J, Hoffmeister H, Klaes L, Kreuter H, Lopez H, Stolzenberg H, Weiland C. Subjektive Morbidität. München: MMV Meduzin-Verlag, 1990

Bräutigam W: Reaktionen - Neurosen - Psychopathien. Stuttgart: Thieme 1972

Bräutigam W, Christian P, von Rad M (Hrsg): Psychosomatische Medizin. Ein kurzgefaßtes Lehrbuch, 5. Aufl. Stuttgart, New York: Thieme, 1992

Broda M: Chronisches Krankheitsverhalten. Entstehung, Aufrechterhaltung und Bedeutung für die Rehabilitation DRV-Schriften 1994; 4: 11-15

Bruhn JG, Chandler B, Wolf S. A psychological study of survivors and nonsurvivors of myocardial infarction. Psychosom Med 1969; 151; 8-19

Bullinger M, Keeser W, Pöppel E: Psychologie der Schmerzerfahrung. Internist 1986; 27:418–425

Byrne A, Byrne DG. The effect of exercice on depression, anxiety and other mood states: a review. J Psychosom Res 1993; 37:565-574

Cannon RO: The sensitive heart. A syndrome of abnormal cardiac pain perception. JAMA 1995; 273: 883 - 887

Carney RM, Rich MW, Tevelde AJ et al. Major depressive disorders in coronary artery disease. Am J Cardiol 1987; 60: 1273-1275.

Carney RM, Rich MW, TeValde A, Saini J, Clark K, Friedland KF. The relationship between heart rate, heart rate variability and depression in patients with coronary disease. J Psychosom Res 1988; 32: 159-164

Cassem NH, Hackett TP. Psychiatric consultation in a coronay care unit. Ann Intern Med 1971; 75: 9-14.

Costa PT, Fleg JL, McCrae RR, Lakatta E: Neuroticism, coronary artery disease and chest pain complaints: cross sectional and longitudinal studies. Exp Aging Res. 1982; 8: 37–44

Costa PT Jr., Zonderman AB, Engel BT, Baile WF, Brimlow DL, Brinker J: The relationship of chest pain symptoms to angiographic findings of coronary artery stenosis and neuroticism. Psychosomatic Medicine 1985; 47, 285-293

Croog, S.H., Levine, S.: Social status and subjective perception of 250 men after myocardial infarction. Public Health Reports 1969: 84, 989

Egle UT, Hoffmann SO: Psychotherapie und ihre Wirksamkeit bei chronischen Schmerzzuständen. Eine kritische Zwischenbilanz. Der Schmerz. 1989; 3: 8–21

Eich W: Psychosomatische Aspekte bei entzündlich-rheumatischen Erkrankungen. Dtsch Ärzteblatt 1995; 92: 754-758

Eisendrath IJ, Sweeney MA. Toxic neuropsychiatric effects of digoxin at therapeutic serum concentrations. Am J Psychiatry 1987; 144: 506-507

Ferguson DW, Berg WJ, Sanders JS, Roach PJ, Kempf JS, Kienzle MG. Sympathoinhibitory responses to digitalis glycosides in heart failur patients: direct evidence from sympathetic neural recordings. Circulation 1989; 80: 65-77

Fordyce WE, Fowler RS, Lehmann JF, DeLateur BJ, Sand PL, Trieschmann RB: Operant conditioning in the treatment of chronic pain. Arch Phys Med Rehabil. 1973; 54: 399–408

Frasure-Smith N: Levels of somatic awareness in relation to angiographic findings. J Psychosomatic Research 1987; 31:545-554

Frasure-Smith N, Lesperance F, Talajic M: Depression following myocardial infaction. Impact on 6 month survival. JAMA 1993; 270: 1819-1825

Freud, S: Studien über Hysterie. GW I. Frankfurt: Fischer 1895 S. 75-312

Gaitouse BB, Joglekai SN. Mechanism of neurotoxicity of cardiac glycosides. Br J Pharmacol 1977; 59: 223-229

Gerstenkorn A: The phenomenon of non-utilization of medical services by persons suffering from angina pectoris. Soz Praeventiv Med 1990; 35: 206-209

Gesundheitsberichterstattung der Bundesrepublik Deutschland. Statistisches Bundesamt Wiesbaden. Stuttgart: Verlag Metzler-Poeschel, 1998

Gleichmann U, Mannebach H: 9. Bericht über Struktur und Leistungszahlen der Herzkatheterlabors in der Bundesrepublik Deutschland. Z Kardiol 1994; 83: 74-78

Giese H, Schomer HH. Life-style changes and mood profile of cardiacpatients after an exercice rehabilitating program. J Cardiopulmonary Rehabilitation, 1986; 6:30-37

Hahn P. Psychosomatische Aspekte zur Infarktentstehung. Verhandlungen der Deutschen Gesellschaft für innere Medizin. 1982; 88: 11-15

Havik OE, Maeland JG. Patterns of emotional reactions after a myocardial infarction. J. Psychosom Research 1990; 34: 271-285

Herlitz J, Hjalmarson A, Holmberg I, Ryden L, Svedberg, Waagstein F, Waldenstrom A: Variability, prediction and prognostic significance of chest pain in acute myocardial infarction. Cardiology 1986; 73: 13-21

Herrmann C, Scholz KH, Kreuzer H: Psychologisches Screening von Patienten mit einer deutschen Fassung der „Hospital Anxiety and Depression“ (HAD) Skala. Psychother Psychosom med Psychol 1991: 41 83-92

Herrmann Ch, Buss U, Breuker A, Gonska BD, Kreuzer H: Beziehungen kardiologischer Befunde und standardisierter psychologischer Skalenwerte zur klinischen Symptomatik bei 3705 ergometrisch untersuchten Patienten. Z Kardiol 1994; 83: 264-272

Hoffmann SO, Egle U: Zum Beitrag von JJ Groen über das psychogene Schmerzsyndrom - zugleich ein Plädoyer für die Erweiterung des Konversionsbegriffes. Psychother, Psychosom, Med. Psychol 1984, 34: 25-26

Hoffmann SO, Egle UT: Psychodynamische Konzepte bei psychogenen und psychosomatischen Schmerzzuständen. In: HD Basler, C Franz,, B Kröner-Herwig, HP Rehfisch, H Seemann (Hrsg.): Psychologische Schmerztherapie: Grundlagen; Diagnostik; Krankheitsbilder; Behandlung. Berlin: Springer 1990 S. 104-116

Kennedy GJ, Hofer MA, Cohen D, Shindledecker R, Fischer JD: Significance of depression and cognitive impairment in patients undergoing programme stimulation of cardiac arrhythmias. Psychosom Med 1987; 49: 410-421.

Klein RF, Garrity TF, Gelein J. Emotional adjustment and cate- cholamine excretion during early recovery from myocardial in- farction. J Psychosom Res 1974; 18: 425-435

Klimes I, Mayou RA, Pearce MJ, Coles L, Fagg JR: Psychological treatment for atypical noncardiac chest pain: a controlled evaluation. Psychol Med. 1990; 20: 605–611

Koch U, Haag G: Rehabilitation als Hilfe zur Bewältigung der Behinderung. Eine Problemanalyse des Rehabilitationswesens am Beispiel eines Herzinfarktpatienten. Praxis Klin Verhaltensmed Rehab. 1988; 1: 55–65

Krittayaphong R, Cascio WE, Light KC et al. Heart rate variability in patients with coronary heart disease: differences in patients with higher and lower depression scores. Psychosom Med 1997; 59:231-235

Kuller LH. Prodromata of sudden death and myocardial infarction. Adv Cardiol 1978; 25: 61-72

Ladwig KH: Leitsymptom Angina pectoris. Psychophysiologische Mechanismen in der Schmerzwahrnehmung pektanginöser Beschwerden. Z Kardiol 1987; 76: 387-395

Ladwig KH: Patient-Arzt-Reaktionen auf spezifische und unspezifische Warnsignale in der Vorphase eines akuten Myokardinfarktes. Z Verhaltensmod Verhaltensmed 1989; 3: 181-189

Ladwig KH: 10-Jahres-Häufigkeit positiver Diagnosestellung funktioneller Herzerkrankung in der akutklinischen Behandlung. Psychother. Psychosom. med. Psychol. 1989; 39: 397-402

Ladwig KH, Kieser M, König J, Breithardt G: Affective disorders and survival after acute myocardial infarction. Eur Heart J 1991; 12: 959-965

Ladwig KH, Dunst S: Unsicherheiten in der Diagnosestellung psychogener Erkrankungen am Beispiel der Herzneurose. In: R. Brennecke (Hrsg.): Sozialmedizinische Ansätze der Evaluation im Gesundheitswesen. Band 1: Grundlagen und Versorgungsforschung. Heidelberg et al. Springer 1992; S. 248-257

Ladwig KH, Lehmacher W, Roth R, Breithardt G, Budde Th, Borggrefe M: Factors which provoke post-infarction depression: Results from the Post-Infarction Late Potential Study (PILP).J Psychosom Research 1992; 36: 723-729

Ladwig KH, Röll G, Breithardt G, Budde T, Borggrefe M: Post-Infarction depression and incomplete recovery 6 months after myocardial infaction. Lancet 1994; 343: 20-23

Ladwig KH, Hoberg E, Busch R, Psychische Komorbidität bei Patienten mit alarmierender Brustschmerzsymptomatik. Z Psychother. Med. Psychol. 47 (1997) S. 397-402

Ladwig, K.H., Röll, G., Breithardt, G., Borggrefe, M.: Sources of amplified chest pain perception in cardiac patients six months after acute myocardial infarction. Am Heart Journal (1999) 137: 528-534

Lantinga LJ, Sprafkin RP, McCrokery JH, Baker MT, Warner RA, Hill NE: One-year psychosocial follow-up of patients with chest pain and angiographically normal coronary arteries. American J Cardiol. 1988; 62: 209–213

Lazarus RS. The costs and benefits of denial. In the denial of stress (edited by Breznitz S). New York: international Universitiy Press, 1983

Levenkron JC, Goldstein MG, Adsmides O, Greenlan P: Chronic chest pain with normal coronary arteries: a behavioral approach to rehabilitation. J Cardiopulmonary Rehabil 1985; 5: 475 - 479

Levine J, Warrenburg S, Kerns R, Schwartz G, Delaney, R, Fontana A, Gradman, A, Smith S, Allen S, Cascione R, (1987) The role of denial in recovery from coronary heart disease. Psychosomatic Med 49:109

Lloyd GG, Cawley RH. Psychiatric morbidity in men one week after first acute myocardial infarction. Br Med J 1978; 2:1453-1454

Lloyd GG, Cawley RH. Distress or illness? A study of psychological symptoms after myocardial infarction. Brit J Psychiat 1983; 142: 120-125.

Maseri A, Crea F: The elusive cause of instability in unstable angina (review). Am J Cardiol 1991; 68: 16-21

Medalie JH, Goldbourst V: Angina pectoris among 10000 men. II. Psychosocial and other risk factors as evidenced by a multivariate analysis of a five-year incidence study. Am J Med. 1976; 60: 310–320

Ockene IS, Shay ML, Alpert JS, Weiner BH, Dalen JE: Unexplained chest pain in patients with normal coronary arteriograms. A follow-up study of functional status. N Engl J Med 1980; 303: 1249-1252

Peglar M, Borgen FH. The defense mechanisms of coronary patients. J Clin Psychol 1984; 40: 669-679

Richter HE, Beckmann D: Herzneurose, 3. Aufl. Stuttgart: Thieme, 1973

Rose G: Variability of angina – some implications for epidemiology. Brit J Prev Soc Med. 1968; 22: 12–15

Rose G; McCartney P, Reid DD: Self-administration of a questionaire on chest pain and intermittent claudication. Br J Prev Soc Med 1977; 31: 42-48

Schleifer SJ, Macari-Hinson MM, Coyle DA et al.: The nature and course of depression following myocardial infarction. Archs Intern Med 1989; 149: 1785-1789.

Schleifer SJ, Slater-WR, Macari-Hinson MM, Coyle DA, Kahn M, Zucker HD, Gorlin R. Digitalis and ß -blocking agents: effects on depression following myocardial infarction. Am Heart J 1991; 121: 1397-1402

Schömig A, Richardt G, Cardiac sympathetic activity in myocardial ischemic release and effects of noradrenaline. In: G. Heusch and John Ross Jr. (eds.) Steinkopf Verlag Darmstadt 1991

Schüler G, Epstein FH, Stransky M et al.: Brustschmerzen und kardiovaskuläre Morbidität in zwei Züricher Landgemeinden. Schweizer Rundschau Med. 1980; 69: 1042-1046

Schwartz DP, DeGood JS, Wegener ST, Rowlingson JC: A chronic emergency room visitor with chest pain: successful treatment and biofeedback. Pain 1984; 18: 315-319

Silverstone PH. Depression and outcome in acute myocardial infarction. Brit Med J 1987; 94: 219-220

Silverstone PH: Changes in depression scores following life threatening illness. J Psychosom Research 1990, 34: 659 - 666

Soloff PH: Effects of denial on mood, compliance and quality of functioning after cardiovascular rehabilitation. Gen Hos Psychiat 1980; 2: 134–140

Sorgatz H, Fanz C, Nilges P, Seemann H: Zur Integration psychologischer Diagnostik und Therapie bei der Behandlung chronischer Schmerzen. Der Schmerz 1984; 8: 128 - 130

Steffens W, Kächele H: Abwehr und Bewältigung - Mechanismen und Strategie. Wie ist eine Integration möglich? In: H. Kächele, W. Steffens (Hrsg.): Bewältigung und Abwehr. Beiträge zur Psychologie und Psychotherapie schwerer körperlicher Krankheiten. Berlin et al. Springer 1987 S. 1-50

Swenson JR, Abbey SE, Management of depression and anxiety disorders in the cardiac patient. In: F.J. Pashkow, W.A. Dafoe (eds) Clinical Cardiac Rehabilitation. A Cardiologist's Guide. Williams & Wilkins. Baltimore et al 1992 263-288

Sylven Ch, Beermann B, Jonzon B, Brandt R: Angina pectoris-like pain provoked by intravenous adenosine in healthy volunteers. Br Med J 1986; 293: 227-293

Thompson TL, Stondemerz A, Mitchell WD, Grant RL: Underrecognition of patients' psychosocial distress in a university medical clinic. Am J Psychiatry 1983; 140: 153-161

Von Arnim Th, Erath A, Höfling B, Schreiber MA (1987) Prevalence of silent ischemia inpatients undergoing coronary angiography. In: Th. v. Arnim, A. Maseri (eds) Silent ischemia. Current concepts and management. Steinkopff: Darmstadt, Springer: New York 1987

Wiklund I, Sanne H, Vedin A. Sick-role and attitude towards disease and working life two months after myocardial infarction. Scand J Rehab Med 1984; 16:57-64

Windgassen K: Leitsymptom: Hypochondrisch. Dtsch Ärtzeblatt 1985; 83: 945-947

Wooley Ch F: Where are the diseases of yesterday? DaCostaís Syndrome, Soldiers Heart, Effort Syndrome, Neurocirculatory Asthenia and the Mirtal Valve Prolapse Syndrome. Circulation 1976; 55(5): 749–751

Zimmermann M, Seemann H: Der Schmerz. Ein vernachlässigtes Gebiet der Medizin. Defizite und Zukunftsperspektiven in der Bundesrepublik Deutschland. Springer, Berlin, Heidelberg, New York 1986

Zung WWK, George DT, Woodriff WW et al.: Symptom perception by nonpsychiatric physicians in evaluation for depression. J Clin Psychiat 1984;45:26-28

9. Somatoforme Syndrome in der Gastroenterologie

Mathias Langkafel, Gereon Heuft und Gerald Holtmann

Nach einem Überblick über die Somatisierungssyndrome in der Gastroenterologie und deren Klassifikation wird auf die beiden häufigsten Krankheitsbilder aus dieser Gruppe, die nicht ulzeröse Dyspepsie (NUD) und das Reizdarmsyndrom, eingegangen. Epidemiologische Studien zeigen die wegen der hohen Prävalenz in der Allgemeinbevölkerung große praktische Relevanz dieser Erkrankungen für die medizinische Versorgung, obwohl nur ein kleiner Teil der Betroffenen ärztliche Hilfe in Anspruch nimmt. In der Diskussion um die Pathogenese stehen neben Störungen der visceralen Motilität zunehmend viscerale Sensibilitätsstörungen im Vordergrund. Das Konzept der visceralen Hypersensitivität wird erläutert. Die Wahrnehmung afferenter visceraler Informationen wird auf subkortikaler und kortikaler Ebene modifiziert, so dass hier auch psychischen Faktoren eine wichtige Bedeutung zukommt. Bei Patienten, die medizinische Hilfe suchen, ist eine hohe Rate an psychischer Komorbidität zu beobachten. Nach Beschreibung des klinischen Erscheinungsbildes der NUD und des Reizdarmsyndroms wird auf den in den meisten Fällen chronisch-fluktuierenden Verlauf eingegangen. In einem letzten Abschnitt werden psychosomatische Therapieansätze vorgestellt.

Einleitung

Funktionelle Störungen des Gastrointestinaltrakts werden allgemein definiert als variable Kombinationen von chronischen oder episodenhaften gastrointestinalen Symptomen, die nicht durch strukturelle oder biochemische Abnormalitäten erklärt werden können (Drossman 1994). Sie sind sowohl in der Bevölkerung als auch bei Patienten, die medizinische Einrichtungen in Anspruch nehmen, ausgesprochen häufig. In der medizinischen Fachliteratur zeigt sich das in den letzten 30 Jahren gewachsene Interesse an diesen Krankheitsbildern an der zunehmenden Zahl der Publikationen auf internistischem und psychosomatischem Gebiet, wobei charakteristische Unterschiede zu beobachten sind. In der *internistischen* – v.a. angloamerikanischen - Literatur bleibt der Oberbegriff Funktionelle Störungen weiter bestehen, historisch gewachsene Bezeichnungen wie Reizmagen und funktionelle (nicht ulceröse) Dyspepsie sowie Reizdarm und irritabler Darm sind die gängigen Bezeichnungen für gastroenterologische somatoforme Störungen. In der *psychosomatisch-psychiatrischen* Literatur werden diese Störungen seit 1980 (DSM-III) zunehmend unter den Begriffen Somatisierungsstörungen und somatoforme Störungen subsummiert (Tab. 9.**1**).

Diese Sprachunterschiede finden ihre Fortsetzung in den unterschiedlichen diagnostisch-deskriptiven Herangehensweisen. Aus internistischer Perspektive werden funktionelle Störungen je nach *Lokalisation und Art* der Beschwerden sehr genau differenziert (Tab. 9.**2**). Dadurch werden die differentialdiagnostischen Möglichkeiten hinsichtlich der Abgrenzung organisch bedingter Störungen verbessert und die therapeutischen Möglichkeiten im Rahmen einer differenzierten Pharmakotherapie können optimiert werden. Schließlich lassen sich so auch homogene Gruppen für wissenschaftliche Untersuchungen bilden.

Tabelle 9.1 Terminologie funktioneller Störungen des Gastrointestinaltrakts

ICD-10-Klassifikation	Traditionelle Bezeichnungen
Somatoforme autonome Störung des oberen Gastrointestinaltrakts (F45.31)	Magenneurose Psychogene Aerophagie Psychogener Singultus Aufstoßen Funktionelle Dyspepsie Psychogener Pylorospasmus
Somatoforme autonome Störung des unteren Gastrointestinaltrakts (F45.32)	Reizdarmsyndrom Colica mucosa Flatulenz Psychogene Blähungen Nervöse Diarrhoe Funktionelle Obstipation

Eine andere - ebenfalls phänomenologische - Blickrichtung auf die gleiche Symptomatik hat Eingang in die internationalen Klassifikationssysteme psychischer Erkrankungen gefunden, die nicht ihr Hauptaugenmerk auf Art und Lokalistion der Störung richtet, sondern neben einer groben Lokalisation der Beschwerden (Ober- oder Unterbauch) v. a. auffällige *Verhaltensweisen und Kognitionen* zur deskriptiven Diagnostik von somatoformen Störungen heranzieht. So werden beispielsweise in der ICD-10 die „wiederholte Darbietung körperlicher Symptome" und „hartnäckige Forderungen nach medizinischen Untersuchungen trotz wiederholter negativer Ergebnisse und Versicherung der Ärzte, dass die Symptome nicht körperlich begründbar sind" wie auch der Umstand, dass „das zu erreichende Verständnis für die körperliche oder psychische Verursachung der Symptome ... häufig für Patienten und Arzt enttäuschend" ist, explizit als Charakteristika somatoformer Störungen genannt (Dilling u. Mitarb. 1993). Darüber hinaus wird für die positive Diagnose *somatoformer autonomer Funktionsstörungen* (SAF) - hierunter fallen die meisten der funktionellen gastrointestinalen Störungen - das Vorliegen weiterer Symptome verlangt (Tab. 9.3), um die Abgrenzung zu den Somatisierungsstörungen im engeren Sinne (F45.0, F45.1), zu der hypochondrischen Störung (F45.2) und zu den anhaltenden somatoformen Schmerzstörungen (F45.4) vollziehen zu können.

Psychosoziale Aspekte werden auch in der internistischen Literatur intensiv diskutiert, nachdem in den siebziger und achtziger Jahren reduktionistische pathophysiologische Vorstellungen, funktionelle Magen-Darmstörungen seien auf eine gestörte motorische Aktivität zurückzuführen, relativiert werden mussten. Auch neuere Modelle, die von einer gestörten Sensitivität mit verminderter Wahrnehmungsschwelle für Dehnungs- und Schmerzreize als Ursache der Störungen ausgehen, erklären die Symptomatik innerhalb einer monokausalen Ursachenkette alleine nicht. Im Sinne eines systemischen oder biopsychosozialen Krankheitsmodells (Engel 1977) spricht man vielmehr von biologisch multideterminierten Störungen und betont kulturelle, soziale, interpersonelle und psychologische Einflüsse in der Genese und klinischen Phänomenologie (z. B. Drossman 1994).

Unter den gastroenterologischen Funktionsstörungen finden auch hinsichtlich psychosomatischer Aspekte die *NUD* und das *Reizdarmsyndrom* das größte Interesse. Es besteht eine breite Diskussion, ob beiden - und anderen gastroenterologischen Funktionsstörungen - nicht gleiche pathophysiologische Mechanismen zugrunde liegen (Holtmann u. Mitarb. 1997). Auch die klinische Unterscheidung ist häufig nicht so trennscharf möglich, wie die Auflistung von Diagnosekriterien impliziert. Viele Patienten mit Dyspepsie leiden auch an Symptomen des gereizten Darms und umgekehrt, so dass

Tabelle 9.2 Funktionelle Störungen des Gastrointestinaltrakts (in Anlehnung an Drossman 1994)

A Störungen des Ösophagus	
A1	Globusgefühl
A2	ösophago-oraler Rückfluss
A3	funktioneller Brustschmerz mit vermuteter Ursache in der Speiseröhre
A4	funktionelle (meist brennende) Missempfindungen in der Herzregion
A5	funktionelle Dysphagie
A6	unspezifische funktionelle Störungen des Ösophagus
B Gastroduodenale Störungen	
B1	funktionelle Dyspepsie
B1a	ulkusähnliche Dyspepsie
B1b	dysmotilitätsähnliche Dyspepsie
B1c	unspezifische Dyspepsie
B2	Aerophagie
C Störungen des (Dick-)Darms	
C1	Syndrom des irritablen Darmes
C2	funktionelle abdominale Blähungen
C3	funktionelle Verstopfung
C4	funktionelle Diarrhoe
C5	unspezifische funktionelle Störung des Darmes
D Funktioneller Bauchschmerz	
D1	funktionelles Bauchschmerzsyndrom
D2	unspezifische funktionelle Bauchschmerzen
E Biliäre Störungen	
E1	Gallenblasendysfunktion
E2	Dysfunktion des Sphincter Oddi
F Anorektale Störungen	
F1	funktionelle Inkontinenz
F2	funktionelle anorektale Schmerzen
F2a	Levator-ani-Syndrom
F2b	Proctalgia fugax
F3	Dyschezie
F3a	Dyssynergie der Beckenbodenmuskulatur
F3b	Dysfunktionen des M. sphincter ani internus
F4	unspezifische funktionelle anorektale Störungen

einmal die dyspeptischen Symptome, zu einem anderen Zeitpunkt die Reizdarmbeschwerden im Vordergrund stehen (Agréus u. Mitarb. 1995). Hinsichtlich wesentlicher psychosomatischer Aspekte scheinen die Unterschiede innerhalb der einzelnen funktionellen Störungen zudem größer zu sein als zwischen den Gruppen. So wird auch in der Leitliniendiskussion zu den somatoformen autonomen Störungen vorgeschlagen, sich bei allen SAF „vorbehaltlich vergleichbarer spezifischer Befunde für die anderen Subkategorien, die bisher nicht vorliegen" hauptsächlich an den Beobachtungen zu orientieren, die an Patienten mit gastrointestinalen Funktionsstörungen gewonnen wurden (Loew u. Mitarb. 1998). Hier wiederum liegen eben die meisten Daten aus der Gruppe der Reizdarmpatienten vor.

Tabelle 9.3 Somatoforme autonome Funktionsstörungen (F 45.3) nach ICD-10 (Forschungskriterien, Dilling u. Mitarb. 1994)

A.	**Symptome der autonomen (vegetativen) Erregung, die von den Patienten einer körperlichen Krankheit in einem oder mehreren der folgenden Systeme oder Organe zugeordnet werden:** • Herz und kardiovaskuläres System • *oberer Gastrointestinaltrakt* • *unterer Gastrointestinaltrakt* • respiratorisches System • Urogenitalsystem
B.	**Zwei oder mehr der folgenden vegetativen Symptome:** • Palpitationen • Schweißausbrüche (heiß oder kalt) • Mundtrockenheit • Hitzewallungen oder Erröten • Druckgefühl im Epigastrium, Kribbeln oder Unruhe im Bauch
C.	**Eines oder mehr der folgenden Symptome:** • Brustschmerzen oder Druckgefühl in der Herzgegend • Dyspnoe oder Hyperventilation • außergewöhnliche Ermüdbarkeit bei leichter Anstrengung • Aerophagie, Singultus oder brennendes Gefühl im Brustkorb oder im Epigastrium • Bericht über häufigen Stuhlgang • erhöhte Miktionsfrequenz oder Dysurie • Gefühl der Überblähung oder Völlegefühl
D.	**Kein Nachweis einer Störung von Struktur oder Funktion der Organe oder Systeme, über die die Patienten klagen**
E.	**Häufiges Ausschlusskriterium: Die Symptome treten nicht ausschließlich im Zusammenhang mit einer phobischen (F40.0-F40.3) oder einer Panikstörung (F41.0) auf.**

An dieser Stelle soll nun weder der Versuch unternommen werden, einen vollständigen Überblick einzelner Aspekte der Vielzahl funktioneller Gastrointestinalstörungen zu geben, noch sollen einzelne Störungen umfassend beschrieben werden, wie es z. B. Leibing u. Mitarb. (1998) ausführlich für das „Irritable-Bowel-Syndrome" (Colon irritabile, Reizdarmsyndrom) getan haben. Im Rahmen dieses Bandes soll hier vielmehr durch den Themenkomplex der Somatisierungssyndrome in der Gastroenterologie ein roter Faden gelegt werden, der aus pragmatischen Gesichtspunkten und aus den eben beschrieben Gründen eher auf die gemeinsamen Aspekte dieser Störungen eingeht, wobei die häufigsten Syndrome dieser Gruppe, die NUD und das Reizdarmsyndrom, stellvertretend für die übrigen Störungen beschrieben werden sollen.

Definition der Krankheitsbilder

Nicht ulzeröse Dyspepsie (NUD)

Der allgemeine Begriff *Dyspepsie* beschreibt Schmerz oder Unbehagen mit hauptsächlicher Lokalisation im Oberbauch. Die Symptomatik kann dauerhaft oder intermittierend vorhanden sein, eine Abhängigkeit von der Nahrungsaufnahme, wie sie bei einigen peptischen Ulzerationen beobachtet werden kann, ist nicht Teil der Definition. Das Unbehagen ist charakterisiert durch unspezifische Beschwerden wie postprandiales Völlegefühl, Blähungen und Spannungen im Oberbauch, Übelkeit oder frühzeitig einsetzende Sättigung. Dysphagie und Blutungen des Gastrointestinaltrakts gehören nicht in die Gruppe der Dyspepsien und die Beschwerden lassen sich nach Anamnese und körperlicher Untersuchung auch nicht auf eine Läsion der Bauchwandmuskulatur oder auf vertebragene Veränderungen zurückführen (Talley u. Mitarb. 1998).

Bei der Mehrheit der Patienten mit chronischer oder episodenhaft auftretender Dyspepsie lassen sich weder eine ulzeröse Läsion noch andere strukturelle oder biochemische Auffälligkeiten, die die Symptomatik erklären würden, mit den üblichen Untersuchungsverfahren (s. u.) objektivieren. Solche Patienten werden unter der Diagnose *nicht-ulzeröse* oder *funktionelle* Dyspepsie klassifiziert. In diese Gruppe gehören auch Patienten mit histologisch gesicherter Gastritis und / oder einer (nicht-ulzerösen) Helicobacter pylori-Infektion, da diese Normabweichungen nicht geeignet sind, die Beschwerden zu erklären.

Fallbeispiel

Eine 30-jährige Patientin meldete sich, nachdem sie bereits bei ihrem Hausarzt durchuntersucht worden war, unzufrieden mit dem „negativen" Ergebnis beim Gastroenterologen an: Seit acht Monaten litt sie vermehrt unter Magenbeschwerden mit Inappetenz. Die schlanke Patientin hatte bisher keinen Gewichtsverlust erlitten. Zusätzlich bestanden phobische Ängste seit ebenfalls rund acht Monaten, wegen derer sie zunehmend stärker beruflich und privat eingeschränkt war. Nachdem sie immer sehr engagiert und erfolgreich in ihrem Beratungsberuf gewesen war, häuften sich in den letzten Monaten zunehmend Zeiten von Arbeitsunfähigkeit. Die Patientin bestand auf einer erneuten Abklärung ihrer Magenbeschwerden unter der Vorstellung, organisch krank zu sein.

Als sich die unauffälligen somatischen Befunde erneut bestätigten, war die Patientin zu einer weiterführenden psychosomatischen Abklärung zu gewinnen. Bereits im ersten Gespräch in der Psychosomatischen Poliklinik gelang es, zusammen mit der Patientin die folgende brisante Konfliktkonstellation zu verstehen: Sie war - wie ihre beiden Schwestern - trotz ihres Alters und einer Heirat vor einem Jahr noch eng an die Mutter gebunden, die sie fast täglich besuchte. Die Beziehung zu dem Ehemann, der in einer beruflichen Aufbauphase wenig Zeit für Gemeinsames habe, sei enttäuschend - zumal der dringende Kinderwunsch der Patientin bereits ein Jahr unerfüllt geblieben sei. Sie habe unbedingt mit 30 Jahren ein Kind haben wollen. Nachdem kürzlich sowohl eine Schwester als auch eine Schwägerin jeweils ein Kind geboren hatten, hatte sie das Gefühl, in ihrer wie auch in der Schwiegerfamilie deutlich weniger beachtet zu werden. Sie fand heraus, dass sie sich als Frau sowohl in den Augen ihres Mannes wie auch ihrer Familie unwert fühlte und ungeheuer unter Druck stand. Wenige Tage nach ihrem 30. Geburtstag, zu dem der erwartete familiäre Besuch überraschend ausgeblieben war (→ Auslösesituation), hatte die eingangs beschriebene Symptomatik begonnen. Der Patientin gelang es, sich nach drei diagnostisch-therapeutischen Gesprächen selber für eine fachpsychotherapeutische Behandlung zu interessieren. Aufgrund der Schwere und Akuität der Symptomatik – der Beeinträchtigungsschwere-Score (BSS) lag bei 7 (Schepank 1987) – wurde sie zunächst für vier Wochen in einer psychosomatisch-psychotherapeutischen Klinik mit einem Konzept für Somatisierungsstörungen aufgenommen. Die anschließende Weiterbehandlung erfolgte ambulant.

Reizdarmsyndrom

Das Reizdarmsyndrom ist gekennzeichnet durch eine variable Kombination verschiedener abdomineller Symptome, die sich durch Lokalisation und Art auf den Dickdarm beziehen lassen. Auch hier gilt, dass ein organisches Korrelat, das die Beschwerden erklären könnte, nicht nachweisbar ist. Synonym gebrauchte Begriffe sind *Colon irritabile*, *Irritable bowel syndrome* und *spastisches Kolon*. Eine positive (phänomenologische) Diagnose gelingt mit den sog. *Rome-Kriterien* (Thompson u. Mitarb. 1989, Tab. 9.**4**). Dabei muss das Reizdarmsyndrom von anderen funktionellen gastrointestinalen Störungen abgegrenzt werden, was nicht nur hinsichtlich der anderen Dickdarm-assoziierten Störungen (funktionelle abdominelle Blähungen, funktionelle Verstopfung, funktioneller Durchfall und funktionelles abdominelles Schmerzsyndrom), sondern auch zur funktionellen Dyspepsie wegen häufiger Überschneidungen schwierig ist. Nach ICD-10 ist das Reizdarmsyndrom - zusammen mit den anderen funktionellen Dickdarm- und anorektalen Störungen - unter F45.32 (somatoforme autonome Störung des unteren Gastrointestinaltrakts) einzuordnen.

Tabelle 9.**4** Rome-Kriterien des Reizdarmsyndroms

Mindestens drei Monate bestehen folgende dauerhafte oder rezidivierende Beschwerden:
1. abdominelle Schmerzen oder Unwohlsein,
– welche sich durch Stuhlgang bessern und/oder
– mit einer Änderung der Stuhlkonsistenz und/oder
– mit einer Änderung der Stuhlfrequenz einhergehen *und*
2. mindestens zwei der folgenden Symptome bei einem Viertel aller Tage/Stuhlgänge:
– veränderte Stuhlfrequenz (weniger als drei Defäkationen pro Woche oder mehr als drei pro Tag)
– veränderte Stuhlkonsistenz (hart bzw. wässrig-breiig)
– veränderte Defäkation mit Drang oder Druckgefühl bei der Defäkation
– peranaler Abgang von Schleim
– Blähungen oder Spannungsgefühl im Abdomen

Die Schwere eines Reizdarmsyndroms kann soweit gehen, dass der Betroffene z. B. jeden Einkaufsweg meiden muss, auf dem nicht in kürzester Zeit eine Toilette erreichbar ist. Wir haben Patienten gesehen, die angesichts der morgendlichen Akuität der Symptomatik um 5.00 Uhr aufstanden, um schließlich um 7.00 Uhr das Haus verlassen zu können. Bei einem Arbeitsbeginn um 8.00 Uhr musste auf der 10 km langen Fahrstrecke im Berufsverkehr noch mindestens ein Zwischenhalt (an einem Krankenhaus!) eingelegt werden, um dort auf die Toilette gehen zu können. Der Betreffende war bereits bei Arbeitsbeginn nachvollziehbar erschöpft. Ein Reizdarmsyndrom kann bei entsprechenden Berufen - etwa bei Lokführern - bis zur Berufsunfähigkeit führen.

Epidemiologie

Bedeutung der nicht ulzerösen Dyspepsie

Dyspepsien sind ein sehr häufiges Krankheitsbild. In der Mannheimer Kohortenstudie zur Prävalenz psychogener Erkrankungen gaben 31,7% der Befragten aus der Normalbevölkerung an, unter Oberbauchbeschwerden zu leiden. Nur von Kopfschmerzen wurde häufiger berichtet (38,7%, Schepank 1987). In westlichen Industriestaaten liegen die Prävalenzraten - abhängig von Definitions- und methodischen Problemen - zwischen 7 und 41%, die Prävalenz peptischer Ulcera liegt deutlich darunter (Tab. 9.**5**). Obwohl nur ein kleiner Teil der Menschen mit dyspeptischen Beschwerden ärztliche Hilfe in Anspruch nimmt (s. u.), bilden sie eine der größten Gruppen in der allgemeinmedizinischen Praxis, nämlich etwa 2-5% aller Patienten (Nyren u. Mitarb. 1992). Die Patienten, die zwar dyspeptische Beschwerden haben, das medizinische Versorgungssystem jedoch nicht in Anspruch nehmen, leiden zum größten Teil ebenfalls an einer NUD. Bei nur 9% konnte im Rahmen einer Studie ein Ulcus festgestellt werden (Johnsen u. Mitarb. 1991).

Tabelle 9.5 Prävalenz dyspeptischer Beschwerden und peptischer Ulcera (Auswahl)

Quelle	Land	Prävalenz d. Dyspepsie % (Zeitraum)	Prävalenz peptischer Ulcera %
Doll u. Mitarb. 1951	England	31,0 (5 Jahre)	6
Thompson u. Heaton 1980	England	7,0 (1 Jahr)	–
Jones u. Mitarb. 1990	England, Schottland	41,0 (0,5 Jahre)	8
Talley u. Mitarb. 1992b	USA	26,0 (1 Jahr)	9
Holtmann u. Mitarb. 1994b	Deutschland	29,5 (1 Jahr)	6

Bedeutung des Reizdarmsyndroms

Das Reizdarmsyndrom ist sowohl in der Bevölkerung (mit Prävalenzraten von 12-20%, z. B. Talley u. Mitarb. 1991) als auch in medizinischen Institutionen ebenfalls sehr häufig. Bis zu 12% der Patienten in der Allgemeinmedizin stellen sich wegen funktioneller Dickdarmstörungen vor und mit 20-50% aller Patienten bilden diese Patienten die größte Gruppe in der ambulanten Gastroenterologie, wobei allerdings das Reizdarmsyndrom in den einzelnen Studien nicht immer scharf von anderen funktionellen Gastrointestinalstörungen abgegrenzt wird (Cuntz u. Mitarb. 1992). Unter denjenigen, die wegen des irritablen Darms ärztliche Hilfe in Anspruch nehmen, überwiegen mit 60-80% die Frauen, wobei mit der Schwere der Symptomatik der Frauenanteil zunimmt (Longstreth und Wolde-Tsadik 1993). Der Überblick über die vorgelegten epidemiologischen Studien zeigt dagegen nur ein leichtes Überwiegen der Frauen in der Prävalenz des Reizdarmsyndroms. 14-24% beträgt der Anteil bei Frauen und 5-19% bei Männern. Mehr als die Hälfte der Patienten erkrankt im Alter von 30-50 Jahren und mit zunehmenden Lebensjahren scheint die Häufigkeit abzunehmen (Drossman u. Mitarb. 1997).

Health-care seeking behavior

Ein wichtiger Umstand epidemiologischer Erhebungen soll hier besonders hervorgehoben werden. Das Phänomen nämlich, dass sowohl bei der NUD als auch beim Reizdarmsyndrom nur ein kleiner Teil der Individuen mit entsprechenden Symptomen einen Arzt aufsucht. In beiden Gruppen liegt der Anteil bei etwa 14-28% (Talley u. Mitarb. 1991, Jones u. Lydeard 1989). Die große Mehrheit der Menschen mit (funktionellen) gastrointestinalen Beschwerden stellt sich also nicht in ärztlichen Institutionen vor, definiert die Symptomatik somit nicht als Krankheit. Dieses Aufsuchen ärztlicher Hilfe (*health-care seeking behavior* oder *Inanspruchnahmeverhalten*) ist ein wichtiges psychopathologisches Unterscheidungsmerkmal in der Gruppe der funktionellen (gastrointestinalen) Störungen.

Psychische Auffälligkeiten von Patienten mit funktionellen gastrointestinalen Störungen werden in einer Reihe von Studien - die sich meist auf Reizdarmpatienten beziehen - beschrieben. Bei der Interpretation der Daten ist jedoch ein Selektionseffekt zu beachten. Bei Patienten, die sich aufgrund ihrer Symptomatik in ärztliche Behandlung begeben, konnten psychische Auffälligkeiten nachgewiesen werden, die mit der Schwere der Symptomatik (und mit dem Versorgungsgrad) korreliert sind. Individuen, die die gleiche Beschwerdesymptomatik angeben, aber sich nicht beim Arzt vorstellen, unterscheiden sich in den erfassten psychologischen Parametern nicht von Gesunden (Drossman u. Mitarb. 1988). Es spricht vieles dafür, dass nicht die Symptomatik als solche zur Inanspruchnahme ärztlicher Hilfe führt, sondern dass psychosoziale Faktoren entscheidend dazu beitragen, dass sich Menschen mit Reizdarmsymptomatik als Patienten definieren und entsprechendes Krankheitsverhalten zeigen. Dabei steigt mit dem Grad der Spezialisierung des Versorgungsgrades sowohl die Schwere der Symptomatik als auch die der psychischen Beeinträchtigung der dort behandelten Patienten an (Tab. 9.6, in Anlehnung an Drossman und Thompson 1992). Die subjektiv wahrgenommene Stärke der Beschwerden korreliert positiv mit dem Inanspruchnahmeverhalten (Holtmann u. Mitarb. 1994b). Die Auffälligkeiten der Patienten in den erhobenen psychosozialen Parametern ist jedoch von der Beschwerdeintensität unabhängig (Drossman u. Mitarb. 1988), so dass vermutet werden kann, dass psychosozialen Faktoren die subjektive Beschwerdewahrnehmung beeinflussen, und dieses dann zu dem beobachteten Inanspruchnahmeverhalten führt.

Tabelle 9.6 Heterogenität verschiedener Merkmale von Reizdarmpatienten in Abhängigkeit von der Symptomausprägung

	Ausprägung der Symptomatik		
	Leicht	Mittel	Schwer
Geschätzte Verteilung	70%	25%	5%
Versorgungsgrad	Hausarzt	Facharzt	Poliklinik
Physiologisches Korrelat	+++	++	+
Symptomkonstanz	0	+	+++
Beeinträchtigung der Aktivität	0	++	+++
Inanspruchnahme	+	++	+++
Krankheitsverhalten	0	+	+++
Psychische Störungen	0	+	+++

0 = fehlt; + = leicht; ++ = mittel; +++ = schwer

Diese Abhängigkeit der beobachteten psychophysischen Symptomatik vom Versorgungsgrad muss v.a. bei Interventionsstudien beachtet werden. Patienten mit leichter und mittlerer Symptomatik werden sowohl auf Pharmaka (einschließlich Placebo) als auch auf psychotherapeutische Interventionen mit größerer Wahrscheinlichkeit positiv ansprechen als Patienten mit schwerer Symptomausprägung und komorbiden psychischen Störungen. Daher ist der Verlauf bei letzteren ausgesprochen chronifiziert und die Therapie häufig unbefriedigend.

Ätiopathogenese

Pathophysiologie

Per definitionem fehlen bei den gastrointestinalen Somatisierungsstörungen harte organische Befunde, die die Beschwerden erklären. Insgesamt sind die zugrundeliegenden Mechanismen bisher noch wenig verstanden. Allerdings konnten verschiedene Normabweichungen in Funktionsuntersuchungen des Gastrointestinaltrakts beobachtet werden, denen in der Ätiopathogenese Bedeutung zukommen könnten. Viele diesbezügliche

Überlegungen gelten für den Verdauungstrakt allgemein. Wie bereits erwähnt, gibt es aus klinischer und epidemiologischer Sicht zahlreiche Überschneidungen zwischen den verschiedenen Subgruppen der Dyspepsie und dem Reizdarmsyndrom. Daher werden die wichtigen Punkte hinsichtlich der Pathophysiologie und -psychologie hier gemeinsam behandelt. Die die NUD betreffenden Fragen der gastralen Säuresekretion und entzündlicher Veränderungen der Magenschleinhaut werden eingangs dieses Kapitels erörtert.

Gastrale Säuresekretion und Gastritis. Die Ähnlichkeit der Symptomatik einer Subgruppe von Patienten mit funktioneller Dyspepsie mit der von Ulcuspatienten ließ den Verdacht aufkommen, die Säuresekretion im Magen oder eine besondere Säureempfindlichkeit der Magenschleimhaut verursache die Beschwerden zumindest der ulkusähnlichen funktionellen Dyspepsie. Dies ließ sich jedoch so nicht bestätigen (Bates u.Mitarb. 1989).

Obwohl bei einem Teil der Patienten mit funktionellen dyspeptischen Beschwerden erosive oder entzündliche Veränderungen der Magenschleimhaut endoskopisch nachweisbar sind, ist ein Zusammenhang solcher Befunde mit gastrointestinalen Beschwerden nicht sicher erkennbar. Der histologische Nachweis einer Gastritis ist unabhängig von einer klinischen Symptomatik, entzündliche Veränderungen der Magenschleinhaut lassen sich auch bei asymptomatischen Individuen nachweisen (Bernersen u. Mitarb. 1992).

Helicobacter pylori. Eine wichtige Ursache chronischer (Typ-B) Gastritiden ist eine Besiedlung der Magenschleimhaut mit *Helicobacter pylori* (H. pylori). In der Pathogenese von Duodenalulcera wird dieser Keim zumindest als entscheidender Risikofaktor angesehen (Petersen 1991). Es lag nahe, eine Infektion mit diesem Bakterium auch mit der funktionellen Dyspepsie in Zusammenhang zu bringen, was eine kontroverse, noch andauernde Diskussion ausgelöst hat. Zwischen 30-50% der Bevölkerung sind mit H. pylori infiziert, die meisten asymptomatisch. Die Häufigkeit dyspeptischer Beschwerden ist bei Personen mit positiver H. pylori-Serologie nicht erhöht gegenüber Personen mit negativer H. pylori-Serolgie (Holtmann u. Mitarb. 1994a). Zudem nimmt die Prävalenz einer H.pylori-Infektion mit dem Alter zu, während ein solcher Anstieg in der Prävalenz dyspeptischer Beschwerden nicht nachweisbar ist. Die Infektion mit H. pylori spielt also wahrscheinlich keine pathophysiologisch bedeutsame Rolle für die Entstehung der Beschwerden bei Patienten mit NUD, sondern wirkt eher als Opportunist, der seine Wirkung erst entfaltet, wenn die Magenmucosa aus anderen Gründen geschädigt wurde (einen Überblick über die H.pylori-Diskussion gibt Weiner 1998).

Störungen der gastrointestinalen Motilität. Die Symptomatologie funktioneller Gastrointestinalstörungen legt oft eine gestörte Motilität in bestimmten Abschnitten des Verdauungstraktes nahe. So kann die häufig postprandial verstärkte klinische Symptomatik vieler NUD-Patienten mit vorzeitigem Sättigungsgefühl, Völlegefühl oder Übelkeit auf eine Motilitätsstörung als Ursache hindeuten. Noch offensichtlicher ist ein solcher Zusammenhang mit der Diarrhoe oder Obstipation, die zu den Diagnosekriterien des Reizdarmsyndroms gehören. In zahlreichen kontrollierten Untersuchungen konnten eine verzögerte Magenentleerung und/oder elektromyographisch erfassbare Motilitätsänderungen oberer und unterer Darmabschnitte mit veränderter Frequenz und Amplitude der Kontraktionswellen nachgewiesen werden. Ähnliche Motilitätsmuster findet man aber auch bei asymptomatischen Individuen. Emotionen und Stress beeinflussen sowohl bei Patienten als auch bei Gesunden die Motilitätsmuster und ein strenger Zusammenhang zwischen Symptomatik und Dysmotilität konnte nicht bestätigt werden. So spielen bei offensichtlicher klinischer Bedeutung für die Symptomatik Motilitätsveränderungen eine für die Ätiopathogenese des Beschwerdebildes weder notwendige noch hinreichende Rolle (NUD: Stanghellini u. Mitarb. 1992, Reizdarm: Ditto u. Mitarb. 1998). Zwar verbessern motilitätsfördernde Medikamente (Prokinetika) oft vorübergehend die dysmotilitätsähnliche NUD-Beschwerdesymptomatik und lindern die Symptome einer Obstipation, so wie auch die Diarrhoe durch motilitätshemmende Pharmaka beeinflusst werden kann. Eine Minderung der Beschwerden und objektivierbare Veränderungen der Motilität sind jedoch nicht eng miteinander korreliert.

Störungen des autonomen Nervensystems. Für Digestion und Transport der aufgenommen Nahrung ist eine enge Koordination von Sekretion (v.a. im Magen und Pancreas) und der Motilität des gesamten Magendarmtrakts notwendig. Für die Integration der notwendigen Funktionen kommt - neben humoralen Faktoren - dem *enterischen Nervensystem (ENS)* zentrale Bedeutung zu, deren koordinierende Eigenschaften von parasympathischen und sympathischen Anteilen des *autonomen Nervensystems* gesteuert werden. Das ENS seinerseits besteht aus sensorischen Neuronen (z. B. Mechano- und Chemorezeptoren), aus Interneuronen, die sensorische Informationen weiterverarbeiten und aus Motoneuronen, die als primäre Effektorzellen für die gastrointestinale Motilität sorgen. So ist das autonome Nervensystem über die Funktionskreise des ENS sowohl als *motorisches Effektororgan* als auch als *sensorisches Wahrnehmungsorgan* an gastrointestinalen Funktionen zentral beteiligt ist. Die Funktionen des autonomen Nervensystem werden wiederum durch höhere zentralnervöse Einflüsse moduliert, so dass auf diese Weise psychische Einflüsse auf gastrointestinale Funktionen einwirken, aber auch Afferenzen aus dem Magendarmtrakt über vagale Leitungsbahnen Wirkungen im Zentralnervensystem entfalten.

Über die Bedeutung von (organisch begründbaren) Störungen des enterischen Nervensystems in der Pathogenese von funktionellen Dyspepsien ist wenig bekannt. Periphere Neuropathien, die auch autonome Fasern betreffen, können jedoch sowohl akut (z. B. Guillain-Barré-Syndrom) als auch chronisch (z. B. diabetische Gastroparese) zu deutlichen Störungen gastrointestinaler Funktionen führen. Veränderte vagale Funktionen werden auch bei der NUD beschrieben: *motorische* Funktionsstörungen zeigen sich in einer abgeschwächten antralen Motilität (Hausken u. Berstad 1992) und *sekretorische* Dysfunktionen in einer verminderten Ausschüttung des pankreatischen Polypeptids nach insulininduzierter Hypoglykämie bei einem Teil der Patienten mit funktioneller Dyspepsie. Afferente vagale Fasern könnten eine wichtige Rolle als Modulator mechanosensorischer Informationen aus dem Gastrointestinaltrakt spielen und so einen antinociceptiven Effekt ausüben. Eine gestörte Vagusfunktion würde auf diesem Wege zu veränderten visceralen Wahrnehmungsschwellen und einer konsekutiven Hyperalgesie führen (Holtmann u. Mitarb. 1998).

Störungen der gastrointestinalen Sensorik. Neben den beschriebenen Motilitätsstörungen steht die Frage nach einer veränderten Wahrnehmung gastrointestinaler Afferenzen, die über die eben genannte vagale Hyperalgesie hinausgeht, zunehmend im Mittelpunkt des Interesses. Die meisten Befunde zu dem Konzept der *visceralen Hypersensitivität* entstammen Untersuchungen des Reizdarmsyndroms, wobei vieles dafür spricht, dass die dort gewonnenen Ergebnis auch auf andere funktionelle Störungen des Gastrointestinaltrakts übertragen werden können. Gerade das Konzept der visceralen Hypersensitivität unterstreicht den Zusammenhang der einzelnen funktionellen gastrointestinalen Störungen und stellt ein Verbindungsglied zwischen verschieden lokalisierten Störungen dar. So lassen sich beispielsweise erniedrigte Wahrnehmungs- und Schmerzschwellen im Duodenum sowohl bei Patienten mit NUD als auch mit Reizdarmsyndrom nachweisen.

Für den Bereich der dyspeptischen Störungen liegen erst wenige Studien vor. So fand man eine erhöhte Sensitivität der Magenschleimhaut gegenüber chemischen Reizen (George u. Mitarb. 1991) und eine erniedrigte Wahrnehmungsschwelle bei Dehnungsreizen des Magens und Dünndarms durch Ballondistensionen (Lemann u. Mitarb. 1991,

Holtmann u. Mitarb. 1996). Ähnliches konnte für funktionelle Ösophagusfunktionsstörungen gezeigt werden (Richter u. Mitarb. 1986). Das Vorliegen einer visceralen Hypersensitivität bei Patienten mit Reizdarmsyndrom konnte in zahlreichen Untersuchungen gezeigt werden. Die Wahrnehmungsschwelle für eine Dehnung der Darmwand durch einen eingeführten aufblasbaren Ballon ist ebenso erniedrigt wie die Schwelle der visceralen Schmerzwahrnehmung (z. B. Whitehead 1980). Diese herabgesetzte Schmerzschwelle scheint spezifisch für den Magendarmtrakt zu sein und nicht im Rahmen allgemein erniedrigter Schmerzschwellen aufzutreten. So konnte z. B. bei Exposition mit schmerzhaften Kältereizen (Eiswassertest) eine normale Schmerzschwelle nachgewiesen werden.

Die der visceralen Hypersensitivität zugrunde liegenden Mechanismen sind noch nicht ausreichend bekannt. Von großem Interesse ist die Weiterverarbeitung der visceralen Afferenzen im Bereich des Hinterhorns der Rückenmarks. Während die reguläre Aktivität visceraler afferenter Neurone im Hinterhorn so weiterverarbeitet wird, dass die zum Gehirn weitergeleitete Erregung unter der Wahrnehmungsschwelle bleibt, führt ein die Magen- oder Darmwand schädigendes Ereignis (Obstruktion, Infektion, Trauma etc.) durch die zusätzliche Reizung höherschwelliger Rezeptoren zu verstärkter Aktivität visceraler afferenter Systeme. Durch entsprechende Verschaltungen auf Rükkenmarksebene kommt es zur Schmerzwahrnehmung. Im Normalfall kehrt das System nach Wegfall des schädigenden Agens in die Ausgangssituation zurück. Im Fall der visceralen Sensibilisierung jedoch bleibt es trotz regulärer Aktivität visceraler Afferenzen aus noch nicht geklärten Gründen bei der verstärkten Neurotransmitterausschüttung im Hinterhorn, so dass auch normale gastrale und intestinale Stimuli durch den Modus der Verarbeitung im Rückenmark die Schwelle der bewussten (Schmerz-) Wahrnehmung überschreiten können.

Führt man sich vor Augen, dass Gehirn und Magendarmtrakt durch afferente und efferente Nervenbahnen sowie durch humorale Systeme (brain-gut axis) eng verbunden sind, wird offensichtlich, dass die Verarbeitung visceraler Afferenzen - wie auch die anderer sensorischer Systeme - durch Affekte und Kognitionen auf verschiedenen Ebenen des Zentralnervensystems moduliert werden kann. Eine wichtige Stelle scheint - in etwa analog zur gate-control-Theorie der Schmerzverarbeitung - bereits die Eingangspforte zum zentralen Nervensystem, das Hinterhorn, zu sein. Es ist folgerichtig, nach Hinweisen auf solche Modulation der Afferenzen auch auf höheren Ebenen zu suchen, so dass zu den Untersuchungen der gastrointestinalen Physiologie Forschungsansätze hinzukommen, die die zentralnervöse Informationsverarbeitung im Gehirn in den Mittelpunkt stellen.

In positron-emissions-tomographischen (PET-) Studien konnten von einer Arbeitsgruppe (Silverman u. Mitarb. 1997) Unterschiede in der cerebralen Aktivierung bestimmter Hirnareale bei Patienten mit funktionellen gastrointestinalen Störungen im Vergleich zu einem Normalkollektiv nachgewiesen werden. Interessanterweise ließen sich diese Differenzen schon während des Antezipierens des Dehnungsreizes nachweisen. Eine Aktivitätssteigerung im anterioren cingulären Gyrus (ACG) bei den gesunden Kontrollpersonen war schon während des Wartens auf die (schmerzhafte) Distension zu beobachten, während sie bei den Reizdarmpatienten fehlte. Letztere zeigten gerade während des Erwartens des Reizes eine Aktivierung im präfrontalen Cortex.

Der ACG übt nun wahrscheinlich einen signifikanten hemmenden Einfluss auf afferente (Schmerz-) Informationen aus, wie auch Studien zu somatischen Schmerzen zeigen, bei denen ACG-Aktivität ebenfalls zunimmt, wohingegen bei Depressionen dort eine verminderte Aktivierung nachzuweisen ist. Dagegen ist die präfrontale Aktivität, wie sie sich in der oben erwähnten Studie zeigte, mit Hypervigilanz und Angst assoziiert. Die

Aktivierung dieser Region und die reziproke Hemmung des ACG könnten also auf hirnphysiologischer Ebene auf eine viscerale Hypersensitivität hindeuten, die mit einer psychologischen Hypervigilanz einhergeht.

Psychische Einflussfaktoren

Die viscerale Motilität steht, durch das autonome Nervensystem vermittelt, unter dem Einfluss zentralnervöser Funktionsabläufe. Die Wahrnehmung visceraler Afferenzen wird auf subkortikaler und kortikaler Ebene modifiziert. So spielen psychosoziale Faktoren in der Genese der Krankheitsbilder eine wichtige Rolle. Schon oben wurde die wichtige Bedeutung psychosozialer Faktoren hinsichtlich des Krankheits- und Inanspruchnahmeverhaltens betont, z. B. bei der Frage, welche Faktoren im einzelnen zu solchen Verhaltensweisen und zur Selbstdefinition Patient führen. Besondere Aufmerksamkeit galt hier der Life event- und Stressforschung. Psychotraumatisierungen erwiesen sich als ein häufig anzutreffender Risikofaktor. Auch bei solchen Fragestellungen beziehen sich die meisten Arbeiten auf Reizdarmpatienten, wobei wiederum wahrscheinlich ähnliche Aussagen bei den anderen gastrointestinalen Funktionsstörungen zu erwarten sind.

Stress und belastende Lebensereignisse. Eine Reihe von Arbeiten behandeln die Einflüsse von negativ erlebten Lebensereignissen und Stress auf die gastrointestinale Symptomatik. Die Auswirkungen solcher psychosozialer Belastungen auf die Magendarmfunktionen sind ubiquitär und auch bei Gesunden nachweisbar, sind aber bei Reizdarm- und Dyspepsiepatienten stärker, wohl weil in dieser Gruppe funktionale Copingstrategien nur eingeschränkt zur Verfügung stehen (Whitehead 1992, Rothenbacher u. Mitarb. 1998). Interessant ist in diesem Zusammenhang, dass die Patienten das Ausmaß der Belastung durch bestimmte Ereignisse geringer einstufen als Gesunde, sie scheinen auf der bewussten Ebene weniger unter solchen Situationen zu leiden. Der Einfluss der Belastungsfaktoren wirkt dabei v.a. langfristig und kumulativ, obwohl - retrospektiv - oft auch Auslösesituationen für eine Exazerbation der Symptomatik auszumachen sind. Insgesamt jedoch wird der Einfluss äußerer (aktueller) Belastungsfaktoren auf den Krankheitsverlauf als relativ gering eingeschätzt (Dancey u. Mitarb. 1995).

Biographische Belastungsfaktoren finden sich allerdings gehäuft (Drossman u. Mitarb. 1995), insbesondere vor dem 15. Lebensjahr. 31% der Reizdarmpatienten wurden durch Tod oder Scheidung von Eltern getrennt, bei 19% litt ein Elternteil unter Alkoholproblemen und 61% berichteten von belastenden Beziehungen in der Familie (Hislop 1979).

Ein wichtiger Aspekt in diesem Zusammenhang ist die Häufung von psychischen und sexuellen Missbrauchserlebnissen bei v.a. Patientinnen mit Reizdarmsyndrom. Trotz teilweise unpräziser Fassung des Missbrauchsbegriffs wurde diese erhöhte Prävalenz in verschiedenen Studien bestätigt. Beispielsweise fanden Talley u. Mitarb. (1994) in einer repräsentativen Bevölkerungsstichprobe bei 50% der Reizdarmpatienten Missbrauchserfahrungen, insbesondere sexuellen Missbrauch (43,1%), während die übrige Gruppe der Befragten zu 23,3% jede Form von Missbrauch und zu 19,4% sexuellen Missbrauch angab. Allerdings zeigen auch Patienten mit strukturellen Erkrankungen des Gastrointestinaltrakts und mit anderen extraintestinalen organischen Erkrankungen, die in spezialisierten Einrichtungen behandelt werden, erhöhte Prävalenzen von Missbrauchserlebnissen. Dies war bei Patienten, die in primärmedizinischen Einrichtungen betreut werden, in geringerem Ausmaß der Fall. Drossman u. Mitarb. (1997) folgern daraus, dass sich die psychotraumatisierenden Erlebnisse nicht direkt in der Pathogenese von Reizdarmsymptomatik und anderen funktionellen gastrointestinalen Störungen auswirken, sondern dass diese vielmehr aus allgemein veränderter Gesundheitseinstellung und verstärktem Krankheitsverhalten resultieren. So könnten Missbrauchserfahrungen zu einer herabgesetzten Schmerzschwelle und zu gesteigerter Schmerzwahrnehmung führen, wodurch schneller medizinische Hilfe gesucht und eine Krankenrolle eingenommen wird.

Psychische Komorbidität. Die Prävalenz von psychischen Störungen insgesamt ist bei den Patienten, die sich aufgrund der gastrointestinalen Beschwerden in ärztliche Behandlung begeben, deutlich erhöht. Abhängig von der untersuchten Stichprobe werden bei Reizdarmpatienten Lebenzeitprävalenzen von 54-94% angegeben, zeitgleich zur intestinalen Symptomatik lassen sich bei mehr als 50% der Patienten psychische Störungen nachweisen (Übersicht bei Leibing u. Mitarb. 1998). Die vier Studien, in denen zur Erfassung der aktuellen psychischen Komorbidität strukturierte Interviews und DSM-III-R-Kriterien zugrunde gelegt wurden, sind in Tab. 9.**7** aufgeführt.

Tabelle 9.**7** Prävalenz von Achse I - Störungen (Angst und Depression) nach DSM-III R bei Patienten mit Reizdarmsyndrom, Mehrfachnennungen möglich

	N	Angst	Depression	Prävalenz gesamt
Blanchard u. Mitarb. 1990	78	37%	12%*	56%
Toner u. Mitarb. 1990	44	32%	32%	61%
Walker u. Mitarb. 1990	39	47%	21%	68%
Lydiard u. Mitarb. 1993	35	65%	37%	91%

*ohne „major depression"

Viele der untersuchten Patienten gaben die Entwicklung psychiatrischer Symptome vor oder nahezu zeitgleich zu der Darmsymptomatik an (Walker u. Mitarb. 1990: 82% der Patienten vor der Reizdarmsymptomatik, Lydiard u. Mitarb. 1993: 74% vorher oder im selben Jahr). Dies unterstreicht die Eigenständigkeit der psychiatrischen Komorbidität, die überwiegend nicht als Reaktion auf die körperlichen Beschwerden zu werten ist. Gleichzeitig bleiben diese psychischen Störungen oft undiagnostiziert bzw. unbehandelt und stellen eine wichtige Bedingung für das Auftreten gastrointestinaler Symptome im Sinne einer Krankheit (health-care seeking behavior) dar.

Eine psychiatrische Komorbidität in ähnlicher Größenordnung findet man auch bei NUD-Patienten. So konnten beispielsweise Magni u. Mitarb. (1987) bei 87% der Patienten mit funktioneller Dyspepsie eine psychiatrische Diagnose nach den Richtlinien des DSM-III diagnostizieren, während dies nur bei 25% der Patienten mit organisch bedingter Dyspepsie der Fall war. Auch hier machen die Angststörungen den größten Anteil aus, die bei 53% der NUD-Patienten anzutreffen waren. Zu einem ähnlichen Befund kommen Pauli u. Mitarb. (1992) in ihrer Literaturübersicht. NUD-Patienten zeichneten sich insbesondere durch ein erhöhtes Angstniveau und häufige Angststörungen aus, was sie von gesunden Kontrollpersonen und von Patienten mit organische bedingten dyspeptischen Beschwerden unterscheide.

Wichtige Unterschiede lassen sich aber im Krankheitsverhalten der Patienten mit Dyspepsien unterschiedlicher Genese beobachten. Im Vergleich zu Patienten mit organisch bedingter Dyspepsie leiden NUD-Patienten neben den Oberbauchbeschwerden unter einer Reihe von vegetativen Symptomen (siehe Konzept der SAF), gehen deutlich häufiger zum Arzt, konsumieren mehr Medikamente, sind häufiger krank und „neigen zu hypochondrischen Bewertungen ihrer Körpersymptome" (Pauli u. Mitarb. 1992). Auch hier bleibt zu beachten, dass es sich bei den Untersuchten um NUD-Patienten handelt, so dass die Ergebnisse nicht auf die Gruppe aller der Menschen mit dyspeptischen Beschweren übertragen werden können, die sich nicht beim Arzt vorstellen.

Klinische Phänomenologie

Wie eingangs erwähnt, gibt es neben dem Ausschluss organischer Ursachen für die Beschwerdesymptomatik auch aus verschiedenen Gründen die Notwendigkeit, die Diagnose der funktionellen Magen-Darm-Störungen positiv zu stellen. Hierzu sind aus v. a. wissenschaftlichen Erfordernissen Symptomcluster formuliert worden (siehe z.B. Rome-Kriterien), die auch einen Überblick über die möglichen Ausgestaltung der somatoformen Krankheitsbilder in der Gastroenterologie geben.

Diagnose/Differentialdiagnose der NUD

Um eine positive Diagnose der nicht ulzerösen Dyspepsie stellen zu können, muss zunächst mit Hilfe der Anamnese, einer körperlichen Untersuchung und weiterer Zusatzdiagnostik eine organische Genese (z. B. peptisches Ulkus, Ösophagitis, Pankreatitis) des Krankheitsbildes ausgeschlossen werden. Anamnestisch sprechen ein chronischer, teilweise jahrzehntelanger Krankheitsverlauf, schon frühere Untersuchungen mit negativem Befund, eine Beschwerdefreiheit im Schlaf und Symptomverstärkung bei psychischer Belastung für eine funktionelle Dyspepsie, zumal dann, wenn kein unbeabsichtigter Gewichtsverlust angegeben wird. Typische Symptome und Beschwerdekonstellationen gibt es jedoch nicht. Wie bei allen somatoformen Störungen ist es von entscheidender Bedeutung, nicht kurzfristig diagnostische Verfahren zu wiederholen oder bei Beschwerdepersistenz immer aufwendigere und invasivere diagnostische Prozeduren durchzuführen, da das die Ängste des Patienten verstärkt, doch an einer bisher unentdeckten ernsten Erkrankung zu leiden.

Nach klinischen Gesichtspunkten (und pathogenetischen Hypothesen) werden funktionelle Dyspepsien häufig in Subgruppen unterteilt.

- Der *Ulkus-Typ* zeigt ulkusähnliche Symptomatik: nahrungsabhängige oder im nüchternen Zustand verstärkte Schmerzen, periodischer Verlauf und nächtliche zum Aufwachen führende Beschwerden.
- Der *Dysmotilitätstyp* ist gekennzeichnet durch Symptome wie Übelkeit oder Erbrechen, abdominale Blähungen, Spannungsgefühle, vorzeitige Sättigung und Aufstoßen.
- Während der *Refluxtyp* durch retrosternale Missempfindungen und Sodbrennen charakterisiert ist.

Oben wurde bereits beschrieben, dass die klinische Bedeutung dieser Subgruppenunterteilung umstritten ist. Einerseits zeigen Untersuchungen mit standardisierter Symptomerfassung beträchtliche Überschneidungen dieser Subgruppen und die pathogenetischen Vorstellungen lassen sich nicht sicher einzelnen Symptomclustern zuordnen (Talley 1995). Andererseits basieren klinische Richtlinien zur Diagnostik und Therapie der Dyspepsien gerade im primärversorgenden Bereich auf der handlungsleitenden Unterscheidung von vorherrschenden Symptomen, wie sie oben in der Charakterisierung der Subtypen beschrieben sind (Whitaker u. Mitarb. 1997).

Viele Patienten mit dyspeptischen Beschwerden berichteten gleichzeitig auch von mit dem Dickdarm assoziierten Symptomen wie chronischem Durchfall oder Verstopfung. So fällt auch eine Abgrenzung der funktionellen Dyspepsie von der Gruppe des Reizdarmsyndroms manchmal nicht leicht. Mischbilder von Dyspepsie und Reizdarmsyndrom sind deutlich häufiger als Entitäten einer Gruppe. Da auch teilweise Symptome, die von Strukturen proximal des Magens herrühren wie Aerophagie und Sodbrennen, zum Formenkreis der Dyspepsie gerechnet werden, ist wahrscheinlich eher von einem Kontinuum funktioneller gastrointestinaler Störungen als von klar unterscheidbaren

Krankheitsbildern auszugehen. Unterstützt wird diese Annahme dadurch, dass viele Einzelbefunde für eine gemeinsame pathophysiologische Basis sprechen (Holtmann u. Mitarb. 1997).

Neben dieser Breite von ösophagogastrointestinaler Symptomatik geben Patienten auch häufig extraintestinale Beschwerden wie z. B. Kopfschmerzen, Schlafstörungen oder Schmerzen anderer Lokalisation an.

Klinik und Diagnose des Reizdarmsyndroms

Auch wenn angesichts der typischen Beschwerden und des oft langjährigen Verlaufs die Diagnose einer funktionellen Dickdarmerkrankung häufig schon vermutet werden kann, ist die (einmalige) sorgfältige somatische Abklärung der Beschwerden - neben des notwendigen Ausschlusses organischer Krankheitsursachen - auch für den Gesamtbehandlungsplan wichtig. Immer wieder auftretende Forderungen des Patienten nach weiteren Untersuchungen kann so mit dem Hinweis auf unauffällige Befunde in den durchgeführten Untersuchungen begegnet werden, falls sich die Qualität der Symptomatik nicht grundlegend ändert (z. B. Wechsel von chronischer Diarrhoe zur Obstipation, Blutauflagerungen im Stuhl). Die positive Diagnose wird dann letztlich durch symptomorientiertes Erfassen der Beschwerden und Verhaltensweisen (z.B. Rome-Kriterien, s. Tab. 9.**4**, oder ICD-10: F45.3) gestellt.

Anamnestisch sprechen folgende Kriterien eher für das Vorliegen eines Reizdarmsyndroms: Die im Unterbauch lokalisierten Beschwerden verstärken sich durch Nahrungsaufnahme und verbessern sich häufig nach der Defäkation. Der Stuhl ist entweder breiig-flüssig mit erhöhter Stuhlfrequenz, oder die Patienten berichten von einem harten und/oder mühsamen (Schafskot-) Stuhlgang mit dem Gefühl einer unvollständigen Entleerung. Der Schlaf ist meist nicht wesentlich beeinträchtigt. Gewichtsverlust und Zunahme der Symptome im Verlauf ohne Episoden mit geringen Beschwerden sprechen wie auch Berichte von Blutauflagerungen im Stuhl oder Fettstühle gegen eine funktionelle Symptomatik.

In die Planung der diagnostischen Vorgehensweise fließen weitere Faktoren ein:

- Die Krankheitsdauer und Intensität der Symptomatik: Ein relativ plötzlicher Beginn der Symptome wird besonders bei älteren Patienten zu intensiverer Abklärung führen.
- Demographische Gesichtspunkte: Das Reizdarmsyndrom ist häufiger bei Frauen und jüngeren Patienten.
- Die Versorgungsebene und vorausgegangene Untersuchungen: Patienten in der Primärversorgung benötigen in den meisten Fällen weniger aufwendige Diagnostik.
- Die Familienanamnese: Falls es Fälle von Colonkarzinomen in der Familie gibt, wird man eher eine coloskopische Untersuchung durchführen.
- Schließlich die aktuelle psychosoziale Situation: Tritt während der Vorbereitung auf eine Prüfung bei einem jungen Mann eine Durchfallerkrankung auf, wird man eher ein abwartendes Verhalten zeigen als bei einem älteren Patienten in unveränderter psychosozialer Situation, der sich wegen zunehmender Beschwerden vorstellt. Auch insofern ist das Erfassen der psychosozialen Situation im diagnostischen Prozess ein wichtiger Gesichtpunkt, da bei einem negativen psychosozialen Befund intensivere Organdiagnostik angezeigt ist.

Da sich nur etwa ein Viertel der Gesamtgruppe von Menschen mit somatoformen gastroenterologischen Störungen bei einem Arzt vorstellt und sich somit als Patient definiert, ist schon beim Erstkontakt in der allgemeinmedizinischen Praxis die Frage wichtig, warum der betreffende Patient gerade jetzt zur Vorstellung kommt, zumal viele Beschwerden ja einen ausgesprochen chronischen Verlauf zeigen. Oft zeigen sich auf entsprechende Fragen etwa durch z. B. Krankheit eines Angehörigen oder entsprechende Berichte in den Medien ausgelöste Ängste vor einer bösartigen Erkrankung, die durch gezielte Untersuchung und Bestätigung eines unauffälligen Befundes aufgelöst werden können. Darüberhinaus finden sich gelegentlich schon recht früh Hinweise, dass stärkere psychosoziale Belastungen oder eine definierte psychische Komorbidität im Hintergrund eine wesentliche Rolle spielen. Dies sollte Anlass zu einer differentiellen Abklärung durch einen Fachpsychotherapeuten sein.

Verlauf und Prognose

Die in Tabelle 9.6 dargestellten Patientengruppen zeigen unterschiedliche Verläufe mit unterschiedlicher Prognose hinsichtlich der Einschränkung ihrer Lebensqualität. Die Mehrheit der Menschen mit somatoformen Beschwerden definiert sich - wie erwähnt - nicht als Patienten. Sie haben sich mit dem phasenhaften Verlauf der Beschwerden arrangiert, ändern oft kurzfristig ihre Ernährungs- und Lebensgewohnheiten und können so dyspeptische Beschwerden oder die Reizdarmsymptome zurückdrängen. Eine Patientengruppe sucht bei akuten Beschwerden primärmedizinische Behandlung auf. Ein unauffälliger Untersuchungsbefund, die Versicherung des Arztes, eine ernste Erkrankung ausgeschlossen zu haben und - kurzfristige - pharmakologische Interventionen führen zur Beschwerdefreiheit. Eine weitere Gruppe hat lange symptomfreie Intervalle und symptomatische Phasen lassen sich durch interkurrente Medikation erfolgreich behandeln, der Verlauf erstreckt sich aber über Jahre. Die übrige Gruppe der Patienten mit ausgesprochen chronischem Krankheitsverlauf ist neben starker Beschwerdesymptomatik auch gekennzeichnet durch viele Interaktionsschwierigkeiten mit den Behandlern, einer Vielzahl unterschiedlicher Behandlungsversuche mit häufigem Arztwechsel und Behandlungen in spezialisierten Einrichtungen. In dieser letzten Gruppe finden sich - wie oben ausgeführt - vermehrt psychische Auffälligkeiten und psychiatrische Erkrankungen, was in der Therapieplanung und -gestaltung berücksichtigt werden muss.

In epidemiologischen Studien bildet sich dieser chronisch-fluktuierende Verlauf ab. Talley u. Mitarb. (1992a) beobachteten bei 86% der Patienten mit NUD auch nach 12-20 Monaten weiterbestehende Beschwerden, eine ähnliche Größenordnung geben Jones und Lydeard (1992) an. In einer schwedischen Studie wurde zehn Jahre nach der Diagnosestellung einer funktionellen Dyspepsie eine erneute Untersuchung durchgeführt (N=165). Sowohl die kumulativen Todesfälle als auch die Ulkusprävalenz in dieser Gruppe war vergleichbar einer statistischen Vergleichsgruppe. Zum Zeitpunkt der Befragung gaben 64% an, in den letzten zwölf Monaten dyspeptische Beschwerden gehabt zu haben und 41% berichteten von der Einnahme von Analgetika wegen solcher Beschwerden in der letzten Woche (Lindell u. Mitarb. 1995). In dieser Langzeitkatamnese zeigte sich also auch ein ausgesprochen chronischer, jedoch quoad vitam benigner Verlauf ohne Relation zu einer Entwicklung peptischer Ulcera.

Gleiches gilt für das Reizdarmsyndrom. Wurde die Prävalenz eines Reizdarmsyndroms in einer konstanten Bevölkerungsstichprobe zu einem zweiten Zeitpunkt erneut erhoben (nach zwölf Monaten: Talley u. Mitarb. 1992a, nach fünf Jahren: Kay u. Mitarb. 1994), war die Inzidenz neuer Fälle etwa halb so groß wie die Prävalenz zum Beginn der Untersuchung. Bei etwa einem Drittel der vormals unter Reizdarmbeschwerden leidenden Patienten war diese Symptomatik zum zweiten Untersuchungszeitpunkt nicht mehr nachweisbar, bei zwei Drittel der Patienten konnte sie weiter beobachtet werden. Auch die ehemaligen Patienten sind oftmals nicht beschwerdefrei, sondern es tritt häufig ein Syndromwandel hin zu anderen somatoformen Störungen ein (Schepank 1990).

Spezielle Therapie

Entsprechend der oben dargestellten unterschiedlichen Verlaufstypen ist auch ein gestuftes Vorgehen in der Behandlung von Patienten mit somatoformen gastroenterologischen Störungen sinnvoll. Dabei hat der primärversorgende Arzt wichtige Funktionen in der Weichenstellung des weiteren Behandlungsablaufes. Vielfach werden durch sorgfältige Anamnese und körperliche Untersuchung (eventuell mit Hilfe sparsamer invasiver Diagnostik) organische Ursachen auszuschließen und entsprechende Befürchtungen des Patienten zu entkräften sein. Im Rahmen der psychosomatischen Grundversorgung kann eine psychosoziale Screeninguntersuchung durchgeführt werden, um etwaige Belastungsfaktoren zu erkennen, was Konsequenzen für die weitere psychosomatisch-psychotherapeutische oder - bei negativem psychosozialen Befund - somatische Diagnostik hat. Psychosoziale Faktoren nehmen Einfluss auf viscerale Motilität und Sensorik. Darüberhinaus spielen sie eine wichtige Rolle in der Symptomwahrnehmung und -bewertung, wodurch wiederum das Krankheitsverhalten entscheidend geprägt wird. Eine besondere Herausforderung stellen dabei die chronischen und therapierefraktären Patienten dar, die oft in spezialisierten gastroenterologischen Institutionen behandelt werden. Hier gilt es, auch hinsichtlich der Gestaltung der Rahmenbedingungen (Setting) besondere Aufmerksamkeit anzuwenden, was eine intensive Zusammenarbeit zwischen Gastroenterologen und Psychosomatikern erfordert.

Bis auf wenige Ausnahmen beziehen sich die bisher vorgelegten Therapiestudien, die psychosomatische Interventionen überprüften, auf Patienten mit Reizdarmsyndrom. Für die Gruppe der NUD-Patienten liegt bisher nur eine kontrollierte Interventionsstudie vor, in der ein kognitives Therapieverfahren zur Anwendung kam (Haug u. Mitarb. 1994), wodurch die dyspeptische Symptomatik signifikant verbessert werden konnte. Zur Analyse der bisherigen Psychotherapiestudien bei Reizdarmpatienten sei auf die Übersicht von Leibing u. Mitarb. verwiesen (1998), die die Ergebnisse als „ermutigend" beschreiben. Unterschiedliche Therapiekonzeptionen wie dynamische Kurzzeittherapie, Entspannungsverfahren, Hypnotherapie und (multimodale) kognitiv-behaviorale Verfahren erwiesen sich in der Behandlung dieser Patientengruppe als effektiv. Die Autoren folgern, dass Psychotherapie bei chronischen und bisher therapierefraktären Reizdarmpatienten die Behandlung der Wahl darstellt.

Gastroenterologische Somatisierungsstörungen sind sowohl in der Bevölkerung als auch im Inanspruchnahmeklientel ärztlicher Versorgung ausgesprochen häufig. Nur ein kleiner Teil der Menschen mit solchen Störungen sucht ärztliche Hilfe auf. Mit der Dauer und Intensität innerhalb der Versorgung steigt der Anteil psychischer Komorbidität.

Der Verlauf der Erkrankungen ist ausgesprochen chronisch und fluktuierend. In aktuellen Konzeptionen pathophysiologischer Grundlagen rückt das Konzept der visceralen Hypersensibilität immer mehr in den Vordergrund.

Über das autonome Nervensystem und endokrinologischen Mechanismen ist das Zentralnervensystem afferent und efferent eng mit visceralen Funktionsabläufen verbunden.

Psychosoziale Faktoren nehmen so Einfluss auf viscerale Motilität und Sensorik. Sie tragen entscheidend zur Art und Weise der Symptomwahrnehmung und -bewertung bei.

Psychotherapeutische Interventionsstudien zeigen mit verschiedenen Behandlungskonzeptionen ermutigende Ergebnisse, wobei sich die empirischen Studien bisher fast ausschließlich auf die Behandlung des Reizdarmsyndroms beschränken.

Literatur

Agréus L, Svärdsudd K, Nyrén O, Tibblin G (1995): Irritable bowel syndrom and dyspepsia in the general population: overlap and lack of stability over time. Gastroenterology 109, 671-680.

Bates S, Sjöden PO, Fellenius J, Nyren O (1989): Blocked and non-blocked acid secretion and reported pain in ulcer, non ulcer dyspepsia, and normal subjects. Gastroenterology 97, 376-383.

Bernersen B, Johnsen R, Straume B, Burhol PG (1992): Erosive prepyloric changes in dyspeptics and non-dyspeptics in a defined population. The Sorreisa Gastrointestinal Disorder Study. Scand J Gastroenterol 27, 233-237.

Blanchard EB, Scharff L, Schwarz SP, Suls JM, Barlow DH (1990): The role of anxiety and depression in the irritable bowel syndrome. Behav Res Ther 28, 401-405.

Cuntz U, Pollmann H, Enck P (1992): Verhaltenstherapie bei gastrointestinalen funktionellen Störungen. Z. Gastroenterol 30, 24-34.

Dancey CP, Whitehouse A, Painter J, Backhouse S (1995): The relationship between hassles, uplifts and irritable bowel syndrome: a preliminary study. J Psychosom Res 39, 827-832.

Dilling H, Mombour W, Schmidt MH (Hrsg.) (1993): Internationale Klassifikation psychischer Störungen, ICD-10 Kapitel V (F), klinisch-diagnostische Leitlinien, 2. Korr. Auflage. Huber, Bern, Göttingen, Toronto, Seattle.

Dilling H, Mombour W, Schmidt MH, Schulte-Markwort (1994): Internationale Klassifikation psychischer Störungen, ICD-10 Kapitel V (F), Forschungskriterien. Huber, Bern, Göttingen, Toronto, Seattle.

Ditto B, Miller SB, Barr RG (1998) A one-hour coping stressor reduces small bowel transit time in healthy young adults. Psychosom Med 60:7-10.

Doll R, Jones FA, Buckatzsch MM (1951): Occupational factors in the aetiology of gastric and duodenal ulcers with an estimate of their incidence in the general population. Med Res Council Spec Rep Ser 276, 1-9.

Drossman DA (1994): The functional gastrointestinal disorders and their diagnosis: a coming of age. In: Drossman DA, Richter JE, Talley NJ, Thompson WG, Whitehead WE (eds.): The functional gastrointestinal disorders: diagnosis, pathophysiology and treatment. Mc Lean, Virginia: Degnon and Associates, 1-23.

Drossman DA, McKee DC, Sandler RS, Mitchell CM, Cramer EM, Lowman BC, Burger AL (1988): Psychosocial factors in the irritable bowel syndrome. Gastroenterology 95, 701-708

Drossman DA, Thompson WG (1992): The irritable bowel syndrome: review and a graduated, multicomponent treatment approach. Ann Intern Med 116, 1009-1016.

Drossman DA, Creed FH Fava GA, Olden KW, Patrick DL, Toner BB, Whitehead WE (1995): Psychological aspects of the functional gastrointestinal disorders. Gastroenterol Int 8, 47-90.

Drossman DA, Whitehead WE, Camilleri M (1997): Irritable Bowel Syndrome: a technical review for practice guideline development. Gastroenterology 112, 2120-2137.

Engel GL (1977) The need for a new medical model: A challenge for biomedicine. Science 196: 129-136

George AA, Tsuchiyose M, Dooley CP (1991): Sensitivity of the gastric mucosa to acid and duodenal contents in patients with nonulcer dyspepsia. Gastroenterology 101, 3-6.

Haug TT, Wilhelmsen I, Svebak S, Berstad A, Ursin H (1994): Psychotherapy in functional dyspepsia. J Psychosom Res 38, 735-744.

Hausken T, Berstad A (1992): Wide gastric antrum in patients with non-ulcer dyspepsia. Effect of cisapride. Scand J Gastroenterol 27, 427-432.

Hislop IG (1979): Childhood deprivation: an antecedent of the irritable bowel syndrome. Med J Aust 1, 373-374.

Holtmann G, Goebell H, Holtmann M, Talley NJ (1994a): Dyspepsia in healthy blood donors: Pattern of symptoms and association with Helicobacter pylori. Dig Dis Sci 39, 1090-1098.

Holtmann G, Hüber J, Goebell H, Talley NJ (1994b): Dyspepsia in presenters and non-presenters: prevalence, healthcare seeking behavior and risk factors. Gastroenterology 106, A 512.

Holtmann G, Goebell H, Talley NJ (1996): Impaired small intestinal peristaltic reflexes and sensory thresholds are independant functional disturbances inpatients with chronic unexplained dyspepsia. Am J Gastroenterol 91, 485-491.

Holtmann G, Goebell H, Talley NJ (1997): Functional dyspepsia and irritable bowel syndrom: Is there a common pathophysiological basis? Am J Gastroenterol 92, 954-959

Holtmann G, Goebell H, Jockenhoevel F, Talley NJ (1998): Altered vagal and intestinal mechanosensory function in chronic unexplained dyspepsia. Gut 42, 501-506.

Johnsen R, Bernersen B, Straume B, Forde OH, Bostad L, Burhol PG (1991): Prevalences of endoscopic and histological findings in subjects with and without dyspepsia. BMJ 302,749-752.

Jones R, Lydeard S (1989) Prevalence of symptoms of dyspepsia in the community. Br Med J 298, 30-32

Jones R, Lydeard S (1992) Dyspepsia in the community: a follow-up study. Br J Clin Pract 42:95-97

Jones RH, Lydeard DE, Hobbs FDR et al. (1990): Dyspepsia in England and Scotland. Gut 31, 401-405.

Kay L, JorgensenT, Jensen KH (1994) The epidemiology of irritable bowel syndrome in a random population: prevalence, incidence, natural history and risk factors. J Intern med 236, 23-30

Leibing E, Kraul A, Bergter W, Rüger U (1998): Das „Irritable-Bowel-Syndrome" (Colon irritabile). Zsch. Psychosom. Med. 44, 163-197.

Lemann M, Dedering JP, Flourie B, Franchisseur C, Rambaud JC, Jian R (1991): Abnormal perception of visceral pain in response to gastric distension in chronic idiopathic dyspepsia. The irritable stomach syndrome. Dig Dis Sci 36, 1249-1254.

Lindell, GH, Celebioglu F, Graffner HO (1995): Nonulcer dyspepsia in the long-term perspective. Europ J Gastroenterol Hepatol 7, 829-833.

Loew T, Hartkamp N, Leibing E (1998): Somatoforme autonome Funktionsstörungen: Diagnostik und Therapie - eine Übersicht der empirischen Literatur. Zsch Psychosom Med 44, 108-126.

Longstreth G, Wolde-Tsadik G (1993): Irritable bowel-type symptoms in HMO examinees. Dig Dis Sci 38, 1581-1589.

Lydiard RB, Fossey MD, Marsh W, Ballenger JC (1993): Prevalence of psychiatric disorders in patients with irritable bowel syndrome. Psychosomatics 34, 229-234.

Magni G, Bernasconi G, di Mario F (1987): Psychiatric disturbances in patients with dyspepsia of unknown cause. Lancet, 1395.

Nyren O, Lindberg G, Lindström E et al. (1992): Economic costs of functional dyspepsia. Pharmacoeconomics 1, 312-317.

Pauli P, Herschbach P, Weiner H, von Rad M (1992): Psychologische Faktoren der Non-ulcer Dyspepsia (NUD). PPmP Psychother Psychosom med Psychol 42, 295-301.

Petersen WL (1991): Helicobacter pylori and peptic ulcer disease. N Engl J Med 324, 1043-1048.

Richter JE, Barish CF, Castell DO (1986): Abnormal sensory perception in patients with esophageal chest pain. Gastroenterology 91, 845-852.

Rothenbacher D, Peter R, Bode G, Adler G, Brenner H (1998): Dyspepsia in relation to Helicobacter pylori infection and psychosocial work stress in white collar employees. Am J Gastroenterol 93, 1443-1449.

Schepank H (1987): Psychogene Erkrankungen der Stadtbevölkerung. Springer, Heidelberg.

Schepank H (1990): Verläufe. Heidelberg, Springer.

Silverman DHS, Munakata JA, Ennes H et al. (1997) Regional cerebral activity in normal and pathologic perception of visceral pain. Gastroenterology 112:64-72

Stanghellini V, Ghidini C, Maccarini MR, Paparo GF, Corinaldesi R, Barbara L (1992): Fasting and postprandilal gastrointestinal motility in ulcer and non-ulcer dyspepsia. Gut 33, 184-190.

Talley NY, Zinsmeister AR, Van Dyke C, Melton LJ (1991): Epidemiology of colonic symptoms and the irritable bowel syndrome. Gastroenterology 101, 927-934.

Talley NJ, Weaver AL, Zinsmeister AR, Melton LJ (1992a): Onset and disappearance of gastrointestinal symptoms and functional gastrointestinal disorders. Am J Epidemiol 136, 165-177.

Talley NJ, Zinsmeister AR, Schleck CD, Melton LJ (1992b): Dyspepsia and dyspepsia subgroups: a population-based study. Gastroenterology 102, 1259-1268.

Talley NJ, Fett SL, Zinsmeister AR, Melton LJ (1994): Gastrointestinal tract symptoms and self-reported abuse: a population-based study. Gastroenterology 107, 1040-1049.

Talley NJ (1995): Nonulcer Dyspepsia. In: Yamada T (ed.) Textbook of Gastroenterology, 2- edition, Lipincott Company, Philadelphia, 1446-1455.

Talley NJ, Silverstein MD, Agréus L, Sonnenberg A, Holtmann G (1998): AGA Technical Review: Evaluation of Dyspepsia. Gastroenterology 114, 582-595.

Thompson WG, Heaton KW (1980): Functional bowel disorders in apperently healthy people. Gastroenterology 79, 283-288.

Thompson WG, Dotevall G, Drossman DA, Heaton KW, Kruis W (1989): Irritable bowel syndrome: guidelines for the diagnosis. Gastroenterol Int 2, 92-95.

Toner BB, Garfinkel PE, Jeejeebhoy KN (1990): Psychological factors in irritable bowel syndrome. Can J Psychiatry 35, 158-161.

Walker EA, Roy-Byrne PP, Katon WJ, Li L, Amos D, Jiranek G (1990): Psychiatric illness and irritable bowel syndrome: a comparison with inflammatory bowel disease. Am J Psychiatry 147, 1656-1661.

Weiner H (1998): Immer wieder der Reduktionismus: Das Beispiel des Helicobacter pylori. PPmP Psychother Psychosom Med Psychol 48, 425-429

Whitaker MJ, Brun J, Carelli and the International Gastro Primary Care Group (1997): Controversy and consensus in the management of upper gastrointestinal disease in primary care. IJCP 51, 239-243.

Whitehead WE, Engel BT, Schuster MM (1980): Irritable bowel syndrome: physiological and psychological differences between diarrhoe-predominant and constipation-predominant patients. Dig Dis Sci 25, 404-413.

Whitehead WE, Crowell MD, Robinson JC, Heller BR, Schuster MM (1992): Effect of stressful life events on bowel symptoms: subjects with irritable bowel syndrome compared to subjects without bowel dysfunction. Gut 33, 825-830

10. Chronisches Müdigkeitssyndrom

Hermann Ebel und Markus Müller-Küppers

Seit 120 Jahren werden in systematischer Form Befindlichkeitsstörungen beschrieben, bei denen Müdigkeit und Erschöpfung klinisch im Vordergrund stehen (Beard 1880). In der Folgezeit wurden solche Syndrome unter verschiedenen Bezeichnungen wie z. B. Iceland Disease, Myalgische Enzephalomyelitis, Neuromyasthenie, Lake Tahoe Disease und Juppie Flu beschrieben. In der Regel waren diese Erschöpfungszustäne sporadisch, aber auch endemisch oder epidemieartig aufgetreten und nicht selten innerhalb weniger Monate wieder verschwunden. In der englisch-sprachigen Literatur wurden solche Beschwerdekomplexe dann seit Mitte der achtziger Jahre als Chronisches Erschöpfungssyndrom (Chronic Fatigue Syndrom = CFS) bezeichnet.
Da es sich beim CFS wie bei allen Vorläufersyndromen nicht um eigenständige Krankheiten mit etablierter Ätiologie handelt, bleibt die diagnostische Abgrenzung von zahlreichen somatischen und psychischen Störungen mit chronischer Müdigkeit (Sharpe 1995) immer schwierig. Außerdem sollte nicht jede anhaltende Müdigkeit und Erschöpfung als Hinweis auf ein CFS gedeutet werden, sondern ist angesichts einer Prävalenz von 20% in der Normalbevölkerung in vielen Fällen, auch wenn sie das Wohlbefinden vorübergehend beeinträchtigt, als normale Reaktion des Körpers anzusehen. Um die Problematik dieses in der Diskussion umstrittenen Syndroms übersehen zu können, werden nach Darstellung der definitorischen Aspekte relevante Daten zur Klinik, Epidemiologie, Pathogenese, Diagnose, Prognose und Therapie dargestellt und kritisch gewürdigt.

Definition

Das chronische Müdigkeitssyndrom (CFS) ist eine Erkrankung, die durch eine überdauernde (d. h. wenigstens sechs Monate anhaltende) und stark beeinträchtigende Müdigkeit sowie vielgestaltige weitere Symptome gekennzeichnet ist, für die sich bislang aber weder eine einheitliche Ursache noch spezifische Laborparameter nachweisen ließen. Die klinisch deskriptiv zu stellende Diagnose stellt somit eine Ausschlussdiagnose dar, die auf einer von verschiedenen Experten entwickelten - letztlich artifiziellen und nicht empirisch gewonnenen Falldefinition - basiert (Fukuda u. Mitarb. 1994, Holmes u. Mitarb. 1988, Schluederberg u. Mitarb. 1992). Entsprechend der von dem „Centers for Disease Control" (CDC) entwickelten ursprünglichen Definition müssen für die Diagnose eines CFS folgende Kriterien erfüllt sein: Das Neuauftreten einer anhaltenden oder wiederkehrenden deutlich beeinträchtigenden Müdigkeit,

- die sich (1.) unter Bettruhe nicht bessert,
- die (2.) ausgeprägt genug ist, die Tagesaktivität um wenigstens 50% zu reduzieren
- und die (3.) nicht auf irgendeine bekannte medizinische Ursache zurückzuführen ist.

Darüber hinaus sind eine Anzahl weiterer Symptome und / oder Untersuchungsbefunde erforderlich, um die Diagnose stellen zu können. Dargestellt werden in der Tabelle 10.1 die zuletzt 1994 modifizierten Definitionskriterien des CFS nach Angaben des CDC (Fukuda u. Mitarb. 1994). Diese Krankheitsdefinition zielt unter Verzicht auf ätiologische

Hypothesen eher auf die Spezifität als Sensitivität ab (Ewig 1993). Die CDC-Definitionen sollten ferner die Vergleichbarkeit und Reproduzierbarkeit klinischer und epidemiologischer Studienergebnisse erhöhen.

Tabelle 10.1 Definitions-Kriterien des CFS (nach Fukuda u. Mitarb. 1994)

Hauptkriterium
Medizinisch nicht erklärbare persistierende oder wiederkehrende Müdigkeit / Erschöpfung seit mindestens sechs Monaten, • die neu aufgetreten ist • die nicht Folge einer chronischen Belastungssituation ist • die nicht deutlich durch Bettruhe zu beheben ist • die die durchschnittliche Leistungsfähigkeit deutlich reduziert
Nebenkriterium
Vier oder mehr der folgenden Symptome müssen seit sechs Monaten vorhanden sein: • Halsschmerzen • Schmerzhafte Lymphknoten • Muskelschmerzen • Gelenkschmerzen • Kopfschmerzen • Konzentrations- und Gedächtnisstörungen • Nicht erholsamer Schlaf • Unwohlsein (>24 h) nach Belastungen

Bis auf das Kriterium einer ausgeprägten und anhaltenden Müdigkeit besteht im Hinblick auf die Definition international wenig Übereinstimmung. Entsprechend weichen die derzeit gebräuchlichen Definitionen voneinander ab, insbesondere bezüglich Zahl und Darbietungsformen der zu dem Kernsymptom Müdigkeit hinzutretenden Symptome. Während die amerikanischen Kriterien bestimmte körperliche Symptome in den Vordergrund stellen, spielen solche Beschwerden in der britischen Definition, die hauptsächlich auf eine sowohl körperliche als auch seelische Müdigkeit abzielt, keine Rolle (Sharpe u. Mitarb. 1991, Holmes u. Mitarb. 1988). Im Gegensatz zur amerikanischen Definition fordern die britischen und australischen Kriterien das neue Auftreten neuropsychologischer Symptome (Gedächtnis- und Konzentrationsstörungen, Lloyd u. Mitarb. 1990). In die modernen Diagnosesysteme (ICD-10, DSM-IV) wurde das CFS bislang nicht integriert. Im ICD-10 kann aber bei Vorliegen eines CFS die Diagnose Neurasthenie verschlüsselt werden (Lieb u. Mitarb. 1996).

Epidemiologie

Angesichts der definitorischen Unschärfe des CFS schwanken die bisherigen Prävalenzangaben zwischen 2-7 bis zu 560 pro 100.000. Unter der Voraussetzung standardisierter Diagnostik scheint das CFS in der BRD und den USA bei etwa 1% der erwachsenen Bevölkerung aufzutreten (Fock u. Krueger 1994). Frauen erkranken 2-3-mal häufiger als Männer. Das mittlere Erkrankungsalter wird mit 35-38 Jahren, die mittlere Verlaufsdauer mit 52,6 Monaten angegeben (Ewig 1993, Nix u. Egle 1998). In neueren epidemiologischen Untersuchungen konnte dagegen die hohe zahlenmäßige Bedeutung, der Überhang an Frauen und der ausgesprochen chronifizierte Krankheitsverlauf nicht bestätigt werden (Lawrie u. Mitarb. 1997, Fukuda u. Mitarb. 1997). Die Uneinheitlichkeit der epidemiologischen Befunde im Hinblick auf die soziodemographischen Daten, den Schweregrad der

Beeinträchtigung, die kausalen Attributionen und den Krankheitsverlauf ist auf die Heterogenität der Kollektive sowie unterschiedliche Studienkonzepte (community-based vs. primary care based) zurückzuführen. Dagegen scheint weitgehende Übereinstimmung darüber zu bestehen, dass das CFS mit psychischen Symptomen einhergeht und vorausgegangene psychische Störungen zur Entwicklung eines CFS prädisponieren (Wessely u. Mitarb. 1996).

Ätiopathogenese

Das sog. CFS hat keine einheitliche Ätiologie und Pathogenese. Vielmehr führen verschiedene Auslöser zu einer vergleichbaren Symptomatik. Nach traditionellen Erklärungskonzepten und unterschiedlichen pathophysiologischen Modellvorstellungen wird das CFS entweder als eine biologisch medizinische (z. B. infektassoziierte Immundefizienz) oder emotional-psychische (z. B. Hypochondrie, Somatisierungsstörung oder Major-Depression) Erkrankung aufgefasst.

Der biologischen Krankheitshypothese folgend soll das CFS exogen durch Umwelttoxine, Viren oder andere infektiöse Agentien ausgelöst werden. Der plötzliche Krankheitsbeginn bei vielen CFS- Patienten könnte auch einen Infekt als Ursache nahe legen, mit der Folge einer komplexen Kaskade von Regulationsstörungen des Immunsystems. Zahlreiche Erreger - Epstein-Barr Virus, Cytomegalie-Virus, Humanes Herpesvirus 6, Enteroviren wie Coxsackie B, Retroviren, Borrelia Burgdorferi und in letzter Zeit Borna Viren - sind im Hinblick auf ihre potentielle Rolle bei der Auslösung des CFS untersucht worden (Ewig 1993, Nix u. Egle 1998, Albus 1997). Dabei fand sich bislang kein überzeugender Hinweis auf eine infektmediierte Krankheitsursache. Unabhängig davon wäre ein einzelner Erreger auch nicht imstande, das Syndrom in Gang zu setzen. Ferner konnte trotz vereinzelter abweichender seroimmunologischer Parameter bei einigen CFS- Patienten der Verdacht auf eine spezifische immunologische Funktionsstörung nicht erhärtet werden (Lemke 1996).

Dennoch wurden einige CFS-Symptome, insbesondere die neuropsychologischen Defizite als Folge zerebraler Läsionen auf dem Boden einer vermuteten immunologischen Störung aufgefasst (Tiersky u. Mitarb. 1997). So wurden magnetresonanztomographisch bei CFS-Patienten subkortikale Marklagerhyperintensitäten entsprechend Demyelinisierungsherden beschrieben (Buchwald 1992, Reeves u. Mitarb. 1992, Natelson u. Mitarb. 1993). SPECT-Befunde zeigten einen verminderten zerebralen Blutfluss in unterschiedlichen supratentoriellen Hirnregionen sowie u.a. eine Hypoperfusion des Hirnstamms (Costa u. Mitarb. 1995). Die Interpretation dieser Befunde ist ausgesprochen problematisch, da sie letztlich unspezifisch sind. Auch stellen Überschneidungen mit psychischen Störungen, der fehlende Ausschluss neurologischer Erkrankungen und die Existenz vergleichbarer Befunde bei Normalpersonen ihre ätiopathogenetische Bedeutung generell in Frage.

Neuroendokrinologische Untersuchungen gaben Hinweise auf eine gestörte Hypophysen-Hypothalamus-Achsenfunktion sowie eine dysbalancierte serotonerge Stoffwechsellage. So wurde über verminderte Kortisolspiegel bei CFS-Patienten berichtet, die möglicherweise auf eine zentral reduzierte Ausschüttung von corticotropin-releasing Hormonen zurückgehen (Demitrack 1991). Die wesentlichen Befunde sind ein vermutlich zentral ausgelöster Hypokortisolismus sowie eine erhöhte serotonerge Stoffwechselaktivität (u. a. Cleare u. Mitarb. 1995). Sie entsprechen dem umgekehrten Muster, wie es bei Patienten mit klinisch manifester Depression beschrieben worden ist (Cleare u. Mitarb. 1995, Demitrack 1995). Autonom vegetative Funktionsstörungen bei Herzfrequenzanalysen (Sisto 1995), veränderte Schlafmuster mit erhöhter Deltaaktivität sowie verlängertem Anteil des Schlafstadiums 4 (Zubieta 1993) liefern weitere Argumente dafür, ein biologisches Krankheitsgeschehen auf neuroendokriner bzw. psychoimmunologischer Grundlage anzunehmen. Allerdings sind auch diese Befunde unspezifisch, da sie sich ebenfalls bei einer Vielzahl von Stressreaktionen zeigen.

Der anderen Auffassung folgend handelt es sich bei dem CFS in erster Linie um eine psychische Störung. Diese Sichtweise lässt sich u. a. mit dem überwiegend subjektiven Charakter der Symptome, dem fehlenden Nachweis biologischer Marker sowie der relativ hohen Komorbidität mit anderen psychischen Störungen begründen (Manu u. Mitarb. 1993, Stewart 1990). Eine grundsätzliche Unsicherheit besteht dahingehend, inwieweit psychopathologische Auffälligkeiten tatsächlich primäre Krankheitssymptome darstellen oder reaktiv infolge der beeinträchtigten körperlichen Verfassung zustande kommen. Umgekehrt können zumindest bei einigen CFS-Patienten die Beschwerden nicht allein durch Depressivität erklärt werden (Sandmann 1993). Die testpsychologisch erfassten subjektiven kognitiven Defizite dieser Patienten sind mit frontosubkortikalen, temporalen und limbischen Funktionsstörungen vereinbar und unterscheiden sich signifikant von den Defiziten depressiver Patienten (Hickie u. Mitarb. 1998). Andere Studien konnten diese Befunde dagegen nicht nachvollziehen (Schmaling, 1994). Zudem entsprechen die Persönlichkeitszüge und das depressive Symptomprofil von CFS- Patienten nicht dem von Depressiven, sondern ähneln dem von MS-Patienten (Johnson u. Mitarb. 1996b, 1996c). Die Assoziation des CFS mit somatoformen/funktionellen Störungen ist komplex und in hohem Maße von der Verwendung der Diagnosekriterien abhängig. Während bei strenger Anwendung der DSM-III-Kriterien lediglich 2,3% der CFS-Patienten eine vollständige Somatisierungsstörung aufwiesen, betrug die Komorbiditätsrate von CFS und allen somatoformen/funktionellen Störungen 27% bzw. 34% (Johnson u. Mitarb. 1996a, Farmer u. Mitarb. 1995, Hickie u. Mitarb. 1995). Ohnehin scheinen sich CFS-Patienten ohne psychiatrische Komorbidität von solchen mit psychiatrischen Diagnosen in den kognitiven Leistungsfunktionen, der Affektlage und dem Erschöpfungsgrad zu unterscheiden. Ebenso scheint es möglich, aufgrund des Erkrankungsbeginns sowie sog. life events vor Erkrankungsbeginn zwischen CFS-Patienten mit bzw. ohne psychischen Begleiterkrankungen zu differenzieren. Auch scheinen die Dynamik des Krankheitsverlaufs und prämorbide sog. life events zur Differenzierung zwischen CFS-Patienten mit bzw. ohne Begleiterkrankungen beizutragen.

Insgesamt sprechen die neuroendokrinologischen, neuroimmunologischen und aus der Schlafforschung stammenden Befunde dagegen, das CFS lediglich als Variante einer somatisierten Depression aufzufassen. Andererseits erscheint es unwahrscheinlich, dass ein rein biologisches Modell das komplexe klinische Spektrum des CFS hinreichend erklärt. Jedoch gibt es Argumente zu vermuten, dass es beim CFS tatsächlich einen neurobiologischen Krankheitsfaktor gibt, auch wenn mit dem heute verfügbaren Untersuchungsinstrumentarium beweisende Befunde nicht erhoben werden können. Angesichts der Tatsache, dass dichotome Betrachtungsweisen den vielfältigen Überschneidungen des Syndroms, der klinischen Heterogenität und der wahrscheinlich multifaktoriellen Pathogenese nicht ausreichend gerecht werden, werden zunehmend komplexere Erklärungsmodelle diskutiert, nach denen von einer Störung der komplexen Regulation des psychoneuro-endokrinen-immunologischen Netzwerkes auszugehen ist (Fock u. Krueger, 1994).

Klinische Phänomenologie

Im Mittelpunkt des CFS steht eine ausgeprägte und beeinträchtigende Müdigkeit bzw. Erschöpfung. Im allgemeinen lässt der Beginn des CFS an das Vorliegen eines akuten grippalen Infektes denken. Die Beschwerden beeinträchtigen den Kranken jedoch deutlicher und bestehen über einen längeren Zeitraum als bei einem Infekt. Im einzelnen sind folgende Symptome und Beschwerden relevant: Muskel- und Gelenkschmerzen, Hals- und Kopfschmerzen, schmerzhafte Lymphknotenschwellungen, Schlafstörungen und nicht erholsamer Schlaf sowie auf Belastung folgendes Unwohlsein (Tab. 10.**1**). Nicht selten bestehen auch subfebrile Temperaturen. Diese Symptomkonstellation führt zu einer nachhaltigen Verminderung der gewohnten privaten und beruflichen Aktivitäten sowie zu einer Einengung des sozialen Kontaktes. Von den Patienten wird der Zustand als katastrophaler gesundheitlicher Einbruch erlebt und häufig mit einer Infektion in Zusammenhang gebracht (Ewig 1993). Nicht selten geben die Patienten an, vorher besonderen (physischen oder psychischen) Stresssituationen ausgesetzt gewesen zu sein (Fock u. Krueger 1994) Allerdings gibt es auch Fälle ohne erkennbare vorherige Auslösesituation. Wahrscheinlich bedingt durch eine hohe körperliche Aufmerksamkeit für ihre Beschwerden und Symptome schildern die Patienten diese mit allen Details. Die Patienten zeigen in der Regel ein überwiegend bzw. ausschließlich somatisches Krankheitsverständnis und sind wenig offen bis abwehrend bezüglich einer eventuellen psychischen Verursachung der Symptome. Das Arzt-Patient-Verhältnis ist aufgrund gegenseitiger Missverständnisse nicht selten kompliziert und schwierig. Aufgrund damit verbundener Enttäuschungen kommt es zu längeren Patientenkarrieren mit z. T. sehr häufigen Arztwechseln, ausgedehnter Diagnostik und vergeblichen wie kostspieligen Therapieversuchen (Albus 1997).

Diagnose und Differentialdiagnose

Die derzeit nur klinisch nach subjektiven Einschätzungen des Patienten zu stellende Diagnose sollte zunächst immer anhand der genannten Diagnosekriterien objektiviert und präzisiert werden. In einem zweiten Schritt sind bekannte, u. U. behandelbare andere Erkrankungen, die ebenfalls mit chronischer Müdigkeit bzw. Erschöpfung einhergehen, auszuschließen. Zusätzliche Laboruntersuchungen und apparative Abklärungen dienen ebenfalls der Ausschlussdiagnostik (Ewig 1993, Lieb u. Mitarb. 1996). Jede „Überuntersuchung“ sollte vermieden werden, um die Patienten nicht auf irgendwelche Laborwerte zu fixieren (Pankow u. Mitarb. 1995). Insgesamt muss das diagnostische Vorgehen beim CFS gezielt und entsprechend der jeweiligen Symptomatik erfolgen. Eine ungerichtete Breitendiagnostik trägt nicht zur Aufklärung bei und ist wirtschaftlich nicht vertretbar (Fock u. Krueger 1994). Wenn sich klinisch keine Anhaltspunkte für spezifische somatische Erkrankungen ergeben, kann man sich auf die Feststellung der genannten Standardlaborwerte beschränken (Tab.10.**2**). Dies gilt um so mehr, als bislang keine die Diagnose eines CFS sichernden serologischen oder immunologischen Untersuchungsparameter zur Verfügung stehen (Lieb u. Mitarb. 1996). Um die Fehlinterpretation u. U. pathologischer serologischer Befunde zu vermeiden, ist die Beurteilung der Werte in Hinsicht auf eventuelle Zusammenhänge mit dem CFS nur in enger interdisziplinärer Kooperation zwischen Klinikern, Mikrobiologen und Immunologen empfehlenswert (Fock u. Krueger 1994). Im Vordergrund der Diagnostik steht die klinische Prüfung von Differentialdiagnosen auf internistischem, neurologischem und psychiatrischem Gebiet. Differentialdiagnostisch zu bedenken sind außerdem Intoxikationen und Medikamentennebenwirkungen als Ursache chronischer Müdigkeit bzw. Erschöpfung (Tab. 10.**3**).

Tabelle 10.2 Diagnostisches Vorgehen bei CFS

- **Anamnese**
- **Internistische, neurologische und psychiatrische Untersuchung**
- **Labordiagnostik**
  - Blutbild
  - BSG
  - Elektrolyte
  - Leberwerte
  - Gesamteiweiß
  - Elektrophorese
  - Glukose
  - Schilddrüsenfunktion
  - Kreatinin
  - Urinstatus
- **Apparative Diagnostik**
  - EKG
  - Röntgenaufnahme vom Thorax
  - CT oder NMR des Gehirns
- **Konfirmatorische Diagnostik bei Verdacht**
  - Immunologisch: Immunglobuline, Antinukleäre Faktoren, Rheumafaktor
  - Endokrinologisch: Serum-Cortisol, Dexamethason-Test
  - Infektserologisch: Borreliose, Hepatitis, HIV, Epstein-Barr-Virus, Enteroviren, Herpesviren

Internistische Erkrankungen

Zahlreiche internistische Erkrankungen können mit chronischer Müdigkeit bzw. Erschöpfung einhergehen. Aus internistischer Perspektive ist besonders an das Schlaf-Apnoe-Syndrom mit Tagesmüdigkeit als einem Hauptsymptom zu denken (Ewig 1993). Bei endokrinologischen Erkrankungen wie Hypothyreose oder Hypokortisolismus wird mitunter lange vor anderen Symptomen über Müdigkeit und Erschöpfbarkeit berichtet (Pankow u. Mitarb. 1995). Das gleiche gilt für Anämien. Das dem CFS-Syndrom sehr ähnliche Fibromyalgie-Syndrom kann durch die palpatorische Auslösung von Schmerzen an definierten Körperstellen (tender points) abgegrenzt werden (Goldenberg 1994, Hoffmann u. Mitarb. 1996). Bemerkenswerterweise leiden viele Patienten mit einem CFS auch an einem Fibromyalgie-Syndrom (Goldenberg u. Mitarb. 1990).

Neurologische Erkrankungen

Auf neurologischem Gebiet geht es v. a. um die Differentialdiagnose der Myalgien, d. h. den Ausschluss bekannter neuromuskulärer Erkrankungen infektiöser, traumatischer, neoplastischer, autoimmuner, neurogener sowie hereditär-enzymatischer Genese. Pathogenetisch erwogen wurden auch Mitochondriopathien (McCully u. Mitarb. 1996). Elektromyographisch fanden sich sowohl Jitterphänomene im Einzelfaser-EMG als auch Normalbefunde (Jamal u. Hansen 1985, Nix u. Egle 1998, Roberts u. Byrne 1994). Differentialdiagnostisch ist immer auch an eine Enzephalomyelitis disseminata, Borreliose oder Viruserkrankung des ZNS zu denken (Lieb u. Mitarb. 1996, Ewig 1993, Nix u. Egle 1998).

Psychiatrische Erkrankungen

Die Komorbidität des CFS mit anderen psychischen Störungen wird mit 40-80% angegeben (Bonner u. Mitarb. 1994). Entsprechend der derzeitigen Definition schließt das Vorliegen einer psychotischen Störung oder Essstörung die Diagnose eines CFS aus. Dagegen sind somatoforme Störungen, Angstsyndrome, Depressionen ohne psychotisches Erleben und ohne Melancholie sowie Neurasthenie mit der Diagnose CFS kompatibel.

Das Risiko für eine Depression soll bei Patienten mit CFS zwei- bis dreimal höher liegen als bei anderen chronisch Kranken (Hickie u. Mitarb. 1990, Kruesi u. Mitarb. 1989). CFS und Depression überlappen insofern erheblich, als zahlreiche Patienten mit CFS an depressiver Verstimmung leiden und viele depressive Patienten wiederum über chronische Müdigkeit berichten (Wessely u. Mitarb. 1996). Unterscheidungsmerkmale können der Nachweis typischer depressiver Symptome (Tagesschwankungen mit Morgentief, Früherwachen, Appetitlosigkeit u. a.) oder der Nachweis früherer depressiver Episoden sein.

Angesichts der Komorbidität von somatoformen Störungen und einem CFS bestehen auch in dieser Hinsicht deutliche Überschneidungen. Da sogar die Zielsymptome beider Störungsbereiche überlappen, ist eine scharfe klinische Abgrenzung nicht immer möglich (Hickie u. Mitarb. 1995). Sehr hoch ist die Überschneidung des CFS mit der im ICD-10 vertretenen Kategorie Neurasthenie, da 97% der CFS-Patienten auch die Kriterien einer Neurasthenie erfüllten (Farmer u. Mitarb. 1995). Dies ist andererseits wenig überraschend, da sich die Kriterien beider Syndrome ausgesprochen ähnlich sind.

In der jüngsten Vergangenheit wurden weitere dem CFS in der Symptomatologie ähnliche Störungen beschrieben, deren Genese in der Exposition gegenüber schädlichen Umwelteinflüssen gesehen wird. Zu diesen Syndromen gehören das Sick-Building-Syndrom (SBS), Multiple Chemical Sensitivity (MCS) und die Nahrungsmittelunverträglichkeit. Von vielen Autoren werden diese Syndrome, deren Definiton und Pathogenese noch umstritten ist, als umweltbezogene somatoforme Störungen aufgefasst. Da bemerkenswerterweise viele Patienten mit einem CFS auch an einem Fibromyalgie-Syndrom leiden, sind viele geneigt, auch dieses Beschwerdebild eher den somatoformen Störungen zuzurechnen.

Schlafstörungen sind mit einer Prävalenz von 60-80 % bei Patienten mit CFS sehr häufig (Krupp u. Mitarb. 1993, Morris u. Mitarb. 1993). Unter den Schlafstörungen sollten insbesondere wegen ihrer Behandelbarkeit ausgeschlossen werden das Schlaf-Apnoe-Syndrom, die Narkolepsie und das Kline-Levin-Syndrom.

Intoxikationen und Medikamentennebenwirkungen

Psychotrope Substanzen wie Benzodiazepine, Antidepressiva oder Neuroleptika rufen als typische Nebenwirkung (u. U. auch chronische) Müdigkeit hervor. Ebenso kann chronische Müdigkeit Folge von Alkohol- und Drogenabusus sowie toxisch (Schwermetalle, chemische Lösungsmittel, Pestizide) bedingt sein.

Verlauf und Prognose

Viele Patienten berichten retrospektiv über einen plötzlichen, deutlich seltener einen schleichenden Beginn, wobei die Initialsymptomatik häufig an einen gravierenden grippalen Infekt denken lässt (Albus 1997). Bekannt sind persistierende Formen des CFS, ebenso wie unregelmäßig oder regelmäßig in kurzen Abständen rezidivierende Verläufe (Nix u. Egle 1998). Während in Verlaufsbeobachtungen aus den USA bei 22-60% der CFS-

Patienten von einer Besserung der Symptome innerhalb von drei Jahren berichtet wurde, zeigten sich in einer europäischen Studie Remissionen bei lediglich 3% und Besserungen nur bei 17% (Bates u. Mitarb. 1993, Clark u. Mitarb. 1995, Gold u. Mitarb. 1990, Kroenke u. Mitarb. 1988, Vercoulen u. Mitarb. 1996). In einer australischen Studie waren 6% der CFS-Patienten nach drei Jahren symptomfrei (Wilson u. Mitarb. 1994). Längsschnitt- und Follow-up-Untersuchungen belegen, dass das CFS keine progressive Erkrankung ist. Als prognostisch ungünstige Faktoren erwiesen sich begleitende somatische oder psychiatrische Erkrankungen und eine besonders stark ausgeprägte Müdigkeit (Bonner u. Mitarb. 1994, Cope u. Mitarb. 1994, Wilson u. Mitarb. 1994). Prognostisch ungünstig scheint ebenfalls die feste Überzeugung des Patienten zu sein, dass den Symptomen eine somatische Erkrankung zugrunde liegt und jegliche psychische Mitbeteiligung abgelehnt wird (Butler u. Mitarb. 1991, Cope u. Mitarb. 1994, Nix u. Egle 1998, Powell u. Mitarb. 1990, Wilson u. Mitarb. 1994). Ungünstige Verläufe wiesen auch die Betroffenen auf, die sich im Rahmen von Selbsthilfeorganisationen mit ihrem Krankheitsbild beschäftigten, während Patienten, die auf eine frühe Verhaltenstherapie positiv angesprochen hatten, eine gute Langzeitprognose zeigten (Butler u. Mitarb. 1991, Sharpe u. Mitarb. 1992).

Tabelle 10.**3** Differentialdiagnose des CFS

- **Internistische Erkrankungen**
  - Neoplasien
  - Autoimmunerkrankungen
  - Chronische Infektionen
  - Endokrine Erkrankungen
  - Infektionskrankheiten
  - Schlaf-Apnoe-Syndrom
- **Neurologische Erkrankungen**
  - Entzündliche/Metabolische Myopathien
  - Myasthenia gravis
  - Enzephalomyelitis disseminata
  - Narkolepsie
- **Psychiatrische Erkrankungen**
  - Dementielle Störungen
  - Psychotische Störungen
  - Essstörungen
- **Intoxikationen und Medikamentennebenwirkungen**
  - Schwermetalle/Chemische Lösungsmittel/Pestizide
  - Alkohol/Drogen
  - Tranquilizer/Antidepressiva/Neuroleptika

Spezielle Therapie

Sämtliche Therapiestudien zum CFS unterliegen mangels einer klaren klinischen Definition des Syndroms, fehlender objektiver Marker des Schweregrades der Erkrankung und wegen der klinischen Heterogenität der eingeschlossenen Patienten methodischen Einschränkungen und sind deshalb in ihrer Aussagekraft eingeschränkt (Wilson u. Mitarb. 1996).

Unter der Annahme eines infektiösen bzw. parainfektiösen Prozesses eingesetzte immunmodulierende Maßnahmen mit intravenös applizierten Immunglobulinen erbrachten widersprüchliche Ergebnisse (Lloyd u. Mitarb. 1989, Peterson u. Mitarb. 1989).

Intravenös appliziertes Acyclovir zeigte keinen spezifischen Effekt auf das CFS und entsprach in seiner therapeutischen Wirksamkeit der Placebowirkung (Straus u. Mitarb. 1988). In gewisser Hinsicht wirksam waren unspezifische Immunstimulanzien wie Echinacin und Thymopentin. Ohne objektivierbaren Effekt waren Behandlungsversuche mit Ozon, ionischem Sauerstoff und immunstimulatorischen Pflanzenextrakten. Eine Behandlung mit Interferon hat beim CFS bisher nicht zu überzeugenden Ergebnissen geführt (Fock u. Krueger 1994).

Die Indikation zu einer Therapie mit antidepressiv wirksamen Substanzen wird kontrovers beurteilt. Antidepressiva haben häufig einen günstigen symptomatischen Effekt, wobei insbesondere die älteren Trizyklika (wie z. B. Amitryptilin) bei der Linderung chronischer Schmerzen hilfreich zu sein scheinen (Goodnick u. Mitarb. 1993). Die medikamentöse Unterstützung des Schlafstadiums 4, die Stimulierung absteigender schmerzinhibitorischer Bahnen und positiv psychotrope Eigenschaften könnten für die therapeutische Wirksamkeit dieser Substanzen verantwortlich sein. Ebenso wurde der reversible MAO-A Hemmer Moclobemid mit gewissem Erfolg eingesetzt (Wilson u. Mitarb. 1994). Dagegen ist die Effektivität von selektiven Serotoninwiederaufnahmehemmern wie Fluoxetin auf anekdotische Einzelfallberichte beschränkt und konnte in der einzigen Doppelblindstudie, die Fluoxetin bei CFS Patienten untersuchte, nicht eindeutig belegt werden (Vercoulen u. Mitarb. 1996).

Psychodynamische Gesichtspunkte standen bisher nicht im Mittelpunkt der therapeutischen und wissenschaftlichen Beschäftigung mit dem CFS. Einen psychodynamischen Ansatz, der die Rolle von Objektbeziehungen für Pathogenese und Therapie aufgreift, wurde allerdings schon entwickelt (Taerk u. Gnam 1994). Generell kann aber gesagt werden, dass ein psychodynamisch-psychotherapeutischer Zugang bei dieser Patientengruppe schwierig und selbst unter der Voraussetzung eines tragfähigen Patienten-Therapeuten-Verhältnisses von untergeordneter Bedeutung bleiben wird.

Die kognitive Verhaltenstherapie hat sich zumindest bei einigen Untergruppen der CFS-Patienten als therapeutisch hilfreich erwiesen (Sharpe u. Mitarb. 1998, Butler u. Mitarb. 1991, Friedberg u. Krupp 1994). Diese Therapieform geht von der Hypothese aus, dass ein falsches oder unangepasstes Krankheitsverständnis, krankheitsbezogene dysfunktionale Kognitionen, ineffektive Bewältigungsstrategien und psychologische Stressfaktoren am Fortbestehen der Symptome beteiligt sind. Behandlungsziel ist es, sowohl die Einstellung zur Erkrankung als auch die Krankheitsattribution positiv zu beeinflussen. Dabei stellen Aufklärung über die Ursachen der Beschwerden, ergänzende Entspannungsverfahren und das Einüben von veränderten Verhaltensmustern in Belastungssituationen wichtige Behandlungsansätze dar (Lieb u. Mitarb. 1996).

Schließlich spielt niederschwellig aufbauendes, individuell angepasstes körperliches Training bei der Führung von CFS-Patienten eine wesentliche Rolle (Goshorn 1998). Es wirkt dem häufig zu beobachtenden Vermeidungsverhalten entgegen. Um die ohnehin schon einschränkenden körperlichen Funktionseinbußen nicht zu verstärken, sollten Intensität und Dauer der Behandlungen zu Beginn innerhalb der Grenzen liegen, die die Patienten noch tolerieren. Auch in Krankheitsphasen, in denen sich die Patienten relativ wohl fühlen, sollten die Belastungen behutsam gesteigert werden.

Nicht zuletzt stellen unspezifische therapeutische Effekte in der Interaktion zwischen Patient und Therapeuten einen unabdingbaren Bestandteil dar. Angesichts der hohen Placeborate bei CFS- Patienten kann die Bedeutung einer empathischen Arzt-Patient-Beziehung nicht hoch genug bewertet werden (Cox u. Mitarb. 1991, Kaslow u. Mitarb. 1989, Behan u. Mitarb. 1990). Hierzu zählt v. a., das individuelle Krankheitserleben zu legitimieren und die Fähigkeit des Arztes nach Aufbau einer therapeutischen Beziehung mit dem Patienten auch die Frustration über eine Krankheit mit mysteriöser Pathophysiologie und ohne sichere Heilungschancen teilen zu können. Die unterschiedlichen

Behandlungsansätze können gerade in ihrem Zusammenwirken bei vielen CFS-Patienten zu spürbarer Symptomlinderung und Steigerung der allgemeinen Leistungsfähigkeit führen, obwohl diese Patienten vielfach einer wirksamen Behandlung als nicht zugänglich betrachtet werden.

Das chronische Müdigkeitssyndrom (CFS) ist eine Erkrankung mit seit wenigstens sechs Monaten anhaltender, stark beeinträchtigender Müdigkeit sowie Muskel- und Gelenkschmerzen, Hals- und Kopfschmerzen, schmerzhaften Lymphknotenschwellungen und Schlafstörungen.
Die Beschwerden beeinträchtigen den Kranken deutlich und bestehen über einen längeren Zeitraum als bei einem Infekt, der ebenso wie andere physische und psychische Stresssituationen vorausgegangen sein kann. Patienten zeigen in der Regel ein somatisches Krankheitsverständnis.
Die Pathogenese des CFS ist nicht geklärt; anzunehmen ist eine Störung der komplexen Regulation des psychoneuro-endokrin-immunologischen Netzwerkes.
Die klinisch deskriptiv zu stellende Diagnose eines CFS kann derzeit nicht durch serologische oder immunologische Untersuchungsparameter gesichert werden.
In die Differentialdiagnose einzubeziehen sind Erkrankungen auf internistischem (z.B. Schlaf-Apnoe-Syndrom), neurologischem (z. B. Myopathien) und psychiatrischem Gebiet (z. B. depressive Störung, Angststörung und somatoforme Störung).
Bezüglich des Verlaufes sind beim CFS sowohl persistierende als auch unregelmäßig oder regelmäßig rezidivierende Verläufe bekannt. Prognostisch ungünstig sind begleitende somatische oder psychische Störungen wie ein somatisches Krankheitsverständnis.
Der Nachweis für die Wirksamkeit einer spezifischen Therapie des CFS steht aus. Je nach Einzelfall sind Therapieversuche mit Antidepressiva, kognitiver Verhaltenstherapie und körperlichem Training in Betracht zu ziehen.

Literatur

Albus C: Chronisches Müdigkeitssyndrom - eigenständige Errankung oder unspezifische Befindlichkeitsstörung Z ärztl Fortbild Qual sich 1997; 91: 717-721

Bates DW, Schmitt W, Buchwald D, Ware NC, Lee J, Thoyer E, Kornish RJ, Komaroff AL: Prevalence of fatigue and chronic fatigue syndrome in a primary care practise Arch intern Med 1993; 153: 2759-2765

Beard GM: A practical treatise on nervous exhaustion New York: Wood 1880

Behan PO, Behan WMH, Horrobin D: Effects of high doses of essential fatty acids on the postviral fatigue syndrome Acta Neurol Scand 1990; 82: 209-216

Bonner D, Ron M, Chalder T, Butler S, Wessely S: Chronic fatigue syndrom: a follow up study J Neurol Neurosurg Psychiatry 1994; 57:617-621

Buchwald D, Cheney PR, Peterson DL et al.: A chronic illness characterized by fatigue, neurologic and immunologic disorders, and active human herpesvirus type 6 infection. Ann Intern Med 1992;116: 103-113

Butler S, Chalder T, Ron M, Wessely S: Cognitive behavioral therapy in chronic fatigue syndrome J Neurol Neurosurg Psychiatry 1991; 54:153-58

Clark MR, Katon WJ, Russo J: Chronic fatigue: Risk factors for symptom persistence in a 2 1/1-year follow-up study Am J Med 1995;98:187-195

Cleare AJ, Bearn J, Allain T, McGregor A, Wessely S, Murray RM, O'Kane VO: Contrasting neuroendocrine responses in depression and chronic fatigue syndrome J Affective Disord 1995; 34: 283-289

Cope H, David A, Pelosi A: Predictors of „postviral" fatigue Lancet 1994; 344: 864-868

Costa DC, Tannock C Brostoff J: Brainstem perfusion is impaired in chronic fatigue syndrome QJM 1995; 88: 767-773

Cox IM, Campbell MJ, Dowson D: Red blood cell magnesium and chronic fatigue syndrome Lancet 1991; 337: 757-760

Demitrack MA, Dale JK, Straus SE et al. Evidence for impared activation of the hypothalamic-pituitary-adrenal axis in patients with chronic fatigue syndrome J Clin Endocrin Metab 1991;73: 1224-1234

Ewig S: Das chronische Müdigkeitssyndrom. Dtsch Med Wschr 1993; 118: 1373-1380

Farmer A, Jones I, Hillier J, Lewelyn M, Borsiewicz L, Smith A: Neurasthenia revisited: ICD-10 and DSM-III-R psychiatric syndromes in chronic fatigue patients and comparison subjects Br J Psychiatry 1995; 167: 503-506

Fock, RE, Krueger GF, Nix WA: Chronisches Erschöpfungssyndrom Dt Ärzteblatt 1994; 91: 2946-2952

Friedberg F, Krupp LB: A comparison of cognitive behavioral treatment for chronic fatigue syndrome and primary depression Clin Infect Dis 1994; 18 (suppl 1): 105-10

Fukuda K, Dobbins JG, Wilson LJ, Dunn RA, Wilcox K, Smallwood D: An epidemiological study of fatigue with relevance of the chronic fatigue syndrome J Psychiatric Res 1997; 31: 19-29

Fukuda K, Straus SE, Hickie I: The chronic fatigue syndrome: A comprehensive approach to its definition and study. International Chronic Fatigue Syndrome Study Group. Ann Intern Med 1994; 121: 953-959

Gold D, Bowden R, Sixbey J, Riggs R, Katon WJ: Chronic fatigue. A prospective clinical and virology study. JAMA 1990; 264: 48-53

Goldenberg DL: Fibromyalgia, chronic fatigue syndrome and myofascial pain syndrome Curr Opin Rheumatol 1994; 6: 223-233

Goldenberg DL, Simms RW, Geiger A, Komaroff AL: High frquency of fibromyalgia in patients seen in a primary care practise Arthritis Rheum 1990; 33: 381-387

Goodnick PJ, Sandoval OP: Psychotropic treatment of chronic fatigue syndrome and related disorders J Clin Psychiatry 1993; 54: 13-20

Goshorn RK: Chronic fatigue syndrome: A review for clinicians. Sem Neurology 1998;18: 2

Hickie I, Lloyd A, Wakefield D, Parker G: The psychiatric status of patients with the chronic fatigue syndrome Br J Psychiatry 1990; 156: 534-540

Hickie I, Lloyd A; Hadzi Pavlovic D, Parker G, Bird K, Wakefield D: Can the chronic fatigue syndrome be defined by distinct clinical features? Psychol Med 1995; 25: 925-935

Hickie IB, Scott EM, Davenport TA: Somatic distress: Developing more integrated concepts Curr Opin Psychiatry 1998; 11: 153-158

Hoffmann A, Linder R, Kröger B, Schnabel A, Kruger GRF: Fibromyalgie-Syndrom und Chronic-Fatigue-Syndrom Dtsch med Wschr 1996; 121: 1165-1168

Holmes GP, Kaplan JE, Gantz NM: Chronic fatigue syndrome: A working case definition Ann Intern Med 1988; 108: 387-389

Jamal GA, Hansen S: Electrophysiological studies in the postviral fatigue syndrome J Neurol Neurosurg Psychiatry 1985; 48: 641-694

Johnson SK, DeLuca J, Natelson BH:Assessing somatizating disorder in chronic fatigue syndrome Psychosom Med 1996a; 58: 50-57

Johnson SK, DeLuca J, Natelson BH: Depression in fatiguing illness: Comparing patients with chronic fatigue syndrome, multiple sclerosis and depression J Affective Disord 1996b; 39: 21-30

Johnson SK, DeLuca J, Natelson BH: Personality dimensions in the chronic fatigue syndrome : A comparison with multiple sclerosis and depression J Psychiatric Res 1996c; 30: 9-20

Kaslow JE, Rucker L, Onishi R: Liver extract -folic-acid-cyanocobalmin vs. placebo for chronic fatigue syndrome. Arch Intern Med 1989; 149: 2501-2503

Kroenke K, Wood D, Mangelsdorff D, Meier NJ, Powell JR: Chronic fatigue in primary care: Prevalence, patients, characteristics and outcome JAMA 1988; 269: 929-934

Krupp LB, Jandorf L, Coyle PR, Mendelson WB: Sleep disturbance in chronic fatigue syndrome J Psychosom Res 1993; 37: 325-331

Kruesi MJ, Dale J, Straus SE: Psychiatric diagnoses in patients who have chronic fatigue syndrome J Clin Psychiatry 1989; 50: 53-56

Lawrie SM, Manders DN, Geddes RJ, Pelosi AJ: A population-based incidence study of chronic fatigue Psychol Med 1997; 27: 343-353

Lemke MR: Das chronische Erschöpfungssyndrom - psychiatrische Aspekte Fortschr Neurol Psychiat 1996;64: 32-141

Lieb K, Dammann G, Berger M, Bauer J: Das chronische Müdigkeitssyndrom ("chronic fatigue syndrome", CFS) Nervenarzt 1996; 67: 711-720

Lloyd AR, Hickie I, Wakefield D, Boughton C, Dwyer J: A double- blind, placebo controlled trial of intravenous immunglobulin therapy in patients with chronic fatigue syndrom Am J Med 1989: 561-568

Lloyd AR, Wakefield D, Boughton C, Dwyer J: Prevalence of chronic fatigue syndrome in an Australian population Med J Aust 1990; 153: 522-528

Manu P, Lane J, Matthews DA: Chronic fatigue and chronic fatigue syndrome: Clinical epidemiology and aetiological classification. In G.R. Bock & J. Whelan (Eds.), Chronic fatigue syndrome 1993; (23-42).

Mc Cully KK, Natelson BH, Iotti S: Reduced oxidative muscle metabolism in chronic fatigue syndrome Muscle & Nerve 1996; 19: 621-625

Morris R, Sharpe M, Sharpley AL, Cowen PJ, Hawton K, Morris J: Abnormalities of sleep in patients with the chronic fatigue syndrome: Br Med J 1993; 306: 1161-1164

Natelson BH, Cohen JM, Brassloff I et al.: A controlled study of brain magnetic resonance imaging in patients with the chronic fatigue syndrome J Neurol Sci 1993; 120: 213-217

Nix WA, Egle UT: Das chronische Erschöpfbarkeitssyndrom (Chronic-Fatigue-Syndrom) Akt Neurol 1998;25: 6-12

Pankow W, Federsen CO, v Wickert P: Differentialtherapie des chronischen Müdigkeitssyndroms Internist 1995; 36: 1156-1161

Peterson PK, Shepard J, Macres M,Schenck M, Crosson J, Rechtman D, Lurie N: A controlled trial of intravenous immunglobulin G in chronic fatigue syndrome Am J Med 1989: 554-560

Powell R, Dolan R, Wessely S: Attributions and self-esteem in depression and chronic fatigue syndromes J Psychosomat Res 1990; 34: 665-673

Reeves WC, Pellett PE, Gary H: The chronic fatigue syndrome controversy Ann Intern Med 1992;117: 343

Roberts L, Byrne E: Single fiber EMG studies in chronic fatigue syndrome: a reappraisal J Neurol Neurosurg Psychiatry 1994; 75: 375-376

Sandman CA, Baron JL, Nackoul K, Goldstein J, Fidler F: Memory deficits associated with chronic fatigue immue dysfunction syndrome. Biol Psychiatr. 1993; 33: 618-623

Schluederberg A, Straus SE, Peterson P, Blumenthal S, Komaroff AL, Spring SB, Landay A, Buchwald D: NIH conference. Chronic fatigue syndrome research. Definition and medical outcome assessment Ann Intern Med 1992; 117: 325-331

Schmaling KB, Di Clementi JD, Cullum CM, Jones JF: Cognitive functioning in chronic fatigue syndrome and depression: a preliminary comparison. Psychosom Med. 1994; 56: 383-388

Sharpe MC, Archrd LC, Bantavala JE, Boryiewicz LK, Clare AW, Davis A: A report-chronic fatigue syndrome: Guidelines for research J R Soc Med 1991; 84: 118-121

Sharpe MC, Hawton K, Seagratt V, Pasvol G: Follow up patients presently with fatigue to an infectious diseases clinic Br Med J 1992; 305: 147-152

Sharpe MC, Hawton K, Simkin S, Surawy C, Hackmann A, Klimes I, Peto T, Warrell D, Seagroatt S: Kognitive Verhaltenstherapie beim Chronic Fatigue Syndrome: Eine randomisierte kontrollierte Studie Verhaltenstherapie 1998;81: 18-124

Sharpe MC: Chronic fatigue syndrome: any progress? Curr Opin Psychiatry 1995; 8: 85-89

Sisto SA, Tapp W, Drastal S, Bergen M: Vagal tone is reduced during paced breathing in patients with the chronic fatigue syndrome Clin Auton Res 1995; 5: 139-143

Stewart DE: Emotional disorders misdiagnosed as physical illness: Enviromental hypersensitivity, candidiasis hypersensitivity and chronic fatigue syndrome Int J Ment Health 1990; 19: 56-68

Straus SE, Dale JK, Tobi M, Lawley T, Preble O, Blaese RM, Hallahan C, Henle W: Acyclovir treatment of the chronic fatigue syndrome. Lack of efficacy in a placebo- controlled trial. N Engl J Med 1988; 319: 1692-1698

Taerk G, Gnam W: A psychodynamic view of the chronic fatigue syndrome. The role of object relations in etiology and treatment Gen Hosp Psychiatry 1994; 16: 319-325

Tiersky LA, Johnson SK, Lange G, Natelson BH, DeLuca J: Neuropsychology of Chronic fatigue syndrome: A critical review J Clin Exp Neuropsychol 1997; 19, Nr. 4: 560-586

Vercoulen JH, Swanink CM, Fennis JF, Galama JM, ver der Meer JW, Bleijenberg G: Prognosis in fatigue syndrome: a prospective study on the natural course J Neurol Neurosurg Psychiatry 1996; 60: 489-494

Wessely S, Chalder T, Hirsch S, Wallace P, Wright D: Psychological symptoms, somatic symptoms, and psychiatric disorder in chronic fatigue and chronic fatigue syndrome: a prospectiv study in the primary case setting Am J Psychiatry 1996; 153: 1050-1059

Wilson A, Hickie I, Lloyd A, Hadzi Pavlovic D, Boughton C, Dwyer J, Wakefield D: Longitudinal study of outcome of chronic fatigue syndrome Br Med J 1994; 308: 756-759

Wilson A, Hickie I, Lloyd A, Wakefield D. The treatment of chronic fatigue syndrome: science and speculation Am J Med 1996; 544-550

Zubieta JK, Demitrack MA, Shipley JE, Engleberg NC, Eiser A, Douglass A: Sleep EEG in chronic fatigue syndrome: comparison with major depression Biol Psychiatry 1993; 33: 74A

11. Fibromyalgie-Syndrom

Eric Leibing und Gerhard Schüßler

1880 bezeichnete Beard chronische Schmerzen in Muskulatur und Bindegewebe als Myelasthenie, eine Untergruppe der Neurasthenie. Gowers prägte dann 1904 den Begriff der Fibrositis, der trotz fehlender Entzündungszeichen lange beibehalten wurde. Daneben hielten sich schlecht definierte Begriffe wie Weichteil- oder psychogener Rheumatismus, Fibrositis, interstitielle Myofibrositis und generalisierte Tendomyopathie. Nachdem Smythe und Moldofsky (1977) das Kriterium der druckschmerzhaften „tender points" entwickelten, etablierte sich der Begriff Fibromyalgie-Syndrom (FMS, lat.: fibra, Faser; gr.: mys, Muskel; gr.: algos, Schmerz). 1990 wurden die aktuellen Kriterien des American College of Rheumatology (ACR) veröffentlicht (Wolfe u. Mitarb. 1990).

Epidemiologie

Verlässliche Daten zur alters- und geschlechtsbezogenen Prävalenz liegen nur aus einer epidemiologischen Studie vor. Wolfe u. Mitarb. (1995) fanden eine Prävalenz von 2%, die mit dem Alter zunahm. Sie liegt damit deutlich über jener der rheumatoiden Arthritis (1%, Lawrence u. Mitarb. 1998, Raspe 1992), was die große sozialmedizinische Bedeutung unterstreicht. Der Frauenanteil beträgt etwa 87%, wobei es keine Unterschiede zwischen den Altersgruppen gibt. Das mittlere Alter zu Erkrankungsbeginn beträgt etwa 26-35 Jahre, vom ersten Auftreten der Symptome bis zur Diagnose vergehen etwa neun Jahre (Mau u. Raspe 1990).

Die große sozialmedizinische Bedeutung ergibt sich aus der hohen Prävalenz, dem ungünstigen Verlauf, sowie der starken Tendenz zu Arbeitsunfähigkeit und Frühberentung (Raspe 1992, Hawley u. Wolfe 1991). Gleichzeitig nehmen FMS-Patienten im Vergleich zu anderen rheumatischen Patienten deutlich mehr Behandlungen in Anspruch. Die Behandlungskosten liegen in den USA bei 2.274 $ pro Jahr und Patient, die Zahl vorzeitiger Berentungen durch ein FMS wird auf 16-26% geschätzt (Wolfe u. Mitarb. 1997).

Ätiopathogenese

Es existieren keine eindeutigen Befunde zu einer organischen Ätiologie, es bestehen jedoch – vermutlich sekundäre - pathophysiologische und pathomorphologische Auffälligkeiten.

FMS als Störung der Muskulatur

Wegen der Schmerzlokalisation lag es nahe, Veränderungen der Muskulatur zu untersuchen. Die Befunde hierzu (erhöhte Zahl von Mastzellen, interstitielle Flüssigkeitsansammlung, Zerstörung von Muskelfasern, anormale Mitochondrien und verminderte Glykogenreserven) werden als unspezifische Epiphänomene ischämischer Verletzungen durch Hypoxie, Mikrospasmen oder Mikrozirkulationsstörungen gewertet (Yunus 1992).

Hierfür sprechen auch erniedrigte intramuskuläre Konzentrationen von ATP und Kreatinphosphat, die mit reduziertem Blutfluss einhergehen (Park u. Mitarb. 1998).

Die reduzierte Kraft und körperliche Fitness der Patienten kann auch auf schmerzbedingte Schonung der untrainierten Muskulatur zurückzuführen sein. Entsprechend geht man davon aus, dass das FMS keine Muskel-Erkrankung ist (Simms 1998), es aber zu sekundären Veränderungen der untrainierten Muskulatur kommt, welche die Schmerzen aufrechterhalten.

FMS als neurophysiologische Störung

Aus neurophysiologischer Sicht (Russell 1998) kommt es beim FMS aufgrund einer primär lokalen Schmerzursache zu einer Senkung der lokalen Schmerzschwelle. Durch die folgende verstärkte Reaktion auf Schmerzreize tritt eine weitere Chronifizierung ein, welche letztlich zu einer Ausbreitung der Schmerzempfindung, einer Hyperalgesie und damit dem vollen klinischen Bild führt. Diese Theorie stützt sich auf Befunde, nach denen chronische Schmerzreize zu einer Sensibilisierung zentraler neuraler Strukturen führen. Hierbei wird Neuropeptiden (Substanz P und Serotonin) eine entscheidende Rolle eingeräumt. Gleichzeitig scheinen alle vom Hypothalamus gesteuerten hormonalen Regelkreise verstellt.

Inzwischen wurde die mögliche Rolle zentralnervöser Botenstoffe beim FMS untersucht, ohne dass von eindeutig positiven Ergebnissen gesprochen werden kann. So wird in der Mehrzahl der Arbeiten zwar eine Erniedrigung von *Serotonin* (und dessen Vorläufer Tryptophan) im Serum als bedeutender chemischer Mediator für die Schmerzwahrnehmung gefunden (Russell 1998), es gibt jedoch auch widersprechende Befunde.

Wiederholt wurde eine erhöhte Konzentration der *Substanz P* (SP) im Liquor von FMS-Patienten nachgewiesen (Russel u. Mitarb. 1994), während die Konzentrationen von SP im Plasma, Serum oder Urin sich nicht von denen gesunder Kontroll-Patienten unterscheiden (Russel u. Mitarb. 1994). Auch im Muskelgewebe von Gesunden und FMS-Patienten fanden sich keine Unterschiede bezüglich Serotonin und SP, welche somit an der peripheren Schmerzentstehung nicht generell beteiligt sind (Sprott u. Mitarb. 1998).

Eine mangelnde *Endorphin*sekretion scheint nicht, wie von Smythe (1979) angenommen, die generelle Basis der Hyperalgesie bei Fibromyalgiepatienten zu sein. Russell (1998) geht in seiner Übersicht davon aus, dass auch andere antinoceptive Mediatoren wie endogene Endorphine keine Rolle spielen.

FMS und neuroendokrine Störung

Weigent u. Mitarb. (1998) legen ein komplexes Modell zur Äthiopathogenese des FMS vor, in denen Befunde zu Störungen der neuroendokrinen Achsen durch Stressoren, Veränderungen auf muskulärer Ebene, Schlafstörungen sowie zentralnervösen Veränderungen und deren Interaktion auf die veränderte Schmerzwahrnehmung in Zusammenhang gebracht werden. Letztlich soll es über die Veränderungen der regionalen Aktivität des ZNS (präfrontaler Cortex, Thalamus, Nucleus caudatus) zu einer veränderten Schmerzschwelle und den generalisierten chronischen Schmerzen kommen. Wegen der widersprüchlichen Befundlage bleiben hierbei einige Elemente allerdings spekulativ.

Bennett u. Mitarb. (1992) wiesen bei FMS-Patienten erniedrigte Konzentrationen von *Somatomedin C*, dem wichtigsten Mediator des STH-Anabolismus und sehen hierin das Glied in der Kette zwischen gestörtem Schlaf und der Prädisposition für Muskelschmerzen. Messungen der *Catecholamin*konzentrationen im Urin und Plasma ergaben widersprüchliche Ergebnisse (Crofford 1998).

Inwieweit es sich bei den neuroendokrinen Veränderungen um Sekundarphänomene handelt, bleibt offen. Auf jeden Fall gibt es jeweils Subgruppen von FMS-Patienten, bei denen sich Auffälligkeiten bezüglich einzelner neuroendokriner Botenstoffe finden, welche dann zur Chronifizierung der Schmerzen beitragen können. Die Befunde zeigen jedoch auch, dass es keine einheitliche Störung auf dieser Ebene gibt.

FMS und Funktionsstörungen des ZNS

Mountz u. Mitarb. (1998) geben einen Überblick über bisherige Befunde zu funktionellen Störungen des ZNS beim FMS. So konnten bei unbehandelten FMS-Patienten ein im Vergleich zu Gesunden erniedrigter cerebraler, regionaler Blutfluss im Bereich des Hypothalamus und der Köpfe des Nucleus caudatus gefunden werden. Diese Hirnstrukturen sind bei der Integration der noziceptiven Stimuli und der Schmerzwahrnehmung involviert.

FMS und immunologische Störungen

Da das Krankheitsbild der Fibromyalgie häufig auch bei Patienten mit rheumatoider Arthritis, Sjögren-Syndrom oder Hypothyreose beobachtet wird, halten einige Autoren auch eine Dysfunktion des Immunsystems als Entstehungsursache der Fibromyalgie für möglich, wobei auch hier keine positiven Belege vorliegen (Boissevain u. McCain 1991a). Ebenfalls keine Belege gibt es für die Annahme, dass sowohl das FMS als auch das chronic fatigue syndrome (CFS) ursächlich auf eine akute Infektion zurückgehen, welche in der Folge zu chronischen Störungen des Immunssystems und des Schlafes führt.

Die Rolle des Schlafes

Neben den polytopen Schmerzen des Bewegungsapparates spielt der gestörte, als nicht erholsam erlebte Schlaf eine zentrale Rolle beim FMS. Je nach Untersuchung berichten 56-95% (Boissevain u. McCain 1991b) der Patienten über Ein- und Durchschlafstörungen. Berichtet wird ein leichter und unruhiger, zu flacher und leicht störbarer Schlaf. Einige Patienten haben das Gefühl, die ganze Nacht zu denken oder intensiv zu träumen. Dementsprechend fühlen sich ca. 80% der Patienten morgens nicht erholt, erschöpft und unausgeschlafen. Charakteristischerweise klagt die Mehrzahl der Patienten über eine Morgensteifigkeit sowie eine morgendliche Zunahme der Schmerzintensität. So kommt es zu einem circulus vitiosus aus gestörtem Schlaf, Müdigkeit, Inaktivität, mangelnder Fitness, Mikrotraumata durch Überlastung der untrainierten Muskulatur, Schmerzen und wiederum Schlafstörungen. Die Schlafstörungen bei FMS-Patienten können gerade im Zusammenhang mit der erhöhten Prävalenz depressiver Störungen auch als depressives Symptom verstanden werden, welches wiederum zur Aufrechterhaltung der Schmerzsymptomatik beiträgt.

Alpha-NREM-Schlafstörung (alpha-delta-Schlaf). Zur Objektivierung der Schlafstörungen beim FMS führte die Arbeitsgruppe um Moldofsky erstmals polysomnographische Untersuchungen durch. Moldofsky und Scarisbrick (1976) induzierten bei gesunden, körperlich inaktiven Männer durch Störung des Schlafstadiums 4 eine FMS-ähnliche Symptomatik. Die daraus abgeleitete Hypothese einer generellen, kausalen Schlafstörung hat sich lange gehalten und wird oft unkritisch zitiert, obwohl sie an einer kleinen und selegierten Stichprobe gewonnen und inzwischen als widerlegt gelten kann.

Gegen diese Hypothese spricht, dass der „alpha-NREM-Schlaf eine physiologische Variante ist, die bei 10% der Gesunden zu finden ist" (Jennum u. Mitarb. 1993) und sich nur bei einigen FMS-Patienten findet (Carette u. Mitarb. 1995). Die alpha-Intrusionen im

NREM-Schlaf sind somit kein FMS-spezifisches Merkmal und der Nachweis bei Gesunden lässt an der klinischen Relevanz der alpha-Intrusionen überhaupt zweifeln (Flanigan u. Mitarb. 1995).

Vermehrt wird auch auf methodische Probleme beim Nachweis von alpha-Wellen hingewiesen. Insbesondere die Lokalisation der Elektroden steht danach im Zusammenhang mit der Detektion von alpha-Wellen. Mit keiner der üblichen Ableitungen ist nach Flanigan u. Mitarb. (1995) eine Differenzierung zwischen klassischen α-, κ-,μ-, temporalem α-Rhythmus oder unüblicher spindling-activity möglich. Die Autoren raten zur Vorsicht bei der Interpretation von alpha-Intrusionen.

Insgesamt sprechen somit die Befunde eindeutig gegen eine spezifische und kausale alpha-NREM-Schlafstörung beim FMS. Weiterhin ist sogar fraglich, ob es sich bei den gemessenen EEG-Phänomenen wirklich um alpha-Intrusionen oder nur um methodische Artefakte handelt.

Andere Schlafstörungen. Noch unspezifischer sind andere während des Schlafes auftretende Störungen. So fand man bei 16-50% der FMS-Patienten ein nächtliches Myoklonie-Syndrom, welches vorwiegend während des NREM-Schlafes auftritt und damit die Kontinuität des Schlafes stört (Hamm u. Mitarb. 1989). Auch das Schlafapnoesyndrom, gekennzeichnet durch häufiges Erwachen sowie unerholsamen Schlaf, lässt sich bei einem Teil der FMS-Patienten finden (Hamm u. Mitarb. 1989).

Psychologische/Psychosomatische Aspekte

FMS und psychische Komorbidität. Es liegen eine Vielzahl von Studien zur Erfassung psychischer Störungen bei FMS-Patienten vor, deren Ergebnisse auf Grund unterschiedlicher Kollektive (Erkrankungsdauer, Alter, Geschlecht, Institution bzw. Zuweisungsmodus) und der Diagnose-Kriterien nur schwer vergleichbar sind (Walker u. Mitarb. 1997a). Als Kontrollgruppe dienten zumeist Patienten mit rheumatoider Arthritis (RA), da diese ebenfalls unter chronischen Schmerzen des Bewegungsapparates leiden.

Übereinstimmend können im Vergleich zu gesunden Kontrollpersonen und zu RA-Patienten erhöhte Komorbiditätsraten von 60-80%, v.a. für Angst- und depressive Störungen nachgewiesen werden (Walker u. Mitarb. 1997a, Leibing u. Mitarb. 1999).

Während die Häufung psychischer Störungen bei FMS-Patienten unbestritten ist, bleibt der Zusammenhang zwischen Depression und chronischem Schmerz unklar. *Unspezifische biologische Modelle* nehmen eine gemeinsame Pathophysiologie auf neuroendokriner (Serotonin) oder zentralnervöser Ebene an. Zu nennen ist hier das Konzept einer affective spectrum disorder, zu der neben dem FMS das irritable bowel syndrome, Migräne, Angsterkrankungen und die major depression gezählt werden. Für diese vereinfachende Sichtweise einer einheitlichen Störung fehlen eindeutige Befunde und die vorgenommene Zusammenfassung negiert differenzierte therapeutische Möglichkeiten.

Ein weiteres Modell sieht das FMS als Variante einer depressiven Störung, als *somatisierte Depression*, bei der der Schmerz als Ersatz für die depressive Stimmungslage dient. Auch Blumer und Heilbronn (1982) sehen im chronischen Schmerz eine Variante depressiver Störungen: Der pain-prone-patient soll ähnliche psychodynamische Besonderheiten wie die depression-prone Persönlichkeit aufweisen, welche zur Entwicklung chronischer Schmerzen prädisponiere. Dieses Konzept ist nur schwer haltbar (Lipowski 1990), so bleibt auch unberücksichtigt, dass die Häufung psychischer Störungen zumindest bei einer Teilgruppe Folge der chronischen Schmerzen und der Unsicherheit aufgrund fehlender Behandlungsmöglichkeit darstellt (Bennett 1996).

Rudy u. Mitarb. (1988) erarbeiteten ein *kognitiv-behaviorales Modell*, in welchem Kognitionen als Mediator-Variablen zwischen Schmerz und Depression eine zentrale Rolle spielen. Der chronische Schmerz führt hierbei nicht direkt zur depressiven Symptomatik, sondern nur bei subjektiv fehlender Kontrollierbarkeit und maladaptivem Bewältigungsverhalten. Für dieses Modell liegen eine Vielzahl empirischer Bestätigungen, auch aus Therapiestudien vor.

Wechselseitige Zusammenhänge zwischen chronischen Schmerzen des Bewegungsapparates und Depressivität ergeben sich aus einer Längsschnittstudie (Magni u. Moreschi 1994) an einer großen, repräsentativen Bevölkerungsstichprobe der USA. Depressive Symptome sagten einerseits die Entwicklung chronischer Schmerzen vorher, andererseits sagt chronischer Schmerz Depressivität am ehesten vorher.

Ähnliche Ergebnisse berichten Fishbain u. Mitarb. (1997) in ihrer Metaanalyse von 83 Studien zum Zusammenhang zwischen chronischem Schmerz und Depression. Die besten Belege fanden sie für die Konsequenz-Hypothese (depressive Störungen als Folge von Schmerz), sowie für die Scar-Hypothese (Patienten mit depressiver Prädisposition entwickeln nach Auftreten der Schmerzen eher eine depressive Symptomatik). Die Metaanalyse spricht gegen die Hypothese, wonach die Depression Ursache der Schmerzen sei.

Die Befunde lassen sich so integrieren, dass es eine wechselseitige Beziehung zwischen Schmerz und Depression gibt, d. h. Patienten mit einer depressiven Prädisposition (und damit verbunden entsprechenden Kognitionen wie Hilflosigkeit und mangelnde Kontrolle sowie passiv-resignativen Bewältigungsmechanismen wie Katastrophisieren und Rückzug) entwickeln beim Auftreten von Schmerzen eher eine depressive Symptomatik.

Fibromyalgie und kritische Lebensereignisse. Mit der Häufung psychosozialer Belastungsfaktoren in Kindheit und Jugend nimmt die Inzidenz psychischer Störungen im Erwachsenenalter zu. Auch bei FMS-Patienten gibt es Belege für solche Belastungen (Keel 1995), gleichzeitig sind diese nur in der Subgruppe von FMS-Patienten mit psychischer Störung hoch ausgeprägt (Leibing u. Mitarb. 1999). Besondere Beachtung findet in letzter Zeit der Zusammenhang zwischen sexuellem oder körperlichen Missbrauch und dem Auftreten psychischer Störungen. Es kann zwar eine Häufung von Traumata bei Patienten mit somatoformen Schmerzen bzw. FMS gegegnüber Gesunden angenommen werden, insgesamt berichten jedoch nur ein geringer Teil dieser Patienten Traumata (Goldberg u. Mitarb. 1999). Desweiteren fanden Alexander u. Mitarb. (1998) sowie Aaron u. Mitarb. (1997) und Walker u. Mitarb. (1997b) einen positiven Zusammenhang zwischen Missbrauchserfahrung und Inanspruchnahmeverhalten und folgern, dass weniger die FMS-Symptomatik als solche, sondern eher die psychische Auffälligkeit durch den Missbrauch für das Inanspruchnahmeverhalten verantwortlich ist.

Die vereinfachende Sichtweise, nach der das FMS als primär psychogene Erkrankung verstanden wird, bei der biographische Belastungsfaktoren für die Entstehung zentral verantwortlich sind, muss daher verworfen werden. Stimmig ist die Sichtweise, nach der sich bei Personen mit gehäuften biographischen Belastungsfaktoren gehäuft psychische Störungen ergeben. Diese psychische Störung wiederum führt zu ausgeprägtem Inanspuchnahme- und maladaptiven Krankheitsverhalten.

Inanspruchnahmeverhalten. Wie bereits erwähnt, muss dem Inanspruchnahmeverhalten (Herschbach 1995) eine zentrale Bedeutung bei der Interpretation von Studien an Patienten mit somatoformen Störungen im allgemeinen und dem FMS im besonderen eingeräumt werden. Das Vorhandensein psychischer Störungen beeinflusst danach, ob Patienten mit somatoformer Symptomatik überhaupt einen Arzt konsultieren. Hierfür sprechen auch die Ergebnisse von Aaron u. Mitarb. (1996), wonach die Lebenszeitprävalenz psychischer Störungen von "FMS-Nicht-Patienten" (Personen mit Symptomen, die keinen Arzt in Anspruch nahmen) denen schmerzfreier Personen entspricht und deutlich niedriger liegt als die der FMS-Patienten.

FMS als chronisches Schmerzsyndrom. Es kann angenommen werden, dass für das FMS zumindest teilweise die gleichen Chronifizierungbedingungen gelten, wie für andere chronische Schmerzsyndrome. Die theoretischen Vorstellungen hierzu können an dieser Stelle nicht ausführlich dargestellt werden, es sei daher auf entsprechende Übersichten verwiesen (Bradley 1998).

Klinik/Phänomenologie

Die Patienten klagen über generalisierte Schmerzen, sowie häufig begleitend über schlechten, unerholsamen Schlaf sowie Müdigkeit und/oder andere funktionelle Störungen. Das FMS ist durch chronische polytope Schmerzen des Bewegungsapparates und hier insbesondere der Muskulatur und des straffen Bindegewebes gekennzeichnet, welche in der oberen und unteren Körperhälfte zu beiden Seiten der Symmetrieebene lokalisiert sind. Bei der klinischen Untersuchung findet sich eine reproduzierbare Druckschmerzhaftigkeit klar definierter tender points, aber keine objektiven Zeichen einer Schwäche der Muskulatur oder neurologischer Ausfallserscheinungen. Pathologische Laborveränderungen wie eine BKS-Beschleunigung, Erhöhung der Leukozytenzahl, des CRP, der Muskelenzyme oder positive Rheumafaktoren lassen sich nicht nachweisen. Zum großen Teil klagen die Patienten über zusätzlich bestehende vegetative Begleitsymptome, funktionelle sowie psychische Störungen.

- Schlafstörungen (55-95%)
- verminderte Belastbarkeit (etwa 85%)
- Morgensteifigkeit (etwa 75%)
- abdominelle Beschwerden im Sinne eines Irritable Bowel Syndromes (34-80%)
- Kopfschmerzen (28-60%)

Des weiteren wird vermehrt über Paraesthesien, Globusgefühl, funktionelle Herz- und Lungenbeschwerden, Dysurie und Dysmenorrhoe sowie Hyperhidrosis, kalte Akren, Mundtrockenheit, Dermographismus, Tremor, respiratorische Arrhythmie und eine orthostatische Dysregulation berichtet (Hudson u. Mitarb. 1992, Wolfe u. Mitarb. 1990).

Das Interaktionsverhalten der FMS-Patienten ist geprägt durch ihre Verunsicherung und die oft chronische Krankheitssituation. Bei der organmedizinischen Abklärung kann kein pathologischer Befund erhoben werden, was häufig zu Hilflosigkeit bei Patienten, aber auch bei den behandelnden Ärzten führt. So berichtet ein Teil der Patienten von offen oder verdeckt ausgedrücktem Verdacht auf Aggravation oder Simulation, sowie von Behandlungsabbrüchen („Ich kann nichts für Sie tun"). In diesem Zusammenhang wird auch die Überweisung zu einem Psychiater oder Psychotherapeuten von den Patienten häufig als Angriff, Abschiebung oder Stigmatisierung erlebt („Ich bin nicht verrückt, ich bilde mir die Schmerzen nicht ein").

Selbstverständlich tragen die Patienten zu dieser Form der Interaktion auch bei, sei es weil schon prämorbid vorhandene dysfunktionale Interaktionsmuster beteiligt sind, sei es, weil manches Verhalten als Reaktion auf die bisherige – unzureichende – Behandlung entstanden ist. Keel (1995) arbeitete die Dynamik dieser ungünstigen Interaktion heraus. So wird es oft von den Patienten als schon Erleichterung erlebt, wenn der Schmerz als Krankheit akzepiert wird und der Therapeut Kenntnisse besitzt. In diesem Rahmen ist der Krankheits-Begriff FMS eher hilfreich und dient dem Aufbau einer tragfähigen therapeutischen Beziehung.

Diagnose/Differentialdiagnose

Durch die Einführung operationalisierter Kriterien für das FMS (Wolfe u. Mitarb. 1990) ist die Diagnosestellung relativ einfach:

- Anamnese von generalisiertem Schmerz (Schmerzangaben zu beiden Seiten der Körpersymmetrieebene sowie oberhalb und unterhalb der Gürtellinie),
- mindestens 11 von 18 definierten druckschmerzhaften Punkten (tender-points) und
- Ausschluss einer erklärenden Krankheitsentität.

Die Unterscheidung zwischen primärem FMS (Fehlen aller kausalen und begleitenden Erkrankungen) und sekundärem FMS wurde inzwischen aufgegeben. Für die Behandlung ist es jedoch wichtig, ob begleitende körperliche Erkrankungen vorliegen. In der Definition der generalisierten Tendomyopathie (Müller u. Lautenschläger 1990) werden als weitere Kriterien schmerzfreie Kontrollpunkte sowie vegetative, funktionelle und psychische Auffälligkeiten definiert. Auf die Anwendung dieser Kriterien sollte verzichtet werden, da die internationale Vergleichbarkeit gefährdet ist und alle Patienten ohne psychische Auffälligkeiten (ca. 20-40%) ausgeschlossen werden müssten.

Fallbeispiel

Der 48-jährige Herr A. stellt sich aufgrund seiner 15 Jahre bestehenden, sich stetig verstärkenden Schmerzen vor. Der große, etwas dickliche Mann wirkt übermäßig leger gekleidet, spricht schnell und verwaschen und zeigt ein außerordentlich ausgeprägtes Klageverhalten.

Die Schmerzen begannen im Brustraum, weiteten sich zunehmend auf den ganzen Körper aus und finden ihre höchste Intensität in beiden Schulter. Die Schmerzen werden als „unerträglich“ geschildert, die Schmerzintensität mit fast 100 (Visuelle Analog-Skala) angegeben. Sie bestehen tags und nachts und verstärken sich beim Ein- und Ausatmen. Die Schmerzen würden ihn ständig „verfolgen“, es sei „ein böser, böser Schmerz, der gar nicht nachlassen will und immer, immer vorhanden ist“. Während der ersten Untersuchung und der folgenden Gespräche klagt Herr A. ständig über Schmerzen und berichtet, dass ihm jede Bewegung wehtue. Zudem schwitze er sehr stark, leide unter Schlaflosigkeit, sei sehr nervös und rege sich über alles extrem auf. Seit seiner Kindheit leidet er unter einer Rechtschreibschwäche, die ihm einen adäquaten schriftlichen Ausdruck nicht ermöglicht, den Schriftverkehr regelt deshalb seine Frau. Er lebe in ständiger Angst diese Schwäche „könne entdeckt“ werden, „ich stünde dann schlecht da“.

Bei der körperlichen Untersuchung konnte die Diagnose einer FMS eindeutig gestellt werden. Alle bisherigen Behandlungsmaßnahmen blieben erfolglos.

Herr A. ist als viertes von acht Kindern geboren, die Eltern flohen in der Nachkriegszeit aus Polen. Seit seiner Kindheit bestehe sein Leben nur aus Arbeit, „du musst raus, du musst fleißig sein, du musst was schaffen“. In seiner weiteren Berufstätigkeit setzt sich die Schilderung des „Hart-arbeiten-müssen“ fort. So habe er nie Urlaub gemacht, sondern auch in den Ferien immer gearbeitet um Geld zu verdienen, etwas zu schaffen.

Mit 28 lernte er seine Frau kennen, heiratete mit 32 und anschließend wurde der erste und einzige Sohn geboren. Um diese Zeit herum übernahm er das elterliche, extrem renovierungsbedürftige Haus und verbrachte nun jeden Urlaub mit Umbauarbeiten. Um diesen Zeitpunkt herum traten erstmals Schmerzen auf, die Belastungen verschärften sich noch einmal, als der Vater nach einem Schlaganfall pflegebedürftig wurde. Diese Pflege wird von dem Patienten mit seiner Familie übernommen, da er sich von seinen Geschwistern betrogen fühlt. Herr A. ist seit mehr als einem Jahr krankgeschrieben und strebt eine Berentung an.

Kritik an dem Begriff FMS bezieht sich v.a. auf die fehlende Objektivität, Validität und Reliabilität (Bohr 1996), den Begriff als solchen, da er eine organische Ätiologie impliziere und auf die fehlende Abgrenzung von Patienten mit entdifferenziertem Schmerzsyndrom bzw. einer multiplen psychosomatischen Störung (Raspe 1996). Henriksson und Bengtsson (1991) sehen hingegen das FMS eindeutig als Syndrom und klinische Entität, da es diagnostische Kriterien mit hoher Sensitivität und Spezifität gibt. Wegen der fehlenden eindeutigen Ätiologie handele es sich jedoch nicht um eine Krankheit (disease).

Auf organmedizinischer Seite muss das FMS v. a. *von entzündlichen rheumatischen Erkrankungen* (u. a. Rheumatoide Arthritis, Polymyalgia rheumatica, Kollagenosen) und bestimmten *Muskelerkrankungen* (Myositiden, metabolische und toxische Myopathien), aber auch von *Fehlfunktionen der Schilddrüse oder Nebenniere* (endokrine und metabolische Myopathien) sowie *Infektionen* (etwa Epstein-Barr-Virus, Borrelien) abgegrenzt werden. Hierbei ergeben sich wenig Probleme, da diese Erkrankungen anhand objektivierbarer Parameter diagnostiziert werden können.

Schwieriger ist die Abgrenzung zu anderen chronischen Schmerzsyndromen. Als *myofasciales Schmerzsyndrom* (MSS) werden Schmerzen bezeichnet, die sich auf bis zu drei Quadranten des Körpers beziehen (Simons 1986). Gemeinsam ist beiden Syndromen der chronische Muskelschmerz. Die Unterschiede beziehen sich auf die lokale Ausdehnung beim MSS vs. dem diffusen Schmerz in mehreren Regionen beim FMS. Die triggerpoints beim MSS entsprechen einer palpablen Muskelverhärtung der Extremitätenmuskulatur, welche einer Überkontraktion von Muskelfaserbündeln entspricht. Diese können ggf. auch beim FMS vorkommen, während die definierten tender-points, die sich ausschließlich durch eine erniedrigte Druckschmerzschwelle auszeichnen, nur beim FMS vorkommen und damit das wichtigste differentialdiagnostische Kriterium darstellen.

Ob das FMS von *somatoformen Schmerzstörungen* abzugrenzen ist oder eine Untergruppe bildet, ist von der Definition abhängig, da der Begriff somatoforme Schmerzstörung nicht einheitlich definiert ist (ICD-10 vs. DSM-IV).

Für das *Chronische Müdigkeits-Syndrom* wurden eindeutige Kriterien festgelegt (Fukuda u. Mitarb. 1994). Hauptkriterium ist persistierende Müdigkeit oder leichte Erschöpfbarkeit, Nebenkriterien Muskelschmerzen, Kopfschmerzen, Arthralgien und Schlafstörungen. Es handelt sich nicht um zwei sich ausschließende Syndrome, eine differentialdiagnostische Unterscheidung ist jedoch möglich (Buchwald u. Garrity 1994).

Nach Wallace (1997) können Überschneidungen auf der Symptomebene bei 35-70% der FMS-Patienten mit dem *Irritable Bowel Syndrome* (Leibing u. Mitarb. 1998) auftreten. Im Mittelpunkt steht beim Irritable Bowel Syndrome eine auf den Darmbereich beschränkte Schmerz-Symptomatik, welche mit Änderungen der Stuhlbeschaffenheit und -frequenz verbunden ist.

Weitere mögliche symptomatische Überschneidungen ergeben sich mit dem *Multiplen Chemischen Sensitivitäts Syndrom* bei welchem eine extreme subjektive Sensitivität bzgl. verschiedener Umweltfaktoren vorliegt (Buchwald u. Garrity 1994), die Schmerzsymptomatik jedoch nicht im Vordergrund steht.

Die Abgrenzung zur *Somatisierungstörung* bzw. *undifferenzierten somatoformen Störung* (ICD-10 F45.0, DSM-IV 300.81) ist einfach, da es sich um polysymptomatische Störungen handelt und sich die Aufmerksamkeit und Sorge der Patienten auf wechselnde

Körperfunktionen bzw. -bereiche bezieht (Rief u. Hiller 1998). Definierte druckschmerzhafte Punkte wie beim FSM finden sich nicht.

Bei der *Hypochondrie* (ICD-10 F45.2, DSM-IV 300.7) steht als diagnostisches Kriterium nicht das Auftreten von körperlichen Beschwerden im Mittelpunkt, sondern die ausgeprägte und stabile Befürchtung, eine schwere körperliche Erkrankung zu haben oder zu bekommen. Das Vorliegen einer Hypochondrie und eines FMS schließen sich nicht grundsätzlich aus.

Entscheidend für den Praktiker ist, schnell eine positive Diagnose zu stellen, ohne eine Vielzahl überflüssiger diagnostischer Untersuchungen durchzuführen (Alarcon u. Bradley 1998). Gleichzeitig sollten die verschiedenen Symptome auf körperlicher und psychischer Ebene vollständig erfasst und ggf. als Mehrfachdiagnosen klassifiziert werden, um das therapeutische Vorgehen darauf abzustimmen.

Verlauf und Prognose

Der Krankheitsverlauf des FMS ist überwiegend chronisch stabil (Ledingham u. Mitarb. 1993), die Prognose somit insgesamt eher schlecht, allerdings vom Status der Patienten abhängig. Prognostisch günstig scheint eine eher geringere Krankheitsschwere und -dauer, ein gering ausgeprägtes Krankheits- bzw. Inanspruchnahmeverhalten sowie eine aktive Form des Umgangs mit der Erkrankung zu sein.

Spezielle Therapie

Die therapeutische Beeinflussung des FMS gestaltet sich ausgesprochen schwierig, wie es aufgrund der komplexen Ätiologie, der vielschichtigen Symptomatik und der hohen Komorbidität zu erwarten ist. Außerdem hat man es gerade bei chronischen Patienten mit ausgeprägtem Krankheits- bzw. Inanspruchnahmeverhalten mit einer Negativselektion zu tun. So sind im Einzelfall viele mögliche Bedingungsfaktoren zu berücksichtigen. Monokausale Behandlungskonzepte stoßen rasch an ihre Grenzen und konnten sich nicht behaupten. In einer Metanalyse der Therapiestudien zum FMS zeigen White und Harth (1996) außerdem eine Vielzahl methodischer Probleme dieser Studien (in erster Linie Pharmastudien) auf. Im folgenden sollen therapeutische Ansätze und deren Effektivität dargestellt werden, um Vorschläge für ein differenziertes Vorgehen in der Praxis abzuleiten.

Pharmakotherapeutische Ansätze

Klassische antirheumatische Behandlungsansätze. Der Einsatz von *Analgetika*, wie nichtsteroidale Antirheumatika, führt allenfalls zu einer kurzfristigen und moderaten Schmerzreduktion und zeigt besonders bei längerem Gebrauch keinen sicheren Effekt. Auch die Behandlung mit Steroiden (etwa Prednison) führt zu keiner Änderung des Krankheitsbildes (Alarcon u. Bradley 1998).

Zum Einsatz von (intravenös applizierten) *Anaesthetika* liegen zwei Untersuchungen vor, diese deuten auf eine nur kurzfristige Wirksamkeit hin (Alarcon u. Bradley 1998).

Kontrollierte Studien zum Einsatz *zentral wirksamer Schmerzmittel* ergaben keine befriedigenden Ergebnisse. Von Bedeutung ist hier die Gefahr eines Missbrauchs, gerade bei Patienten mit ausgeprägten psychischen Störungen. Daher sollte auch auf eine Therapie mit *Muskelrelaxantien* vom Benzodiazepintyp, die zu Anwendungsbeginn eine vorübergehende Symptomlinderung bewirken können, verzichtet werden (Alarcon u. Bradley 1998).

Antidepressiva, Anxiolytika und andere Psychopharmaka. Simms (1994) konnte in seiner Metaanalyse von neun Placebo-kontrollierten Studien zur Wirksamkeit von Psychopharmaka beim FMS-Syndrom keine eindeutige Überlegenheit von trizyklischen *Antidepressiva* und SSRI's gegenüber Placebos zeigen. Auch wenn in neueren Arbeiten (Carette u. Mitarb. 1994, 1995) mit *Amitryptilin* wiederum eine subjektive Symptomverbesserung (Schmerzen, Erschöpfung, Morgensteifigkeit) beobachtet wurde, so wurde die objektive Schlafqualität nicht beeinflusst und es handelte sich nur um kurzfristig positive Effekte (Alarcon u. Bradley 1998). Auch in Untersuchungen mit *Fluoxetin* konnten im Vergleich zu Placebos keine Verbesserungen erzielt werden (Wolfe u. Mitarb. 1994).

Die bestenfalls kurzfristige Wirksamkeit von Antidepressiva kann zwei Ursachen haben. Zum einen die antidepressive Wirkung, die bei depressiven Patienten zu einer Symptom-Besserung führt und zweitens eine direkte analgetische Wirkung, welche etwa von Fishbain u. Mitarb. (1997) bei Patienten mit somatoformen bzw. psychogenem Schmerzsyndrom nachgewiesen wurde. Insgesamt gilt somit für die Behandlung des FMS, dass es keine befriedigende allein medikamentöse Behandlungsmöglichkeit gibt.

Physikalische Therapie

Auch klassische Physiotherapie führt allenfalls zu einer kurzfristigen Linderung. Von größerer Bedeutung sind spezielle Übungen zur Aktivierung und zum Ausgleich von muskulären Dekonditierungen und mangelnder Fitness, die bei FMS-Patienten überwiegend besteht. Die Wirksamkeit von körperlichem Aufbau-(Fitness-) Training kann als belegt angesehen werden, über die Stabilität der Effekte entscheidet vermutlich die von den Patienten beibehaltene Trainingshäufigkeit (Wigers u. Mitarb. 1996, Buckelew u. Mitarb 1998).

Biofeedback und Entspannung

Die Wirksamkeit von Biofeedback bzw. Entspannungsverfahren allein wurde in wenigen Studien untersucht. Diese Verfahren kommen zumeist in kombinierten Therapieprogrammen zur Anwendung.

Andere schmerztherapeutische Methoden

Die Ergebnisse zur Effektivität von *TENS* (Transkutane elektrische Nerven-Stimulation) sind wenig überzeugend (di Benedetto u. Mitarb. 1993).

Zur *Akupunktur* bei FMS liegen einige Studien vor. Berman u. Mitarb. (1999) metaanalysierten sieben Studien (davon drei kontrollierte), von denen allerdings nur eine hohe methodische Qualität aufwies. Dabei scheint die (Elektro-) Akupunktur effektiver als Scheinakupunktur zu sein, auch wenn sie bei einigen Patienten zu einer Verstärkung der Symptomatik führte. Über die Dauer der Wirkung von Akupunktur kann keine Aussage getroffen werden, da Katamnesen fehlen.

Psychotherapie

Mit der Einordnung des FMS als chronische Schmerzerkrankung ohne organische Ätiologie und mit dem Fehlen biologischer Therapieverfahren rückte das Interesse an einer psychotherapeutischen Behandlung in den Mittelpunkt. Da eine hohe Komorbidität mit anderen psychischen sowie somatoformen Störungen besteht, ergibt sich darüber hinaus die Frage nach einer auf den Einzelfall abgestimmten psychotherapeutischen Behandlung, welche bisher allerdings gegenüber der allgemeinen Frage nach der Wirksamkeit bestimmter therapeutischer Techniken im Hintergrund geblieben ist.

Tiefenpsychologisch/psychodynamisch orientierte Psychotherapie. Studien zur tiefenpsychologisch orientierten Therapie bei FMS-Patienten liegen nicht vor. Eich (1998) berichtet über eine laufende Multicenter-Studie bei stationären FMS-Patienten, in der Elemente von Information, Edukation, psychologischer Therapie (Einzel- und Gruppe) sowie Körpertherapie integriert werden. Die Art der psychotherapeutischen Interventionen wird allerdings nicht differenziert beschrieben, eine Abgrenzung zu kombinierten Therapieprogrammen im Rahmen einer kognitiv-behavioralen Behandlung ist nicht möglich.

Fallbeispiel

Die 54-jährige verheiratete, berufstätige, gepflegt wirkende Frau B. wird zur Abklärung der Verdachtsdiagnose FMS von ihrem Hausarzt überwiesen, die Diagnose kann bestätigt werden. Die Schmerzsymptomatik begann vor zehn Jahren nach einem Schiunfall mit Gehirnerschütterung und Kopfschmerzen. 1986 verstärkten sich die im ganzen Körper befindlichen Schmerzen, als sich die finanzielle Situation der Familie dramatisch zuspitzte. Mehrere Kurmaßnahmen führten zu keiner Verbesserung, auch nicht die Einnahme von unterschiedlichsten Schmerzmedikamenten.

Frau B. wuchs seit ihrem sechsten Lebensmonat bei den Großeltern mütterlicherseits auf, nachdem die Eltern sich getrennt hatten und die Patientin den Eltern „im Wege gestanden sei". Die Kindheit war von einer kargen Atmosphäre gekennzeichnet, in der „nie jemand für sie da war" und die ständige Bedrohung bestand, bei Nichtgehorchen zu den Eltern zurückgeschickt zu werden. Bis zu ihrem achten Lebensjahr litt Frau B. unter psychogenem Erbrechen, Alpträumen und Ängsten. Sie war ein kleines, schwächliches Kind. In der Schule wurde sie gefördert, erlebte erstmals Anerkennung und fand Halt in einem Sportverein. Frau B. absolvierte dann eine Friseurlehre, wurde Meisterin und heiratete dann ihren ersten und einzigen Partner, ihren Ehemann, der ebenfalls Friseurmeister ist. Diese Ehe ermöglichte es ihr zwar, dem „Elternhaus" zu entfliehen, gleichzeitig erlebte sich Frau B. als abhängig von ihren Mann und habe sich mit allem an ihn geklammert. Der Ehemann ist oft depressiv und hat vor zwei Jahren eine psychotherapeutische Behandlung begonnen.

Bei der Patientin wurde aktuell neben dem FMS eine deutliche Anpassungsstörung mit Angst und Depression diagnostiziert, zusätzlich bestanden Spannungskopfschmerzen sowie funktionelle Magen-Darm-Beschwerden.

Bei Frau B. wurden in der Folge über anderthalb Jahre 16 einzelpsychotherapeutische Gespräche durchgeführt, ergänzend erlernte sie die progressive Muskelrelaxation nach Jacobson. In der Schmerzwahrnehmung trat durch die Behandlung keine wesentliche Veränderung ein, die Patientin wurde sich jedoch zunehmend bewusst, welche Auslösesituationen die Schmerzwahrnehmung verstärkten oder verringerten. Gleichzeitig erwarb sie neue Bewältigungsstrategien wie sie eine Schmerzverstärkung vermeiden oder eine Schmerzverringerung bewirken konnte. Während des gesamten therapeutischen Prozesses stand im Mittelpunkt das außerordentliche und überhöhte Leistungsdenken der Patientin, die nur mit Anpassung und Leistung glaubte, Anerkennung und Wert zu gewinnen. „Ich muss immer wieder allen beweisen, auch mir selbst, dass ich alles kann und super fit bin".

Hypnotherapie. Haanen u. Mitarb. (1991) führten bei FMS-Patienten eine 12-wöchige Hypnotherapie im Vergleich zu Physiotherapie durch und fanden eine Besserung der subjektiv empfundenen Schmerzen, der Schlafstörungen und der Erschöpfung in der Hypnotherapiegruppe, jedoch keine Besserung des mittels eines Dolorimeters gemessenen Gesamtmyalgiescores.

Kognitive Verhaltenstherapie (cognitive-behavioral therapy, CBT). Aufgrund der positiven Erfahrungen bei rheumatoider Arthritis und chronischen Rückenschmerzen schlug 1989 als erster der amerikanische Psychologe L.A. Bradley den Einsatz von CBT bei FMS-Patienten vor. Ziel ist auch eine bessere Krankheitsbewältigung, welche neben positiven Folgen für die Betroffenen auch zu Einsparungen im Gesundheitswesen führt (Bradley u. Alarcon 1998).

Zentrale Elemente der CBT sind neben der Informationsvermittlung und dem Erlernen von Entspannungsverfahren, der Abbau von Schmerz- und der Aufbau von Gesundheitsverhalten sowie das Erlernen von Bewältigungsfähigkeiten. Gleichzeitig werden negative kognitive Schemata verändert, Hilflosigkeit reduziert und präventive Strategien zur Bewältigung von schmerzauslösenden Situationen und Gedanken aufgebaut (Bradley 1989).

Kognitiv-verhaltenstherapeutische Therapieelemente kommen häufig in Kombination mit anderen therapeutischen Maßnahmen zur Anwendung. Hierbei können etwa verschiedene Arten von Entspannungsverfahren bzw. Biofeedback sowie Übungen zur körperlichen Fitness integriert werden. Hiervon sind synergetische Effekte zu erwarten, da sich kognitive und aktiv-verhaltensbezogene Elemente sinnvoll ergänzen. Die CBT kann bei FMS-Patienten als bestuntersuchtes Verfahren gelten, es liegen einige kontrollierte Studien vor (Bennett u. Mitarb. 1996, Keel u. Mitarb. 1998, Wigers u. Mitarb. 1996, Vlayen u. Mitarb. 1996, Nicassio u. Mitarb. 1997).

Zusammengefasst führt CBT bei FMS-Patienten zu einer signifikanten, jedoch oft nur mittleren Symptomverbesserung, insbesondere in den Bereichen der Kontrollüberzeugung (Hilflosigkeit, self-efficacy), der Krankheitsbewältigung, der subjektiven Beurteilung der Schmerzen und der psychischen Symptomatik.

Die vorliegenden Studien sind bezüglich ihrer methodischen Güte, der Auswahl und Selektion der untersuchten Patienten, der Art und v.a. auch der Dauer der durchgeführten Behandlungen sehr unterschiedlich. Hingegen scheinen die Unterschiede in der Wirksamkeit verschiedener therapeutischer Techniken (auch Entspannungsverfahren oder Hypnotherapie) von nur geringer Bedeutung zu sein. Hier ist zu vermuten, dass ein wesentlicher Wirkfaktor bei diesen Interventionen der Abbau von Hilflosigkeit bzw. die Erhöhung von Selbstwirksamkeit und die dadurch veränderte Krankheitsbewältigung ist. Zentraler Effekt der psychotherapeutischen Interventionen ist eine Unterbrechung des circulus vitiosus aus passiv-depressiver Verarbeitung, muskulärer Dekonditionierung und einer Zunahme der Schmerzsymptomatik. So weisen auch Martin u. Mitarb. (1996) nach, dass die Art der Bewältigung der FMS eng mit der „disability" zusammenhängt und ziehen daraus den Schluss, dass ein auf das Individuum abgestimmtes Training von Bewältigungsfähigkeiten zentraler Baustein jeder Therapie sein sollte.

Ob über diesen unspezifischen Mechanismus hinaus bei bestimmten Verfahren noch spezifische Faktoren wirksam sind, kann bei dem gegenwärtigen Kenntnisstand nicht beantwortet werden. Zu vermuten ist, dass bei Patienten mit weiteren psychischen Störungen die Änderung der Krankheitsbewältigung allein nicht ausreicht und auch die psychische Störung adäquat behandelt werden muss (Leibing u. Mitarb. 1994). Psychotherapeutische Interventionen sollten jedenfalls für die Behandlung des FMS – und zwar auch, aber nicht nur wegen der hohen Komorbiditätsraten mit anderen psychischen Störungen - unverzichtbarer Bestandteil sein.

Vorgehen in der Praxis. Das FMS kann als abgrenzbare Symptomgruppierung mit multikausaler Verursachung verstanden werden (Tab. 11.**1**). Dies bedeutet, dass Untergruppen mit jeweils unterschiedlichen Ursachenbündeln bestehen. Entsprechende Therapiemaßnahmen sollten daher multidimensional angelegt sein und psychotherapeutische, biomedizinische sowie physio- bzw. sporttherapeutische (Fitness-) Maßnahmen umfassen. Dieses erfordert wiederum, dass dem Patienten das gesamte Vorgehen plausibel gemacht und so die notwendige Motivation für eine Mitarbeit geschaffen wird. Da eine Heilung bisher nicht möglich ist, steht die Symptomreduzierung und die Verbesserung der Bewältigung im Mittelpunkt. Hierzu ist beim Behandler eine psychotherapeutische Ausbildung unerlässlich, auch um mit aufkommenden Gegenübertragungsgefühlen adäquat umgehen zu können.

Tabelle 11.1 Übersicht

Begriff	Abgrenzbares Syndrom mit multikausaler Verursachung
Phänomenologie	• generalisierte Schmerzen • schlechter, unerholsamer Schlaf • vegetative Begleitsymptome • häufig komorbid psychische / funktionelle Störungen
Epidemiologie	• Häufige Störung (Prävalenz 2%) • überwiegend Frauen (> 85%) betroffen • Beginn 26.–35. Lebensjahr • zumeist chronischer Verlauf
Diagnosekriterien	• Anamnese von generalisiertem Schmerz • mind. 11 von 18 definierten druckschmerzhafte tender-points • Ausschluss einer erklärenden Krankheitsentität
Differentialdiagnosen	• entzündlich rheumatische Erkrankungen • Muskelerkrankungen • Infektionen • Fehlfunktion von Schilddrüse oder Nebenniere • psychische Störungen können komorbid vorhanden sein
Pathogenese/Ätiologie	• keine Muskelerkrankung • keine Infektion • keine immunologische Störung • keine kausale spezifische Schlafstörung (alpha-delta-Schlaf) • neuroendokrine Veränderungen (Serotonin, Somatomedin C, SP) oft nachweisbar • ausgeprägtes Inanspruchnahmeverhalten • hohe Komorbität mit psychischen Störungen • psychische Faktoren zumindest aufrechterhaltend
Spezielle Therapie	• Multidimensionale, auf den Einzelfall abgestimmte Behandlung: Psychotherapie mit Erlernen von Bewältigungsstrategien, Informationsvermittlung, Entspannungsverfahren, Erhöhung der körperlichen Fitness, ggf. Antidepressiva • Interaktionsverhalten geprägt von Verunsicherung und chronischer Krankheitssituation, verlässliche therapeutische Beziehung bedeutsam, Schmerz als Krankheit akzeptieren • Gefahr des Schmerzmittelmissbrauchs beachten • Cave: Corticosteroide, Operationen

Alarcon und Bradley (1998) weisen darauf hin, dass die Ziele individuell festgelegt werden sollten, entsprechend der vorherschenden Symptomatik und der therapeutischen Möglichkeiten. Dieses kann gerade bei chronifizierten Patienten und solchen mit deutlichen psychischen Auffälligkeiten bedeuten, dass eine Behandlung in einer spezialisierten Einrichtung (etwa psychotherapeutische oder Schmerzklinik) notwendig ist.

Ein therapeutischer Nihilismus ist also kontraindiziert, genauso jedoch die Vorstellung, das FMS heilen zu können. So weisen auch Alarcon und Bradley (1998) darauf hin, dass eine Symptomfreiheit in allen Bereichen unrealistisch sei. Primäres Ziel sollte die Beeinflussung der Schmerzen und die Verbesserung der Bewältigungs-, Funktions- und Arbeitsfähigkeit sein.

Literatur

Aaron LA, Bradley LA, Alarcon GS, Alexander RW, Triana Alexander M, Martin MY, Alberts KR (1996): Psychiatric diagnoses in patients with fibromyalgia are related to health care-seeking behavior rather than to illness. Arthritis Rheum 39, 436-445

Aaron LA, Bradley LA, Alarcon GS, Triana Alexander M, Alexander RW, Martin MY, Alberts KR (1997): Perceived physical and emotional trauma as precipitating events in fibromyalgia. Associations with health care seeking and disability status but not pain severity. Arthritis Rheum 40, 453-460

Alarcon GS, Bradley LA (1998): Advances in the treatment of fibromyalgia: current status and future directions. Am J Med Sci 315, 397-404

Alexander RW, Bradley LA, Alarcon GS, Triana-Alexander M, Aaron LA, Alberts KR, Martin MY, Stewart KE (1998): Sexual and physical abuse in women with fibromyalgia: association with outpatient health care utilization and pain medication usage. Arthritis Care Res 11(2), 102-115

Beard GM: A practical treatise on nervous exhaustion (neurasthenia). W. Wood, New York 1880

Bennett RM (1996): Fibromyalgia and the disability dilemma. A new era in understanding a complex, multidimensional pain syndrome. Arthritis Rheum 39, 1627-1634

Bennett RM, Burckhardt CS, Clark SR, O'Reilly CA, Wiens AN, Campbell SM (1996): Group treatment of fibromyalgia: a 6 month outpatient program. J Rheumatol 23, 521-528

Bennett RM, Clark SR, Campbell SM, Burckhardt CS (1992): Low levels of somatomedin C in patients with the fibromyalgia syndrome. A possible link between sleep and muscle pain. Arthritis Rheum 35, 1113-1116

Berman BM, Ezzo J, Hadhazy V, Swyers JP (1999): Is acupuncture effective in the treatment of fibromyalgia?. J Fam Pract 48, 213-218

Blumer D, Heilbronn M (1982): Chronic pain as a variant of depressive disease: the pain-prone disorder. J Nerv Ment Dis 170, 381-406

Bohr T (1996): Problems with myofascial pain syndrome and fibromyalgia syndrome [editorial]. Neurology 46, 593-597

Boissevain MD, McCain GA (1991a): Toward an integrated understanding of fibromyalgia syndrome. I. Medical and pathophysiological aspects. Pain 45, 227-238

Boissevain MD, McCain GA (1991b): Toward an integrated understanding of fibromyalgia syndrome. II. Psychological and phenomenological aspects. Pain 45, 239-248

Bradley LA (1989): Cognitive-behavioural therapy for primary fibromyalgia. J Rheumatol 16 suppl. 19, 131-136

Bradley LA, (1998): Fibromyalgia: A Model of chronic Pain. J Musculoskel Pain 6(3), 19-27

Buchwald D, Garrity D (1994): Comparison of patients with chronic fatigue syndrome, fibromyalgia, and multiple chemical sensitivities. Arch Intern Med 154, 2049-2053

Buckelew SP, Conway R, Parker J, Deuser WE, Read J, Witty TE, Hewett JE, Minor M, Johnson JC, Van Male L, McIntosh MJ, Nigh M, Kay DR (1998): Biofeedback/relaxation training and exercise interventions for fibromyalgia: a prospective trial. Arthritis Care Res 11, 196-209

Carette S, Bell MJ, Reynolds WJ et al. (1994): Comparison of amitriptyline, cyclobenzaprine, and placebo in the treatment of fibromyalgia. A randomized, double-blind clinical trial. Arthritis Rheum 37, 32-40

Carette S, Oakson G, Guimont C, Steriade M (1995): Sleep electroencephalography and the clinical response to amitriptyline in patients with fibromyalgia. Arthritis Rheum 38, 1211-1217

Crofford LJ (1998): Neuroendocrine abnormalities in fibromyalgia and related disorders. Am J Med Sci 315, 359-366

Di Benedetto P, Iona LG, Zidarich V (1993) Clinical evaluation of S-adenosyl-L-methionine versus transcutaneous electrical nerve stimulation in primary fibromyalgia. Curr Ther Res 53:222-229

Eich W (1998): Psychosomatische Aspeke der Therapie somatoformer Störungen am Beispiel der Fibromyalgie. In: Rudolf G, Hennigsen P (Hrsg.): Somatoforme Störungen. Stuttgart: Schattauer, 77-86

Fishbain DA, Cutler R, Rosomoff HL, Rosomoff RS (1997): Chronic pain-associated depression: antecedent or consequence of chronic pain? A review. Clin J Pain 13(2), 116-137

Flanigan MJ, Morehouse RL, Shapiro CM (1995): Determination of observer-rated alpha activity during sleep. Sleep 18, 702-706

Fukuda K, Straus SE, Hickie I, Sharpe MC, Dobbins JG, Komaroff A (1994): The chronic fatigue syndrome: a comprehensive approach to its definition and study. International Chronic Fatigue Syndrome Study Group. Ann Intern Med 121(12), 953-959.

Goldberg RT, Pachas WN, Keith D (1999): Relationship between traumatic events in childhood and chronic pain. Disabil Rehabil 21, 23-30

Gowers WR (1904): Lumbago and its analogues. Br Med J 1904, 1, 117-21

Haanen HC, Hoenderdos HT, van Romunde LK, Hop WC, Mallee C, Terwiel JP, Hekster GB (1991): Controlled trial of hypnotherapy in the treatment of refractory fibromyalgia. J Rheumatol 18, 72-75

Hamm C, Derman S, Russell IJ (1989): Sleep parameters in fibrositis / fibromyalgia syndrome (abstract). Arthritis Rheum 32 suppl. 4, 70

Hawley DJ, Wolfe F (1991): Pain, disability, and pain/disability relationships in seven rheumatic disorders: A study of 1.522 patients. J Rheumatol 18, 1552-1557

Henriksson KG, Bengtsson A (1991): Fibromyalgia--a clinical entity?. Can J Physiol Pharmacol 69, 672-677

Herschbach, P. Über den Unterschied zwischen Kranken und Patienten. Psychother Psychosom med Psychol. 45: 83-89; 1995.

Hudson JI, Goldenberg DL, Pope Jr. HG, Keck Jr. PE, Schlesinger L (1992): Comorbidity of fibromyalgia with medical and psychiatric disorders. Am J Med 92, 363-367

Jennum P, Drewes AM, Andreasen A, Nielsen KD (1993): Sleep and other symptoms in primary fibromyalgia and in healthy controls. J Rheumatol 20, 1756-1759

Keel PJ, Bodoky C, Gerhard U, Muller W (1998): Comparison of integrated group therapy and group relaxation training for fibromyalgia. Clin J Pain 14, 232-238

Keel PJ (1995) Fibromyalgie. G. Fischer, Stuttgart

Lawrence RC, Helmick CG, Arnett FC et al. (1998): Estimates of the prevalence of arthritis and selected musculoskeletal disorders in the United States. Arthritis Rheum 41, 778-799

Ledingham J, Doherty S, Doherty M (1993): Primary Fibromyalgia Syndrome - An outcome study. Br J Rheumatol 32, 139-142

Leibing E, Kraul A, Bergter W, Rüger U (1998): Das „Irritable Bowel Syndrome" (Colon irritabile). Psychosom Med Psychoanal 43 (2), 163-197

Leibing E, Rüger U, Schüßler G (1999): Biographische Risiko-Faktoren und psychische Störungen bei Patienten mit Fibromyalgie-Syndrom. Psychosom Med Psychother 45 (2), 142-156

Leibing E, Schüßler G, Rüger U (1994): Prognosekriterien einer verhaltenstherapeutischen Schmerzbehandlung in Gruppen bei Patienten mit rheumatoider Arthritis. Psychother Psychosom med Psychol 44 (2), 46-52

Lipowski ZJ (1990): Somatization and depression. Psychosomatics 31(1), 13-21

Magni G, Moreschi C (1994): Prospective study between depressive symptoms and chronic musculoskeletal pain. Pain 56, 286-297

Martin MY, Bradley LA, Alexander RW et al. (1996): Coping strategies predict disability in patients with primary fibromyalgia. Pain 68, 45-53

Mau W, Raspe H-H (1990): Das fibromyalgische Syndrom. Ein aktueller Beitrag zur Ätiologie, Diagnose und Therapie des sogenannten „Weichteilrheumatismus". WMW 12, 343-348

Moldofsky H, Scarisbrick P (1976): Induction of neurasthenic musculoskeletal pain syndrome by selective sleep stage deprivation. Psychosom Med 38, 35-44

Mountz JM, Bradley LA, Alarcon GS (1998): Abnormal functional activity of the central nervous system in fibromyalgia syndrome. Am J Med Sci 315, 385-396

Müller W, Lautenschläger J (1990): Die generalisierte Tendomyopathie (GTM). Teil I: Klinik Verlauf und Differentialdiagnose. Z Rheumatol 49, 11-21

Nicassio PM, Radojevic V, Weisman MH, Schuman C, Kim J, Schoenfeld-Smith K, Krall T (1997): A comparision of behavioral and educational interventions for fibromyalgia. J Rheumatol 24, 1000-1007

Park JH, Phothimat P, Oates CT, Hernanz Schulman M, Olsen NJ (1998): Use of P-31 magnetic resonance spectroscopy to detect metabolic abnormalities in muscles of patients with fibromyalgia. Arthritis Rheum 41, 406-413

Raspe H (1992): Rheumatism epidemiology in Europe. Soz Praventivmed 37, 168-178

Raspe H (1996): Fibromyalgia--an artifact? (editorial). Z Rheumatol 55, 1-3

Rief W, Hiller W (1998): Somatisierungsstörung und Hypochondrie. Göttingen: Hogrefe

Rudy TE, Kerns RD, Turk DC (1988): Chronic pain and depression: Toward a cognitive-behavioral mediation model. Pain 35: 53-60

Russell IJ (1998): Advances in fibromyalgia: possible role for central neurochemicals. Am J Med Sci 315, 377-384

Russell IJ, Orr MD, Littman B et al. (1994): Elevated cerebrospinal fluid levels of substance P in patients with the fibromyalgia syndrome. Arthritis Rheum 37, 1593-1601

Simms RW (1994): Controlled trials of therapy in fibromyalgia syndrome. Baillieres Clin Rheumatol 8, 917-934

Simms RW (1998): Fibromyalgia is not a muscle disorder. Am J Med Sci 315, 346-350

Simons DG (1986): Fibrositis/fibromyalgia: a form of myofascial trigger points? Am J Med 29;81(3A), 93-98

Smythe HA (1979): „Fibrositis" as a disorder of pain modulation. Clin Rheum Dis 5, 323-332

Smythe HA, Moldofsky H (1977): Two contributions to the understanding of the „fibrositis" syndrome. Bull Rheum Dis 28, 928-931

Sprott H, Bradley LA, Oh SJ et al. (1998): Immunohistochemical and molecular studies of serotonin, substance P, galanin, pituitary adenylyl cyclase-activating polypeptide, and secretoneurin in fibromyalgic muscle tissue. Arthritis Rheum 41, 1689-1694

Vlaeyen JW, Teeken Gruben NJ et al. (1996): Cognitive-educational treatment of fibromyalgia: a randomized clinical trial. I. Clinical effects. J Rheumatol 23, 1237-1245

Walker EA, Keegan D, Gardner G, Sullivan M, Bernstein D, Katon WJ (1997 b): Psychosocial factors in fibromyalgia compared with rheumatoid arthritis: II. Sexual, physical, and emotional abuse and neglect. Psychosom Med 59, 572-577

Walker EA, Keegan D, Gardner G, Sullivan M, Katon WJ, Bernstein D (1997 a): Psychosocial factors in fibromyalgia compared with rheumatoid arthritis: I. Psychiatric diagnoses and functional disability. Psychosom Med 59, 565-571

Wallace DJ (1997): The fibromyalgia syndrome. Ann Med 29, 9-21

Weigent DA, Bradley LA, Blalock JE, Alarcon GS (1998): Current concepts in the pathophysiology of abnormal pain perception in fibromyalgia. Am J Med Sci 315, 405-412

White KP, Harth M (1996): An analytical review of 24 controlled clinical trials for fibromyalgia syndrome (FMS). Pain 64, 211-219

Wigers SH, Stiles TC, Vogel PA (1996): Effects of aerobic exercise versus stress management treatment in fibromyalgia. A 4.5 year prospective study. Scand J Rheumatol 25, 77-86

Wolfe F, Anderson J, Harkness D, Bennett RM, Caro XJ, Goldenberg DL, Russell IJ, Yunus MB (1997): A prospective, longitudinal, multicenter study of service utilization and costs in fibromyalgia. Arthritis Rheum 40, 1560-1570

Wolfe F, Cathey MA, Hawley DJ (1994): A double-blind placebo controlled trial of fluoxetine in fibromyalgia. Scand J Rheumatol 23, 255-259

Wolfe F, Ross K, Anderson J, Russell IJ, Hebert L (1995): The prevalence and characteristics of fibromyalgia in the general population. Arthritis Rheum 38, 19-28

Wolfe F, Smythe HA, Yunus MB, Bennett RM, Bombardier C, Goldenberg DL, Tugwell P, Campbell SM, Abeles M, Clark P, Fam AG, Farber SJ, Fiechtner JJ, Franklin CM, Gatter RA, Hamaty D, Lessard J, Lichtbroun AS, Masi AT, McCain GA, Reynolds WJ, Romano TJ, Russell IJ, Sheon RP (1990): The American college of rheumatology 1990. Criteria for the classification of fibromyalgia. Arthritis Rheum 33, 160-172

Yunus MB (1992): Towards a model of pathophysiology of fibromyalgia: Aberrant central pain mechanisms with periphal modulation. J Rheumatol 19, 846-850

12. Somatisierungssyndrome in der Urologie

Gerhard Dammann und Herbert Csef

Im folgenden Kapitel werden die klinisch wichtigsten urologischen Störungs- und Krankheitsbilder dargestellt und diskutiert, bei denen eine relevante psychosomatische Einflusskomponente angenommen wird. Es werden dabei sowohl psychodynamische als auch kognitiv-behaviorale pathogenetische Modellvorstellungen beschrieben und die daraus entwickelten Therapieansätze in ihren Möglichkeiten und Grenzen aufgezeigt.

Definition

Obwohl gerade in der Urologie ein enger Zusammenhang zwischen organischen Funktionen sowie psychologischen und sexuellen Einflüssen anzunehmen ist, konnte sich die psychosomatische Sichtweise bislang in diesem Fach noch wenig entwickeln und etablieren. Im Unterschied zur Neurologie oder Dermatologie etwa, wo ein psychosomatisches Verständnis sich zunehmend verankert hat, wird eine psychosomatische Perspektive noch heute von urologischer Seite zum Teil kritisch betrachtet (Drossel u. Mitarb. 1997).

Die urologische Psychosomatik Deutschlands hat im Vergleich zu anderen Fachgebieten einen dringenden Nachholbedarf. Es ist durchaus bemerkenswert, dass in den Anfängen der deutschen Psychosomatik einige Urologen eine Vorreiter-Funktion für psychosomatisches Denken hatten. Bereits 1913 erschien die interessante Schrift „Prostata und Psyche" von Bieck. Das erste Lehrbuch über klinische Psychosomatik wurde von einem Urologen herausgegeben. Oswald Schwarz, Privatdozent für Urologie an der Universität Wien, gab im Jahre 1925 im Springer Verlag das Buch „Psychogenese und Psychotherapie körperlicher Symptome" heraus. In der Nachkriegszeit gab es durchaus vereinzelte positive Ansätze, als in einigen Universitäten hoffnungsvolle Arbeitsgruppen in einer interdisziplinären Zusammenarbeit von Urologen und Psychosomatikern erste Forschungsergebnisse zu psychosomatischen Krankheitsbildern in der Urologie erarbeiteten. Die Etablierung der Psychosomatik erfolgte jedoch in der Urologie nicht in vergleichbarem Umfang wie in anderen medizinischen Fachgebieten.

Der Urogenitaltrakt ist gleichzeitig Produktions-, Reproduktions- und Lustorgan. Außerdem bedingt die enge anatomische Nähe von Urogenitaltrakt und Enddarm die Wechselbeziehungen zwischen diesen beiden Organbereichen (Diederichs 1986b). Deshalb müssen komplexe somatische wie auch psychologische Wechselwirkungen bei allen Beschwerden des Unterleibs bedacht werden (Csef u. Mitarb. 1999).

Eine sorgsame urologische Abklärung ist im Vorfeld immer selbstverständlich. Sie umfasst Laboruntersuchungen, Ultraschall und Ähnliches. Kritischer aber sind invasive diagnostische Untersuchungen (Zystoskopie, Laparoskopie etc.) zu diskutieren, wenn ein begründerter, aber noch nicht gesicherter Verdacht auf eine somatoforme Störung besteht.

Somatoforme Störungen sind differentialdiagnostisch oft schwer abzugrenzen von anderen psychosomatischen oder somatopsychischen Störungen und Krankheiten, die das urogenitale System betreffen können, aber oft auch von psychiatrischen Störungen, die mit körperlicher Symptomatik einhergehen können.

Die wichtigsten somatoformen Störungen im Bereich der Urologie sind die so genannten Prostatopathien, die Reizblase, die psychogene Polyurie, rezidivierende Urethrozystitiden, Schmerzsyndrome des urogenitalen Systems ohne organischen Befund und funktionelle Sexualstörungen.

Epidemiologie

Zuverlässige epidemiologische Daten zur Prävalenz von somatoformen Störungen des urogenitalen Systems liegen nicht vor. Je nach Ausrichtung der Autoren werden Häufigkeiten entsprechend unterschiedlich angegeben. Günthert (1980) schätzte, dass sich „bei 50% der Patienten „... trotz Vorhandenseins ausgeprägter Symptome kein pathologischer Organbefund erheben lässt. ..." Dieser Prozentsatz stimmt überein mit den Befunden großer Klinikambulanzen". Die funktionellen Störungsbilder finden sich eher im ambulanten (Hausärzte, Fachärztliche Praxen für Urologie oder Gynäkologie) als im stationären urologischen Bereich. Breitwieser und Sareyka (1981) werteten 500 Fälle einer urologischen Praxis aus und ermittelten 30,2% „nichturologische Diagnosen", von denen sie lediglich 15% als „psychosomatische Krankheitsbilder" einordneten.

Von psychosomatischer Seite (Speidel 1996) wird der Anteil psychosomatisch mitbedingter urologischer Erkrankungen im ambulanten Versorgungsbereich mit etwa 30-50% angegeben. Ein besonderes Problem für die Angabe zuverlässiger Zahlen stellt zudem das sog. Inanspruchnahmeverhalten im Bereich der Urologie dar, das zum Teil dazu führt, dass sowohl organisch, wie psychogen bedingte Störungen nicht zu einer ärztlichen Behandlung führen. Dies gilt in besonderem Maße für ältere Patienten (Umlauf u. Mitarb. 1996).

Die häufigsten Störungsbilder sind dabei insgesamt die Prostatopathien des Mannes und das Urethralsyndrom der Frau. Schätzungsweise bis zu 35% aller Männer erleiden irgendwann einmal eine Episode einer Prostatopathie (Knispel 1997).

Somatisierungssyndrome gehören schließlich auch zu den am stärksten kulturell mit beeinflussten Symptomen (Kleinman 1977, White 1982), was u.a. bei der Behandlung von Migranten berücksichtigt werden muss. Eine typische ethnopsychiatrische Störung mit Merkmalen einer urogenitalen Somatisierung ist das sog. „Koro" (Yap 1965) in Südostasien, eine meist epidemisch auftretende (massenhysterische) Angst, dass der Penis schrumpfen und sich somit in den Körper zurückziehen könnte, was dann mit Anhängen von Gewichten u.a. bekämpft wird. Es kommt vereinzelt auch in europäischen Ländern vor.

Ätiopathogenese

Psychodynamisches Modell

Als der führende frühe Pionier der Urethralität gilt - neben Freud, der insbesondere in der Traumdeutung Beispiele für die Funktion des Urinierens bei der infantilen Sexualität gegeben hat - Sadger (1910), der den Begriff der „Urethralerotik" einführte. Besonders die Miktion wurde früh mit Geltung und Leistung in Verbindung gebracht. Die Schleimhaut der Harnröhre hat dabei wie die anderer Bereiche (Mund, Vagina, Anus) auch potentiell erogenen Charakter (Freud 1905). Dies zeigt sich in vielfach berichteten Masturbationspraktiken an der Harnröhre.

Dennoch spielt in der psychoanalytischen Metapsychologie das Urethrale im Vergleich zum Genitalen, Analen und Oralen zumeist eine eher untergeordnete Rolle. Von Menninger (1941) wurde auf den masochistischen und selbstbestrafenden Charakter hingewiesen, den urologische Symptome haben. Wut, Zorn, Enttäuschungsgefühle und Abwehr im libido-erotischen-sexuellen Bereich können von vielen Frauen nur durch eine urethrale Aggressivität erlebt werden (Chertock u. Mitarb. 1977), was sich in symptomatischen Störungen in diesem Bereich äußert.

Aus psychoanalytischer Sicht erscheint der Urogenitaltrakt mit folgenden Funktionen in Beziehung zu stehen:

- Erogener Charakter der Schleimhäute dieses Bereiches und des warmen Urins (urethral-erotische Seite)
- Über-Ich-hafte und anal-urethrale Aspekte (Kontrolle, Anspannung, Sphinkter-Moral)
- Aggressive und geltungsorientierte Seite der Miktion (im hohen Bogen pinkeln)
- Narzisstische Besetzung der Urethralität beim Mann
- Gelassenheit, Hingabe, Verströmen zu können bei der Frau.

Psychodynamisch erscheint es wichtig, dass Somatisierungssyndrome (ähnlich wie andere symptomatische Störungsbilder etwa Bulimie etc.) auf ganz unterschiedlichen struktrurellen Persönlichkeitsorganisationsniveaus angesiedelt sein können. Das Konstrukt Struktur oder Persönlichkeitsorganisationsniveau ergibt sich dabei (im Sinne von Otto F. Kernberg) aus der Art der Abwehr, der Qualität der Objektbeziehungen und dem Vorherrschen oder Fehlen von Identitätsdiffusion. Somatoforme Störungen können sich demnach zum Beispiel (reaktiv) bei normalen, konfliktbedingt bei neurotischen oder aber als Ausdruck einer strukturellen Störung bei Borderline-Persönlichkeitsorganisationen finden.

Behaviorales und kognitives Modell

Körperliche Sensationen oder Missempfindungen können nach kognitiv-behavioraler Sichtweise (Hiller u. Rief 1998a) durch unterschiedliche Faktoren ausgelöst werden (z. B. minimale Dysfunktionen, körperliche Emotionsäquivalente, übermäßige Aufmerksamkeitsfokussierung auf den eigenen Körper („somatosensory amplification", Barsky u. Wyshak 1990).

Die Körpersensationen werden von den Betroffenen verstärkt wahrgenommen und fälschlicherweise als bedrohliches Krankheitszeichen interpretiert. Es kommt dann zu einer Symptomverstärkung, da der Betreffende die entsprechenden Körperfunktionen noch stärker beachtet und die Symptome durch ein erhöhtes Erregungsniveau weiter verstärkt werden können. Die Störung wird aufrechterhalten durch diverse dysfunktionale Verhaltensweisen wie Selbstüberprüfung der Körperfunktionen (checking behaviour), übermäßiges Beschäftigtsein mit den Themen Krankheit und Gesundheit, schädliches körperliches und soziales Schonverhalten inklusive der Einnahme der Krankenrolle sowie Konsum von nicht erforderlichen Medikamenten.

Traumapsychologisches Modell

Inzwischen gibt es zahlreiche Hinweise dafür, dass bei Patienten mit Somatisierungssyndromen vermehrt traumatische Erfahrungen in der Anamnese vorliegen (Morrison 1989, Walker u. Mitarb. 1994). Dies kann insbesondere auch für Beschwerden im Bereich des Urogenitaltrakts und des Unterbauchs gelten. Besonders zu den idiopathischen chronischen Unterbauchbeschwerden (chronic pelvic pain) liegen inzwischen eine Vielzahl von entsprechenden Befunden vor (Fry u. Mitarb. 1997, Collett u. Mitarb. 1998, Ehlert u. Mitarb. 1999).

Möglicherweise scheint (besonders bei Frauen) ein nosologisch einheitlicher traumatisch bedingter Komplex mit idiopathischen chronischen Unterbauchbeschwerden, Dysurie, Fluor vaginalis, Dyspareunie, Anorgasmie etc. vorzuliegen, bei der es sich um eine stressabhängige Erkrankung handeln könnte, wofür auch gewisse psychoneuroendokrinologische Befunde sprechen (Ehlert u. Heim 1998). Pribor u. Mitarb. (1993) vermuteten, dass es sich bei solchen Missempfindungen oder Schmerzen auch um eine Art von (dissoziierten) traumatischen „Körpererinnerungen" handeln könnte (Walker u. Mitarb. 1992).

Klinische Phänomenologie

Prostatopathie - Prostatodynie - chronische Prostatitis - Beckenbodenmyalgie

Die so genannten Prostatopathien stellen eine sowohl ätiologisch als auch in der Symptomatik höchst heterogene Gruppe von Störungsbildern im Grenzgebiet von Urologie und Psychosomatik dar (Junk-Overbeck u. Mitarb. 1988). Obwohl von einigen wenigen Autoren die Störung als rein somatisch angesehen wird (Autoimmunprozesse etc.), überwiegt doch die Annahme einer psychosomatischen Wechselwirkung.

Nosologisch werden unter den Prostatopathien (akute oder chronische) bakterielle Prostatitiden, die chronische abakterielle Prostatitis (mit verifizierbaren) Entzündungszeichen und schließlich die eigentliche Prostatodynie (Prostatopathie ohne kausalen pathologischen organischen Befund) unterschieden (Knispel 1997). Versuche, durch infektiologisch-bakteriellen Befunde eine echte bakterielle Prostatitis von der psychosomatisch bedingten Prostatodynie zu unterscheiden, haben bislang keine befriedigenden Kriterien bringen können (Brähler u. Weidner 1986, Weidner u. Ludwig 1998, Weidner u. Mitarb. 1993).

Die Deutsche Gesellschaft für Urologie hat in ihren Leitlinien (Hofstetter u. Weidner 1997) folgende Einteilung der Prostatitis-Formen vorgeschlagen (Tab. 12.**1**).

Tabelle 12.1 Formen der Prostatitis - Leitlinien der Deutschen Gesellschaft für Urologie (DGU)

	Akute bakterielle Prostatitis	Chronische bakterielle Prostatitis	Abakterielle Prostatitis	Prostatodynie
Eitriges Prostatasekret	+	+	+	-
Erregernachweis	+	+	±	-
Symptome	akut fieberhaft	persisitierende typische Symptomatik	persisitierende typische Symptomatik	persisitierende typische Symptomatik

Selbst wenn Entzündungszeichen vorhanden sind (in ca. 45% aller Fälle), ist das Ausmaß der Symptomatik damit meist nicht linear korrelierbar. Die Symptome persistieren oft auch noch nach Antibiotikagabe und Rückgang der Entzündungszeichen.

Klinisch sind Prostatopathien gekennzeichnet durch Druck- und Spannungsgefühl im Dammbereich, Parästhesien im Genitalbereich, z. T. auch Miktionsschwierigkeiten und ausstrahlende Schmerzen im unteren Beckenbereich (Schambeinbereich). Auch ein Brennen in der distalen Harnröhre, das miktionsabhängig oder -unabhängig sein kann, wird angegeben. Häufig betonen die Patienten, dass es keine eigentlichen Schmerzen seien, mehr ein unangenehmes Gefühl. Hinzukommen häufig weitere unspezifische Symptome (Müdigkeit, Gliederschmerzen, kalte Füße, Nackenschmerzen etc.). Nach Diederichs (1986b) zeigen mehr als 50% der Patienten mit Prostatopathien auch Erektions- oder Ejakulationsschwierigkeiten.

Die Symptomatik ist sehr vielgestaltig und kann sich im chronischen Kranheitsverlauf in ihrer Gestalt wandeln. Insgesamt beziehen sich die Symptome überwiegend auf die Harnwege, die Anrektalregion, die Genitalregion und die Sexualfunktion. Tabelle 12.2 fasst die genannten Symptomgruppen in ihrer klinischen Phänomenologie zusammen.

Tabelle 12.2 Prostatodynie - chronische Prostatitis

- **Beschwerden im Bereich der Harnwege**
  - Pollakisurie, Algurie, Strangurie
  - Imperative Miktion, Nykturie,
  - Dysurie, (terminales) Brennen
- **Beschwerden in der Anorektalregion**
  - Darmtenesmen, Druckgefühl im After
  - Stuhlunregelmäßigkeiten, Defäkationsschmerz
- **Beschwerden in der Genitalregion**
  - Dysästhesien in Genito-Inguinalregion und Damm
  - Symphysen- und Kreuzbeinschmerz
  - Ziehende Schmerzen in Leisten und Hoden
  - Hämospermie, Schmerz post ejaculationem
- **Störung der Sexualfunktion**
  - Libidostörung
  - Potenzstörung

Die Gewichtung des psychogenen Anteils ist widersprüchlich. Von testpsychologischer Seite fanden etwa Brähler und Weidner (1986) mit dem Gießener Beschwerdebogeneher Befunde, die mehr für einen somatopsychischen als für einen psychosomatischen Beschwerdekomplex sprachen, d.h. auffällige Werte in den Bereichen Erschöpfungsneigung und Gliederschmerzen. Janssen u. Mitarb. (1983) dagegen zeigten in ihrer Studie Hinweise, dass sich bei diesen Patienten mit Prostatitis und Prostatodynie eher neurotische Züge fanden, die auf zwangsneurotische Charakterstörungen und depressiv-neurotische Veränderungen hinwiesen. Hypochondrische Persönlichkeitsmerkmale und narzisstische Kränkungen des Mannes im Alter von etwa 40 Jahren (midlife-crisis), sexuelle Probleme und Partnerkonflikte scheinen ebenfalls häufig eine Rolle zu spielen. (Csef 1997a). Etwa 50% der Männer mit Prostatopathien bleiben kinderlos.

Von psychodynamischer Seite haben Janssen u. Mitarb. (1983) weiter darauf hingewiesen, dass die Selbstwert- und Identitätsstörung dieser Männer bzw. ihr gestörtes urogenitales Körperleben und die mangelnde positive Vateridentifikation sie unbewusst zwingt, ihre männliche Unversehrtheit immer wieder vom Urologen bestätigt zu bekommen. Dieser neurotische Wiederholungszwang lässt den Arzt dann jedoch durch seine provozierten Interventionen zum potentiellen Schädiger werden. Insgesamt bleibt festzustellen, dass die Begriffe „Prostatodynie" oder „chronische Prostatitis" missverständlich sind, suggerieren sie doch einen organischen Zusammenhang mit der Prostata, der weitgehend unbewiesen ist. In Analogie zu den chronischen Unterleibsbeschwerden der Frau sollte auch hier besser von „idiopathischen Unterleibsbeschwerden des Mannes" gesprochen werden, die als „anhaltende somatoforme Schmerzstörung (ICD-10 F45.4)" diagnostiziert werden können.

Fallbeispiel

Ein 38-jähriger Vermessungstechniker wurde von der urologischen Abteilung eines Krankenhauses, wo er sich zur diagnostischen Abklärung befand, konsiliarisch in der Psychosomatischen Poliklinik vorgestellt. Der Patient berichtete in den letzten zwei Jahren ein Störungsbild entwickelt zu haben, das zunächst mit Brennen beim Urinieren und wiederholtem Drang, Wasser zu lassen, begonnen habe. Hinzu seien dann auch Schwierigkeiten beim Geschlechtsverkehr trotz des subjektiven Gefühls von Übererregbarkeit gekommen. Im letzten Jahr habe er sich zudem vermehrt mit der Möglichkeit einer Krebserkrankung beschäftigt, oft gegrübelt, zunehmend schlechter geschlafen. Seit fünf Monaten sei er jetzt krankgeschrieben. Die Arbeit an der kalten Luft sei „Gift für seinen Bauch".
Auslöser konnte der im Gespräch zunächst zurückhaltend bis abweisend wirkende Patient, nicht benennen. Alles sei wie immer und in Ordnung, äußerte er. Im Laufe des Gesprächs entstand dann doch ein etwas besserer Kontakt. Der Patient erzählte jetzt auch, daß er vor zwei Jahren nicht bei der Besetzung einer Vorgesetztenstelle berücksichtigt worden sei, die dann ein Kollege bekommen habe, der erst später bei dem Amt zu arbeiten angefangen habe. Einerseits habe er sich schon gewundert, da er selbst fachlich geschätzt würde, andererseits, so betonte er, sei er auch froh, dass er den Ärger, der mit einer Leitungsaufgabe verbunden sei, so vermieden habe. Seine Frau sei schon länger mit seinem eher, wie er fand, „gemütlichen" Freizeitverhalten (Spielen mit den Töchtern, Mobilfunk, Fernsehen) unzufrieden. Sie wünsche sich mehr soziale Aktivitäten (Tanzen, mit Freunden in Urlaub fahren).
Zu seiner frühen Lebensgeschichte berichtete er, dass die Mutter zeitlebens gekränkelt habe. Sie habe an leichteren Folgen einer Poliomyelitis gelitten und später oft Kopfschmerzen gehabt. Die als still geschilderte Mutter sei vor drei Jahren gestorben. Der Vater, der 68-jährig in zweiter Ehe (er heiratete nach dem Tod der Mutter eine Frau, mit der er schon länger eine Beziehung führte) lebe, sei Schlosser gewesen, habe den Patienten und die beiden älteren Schwestern in der Kindheit und Jugend häufig geschlagen, auch weil er viel getrunken habe. Der Patient sei, bis auf eine Operation einer Phimose mit fünf Jahren, nie krank gewesen. Zum Vater bestehe seit dessen Hochzeit kein Kontakt mehr. Er sei enttäuscht gewesen, dass dieser sobald nach dem Tod der Mutter wieder geheiratet habe. Mit 25 Jahren habe der Patient seine jetzige Frau kennen gelernt, die gleichzeitig auch seine erste Freundin gewesen sei. Sie sei zunächst mit einem jovialen, aber vom Patienten als unzuverlässig geschilderten Kollegen verlobt gewesen, der sie aber einige Monate vor der Hochzeit verlassen habe. Das Paar habe zwei 9- und 7-jährige Töchter.
Aus psychosomatischer Sicht lag bei dem Patienten eine somatoforme Störung des urogenitalen Systems vor, die sich in einer Prostatodynie äußerte. Hinzu kam eine mindestens leichtere depressive Episode. Die Krankheitsentwicklung schien sich zum einen auf dem Boden konflikthafter Zuspitzungen am Arbeitsplatz, in der Partnerschaft und im Umgang mit dem Vater entwickelt zu haben. Sie wies darüber hinaus jedoch Beziehungen zu einer prädisponierenden neurotischen Grundstruktur auf. Die Konflikte betrafen dabei v. a. den Geltungsbereich und äußerten sich in einer Aggressionshemmung. Die phallische Hemmung (das bedeutet u.a. Schwierigkeiten im Ergreifen von Initiativen) des Patienten war dabei Ausdruck einer vermutlich hysterisch-depressiv gefärbten Neurose, mit ich-strukturellen Störungsanteilen, die von ihm jedoch schizoid-philobatisch (im Sinne von Michael Balint die freundlichen Weiten suchend) abgewehrt wurde. Zur Genese der Neurose passte zum einen die

Phimosen-Operation in der späten ödipalen Phase, die Identifizierung mit der Mutter und die Gewalterfahrungen durch den dominanten Vater. Lerngeschichtlich könnte man hinzufügen, dass der Patient zusätzlich - im Sinne eines Lernens am Modell (Mutter) - früh Zuwendung durch Krankheit erfahren hatte.

Miktionsstörungen

Der enge Zusammenhang zwischen Blasenstörungen und psychologischen Faktoren wurde erstmals 1949 von Straub u. Mitarb. postuliert und hat seitdem bei der Beachtung von Inkontinenzen, Retentionen, Schmerzen beim Urinieren ein große Beachtung gefunden.

Inkontinenz. Die Harninkontinenz ist kein eigenes Krankheitsbild, sondern ein Symptom verschiedener Störungen des Harnverschlussapparates. Besonders bei der Frau ist sie überraschend häufig. Bis zu 50% aller Frauen sind zumindest zeitweise damit konfrontiert. Eine behandlungsbedürftige Inkontinenz liegt aber nur in ca. 5-10% aller betroffenen Patientinnen vor (Sökeland 1987).

Neben neurogenen und Überlauf-Inkontinenzen unterscheidet man insbesondere die Stressinkontinenz von der Drang-(urge)-Inkontinenz. Bei Stressinkontinenz wird jedoch nicht psychologischer Stress gemeint, sondern Urinabgang durch plötzliche Steigerung des intravesikalen Drucks (beim Husten, Niesen, Heben, Hüpfen etc.). Weit häufiger (Hilton 1988) als allgemein bekannt sind auch Harninkontinenzen während des Koitus (verbunden mit der Penetration oder dem Orgasmus). Insbesondere die Dranginkontinenz wiederum scheint in enger Beziehung zur Reizblase zu stehen. Von psychologischer Seite konnten zahlreiche Autoren (Vereecken 1989) für die Dranginkontinenz psychische Auffälligkeiten nachweisen, etwa höhere Ängstlichkeit, erhöhte Werte in der Eysenckschen Neurotizismus-Skala. Befunde allerdings, die schwerlich spezifisch genannt werden können. Auch sexuelle Dysfunktionen zeigen bei der Dranginkontinenz eine weit stärkere Komorbidität als bei der Stressinkontinenz. In einer Untersuchung zeigten 43% von 208 Patienten mit dieser Störung auch sexuelle Schwierigkeiten (Dyspareunien etc., Suthert 1986).

Enuresis. Die Enuresis kann nicht im engeren Sinn als Somatisierungssyndrom betrachtet werden, auch wenn es dazu Überlappungen gibt. Die Diagnose sollte dann gestellt werden, wenn ein Kind nach Vollendung des 4. Lebensjahres die Sphinkter-Kontrolle noch nicht beherrscht. Das Störungsbild ist komplex. Neben Entwicklungsrückständen und neurogenen Läsionen fallen das häufige Fehlen von elterlicher Zuwendung und Empathie auf. Viele Kinder sind unerwünscht, wie bereits Werner Schwidder nachwies. Allerdings spielen Konditionierungsprozesse bei der Aufrechterhaltung der Störung ebenfalls eine Rolle. Therapeutisch sollten verhaltenstherapeutische Maßnahmen (Klingelmatratzen, nächtliches Wecken, Reduktion der abendlichen Flüssigkeitszufuhr) mit psychodynamischen und familientherapeutischen Interventionen verbunden werden. Die Enuresis des Erwachsenen, wenn sie nicht durch psychosoziale Krisensituationen mit starkem Stress oder Regressionspotential zu erklären ist, ist häufiger mit schweren (etwa unreifen) Persönlichkeitsstörungen assoziiert.

Harnretention. Neben den Formen der Inkontinenz gibt es auch für die selteneren Blasenentleerungsstörungen vom restriktiven Typ (Retentionen) Hinweise auf eine psychogene Mitverursachung. Diese Retentionen treten zumeist bei Frauen zwischen dem 20. und 40. Lebensjahr auf (weit seltener bei Männern), sie werden häufig nach Vergewaltigung oder einer anderen beängstigenden sexuellen Erfahrung angegeben. In der Literatur wird dieses Symptom zumeist als ein Konversionssydrom aufgefasst (Margolis 1965).

Sexuelle Störungen

An dieser Stelle soll nur kurz auf die relevantesten funktionellen Sexualstörungen eingegangen werden, da ausführliche sexualwissenschaftlichen Monographien vorliegen (Sigusch 1996).

Die sexuellen Funktionsstörungen können das Verlangen, die Befriedigung und den Orgasmus und die genitale Reaktion (Erektion und Ejakulation beim Mann, Dyspareunie der Frau) betreffen (Tab. 12.**3**).

Tabelle 12.**3** Klassifikation sexueller Störungen nach dem ICD-10

F 52.0	Mangel oder Verlust von sexuellem Verlangen (Hypoaktivität)
F 52.1	Sexuelle Aversion oder mangelnde Befriedigung (sexuelle Anhedonie)
F 52.2	Versagen genitaler Reaktionen (Erektionsstörungen)
F 52.3	Orgasmusstörung (psychogene Anorgasmie)
F 52.4	Ejaculatio praecox
F 52.6	Nicht-organische Dyspareunie (Schmerzen, Missempfindungen beim Koitus)
F 52.7	Gesteigerte sexuelles Verlagen

Von psychosomatischer Seite stellen die erektilen Dysfunktionen ein besonderes Problem dar, weil auch hier der prozentuale Anteil der organischen Befunde bzw. der Psychogenität höchst kontrovers diskutiert wird. Galt die Störung vor einigen Jahren noch als vorwiegend psychogen verursacht, wird heute in 60-90% der Fälle ein relevanter organischer Befund vermutet. Entsprechend verbreitet sind auch somatische Behandlungsverfahren (Viagra, Papaverin-Injektionen etc.).

In den letzten Jahren kam es bei den funktionellen Sexualstörungen zu einem grundlegenden Wandel der Erscheinungsformen (klinische Bilder hinsichtlich Häufigkeit und Prävalenz), der Ätiologiekonzepte und der Therapieansätze (Csef 1997 b). Am deutlichsten ist die Veränderung bei der erektilen Dysfunktion, bei der die Fortschritte der apparativen urologischen Diagnostik zunehmend somatische Faktoren aufdeckten. Entsprechend kam es bei den Behandlungskonzepten zu einer Überbetonung der somatischen Therapieansätze, z. B. Schwellkörperautoinjektionstherapie (SKAT) oder medikamentöse Therapie mit Viagra. Aus psychotherapeutischer Sicht ist diese Entwicklung bedenklich, zumal vergleichende Therapiestudien ergeben haben, dass auch jene Patienten mit erektiler Dysfunktion von Psychotherapie profitieren, bei denen somatische Ätiologiefaktoren nachgewiesen wurden (Csef 1997b). Ein bedeutsamer Gestaltwandel ist auch in der klinischen Phänomenologie zu verzeichnen. Die Phänomene sexuelle Lustlosigkeit und sexuelle Appetenzstörungen haben an Häufigkeit bei beiden Geschlechtern deutlich zugenommen.

Generell sollte die psychosomatisch-sexualmedizinische Exploration von Patienten im urologischen oder gynäkologischen Grenzbereich Fragen zu folgenden Bereichen umfassen, was allerdings in der Praxis häufiger aus verschiedenen Gründen (Scham, Zeitmangel) vermieden wird:

- Dypareunie, Vaginismus, Anorgasmie bei der Frau,
- Eektionsschwierigkeiten, Schmerzen bei Geschlechtsverkehr, Ejaculatio praecox beim Mann,
- Frequenz von Kohabitation (Hemmungen, Promiskuität),
- Gründe für geringe Häufigkeiten von sexueller Aktivität,
- ggf. Fragen nach Perversionen bzw. außergewöhnliche Praktiken.

Auch für die sexuellen Störungen gilt, dass sie auf ganz unterschiedlichen strukturellen Niveaus angesiedelt sein können.Zu berücksichtigen ist immer, dass nicht jeder Patient mit einer sexuellen Funktionsstörung eine Therapie wünscht. Erfolgreiche Therapien beim Betroffenen können zu Problemen beim bisher unauffälligen Partner führen. Trotz der Nähe des Urogenitaltrakts zu den Gefühlen von Intimität oder Hingabe erscheint es aber etwas verkürzt, alle psychosomatischen Störungen in diesem Bereich auf den interpersonellen Bereich zurückzuführen, wie z. B Diederichs (1986a) es tut. („Psychosomatische Störungen des Urogenitaltraktes können also meist als larvierte Beziehungsstörungen verstanden werden".)

Reizblase

Das Konzept der Reizblase wurde ähnlich wie das irritable bowel syndrome (Colon irritabile), der Reizmagen, der Reizhusten etc. konzeptualisiert. Bei der Reizblase (synonym Harndrang, irritable bladder, urethral syndrome), die durch ständigen Harndrang und Pollakisurie gekennzeichnet ist, fehlt typischerweise der Organbefund. Diskutiert wird eine Dyssynergie der Beckenboden- und der Blasenmuskulatur (Csef u. Mitarb. 1999). Die Störung betrifft häufiger Frauen. Es findet sich auch eine Verbindung zu den rezidivierenden Urethrozystitiden. Manchmal finden sich verschleppte Chlamydien-Infekte als Ursache. Speidel (1996) spricht vom „weiblichen Analogon zur Prostatopathie".

Bei 50 Patientinnen in einer Untersuchung (Baldoni u. Mitarb. 1989) fanden sich im Vergleich zu einer Kontrollgruppe signifikant erhöhte Werte für Irritabilität, Ängstlichkeit, Dysphorie, Depressivität und Hostilität sowie hypochondrische und hysterische Persönlichkeitsmerkmale (im MMPI). Von psychoanalytischer Seite beschrieben Chertok u. Mitarb. (1977) eine Gruppe von Frauen, als aggressiv-fordernd (vordergründig dominant-selbstsicher) und eine andere als passiv und depressiv-resignierend, bei letzterer lassen sich häufig auch phobische Ängste finden.

Es finden sich zwar einerseits bei der Reizblase häufiger ein Bakterienbefall, andererseits befinden sich auch häufig Bakterien im Urin, ohne dass es zur Symptomatik einer Zystitits oder Reizblase kommt. Anderen Untersuchungen zufolge sind Frauen mit Reizblase häufiger vordergründig selbstbewusst und dominant, andererseits aber kontrolliert, gespannt und innerlich unruhig bis gereizt (Diederichs 1986a). Bestimmte Formen von Polyurien können (wie manche psychogenen Diarrhöen) besser als Angstsymptome oder Angstäquivalente aufgefasst werden.

Urethralsyndrom

Einige wenige Autoren unterscheiden die Reizblase vom psychosomatischen Urethralsyndrom (Günthert u. Diederichs 1996). Bei der letzteren Gruppe findet sich der typische Harndrang nicht, statt dessen berichten die Patientinnen über starke Schmerzen in der Harnröhre und im Übergang von Scheide und Klitoris zum Orificium Urethrae, die meist ca. eine halbe Stunde, aber auch weit länger anhalten können und auch manchmal zu Schlafstörungen führen. Die Schmerzen können mit der Miktion verbunden oder unabhängig davon sein. Bei diesen Patientinnen sollen es sich eher um den dominant-aggressiven Typus mit Enttäuschungswut in Beziehungen und kämpferischen Kollusionen handeln.

Insbesondere im Bereich dieser Störungen sollten Normabweichungen bei urodynamischen Funktionsprüfungen (etwa Blasendruckmessung) mit Zurückhaltung interpretiert werden. Von pathophysiologischer Seite liegen komplizierte anatomische und physiologische Wechselwirkungen des Harnsystems vor. So finden sich adrenerge Nervenendigungen in der Blasenschleimhaut, die bei hohen Adrenalin- bzw. Noradrenalin-Spiegeln reagieren, was zu einer Kontraktion des Blasenhalses führt. Auch Östrogen kann den Blasenhals und die Harnröhre verengen. Der Detrusor wird von einem Teil des Parasympathikus innerviert, der aus S2-S4 entspringt und die Blasenwand über den Nervus pelvicus erreicht. Die Trigonalmuskulatur sowie der Blasenausgang werden dagegen mit sympathischen Fasern aus dem thorakolumbalen Plexus Th11/L2 versorgt. Der Sphincter externus wird über den Nervus pudendus versorgt. Die sensorische Nervenversorgung läuft in den parasympathischen und sympathischen Nervenbahnen. Hinzu kommen Muskelverspannungen aller Art in der Beckenbodenmuskulatur, die ebenfalls zu einer erhöhten Kontraktilität führen können.

Rezidivierende Zystitiden

Besonders bei der Frau erscheint eine klare Abgrenzung zwischen der Reizblase und Urethrozystitiden nicht immer einfach zu sein. Die Symptomatik reicht von häufigerem (Pollakisurie) bis zu quälendem Harndrang verbunden mit schmerzhafter Miktion und sichtbarer Hämaturie. Diese Störung ist besonders bei jüngeren Frauen sehr häufig, während die Reizblase meist Frauen ab dem 40. Lebensjahr betrifft. Von urologischer Seite wird die Kürze der weiblichen Urethra und die Nähe des Orificium urethrae zum Darmausgang (E. coli) oft dafür verantwortlich gemacht.Die Infektion lässt sich zwar schnell (etwa durch eine Einmalgabe) eines Antibiotikums behandeln, zeigt aber zumeist eine hohe Rezidivrate. Von urogynäkologischer Seite wird häufig angeführt, dass die Häufigkeit dieser Zystitiden mit der Aufnahme des Geschlechtsverkehrs einhergeht (honey-moon-Zystitis). Tatsächlich steigt die Prävalenzrate zwischen dem 18. und 24. Lebensjahr steil an. Dieser Befund könnte aber genauso gut psychodynamisch mit der konflikthaften Aufnahme von Beziehungen und Sexualität erklärt werden.

Diskutiert wird eine psychoimmunologische Wechselwirkung, die gekennzeichnet sein könnte durch eine Organdisposition (erhöhte Bakterienadhärenz), Fixierungen (retentives Miktionsverhalten im Kindesalter), Konflikte (Nähe-Distanz-Problematik, Hingabeangst) und soziale Faktoren (veränderte Geschlechterrolle) (Günthert u. Diederichs 1996).

Rezidivierende Urethro-Zystitiden und Symptome einer Reizblase sind häufig mit sexuellen Schwierigkeiten (v.a. Anorgasmie) verbunden (Diederichs 1983). Durch die häufigen Infekte kann der Geschlechtsverkehr manchmal vermieden werden.

Idiopathische Unterleibsbeschwerden der Frau

Dieses Störungsbild (oft auch chronic pelvic pain oder Pelvipathie genannt) soll an dieser Stelle lediglich erwähnt werden, weil es zwar z. T. auch urologisch relevante Begleiterscheinungen aufweist, im wesentlichen jedoch die Abdominalchirurgie und Gynäkologie betrifft. Von diesem Störungsbild, das fast ausschließlich (jüngere) Frauen betrifft, ist heute bekannt, dass es häufig als Folge von (sexuellen) Traumatisierungen auftritt. Es findet sich eine umfangreiche Literatur dazu (Richter 1993).

Artifizielle Störungen

Autoaggressive, heimliche (Artefakt-Störung oder Münchhausen-Syndrom) oder offene selbstverletzende Verhaltensweisen, wie man sie besonders bei schweren ich-strukturellen Störungen (Borderline-Persönlichkeitsstörung) findet, betreffen sehr häufig (neben der Haut) gerade auch das urogenitale System. Die Selbstverletzung oder Manipulation weist zumeist eine Fülle von intrapsychisch und interpersonell relevanten Funktionen auf (Hass auf den eigenen Körper, parasuizidales Manipulieren, Sich-selbst-spüren-können, innere Spannungszustände durch physischen Schmerz unterbrechen zu können etc.).

Verlauf und Prognose

Für somatoforme Störungen in der Urologie liegen bislang praktisch keine Daten zu Verlauf und Prognose vor (Günthert u. Diederichs 1996). Bei fast allen diesen Störungen (etwa Reizblase und Urethrozystitiden) gibt es sowohl benigne Verläufe und Spontanremissionen als auch langjährige chronische Verläufe mit erheblichen psychosozialen Konsequenzen.

Diagnose und Differentialdiagnose

Terminologische Probleme

Insgesamt herrscht auch im Bereich der urologischen Somatisierungssyndrome eine nur für Spezialisten dieses Gebiets durchschaubare terminologische Vielfalt, die sicherlich der Akzeptanz dieser Störungsbilder durch Organmediziner abträglich ist (Csef 1994). Die wichtigsten Begriffe sind die Somatisierungsstörung, die undifferenzierte somatoforme Störung, die somatoforme autonome Funktionsstörung, die (somatoforme) Schmerzstörung, die Konversionsstörung, die hypochondrische Störung und die körperdysmorphe Störung. Hinzu kommen Unterschiede in den beiden Klassifikationssystemen von ICD-10 der WHO (Dilling u. Mitarb. 1993) und DSM-IV der Amerikanischen Psychiatrischen Vereinigung (APA 1994).

Der Begriff der Psychosomatose wird heute zumeist selten gebraucht und auch der noch weit verbreitete Ausdruck funktionellen Störung wurde vom ICD-10 aufgegeben.

Die sehr heterogene Gruppe der somatoformen Störungen wird in ICD-10 in verschiedene Kategorien untergliedert. Das trifft auch für die somatoformen Störungen des Urogenitalsystems zu. Je nach Leitsymptomatik oder betroffener Hauptfunktion lassen sich prinzipiell verschiedene Subgruppen differenzieren Tab. 12.**4**).

Tabelle 12.**4** Funktionelle Störungen des Urogenitalsystems - Klassifikationsmöglichkeiten nach ICD-10

ICD-10-Ziffer	Diagnostische Kategorie	Hauptfunktion
F 45.34	Somatoforme autonome Funktionsstörung des urogenitalen Systems	vegetatives Nervensystem
F 45.4	anhaltende somatoforme Schmerzstörung	chronischer Schmerz
F 52	Sexuelle Funktionsstörung	Sexualfunktion
F 54		Psychologische und Verhaltenseinflüsse auf körperliche Erkrankung

- Unter die *somatoforme autonome Funktionsstörung des urogenitalen Systems (F 45.34)* fallen die meisten somatoformen Störungen im Bereich der Urologie (besonders auch die Miktionsstörungen, die hier speziell aufgeführt wurden). Entscheidendes Kriterium für die somatoformen autonomen Funktionsstörungen ist, dass sich die Körpersymptome auf ein Organsystem beschränken, das autonom (vegetativ) innerviert wird (z. B. Miktion, Ejakulation etc.).
- *Somatoforme Schmerzstörungen (F 45.4)* können zwar ebenfalls das urogenitale System betreffen, sind aber so definiert, dass sie sich nicht auf die Sexualfunktionen und die vegetativ innervierten Funktionen beziehen, was zumindest im urologischen Bereich doch meistens der Fall ist.
- *Funktionelle Sexualstörungen* (Ejaculatio praecox, psychogene Impotenz) sind in der Kategorie *F 52* gesondert klassifiziert.

- Eine wichtige Kategorie findet sich als *F 54.* Hier können Störungsbilder klassifiziert werden, bei denen psychologische und Verhaltenseinfüsse eine wahrscheinlich wesentliche Rolle bei einer körperlichen Erkrankung spielen.

Symptomatologische Hinweise auf das diagnostische Vorliegen einer somatoformen Störung

Folgende Merkmale können darauf hinweisen, dass psychische Faktoren für die Genese der Störung relevant sind und dem Kliniker, der nicht Psychotherapeut ist, hilfreich sein:

- Massive interpersonelle Schwierigkeiten (etwa in der Familie, Partnerschaft oder Beruf) werden deutlich
- Auffälligkeiten in der Affektivität (der Patient wirkt depressiv, euphorisch, alexithym oder auffällig affektiv inadäquat)
- Hinweise auf eine narzisstische Problematik (erhöhte Kränkbarkeit oder Anspruchlichkeit, Misstrauen, Wechsel von Idealisierung und Entwertung, Hinweise auf Identitätsdiffusion)
- Die Sexualität war schon vor Auftreten der Störung beeinträchtigt oder seltener geworden
- Das Verneinen jeglicher Stressoren oder Schwierigkeiten im Leben
- Patienten bestehen auf einer somatischen Diagnose; es findet sich oft das sog. Doktor-Shopping
- Die Beschwerden erscheinen diffus, sie wechseln die Lokalisation, andere psychosomatisch relevante Bereiche (Rücken, Schwindelgefühle etc.) sind ebenfalls betroffen
- Die Symptomatik ist eingebunden in ein zumeist vorhandenes neurasthenisch-depressives Gesamtbild (Schlaf, Libido, Antrieb oder Konzentration sind gestört, die Patienten beschreiben Schwäche, Gelenkbeschwerden etc.)
- Vor Beginn der Symptomatik lag ein konflikthaftes Lebensereignis (Misserfolg, Bagatellunfall etc.).

Differentialdiagnose

Außer den somatoformen Störungen im engeren Sinn gibt es eine Reihe weiterer psychiatrischer Störungen, bei denen urogenitale Beschwerdebilder angegeben werden können.

- Somatisierte (larvierte) Depressionen (meist mit anderen Symptomen einer Depression: Motorische Hemmung oder Agitiertheit, Schlafstörungen, Antriebs- und Konzentrationsprobleme, Libido und Appetit sind gestört etc.)
- Angststörungen, insbesondere beim weiblichen Urethralsyndrom (Reizblase) erhöhte Ängstlichkeitswerte. Generalisierte Angststörung, aber auch Panikattacken mit oder ohne Agoraphobie können ebenfalls eine starke körperliche Begleitsymptomatik mit urethralen Beschwerden aufweisen.
- Zwangsstörungen (Dunlop 1979), die den Körper betreffen
- Narzisstische Persönlichkeitsstörungen mit körperdysmorphen Symptomen
- Körperhalluzinatorische Sensationen (Coenästhesien) bei psychotischen Störungen (eher selten), in manchen Fällen nicht assoziiert mit formalen oder anderen inhaltlichen Denkstörungen.

Therapie

Allgemeine Grundsätze

Die meisten selbst psychodynamisch orientierten Kliniker, die im Bereich der somatoformen Störungen arbeiten, empfehlen heute zumeist ein gestuftes Vorgehen.

1. Informationen werden gegeben. Dem Patienten wird klar und deutlich mitgeteilt, dass erfreulicherweise keine organische Ursache vorliegt, dass aber auf der anderen Seite seine Beschwerden nicht angezweifelt werden (sie sind also nicht eingebildet). Frühe genetische Deutungen über die Ursachen der Konflikte - selbst wenn aie in selteneren Fällen klar auf der Hand liegen - sollten zumeist in dieser Anfangsphase der Therapie vermieden werden.
2. Es empfiehlt sich dann oft eine psychedukative Kurz- oder Gruppentherapie (zur Motivierungsarbeit und Förderung eines bio-psycho-sozialen Krankheitsmodells etc.).
3. Parallel dazu erfolgt eine Beachtung körperlicher Reaktionsmuster (etwa durch Entspannungsübungen, Biofeedback etc.).
4. Zur anschließenden Vertiefung wird meist eine kognitiv-behaviorale Psychotherapie empfohlen (Arbeit an den dysfunktionalen Kognitionen, Verstärkermodelle und Verhaltensketten werden aufgezeigt, alternative Muster trainiert. Damit kann freilich bereits früher begonnen werden).
5. Psychodynamische oder interpersonelle Zugänge werden meist erst für spätere Phasen (Zunahme der Introspektion oder der Mentalisation dieser Patienten) empfohlen.

Obwohl anerkannt werden muss, dass insbesondere Patienten mit chronifizierten Somatisierungsstörungen erst auf der Ebene ihres somatischen Modells (unerkannte körperliche Ursache, Allergie, Nerv wurde bei einem Eingriff verletzt etc.) abgeholt werden müssen, damit überhaupt ein therapeutischer Rapport zu Stande kommen kann, beinhaltet diese beschriebene Zugangsweise auch erhebliche potentielle Schwierigkeiten.

Die Gefahr bei diesem Vorgehen besteht insbesondere darin, dass die Verleugnung des Patienten unterstützt wird, dass es nicht zu einer Vertiefung der Dynamik kommt, dass der Patient zwar in den ersten Therapiestufen gewisse psychologische Fertigkeiten mitbekommt, diese jedoch letztlich wiederum in seine Abwehr einbaut. Ein Phänomen, das vielleicht auch die Vielzahl von Patienten erklärt, die mehrfach in psychosomatischen oder Rehabilitationskliniken waren, ohne dass diese Aufenthalte über eine zeitweise Linderung hinaus wirksam bleiben.

Alle Experten sind darüber einig, dass die Arbeit mit diesen Patienten zunächst erfordert, dass heftige Gegenübertragungsgefühle sorgfältig beachtet werden. Ein Patient kann nach - oder gerade wegen! - eines sehr guten Gesprächs erneut mit platten Mutmaßungen über die somatische Genese reagieren. Es ist dann wichtig, dass der Therapeut, diese Gefühle versteht und aushält. Dadurch kommt es beim Patienten zu korrigierenden Erfahrungen. Durch Ausagieren des Gegenübertragungsimpulses („Therapie hat doch keinen Sinn") kommt es sonst zu Retraumatisierungen, d. h. der erneuten Erfahrung von Beziehungsabbrüchen und Kränkungen.

Spezielle Therapie

Informations- und Koordinationsphase. Ein großes Problem bei der Arbeit mit Somatierungspatienten stellt die Tatsache dar, dass es immer Ärzte geben wird, die auch bei größter Evidenz für eine Psychogenese, den Patienten eine somatische Diagnose anbieten (Fibromyalgie, Candida albicans-Befall, Borreliose, Chronic fatigue-Syndrom etc.), was dann mit entsprechender weiterführender (auch invasiver) Diagnostik und Therapie verbunden ist. Daher sollte die gesamte Behandlungskoordination möglichst in den Händen eines Arztes (Urologen etc.) liegen, der die Überweisungen vornimmt. Der Patient sollte präzise informiert und aufgeklärt werden. Es sollten in ihm keine Hoffnungen in eine somatische Ursache geweckt werden und es sollte ihm vermittelt werden, dass er sich die Symptome nicht einbildet.

Psychodynamische Therapieansätze. Als zumeist nützlicher als die frühen triebtheoretischen (Sigmund Freud, Isidor Sadger) und ich-psychologischen (Karl Menninger) Konzeptualisierungen der Urethralität erweisen sich neuere psychoanalytische Modelle. Insbesondere die psychoanalytische Objektpsychologie (in der Tradition von W. Ronald D. Fairbairn, Edith Jacobson oder Otto F. Kernberg) bietet durch ihr Modell der Spaltung und wirksamer positiver und negativer Selbst- und Objektrepräsentanzen (die auch den Körper betreffen können) neben der Theorie eine oft auch therapeutisch nützliche Zugangsweise. Gerade der Aspekt von Aggression darf dabei bei der Therapie von Somatisierungsstörungen nicht etwa ausgeklammert bleiben. Die psychoanalytische Objektpsychologie ermöglicht es, so sog. Partialobjektbeziehungen gleichermaßen als Besetzungen auf Personen, Körperteile oder Körperfunktionen oder aber auch intrapsychische Aspekte anzuwenden.

Fallbeispiel

Eine 28-jährige Krankenschwester in der Urologie leidet selbst an einem sog. loin pain hematuria syndrome. Obwohl immer wieder der Verdacht geäußert wurde, dass es sich um eine artifizielle Störung handeln könnte, wurde die Patientin in den letzten Jahren vielfach operiert. Die Patientin, die 60 mg Morphium am Tag zu sich nimmt, „wünscht" sich zum Zeitpunkt der Vorstellung in der psychosomatischen Ambulanz eine sog. autologe Nierentransplantation. Die Patientin berichtet im Laufe des Gesprächs von sexuellen Übergriffen durch den Vater im Alter von etwa zwölf Jahren. Auf Grund der eingeschränkten Blasenfunktion (frühere Denervierungsoperationen) muss sie sich alle zwei Stunden - tags wie nachts - selbst katheterisieren. Die phallische Enttäuschung und Wut entlädt sich in der Selbstmanipulation, die sowohl partiell autodestruktive wie autoerotische Aspekte enthält, die hochbesetzt und zumeist unbewusst sind.

Der französische Psychoanalytiker Andre Green (1973) hat darauf hingewiesen, dass körperliche Empfindungen bei Somatisierungen auch als Körperaffekte, d. h. als eine Art in den Körper implodierendes Pendant zum Ausagieren verstanden werden könnten. In beiden Fällen geht es auf der Abwehrseite darum, mit bestimmten Gefühlszuständen nicht in Berührung kommen zu müssen.

Bei den folgenden kurzen psychodynamischen Überlegungen zur Therapie der Somatisierungsstörungen sei auf Küchenhoff (1998) hingewiesen. Während Patienten, deren Somatisierungsstörung als Konfliktreaktion oder durch neurotisches Leiden erklärbar ist, von kognitiv-behavioralen oder psychodynamischen Therapien (Messer u. Warren 1995) profitieren können, stellen Patienten mit komorbider Persönlichkeitsstörung und starker Ich-Syntonie der Beschwerden ein großes therapeutisches Problem dar. Küchenhoff empfiehlt für diese Gruppe folgendes Vorgehen:

1. Das Durcharbeiten der Affekte in der therapeutischen Beziehung, v. a. in der Gegenübertragung (beispielsweise identifiziert sich der Therapeut „in der Gegenübertragung mit einem unbewussten Wunsch des Patienten, den man als sehr verborgene, kaum noch gewagte Suche nach dem Objekt bezeichnen kann"). Die (an Wetterberichte erinnernde) monotonen Klagen des Patienten sind demnach Ausdruck von

Fühligkeit und Erkundigungen nach dem (Beziehungs-)Klima. Der Therapeut benennt dann für den Patienten diese Affekte, sobald sie ausgesprochen sind und gibt ihm damit einen inneren Reichtum zurück.

2. Die Arbeit mit und an den Körperbeschwerden, der Affekt liegt oft in den Körperklagen und nicht in der therapeutischen Beziehung. In der Affektbearbeitung müssen daher die Körperbeschwerden als das (manchmal einzig) mögliche Angebot ernst genommen werden. Die Körperklage wird dann als Körperdialog zwischen dem Selbst und den auf den kranken Körper projizierten Objekten (oder umgekehrt) verstanden und
3. Körpertherapie als Brückentherapie (konzentrative Bewegungstherapie beispielsweise schaft einen Übergangsraum. „Die psychosomatische Brückentherapie führt ein Medium in die Therapie ein und trianguliert den therapeutischen Raum, um frühe Ängste des Patienten vor Verschmelzung, Aufgesogen-werden etc. zu vermeiden"). Darüberhinaus kann durch Körpertherapie eine neue Zuwendung zum eigenen Körper, der in anderen Qualitäten erlebt wird, ermöglicht werden.

Zentrales therapeutisches Prinzip wäre demnach eine Affektabstimmung oder Affektbearbeitung in der Beziehung, in der Körpersymptome wieder als Symbole oder als Zeichen verstanden werden können. Bei vielen somatisierenden Patient übernimmt das Symptom keine symbolische Funktion mehr.

Der Zusammenhang zwischen schwereren narzisstischen Problematiken und Somatisierungsstörungen ist unzweifelhaft gegeben. Dabei Überwiegen die weniger beachteten, gehemmten (hidden narcissism, Masterson 1993) oder depressiven Formen.

Fink (1995) fand bei einer großen Zahl von Patienten mit Somatisierungsstörungen, dass sie eine hohe Komorbidität von schweren Persönlichkeitsstörungen aufwiesen. Somatisierungsstörungen sind am häufigsten mit Persönlichkeitsstörungen assoziiert, die sich im A-Cluster von Achse II im DSM-IV finden. Sie sind überwiegend durch Introversion und exzentrisches Verhalten gekennzeichnet und umfassen insbesondere die paranoide, die schizoide und die schizotypische Persönlichkeitsstörung.

Kognitiv-behaviorale Therapien. Von verhaltenstherapeutischer Seite werden verschiedene Elemente empfohlen, die chronisches Krankheitsverhalten ändern helfen (Sturm u. Zielke 1988).

1. Erlernen von Selbsthilfemöglichkeiten im Umgang mit der Störung durch aktives Ausprobieren (Experimentieren mit eigenen Bewältigungsmöglichkeiten) und Erkennen psychophysiologischer Zusammenhänge
2. Aufbau positiver Konsequenzen für die Besserung der Symptomatik
3. Abbau von Erregung durch Entspannungsverhalten
4. Verzichten auf Aufmerksamkeit und Fürsorge für die Krankenrolle und Erlangung von Zuwendung durch Bewältigungsverhalten (Wegfall von positiven Konsequenzen bei Beibehaltung der Symptomatik)
5. Eigenständige, selbstentwickelte Änderungsaktivitäten nach fachlicher Beratung und Aufgabe des Schonverhaltens
6. Reattribuierung von falschen Symptombewertungen und Abnahme von ängstlicher körperlicher Selbstbeobachtung und Vermeidung von sog. Checking-Verhaltens
7. Gezieltes Aufsuchen unangenehmer, beschwerdeinduzierender Situationen
8. Übernahme der Verantwortung für die eigene Gesundheit
9. Verhinderung unangemessener diagnostischer Wiederholungsuntersuchungen (doctor shopping) und Absetzen unnötiger medikamentöser Behandlungen (z. B. Behandlungskonstanz, d. h. ein Arzt koordiniert alle Maßnahmen).

Wichtige neuere kognitiv-behaviorale Therapieansätze im engeren Sinn bei somatoformen Störungen und Hypochondrie wurden von Barsky (1996) sowie in Arbeiten der Oxforder (Warwick u. Salkovskis 1989, Sharpe u. Mitarb. 1992) und der Priener Arbeitsgruppe (Hiller u. Rief 1998b; Rief u. Hiller 1998) vorgelegt. Die kognitiv-behavioralen Therapien öffnen sich in den letzten Jahren zunehmend für ursprünglich psychoanalytische Modellvorstellungen wie Widerstand (Reaktanz) oder psychodynamische Prozesse (intrapersonelle Organismus-Variable O).

Eine Zusammenfassung der bisher vorliegenden kontrollierten und nicht-kontrollierten behavioral-kognitiven Therapiestudien bei somatoformen Störungen (Hiller u. Rief 1998a) berücksichtigt keine Therapiestudien bei Störungen, die nur das urogenitale System betreffen. Die Autoren kommen zu dem Schluss, dass besonders Patienten mit hypochondrischen Störungsbildern gut behandelbar seien (wegen der Nähe zu den Angststörungen).

Hinsichtlich der *Therapieansätze* sind noch viele Fragen offen:

- Hängt die zu wählende Behandlungsform vom bisherigen Verlauf der Störung oder vom bereits erreichten Chronifizierungsgrad ab, oder sind letztlich Aspekte der prämorbiden Persönlichkeit (Struktur) entscheidend?
- Gibt es Kriterien zur differentiellen Indikation? Welche Rolle spielen Komorbiditäten?
- Wann und in welcher Form sind spezielle Interventionen zur Motivierung eines Patienten erforderlich, um überhaupt die Anfangsbedingungen für eine erfolgsversprechende Behandlung zu erreichen?
- Welches sind die wesentlichen wirksamen Therapieelemente bei Somatisierungsstörungen (supportiv vs. konfrontativ)?

Biofeedback. Die verhaltensmedizinische Methode des Biofeedbacks konnte sich bislang in der Urologie nur begrenzt durchsetzen (Wennegren u. Mitarb. 1991, Devillers u. Mauroy 1997), obwohl etwa in den Bereichen der Dranginkontinenz (Millard u. Oldenburg 1983) und des Vaginismus durchaus Erfolge zu erwarten wären. Man versteht unter dieser Methode, dass durch eine apparative Rückmeldung (via Monitor oder Piepsgeräusch etwa) verschiedener psychophysiologischer Reaktionen eine zunehmende willentliche Kontrolle über diese Körperprozesse (Muskeltonus, Steuerung somatosensorischer Hirnpotentiale etc.) durch den Patienten erlernt werden. Behandlungserfolge sind bislang für Spannungskopfschmerz, Migräne, Rückenschmerzen, Bruxismus u. a. beschrieben. Zur Integration von psychophysiologischen Methoden in die kognitiv-behaviorale Psychotherapie von Somatisierungspatienten sei auf die Arbeit von Wickramasekera (1989) hingewiesen.

Körpertherapeutische Verfahren. Vereinzelt liegen Befunde zu Entspannungsübungen (z. B. Autogenes Training) im Bereich der somatoformen Störungen in der Urologie vor (Günthert 1986). In der Studie von Pigne u. Mitarb. (1985) konnten bei 16 Patienten mit Instabilität im Bereich des Musculus detrusor vesicae sehr gute Erfolge mit dem Einsatz von Akupunktur erzielt werden.

Medikation in Kombination mit Psychotherapie. Zur Kombination von Psychotherapie und Pharmakotherapie sei auf die vorhandene Literatur hingewiesen (Buchheim u. Dammann 1997). Trizyklische Antidepressiva und bestimmte Neuroleptika, die man Patienten mit somatoformen Störungen und depressivem Beschwerdebild verordnen möchte, können ihrerseits unerwünschte Nebenwirkungen im urogenitalen Bereich (Miktionsschwierigkeiten, Potenzstörungen) hervorrufen.

Im Gegensatz zur Neurologie oder Dermatologie ist das Bewusstsein für psychosomatisch relevante Störungen in der Urologie noch nicht sehr verbreitet. Urologische Störungsbilder haben zwar eine Reihe von Gemeinsamkeiten mit somatoformen Störungen anderer körperlicher Lokalisation, weisen aber wegen der Verbindung zur Sexualität und den reproduktiven Funktionen Besonderheiten auf.
Sexuelle Schwierigkeiten, Scham und Selbstwertproblematiken sind häufig assoziiert. Der Zusammenhang von Traumatisierungen (etwa Gewalterfahrungen) in der Anamnese gilt als gesichert. Möglicherweise sind manche Symptome als dissoziative Körpererinnerungen zu verstehen. Es sollte immer auch an psychopharmakologisch behandelbare Störungen (z. B. Depressionen) gedacht werden.
Die ätiologischen Modelle (Alexithymie, dysfunktionale Kognitionen, Ich-strukturelle Störung) weisen keine Spezifität auf. In vielen Fällen ist eine interdisziplinäre Zusammenarbeit von Urologen, Psychosomatikern, Schmerztherapeuten und sexualmedizinisch erfahrenen Psychotherapeuten wünschenswert. Bei psychodynamisch relevanten Partnerkonflikten kann eine Paartherapie sinnvoll sein.
Die Indikation für invasive diagnostische und operative Interventionen sollte bei begründetem Verdacht auf eine psychosomatische Genese sehr zurückhaltend gestellt werden.
Insgesamt stellen Patienten mit urologischen Somatisierungssyndromen eine psychodiagnostisch wie psychodynamisch höchst heterogene Gruppe dar. Therapeutische Programme müssen daher die individuelle Situation (Motivation, Chronifizierung etc.) berücksichtigen.

Literatur

American Psychiatric Association (1994) Diagnostic and Statistical Manual of Mental Disorders, 4th Edition, American Psychiatric Press, Washington, DC

Baldoni, F.; Baldaro, B.; Ercolani, M.; Emili, E.; Trombini, G. (1989) Urethral Syndrome: A Study in psychosomatic urology. Psychotherapy and Psychosomatics. 52. 114-118

Barsky, A.J. (1996) Hypochrondriasis. Medical Management and psychiatric treatment, Psychosomatics, 37, 48-56

Barsky, A.J.; Wyshak, G. (1990) Hypochondriasis and somatosensory amplification. British Journal of Psychiatry, 157, 404-409

Bieck, E. (1913) Prostata und Psyche, Arch. Derm. Syph., 113, 129

Brähler, E.; Weidner, W. (1986) Testpsychologische Untersuchungen zum Beschwerdebild von Patienten mit chronischer Prostatitis oder Prostatodynie, Urologe [A], 25, 97-100

Breitwieser, P.; Sareyka, O. (1981) Häufigkeit psychosomatischer Fälle in der urologischen Praxis, Urologe [B], 21, 14-16

Buchheim, P.; Dammann, G. (1997) Psychotherapie und/oder Pharmakotherapie psychischer Störungen - Wandel und neue Perspektiven in Klinik und Forschung, In: P. Buchheim (Hrsg.) Psychotherapie und Psychopharmaka. Störungsorientierte Behandlungsansätze - kombinierte Therapie, Schattauer, Stuttgart, S. 1-29

Chertock, L.; Bourguignon, O.; Guillon, F.; Guillon, A.; Boulker, P. (1977) Urethral syndrome in the female („irritable bladder"), Psychosomatic Medicine, 39, 1

Collett, B.J.; Cordle, C.J.; Stewart, C.R.; Jagger, C. (1998) A comparative study of women with chronic pelvic pain, chronic nonpelvic pain, and those with no history of pain attenting general practitioners, British Journal of Obstetrics and Gynaecology, 105, 87-92

Csef, H. (1994) Psychosomatik der somatoformen Störungen, Medizinische Klinik, 89, 494-499

Csef, H. (1997a) Somatoforme Störungen in der Urologie, Urologe [A], 36 (1), 87-99

Csef, H. (1997b) Wandel der Sexualstörungen in ihren Erscheinungsformen und Therapieansätzen, Sexuologie, 4, 215-227

Csef, H.; Rodewig, K.; Sökeland, J. (1999) Somatoforme (funktionelle) Störungen des Urogentialsystems, Deutsches Ärzteblatt,96

Devillers P; Mauroy B (1997) Reeducation urogynecologique feminine. Techniques et indications, Progres en Urologie 7(4), 683-693

Diederichs, P. (1983) Zur Psychosomatik der Miktionsstörungen, Habilitationsschrift, Freie Universität Berlin

Diederichs, P. (1986a) Sexualität und Miktionsstörungen, Gynäkologe, 19, 37-42

Diederichs, P. (1986b) Psychosomatische Störungen in der Urologie, Urologe [A], 25, 76-81

Dilling, H.; Mombour, W.; Schmidt, M.H. (Hrsg.) (1993) Internationale Klassifikation psychischer Störungen, ICD-10, Kapitel V (F). Klinisch-diagnostische Leitlinien, 2. Auflage, Huber, Bern

Drossel, H.-C.; (1997), Somatoforme Störungen in der Urologie: Bemerkungen zur Arbeit von H. Csef, Urologe [A], 36 (11), 565

Dunlop, J. (1979) Psychiatric aspects of urology, British Journal of Psychiatry, 134, 436-438

Ehlert, U.; Heim, C. (1998) Verhaltensmedizin bei Frauen mit chronischen Unterbauchbeschwerden, Verhaltenstherapie, 8, 106-111

Ehlert U; Heim C., Hellhammer DH (1999) Chronic pelvic pain as a somatoform disorder, Psychotherapy and Psychosomatics, 68(2), 87-94

Fink, P. (1995) Psychiatric illness in patients with persistent somatisation, British Journal of Psychiatry, 166, 93-99

Freud, S. (1905) Drei Abhandlungen zur Sexualtheorie, In: S. Freud (1972) Sexualleben. Studienausgabe, Bd. 5, Fischer, Frankfurt

Fry, R.P.; Crisp, A.H.; Beard, R.W. (1997) Sociopsychological factors in chronic pelvic pain: a review, Journal of Psychosomatic Research, 42(1), 1-15

Green, A. (1973) Le discours vivant. La conception psychanalytique de l'affect, Presses universitaires de France, Paris

Günthert, E.-A. (1980) Psychosomatische Probleme in der urologischen Sprechstunde, Urologe [A], 19, 232-235

Günthert, E.-A. (1986) Der Problemfall in der urologischen Sprechstunde: Symptome der sogenannten Reizblase der Frau, Urologe [A], 25, 82-83

Günthert, E.-A.; Diederichs, P. (1996) Urologie - Psychosomatische Aspekte in der Urologie, in: T. v. Uexküll Psychosomatische Medizin. Herausgegeben von R.H. Adler, J.M. Herrmann, K.Köhle, O.W. Schonecke, T. v. Uexküll, W. Wesiack, 5. neubearb. u. erweit. Auflage, Urban u. Schwarzenberg, München, pp. 1057-1066

Hiller, W.; Rief, W. (1998a) Therapiestudien zur Behandlung von Patienten mit somatoformen Störungen: Ein Literaturüberblick, Verhaltenstherapie, 8, 125-136

Hiller, W.; Rief, W. (1998b) Kognitive Verhaltentherapie bei somatoformen Störungen, In: M. Hautzinger (Hrsg.) Kognitive Verhaltenstherapie bei psychischen Störungen, Psychologie Verlags Union, Weinheim

Hilton, P. (1988) Urinary incontinence during sexual intercourse: A common, but rarely volunteered symptom, British Journal of Urology, 95, 377-381

Hofstetter, A., Weidner, W. (1997) Andrologisch bedeutsame Infektionen. Leitlinien der DGU, Der Urologe [A], 5, 496-499

Janssen, P.L.; Kukahn, R.; Spieler, K.H.; Weissbach. L. (1983) Zur Psychosomatik der chronischen Prostatitis, In: H. Brunner, W. Krause, C.F. Rothauge, W. Weidner (Hrsg.) Chronische Prostatitis, Schattauer, Stuttgart

Junk-Overbeck M; Pott W; Pauli U (1998) Empirische Untersuchungen zur Psychosomatik der chronischen Prostatitis, In: E. Brähler, A.E. Meyer (Hrsg.) Partnerschaft, Sexualität und Fruchtbarkeit, Springer, Berlin

Kleinman, A. (1977) Depression, somatization and the new cross-cultural psychiatry, Social Science and Medicine, 11, 3-10

Knispel. H.H. (1997) Psychosomatische Störungen in der Urologie, In: H.C. Deter (Hrsg.) Angewandte Psychosomatik: Eine Anleitung zum Erkennen, Verstehen und Behandeln psychosomatisch Kranker, Thieme, Stuttgart, New York, pp. 360-372

Küchenhoff, J. (1998) Zur Psychodynamik und Psychotherapie von somatoformen Stšrungen, In: G. Rudolf & P. Henningsen (Hrsg.) Somatoforme Störungen: Theoretisches VerstŠndnis und therapeutische Praxis, Schattauer, Stuttgart, New York, S.155-168

Margolis, G.J. (1965) A review of literature on psychogenic urinary retention, Journal of Urology 94, 257

Masterson, J.F. (1993) The emerging self: a developmental, self, and object relations approach to the treatment of the closet narcissistic disorder of the self, Brunner/Mazel, New York

Menninger, K.A. (1941) Some observations on the psychological factors in urination and genitourinary afflictions, Psychoanalytic Review, 28, 117

Messer, S.; Warren, C. (1995) Models of Brief Psychodynamic Therapy, Guilford, London

Millard, R.J.; Oldenburg, B.F. (1983), The symptomatic, urodynamic and psychodynamic results of bladder re-education programs, Journal of Urology, 130(4), 715-719

Morrison, J. (1989) Childhood sexual histories of women with somatization disorder, American Journal of Psychiatry, 146, 239-241

Pigne, A.; De Goursac, C.; Nissen C. (1985) Acupuncture and Unstable Bladder, ICS Abstracts, 186-187

Pribor, E.F.; Yutzy, S.H.; Dean, T.; Wetzel, R.D. (1993) Briquet's syndrome, dissociation, and abuse, American Journal of Psychiatry, 150, 1507-1511

Richter D. (1993) Pelvipathiesyndrom, In: P.Petersen, B. Fervers-Schorre, J.Schwerdtfeger (Eds.) Psychosomatische Gynäkologie und Geburtshilfe, Springer, Berlin, pp. 146-155

Rief, W. & Hiller, W. (1998) Somatisierungsstörung und Hypochondrie, Hogrefe, Göttingen

Sadger, J. (1910) Über Urethralerotik, Jahrbuch für psychoanalytische und psychopathologische Forschungen, 2, 409

Schwarz, O. (Hrsg) (1925) Psychogenese und Psychotherapie körperlicher Symptome, Springer, Wien

Sharpe, M.; Peveler, R.; Mayou, R. (1992) The psychological treatment of patients wiht functional somatic symptoms: A practical guide, Journal of Psychosomatic Research, 36, 515-529

Sigusch, V. (Hrsg.) (1996) Sexuelle Störungen und ihre Behandlung,Thieme, Stuttgart

Speidel, H. (1996) Erkrankungen der Nieren und ableitenden Harnwege, In: A.-E. Meyer; H. Freyberger et al. (Hrsg.) Jores Praktische Psychosomatik, Huber, Bern, Göttingen

Sökeland, J. (1987) Urologie, 10. überarb. Aufl., Thieme, Stuttgart, New York

Straub, J.L.; Ripley, H.S.; Wolf, S. (1949) Disturbances of bladder function associated with emotional states, JAMA, 141, 1139-1153

Sturm, J.; Zielke, M. (1988) Chronisches Krankheitsverhalten - die klinische Entwicklung eines neuen Krankheitsparadigmas, Praxis der Klinischen Verhaltensmedizin und Rehabilitation, 1, 17-27

Suthert, J.R. (1986) Sexual dysfunction and urinary incontinence, British Journal of Obetetrics and Gynecology, 86, 387-388

Vereecken RL (1989) Psychological and Sexual Aspects in Different Types of Bladder Dysfunction, Psychotherapy and Psychosomatics, 51, 128-134

Umlauf, M.; Goode, S.; Burgio, K. (1996) Psychosocial issues in geriatric urology: problems in treatment and treatment seeking, Urologic Clinics of North America, 23(1), 127-136

Walker, E.A.; Katon, W.J.; Nevaas, K.; Jemelka, R.P.; Massoth, D. (1992) Dissociation in women with chronic pelvic pain, American Journal of Psychiatry, 149(4), 534-537

Walker, E.A.; Katon, W.J.; Hansom, J. et al. (1994) Medical and psychiatric problems in women with childhood sexual abuse, Psychosomatic Medicine, 54, 658-664

Warwick HMC; Salkovskis PM (1989) Hypochondriasis, In: Scott J et al. (Eds.) Cognitive Therapy: A Clinical Casebook, Routledge, London

Weidner, W.; Schiefer, H.G.; Ringert, R.H. (1993) New concepts in the pathogenesis and treatment of prostatitis. Current Opinion Urolology, 3, 30-35

Weidner, W.; Ludwig, M. (1998) Patient assessment in chronic prostatitis, Curr Opin Urol, 8, 51-54

Wennegren HM; Oberg BE; Sandstedt P (1991) The importance of leg support for relaxation of the pelvic floor muscles. A surface electromyographic study in healthy girls, Scandinavian Journal of Urology and Nephrology, 25(3), 205-213

White, G.M. (1982) The role of cultural explanations in „somatization" and „psychologization", Social Science and Medicine, 16, 1519-1530

Wickramasekera, I. (1989) Enabling the somatization patient to exit the somatic closet: A high-risk model, Psychotherapy, 26, 530-544

Yap, P.M. (1965) Koro, a culture-bound depersonalization syndrome, British Journal of Psychiatry, 111, 43-50

13. Somatoforme Syndrome in der Zahnheilkunde

Anne Wolowski

Mundschleimhautbrennen und diffuse Kiefer-Gesichtsschmerzen sind die häufigsten Somatisierungssymptome im Bereich der Zahnheilkunde. Da diese Beschwerden jedoch auch eine somatische Ursache haben können, gilt es, diese auszuschließen. Einen zentralen Stellenwert in der zahnärztlichen Ausschlussdiagnostik nimmt die Überprüfung der Bisslage ein. So können beispielsweise okklusale Interferenzen indirekte Auslöser craniomandibulärer Dysfunktionssyndrome mit Schmerzen sein, die primär den Anschein anderer Ursachen vortäuschen können (typischer Schläfenschmerz bei Nonokklusion, Nackenschmerzen bei Störkontakten auf Retrusionsfacetten oder Ohrenschmerzen bei Störkontakten im kontralateralen Seitenzahnbereich). Beim Mundschleimhautbrennen sind es in einigen Fällen banale Befunde, wie Plaqueanlagerungen, die dieses Phänomen hervorrufen können. Den immer wieder vermuteten Unverträglichkeitsreaktionen auf Zahnersatzmaterialien kommt nur eine sehr geringe Bedeutung zu. Im folgenden Beitrag sollen die typischen Merkmale der wichtigsten psychosomatischen Erkrankungen in der Zahnheilkunde, die Vorgehensweise der zahnärztlichen Ausschlussdiagnostik sowie typische interdisziplinär abzuklärende Ursachen dargestellt werden.

Einführung

Auch wenn in vielen Fällen orofacialer Beschwerden zahnärztlich-somatische Befunde festgestellt werden, so darf nicht erwartet werden, dass deren Beseitigung eine Garantie für Beschwerdefreiheit darstellt. Die Chance, dass z. B. Mundschleimhautbrennen allein durch zahnärztliche Maßnahmen zu behandeln ist, liegt nur bei 20%. Die Angaben zu dem Anteil jener Patienten, die an einem verstärkt psychogen ausgelösten craniomandibulären Dysfunktionssyndrom leiden, variieren in Abhängigkeit vom Studiendesign der hierzu durchgeführten Untersuchungen erheblich, so dass eine Prognose hinsichtlich des Erfolgs einer rein zahnärztlichen Behandlung im Sinne der Beschwerdefreiheit nur schwer möglich ist. Erfahrungsgemäß ist die Erwartungshaltung hinsichtlich des Erfolges zahnärztlicher Behandlungsmaßnahmen seitens der Patienten unverhältnismäßig hoch, so dass selbst ein Teilerfolg als erhebliche Enttäuschung erlebt wird. Dieses und die weitere Suche nach zahnärztlicher Hilfe führt zur Chronifizierung der orofacialen Somatisierungsstörung. Vor dem Hintergrund dieses Wissens ist es absolut notwendig, vor Behandlungsbeginn dem Patienten die oft nur geringen Chancen einer zahnärztlichen Behandlungsmaßnahme zu erläutern. Das Vermitteln eines erweiterten Ursachenverständnisses hilft die interdisziplinäre Zusammenarbeit einzuleiten. Angesichts diffuser, oftmals weit ausstrahlender Kiefer-Gesichtsbeschwerden greifen die Arbeitsbereiche unterschiedlicher Fachdisziplinen ineinander, was interdisziplinäre Kommunikationsschwierigkeiten zur Folge haben kann. Viel zu spät wird in der Regel der Glaube an einen rein mechanistischen monokausalen (Zahnschmerz = zerstörter Zahn) Zusammenhang zugunsten eines auch für die Zahnheilkunde existenten erweiterten psychosomatischen Krankheitszusammenhanges aufgegeben (Zahnschmerz trotz gesundem Zahn).

Typische Kennzeichen unklarer Beschwerdebilder in der Zahnheilkunde

Definition

Die offensichtliche Vielgestaltigkeit eines solchen im Kiefergesichtsbereich lokalisierten Krankheitsbildes und die Suche nach den unterschiedlichen pathophysiologischen-psychologischen Mechanismen hat es bisher verhindert, dass eine klar umrissene Definition erarbeitet wurde, was allein an der beträchtlichen Anzahl synonym gebrauchter Begriffe für unklare Schmerzen im Kiefergesichtsbereich deutlich wird. Es wird von der atypischen Neuralgie, einem orofacialem Schmerzdysfunktionssyndrom, einem atypischen Gesichtsschmerz, einem orolingualen Schmerz, von myofacialen Schmerzsyndromen, vom psychogenen und Spannungsschmerz, unklarem Kiefer-Gesichtsschmerz, einem myofacialem Schmerzsyndrom, von einer Myoarthropathie, von funktionellen Kiefergelenkbeschwerden oder einer facialen Arthromyalgie und vielem mehr (Egle 1993, Graber 1989, Hampf u. Mitarb. 1987, Haneke 1980) gesprochen. Angloamerikanische Begriffe ergänzen diese Aufzählung um die Begriffe Paindysfunction syndrome (Laskin 1969), Mandibular pain dysfunction syndrome (Molin u. Mitarb. 1973), Myofacial pain-dysfunction-syndrome (Simons u. Travell 1984), Phantom bite (Marbach 1976), Maxillo-facial pain (Moulton 1955).

Keiner dieser aufgeführten Begriffe wurde jemals bezüglich der Qualität oder Lokalisation der Beschwerden eindeutig festgelegt. Sie sind allenfalls ein Spiegel für das sehr nuancenreiche Symptombild bei unterschiedlichen Befunden. Somit hat die Aussage Schneiders (1968), dass es eine diesbezügliche Systematik in der Zahnheilkunde nicht gebe, bis heute Bestand.

Epidemiologie

Betroffen sind Frauen sechs bis sieben Mal häufiger als Männer. Das durchschnittliche Alter zum Zeitpunkt des Beschwerdebeginns beträgt ca. 55 Jahre (Müller-Fahlbusch 1992). Durch retrospektive Studien konnte nachgewiesen werden, dass die Beschwerdedauer bei durchschnittlich 13 Jahren liegt und der Leidensdruck dieser Patienten so extrem ist, dass durchaus auch suizidale Gedanken geäußert werden.

Ätiopathogenese

1868 beschreibt Freud den Mund als den ersten Körperbereich, mit dem zwischenmenschliche Beziehungen unterhalten werden und hebt somit die zentrale Rolle der Mundregion, v. a. während der oralen Entwicklungsphase hervor. Fleischer-Peters (1985) ergänzt hierzu, dass die Mundregion das erste Sinnesorgan ist, welches ein Leben lang als Beziehungshilfe für Objekte mit positiven und negativen Erlebnissen erhalten bleibt. Neben diesen sozialen Faktoren ist die Mundhöhle Ausführungsort diverser biologischer Akte wie z. B. Kauen, Beißen, Saugen, Schlucken (Weizsäcker 1940). Angesichts der ausgedehnten zentral-nervösen Präsentation der Mundschleimhaut, der Kaumuskultur, der Zunge und der Vielzahl dort lokalisierter Rezeptoren sowie der komplexen Anatomie des Kopfes ist es verständlich, dass diese Region besonders empfindlich gegenüber Störeinflüssen reagiert.

Heute wissen wir, dass Kranke, die über diffuse Beschwerden im Kiefer-Gesichtsbereich klagen, in der Regel eine lange und komplizierte Patientenkarriere hinter sich haben. Untersuchungen haben gezeigt, dass der Beschwerdebeginn vielfach mit einer zahnärztlichen Behandlungsmaßnahme - gleich welchen Ausmaßes - in Verbindung gebracht wird (Wolowski 1996).

Unerkannt bleibt vielfach, dass etwa zeitgleich eingetretene, vom Patienten oft als unspektakulär erlebte Lebensveränderungen nicht verkraftet wurden. Dazu zählen in besonderem Maße Veränderungen in der Familienstruktur, ausgelöst durch die Selbständigkeit von Kindern, Konflikte mit dem eigenen Lebenspartner oder den Lebenspartnern der Kinder, Tod oder schwere Krankheit einer nahestehenden Bezugsperson, das Ausscheiden aus dem Berufsleben oder die Übernahme der Pflege eines Elternteils, aber auch das Ende einer solchen Belastungssituation.

Klinische Phänomenologie

Der Glaube, nur eine zahnärztliche Therapiemaßnahme könne ihnen Linderung und wieder ein freudvolles, normales Leben verschaffen, treibt Betroffene unermüdlich von Zahnarztpraxis zu Zahnarztpraxis. Insgesamt kann es den erfahrenen Kliniker kaum verwundern, wenn Klagen und Beschwerden der Patienten verworren und fast schon absurd klingen. Das zeigen einige Zitate aus den Briefen von Patienten.

- „... ein brennendes Gefühl, als stoße man mir einen Pfahl in den Oberkiefer."
- „Ein Gefühl, als ob ich einen Klumpen oder eine Kugel im Mund habe."
- „Ich glaube, die ganze linke Kopfseite wird mehr weggedrückt, weggeätzt, ein Krampf im Mund, geht nicht mehr zurück."
- „Mein ganzer Mund brennt wie Feuer und Brennesseln."
- „Ich habe Schmerzen und ständig das Gefühl, als werde mit Hilfe eines Schraubstokkes versucht, mir den Kiefer zu sprengen."
- „Beide Seiten meines Unterkiefers routieren wellenförmig gegeneinander. Wenn sie zusammenstoßen, empfinde ich starke Schmerzen. Ständig bemühe ich mich, beide Seiten in einem harmonischen Gleichgewicht schwingen zu lassen."

Diagnose/Differentialdiagnose

Treten Beschwerden auf, so durchlaufen die Betroffenen auf der Suche nach Linderung nicht nur mehrere Zahnarztpraxen, sondern auch allgemeinmedizinische Fachdisziplinen wie die HNO-Heilkunde, die Augenheilkunde, die Neurologie, die Dermatologie, die Orthopädie und die Innere Medizin. Jeder forscht in seinem Zuständigkeitsbereich primär nach somatischen Ursachen. Stellt er nichts fest, fühlt der Patient sich in der Annahme, dass es doch von den Zähnen kommen müsse, geradezu bestätigt und schenkt jenem Zahnarzt, der nichts feststellen kann, immer weniger Glauben.

Drohende Chronifizierungen können demnach nur vermieden werden, wenn der psychisch Kranke in der Zahnheilkunde frühzeitig identifiziert wird. Neben der somatischen Ausschlussdiagnostik, die vom Zahnarzt geleistet werden muss und gegebenenfalls von ihm an Kollegen der Allgemeinmedizin delegiert werden sollte, ist die Art der geklagten Beschwerden ein entscheidendes Kriterium. Geradezu als Leitsymptome können das diffuse Mundschleimhautbrennen und unklare Kiefer-Gesichtsschmerzen benannt werden. Beides wird von nachgewiesen psychosomatisch Kranken im Vergleich zu einer entsprechenden Kontrollgruppe hoch signifikant häufiger und intensiver geklagt. Diese Beschwerden stellen innerhalb der Gruppe der psychosomatisch Kranken mit einem Anteil von über 60% die mit Abstand am häufigsten vorgetragenen Symptome dar, die zudem vergleichsweise am intensivsten wahrgenommen wurden (Wolowski 1996).

Verlauf und Prognose

Wird eine zugrundeliegenden Somatisierungsstörung nicht rechtzeitig erkannt, kommt es zu einer Chronifizierung (Pinsky 1975, 1979), weil der Patient darauf fixiert ist / wur de, somatisch erkrankt zu sein und aus diesem Grunde ausschließlich somatische Therapieversuche akzeptieren wird.

Spezielle Therapie

Wird die Somatisierungsstörung – gleich, ob sie bereits chronifiziert ist oder nicht – primär in der zahnärztlichen Praxis erkannt, besteht der erste und wesentliche Teil der Therapie darin, dem Patienten die erkannten psychosomatischen Krankheitszusammenhänge aufzuzeigen und ihm ein erweitertes psychosomatisches Krankheitsverständnis zu vermitteln. So banal diese Forderung klingt, so entscheidend wichtig ist ihre Erfüllung für die Krankheitsbewältigung, weil die Betroffenen ohne ernsthafte Aufklärung keine Möglichkeit finden werden, ihre Beschwerden in den Griff zu bekommen. Erst ein erweitertes psychosomatisches Ursachenverständnis eröffnet den Zugang zur notwendigen interdiziplinären Vorgehensweise. Zahnärztlicherseits muss sie eingeleitet werden durch den Ausschluss oder die Beseitigung lokaler Ursachen, gegebenenfalls ergänzt um Untersuchungen anderer somatischer Fachdisziplinen. Nach Überweisung an den Psychotherapeuten bestimmt dieser das weitere Vorgehen. Eine Absprache über den Zeitpunkt, wann aufschiebbare zahnärztliche Behandlungsmaßnahmen durchgeführt werden können, trägt wesentlich zum Erfolg bei.

Einzelne Beschwerdebilder

Burning-Mouth-Syndrome

Epidemiologie. Epidemiologische Angaben zum Burning-Mouth-Syndrome beziehen sich in der Regel auf ein selektiertes Patientengut aus zahnärztlichen Praxen, speziellen Mundschleimhautsprechstunden oder Klimakteriumsprechstunden. In 75-90% der Fälle handelt es sich um Patienten weiblichen Geschlechts mit einem durchschnittlichen Alter von 60 Jahren. Somit tritt die Krankheit während einer Lebensphase auf, die normalerweise mit der Postklimakteriumsperiode zusammentrifft (Lamey et al. 1989).

Ätiopathogenese. In der Literatur wird eine Vielzahl von möglichen Ursachen für das Mundschleimhautbrennen diskutiert. Die teils sehr kontroverse Diskussion basiert auf der Schwierigkeit, dass das Symptom in der Regel keine Beziehung zu klinischen Befunden aufweist und die Ausbreitung des Mundschleimhautbrennens nicht der Innovationszone bestimmter Nerven entspricht (Haneke 1980). Einigkeit besteht hinsichtlich der Unterscheidung möglicher pathogener Faktoren in lokale, systemische und psychogene Ursachen (Forman u. Gregg Settle 1990, Main u. Basker 1983). Als lokale Ursachen werden mechanische Reizungen (z. B. scharfe Kanten, Rauhigkeiten oder okklusale Mängel an natürlichen Zähnen oder Zahnersatz), chemische Reize (durch Zahneratzmaterialien, Plaque oder Bakterien) oder Mundschleimhauterkrankungen (wie Lichen planus, Leukoplakie, Lingua geographica, Lingua plicta u. a.) diskutiert. Aufgrund des Alters der in der Regel betroffenen Frauen wurde als systemische Ursache die altersbedingte Hormonumstellung in einigen Studien untersucht (Basker u. Mitarb. 1978; Wardrop u. Mitarb. 1989; Grushka 1987). Ein eindeutiger Zusammenhang ließ sich jedoch nicht nachweisen. Mangelzustände, Diabetes mellitus und medikamentöse Nebenwirkungen können gleichfalls als systemische Ursache Einfluss nehmen. Als wesentliche Ursache werden singulär oder in Kombination auftretene unspezifische psychogene Faktoren, v. a. (larvierte) Depressionen, allgemein anerkannt (Holland-Moritz 1979, van der Ploeg u. Mitarb. 1987).

Klinische Phänomenologie. Als typisches Merkmal dieser Patienten wird angegeben, dass die meisten Totalprothesenträger sind und klinisch keine Befunde an Zunge und Mundschleimhaut aufweisen. Symptome, die am häufigsten in Verbindung mit dem Mundschleimhautbrennen auftreten, sind Mundtrockenheit und Parästhesien (Gerber u. Steinhard 1989). In der Regel steigt die Intensität der Beschwerden zum Abend hin an und provoziert in einigen Fällen auch Schlafstörungen (Gorsky u. Mitarb. 1991, van der Ploeg u. Mitarb. 1987). Grushka (1987) stellte in einer Studie fest, dass 75% jener Patienten mit Burning-Mouth-Syndrome über Einschlafschwierigkeiten klagten, wohingegen das Problem bei nur 24% der Probanden einer entsprechenden Kontrollgruppe auftrat. Ca. 64% der Patienten mit Mundschleimhautbrennen gaben an, nachts aufzuwachen, während in der Kontrollgruppe diese Ziffer nur 6% betrug.

Als häufigste Lokalisation für Mundschleimhautbrennen werden die Zunge und der harte Gaumen angegeben (Forman u. Gregg Settle. 1990, Main u. Basker 1983, Wagner u. Mitarb. 1974). Weitere in der Literatur erwähnte Bereiche sind der Mundboden, der weiche Gaumen, zahnlose Alveolarfortsätze und die Wangenschleimhaut. Basker u. Main (1991) stellten fest, dass das Mundschleimhautbrennen häufiger bilateral als unilateral auftritt. Das Burning-Mouth-Syndrome tritt ungleich häufiger bei zahnlosen Patienten auf.

Fallbeispiel

Eine Patientin schilderte eine Leidensgeschichte von sechs Jahren. Zeugnis einer verzweifelten Suche nach Hilfe war eine Sammlung von 25 Prothesenpaaren, die aus unterschiedlichen Materialien angefertigt waren. Mit Eingliederung der ersten totalen Prothese im Alter von 58 Jahren verspürte sie zunächst ein diskretes und dann immer stärker werdendes Brennen im Bereich des Gaumens und der Zungenoberfläche. Aufwendige und kostenintensive zahnärztliche Behandlungsversuche brachten keinen Erfolg. Auch medikamentöse Behandlungen, wie z. B. mit Vitamin-B-Komplexen führten nicht zu der erhofften Beschwerdelinderung. Nach ca. drei Jahren Beschwerdedauer musste die Patientin für einen Zeitraum von ca. vier Monaten in einer psychiatrischen Klinik stationär behandelt werden. Grund dieses stationären Aufenthaltes war ein Suizidversuch. Ca. zwei Monate nach der Entlassung nahm sie jedoch erneut die Suche nach zahnärztlicher Hilfe auf, weil sie in einer Fernsehzeitung einen Bericht über ganzheitliche Zahnmedizin gelesen hatte. Darin beschrieben stand, dass Kunststoffe „Gift für den Organismus seien". So auf die Materialunverträglichkeit fixiert, akzeptierte sie keinen weiteren Erklärungsansatz. Als sie sich nach sechs Jahren immer noch auf der Suche nach zahnärztlicher Hilfe vorstellte, war sie vollkommen abgemagert und saß im Rollstuhl. Eine psychosomatische Konsultation lehnte sie jedoch nach wie vor kategorisch ab. Im Gespräch mit der Patientin konnte in Erfahrung gebracht werden, dass ca. zwei Monate vor Beschwerdebeginn der Mann der Patientin am Heilig Abend nach einem schweren Krebsleiden verstorben war. Ca. drei Jahre lang hatte sie zuvor ihren Mann gepflegt. Zu ihrer aktuellen Lebenssituation äußerte sie lediglich, dass ihr nun nur noch ihr Hund geblieben sei. Von ihren Kindern erfahre sie zunehmend weniger Unterstützung.

Diagnose/Differentialdiagnose. Um abschließend festzustellen, ob eine Verursachung im zahnmedizinischen Bereich vorliegt, muss die Passgenauigkeit der Basen beurteilt werden sowie die Kieferrelation und die Mundschleimhaut. Erst nach eingehender Überprüfung dieser somatischen/zahnärztlichen Faktoren macht es Sinn, den Patienten einer weiterführenden Diagnostik zuzuführen. Ein Überweisungsschreiben an den Kollegen einer entsprechend anderen Fachdisziplin muss deutlich zu erkennen geben, dass und auf welche Weise die zahnärztliche Seite abgeklärt wurde. Es ist also auch für den Konsiliarius wichtig, den Wert der somatischen Vorarbeit und der in dieser Richtung noch notwendigen Maßnahmen bewerten zu können. Daher werden im folgenden einige spezifische zahnärztliche Aspekte dargestellt, die für die Beurteilung möglicher Krankheitsursachen absolut notwendig sind und dem Nichtzahnarzt eine Beurteilung beschriebener Befunde in erster Annäherung ermöglichen sollen.

- *Mundschleimhautveränderungen*: Unter Prothesenbasen können Entzündungen jeden Grades lokalisiert sein. Die Reaktionen darauf sind oft paradox. Während Patienten, deren Schleimhaut flammend rot hochgradig entzündet ist, keinerlei Schmerzen verspüren, klagen andere, die vollkommen gesunde Schleimhautverhältnisse aufweisen, exzessiv. Gleich ob der Patient klagt oder nicht, eine lokale Behandlung ist angesichts einer Mundschleimhautentzündung immer indiziert. Da der Kausalzusammenhang einfach ist, ist auch die Therapie unkompliziert. Als Ursache kommen in erster Linie Verunreinigungen der Prothesen in Frage. Eine konsequente Reinigung sowie pflegefähige Gestaltung helfen in der Regel, das Problem zu lösen.
- *Kongruenz*: Auch wenn eine mangelnde Passgenauigkeit der Prothesenbasen eher Druckstellen als Brennen verursacht, so ist eine gute Kongruenz die unabdingbare Voraussetzung, um die vertikale Relation und die Okklusion zu überprüfen. Kongruenz bedeutet, dass die gesamte Prothesenbasis dem Prothesenlager (=Kieferkämme und Gaumen) spaltfrei aufliegt. Inkongruenzen lassen sich mit Hilfe eines dünnfließenden Abformmaterials darstellen. Dort, wo das Material sich in dickerer Schicht aufbaut, muss der durch Knochenabbau entstandene Hohlraum aufgefüllt werden (Abb. 13.**1a** u. **b**).
- *Kieferrelation*: Die dreidimensionale Zuordnung des Unterkiefers zum Oberkiefer (=Kieferrelationsbestimmung) stellt im Rahmen der Anfertigung totaler Prothesen den schwierigsten Teil dar. Dreidimensionale Zuordnung bedeutet, dass der gelenkig mit dem Schädel verbundene Unterkiefer diesem (dem Schädel) im richtigen vertikalen Abstand wie auch in richtiger horizontaler Lage zugeordnet werden muss.
- *Vertikale Relation*: Ist der Abstand vom Ober- und Unterkiefer beim Zahnlosen zu groß festgesetzt, hat das zur Folge, dass der Patient immer wieder versucht, durch Aufeinanderpressen der Zähne eine geringere komfortablere Höhe zu erreichen (Wolowski u. Mitarb. 1997). Der Druck, der dabei ausgeübt wird, überträgt sich über die Basen auf die darunter liegende Schleimhaut. Dort werden die Blutgefäße stranguliert, so dass es zu brennenden Sensationen kommen kann.
- *Horizontale Relation*: Zur eindeutigen Fixierung der horizontalen Position des Unterkiefers ist die Tiefe der Höckerverzahnung (=Interkuspidation) von besonderer Wichtigkeit. Ist keine harmonische, über alle Zähne verteilte Interkuspidation gegeben, so kann dies zu brennenden Missempfindungen führen. Dieser Aspekt muss gerade deshalb unter Einsatz instrumenteller Hilfsmittel ganz exakt abgeklärt werden, da, wenn Patienten mit Mundschleimhautbrennen durch zahnärztliche Maßnahmen überhaupt geholfen werden kann, dieses fast ausschließlich über die Korrektur zubissbedingter Störungen geschieht. Es sollte in diesem Zusammenhang aber nicht unerwähnt bleiben, dass es eine große Zahl von Behandlungsfällen gibt, in denen eine okklusale Korrektur keinerlei Einfluss auf das Beschwerdebild hatte (Ide Aravena 1996; Figgener u. Marxkors 1991).
- *Kieferrelation in Abhängigkeit von der Tragedauer*: Klagt ein Patient nach vielen Jahren des beschwerdefreien Tragens und Vertragens seiner Totalprothesen über ein brennendes Gefühl, ohne dass eine zahnärztliche Behandlung vorausgegangen ist, so

kann das ein Resultat der Veränderungen über die Zeit sein. Knochenabbau unter Prothesenbasen ist unvermeidbar und muss ggf. verifiziert werden (Marxkors 2000).

Verlauf und Prognose. Die Heilungschancen durch zahnärztliche Manipulationen sind ausgesprochen gering. Sie werden bei maximal 20% aller Fälle angesetzt. In jenen Fällen, in denen der Prothesenkarenztest, der immer durchgeführt werden muss und idealerweise sich auf fünf bis sieben Tage erstreckt, keine Linderung bringt, oder gar zur Eskalation führt, sind die zahnärztlich-therapeutischen Chancen gleich null.

Spezielle Therapie. Zahnärztlicherseits unterscheidet sich die lokale Therapie nicht von jener, welche Prothesenträger ohne Mundschleimhautbrennen mit ähnlichen Befunden unterzogen werden. Besteht aufgrund bereits früher geäußerter Verdachtsdiagnosen seitens des Patienten der Wunsch, eine Epikuntantest durchführen zu lassen, macht es keinen Sinn, trotz eigener gegenteiliger Überzeugung diesen zu verweigern. Letztendlich dient ein in der Regel negatives Testergebnis als weitere Argumentationshilfe. Die Prognose für jede Form zahnärztlichen Handelns muss dem Patienten von Beginn an vor dem Hintergrund der Aufklärung über psychosomatische Krankheitszusammenhänge dargelegt werden. Wichtig für den Patienten ist es jedoch zu erleben, dass ernsthaft versucht wird, mögliche Ursachen auszuschließen.

Zusammenfassend kann also festgestellt werden, dass es durchaus somatische Ursachen des Mundschleimhautbrennens gibt. Diese müssen immer diagnostiziert und behandelt werden, was die Aufgabe des Zahnarztes ist. Er muss ohne zeitliche Verzögerung zu der Aussage kommen, dass zahnmedizinische Faktoren ausgeschlossen sind (Marxkors u. Ferger 1989).

Das craniomandibuläre Dysfunktionssyndrom als mögliche Ursache unklarer Gesichtsschmerzen

Definition. Im Vordergrund der craniomandibulären Störung stehen in der Regel Schmerzen im Kiefer-, Gesichts- und auch Nackenbereich, die diffus ausstrahlen können, persistieren und oft uncharakteristisch sind und in ihrer klinischen Präsentation jenen Beschwerdeschilderungen ähneln, wie sie von Patienten mit orofacialen Somatisierungsstörungen vorgetragen werden. Anzeichen für craniale Neuralgien und neurologisch-somatische Befunde fehlen. Die Diagnose atypischer Gesichtsschmerz wird häufig gestellt, jedoch zeigt eine Studie Yusuf's (1986), dass ca. 80% dieses neurologisch diagnostizierten Krankheitsbildes nach Untersuchung in einer Zahnklinik die Diagnose einer chronischen Myoarthropathie erhielten (Yusuf 1986).

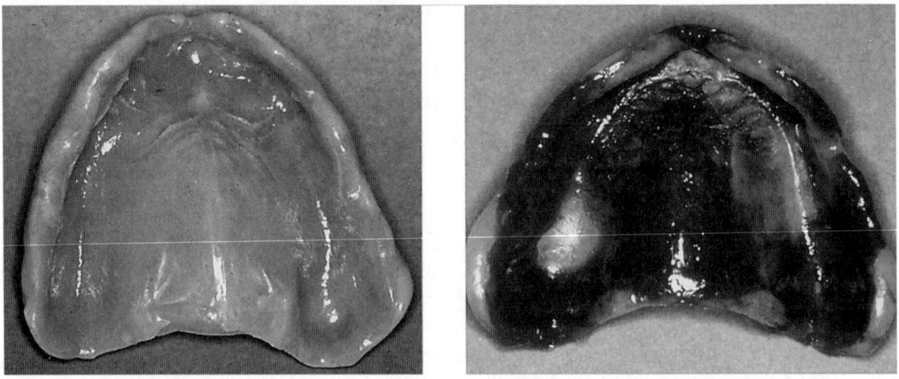

Abb. 13.1 **a** Prothesenbasis mit sehr guter Kongruenz; **b** Prothesenbasis mit schlechter Kongruenz

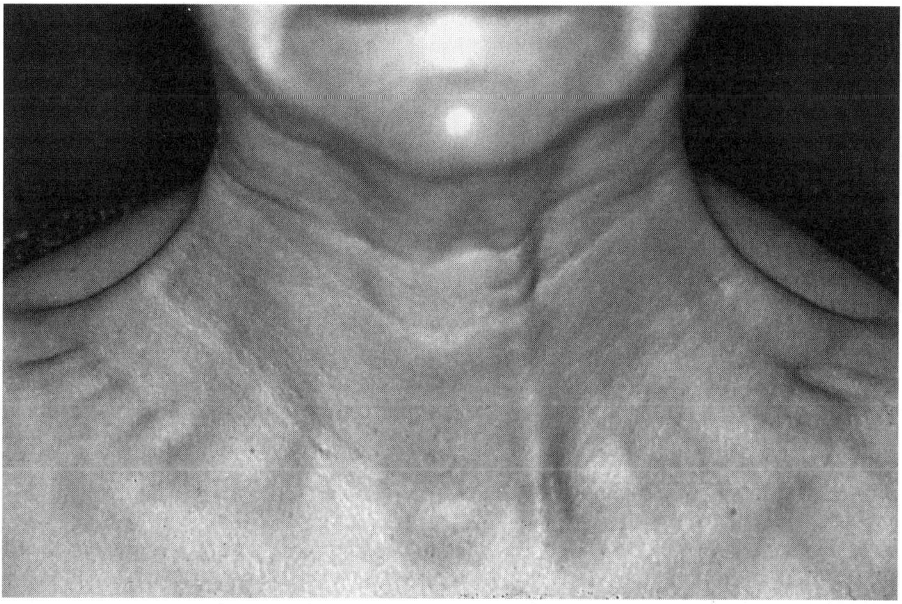

Abb. 13.2 Erhöhter Muskeltonus beim Bruxismus

Die Begriffe Myoarthropathie des Kausystems, (TMD = Temporormandibular disorders), Arthrosis deformans, okkluso-artikuläre Störung u. ä. werden synonym gebraucht. International anerkannt ist mittlerweile jedoch der Begriff *craniomandibuläre Dysfunktion*. Für das Auftreten verantwortlich gemacht werden die psychosoziale Situation, die Okklusion (=Zubiss) und der allgemeine Gesundheitszustand des Patienten. Zahnärztlicherseits können Gelenkgeräusche, horizontal und / oder vertikal limitierte Unterkieferbewegungen, Schmerzen bei Bewegungen des Unterkiefers, Schmerzen und / oder Druckdolenzen im Bereich der Muskulatur oder der Kiefergelenke, Myopathien oder Gelenkveränderungen Hinweise auf das Vorliegen einer craniomandibulären Störung sein. Diese pathomorphologischen Veränderungen sind Folge einer Überbelastung der beteiligten Strukturen, ausgelöst durch muskuläre Hypertonizität und Hyperaktivität, was sich als ein multifunktionales Aufeinanderreiben und Pressen der Zähne äußert und als Bruxismus (vom Griechischen: brygmos=das Knirschen) bezeichnet wird (Abb. 13.2).

Heggendorn u. Mitarb. (1979) definieren okklusale Parafunktionen oder Bruxismus als eine Funktionsstörung, die über die normale physiologische Belastung der beteiligten Strukturen hinausgeht und nicht funktionalen Zwecken dient. Bruxistische Aktivitäten treten sowohl während des Tages (diurnaler Bruxismus) als auch nachts (nocturnaler Bruxismus) auf. Obwohl erhebliche Kräfte auf das Kausystem einwirken, stellen diese nicht in jedem Fall einen Krankheitsfaktor dar, so dass es den betroffenen Personen lange Zeit nicht bewusst ist, dass sie derartige parafunktionelle Bewegungen ausüben.

Epidemiologie. Weltweite epidemiologische Studien zeigen, dass bei 60-80% aller Menschen Zeichen funktionaler Störungen vorliegen, wobei Patienten mit subjektiv krankhaften Befunden in nur 15% der Fälle gefunden werden. Gegenstand vieler Untersuchungen ist der Bruxismus. Die Angaben zum Anteil der bruxistisch aktiven Patienten an der Gesamtbevölkerung westlicher Länder schwanken je nach Autor zwischen 5 und 80%. Diese Schwankungen beruhen zum einen auf der hohen Variabilität der Symptomatik, zum anderen auf der Verwendung unterschiedlicher diagnostischer Kriterien einzelner Studien. Nach Jäger u. Mitarb. (1987) weisen Alters- und Geschlechtsverteilung der Dysfunktionspatienten einige interessante Aspekte auf. Es fällt auf, dass die Altersverteilung eine vermehrte Inzidenz zwischen dem 35. und 45. Lebensjahr zeigt. Zwischen dem 35. und 45. Lebensjahr befinden sich die Individuen in einem Lebensabschnitt mit höchsten Ansprüchen und sind häufig Dauerstresssituationen ausgesetzt (Kinder, Beruf etc.).

Jäger u. Mitarb. (1987) konnten eine Geschlechtsspezifität von über 80% weiblicher Patienten feststellen. Obwohl interindividuell unterschiedlich auf Stressfaktoren reagiert wird, scheint die Reaktion der Frauen intensiver zu sein (Takada 1971, Helkimo 1985, Klein 1986). Mit einer Fragebogenerhebung konnten Glaros u. Rao (1977) bei 1.052 Studenten herausfinden, dass tagsüber mehr Männer bruxieren, während bei Nacht der Anteil der Frauen höher liegt.

Ätiopathogenese. Obwohl in der Literatur Einigkeit über eine komplexe Verursachungsstruktur des craniomandibulären Dysfunktionssyndromes besteht, kommt den verschiedenen Arten von Zubissstörungen ein besonderer ätiologischer Stellenwert zu. Ein störungsfreier Zubiss liegt vor, wenn in zentrischer Kondylenposition alle Zähne gleichmäßigen antagonistischen Kontakt aufweisen. Man spricht dann von der maximalen Interkuspidation.

Eine Störung dieses harmonischen Zusammenspiels kann durch einen einzelnen Vorkontakt, der den Zahnreihenschluss behindert, provoziert werden, oder dadurch, dass auf der einen Kieferseite ein regulärer antagonistischer Zahnkontakt zustandekommt, während auf der anderen Kieferseite durch eine zu niedrige Restauration kein Kontakt vorliegt. Der Patient kann aktiv auf diese Störungen reagieren, in dem er durch verstärkte Muskelaktivität versucht, dem Hindernis auszuweichen oder versucht dieses zu entfernen. Die muskuläre Beanspruchung führt zu Myalgien in den betroffenen Bereichen.

Graber (1971, 1989a) und Ott (1985) sind gleichfalls der Überzeugung, dass bei Überschreiten der sehr niedrigen Schwelle für Irritationen im Kauorgan bruxistische Bewegungen der Kaumuskulatur ausgelöst werden, um den Störfaktor zu beseitigen.

Beweise für diese These liefern Ergebnisse, wie sie sich nach Beseitigung der okklusalen Hindernisse darstellen, was u. a. de Boever (1985) in seinen Untersuchungen beschrieb: „Nach Beseitigung der okklusalen Interferenzen gehen manchmal (!) die Schmerzdysfunktionssyndrome augenblicklich zurück und die Muskeltätigkeit normalisiert sich." Diese Hypothese basiert auch auf den Ergebnissen experimenteller Studien, bei denen durch das Einsetzen künstlicher Okklusionshindernisse ein massiver Anstieg der muskulären Aktivität ausgelöst werden konnte.

Zu anderen Ergebnissen kamen Plata u. Barghi (1982). Sie konnten nach experimentellem Einbringen von okklusalen Hindernissen keine Zunahme parafunktionaler Hyperaktivität der Muskulatur feststellen. Ferger und Schreiner (1991) sahen zwar in dem Vorhandensein okklusaler Störungen ein signifikant höheres Risiko für das Entstehen eines Dysfunktionssyndroms, sie räumen aber auch ein, dass gleiche Symptome auch ohne Okklusionsstörung auftreten können. Demmel und Lamprecht (1986) sind der Ansicht, dass bei über 80% aller Menschen okklusale Disharmonien zu finden sind, dass aber keineswegs alle auch über Schmerzen klagen. Nicht selten wechseln die Beschwerden und können sogar ohne zahnärztliche Therapie verschwinden. Andererseits besteht die Möglichkeit, dass trotz optimaler funktionstherapeutischer Behandlung die Schmerzen unverändert fortbestehen.

Stress und emotionale Spannungszustände werden in der Ätiologie der Hyperaktivität in den meisten Fällen als wesentlicher Kofaktor angesehen (Cathomen-Rötheli u. Mitarb. 1976, Csernay u. Mitarb. 1984, Fallschüssel 1984, Graber 1989b, Heggendorn u. Mitarb. 1979, Lazarus 1981, Raetzke 1985). Auch die Aggressionsverarbeitung bzw. Angstbewältigung und deren Störungen führen zu denselben funktionellen Veränderungen im Organismus wie Stress. Heggendorn u. Mitarb. (1979) fanden in ihren Untersuchungen Hinweise für eine Dominanz der oralen Hyperaktivität bei Aggressionen. Wird der Affekt unterdrückt, so kommt es zur Affektspannung. Wegen der Dominanz der oralen Hyperaktivität bei Aggressionen sind Kaumuskeln besonders betroffen. Beim Knirschen senken dann emotionelle und psychische Elemente die Reizschwelle für die Reflextätigkeit, was bedeutet, dass die Kaumuskulatur in erhöhte Aktivitätsbereitschaft versetzt wird. Fallschlüssel (1984) meint, dass alle Menschen mit einer geringen Muskeltonuserhöhung reagieren, wenn sie emotionalem Stress ausgesetzt werden. Als pathologischen Muskeltonus bezeichnet er eine langanhaltende starke Muskeltonuserhöhung.

Was die Persönlichkeitsmerkmale bruxistisch aktiver Patienten betrifft, so ist Graber (1989) der Auffassung, dass häufig eine enge Beziehung zwischen gewissen Charakterzügen und aggressiven Grundkonflikten bei Patienten mit dysfunktionsbedingten Erkrankungen besteht. Drei Charaktereigenschaften stehen hier im Vordergrund.

- Der Zwang zu Perfektionismus und Übergewissenhaftigkeit
- Ein masochistisch-depressives Muster mit dem starken Bedürfnis der Selbstopferung und übertriebenem Helferwillen verbunden mit über-moralischem Verhalten und Neigung zu depressiven Zuständen
- Gestörte Angstverarbeitung verknüpft mit der Eigenschaft, alle aggressiven und feindseeligen Elemente wie Ärger und Wut zu unterdrücken

Nicht selten sind willensstarke, pflichtbewusste und ordnungsliebende Personen betroffen. Bereits 1955 stellte Vernallis (1955) fest, dass bei Bruxisten Angst, Feindschaft und Hyperaktivität sehr ausgeprägt vorhanden waren. Thaller u. Mitarb. (1967) beschreiben Bruxisten als ängstlicher, introvertierter und selbstaggressiver als andere. Das bedeutet, dass solche Personen häufig ihren Ärger gegen sich selbst richten, anstatt ihre Frustration offen auszuleben. Im Gegensatz dazu konnten Frisch u. Mitarb. (1960) bei 95 Patienten keine Auffälligkeit im Umgang mit Aggressionen feststellen. Cathomen-Rötheli u. Mitarb. (1976) wiederum fanden durch einen Vergleich einer Patientengruppe, die an myoarthropathischen Beschwerden litt, mit einer Kontrollgruppe einen Mangel an offen eingeräumter Aggression.

Neben Stress- und emotionalen Faktoren können auch echte psychische Erkrankungen wie Depressionen in kausalem Zusammenhang mit der Entstehung von Muskelhyperaktivität und Dysfunktionserkrankungen im stomatognathen System stehen (Graber 1971, Müller-Fahlbusch 1980). Die psychiatrische Komorbidität liegt nach in den siebziger und achtziger Jahren durchgeführten Studien angeblich zwischen 62-96% (Dieterich 1993), nach DSM-III Kriterien bei 68% (Remick u. Mitarb. 1983). Dabei zeigte sich eine breite Palette von psychiatrischen Störungen ohne deutliches Überwiegen eines bestimmten Störungstyps.

Auch systemische Erkrankungen bzw. körperliche Zustände werden in kausalen Zusammenhang mit dem Knirschen gebracht. Hierzu nannten Koeck (1982), Glaros u. Rao (1977) in ihren Übersichtsarbeiten folgende Beispiele: Kalziummangel, gastrointestinale Störungen, Hypertonie, Nephritis, Meningitis, Hypovitamintosen, Tumore, Traumata, Hyperthyreose, Ernährungsmangel und hormonelle Störungen.

Erbliche Ursachen werden gleichfalls als Grund für bruxistische Tätigkeit diskutiert. In ihren epidemiologischen Studien stellten Glaros (1981) und Reding u. Mitarb. (1968) eine familiäre Häufung des nächtlichen Knirschens fest. Die Untersuchung von Linquist (1974) an 117 von 127 Zwillingspaaren eines schwedischen Bezirks ergab, dass bei eineiigen Zwillingspaaren das gleiche Abrasionsmuster deutlich mehr vorkam als dies in der Gruppe der zweieiigen Zwillinge der Fall war.

Klinische Phänomenologie. Im Rahmen craniomandibulärer Störungen wird dem myogenen Schmerzgeschehen eine gewisse Dominanz zugesprochen. Dieser Schmerz ist eng an die pathologische Muskelfunktion gebunden und weist, wenn es sich um die Reaktion auf eine Zubissstörung handelt, eine spezifische Lokalisation auf. Typische Schmerzlokalisationen sind:

- Kiefergelenkschmerzen, die vom Patienten als Ohrenschmerzen beschrieben werden
- Schmerzen über dem Ohr (horizontale Fasern des M. temporalis)
- Schmerzen im Bereich des Mundbodens
- Schmerzen im Bereich des Kieferwinkels
- Schmerzen im Hals- und Schulterbereich
- Schmerzen im Bereich des Nackens
- Schläfenschmerz.

Die Patienten beschreiben den Schmerz als dumpf, teils mit ausstrahlendem Charakter. Folgeerscheinungen der muskulären Hyperaktivität können ein Abrieb der Zahnhartsubstanz, muskuläre Veränderungen und Druckdolenzen, Strukturveränderungen im Bereich des Zahnhalteapparates, Kiefergelenkbeschwerden, Bewegungslimitationen, Gelenkgeräusche u. v. m. sein. In der Schilderung ihrer Beschwerden treten die zumeist chronischen Schmerzpatienten sehr unterschiedlich auf. Während die einen den Eindruck vermitteln, dass sie trotz starker Beschwerden ihre täglichen Aufgaben noch erledigen und nach Möglichkeit versuchen, damit bzw. trotz allem normal zu leben, stellen andere Patienten die Beschwerden in den Mittelpunkt ihres Lebens und erzwingen geradezu zahnärztliche Behandlungen.

Diagnose/Differentialdiagnose. Will man differentialdiagnostisch dem chronischen Kiefergesichtsschmerz gerecht werden, so ist aus zahnärztlicher Sicht zunächst einmal erforderlich, den intraoralen Zustand zu verifizieren. Eine genaue Analyse der Zubisssituation ist angesichts des aufgezeigten Stellenwertes der Okklusion beim craniomanidbulären Dysfunktionssyndrom zwingend erforderlich. Als Ergebnis darf man eine Einteilung in zwei Gruppen erwarten: Jene Patienten, die über Schmerzen klagen trotz harmonischer Okklusion und jene, die über Beschwerden klagen und okklusale Störungen haben, welche in einem weiteren Schritt ausgeglichen werden müssen. Innerhalb dieser zweiten Gruppe gibt es nach Herstellen einer korrekten Zubisssituation dann wiederum eine Zweiteilung. Jene Patienten, die beschwerdefrei werden und jene Patienten, die weiter klagen. Die Gruppe jener Patienten mit persistierenden Beschwerden trotz akzeptabler Befunde muss wiederum unterschieden werden, denn in dieser Gruppe verbergen sich Patienten mit orofacialen Somatisierungsstörungen. Sie fallen dadurch auf, dass in der Regel keine Linderung erzielt werden kann, egal was unternommen wird. In den meisten Fällen reagieren sie auf Behandlungsmaßnahmen mit einer Eskalation ihrer Beschwerden. Zudem weisen sie keine typischen Zeichen eines craniomandibulären Dysfunktionssyndroms auf (Druckdolenzen, typische Schmerzlokalisationen, Kiefergelenkgeräusche, eingeschränkte Unterkieferbeweglichkeit, Bruxofacetten usw.). Trotz nachweislich fehlender Befunde fordern sie immer wieder nachdrücklich zahnärztliche Behandlungsmaßnahmen. Diese Befundsituation steht ganz im Unterschied zu jenen verbleibenden Patienten mit guter Zubisssituation und persistierenden Beschwerden, die stressbedingt bruxieren. Diese weisen sehr wohl pathomorphologische Veränderungen auf. Darüber hinaus akzeptieren sie auch psychische und psychosoziale Stressfaktoren. Die ätiologisch unterschiedlichen, jedoch klinisch oft kaum zu unterscheidenden Patientengruppen (beschwerdefrei nach Korrektur, Beschwerden durch stressbedingten Bruxismus und Somatisierungsstörung) seien durch drei Fallspiele im folgenden dargestellt.

Fallbeispiele

Fall 1. Eine 38-jährigen Patientin musste ca. vier Monate nach Eingliederung neuer Kronen und Brücken im Oberkiefer Silvester wegen unerträglicher Schmerzen im Bereich der gesamten rechten Gesichtshälfte den zahnärztlichen Notdienst in Anspruch nehmen. Zunächst wurde ein Seitenzahn aufgebohrt und der Zahnnerv getötet. Das führte jedoch nicht dauerhaft zur Schmerzfreiheit. Wiederum im Notdienst folgte das Abtöten eines weiteren Nervs mit dem Kommentar, dass der primär aufgebohrte Zahn nicht der schuldige gewesen sei. Als wiederum keine Schmerzfreiheit eintrat, wurden in der Folge insgesamt drei Zähne entfernt, ohne durchschlagenden Erfolg. Schließlich wurde die Patientin von einem Neurologen und später von einem Psychiater behandelt, insbesondere weil sie berichtet hatte, dass der eigentliche Zweck der Überkronungen eine ästhetische Korrektur gewesen sei, sie jedoch mit dem Ergebnis vollkommen unzufrieden sei. Es trat keine wesentliche Änderung der Beschwerden ein. Daher wurden die Beschwerden der Patientin als gutartig, aber therapieresistent bezeichnet. Erst anderthalb Jahre später wurde eher durch Zufall im Rahmen einer genauen instrumentell unterstützten Untersuchung des Zubisses festgestellt, dass eine Zubissstörung vorlag, die die Patientin veranlasste zu knirschen und zu pressen. Eine entsprechende Korrektur führte dauerhaft zur Beschwerdefreiheit, so dass retrospektiv weniger eine psychosomatische Erkrankung als vielmehr eine somato-psychische Erkrankung angenommen werden musste.

Fall 2. Eine 30-jährige Patientin suchte die zahnärztliche Sprechstunde auf, weil sie eine zunehmende Einschränkung der Mundöffnung bemerkt hatte und auch die Schmerzen im Kiefergesichtsbereich in extremem Maße zugenommen hatten. Durch neurologische Untersuchung waren keine die Beschwerden erklärenden Befunde festgestellt worden. Im Rahmen der zahnärztlichen Untersuchung ließen sich zunächst einmal in erheblichem Maße Bruxofacetten nachweisen, über die der Schmerz auch auslösbar war. Neben Myogelosen wurden okklusale Störkontakte nachgewiesen, die mit Hilfe einer Aufbissschiene ausgeglichen wurden und auch eine gewisse Linderung brachten, aber keine Beschwerdefreiheit herbeiführten. Bei der weiteren Befragung stellte sich heraus, dass die Patientin durch die Geburt ihrer zwei Töchter innerhalb von 15 Monaten, einer Umschulungsmaßnahme und der Tatsache, dass ihr Partner während der Woche berufsbedingt nicht bei der Familie wohnen konnte, in erheblichem Maße überfordert war. In diesem Fall war es durch die starke soziale Belastung zur Ausbildung des Dysfunktionssyndroms gekommen. Seit Jahren bestehende okklusale Störkontakte führten erst in Kombination mit dem stressinduzierten Bruxismus zu Beschwerden. Die Tatsache, dass trotz des okklusalen Ausgleichs die Beschwerden in leicht gemilderter Form persistierten zeigt, in welchem Ausmaß psychische Faktoren am Krankheitsgeschehen beteiligt sind.

Fall 3. Demgegenüber steht der Fall einer 61-jährigen Patientin, die eine Schmerzanamnese von ca. zehn Jahren aufwies. Zum damaligen Zeitpunkt sei ihr links im Unterkiefer eine Brücke eingegliedert worden, die funktionell zwar in Ordnung gewesen sei, deren umgehende Erneuerung sie jedoch verlangt habe, da sie eine zahnfarbene, ästhetisch schönere Ausführung gewünscht habe. Während der Zeit der Neuanfertigung der Brücke starb der Sohn der Patientin an den Folgen eines Verkehrsunfalls. Die Eingliederung der zweiten, den ästhetischen Vorstellungen der Patientin entsprechenden Brücke, führte zu linksseitigen Gesichtsschmerzen, die die Patientin Tag und Nacht nicht zur Ruhe kommen ließen. Es entwickelte sich auch ein Tinnitus aurium. Die Folgen waren vielfache Medikamentengaben, Extraktionen im Unterkiefer, die zu einer Beschwerdeintensivierung geführt hatten und die Eingliederung einer partiellen unteren Prothese, die entsprechend den Regeln der zahnärztlichen Kunst ohne

Mängel ausgeführt war. Sämtliche in Betracht kommenden organischen Ursachen des Schmerzsyndroms konnten eindeutig ausgeschossen werden. In diesem Fall wurden auch okklusale Störkontakte eindeutig ausgeschlossen. Die Patientin war vor ihrem 50. Lebensjahr vollkommen gesund und auch eine zu einem späteren Zeitpunkt rechts im Oberkiefer eingegliederte Brücke vertrug sie problemlos. Lediglich links im Unterkiefer konnte trotz vielfältiger somatischer Behandlungsversuche keine Beschwerdefreiheit erzielt werden. Erst eine psychotherapeutische Behandlung ca. zwölf Jahre nach Beschwerdebeginn half der Patientin, den traumatischen Verlust ihres Sohnes zu verarbeiten und auf diesem Wege zumindest eine erhebliche Beschwerdeminderung links im Unterkiefer zu erfahren.
In diesem Fall müsste als Ursache der Schmerzen eine Somatisierungsstörung angenommen werden.

Die Fallbeispiele zeigen, dass das Spektrum der zugrundeliegenden Ursachen von rein somatischen Erkrankungen über funktionell überlagerte bis hin zu überwiegend psychoreaktiv entstandenen Krankheitsbildern reichen. (Suvinen u. Reade 1995, Dieterich u. Mitarb. 1996).

Angesichts der Multikausalität des Krankheitsbildes eines Dysfunktionssyndroms ist eine interdisziplinäre Vorgehensweise absolut notwendig.

Spezielle Therapie. Die Behandlung craniomandibulärer Dysfunktionen ist im wesentlichen konservativer Natur, die zahnärztlicherseits die Behandlung von Okklusionsstörungen, Physiotherapie, Entspannungsübungen (progressive Muskelrelaxation nach Jakobson), autogenes Trainigung, EMG-Feedback-Training, Gesichtsselbstmassagen (Selbstbehandlung nach Schulte), Physiotherapie und gegebenenfalls die medikamentöse Behandlung mit Muskelrelaxantien und Analgetika beinhaltet. Hilfreich sein kann auch der Einsatz von trizyklischen Antidepressiva, Antikonvulsiva und die Lokalanästhetikainjektion in sog. trigger points. Eine umfassende Aufklärung des Patienten zur Bewusstmachung psychogener Komponenten, pathologischer Habits und Parafunktionen ist in jedem Fall erforderlich. Gerade bei akuten Schmerzzuständen ist die sinnvolle Kombination der oben aufgelisteten Therapieansätze indiziert. Eine interdisziplinäre Vorgehensweise sollte bei Symptompersistenz dringend angeraten werden.

Weitere zahnärztliche Ursachen unklarer Beschwerdebilder

Die Krankengeschichten psychosomatisch Erkrankter in der Zahnheilkunde sind gekennzeichnet von vielfach geäußerten Verdachtsdiagnosen mit entsprechend nachfolgenden Untersuchungen und mehr oder weniger invasiven Therapien. Wert und Unwert einiger typischer Verdachtsdiagnosen seien im folgenden kurz dargestellt.

Allergie

Allergien gegen Inhaltsstoffe zahnärztlicher Materialien sind bekannt (Herrmann 1985, 1989). Sie werden immer öfter auch als Ursache für unklare Beschwerden angenommen, am hartnäckigsten von den Patienten selbst, weil sie eine solche Erkrankung für gegebenenfalls hoffähiger ansehen als eine psychosomatische Störung.

Die Häufigkeit echter Allergien auf dentale Kunststoffe lag bei unterschiedlichen Querschnittsunterschungen, aber auch bei gezielten Überprüfungen der spezifischen Patientengruppen, die in der Regel intensiv über Mundschleimhautbrennen klagten, unter 1% (Forck 1976, Gasser 1970, Marx u. Mitarb. 1982, Wakkers-Garritsen u. Mitarb. 1975). Trotz einer unüberschaubaren Vielzahl von Publikationen, die sich mit der Frage allergischen Geschehens in Zusammenhang mit zahnärztlichen Materialien beschäftigen, muss man den Schluss ziehen, dass trotz erheblicher Unterschiede im Detail alle Autoren sich einig sind, dass bei der Fülle von Verdachtsfällen eine allergische Verursachung eher die Ausnahme als die Regel darstellt (Figgener 1991). Damit stellt die Allergieverdachtsdiagnose nach dem heutigen Kenntnisstand eine Verlegenheitsdiagnose dar, die jedoch, wenn sie einmal geäußert wurde, mit äußerster Sorgfalt ausgeschlossen werden muss.

Marxkors und Meiners (1992) stellen heraus, dass aufgrund der Speichelfunktion, fehlender Haarfollikel der Mundschleimhaut, einer hohen Resorptionsrate und der enzymatischen Metabolisierung (Kappert 1989) die Schwelle, ab der die Mundschleimhaut auf allergene Substanzen reagiert, etwa fünf bis zwölf Mal höher ist als die der äußeren Haut. So kann man in der Regel davon ausgehen, dass, wenn die äußere Haut nicht reagiert, Reaktionen der Mundschleimhaut unwahrscheinlich sind, insbesondere dann, wenn das exakt pathologisch definierte Krankheitsbild nicht vorliegt.

Elektrische Phänomene

An allen metallischen Restaurationen kommt es als unvermeidbare Folge elektrochemischer Reaktionen zwischen Metall und Elektrolyten zu elektrischen Potentialen. Positive Metallionen werden freigesetzt, deren Elektronen verbleiben im Metall. Es entsteht eine elektrische Doppelschicht mit hohem elektrischen Widerstand. Zusammengefasst muss man jedoch - von wenigen leicht zu behebenden Effekten abgesehen - mit Nachdruck davor warnen, elektrische Phänomene als Ursache für Befindlichkeitsstörungen zu diskutieren (Meiners 1984, Marxkors 1970, Marxkors u. Meiners 1992, Kater 1985).

Intoxikationen

Als weiterer Ursachenkomplex für unklare Beschwerden wird die Intoxikation durch dentale Materialien angenommen. Dabei geht es in keinem der Fälle um lokal-toxische Wirkungen, sondern es werden dem Material gleich, ob es Quecksilber aus dem Amalgam oder Palladium ist, immer allgemeine Befindlichkeitsstörungen angelastet. Die Unkenntnis der Fakten führt bei allen Beteiligten zu einer erheblichen Verunsicherung.

In der Zeit von 1978-1992 wurden in der Forschungsstelle für Psychopathologie und Psychosomatik in Münster u. a. 192 Patienten, die ihre Beschwerden auf Amalgamfüllungen zurückführten, interdisziplinär untersucht. Bei 136 dieser Patienten waren schon alle Amalgamfüllungen entfernt worden. Bei 120 änderte sich das Beschwerdebild nicht. 16 Patienten glaubten, dass es ihnen nach Entfernen der Amalgamfüllungen besser ging. Selbst wenn bei diesen 16 Patienten die Beschwerden dauerhaft verschwanden, so ist damit keineswegs bewiesen, dass Quecksilber die Ursache war. Denkbar ist durchaus, dass mit dem Entfernen der Füllungen Suprakontakte entfernt wurden, so dass es sich bei den Beschwerden um cranio-mandibuläre Dysfunktionssyndrome gehandelt haben kann. Bei 180 der 192 Patienten konnte aufgrund einer vertieften biographischen Anamnese ermittelt werden, dass ihre Beschwerden Ausdruck einer psychischen Störung waren (Müller-Fahlbusch u. Mitarb. 1983).

Die WHO gibt als Schwellenkonzentration für Quecksilber, jenseits welcher besonders empfindliche Individuen eventuell mit Frühsymptomen reagieren könnten, mit 150 µg/Liter Urin an. Die Werte, die bei Patienten gemessen werden konnten, die ihre Beschwerden auf das Amalgam zurückführten, lagen bei maximal 1/10 dieser Konzentration, gleich, ob mit Dimaval ausgeschwemmt wurde oder alle Amalgamfüllungen entfernt worden waren. Bedenklich muss die Tatsache in diesem Zusammenhang stimmen, dass auch die Gabe eines Placebos positive Wirkungen hervorrufen kann (Mayer 1996).

Literatur

Basker, R. M., Main, D. M. G. The cause and management of Burning Mouth Condition. Sp Care in Dent 11, 89 - 96 (1991)

Basker, R. M., Sturdee, D. W., Davenport, J C. Patients with Burning Mouth. A clinical investigation of causative factors, including the climateric and diabetes. Br Dent J 145, 9 - 16 (1978)

Cathomen-Rötheli M, Habi V, Graber G. Untersuchungen über die Persönlichkeitsstruktur an Myoarthropathie erkrankter Patienten. Schweiz Monatsschr Zahnheilkd 1, 29 (1976)

Csernay, A., Graber, G., Pfändler, U. Psychoemotionaler Einfluss auf die Funktion des stomatognathen Systems - eine Studie an Untersuchungsgefangenen. Schweiz Monatsschr Zahnheilkd 94, 274 (1984)

De Boever, J. A. Funktionelle Störungen des Kiefergelenks. In: Zarb, G. A., Carlsson, G. E. (Hrsg.): Physiologie und Pathologie des Kiefergelenks. Quintessenz, Berlin 1985

Demmel, H. J., Lamprecht, F. Psychosomatische Zahnheilkunde. In: Uexküll, T. V. (Hrsg.): Psychosomatische Medizin. (3. Auflage) Urban und Schwarzenberg, München 1986,S. 1072

Dieterich, M. Atypischer Gesichtsschmerz. In: Therapie und Verlauf neurologischer Erkrankungen (Hrsg. T. Brandt, J. Dichgans, H C Diener). Kohlhammer Verlag 1993

Dieterich M., Pfaffenrath V. Atypical Facial Pain. In:Neurological Disorders. Course and treatment. Ed. By T. Brandt. L. Caplan, J. Dichgans et al. Academic Press, San Diego, 1996

Egle, U.T. Früherkennung psychogener Schmerzpatienten. Phillip 10, 95 (1993)

Fallschlüssel GKH: Psychische Disposition und Streß als ätiologische Faktoren stomatognather Funktionsstörung. Dtsch Zahnärztl Z. 1984; 39: 445

Ferger, P., Schreiner, A. Okklusion und Dysfunktionssymptome. Zahnärztl Welt 100, 160 (1991)

Figgener, L. Der Patient mit unklaren Beschwerden im Mund-, Kiefer-, Gesichtsbereich -ein werkstoffbedingtes oder ein patientenspezifisches Probelm? Habilitationsschrift, Münster 1991

Figgener, L., Marxkors, R. Zungenbrennen und Kieferrelation. Phillip J 8, 142 (1991)

Fleischer-Peters, A. Der orale Bereich aus psychosomatischer Sicht. In: Schneller, T., Fleischer-Peters, A. (Hrsg.): Anwendung psychologischer Methoden in der Zahnmedizin. Frankfurt 1985

Forck, G. Allergische Reaktionen der Mundschleimhaut bei Prothesenträgern. Dtsch Zahnärztl Z 31, 10 (1976)

Forman, R., Gregg Settle, R. Burning Mouth Symptoms: a clinical review, Part I. Compend Contin Educ Dent 11, 74 - 82 (1990)

Freud S. Das Ich und die Abwehrmechanismen. München: Fischer, 1980

Frisch, J., Katz, L., Ferreira, A. A study on the relationship between bruxism and aggression. J of Periodontologie 31, 409 (1960)

Gasser, F. Auswirkungen von Prothesen auf die Gewebe des Prothesenbettes. Dtsch zahnärztl Z 25, 784 (1970)

Gerber, A., Steinhard, G. Kiefergelenkstörungen - Diagnostik und Therapie. Quintessenz, Berlin 1989

Glaros, A. G. Incidence of diurnal and nocturnal bruxism. J of prosthetic dentistry 45, 545 (1981)

Glaros, A. G., Rao, S. M. Bruxism, a critical review. Psychological Bulletin 84, 767 (1977)

Gorsky, M., Silverman, S., Chinn, H.: Clinical characteristics and management outcome in the Burning Mouth Syndrome. An open study of 130 patients. Oral Surg Oral Med Orald Path 72, 192 - 195 (1991)

Graber, G. Biologie der Okklusion, Teil II Der freie Zahnarzt 33, Heft 2, 34 (1989a)

Graber, G Der Einfluss von Psyche und Streß bei dysfunktionalen Erkrankungen des stomatognathen Systems. In: Hupfauf, L. (Hrsg.): Funktionsstörungen im Kauorgan. Urban & Schwarzenberg, München, 1989b

Graber, G. Neurologische und psychosomatische Aspekte der Myoarthropathie des Kauorgans. Zahnärztl Welt 80, 977 (1971)

Grushka, M. Clinical features of Burning Mouth Syndrome. Oral Surg oral Med Oral Path 63, 30 - 36 (1987)

Hampf, G., Ekholm, A., Salo, T., Ylipaavalniemi, P., Aalberg, V., Tuominen, S., Alfthan, G. Pain in oral galvanism. Pain 29,301 (1987)

Haneke, E. Zungen- und Mundschleimhautbrennen - Klinik, Differentialdiagnose, Ätiologie, Therapie. Hanser, München 1980

Heggendorn, H., Vogt. P. H., Graber, G. Experimentelle Untersuchungen über die orale Hyperaktivität bei psychischer Belastung, im besonderen bei Aggression. Schweiz Monatsschr Zahnheilk 89, 1148 (1979)

Helkimo, M. Epidemiologische Untersuchungen der Funktionsstörungen des Kausystems. In: Zarb, G. A., Carlsson, G. E. (Hrsg.): Physiologie und Pathologie des Kiefergelenks. Quintessenz, Berlin 1985

Herrmann, D. Allergien auf zahnärztliche Werkstoffe. In: Voß, R., Meiners, H. (Hrsg.): Fortschritte der Zahnärztlichen Prothetik und Werkstoffkunde. Bd 4. Hanser, München 1989

Herrmann, D. Biocompatibilität dentaler Legierungen. Dtsch Zahnärztl Z 40, 261 (1985)

Holland-Moritz, R.: Systematische Befunderhebung bei Zahnersatzunverträglichkeit. Ein Modellversuch. Dtsch Zahnärztl Z 1979; 34: 786-788

Ide Aravena, W. Mundschleimhautbrennen Med. Diss., Münster 1996

Jacobson S: The treatment of maxillomandibular disharmonies - an intra-oral approach.

Jäger, K., Borner, A., Graber G. Epidemiologische Untersuchungen über die Ätiologiefaktoren dysfunktioneller Erkrankungen im stomatognathen System. Schweiz Monatsschr Zahnheilkd 97, 1351 (1987)

Kappert, H. F., Ulbrich, J., Gläß, P., Huber, H., Neumüller, H. Schwellenwertbestimmung für die Auslösung sensibler Reaktionen durch galvanische Potentiale in der Mundhöhle. Dtsch Zahnärztl Z 44, 50 (1989)

Kater, S., Letourneau, P. Biology of the Nerve Growth Cone. Alan, R., Liss Inc., New York 1985 (zitiert nach Marxkors, R., Meiners, H.: Taschenbuch zahnärztliche Werkstoffkunde. 4. Auflage Hanser, München 1993)

Klein, P. Epidemiologische Untersuchungen manibulärer Dysfunktionen am Patienten - Gut der Poliklinik für Zahnärztliche Prothetik in München. Med. Diss., München 1986

Koeck, B. Experimentelle Untersuchungen zur Dynamik des Unterkiefers während des Nachtschlafs. Quintessenz, Berlin 1982

Lamey, P. J. and Lamb, A. B. The usefulness of the HAD Scale in assesing anxiety and depression in patients with Burning Mouth Syndrome. Org Surg Or Med Or Path 67, 390 - 392 (1989)

Laskin, D.M. Etiology of the pain dysfunctionsyndrome. J Amer Dent Assoc 79, 147 (1969)

Lazarus, R.S. Streß und Streßbewältigung. In: Filipp, S. H. (Hrsg.): Kritische Lebensereignisse. Urban & Schwarzenberg, München 1981

Linquist, B. Burxismus in twins. Acta Odontologica Scandinavica 32, 177 (1974)

Main, D. M. G., Basker, R. M. Patients complaining of a Burning Mouth. Further experience in clinical assessment and management. Br Dent J 154, 206 - 211 (1983)

Marbach, J.J. Phantom bite. J Amer Orthodont 70, 190 (1976)

Marx, H., Barz, K., Schubert, A. Zur Epikutantestung bei Allergie auf Prothesenkunststoff. Dtsch Zahnärztl Z 37, 783 (1982)

Marxkors, R. Korrosionserscheinungen an Amalgamfüllungen und deren Auswirkung auf den menschlichen Organismus. Dtsch Zahnärztbl 24, 53, 170 (1970)

Marxkors, R. Lehrbuch der zahnärztlichen Prothetik. Dt Ärzteverlag DÄV Hanser, Köln 2000

Marxkors, R., Ferger, P. Qualitätsfragen. In: Zahnärztekammer Westfalen-Lippe (Hrsg.): Prothetik heute. Bd. 3. Wessels, Greven 1989

Marxkors, R., Meiners, H. Bewertung elektrochemischer Vorgänge in der Mundhöhle. Hanser, München 1992

Mayer, K. Risikobestimmung der Amalgambelastung. Zahnärztl Welt 105, 213 - 218 und 218 - 283 (1996)

Meiners, H. Elektrische Erscheinungen an metallischen Füllungen. Zahnärztl Welt 93, 38 (1984)

Molin, C., Schalling, D., Edman, G. Psychological studies of patients with mandibular pain dysfunction. 1. Personality traits in patients and controls. Swed Dent J 66, 1 (1973)

Moulton, R. Psychiatric considerations in maxillofacial pain. J Am Dent Assoc 51, 408 (1955)

Müller-Fahlbusch H. Ärztliche Psychologie und Psychosomatik in der Zahnheilkunde In: Körber E, Klaiber B (Hrsg): Dent Praxis. Thieme, Stuttgart 1992

Müller-Fahlbusch, H. Atypischer Gesichtsschmerz und larvierte Depression. Öffentl.-Gesundh-Wesen 42, 264 (1980)

Müller-Fahlbusch, H., Wöhning, T. Psychosomatische Untersuchung der mit Amalgamfüllungen in Verbindung gebrachten Beschwerden. Dtsch Zahnärztl Z 38, 665 (1983)

Ott, R. W. Über die Reaktion der Kaumuskulatur auf okklusal bedingte Funktionsstörungen. Eine elektromyographische Studie. Dtsch Zahnärztl Z 40, 211 (1985)

Pinsky, J. J. Psychodynamics and psychotherapy in the treatment of patients with chronic intractable pain. In: Crue, B. L. (Hrsg.): Pain: research and treatment. Academic Press, New York 1975, S. 383

Pinsky, J. J. Aspects of the psychology of pain. In: Crue, B. L. (Hrsg.): Chronic pain. Spectrum Press, New York 1979 S. 301

Plata, M., Barghi, N., Rey, R. Clinical evaluation of induced occlusal dysharmonie. J of Dental Research 61, 204 (1982)

Raetzke, P. Der Einfluß von Streß auf die oralen Strukturen. In: Schneller, T., Fleischer-Peters, A. (Hrsg.): Anwendung psychologischer Methoden in der Zahnmedizin. Frankfurt a. M. 1985

Reding GR, Zepelin H, Robinson JE, Zimmermann S, Smith VH. Nocturnal teeth-grinding: all-night psychophysiologic studies. J Dent Res 1968; 47:786

Remick, R. A, Blasberg, B, Campos P. E et al Psychiatric Disorders Associated With Atypical Facial Pain. Can J Psychiatry 28: 178-181 (1983)

Schneider, H. Psychosomatische Medizin. Schweiz Mschr Zahnheilk 78, 921 (1968)

Schulte W: Anleitung zum Gebrauch des Diagnose- und Therapieschemas bei Myo-Arthropathien des Kauapparates. Dtsch Zahnärztl Z. 1970; 25:437

Simons, D.G., Travell, J. G. Myofascial pain syndromes. In: Wall, P. D., Melzack, R. (Hrsg.): Textbook of pain. Churchill Livingstone, Edingburgh 1984, S. 263

Studienhandbuch des Projektes „Qualitätssicherung in der Zahnmedizin" Würzburg, 1988

Suvinen TI, Reade PC. Temporomandibular disorders: a critical review of the nature of pain and ist assessment. J Orofac Pain 1995; 9(4):317-39

Takada, K. Clinical study of the temporomandibular joint disturbances I. Statistical observations of patients with temporomandibular arthrosis Osaka Univ dent J 11, 7 (1971)

Thaller, J. L., Rosen, G., Saltzman, S. Study of the relationship of frustration and anxiety to bruxism. J of Periodontology 38, 193 (1967)

Van der Ploeg, H. M., van der Waal, N., Eijkman, M. A. J., van der Waal I. Psychological aspects of patients with Burning Mouth syndrome. Oral Surg Oral Med Oral Path 63, 664 – 668 (1987)

Vernallis, F. F. Teeth-grinding: some relationship to anxiety, hostility and hyperactivity. J of Clinical Psychology 11, 389 (1955)

Wagner, I. V., Thiele, P., Wagner, S. Symptomatik, Untersuchungsmethoden und therapeutische Möglichkeiten beim Syndrom „Brennender Mund". Stomatol DDR 24, 285 – 289 (1974)

Wakkers-Garritsen, B.G., Timmer, L.H., Nater, J.P. Etiological factors in the denture sore mouth syndrome: an investigation of 24 patients. Contact Dermatitis 1, 337 (1975)

Wardrop, R. W., Hailes, J., Burger, H., Reade, P. C. Oral discomfort at menopause. Oral Surg Oral Med Oral Path 67, 535 - 540 (1989)

Weizsäcker v., V. Der Gestaltkreis (Theorie der Einheit von Wahrnehmen und Bewegen). Thieme, Leipzig 1940

Wolowski, A. Zur Erkennung psychosoamtisch erkrankter Patienten in der Zahnmedizin. Habiitationsschrift, Münster 1996

Wolowski, A., Hansmeier, U. So gewöhnt sich der Patient an seine neue Prothese Zahnärztl. Mitt. 87, 654 - 658 (1997)

Yusuf, H, Rothwell P. S Temporomandibular joint pain – dysfunction in patients suffering from atypical facial pain. Br. Dent. J 161: 208-212 (1986)

14. Somatisierungssyndrome in der Umweltmedizin

Herbert Csef

Bei der klinischen Umweltmedizin suchen Patienten Hilfe, die ihre Symptome auf schädigende Umwelteinflüsse (z.B. Umweltgifte, Schadstoffe, Lärm usw.) zurückführen (subjektive Krankheitstheorie, Kausalattribution). Eine wissenschaftlich orientierte Umweltmedizin hat dann die Aufgabe, durch Biomonitoring und Ambientemonitoring die schädigende Umwelteinwirkung nachzuweisen. Lassen sich durch die aufwendige umweltmedizinische Diagnostik die vermuteten Umwelteinwirkungen nicht verifizieren, so stellt sich die Frage, ob eine somatoforme Störung oder andere psychische Störungen dem Beschwerdebild zugrunde liegen. Das klassische Somatisierungskonzept (körperliche Symptome ohne organische Ursache oder biomedizinische Erklärung) spielt dann eine zentrale Rolle in der Diskussion möglicher psychosomatischer Zusammenhänge.
Der folgende Beitrag beginnt mit einer Definition und klinischen Deskription der häufigsten unspezifischen Umwelt-Syndrome: Multiple Chemische Sensitivität (Multiple Chemical Sensitivities, MCS), Idiopathische Umweltbezogene Unverträglichkeiten (Idiopathic Environmental Intolerances, IEI) und Sick Building Syndrome (SBS). Die genannten Umwelt-Syndrome haben grundlegende Gemeinsamkeiten mit dem Chronic Fatigue Syndrom (CFS) und mit der Fibromyalgie (Csef 1999). Ätiologie und Pathogenese der genannten unspezifischen Umweltsyndrome sind wissenschaftlich nicht geklärt. Die verbreitetsten somatischen und psychologischen Erklärungsmodelle werden vorgestellt. Im diagnostischen Prozess ist eine sorgfältige umweltmedizinische Diagnostik unabdingbare Voraussetzung. Die subjektive Krankheitstheorie des Patienten muss intensiv wahrgenommen und beachtet werden, da sonst der therapeutische Zugang erheblich erschwert wird. Der Zusammenhang von somatoformen Störungen und Angststörungen mit Umweltkrankheiten wie MCS ist eng. Beide Syndrome überlappen sich. Untersuchungen zur Prävalenz psychischer Störungen bei Umweltkranken ergaben einen hohen Prozentsatz von somatoformen Störungen. Da es jedoch für MCS weder valide Einschluss- noch Ausschlusskriterien gibt, kann diese Diagnose nicht ausgeschlossen werden. Wegen der diagnostischen Schwierigkeiten ist eine interdisziplinäre Zusammenarbeit relevanter medizinischer Fachgebiete dringend erforderlich. Umweltmedizin, Toxikologie, Allergologie, HNO, Innere Medizin, Neurologie, Psychiatrie, Psychotherapie und Psychosomatik müssen kooperieren. Psychotherapeuten haben dabei die wichtige Funktion, psychische Störungen auszuschließen oder positiv zu bestätigen und erfolgversprechende psychotherapeutische Interventionen anzubieten. Zwischen Umweltkranken und Umweltmedizin einerseits sowie dem Fachgebiet Psychotherapie/Psychosomatik anderseits besteht eine sehr schwierige Beziehung. Zahlreiche betroffene Umweltpatienten und auch Umweltmediziner lehnen psychologische Erklärungsmodelle und psychotherapeutische Hilfsangebote strikt ab, weil sie sich dadurch psychiatrisiert fühlen. Die Fixierung auf eine exogene Verursachung der Beschwerden erschwert erheblich psychosomatische und psychotherapeutische Zugänge. Diese Kluft zum Wohle der Patienten zu überbrücken, ist eine große Herausforderung für die künftige Beziehung von Umweltmedizin und Psychosomatik.

Definition

Für die ärztliche Praxis erscheint es sinnvoll, spezifische und unspezifische Umwelt-Syndrome zu unterscheiden. Die Umweltmedizin hat in Zusammenarbeit mit der Toxikologie zahlreiche Umweltgifte identifiziert, die bei vorhandener Exposition zu spezifischen Symptomen führen. Entscheidend sind hier die Expositionsanamnese und der Expositionsnachweis sowie aus toxikologischer Sicht die Ermittlung quantifizierter Dosis-Wirkungs-Beziehungen und Aussagen zur Risikobewertung (Risikoabschätzung bezüglich Dosis und Zeit der Einwirkung einer Noxe). Die klinische Umweltmedizin kann insofern den Weg vom Symptom zur Noxe aufklären (Ätiologie), wobei sie auf die Erfahrungen der Arbeitsmedizin zurückgreifen kann. Die Toxikologie hingegen kann die Wirkungsmechanismen erklären und anhand von Dosis-Wirkungs-Beziehungen das Erkrankungsrisiko abschätzen. Bei den spezifischen Umwelt-Syndromen besteht relativ hoher Konsens innerhalb der wissenschaftlichen Medizin. Das Basiswissen über die einzelnen Syndrome ist in den Standardwerken der Umweltmedizin gut nachzulesen (Beyer 1995, Böse-O'Reilly u. Kammerer 1997, Seidel 1996, Wichmann u. Mitarb. 1992). Weit größere Probleme machen die unspezifischen Umwelt-Syndrome. Bei ihnen liegt kein gesichertes Wissen zur Ätiologie und Pathogenese vor, es gibt keine spezifischen Therapieansätze und selbst die Diagnose an sich ist in der wissenschaftlichen Medizin umstritten.

Die folgenden unspezifischen Umweltsyndrome sind in der klinischen Umweltmedizin besonders relevant und sollen deshalb im folgenden näher definiert werden:

- Multiple chemische Sensitivität (Multiple Chemical Sensitivities), MCS
- Idiopathische umweltbezogene Unverträglichkeiten (Idiopathic Environmental Intolerances), IEI
- Sick Building Syndrome, SBS

Diese klinischen Zuordnungen sind keine klar definierten Diagnosen, sondern haben den Charakter von Arbeitshypothesen. Auf diesem Gebiet besteht deshalb ein äußerst dringlicher Bedarf an Forschung und kontinuierlicher Konsensbildung auf der Basis neuer wissenschaftlicher Erkenntnisse. Da es in unserem Land sehr viele Patienten gibt, die die Diagnose MCS, CFS oder SBS bereits erhalten haben, ergibt sich allein schon aus Versorgungsaspekten ein enormer Klärungsbedarf.

Multiple Chemical Sensitivity (MCS) - Multiple Chemische Sensitivität

MCS ist keine wissenschaftlich anerkannte Diagnose. Sie hat allenfalls den Charakter einer Arbeitshypothese. Der Begriff MCS ist jedoch weit verbreitet und hat sich quasi eingebürgert. Zahlreiche Patienten gehen mit dieser Diagnose von Arzt zu Arzt, beschäftigen Institutionen und Entscheidungsträger. MCS ist Gegenstand wissenschaftlicher Diskussionen und in Laienliteratur, Ratgebern und Massenmedien weit verbreitet. MCS-Selbsthilfegruppen und Interessensverbände stimulieren die Diskussion erheblich. Angesichts der großen Verbreitung, der kontroversen Diskussionen und der erheblichen Folgen für das Gesundheits- und Sozialsystem unseres Landes besteht dringender Forschungsbedarf (Maschewsky 1996). Auf einer Experten-Tagung in Berlin im Februar 1996, an der neben zahlreichen relevanten Vereinigungen auch das Umweltbundesamt teilgenommen hat, wurde beschlossen, den Begriff MCS durch IEI (Idiopathic Environmental Intolerances) zu ersetzen (Eis u. Mitarb. 1997). Die jahrzehntelange kontroverse Diskussion um MCS zeigt sich in der schillernden Vielzahl der verwendeten Synonyme (Tab. 14.**1**)

Der Begriff MCS beschreibt eine „neuartige umweltmedizinische Symptomkonstellation" (Altenkirch 1995), die vor etwa 40 Jahren in den USA beschrieben wurde. Cullen (1987) legte die folgende MCS-Definition vor, die weite Verbreitung fand (Tab. 14.2)

Tabelle 14.1 Bezeichnungen der „Umweltkrankheiten"

Englischsprachige	Deutschsprachige
environmental illness	Umweltkrankheit
environmentally induced disease	multiple chemische Sensibilität
chemical hypersensitivity syndrome	MCS-Syndrom
multiple chemical sensitivities	Öko-Syndrom
cerebral allergy	klinisches Ökologie-Syndrom
chemically induced immune dysregulation	Ökochondrie
20th century disease	Umweltphobie
total allergy syndrome	Toxikophobie
ecologic illness	Chemophobie
food and chemical sensitivities	toxikopiebedingte Erkrankung

Tabelle 14.2 MCS-Definition nach Cullen (1987)

MCS wird durch folgende Diagnosekriterien definiert:

- MCS ist eine erworbene Störung, die in einem zeitlichen Bezug zu einer dokumentierbaren Umweltexposition entstanden ist.
- Die Symptome betreffen mehrere Organsysteme und variieren in Abhängigkeit von vorhersagbaren Umweltstimuli.
- Die Symptome werden durch Exposition von nachweisbaren, jedoch nur gering konzentrierten Chemikalien hervorgerufen.
- Verfügbare Tests zur Erfassung der Funktion von Organsystemen können die Symptome nicht klären.

Idiopathic Environmental Intolerances (IEI) - Idiopathische umweltbezogene Unverträglichkeiten

Dieser neue Begriff des IEI wird ebenfalls als Arbeitsdefinition aufgefasst, der jedoch deutlich andere Akzente setzt als der Begriff MCS. Nach Eis u. Mitarb. (1997) wird das Umweltsyndrom IEI wie folgt definiert (Tab. 14.3).

Tabelle 14.3 Idiopathic Environmental Intolerances (IEI) – idiopathische umweltbezogene Unverträgiichkeiten (Arbeitsdefinition einer Expertengruppe, Berlin 1996)

- Erworbene Störung mit multiplen rezidivierenden Symptomen
- Die Störung steht im Zusammenhang mit vielfältigen Umwelteinflüssen, die von der Mehrzahl der Bevölkerung gut vertragen werden
- Die Symptomatik ist durch keine bekannte medizinische oder psychiatrisch/psychologische Störung erklärbar

Wie in anderen medizinischen Fachgebieten üblich, verweist der Begriff idiopathisch darauf, dass die Umweltkrankheit IEI in ihrer Ätiologie und Pathogenese ungeklärt ist. Die weitere Deskription als umweltbezogen macht deutlich, dass der Patient subjektiv seine Beschwerden auf Einflüsse aus der Umwelt zurückführt. Die ausgeprägte Subjektivität wird dadurch verstärkt, dass die Mehrzahl der Menschen diese Umweltfaktoren ohne Beschwerden toleriert. In die IEI-Definition wurden hilfreiche Ausschlusskriterien aufgenommen. Das unspezifische Umwelt-Syndrom IEI darf nicht durch eine bekannte medizinische oder psychiatrische/psychologische Störungen erklärbar sein. Das Spektrum der von dem Patienten geschilderten Krankheitssymptome, der multisymptomatische Beschwerdekomplex, ist bei MCS und IEI identisch (s. Tab. 14.5).

Sick Building Syndrom (SBS)

Das Sick Building Syndrom SBS unterscheidet sich von MCS und IEI in wesentlichen Punkten. Mit SBS wird ein Syndrom beschrieben, das bei einem größeren Personenkreis typischerweise beim Aufenthalt in bestimmten Innenräumen oder Gebäuden auftritt oder sich verschlimmert (Brede-Weisflog 1996). Nach dem Verlassen dieser Räume / Gebäude sich bessert es sich oder verschwindet ganz. Im Gegensatz zu SBS erkrankt also keine Einzelperson, sondern eine Gruppe von Personen, die sich alle im gleichen Raum oder Gebäude befinden (ca. 20 % der Gesamtpersonen). Das SBS ist von der Building Related Illness (BRI) abzugrenzen. Bei BRI handelt es sich um klar definierte Krankheitsbilder mit konkret nachgewiesenen Substanzen (z.B. Asbest-belastete Räume). Die Gemeinsamkeiten von SBS und MCS/IEI liegen darin, dass die Ätiologie und Pathogenese ebenfalls ungeklärt sind, dass die pathochemischen Erklärungshypothesen übereinstimmen und dass die von den Patienten geschilderten Symptome sehr ähnlich sind (s. Tab. 14.5). Es sind also überwiegende Reiz-Symptome der Haut, der Augen, der Nase und des Rachens und vielgestaltige ZNS-bezogene Symptome, wie Kopfschmerzen, Müdigkeit oder Konzentrationsschwäche.

Epidemiologie

Nachdem bislang verbindliche Krankheitsdefinitionen fehlen, können verständlicherweise keine zuverlässigen epidemiologischen Zahlen zur MCS, IEI oder SBS vorliegen. Vermutlich hat die Intensität der MCS-Diskussion in den Medien, bei Umweltmedizinern und bei politischen Gruppierungen einen Einfluss auf die Häufigkeit der MCS-Diagnosestellung. Ob dies einer faktischen Häufigkeitszunahme entspricht, kann derzeit noch nicht wissenschaftlich beantwortet werden. Umweltmediziner, die mit der MCS-Diagnose arbeiten, geben Prävalenzraten von 2-10% für die Allgemeinbevölkerung an. Arbeiter, die mit Organophosphaten oder Lösungsmittel arbeiten, sollen sogar eine Prävalenz von 13-19% für MCS haben (zitiert nach Henningsen u. Sack 1998). Mehrere Untersuchungen an umweltmedizinischen Ambulanzen haben ergeben, dass nur bei etwa 10-20% der dort vorgestellten Patienten Umweltchemikalien „als Ursache der Störung in Frage kamen“ (Tretter 1996). Die postulierte MCS-Häufigkeit hängt entscheidend davon ab, ob im verwendeten Konzept ein umweltmedizinischer Schadstoffnachweis im Bio- und Ambientemonitoring gefordert wird. Beruht die MCS-Diagnose ausschließlich auf klinischen Symptomen und subjektiven Angaben des Patienten, so ergeben sich bei Anhängern des MCS-Konzeptes sehr hohe Prävalenzraten. Nach Cernaj (1995) sollen sogar etwa 15% der Bevölkerung an MCS erkrankt sein, sodass es in Deutschland etwa 12 Mio. MSC-Kranke geben soll. Diese Angaben sind nicht durch wissenschaftliche Untersuchungen belegt. Die Häufigkeit der gestellten MCS-Diagnosen hängt bedauerlicherweise nicht von objektivierbaren Nachweisen ab, sondern vom jeweiligen Weltbild und den damit verbundenen Theorien (Wolf 1996). Dies unterstreicht den enormen Forschungsbedarf und das wichtige wissenschaftliche Bestreben, mit einer konsensfähigen Arbeitshypothese erstmals in Multicenter-Studien aussagekräftige Zahlen über MCS zu erarbeiten (Eikmann u. Mitarb. 1997, Eis u. Mitarb. 1997).

Ätiopathogenese

Hinsichtlich der Ätiologie stehen sich biogene und psychogene Ätiologiekonzepte relativ unvereinbar gegenüber und werden in einer leidenschaftlichen Kontroverse diskutiert. Die Ätiologiediskussion markiert eine tiefe Kluft, die sowohl die Umweltmedizin, die betroffenen Patienten und das medizinische Versorsorgungssystem durchziehen. Die meisten Umweltpatienten selbst beharren vehement auf einer überwiegend biogenen und exogenen Ätiologie. Werden psychische Faktoren ins Spiel gebracht, werden diese oft vehement mit dem Vorwurf zurückgewiesen, dies führe zu einer unzulässigen Psychiatrisierung der Umweltkranken. Die wissenschaftlichen Erkenntnisse zur Ätiologie und Pathogenese reichen keinesfalls aus, um auf dem heutigen Wissensstand die Ätiologiefrage zu beantworten. Die Entweder-Oder-Struktur des Ätiologiediskurses dürfte wenig hilfreich sein. Wie in anderen psychosomatischen Forschungsfeldern auch würde es wohl der Sache und dem Wohl der Patienten mehr dienen, wenn sowohl psychogene als auch biogene Einflussfaktoren gleichwertig diskutiert würden.

Biologische Modelle

In den biogenen Ätiologiemodellen wird davon ausgegangen, dass exogene Umweltfaktoren biologische Pathomechanismen auslösen. Dabei stehen immunologische (Albright u. Goldstein 1992) und neurogene bzw. zentralnervöse Mechanismen im Vordergrund. Internationale Arbeitsgruppen haben auf einem Workshop in Princeton (New Jersey) im Jahre 1995 die möglichen Pathomechanismen von MCS erarbeitet, die als wissenschaftliche Hypothesen experimentell überprüfbar erscheinen. Roscher und Kobal (1997) haben diese Pathomechanismen in einem Thesenpapier ausführlich diskutiert. Sie werden in Tab. 14.4 zusammengefasst.

Tabelle 14.4 Pathomechanismen von MCS (Thesenpapier von Roscher u. Kobal 1997)

Thesenpapier zum Forschungsansatz der klinischen Ökologie
• MCS als Folge eines toxisch bedingten Toleranzverlustes gegenüber Umweltchemikalien in niedrigen Dosierungen
• MCS als Folge klassischer Konditionierungsvorgänge
• MCS als Folge psychoneuroimmunologischer Einflüsse
• MCS als Folge neurogener Entzündungsmechanismen
• MCS als Folge neuronaler Sensitivierungs- und Kindling-Mechanismen

Psychologische Modelle

Theorien zur Psychogenese geben folgende Erklärungen:

- MCS-Patienten haben eigentlich eine psychische Störung, die sich überwiegend in Körperbeschwerden zeigt, die dann der Patient fälschlicherweise auf exogene Umweltfaktoren zurückführt.
- Unspezifische Körpersymptome oder Befindlichkeitsstörungen werden durch komplexe interpersonale, psychosoziale und kulturgebundene Prozesse neu etikettiert (Aurand u. Mitarb. 1993). Medien, medizinische Strömungen, Alternativmedizin und andere Meinungsbildner tragen erheblich dazu bei, dass Beschwerden, die früher anders gedeutet und benannt wurden, heute mit der Chiffre MCS belegt werden. Shorter (1994) spricht deshalb von „modernen Leiden“. Auch der englischsprachige Begriff „20th century disease“ für MCS stellt eine solche Neuschöpfung dar.

➤ Es gibt bislang nur wenige psychodynamische Untersuchungen zu den unspezifischen Umweltsyndromen MCS, IEI und SBS. Joraschky (1998) berichtet über seine psychoanalytischen Erfahrungen mit 94 Patienten einer Umweltambulanz. Hinsichtlich der zugrundeliegenden psychodynamischen Prozesse unterscheidet der Autor vier verschiedene Patientengruppen:
  - Ängstlich verunsicherte Umweltpatienten, die aufgrund von Fernsehsendungen oder ähnlichen Informationen beunruhigt sind und somatische Abklärung und Information wünschen (Ruff 1990). Hier ist die Psychodynamik als von außen induzierte Situationsangst zu verstehen. Die subjektive Krankheitstheorie dieser Patientengruppe ist relativ flexibel und die Patienten sind relativ leicht wieder zu stabilisieren.
  - Patienten mit stärkeren Ängsten und einer längeren Vorgeschichte, in der verschiedene Krankheitsursachen schon diskutiert wurden. Sie zeigen deutlichere psychische Belastungsfaktoren und eine längere Vorgeschichte flexibler Angstverarbeitungsmechanismen.
  - Die „somatisch fixierten" Umweltpatienten halten am somatischen, d. h. biogenen und exogenen Krankheitskonzept fest.
  - Relativ groß ist nach Joraschky der Anteil der sog. „Vergiftungsüberzeugten" und „Vergiftungsopfer". Sie haben häufig strukturelle Ich-Störungen, so dass die Externalisierung der Ursachen oder des „Bösen" nach außen die Funktion eines Selbstschutzes und damit einen autoprotektiven Sinn hat. Diese Patientengruppe hat häufig Persönlichkeitsstörungen und in der Anamnese „psychotoxische" Erfahrungen, insbesondere sexuellen Missbrauch oder körperliche Misshandlung.

Vergleicht man die hier skizzierten biologischen Pathomechanismen und die psychodynamischen Erklärungsmodelle, so wird deutlich, wie groß die Kluft in der theoretischen Konzeptualisierung ist. Die Psychosomatik als Wissenschaft dürfte am ehesten in der Lage sein, durch ihren Erfahrungsschatz mit multifaktoriellen Erklärungsmodellen und integrativen Behandlungskonzepten zu einer Überbrückung dieser Kluft beizutragen.

Klinische Phänomenologie

Der Beschwerdekomplex MCS umfasst typischerweise Symptome mehrerer Organsysteme, insbesondere des ZNS, des Gastrointestinaltrakts und diverse Reiz-Symptome (Tab. 14.5).

Tabelle 14.5 Symptome des Beschwerdekomplexes MCS

- Symptome des Zentralnervensystems wie Kopfschmerzen, Müdigkeit, allgemeine Schwäche, Störungen der Merkfähigkeit und Konzentration, Schlafstörungen, Schwindel, Ohnmacht
- „Reizsymptome" wie z.B. Reizungen der Schleimhäute, des Auges („Augenbrennen"), Reizhusten
- gastrointestinale Symptome wie z.B. Völlegefühl, Blähungen, Durchfälle, krampfartige Bauchschmerzen

Die erheblichen Nachteile der MCS-Definitionen liegen im unscharf und weit gefassten Expositionsbegriff sowie in den fehlenden Objektivierungsnachweisen. Da bei der Exposition die Spezifität und Dosis der chemischen Substanzen nicht belegt sein müssen, kann letztlich jeder chemische Stoff verantwortlich gemacht werden. So wurde bereits das Betreten eines Gebäudes, Gerüche oder der Verzehr einer Speise fälschlicherweise als Exposition überbewertet (Nix 1996a).

Assoziierte Syndrome

Die Umweltkrankheiten MCS und IEI wurden in zahlreichen wissenschaftlichen Untersuchungen in einem engen Zusammenhang mit dem chronischen Müdigkeits-Syndrom (Chronic Fatigue Syndrom, CFS) und mit der Fibromyalgie gebracht (Buchwald u. Garrity 1994, Csef 1997, 1998, Nasterlack 1998, Nix 1996a, Shorter 1994). Grundlegende Gemeinsamkeiten liegen in der sehr ähnlichen Symptomatik, im Konsultationsverhalten, der Arzt-Patient-Interaktion und in der relativen hohen Komorbidität mit psychischen Störungen. Buchwald und Garrity (1994) haben die multisymptomatischen Beschwerdekomplexe von MCS-, Fibromyalgie- und CFS-Patienten verglichen und dabei sehr ähnliche Beschwerdeprofile gefunden (Tab. 14.6).

Tabelle 14.6 Prävalenz körperlicher und psychischer Symptome von CFS. FM und MCS im Vergleich

	CFS	FM	MCS
Müdigkeit	100	93	90
akuter Beginn	70	57	40
Fieber	33	33	10
Halsschmerzen	37	50	37
Kopfschmerzen	83	67	63
schmerzhafte Lymphknoten	27	67	27
Arthralgien	70	93	73
Myalgien	77	97	63
Muskelschwäche	67	80	67
Heiserkeit	17	27	40
Brennen Mund/Nase	3	10	22
Atemnot	23	37	47
Schlafstörungen	53	77	60
Gedächtnisstörungen	63	77	90
Verwirrtheit	64	73	90
Reizbarkeit	50	57	67
Depressionen	50	33	67

Psychische Komorbidität

In zahlreichen Untersuchungen zu MCS war aufgefallen, dass die Patienten eine hohe Prävalenz psychischer Störungen zeigen, insbesondere Depressionen, Angststörungen und somatoforme Störungen (Altenkirch 1995, Apfel u. Csef 1995, Bock u. Birbaumer 1998, Buchwald u. Garrity 1994, Csef 1996a, 1996b, Nix 1996a, 1996b, Shorter 1994, Tretter 1996). Es liegen Studien vor, die bei Umweltkranken eine Gesamtprävalenz psychischer Störungen von 60-70% ergaben (Nix 1996a, 1996b, Joraschky 1998, Tretter 1996).

Hinsichtlich des Zusammenhanges von psychischen Störungen und den genannten unspezifischen Umwelt-Syndromen sind prinzipiell folgende Erklärungen möglich.

- Die psychische Störungen sind direkte Folge von Umweltgiften.
- Die psychischen Störungen sind Folge eines chronischen Krankheitsverlaufes und jahrelang frustranen Hilfesuchens (z. B. Depression als sekundäre Komorbidität).
- Die psychische Störung war primär und die Umweltkrankheit dient der Abwehr oder Verleugnung einer psychiatrischen Diagnose.

Prinzipiell sind folgende psychische Störungen bei unspezifischen Umwelt-Syndromen differentialdiagnostisch in Betracht zu ziehen (Tab. 14.7).

Tabelle 14.7 Psychische Störungen bei Umweltkranken nach ICD-10-Klassifikation (Differentialdiagnosen, mögliche Komorbiditäten)

• Angststörungen	F 40/41
• somatoforme Störungen	F 45
• Hypochondrie	F 45.2
• wahnhafte Störungen, z.B. Vergiftungswahn	F 22
• affektive Störungen	F 3
• Persönlichkeitsstörungen	F 60–63

Sollte sich in Zukunft die neue Bezeichung IEI als Ersatz für die MCS-Diagnose durchsetzen, so hat dies für die Einordnung psychischer Störungen deutliche Konsequenzen. Wie oben beschrieben, darf die Diagnose IEI nicht gestellt werden, wenn die vom Patienten geschilderten Krankheitssymptome durch eine psychiatrische oder psychologische Störung erklärbar sind.

Somatisierungssyndrome bei Umweltkranken

Lässt sich bei einem Patienten mit umweltbezogenen Beschwerden sowohl im Biomonitoring als auch im Ambientemonitoring keine spezifische Exposition nachweisen, so besteht eine Befundlage, die für somatoforme Störungen typisch ist: Der Patient klagt über Körpersymptome, die durch organische Ursachen oder biomedizinische Zusammenhänge nicht erklärt werden können (Csef 1995). Insofern ist es naheliegend, dass zahlreiche umweltmedizinische Forscher die unspezifischen Umweltsyndrome MCS, IEI oder SBS den somatoformen Störungen zuordnen (Göthe u. Mitarb. 1995, Kraus u. Mitarb. 1995, Henningsen u. Sack 1998). Diese Sichtweise wird überwiegend von jenen umweltmedizinischen Forschern vertreten, die ein psychogenes Ätiologiemodell vertreten. Immerhin ist bemerkenswert, dass auch Vertreter der klinischen Ökologie wie Cullen (1987) konstatieren, dass es eine deutliche Überlappung von MCS und somatoformen Störungen gibt. Der Zusammenhang von MCS und Somatisierungssyndromen begegnet uns in der Forschung in zwei Dimensionen.

- ➤ MCS wird diagnostisch generell den somatoformen Störungen zugeordnet.
- ➤ Positiv diagnostizierte somatoforme Störungen werden als psychiatrische Komorbidität aufgefasst.

Eine interdisziplinäre Arbeitsgruppe aus Erlangen (Kraus u. Mitarb. 1995, Joraschky 1998) fand nach psychiatrischer Evaluation von 94 Patienten einer Umweltambulanz immerhin bei 53% somatoforme Störungen, wobei insgesamt 66% der Patienten psychiatrische Diagnosen nach der ICD 10-Klassifikation hatten. Tretter (1996) warnt vor einer vorschnellen und unkritischen Zuordnung von MCS zu psychiatrischen Diagnosen und sieht auch generelle Unterschiede (z. B. hinsichtlich Manifestationsalter). Er schlägt statt dessen vor, angesichts der vielfältigen offenen Fragen einen allgemeiner gefassten Begriff zu verwenden wie „umweltbezogene funktionelle Syndrome“. Betrachten wir internationale Klassifikationssysteme, so muss vermerkt werden, dass auch andere funktionelle Syndrome, wie z. B. Reizdarmsyndrom oder Herzangstsyndrom in ICD 10 den somatoformen Störungen zugeordnet werden.

Diagnose und Differentialdiagnose

Diagnose und Differentialdiagnose von umweltbezogenen Körperbeschwerden sind eine große Herausforderung, die nur durch gute interdisziplinäre Zusammenarbeit verantwortlich zu leisten ist. Dazu müssen mehrere Fachgebiete gut kooperieren, sonst sind Fehldiagnosen vorprogrammiert. Und diese sind in jeder Hinsicht für den Patienten schädlich. Für die Fachgebiete Psychiatrie, Psychotherapie und Psychosomatik sind die folgenden möglichen Fehldiagnosen zu beachten.

- Der Patient erhält vorschnell eine umweltmedizinische Diagnose wie MCS. Psychische Störungen werden dadurch ausgeblendet.
- Der Patient erhält vorschnell die Diagnose einer psychischen Störung und wird damit möglicherweise psychiatrisiert. Umwelterkrankungen oder bislang unerkannte Organerkrankung können dadurch übersehen werden.

Da sehr viele Differentialdiagnosen verschiedener Fachgebiete in Frage kommen und meistens eine vielgestaltige Symptomatik mehrerer Organsysteme vorliegt, ist der differentialdiagnostische Prozess umfangreich und kompliziert. Gute interdisziplinäre Kooperation ist der einzig mögliche Garant, dem Patienten möglichst gerecht zu werden und ihn vor Schäden zu bewahren. Schädlich für den Patienten sind insbesondere Fehldiagnosen, Fehlbehandlungen, einseitige Festlegungen und iatrogene Chronifizierung oder iatrogene Fixierung. Auch eine vorschnelle Festlegung auf die umstrittene Diagnose MCS kann für den Patienten gefährlich werden, insbesondere wenn ihm umstrittene oder schädliche Therapieverfahren empfohlen werden. So hat die umweltmedizinisch sehr kompetente Expertengruppe von Eikmann u. Mitarb. (1997) zurecht davor gewarnt, dass „aus dem Bereich der klinischen Ökologie eine nicht unerhebliche Gefährdung ausgeht, z.B. im Sinne einer vollkommenen oder teilweisen sozialen Isolation, die bis zur ausgeprägten sozialen Phobie reichen kann."

Abbildung 14.1 zeigt modellhaft die interdisziplinäre Zusammenarbeit, durch die eine sorgfältige Diagnostik und Differentialdiagnostik gewährleistet werden kann.

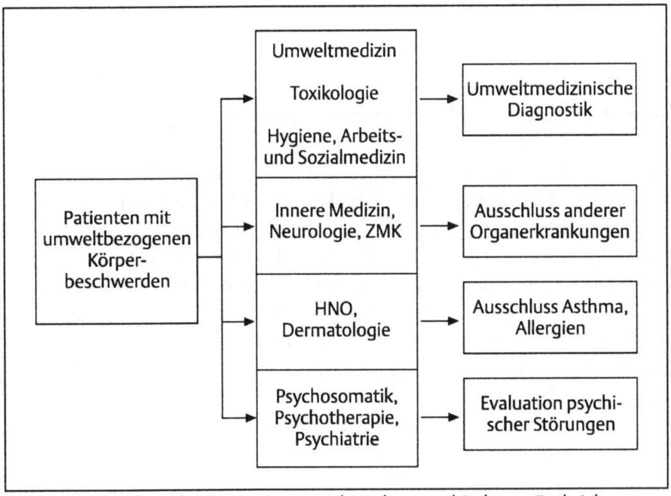

Abb. 14.1 Interdisziplinäre Zusammenarbeit der verschiedenen Fachrichtungen bei Patienten mit Umweltkrankheiten

Die Fachgebiete Umweltmedizin, Toxikologie, Hygiene, Arbeits- und Sozialmedizin liefern dabei den ersten wichtigen Schritt, die umweltmedizinische Diagnostik. Sie enthält eine umweltmedizinische Anamnese, die sorgfältige Überprüfung, ob ein spezifischer Umweltfaktor vorliegt (spezifische Noxe). Hierbei erfolgt ein Biomonitoring und ein Ambientemonitoring (Umgebungsmessungen, Umweltmobile). Fachgebiete wie die Innere Medizin, Neurologie oder Zahn-, Mund- und Kieferheilkunde haben die Aufgabe, bislang noch nicht diagnostizierte mögliche Organerkrankungen festzustellen oder auszuschließen. Erfahrungen in zahlreichen Umweltambulanzen haben ergeben, dass beispielsweise relativ häufig bestehende Hypothyreosen nicht erkannt worden waren und als Fehldiagnose eine Umwelterkrankung angenommen wurde. Fachgebiete Dermatologie, HNO und Innere Medizin sollen insbesondere asthmatische Erkrankungen und Allergien ausschließen, die häufig ähnliche Symptome wie MCS zeigen können. Die Fachgebiete Psychosomatik, Psychotherapie und Psychiatrie sollen mögliche psychische Störungen evaluieren. Die Vielfalt dieser differentialdiagnostischen Aufgaben lassen sich nur lösen, wenn in einem Zentrum die genannten Fachgebiete eng kooperieren und umweltmedizinische Kompetenz erarbeiten. Ein gelungenes positives Beispiel hierfür ist das Hessische Zentrum für klinische Umweltmedizin am Klinikum der Justus-Liebig-Universität Giessen (Eikmann 1997).

Verlauf und Prognose

Zu Verlauf und Prognose von MCS, IEI und SBS liegen keine aussagekräftigen empirischen Studien vor. Nachdem die entsprechenden Diagnosen noch nicht medizinisch etabliert sind und rationale Therapiemaßnahmen nicht vorliegen, sind die therapeutischen Möglichkeiten begrenzt. Die Subgruppe von MCS-Patienten, die die charakteristischen Merkmale der Somatisierungssyndrome erfüllen, zeigen die Verlaufsmerkmale, die bei somatoformen Störungen in der psychosomatischen Forschung bekannt sind. Es bestehen erhebliche Chronifizierungstendenzen.

Spezielle Therapie

Ätiologie und Pathogenese der unspezifischen Umweltsyndrome sind ungeklärt. Darüberhinaus sind sie noch nicht als Diagnosen, sondern lediglich als Arbeitsdefinitionen wissenschaftlich akzeptiert. Deshalb kann es verständlicherweise keine medizinisch rational begründeten Therapieansätze geben. Die Zahl der Patienten, die mit Verdachtsdiagnosen MCS, IEI oder SBS in Umweltambulanzen, bei niedergelassenen Ärzten oder in Kliniken Hilfe suchen, nimmt jedoch stetig zu. Hinsichtlich der Therapieansätze besteht verständlicherweise eine vollkommen „unklare Situation" (Tretter 1996). Hier gibt es eklatante Unterschiede zwischen Schulmedizin und Alternativmedizin. In wissenschaftlichen Arbeiten werden interessanterweise überwiegend psychotherapeutische Therapieverfahren vorgeschlagen, z. B. Stressbewältigungstraining, Entspannungsübungen, Biofeedback, unterstützende Psychotherapie (supportive Psychotherapie), verhaltenstherapeutische Desensibilisierung und Kommunikationstherapie zur Verbesserung der sozialen Kompetenz (Nix 1996a, 1996b, Tretter 1996).

Die Therapieansätze bei MCS, IEI und SBS lassen wie folgt einteilen:

- Medizinisch anerkannte somatische Therapieansätze.
- Psychotherapeutische Therapieansätze.
- Therapieansätze der Alternativmedizin.

Bei den anerkannten *somatischen* Therapieansätzen ist zuerst die kausale somatische Therapie zu nennen, die erfolgen muss, wenn noch nicht erkannte oder begleitende Organerkrankungen vorliegen, die das Gesamtbeschwerdebild mitprägen (z. B. Hypothyreose, Asthma bronchiale). Hinzu kommen spezifisch umweltmedizinische somatische Verfahren wie Expositionskarenz, toxikologische Ansätze und allergologische Ansätze.

Hinsichtlich der *psychotherapeutischen* Ansätze liegen bislang keine Evaluationsstudien im Kontrollgruppendesign mit spezifischen Interventionen vor. Apfel und Csef (1995) und Joraschky (1998) berichteten über Erfahrungen mit psychodynamischen Therapieverfahren. Die Expertengruppe von Gieler u. Mitarb. (1998) hat folgende Psychotherapieverfahren für eine geplante MCS-Therapiestudie vorgeschlagen:

- Entspannungsübungen
- Verhaltenstherapeutisches Programm, bestehend aus Training der sozialen Kompetenz und aus Re-Expositionstraining
- Gruppentherapie zur Bewältigung psychischer Probleme
- Themenzentrierte Interaktionsgruppen zur Umweltproblematik (Austausch mit anderen Patienten)

Klagt ein Patient über umweltbezogene Beschwerden, so muss eine sehr sorgfältige umweltmedizinische Diagnostik einschließlich Biomonitoring und Ambientemonitoring erfolgen. Dadurch können spezifische Umweltsyndrome positiv nachgewiesen werden. Liegen keine spezifischen Umweltsyndrome vor, dann ist weitere sorgfältige Differentialdiagnostik erforderlich. Bislang nicht erkannte Organerkrankungen müssen nachgewiesen oder ausgeschlossen werden (z. B. Hypothyreosen, Allergien, Asthma). Eine psychosomatische und psychiatrische Evaluation ist auf jeden Fall erforderlich. Somatisierungssyndrome haben eine große klinische Gemeinsamkeit mit unspezifischen Umweltsyndromen wie MCS. Der verstärkte Einsatz von Psychotherapie bei MCS-Patienten scheint gerechtfertigt, zumal zahlreiche Untersuchungen über positive Ergebnisse berichteten und spezifische psychotherapeutische Interventionen für Umweltkranke entwickelt wurden. Auch spezielle Umweltkliniken, die stark am MCS-Konzept festhalten, haben meist in ihrem Therapieprogramm ein ganzes Bündel von psychotherapeutischen Interventionen. Das Somatisierungskonzept hat für umweltbezogene Beschwerden eine Schlüsselposition, da es den Hiatus von einseitigen psychogenen vs. exogenen Erklärungen überbrücken könnte. Das Somatisierungskonzept ist durch neuere neurobiologische Forschungsergebnisse fundiert. Psychotherapie kann ein bedeutsames Hilfspotential für Umweltkranke darstellen. Damit die betroffenen Patienten in größerem Umfang davon profitieren können, ist ein konstruktiverer Dialog zwischen Umweltmedizin und Psychosomatik erforderlich.

Literatur

Albright, J.F., R.A. Goldstein, Is there Evidence of an Immunologic Basis for Multiple Chemical Sensitivity? Toxicology and Industrial Health 8 (1992) 215-219

Altenkirch, H.: Multiple chemical sensitivity (MCS)-Syndrom. Gesundh.-Wes.57 (1995) 661-666

Aurand, K., B.P. Hazard, F. Tretter (Hrsg.), Umweltbelastungen und Ängste. Westdeutscher Verlag, Opladen 1993

Apfel, B., H. Csef: Angst vor Umweltgiften - berechtigte Realangst oder psychische Störung? Psychotherapie Psychosomatik medizinische Psychologie 45 (1995) 90-96

Beyer, A., D. Eis: Praktische Umweltmedizin. Springer, Berlin Heidelberg New York Tokio 1995

Böse-O'Reilly, St., S. Kammerer: Leitfaden Umweltmedizin. Fischer, Stuttgart 1997

Bock, K.W., N. Birbaumer: Multiple Chemical Sensitivity. Schädigung durch Chemikalien oder Nozeboeffekt. Deutsches Ärzteblatt 95 (1998) 75-78

Brede-Weisflog, B.: Das Sick-Building-Syndrom. Versicherungsmedizin 48 (1996) 170-174

Buchwald, D., D. Garrity: Comparison of Patients with Chronic Fatigue Syndrome, Fibromyalgia, and Multiple Chemical Sensitivities. Arch Intern Med 154 (1994) 2049-2053

Cernaj, I.: Umweltgifte. Krank ohne Grund? MCS - die Multiple chemische Sensibilität - eine neue Krankheit und ihre Ursachen. Südwest, München 1995

Csef, H.: Somatoforme Störungen in der Inneren Medizin. Internist 36 (1995) 625-636

Csef, H.: Umweltbezogene Angstkrankheiten. In: Florian, H.J., E. Stollenz, H. Valentin, A. Zober (Hrsg.). Arbeitsmedizin aktuell. Ein Loseblattwerk für die Praxis. Lieferung 39 (1996a) 83-97

Csef H: Umweltangst und psychische Störungen. TW Neurologie Psychiatrie 10 (1996b) 925-929

Csef, H.: Psychoneuroimmunologie des Chronic-Fatigue-Syndroms (CFS) und der Fibromyalgie (FM). T & E Neurologie Psychiatrie 11 (1997) 649-658

Csef, H., Die unspezifischen Umweltsyndrome MCS, IEI und SBS. Klinische Bilder und Therapieansätze. Fortschritte der Medizin 116 (1998) 1501-1506

Csef, H., Gemeinsamkeiten von Chronic Fatigue Syndrom (CFS), Fibromyalgie und Multipler Chemischer Sensitivität (MCS). Deutsche Medizinische Wochenschrift 124 (1999), 163-169

Cullen, M.A., The worker with multiple chemical sensitivities: An overview. State Art Rev Occ Med 2 (1987) 655-661

Eikmann, Th., C. Herr, U. Gieler et al.: Forschungsansatz auf der Basis klinischer Befunde und Diagnosen. Umweltmed Forsch Prax 2 (1997) 101-105

Eikmann Th, Zentrum für Klinische Umweltmedizin. Interdisziplinäres Versorgungskonzept. Deutsches Ärzteblatt 94 (1997) A-214

Eis D, Altenkirch H, Beyer A et al.: Methodische Ansätze und Verfahren zur MCS-Diagnostik: Diagnosekriterien und Studiendesign. Umweltmed Forsch Prax 2 (1997) 148-156

Gieler, U., M. Bullinger, H. Behrend, Th. Eikmann, J. Ring, E. Schwarz, R. Suchenwirth, F. Tretter, Therapeutische Aspekte des „Multiple Chemical Sensitivity" Syndroms. Umweltmed Forsch Prax 3 (1998) 3-10

Göthe, C.J., C. Molin, C.G. Nilsson, The Environmental Somatization Syndrome. Psychosomatics 36 (1995) 1-11

Henningsen, P., M. Sack, Diagnostik und Therapie umweltbezogener Körperbeschwerden eine Übersicht der empirischen Literatur. Zsch psychosom Med 44 (1998) 251-267

Kraus, T., M. Anders, A. Weber, P. Hermer, W. Zschiesche, Zur Häufigkeit umweltbezogener Somatisierungsstörungen. Arbeitsmed. Sozialmed. Umweltmed. 30 (1995) 147-150

Joraschky, P., Umweltbezogene Ängste und Körperbeschwerden. In: Rudolf, G., P. Henningsen (Hrsg.), Somatoforme Störungen. Theoretisches Verständnis und therapeutische Praxis. Schattauer, Stuttgart New York (1998)

Maschewsky, W.: Handbuch Chemikalien-Unverträglichkeit (MCS). MEDI Hamburg 1996

Nasterlack, M.: MCS, CFS, FMS, SBS und andere „moderne" Erkrankungen. Versicherungsmedizin 50 (1998) 99-103

Nix, W.A.: CFS und MCS: Neue umweltbezogene Leiden? In: Kohmanns, B., U. Koller, A. Klemmer, H.-J. Haury (Hrsg.), Macht uns die Umwelt krank? GSF-Forschungszentrum für Umwelt und Gesundheit, Bericht 7 (1996a) 99-111

Nix, W.A.: MCS/IEI und CFS. Diagnose Multiple-Chemical-Sensitivity und Chronic-Fatigue-Syndrom. Umweltmed Forsch Prax 1 (1996b) 229-238

Roscher, St., G. Kobal: Multiple Chemical Sensitivity (MCS): Thesenpapiere. Forschungsansatz Klinische Ökologie: Umweltmed Forsch Prax 2 (1997) 107-112

Ruff, F.M.: Ökologische Krise und Risikobewußtsein. Zur psychischen Verarbeitung von Umweltbelastungen. Deutscher Universitätsverlag Wiesbaden 1990

Seidel HJ: Umweltmedizin. Thieme: Stuttgart 1996

Shorter, E.: Moderne Leiden. Zur Geschichte der psychosomatischen Krankheiten. Rowohlt, Reinbeck bei Hamburg 1994

Tretter, F., Umweltbezogene funktionelle Syndrome. internist. prax. 36 (1996) 669-689

Wichmann, H.E., H. W. Schlipköter, G. Fülgraff: Handbuch der Umweltmedizin. ecomed, Landsberg 1992

Wolf C: Multiple chemical Sensitivity (MCS). Die sogenannte chemische Vielfachempfindlichkeit. Versicherungsmedizin 48 (1996) 175-178

15. Somatoforme Schmerzstörung

Ulrich T. Egle, Ralf Nickel

„Schmerz ist ein unangenehmes Sinnes- und Gefühlserlebnis, das mit aktueller oder potentieller Gewebsschädigung verknüpft ist oder mit Begriffen einer solchen Schädigung beschrieben wird."
Diese Schmerzdefinition der Internationalen Gesllschaft zum Studium des Schmerzes (IASP) beinhaltet einige zentrale Aspekte des heutigen Schmerzverständnisses:

a) Die emotionale Komponente bei Schmerz wird gleichberechtigt neben die sensorische gestellt
b) Schmerz ist ein subjektive Empfindung, der objektivierbare periphere Läsionen im Sinne einer Reizauslösung fehlen können
c) die kausale Verknüpfung von Gewebsschädigung und Schmerzreaktion wird aufgegeben, d. h. eine Gewebsschädigung ist weder eine notwendige noch - so sie nachweisbar ist - eine hinreichende Bedingung für Schmerz.

Trotz des sich in dieser Schmerzdefinition ausdrückenden heutigen Wissensstands über die bio-psycho-soziale Komplexität des Phänomens Schmerz unterliegen die meisten Patienten und auch noch immer viele Ärzten in ihrem Denken und Handeln einem reduktionistischen linear-kausalen Schmerzverständnis. Danach können nur sensorische Reize zu Schmerzempfindungen führen und die Intensität des Reizes bedingt direkt das Ausmaß der wahrgenommenen Schmerzen. Dieses eindimensionale Reiz-Reaktions-Konzept des Schmerzes geht auf den französischen Philosophen und Wissenschaftstheoretiker René Descartes zurück, der in seinem Buch „L` homme" 1644 das bis zu diesem Zeitpunkt vorherrschende mittelalterliche Schmerzverständnis, das Schmerz als direkten Ausdruck von Schuld, Sühne und Strafe Gottes verstand, durch ein naturwissenschaftliches ersetzte. Ein peripherer Reiz ist demnach eine conditio sine qua non, seine Intensität korreliert 1:1 mit dem Ausmaß der zugrundeliegenden Gewebsschädigung. Ist eine solche Gewebsschädigung nicht nachweisbar, so der Umkehrschluss, kann der Patient keine Schmerzen haben, er muss sie sich einbilden.
Für das Handeln des Arztes beinhaltet das Reiz-Reaktionskonzept die Gefahr, dass psychische Störungen mit Leitsymptom Schmerz eine diagnostische Restkategorie darstellen, die erst als ultima ratio in Betracht gezogen wird, dass Normvarianten und Zufallsbefunde diagnostisch deshalb überbewertet werden, dass im Rahmen wiederholt durchgeführter somatischer Ausschlussdiagnostik Patienten iatrogen geschädigt weden.
Die häufigste psychische Störung mit Leitsymptom Schmerz ist die somatoforme Schmerzstörung. Nach einer kasuistischen Illustration werden im folgenden Häufigkeit, klinisches Bild, erforderliche Diagnostik und Differentialdiagnose, Ätiopathogenese, Grundlagen der Arzt-Patient-Beziehung sowie Grundprinzipien einer psychotherapeutischen Behandlung bei dieser Patientengruppe dargestellt.

Fallbeispiel

Eine 45-jährige leicht adipöse Frau leidet seit fast zwei Jahren unter anhaltenden und in der Intensität nur gering schwankenden Schmerzen in beiden Armen. Selbst die Zeitung könne sie wegen der starken Schmerzen und fehlender Kraft kaum mehr halten. Neben den Schmerzen klagte sie über Gefühlsstörungen und „Gefäßspasmen" in Händen und Unterarmen, besonders ihre Finger seien immer kalt und blass. Wenige Monate vor dem akuten Auftreten ihrer Beschwerden überstand ihr sportlich aktiver Ehepartner eine Herzoperation, über Jahre bestehende Insuffizienz- und Belastungszeichen waren von ihm übergangen worden. Etwa im gleichen Zeitraum verstarb ihr „Stief-Großvater" (wegen seiner Funktion als Stiefvater von der Patientin so bezeichnet) unmittelbar nach dessen Aufnahme in ein Altenpflegeheim. Sie, die sich um die Organisation des Heimplatzes und seinen Umzug gekümmert hatte, wurde von der Verwandtschaft, auch wegen vermeintlicher „Erbschleicherei", angegriffen. Fr. M. fühlte sich diesen Angriffen und Verdächtigungen hilflos ausgeliefert und ungerecht behandelt, ihre unbewussten Schuldgefühle dem „Stief-Großvater" gegenüber verstärkten sich. Umfangreiche und aufwendige diagnostische Abklärungen (Hausarzt, Orthopäden, Rheumatologen, Neurologen und Gefäßspezialisten) erbrachten keinen organpathologischen Befund, die bisherigen Behandlungsmaßnahmen keine Beschwerdebesserung, auch nicht eine intensive Krankengymnastik, gleichwohl diese ihrer aktiv-zupackenden Einstellung entgegen kamen. Ihre Situation verschlechterte sich zunehmend, mehrere Arbeitsversuche scheiterten. Sie reduzierte ihre Freizeitaktivitäten (tägliches Joggen, regelmäßige Sportstudio-Besuche, Musizieren in einem Verein und VHS-Kurse) erheblich und zog sich auch aus ihrem Bekannten- und Familienkreis zurück. Ein Jahr nach der Heirat war die Patientin mit ihrem Mann vor 24 Jahren aus dem Münsterland nach Mainz gezogen. Sie hat zwei Töchter im Alter 23 und 20 Jahren. Zeitlebens war sie nie krank, habe seit ihrer Schulzeit immer hart gearbeitet.

Ihre *Biographie* ist von Entbehrungen und Verzicht geprägt. Aufgrund ihrer schlechten Ehe ließen sich die Eltern scheiden als die Patientin vier Jahre alt war, danach wuchs sie bei den Großeltern väterlicherseits auf. Später musste sie auf die Kinder einer im Hause wohnenden Tante, ihre jüngeren „Quasigeschwister", aufpassen und sie neben der Mitarbeit im Haushalt versorgen. Ihre Freizeit war dadurch sehr absorbiert, sie „wurde nie alleine ohne den Anhang im Dorf gesehen". Geschenke gab es an Geburtstagen und zu Weihnachten in der Regel nur für diese „Geschwister", während sie selbst entweder leer ausging oder nur abgetragene Kleidung bekam, was von den Großeltern und der Tante noch als großherzig angesehen wurde. Mit 14 Jahren kam sie zur Ausbildung in ein Kloster, „in dem es noch strenger zuging", um dort eine Ausbildung als Hauswirtschafterin zu machen. Bei ihrer ersten Arbeitsstelle in einem Kindererholungsheim brachte sie es innerhalb kürzester Zeit bis zur Leiterin. Bald nach ihrer Heirat musste sie diese von ihr hoch positiv besetzte Arbeitsstelle aufgeben und arbeitete später als Verkäuferin.

Psychodynamik: Fr. M.'s Biographie ist geprägt durch Arbeit und Entbehrung, verbunden mit permanenten direkten und indirekten Entwertungen von kleinauf. Ihre Bezugspersonen handelten berechenbar und klar, boten aber nur karge Entwicklungsbedingungen ohne emotionale Zuwendung und Nähe („Ich war für alle da, konnte selbst aber zu niemandem kommen. Ich hatte eine nackte Puppe, der ich alle meine Sorgen erzählten konnte."). Aus diesen Beziehungserfahrungen entwickelte sich ein unsicher-vermeidendes Bindungsverhalten mit einem hohen Kontroll- und Sicherheitsbedürfnis. Sie sucht und wünscht sich Nähe. Wegen der erwarteten Zurückweisung und (befürchteten) Entwertung durch andere, auch aufgrund ihres mangelnden Selbstwertgefühles, kann sie Nähe nur unter sicheren und nach festen Regeln funktionierenden Beziehungen leben. Dies ermöglicht sowohl eine gewisse Kontrolle und Überschaubarkeit als auch die Möglichkeit, sich anpassen zu können (z. B. den sportlichen Aktivitäten des Partners) und ihre innere Anspannung möglichst gering zu halten. Eigene Wünsche und Bedürfnisse können kaum wahrgenommen werden, werden verleugnet und höchstens indirekt oder sehr begrenzt befriedigt. Überkompensatorisch und aufgrund ihrer erworbenen Kompetenz durch die frühe Parentifizierung reguliert sie ihren Selbstwert durch eine hohe Arbeitsleistung für andere. Durch die Anpassung an andere vermeidet sie die erwartete Zurückweisung und Entwertung durch andere und verhindert die für sie potentiell gefährliche Auseinandersetzung mit eigenen Wünschen und Bedürfnissen. *Auslösend* für die aktuelle Dekompensation im Sinne einer Somatisierung war die Gefährdung ihrer eigenen privaten und geschützten Welt. Durch die Erkrankung ihres Partners wird diese verändert, bedroht, vieles was bisher übersehen werden konnte, ist jetzt nicht mehr zu verleugnen, zudem bricht die „alte Welt“ wieder ein.

Definition

Im Vordergrund der somatoformen Schmerzstörung steht eine schon mindestens sechs Monate lang anhaltende Schmerzsymptomatik (chronischer Schmerz), die durch einen physiologischen Prozess oder eine körperliche Störung nicht hinreichend erklärt werden kann. Neben dem Ausschluss einer zugrunde liegenden körperlichen Ursache muss gleichzeitig im engen zeitlichen Zusammenhang mit dem Beginn dieser Schmerzsymptomatik eine psychosoziale Belastungssituation, ein kritisches Lebensereignis oder eine innere Konfliktsituation nachweisbar sein. Ein psychophysiologischer Mechanismus, so etwa eine funktionelle muskuläre Verspannung, darf nach dieser Definition dem Schmerzgeschehen nicht zugrunde liegen, da es sich hierbei - wenngleich häufig durch das Einwirken psychosozialer Belastungsfaktoren bedingt - um ein nozizeptives Schmerzgeschehen handelte.

Epidemiologie

Die Lebenszeitprävalenz in der Allgemeinbevölkerung liegt bei 12,3% (Mayer u. Mitarb. 2000). In der Allgemeinpraxis wird von 5-7% ausgegangen, in einer interdisziplinären Universitäts-Schmerzambulanz liegt die Prävalenz bei 25-30% (Nickel u. Mitarb., in Vorb.).

Ätiopathogenese

Somatoforme Schmerzen laufen auf einer rein zentralen Ebene ab, werden vom Patienten jedoch peripher lokalisiert. Dabei kommt der intrapsychischen Verknüpfung von körperlichen Schmerzerfahrungen und affektiven Zuständen in Kindheit und Jugend eine wesentliche Bedeutung zu. Wie bei vielen anderen psychischen und psychosomatischen Erkrankungen prädisponieren eine Reihe psychosozialer Belastungsfaktoren in Kindheit und Jugend für die spätere Entwicklung einer somatoformen Schmerzstörung. Besonders bedeutsam erscheint dabei die Kombination eines gestörten frühen Bindungsverhaltens, d.h. dem primären Bindungsbedürfnis des Säuglings/Kleinkindes wird von der Hauptbezugsperson - sei es in Form eines emotionalen Desinteresses, sei es im Sinne einer überzogenen Einengung seiner Neugier - nicht adäquat begegnet, sowie ausgeprägter körperlicher oder schwerer sexueller Misshandlung (Adler u. Mitarb. 1989, Egle u. Mitarb. 1991a, Slawsby 1995, Egle u. Nickel 1998), d. h. früher Erfahrung körperlicher Schmerzen, welche durch eine emotional hoch besetzte Bezugsperson zugefügt werden.

In Abb. 15.1 werden die bei somatoformen Schmerzpatienten heute empirisch gut belegten psychosozialen Belastungsfaktoren (Egle 1997) zu einem pathogenetischen Modell integriert. Chronische Disharmonie, Trennung und Scheidung ebenso wie körperliche Misshandlungen können als Symptome eines unter ausgeprägtem Druck stehenden Familiensystems verstanden werden (Wolfe u. Bourdeau 1987), in dem diese Patienten aufwuchsen. Sozialer Stress - oft eine starke berufliche Beanspruchung der Eltern von klein auf oder auch eine chronische körperliche bzw. psychische Erkrankung bei einem Elternteil, einem Geschwister oder einem anderem Familienmitglied - erhöht die Wahrscheinlichkeit, dass bei entsprechend disponierten Eltern Alkoholabusus ebenso wie familiäre Gewalt und emotionale Vernachlässigung des Kindes zum Ventil für eine körperliche wie psychische Überforderung werden. Die darin enthaltene emotionale Zurückweisung als Kind ist das primäre Trauma dieser Patienten. Ein daraus resultierendes unsicheres Bindungsverhalten und die damit einhergehende Selbstwertproblematik werden durch Überaktivität und Leistungsorientierung zu kompensieren versucht. Diese „action-proneness" (van Houdenhove u. Mitarb. 1987) prägte die Lebensgestaltung in der Primärfamilie ebenso wie - zumindest bis zum Einsetzen der Schmerzen - das Erwachsenenleben der späteren somatoformen Schmerzpatienten. Körperlicher Schmerz im Zusammenhang mit körperlicher Misshandlung war im Erleben dieser Patienten die oft einzige Situation, in der sie das Gefühl hatten, die Aufmerksamkeit der Eltern zu haben. Körperlicher Schmerz bekam also schon früh die Bedeutung einer affektiven Zuwendung.

Auch das Zustandekommen eines sexuellen Missbrauchs kann im Zusammenhang mit dem Grundbedürfnis des Kindes nach einer emotional verlässlichen Bezugsperson gesehen werden. Trifft dieses Grundbedürfnis des Kindes auf einen entsprechend disponierten Erwachsenen, so kann ein solcher Missbrauch daraus resultieren. Das Kind nimmt, ohne dies zu wollen, den sexuellen Missbrauch in Kauf, um diese erwachsene Bezugsperson nicht zu verlieren.

Auf dem Hintergrund dieser Entwicklung in Kindheit und Jugend stehen zur Bewältigung äußerer oder innerer Belastungs- und Konfliktsituationen im Erwachsenenalter nur unreife Konfliktbewältigungsstrategien (z. B. Wendung gegen das Selbst, Projektion) zur Verfügung (Egle u. Porsch 1992b). Belastende Lebenssituationen (life events) sind dann meist die Auslöser für das Schmerzgeschehen. Dabei greift der Patient bei der Lokalisation seiner Schmerzsymptomatik unbewusst oft auf Schmerzmodelle in der Primärfamilie oder in der eigenen Vorgeschichte (z.B. unfallbedingt) zurück. Neben einem Krankheitsmodell kann die Lokalisation jedoch auch über den symbolhaften Ausdrucksgehalt der Symptomatik determiniert sein. So können etwa massive aggressive Impulse, die abgewehrt werden müssen, zu Schmerzen führen, die im Arm wahrgenommen werden, jedoch ausschließlich auf der Ebene der Vorstellung zentral entstehen (Hoffmann u. Egle 1989, Ruppert u. Egle 1993).

Dieses pathogenetische Modell integriert entwicklungspsychologisch heute gut belegte Risikofaktoren und frühe Lernerfahrungen. Wie sehr frühe Schmerzerfahrungen von Kleinkindern deren späteres Schmerzerleben und -verhalten prägen, konnte in einer jüngst erschienen Studie über die Auswirkungen von Beschneidungen mit und ohne Narkose eindrucksvoll belegt werden (Taddio u. Mitarb. 1997). Scarinci u. Mitarb. (1994) konnten experimentell zeigen, dass die Schmerzschwelle bei in der Kindheit psychisch traumatisierten Frauen mit verschiedenen gastroinestinalen Störungsbildern im Vergleich zu nicht traumatisierten deutlich herabgesetzt ist. Dies gilt auch für ihre kognitive Bewertungsmaßstäbe, Schmerzreize als Noxe einzuordnen.

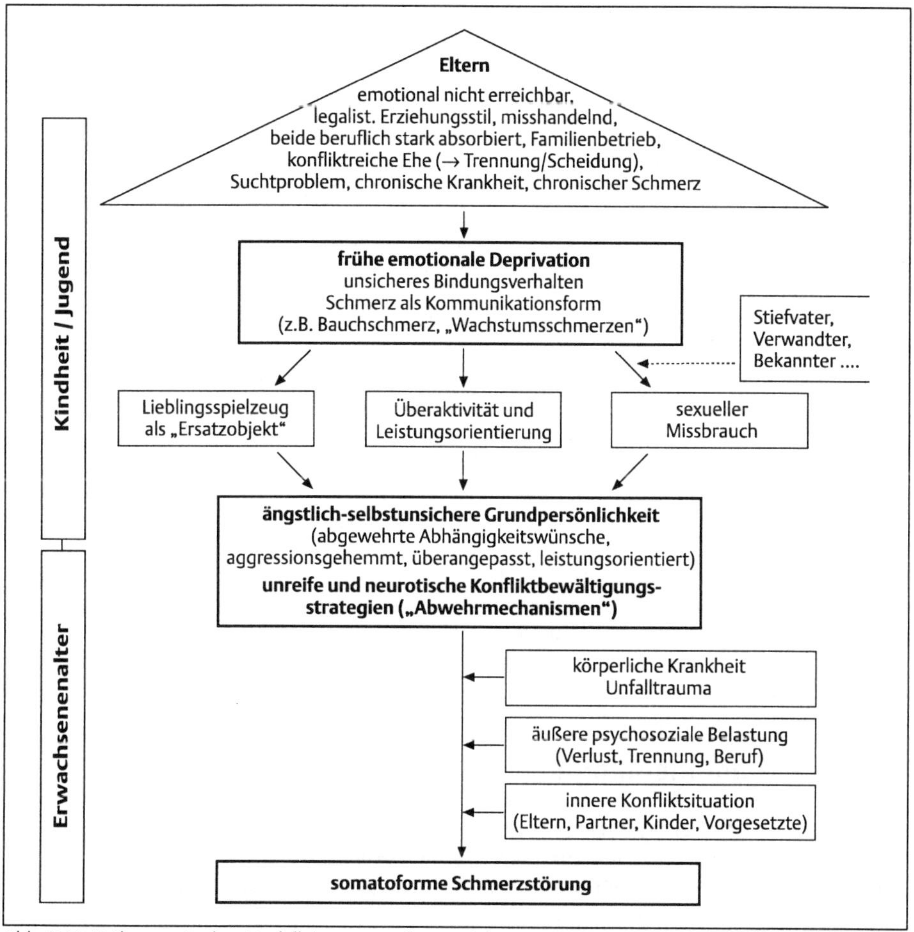

Abb. 15.1 Pathogenetisches Modell der somatoformen Schmerzstörung

Doch nicht nur hinsichtlich einer adäquaten Bewertung von Schmerzreizen sind diese früh traumatisierten Patienten eingeschränkt. Sie haben einen höheren Medikamentengebrauch und verwenden auch signifikant häufiger maladaptive Copingstrategien, v.a. Katastrophisieren und passives Resignieren.

Anamnese und klinischer Befund

Als erster Indikator für eine somatoforme Schmerzstörung können die Schmerzbeschreibungen des Patienten verwendet werden. Somatoforme Schmerzpatienten beschreiben ihre Schmerzen sehr viel stärker mit affektiven Begriffen (z. B. scheußlich, grauenhaft, beängstigend). Der Beginn der Schmerzsymptomatik liegt üblicherweise vor dem 35. Lebensjahr, nicht selten schon in Kindheit und Jugend. Frauen sind im Verhältnis 2-3 : 1 häufiger betroffen. Die Lokalisation variiert stark. Besonders häufig betroffen sind die Extremitäten, aber auch Gesichtsbereich und Unterleib. Besonders auffällig ist eine Häufung bei jungen Frauen im Bereich der Unterarme (oft lange als Symptome eines

Karpaltunnel-Syndroms fehlinterpretiert) und Knie. Im Rahmen einer sorgfältigen biographischen Anamnese (Adler u. Hemmeler 1992) kann herausgearbeitet werden, dass sich diese Patientinnen in einer subjektiv als zwiespältig erlebten Ablösesituation vom Elternhaus befinden und die Symptomatik insofern Ausdruckscharakter hat, als sie ihr Leben buchstäblich in die eigene Hand nehmen bzw. auf ihren eigenen Beinen stehen sollen (Ruppert u. Egle 1993).

Auch ein Teil der Patienten mit multilokulären Schmerzen, die seitens Rheumatologen als generalisierte Tendomyopathie oder primäre Fibromyalgie diagnostiziert werden, können aufgrund der skizzierten biographischen Entwicklung und der fehlenden somatischen Befunde als somatoforme Schmerzstörung klassifiziert werden (ein anderer Teil als Somatisierungsstörung).

In der Vorgeschichte dieser Patienten finden sich nicht selten eine Reihe anderer funktioneller Beschwerden, v. a. Kloß- und Engegefühle, Bauchschmerzen (oft schon in der Kindheit), Mundbrennen sowie eine insgesamt erhöhte vegetative Reaktionsbereitschaft. Bei Exploration der Entwicklung in Kindheit und Jugend fällt auf, dass diese Patienten zunächst dazu neigen, pauschal das Bild einer glücklichen, zumindest jedoch unproblematischen Kindheit zu vermitteln. Erst bei genauerem Nachfragen wird dann das oben skizzierte Ausmaß an emotionaler Deprivation, körperlicher Misshandlung und auch sexueller Missbrauchserfahrungen deutlich, das jedoch selbst dann noch oft bagatellisiert bzw. verleugnet wird.

Das Erwachsenenalter ist auf dem Hintergrund der als Resultat dieser Kindheitsentwicklung entstandenen Selbstwertproblematik von einer permanenten Suche nach Anerkennung und einer hohen Kränkbarkeit geprägt. Eine psychische Verursachung der Schmerzen wird deshalb auch aus Angst vor einer damit verbundenen Stigmatisierung meist abgelehnt.

Klinische Phänomenologie

Indikatoren für eine somatoforme Schmerzstörung sind:

- Der Beginn der Symptomatik liegt vor dem 35. Lebensjahr
- Die Schmerzmerkmale werden weniger typisch geschildert (oft auch recht vage) als bei organischer Schmerzursache
- Überwiegend wird eine hohe Schmerzintensität ohne freie Intervalle angegeben
- Die Patienten charakterisieren ihre Schmerzen mit affektiven Adjektiven (scheußlich, fürchterlich, schrecklich)
- Die Angaben können nach Lokalisation und Modalität wechseln
- Die anatomischen Grenzen der sensiblen Versorgung werden nicht eingehalten (z. B. beim Gesichtsschmerz die Mittellinie zur Gegenseite oder die Unterkiefergrenze zum Hals, beim Bandscheiben-Schmerz der radikuläre Charakter)
- Nach oft lokalem Beginn erfolgt eine starke Ausweitung.

Diagnose/Differentialdiagnose

Der Nachweis einer somatoformen Schmerzstörung ist nur im Rahmen einer engen interdisziplinären Kooperation möglich, deren Grundlage ein bio-psycho-soziales Schmerzverständnis aller Beteiligten ist und bei der nicht vorschnell fachspezifische (Zufalls-)Befunde und Normvarianten dem Patienten als ursächlich relevant vermittelt werden. Von Beginn an und nicht erst als ultima ratio sollte dem Patienten die Bedeutung psychosomatischer Zusammenhänge bei jedweder Form chronischer Schmerzzustände dargelegt werden und deren Abklärung als Routinemaßnahme mit dem selben Stellenwert wie eine neurologische oder orthopädische Untersuchung.

Wichtigstes diagnostisches Verfahren zum Nachweis einer somatoformen Schmerzstörung ist die biographische Anamnese. Die skizzierten biographischen Belastungsfaktoren haben eine Sensitivität und eine Spezifität von 80-90% hinsichtlich der Abgrenzung zu einem primär organisch determinierten chronischen Schmerzsyndrom (Egle u. Mitarb. 1991a, Egle u. Nickel 1998).

Bei den häufig bestehenden Partnerschaftskonflikten sollte wenn möglich ein diagnostisches Paargespräch durchgeführt werden, von der Erhebung einer Fremdanamnese ohne Beisein des Patienten ist auf dem Hintergrund der skizzierten Psychodynamik abzuraten!

Weitere psychische Störungen mit Schmerz als vorherrschendem Symptom sind neben den somatoformen autonomen Funktionsstörungen, die Somatisierungsstörung, die posttraumatische Belastungsstörung und depressive Störungen, Hypochondrie und hypochondrischer Wahn sowie die coenästhetische Psychose.

Abzugrenzen sind Patienten mit nachweisbaren muskulären Spannungszuständen, auch wenn diese durch psychosoziale Stresssituationen bedingt sind (funktionelle Schmerzzustände). Diese sind selbst in einer Universitätsschmerzambulanz häufiger als somatoforme Schmerzstörungen (ca. 1/3 aller Patienten mit nicht-tumorassoziierten chronischen Schmerzzuständen) und natürlich unter psychosomatischen Aspekten ebenfalls bedeutsam.

Des weiteren müssen Patienten mit primär nozizeptiv oder neuropathisch determinierten Schmerzzuständen unterschieden werden, deren Copingstrategien inadäquat sind (z. B. Katastrophisieren, fatalistisches Resignieren) oder die zusätzlich unter einer psychischen Erkrankung leiden (somatische und psychische Komorbidität). Bei einer Prävalenz psychischer und psychosomatischer Störungen in Deutschland von 20-25% (Schepank 1987) ist letzteres mit statistischer Wahrscheinlichkeit bei jedem 4.-5. Schmerzpatienten mit einer primär nozizeptiv oder neuropathisch determinierten Schmerzerkrankung zu erwarten (Egle u. Mitarb. 1999).

Verlauf und Prognose

Das Chronifizierungsrisiko der somatoformen Schmerzstörung ist relativ hoch und wird durch eine linear-kausale Schmerzkonzeption und einen fehlenden multidisziplinären Behandlungsansatz erhöht (Egle 1992c). Die Prognose verschlechtert sich in der Regel mit zunehmendem Ausmaß der Chronifizierung. Daher ist eine möglichst früh im Erkrankungsverlauf einsetzende multidisziplinäre Diagnostik und ggf. Therapie besonders wichtig.

Spezielle Therapie

Arzt-Patient-Beziehung

Patienten mit anhaltender somatoformer Schmerzstörung sind meist von einer körperlichen Ursache ihrer Schmerzen überzeugt („ich hab`s in den Armen und nicht im Kopf") und verlangen nicht selten von sich aus diagnostisch wie therapeutisch invasive Interventionen. Bringen sie nicht die erhoffte körperliche Erklärung für die Schmerzen bzw. deren Linderung, so zweifeln die Patienten an der Qualität des betreffenden Arztes und suchen einen anderen auf (doctor-shopping). Da auch viele Ärzte bis heute von der Vorstellung ausgehen, dass jeder Schmerz eine körperliche Ursache hat (Reduktion des

Schmerzes auf seine Funktion als Warnsignal), so trifft sich dies oft mit den Wünschen des Patienten, wodurch somatische Zufallsbefunde leicht überbewertet und kausal mit den Schmerzen verknüpft werden. Dieser Circulus vitiosus zwischen Arzt und Patient leistet der Chronifizierung Vorschub und führt nicht selten zu sekundären iatrogenen körperlichen Schädigungen (z. B. Extraktion von Zähnen, Verwachsungen nach Laparaskopien und Laparatomien, Karpaltunnel- oder Bandscheiben-OP usw.). Bei somatoformen Schmerzpatienten werden im Vergleich zu solchen mit nozizeptiv bzw. neuropathisch determinierten Schmerzzuständen invasive Eingriffe häufiger durchgeführt, einen Medikamentenmissbrauch entwickeln nach unseren klinischen Beobachtungen ca. 30%.

Folgende Prinzipien sollten bei der Gestaltung der Arzt-Patient-Beziehung berücksichtigt werden:

- Im Umgang mit diesen Patienten ist wichtig, dass ihnen ihre Schmerzen genau so geglaubt werden wie jenen, bei denen eine organische Ursache nachweisbar ist. Die Patienten spüren aufgrund ihrer hohen Sensibilität für Zurückweisung sehr schnell, ob sie mit ihren Beschwerden ernst genommen werden.
- Eine vertrauensvolle Arzt-Patient-Beziehung ist deshalb die wesentlichste Voraussetzung für die Motivierbarkeit dieser Patienten zu einer Psychotherapie.
- Eine Reinszenierung der Muster der Eltern-Kind-Beziehung ist in der Arzt-Patient-Beziehung, d. h. einseitige Überbewertung des Körperlichen bei der Beschäftigung mit dem Patienten und iatrogene körperliche Misshandlung in Form sehr breit gestellter OP-Indikationen sind zu vermeiden.
- Auch nach dem Beginn einer Psychotherapie sollte eine umfassende somatische Betreuung bei einem in der Schmerztherapie erfahrenen Arzt gewährleistet sein, um bei Verstärkung der Symptomatik oder dem Auftreten neuer Schmerzen eine erneute diagnostische Odyssee bzw. therapeutische Polypragmasie zu verhindern.

Medikamentöse Therapie

- Für Analgetika besteht keine Indikation
- Antidepressiva, v. a. Amitryptilin und Clomipramin, sind nur indiziert, wenn zusätzlich die Kriterien einer depressive Störung erfüllt sind. Bei Patienten mit funktionellen Schmerzzuständen kann hingegen die Gabe eines trizyklischen Antidepressivums durchaus indiziert sein.

Psychotherapeutische Grundprinzipien

Aus psychodynamischer Sicht sind v. a. die aus der belasteten Kindheit resultierenden Bindungs- und Beziehungsstörungen bei der Behandlung von Patienten mit somatoformen Störungen zu berücksichtigen. Grundlage bieten insofern die für die Behandlung traumatisierter Patienten heute allgemein anerkannten Behandlungsprinzipien (Tab. 15.**1**) sowie die aus der Bindungstheorie resultierenden.

Die Bindungstheorie geht davon aus, dass die Interaktion zwischen dem Säugling und seiner primären Bindungsperson (bzw. den primären Bindungspersonen), dessen Bindungsverhalten prägt. Es entsteht ein festes und überdauerndes, prinzipiell aber veränderbares inneres Arbeitsmodell von Beziehungen, welches das Erleben, die Erwartungen und die Einstellung für spätere Beziehungen bestimmt. In neuen Beziehungen kann dieses unbewusste Modell entweder bestätigt und zunehmend gefestigt oder aber verändert werden.

Tabelle 15.1 Therapeutische Grundprinzipien bei traumatisierten Patienten (nach Gast 1997)

- Anerkennung der traumatischen Erfahrung durch den Therapeuten
- Thematisieren aktuell weiterbestehender und sich in der Interaktion mit anderen innerhalb und außerhalb der Gruppe inszenierender Fortsetzungen von Missbrauchssituationen
- Damit verbunden ist das Wiederentdecken und Integrieren der traumatischen Erlebnisse zur Verbesserung der Affekttoleranz und Impulskontrolle
- Die Berücksichtigung der mangelnden Symbolisierungsfähigkeit der Patienten sowie der damit verbundenen Unfähigkeit, sich in dem Medium der Sprache mitzuteilen

Um in der Behandlung eine adäquate haltgebende Beziehung herstellen zu können, ist es für den Psychotherapeuten notwendig, auf den Patienten einzugehen, seine zentralen Beziehungswünsche zu verstehen und seine im Vordergrund stehende Bindungshaltung zu erfassen. Die Interaktion beider, ihre verbale und non-verbale Kommunikation sowie die damit verbundenen Übertragungs- und Gegenübertragungsgefühle sind notwendige Komponenten eines empathischen Verstehens. Eine vorschnelle Interpretation des Patientenverhaltens als Abwehr und Widerstand verhindert dies. Sie engt die komplexe Dynamik einer Zweierbeziehung mit wechselseitiger Beeinflussung auf ein unidirektionales Geschehen ein. Dies reduziert nicht nur künstlich deren Komplexität, sondern legt auch a priori fest, wer die Verantwortung für das Beziehungsgeschehen trägt (der aktive Patient). Der Therapeut wird quasi Teil des Behandlungsrahmens, seine Interventionen sind nicht falsifizierbar.

Die Beachtung der Bindungstypologie (sicher, unsicher-vermeidend, unsicher-ambivalent und desorganisiert) ist für den Therapeuten schon im Erstkontakt nützlich, um dem Patienten entgegenzukommen und ihm dadurch den Zugang zur Behandlung zu erleichtern. Bindungsmuster, Beziehungserleben sowie Übertragungs- und Abwehrprozesse sind eng miteinander verwoben. Die Trennung zwischen innerer Objektwelt im Sinne der Selbst- und Objektbeziehungstheorie einerseits und der Welt der interpersonellen Beziehungen andererseits stellt eine künstliche und unnötige Aufspaltung dar (Bacciagaluppi 1994). Ein kohärentes Selbst entsteht erst in der Beziehung und dem Austausch mit anderen (Hobson 1990).

Eine für Therapeut und Patient transparente und grundsätzlich auch besprechbare Beziehungsgestaltung gibt Halt und Sicherheit. Gerade bei Patienten mit unsicherer Bindung sind klare Rahmenbedingungen und Transparenz für die Entstehung von Vertrauen und Nähe notwendig (s. u.).

Da das Bindungssystem besonders in Notsituationen aktiviert wird, ist der Beginn einer Therapie eine geradezu prototypische Situation. Relevant ist dies sowohl für Personen mit einer überwiegend sicheren Bindung wie auch bei Patienten mit unsicher-vermeidendem Bindungsverhalten oder einem überaktivierten Bindungssystem (unsicher-ambivalent). Vor allem Köhler (1992, 1998) hat auf die Bedeutung des aktivierten Bindungssystems im therapeutischen Setting mehrfach hingewiesen und entsprechende Verhaltensänderungen von seiten der Therapeuten gefordert. Sie kritisiert dabei insbesondere das abstinente Therapeutenverhalten in Form eines zurückhaltenden Schweigens im klassischen psychoanalytischen Setting bei Patienten mit unsicher-vermeidendem Bindungsmuster als potentiell retraumatisierend. Nach Bowlby (1995) ermutigt der Therapeut den Patienten, seine Erwartungen und Vorurteile gegenüber seinen gegenwärtigen Bezugspersonen zu betrachten. Fehlwahrnehmungen und Missverständnisse werden dabei als erklärbare Ergebnisse tatsächlicher Erfahrungen oder dessen, was ihm als Kind von seinen Bindungspersonen gesagt wurde, verstanden. Es handelt sich also nicht - wie oft in Psychoanalysen unterstellt - um irrationale Folgen autonomer oder unbewusster Phanatasien (z. B. Angst vor Zurückweisung oder Kritik), sondern um die psychischen Folgen unangemessener Verhaltensweisen seitens der primären Bezugspersonen. Vorstellungen bzw. innere Arbeitsmodelle von sich selbst und anderen sollen dadurch als unangemessen für die aktuellen Beziehungen erkannt und gegebenenfalls verändert werden. Im Rahmen der Berücksichtigung bindungstheoretischer Überlegungen muss der Patient zunächst auch dort abgeholt werden, wo er bei der Bewertung und dem Verständnis seiner Beschwerden steht. Dies bedeutet zunächst Aufklärung über seine Beschwerden und deren Zusammenhänge mit Traumatisierungen und Beziehungserfahrungen sowie eine ausführliche Auseinandersetzung mit seinem Krankheitsverständnis bzw. seiner Beschwerdenattribuierung.

Im Mittelpunkt der Behandlung steht die Differenzierung von Schmerz und Affekt, über die Patienten mit somatoformen Störungen aufgrund einer mangelnden Symbolisierungsfähigkeit und einer gestörten, unverbundenen Kommunikation nicht verfügen. Hobson (1990) vertritt das Konzept einer „disconnected communication" als Ausdruck einer fehlenden Kohärenz im Selbsterleben, das von Guthrie u. Mitarb. (1993) konzeptuell im Rahmen einer psychodynamisch-interpersonellen Kurztherapie für Patienten mit somatoformen autonomen Funktionsstörungen umgesetzt wurde. Die Aufmerksamkeit wird auf den kommunikativen Aspekt des Symptoms (bezogen auf die Art der Schilderung und des Umgangs damit) gerichtet, um darüber dessen interpersonelle Bedeutung und Funktion zu erschließen und einen Zugang zur Innenwelt des Patienten zu erhalten.

Dies steht in enger Verbindung zu Bowlbys Konzept der inneren Arbeitsmodelle bzw. Bindungsrepräsentanzen. Die Kohärenz der sprachlich-kommunikativen Ebene, die Schilderung plausibler und kohärenter Narrative ist wesentlicher Bestandteil für die Zuordnung zu einer sicheren oder unsicheren Bindungsrepräsentanz. Nach Bowlby stimmt im Falle fehlender Kohärenz (als wichtiges Kriterium für ein unsicheres Bindungsverhalten) die gespeicherte semantische Information nicht mit der episodischen überein. Für die Behandlung folgert er daraus, dass durch detailliertes Schildern und Durchsprechen von Inhalten des episodischen Gedächtnisses eine Korrektur des semantischen Gedächtnis - und damit das Erreichen eines kohärenteren bzw. der aktuellen Lebenssituation angemesseneren Modells von sich und anderen - möglich ist. Die neueren Ergebnisse zur Gedächtnisforschung, insbesondere zum autobiographischen Gedächtnis, deuten inhaltlich in eine ganz ähnliche Richtung, auch wenn die Begriffe nicht immer ganz übereinstimmen, neue Erkenntnisse hinzukommen und vieles nach wie vor hypothetisch bleibt (Deneke 1999).

Symptomklage. Zunächst wird in Anlehnung an Guthrie u. Mitarb. (1993) den Patienten ausreichend Raum gegeben, über ihre Symptome, Beschwerden und Beeinträchtigungen zu berichten. Hierüber soll der Austausch in der Gruppe in Gang kommen, sollen die Patienten Vertrauen finden. Die Art der Kommunikation ermöglicht einen Einblick in die Innenwelt des Patienten. Durch Interesse und Nachfragen wird ihm vermittelt, verstanden und ernstgenommen zu werden. Dies ist ein erster Schritt, um die Differenzierung zwischen körperlichem Schmerz einerseits und erwünschten bzw. unerwünschten Affekten andererseits einzuleiten.

Inkohärente Kommunikation. In einem zweiten Schritt wird versucht, die inkohärente Kommunikation der Patienten zu integrieren. Der Prozess der Somatisierung und Mangel an Symbolisierungsfähigkeit ist dabei zentraler Ausdruck dieser gestörten Kommunikation. In der Behandlung dieser Patienten sollten deshalb bevorzugt plastische Bilder und Narrative eingesetzt und Episoden der gemeinsamen Gruppengeschichte (Kohärenz) wiederholt werden. Das Fokussieren auf die Kommunikation ist ein notwendiger Schritt, um Gefühle verbalisieren und später zwischen Körpersymptom und Affekt differenzieren zu können. Über die Erkennung und Bearbeitung früherer Beziehungserfahrungen werden überholte Bindungsmuster durch sichere ersetzt.

Schmerz-Affekt-Differenzierung. In einem dritten Schritt steht die Akzeptanz erwünschter Affekte, Ablehnung von Schmerz bzw. Körpersymptom und unerwünschten Affekten im Mittelpunkt. Neben den erwünschten Affekten sollen jetzt auch subjektiv unerwünschte Affekte bei sich akzeptiert werden können (Schors, 1993). Dies führt zunächst zur Entlastung der bei somatisierernden Patienten v.a. durch Verleugnung, Projektion und Wendung gegen das Selbst gekennzeichneten Konfliktbewältigungsmechanismen. Auf der Symptomebene reduzieren sich bei günstiger Entwicklung die Symptome bis hin zum völligen Sistieren.

Stabilisierung und Kohärenzgefühl. In Anlehnung an Hobson (1990) sowie Meares (1995, 1997) geht es in den Behandlungs- und Entwicklungsschritten der psychodynamisch-interaktionellen Gruppentherapie darum, über das Entstehen einer kohärenten Kommunikation und der damit verbundenen Schmerz-Affekt-Differenzierung den Patienten die Möglichkeit zu geben, ein sinnhaftes und kohärenteres Selbst(gefühl) zu entwickeln. Ausdruck dessen wäre die Reduktion von Leeregefühlen, das Entstehen bzw. Verbessern selbstreflektiver Fähigkeiten und die Auseinandersetzung mit eigenen (objektbezogenen) Erwartungen sowie der realitätsgerechteren Einschätzung der eigenen Leistungsfähigkeit, der bei diesen Patienten eine große Bedeutung zukommt.

Erfolgreiche und katamnestisch stabile Therapieergebnisse sind dann zu erwarten, wenn die beschriebenen Entwicklungsschritte durchlaufen und der Aufbau selbstreflektiver Fähigkeiten und neuer Beziehungsmuster zumindest in Ansätzen erreicht wurde. Gute Ergebnisse sind bei der Behandlung in symptomhomogenen Therapiegruppen belegt (Egle u. Mitarb. 1992a). Durch eine Weiterentwicklung dieses Konzeptes und Operationalisierung in Form eines Manuals (Nickel u. Egle 1999) ist heute eine wirksame Behandlung durch 40 Gruppensitzungen über einen Zeitraum von sechs Monaten möglich (s.u.).

Eine psychoanalytisch orientierte Einzeltherapie ist v. a. bei nicht gruppenfähigen Patienten indiziert, was besonders oft auf männliche Patienten mit diesem Störungsbild zutrifft, die nicht selten zusätzlich noch unter einer Persönlichkeitsstörung leiden.

Entspannungsverfahren und Schmerzbewältigungsprogramme sind primär nicht indiziert. Ausnahmen bilden der Einsatz von Entspannungsverfahren im Rahmen eines multimodalen stationären Therapieprogramms oder als gezielter erster Schritt zu einer besseren Motivation für eine psychoanalytisch orientierte Behandlung sowie die vorgeschaltete Durchführung von Schmerzbewältigungsprogrammen bei einer ausgeprägten Chronifizierung mit iatrogener Schädigung.

Die stationäre Aufnahme in einer psychosomatischen Klinik ist indiziert, wenn

- Ein Missbrauch von Analgetika oder anderen Medikamenten besteht
- Es zu Arbeitsunfähigkeit bzw. häufigen Arbeitsfehlzeiten gekommen ist
- Eine ausgeprägte häusliche Konfliktsituation besteht
- Mit dem Patienten Zusammenhänge zwischen seiner Schmerzsymptomatik und psychischen Problemen nicht erarbeitet werden können und damit seine Vermittelbarkeit zu einer ambulanten Psychotherapie nicht aussichtsreich ist.

Manualisierte psychodynamisch-interaktionelle Gruppentherapie für somatoforme Schmerzpatienten

Die Behandlungsdauer umfasst mit ca. sechs Monaten einen für diese Patientengruppe überschaubaren Zeitraum. In dieser Zeit finden insgesamt 40 Gruppensitzungen von 90-minütiger Dauer statt. Bei den ersten 28-30 Sitzungen trifft sich die Gruppe zwei Mal pro Woche, im letzten Drittel der Behandlung finden die Gruppensitzungen nur noch ein Mal wöchentlich statt. Drei Vorgespräche dienen neben der Diagnostik (ggf. auch ein Paargespräch) auch der Information und Motivation. Sechs Monate nach Therapieende sind drei bis vier Auffrischungssitzungen vorgesehen.

Bei den insgesamt 40 Therapiesitzungen in einem geschlossenen Gruppensetting mit sieben bis neun Teilnehmern können vier Phasen differenziert werden.

- Diagnostische Vorphase (4-6 Gespräche)
- Die Informations- und Motivationsphase (mit 5-8 Sitzungen)
- Die Arbeitsphase (mit ca. 20-25 Sitzungen)
- Die Transferphase (mit 10-12 Sitzungen)

Vor dem Hintergrund der skizzierten therapeutischen Grundkonzeption beinhaltet das Manual ganz wesentlich Instruktionen für die Haltung und das Interventionsverhalten des bzw. der Therapeuten.

- Um die Patienten dort abzuholen, wo sie hinsichtlich ihrer Erwartungshaltung stehen, steht in der *Informations- und Motivationsphase* eine sehr aktive Haltung und stark strukturierende Interventionen mit gezielt eingesetzten psychoedukativen, über das Krankheitsbild und den Stand der Forschung ebenso wie über den Zusammenhang von Schmerz und Psyche informierenden Elementen im Vordergrund. Der Therapeut verhält sich als Schmerz-Experte und knüpft dabei an Erfahrungen an, welche diese Patienten mit Vorbehandlern gemacht haben.
- In der *Arbeitsphase* verändern sich Haltung und Interventionsverhalten des Therapeuten in Richtung einer Modell- und Identifikationsfunktion. Er dient dem Patienten als Modell dafür, wie Introspektion zur Erfahrungs- und Informationsgewinnung ebenso wie zur Entwicklung von Lösungswegen genutzt werden kann. Der Patient soll sich in Richtung eines Selbst-Expertentums entwickeln. Vor allem im zweiten Teil dieser Arbeitsphase werden von ihm gezielt auch interaktionelle Gruppenprozesse thematisiert. Bei deren Bearbeitung berücksichtigt er den für den einzelnen Patienten festgelegten Beziehungsfokus. Auch wenn er im Vergleich zur Information- und Motivationsphase etwas weniger aktiv ist, bringt er auch in dieser Phase sich selbst direkt in Form von Meinungsäußerungen, Erfahrungsmitteilungen, direkten Aufforderungen oder z. B. der Empfehlung von Hausaufgaben ein. Auch nutzt er in der Arbeitsphase gezielt einzelne Bausteine, Bilder und Narrative, um psychische Mechanismen für die Patienten transparent, plastisch und erinnerbar zu machen.
- In der *Transferphase* zielen Aktivität und Intervention des Therapeuten v. a. auf die Anwendung der in der Gruppe gewonnenen Einsichten auf die Beziehungswelt des einzelnen Patienten sowie auf die Thematisierung von Affekten im Zusammenhang mit dem Therapieende, welches seitens der Patienten evtl. vermieden werden. Neue Bausteine werden nicht mehr eingeführt, vielmehr soll auf Bekanntes, gemeinsam in der Gruppe Erfahrenes und Erlebtes zurückgegriffen und das Ende der Therapie als Chance für einen wichtigen Entwicklungsschritt begriffen und genutzt werden.
- Die *Auffrischungssitzungen* nach sechs Monaten sollen deutlich machen, dass der vom Patienten im Sinne des Selbst-Expertentums fortgesetzte therapeutische Entwicklungsprozess bei Bedarf durch die situative Inanspruchnahme professioneller Unterstützung ergänzt werden kann. Die Auffrischungssitzungen unterstützen zudem den eingeleiteten Entwicklungsprozess und motivieren die neu eingeschlagene Richtung gerade in der Alltagssituation und dem bisherigen Umfeld beizubehalten.

Die von uns (v.a. in der Anfangsphase) eingesetzten Informationsbausteine sind ebenso wie Interventionsprinzipien und typische Gruppenthemen in einem Manual nachlesbar. Im folgenden sind Ablauf, Ziele und Aufgaben der unterschiedenen Entwicklungsphase dieser Gruppentherapie zusammengefasst.

Informations- und Motivationsphase. Diese Phase umfasst 5-8 Gruppensitzungen von 90-minütiger Dauer und findet wie die gesamten ersten 2/3 (28 Sitzungen) der Behandlung zweimal wöchentlich statt. In der Anfangsphase der Behandlung liegt das Schwergewicht auf der Informationsvermittlung zum Krankheitsbild, der Motivationsförderung, sowie der Vorbereitung der eigentlichen Arbeitsphase. Das heißt, dass neben der Förderung der Gruppenzusammengehörigkeit vermittelt wird wie Gruppentherapie funktioniert. *Ziele und Aufgaben* sind:

- Kennenlernen der Teilnehmer und Übergang vom bisherigen medizinischen Versorgungssystem in ein psychosomatisch-psychotherapeutisches Setting
- Fördern der Motivation zur Gruppentherapie
- Ernstnehmen der Beschwerden
- Verstehen des Krankheitsverständnisses der Patienten
- Vermittlung von Information über den Zusammenhang von Schmerz und Psyche
- Vermitteln eines bio-psycho-sozialen Krankheitsmodells als gemeinsame Behandlungsbasis
- Erklären, wie eine Therapiegruppe funktioniert
- Auseinandersetzung mit den in den Vorgesprächen bereits angesprochenen Gruppenregeln
- Entwicklung eines psychodynamischen Behandlungsfokus (Abwehrmechanismen, zentraler Beziehungskonflikt, Bindungstypologie)
- Prüfen des Fokus auf Plausibilität

Arbeitsphase. Die Arbeitsphase umfasst insgesamt 20-22 Gruppensitzungen von 90-minütiger Dauer, welche ebenfalls zweimal wöchentlich stattfinden. Die Arbeitsphase ist die Phase des Wiederholens und Durcharbeitens, d. h. sie dient dem Verstehen, Erleben und Ausprobieren von Neuem. Sie ist insgesamt weniger strukturiert. Im Mittelpunkt steht die Arbeit an der Gruppeninteraktion, sowie den Interaktionen außerhalb der Gruppe. Das Erleben bisheriger Beziehungserfahrungen im Hier-und-Jetzt der Gruppe und dessen Reflektion führt über ein neues Verständnis zu einem veränderten emotionalen Zugang des Patienten zu sich selbst.

Ziele und Aufgaben: In dieser Phase wird auf die schon beschriebenen Differenzierungsschritte, die der einzelne Patient idealtypisch durchläuft, fokussiert.

- Differenzierung zwischen körperlichem Schmerz und Affekt, die Arbeit an der inkohärenten, gestörten Kommunikation der Patienten, um diese zu integrieren, ist dabei einer der wesentlichen Teilschritte. Der Prozess der Somatisierung und Mangel an Symbolisierungsfähigkeit ist zentraler Ausdruck dieser gestörten Kommunikation. Dies ist ein notwendiger Schritt, um Gefühle später verbalisieren und zwischen Schmerz und Affekt differenzieren zu können
- Differenzierung zwischen erwünschtem und unerwünschtem Affekt (seelischem Schmerz)
- Akzeptanz unerwünschter Affekte (z. B. Enttäuschung, Kränkung, Angst, Aggression). Dies führt zu einer deutlichen Entlastung der Abwehr, interaktionelle Aspekte werden leichter zugänglich und bearbeitbar
- Überprüfung bisheriger Beziehungserfahrungen (unter Zuhilfenahme der Bindungstypologie) hierfür ist wiederum die Arbeit an der gestörten Kommunikation der Patienten ein notwendiger Teilschritt. Es soll darüber eine Verbindung zwischen dem episodischen und semantischen Gedächtnis hergestellt und korrigiert werden. Dies geschieht auch durch die Auseinandersetzung (z. B. durch genaues Schildern konkreter Beziehungsepisoden) und Überprüfung alter und Erarbeiten neuer Möglichkeiten der Beziehungsgestaltung
- Etablieren eines sinnhaften und kohärenteren Selbst(gefühls)

Transferphase. Die letzten 10-12 Gruppensitzungen dienen ganz wesentlich der Bearbeitung von Schwierigkeiten bei der Umsetzung gewonnener Erkenntnisse in den Alltag, v. a. im Hinblick auf die Beziehung zu anderen. Deshalb finden die Sitzungen auch nur noch einmal in der Woche statt. Damit werden auch Veränderungen im Gruppenprozess intendiert. Es erfolgt eine Akzentverschiebung von der Gruppe auf den Einzelnen und dessen Eigenverantwortung.

Ziele und Aufgaben sind:

- Umsetzung gewonnener Erkenntnisse in den Alltag, Bilanzierung des Ergebnisses der Gruppentherapie sowie Vorbereitung der Lebensgestaltung nach Ende der Gruppe. Im einzelnen beinhaltet dies:
- Realitäten und existentielle Fragen treten wieder mehr in den Vordergrund. Hierzu gehört neben der Akzeptanz äußerer Probleme und Gegebenheiten auch die zeitliche Begrenzung der Gruppentherapie, die Akzeptanz von Eigenverantwortlichkeit
- Motivierung zum eigenständigen Weiterarbeiten an dem bisher Erarbeiteten und Erreichten, Aufbau von Hoffnung und Zuversicht sowie Fördern des Selbst-Expertentums
- Konkrete Umsetzung in den Alltag (Beziehungsgestaltung in Familie und Freizeit sowie am Arbeitsplatz) und Klärung dabei auftretender Probleme
- Auflösung von Gruppenprozessen ebenso wie von Übertragungskonstellationen auf den Therapeuten, soweit dies notwendig und hilfreich erscheint
- Wahrnehmen und Aushalten der mit dem Ende der Gruppe verbundenen Gefühle (Verlassenheitsängste, Enttäuschung, Wut, Trauer)
- Angebot von 3-4 Auffrischungssitzungen nach sechs Monaten und gegebenenfalls Festlegung der Termine
- Überprüfen, inwieweit die ursprünglich festgelegten Therapieziele erreicht werden konnten
- Ggf. Notwendigkeit einer weiteren Behandlung für einzelne Teilnehmer klären.

Aufgrund eines bei Patienten wie Ärzten verbreiteten reduktionistischen Reiz-Reaktionskonzepts von Schmerz stellt die somatoforme Schmerzstörung häufig eine diagnostische Restkategorie dar, die erst nach multiplen diagnostischen Abklärungen und nicht selten auch iatrogenen Schädigungen in Betracht gezogen wird.
Die somatoforme Schmerzstörung ist die häufigste psychische Störung mit potentiellem Leitsymptom Schmerz.
Das klinische Bild ist geprägt durch eine hohe Schmerzintensität ohne freie Intervalle, die Patienten charakterisieren ihre Schmerzen typischerweise mit affektiven Begriffen (scheußlich, fürchterlich, schrecklich).
In der Vorgeschichte dieser Patienten finden sich nicht selten eine Reihe anderer funktioneller Beschwerden, v.a. Kloß- und Engegefühle, Bauchschmerzen (oft schon in der Kindheit), Mundbrennen sowie eine insgesamt erhöhte vegetative Reaktionsbereitschaft.
Differentialdiagnostisch sind andere psychische Störungen (v. a. Somatisierungsstörung, depressive Störungen, Hypochondrie und hypochondrischer Wahn, coenästetische Psychose), funktionelle Schmerzsyndrome (z. B. aufgrund muskulärer Verspannungen der Rückenmuskulatur, Spannungskopfschmerz), eine somatische und psychische Komorbidität sowie ein nozizeptiv oder neuropathisch determinierter Schmerz mit maladaptiven Bewältigungsstrategien abzugrenzen.
Ätiopathogenetisch bedeutsam sind psychosoziale Belastungsfaktoren in Kindheit und Jugend, v.a. emotionale Vernachlässigung, körperliche Misshandlung und sexueller

Missbrauch und daraus resultierende Selbstwert- sowie Bindungs- und Beziehungsstörungen.
In der Gestaltung der Arzt-Patient-Beziehung sollte dem Rechnung getragen werden. Bedeutsam ist hier einerseits ein Ernstnehmen der Symptomatik des Patienten trotz fehlender organischer Befunde, ohne andererseits Zufallsbefunde und Normvarianten überzubewerten.
Psychopharmakologische und analgetische Interventionen sind üblicherweise nicht indiziert.
Psychotherapeutische Ansätze müssen die skizzierten psychischen Traumatisierungen und Bindungsstörungen berücksichtigen, was erhebliche Modifikationen psychoanalytisch fundierter Behandlungsstrategien erfordert. Diese werden skizziert und sind in manualisierter Form ausgearbeitet.
Seitens des Psychotherapeuten sollte mit dem Patienten ein fester ärztlicher Ansprechpartner für die körperliche Seite vereinbart werden, um während der Psychotherapie eine erneute diagnostische Odysee bei neu auftretenden oder sich verstärkenden Schmerzen zu verhindern.

Literatur

Adler RH, Hemmeler W (1992) Anamnese und Körperuntersuchung. G. Fischer, Stuttgart.

Adler RH, Zlot S, Hürny C, Minder C (1989) Engel's „psychogener Schmerz und der zu Schmerz neigende Patient": Eine retrospektive, kontrollierte klinische Studie. Psychother med Psychol 39: 209-218.

Bacciagaluppi, M. (1994)The relevance of attachment research to psychoanalysis and analytic social psychology." J Am Acad Psychoanal 22: 465-479.

Bowlby, J (1995) Elternbindung und Persönlichkeitsentwicklung. Therapeutische Aspekte der Bindungstheorie. Dexter, Heidelberg.

Deneke FW (1999) Psychische Struktur und Gehirn. Die Gestaltung subjektiver Wirklichkeiten. Schattauer, Stuttgart

Egle UT Kissinger D, Schwab R (1991) Eltern-Kind-Beziehung als Prädisposition für ein psychogenes Schmerzsyndrom im Erwachsenenalter. Eine kontrollierte, retrospektive Studie zu G.L. Engels „pain-proneness". Psychother Psychosom med Psychol 41: 247-256.

Egle UT, Heucher K, Hoffmann SO, Porsch U (1992a) Psychoanalytisch orientierte Gruppentherapie mit psychogenen Schmerzpatienten. Ein Beitrag zur Behandlungsmethodik. Psychother Psychosom med Psychol 42: 79-90.

Egle UT, Porsch U (1992b) Psychogene Schmerzzustände. Abwehrstruktur und taxonomische Subgruppen. Nervenarzt 63: 281-288.

Egle UT (1992c): Das benigne chronische Schmerzsyndrom. PPmP 42: 261-272

Egle UT (1997) Somatoforme Schmerzstörungen. In Egle UT, Hoffmann SO, Joraschky P (Hrsg.) Sexueller Mißbrauch, Mißhandlung, Vernachlässigung. Erkennung und Behandlung psychischer und psychosomatischer Folgen früher Traumatisierungen. Schattauer, Stuttgart, S 195-212

Egle UT, Derra C, Nix W, Schwab R (1999) Spezielle Schmerztherapie. Leitfaden für Praxis und Weiterbildung. Schattauer, Stuttgart.

Egle UT, Nickel R (1998) Kindheitsbelastungsfaktoren bei Patienten mit somatoformen Störungen. Z Psychosom Med Psychoanal 44: 21-36.

Gast U (1997) „Borderline-Persönlichkeitsstörungen". In: Egle UT, Hoffmann SO, Joraschky P, Hrsg. Sexueller Mißbrauch, Mißhandlung, Vernachlässigung. Erkennung und Behandlung psychischer Folgen früher Traumatisierungen, S 237-258. Schattauer, Stuttgart.

Guthrie E, Creed F, Dawson D, Tomenson B (1993) A randomised controlled trial of psychotherapy in patients with refractory irritable bowel syndrome. Br J Psychiatry 163 315-21.

Hobson R (1990)The forms of feeling: The heart of psychotherapy. Routledge, London.

Hoffmann SO, Egle UT (1989) Der psychogen und psychosomatisch Schmerzkranke. Entwurf zu einer psychoanalytisch orientierten Nosologie. Psychother med Psychol 39: 193-201.

van Houdenhove B, Stans L, Verstraeten D (1987) Is there a link between „pain-proneness" and „action-proneness"? Pain 29: 113-117.

Köhler L (1992) Formen und Folgen früher Bindungserfahrungen. Forum Psychoanal. 8: 263-80.

Köhler L (1998)Anwendung der Bindungstheorie in der psychoanalytischen Praxis. Einschränkende Vorbehalte, Nutzen, Fallbeispiele." Psyche 369-397.

Meares R (1995) Episodic memory, trauma, and the narrative of self. Contemp Psychoanal 31: 541-556.

Meares R. (1997) Stimulus entrapment: On a common basis of somatization.Psychoanalytic Inquiry 17: 223-234.

Nickel R, Egle UT (1999) Therapie somatoformer Schmerzstörungen. Manual zur psychodynamisch-interaktionellen Gruppentherapie. Schattauer, Stuttgart.

Nickel R, Egle UT, Schwab R Sociodemographic charakteristics and diagnostic subgroups of pain center utilizers (in Vorbereitung)

Ruppert F, Egle UT (1993) Psychogener Schmerz in Armen und Beinen. In Egle UT, Hoffmann SO (Hrsg.) Der Schmerzkranke, S 489-497, Schattauer, Stuttgart.

Scarinci IC, McDonald-Haile J, Bradley LA, Richter JE (1994) Altered pain perception and psychosocial features among women with gastrointestinal disorders and history of abuse: a preiminary model. Am J Med 97: 108 -118

Schepank H (1987) Psychogene Erkrankungen in der Stadtbevölkerung. Eine epidemiologisch-tiefenpsychologische Untersuchung in Mannheim. Springer, Berlin.

Schors R (1993) Psychoanalytische Einzeltherapie bei Schmerz. In Egle UT, Hoffmann SO (Hrsg.) Der Schmerzkranke, S 369-379, Schattauer, Stuttgart.

Slawsby EA (1995) Psychosocial factors of pain in chronic atypical facial pain. Dissertation, University of Massachusetts, Boston.

Taddio A, Katz J, Ilersich AL, Koren G (1997) Effect of neonatal circumcision on pain response during subsequent routine vaccination. Lancet 349: 599-603.

Wolfe DA, Bourdeau PA (1987) Current issues in the assessment of abusive and neglectful parent-child relationships. Behav Ass 9: 271-290.

Therapieansätze

16. Psychoedukative Schmerzbewältigungsprogramme zur Förderung der weiteren Psychotherapieakzeptanz

Harald Gündel

Schon seit Jahrzehnten wird immer wieder darauf hingewiesen, wie wichtig es ist, gerade Patienten mit einem Somatisierungsverhalten möglichst früh im Laufe ihrer Patientenkarriere in Kontakt mit psychosomatischen Präventions- und Behandlungsangeboten zu bringen (Fink 1992). Auf diesem Hintergrund fordern z.B. Egle u. Mitarb. (1992), chronischen Schmerzpatienten konsequent vom ersten Behandlungskontakt an das Ineinandergreifen körperlicher, seelischer und sozialer Faktoren deutlich zu machen und das diagnostische und therapeutische Vorgehen konsequent aus einem solchen Verständnis abzuleiten.
Daher sollte die subjektive Schwelle für ein erstes psychosomatisch/psychotherapeutisches Kontaktangebot – besonders im Hinblick auf Patienten mit einem rein somatischen Krankheitsmodell - möglichst niedrig gehalten werden und das potentielle Therapieangebot dem oft organischen Krankheitsverständnis des Patienten entgegenkommen. Dies gelingt meist dadurch, dass auf die wichtige Rolle von beruflichem oder privatem Stress in der Auslösung oder Aufrechterhaltung körperlicher Beschwerden bzw. auf eigene brachliegende Schmerzbewältigungsressourcen hingewiesen wird. Dieser Ansatzpunkt für die Einführung psychosomatischer Behandlungsmethoden kann unter Verweis auf umgangssprachlich vermittelte, aktuell wachsende neurobiologische Erkenntnisse zum komplexen Zusammenspiel unterschiedlicher zentralnervöser Regelkreise (z. B. vegetativ-autonomer, emotionaler, kognitiver und motorischer Art, Kischka u. Mitarb. 1997, Damasio 1998) noch plausibler begründet werden.
Diesem reduzierten Einstiegs-Erklärungsmodell entspricht auf therapeutischer Seite das Angebot zur Teilnahme an 8-10 Doppelstunden umfassenden Patientenschulungen oder Stress- bzw. Krankheitsbewältigungsprogrammen (häufig als psychoedukatives Therapieangebot bezeichnet), die das organische Krankheitsverständnis der betroffenen Patienten aufgreifen und Hilfe zur Selbsthilfe im Umgang mit einer chronifizierten körperlichen Beschwerdesymptomatik anbieten. Psychodynamische Kurzzeittherapien von Patienten mit Somatisierungsverhalten sind wiederholt (Compas u. Mitarb. 1998) und z. T. mit eindrucksvollen Behandlungsergebnissen beschreiben (Gutherie u. Mitarb. 1991). Sie sind aber nicht Gegenstand dieses Beitrags.

Aufbau psychoedukativer Therapieangebote

Patientenschulungen bzw. Stress- oder Krankheitsbewältigungsprogramme haben sich insgesamt bewährt und werden bevorzugt in der multimodalen Behandlung von verschiedenen chronischen körperlichen Beschwerden und Erkrankungen, ausgehend vom angloamerikanischen Sprachraum auch zur Behandlung von Patienten mit Somatisierungsverhalten, eingesetzt. An unserer Poliklinik bieten wir solche Behandlungsprogramme im Rahmen der interdisziplinären Schmerzambulanz gezielt als pragmatisches psychosomatisches Kontaktangebot für einen (nach dem Erstkontakt ausgewählten) Teil der Patienten mit chronischen Kopfschmerzen oder (allgemeiner) somatoformer Schmerzstörung (ICD-10 F 45.40) an.

Der inhaltliche, im folgenden nur orientierend dargestellte Aufbau unserer Schmerzbewältigungskurse orientiert sich an gängigen Behandlungsprogrammen (Flor 1991, Gerber 1996, Basler u. Kröner-Herwig 1998) und wird vielerorts individuell variiert. Nach unseren Erfahrungen hat es sich als günstig erwiesen, vermehrt Elemente der Entspannungs-, Atem- und Körpertherapie (Ziel: Sensibilisierung für die Wahrnehmung oft gerade körperlich-muskulär spürbarer innerer Anspannung) zu integrieren, um den Patienten ein besseres Verständnis für den Ausdrucksgehalt körperlicher Symptome im Hinblick auf psychische Anspannung und ggf. innerpsychische Konflikte zu ermöglichen.

Informations- und Kurzbehandlungskurs Kopf- bzw. Rückenschmerz

Aufbau

- Vorgespräch
- Gruppensitzung 1-5: Informationsphase, Einführung in Entspannungs-, Wahrnehmungsübungen.
- Gruppensitzung 3, 5, 6: Überleitung Information, Gespräch über individuelle Situation der Patienten (Trainingsphase) Ausbau der Entspannungs-, Wahrnehmungsübungen.
- Gruppensitzung 7-10:
  - Weitere Sensibilisierung und Kompetenzaufbau für Umgang mit Stress/interaktionellen Faktoren (Selbstregulationsfähigkeiten)
  - Anwendung erlernter Selbstregulationsfähigkeiten im Alltag (Übungsphase)
  - parallel Fortführung der Entspannungs-, Wahrnehmungsübungen

Inhaltliche Gestaltung der einzelnen Sitzungen

1. Sitzung (Einführung, allgemeine Information)
   - Information über
     - das Krankheitsbild chronischer Kopfschmerztypen/chronischer Rückenschmerz etc.
     - Unterschiede im Umgang mit akutem/chronischen Schmerz allgemein
     - erste Einführung in die Gate-Control-Theorie
     - Einführung in kombinierte Schmerz-/Stresstagebücher (Auslöser für Schmerzexazerbationen werden festgehalten)
   - Hausaufgaben: Schmerz-/Stresstagebuch führen
2. Sitzung (Schmerzmedikamente/PMR)
   - Epidemiologie, Sinn bzw. Unsinn häufiger Arztkonsultationen
   - Information und Erfahrungsaustausch über spezielle Schmerzmedikamente (Wirkung, Nebenwirkungen, Risiken)
   - Einführung PMR (16 Muskelgruppen), 45-60 min (Cassette mit nach Hause)
   - Hausaufgaben: Schmerz-/Stresstagebuch führen, PMR
3. Sitzung (Stress I)
   - Ausführliche Wiederholung Gate-Control-Theorie
   - Informationen über stressbedingte Auswirkungen auf körperliche Vorgänge und psychophysiologische Regelmechanismen bei Stressbelastung
   - „Fallen Ihnen dazu eigene Erfahrungen ein?", Patienten berichten anschließend über bisherige Erfahrungen mit Methoden der Schmerzbeeinflussung. (Beginn der Besprechung der Tagebuchaufzeichnungen)
   - Überleitung, Wiederholung PMR (16 Muskelgruppen; ca. 20-30 min). Zunehmender diesbezüglicher Erfahrungsaustausch.

4. Sitzung (Krankengymnastik)
    - Information über Folgen körperlicher Aktivität vs. Passivität
    - Einführung in Möglichkeiten und Grenzen körperlicher Aktivität durch eine Krankengymnastin mit spezifischer Vorerfahrung. Praktizieren einzelner Übungselemente, die z.T. der Dehnung und Kräftigung, z.T. der verbesserten Wahrnehmung muskulärer Anspannung und anderer körperlicher Vorgänge dienen (ca. 60 min).
    - Isometrische Wahrnehmungs- und Belastungsübungen
    - Hausaufgaben: Schmerz-/Stresstagebuch führen, PMR, schrittweises Durchführen körperlicher Übungen/Aktivitäten
5. Sitzung (Aufmerksamkeitslenkung - Imagination, Kognitionen)
    - Information über die Rolle der Gedanken (Katastrophisieren etc.) bei Schmerz
    - Methoden der äußeren und inneren Aufmerksamkeitslenkung (Jeder ist sein eigener Fakir)
    - Vertiefung der Zusammenhänge aus der 4. Sitzung
    - Patienten berichten diesbezügliche eigene Erfahrungen
    - Fortführung der Besprechung der Aufzeichnungen aus den Schmerz-/Stresstagebüchern
    - Gruppenkohäsion wird stärker
    - Praktische Anwendung: Wiederholung PMR mit Imagination (Phantasieort), (7 Muskelgruppen, ca. 20-30 min)
    - Hausaufgaben: Schmerz-/Stresstagebuch führen, PMR, Steigerung der körperlichen Aktivität, mindestens eine Anwendung der Aufmerksamkeitslenkung
6. Sitzung (Stress II)
    - Wiederholung PMR mit spezieller Schmerzimagination (Kopf) (4 Muskelgruppen, 20-30 min)
    - Fortführung der Besprechung der Aufzeichnungen aus den Schmerz- und Stresstagebüchern (Verhaltensanalyse, Patienten zeichnen möglichst eine Situation pro Tag auf, in der Schmerz verstärkt wahrgenommen wird und/oder subjektiv Stress entsteht.)
    - Gruppenmitglieder kommen miteinander ins Gespräch, Aufmerksamkeitsfokus geht von der reinen Symptomatik auf die Umgebungsbedingungen und deren Interaktion mit der Schmerzwahrnehmung
    - Hausaufgaben: Schmerz-/Stresstagebuch führen, PMR, Krankengymnastik-Übungen

Fallbeispiel

Bei der erstmaligen Besprechung der Tagebuchaufzeichnungen berichtet eine kinderlose, ältere differenzierte Teilnehmerin, Frau U., über eine wiederholt auftretende zwischenmenschliche Situation, der mit einer Latenz von einigen Stunden immer wieder einer Migräneattacke folge. Die einzige Tochter guter Freunde sei ihr durch viele gemeinsame Unternehmungen (Ausstellungsbesuche, Konzerte etc.) und vertraute Gespräche sehr „an´s Herz gewachsen". Während der letzten 1-2 Jahre, nach der Geburt eines kleinen Jungen, „stürze" sich diese Freundin (wie zuvor ihre eigene Mutter bei ihr selbst) nur auf das Kind, vernachlässige ihren Ehemann völlig und habe für dessen Unzufriedenheit kein Verständnis. So ruiniere sie zusehends ihre Ehe, reagiere trotzig-depressiv, ziehe sich von früheren Freunden zurück, suche nur noch den sehr engen Kontakt zu ihren Eltern. Frau U. selbst erlebe diese unglückliche Entwicklung unmittelbar mit, spüre in den seltener werdenden Gesprächen mit der jüngeren Freundin („Mutter-Tochter"-Übertragung) intensive Gefühle wie Hilflosigkeit,

Ohnmacht und Wut auf deren „selbstzerstörerisches" Verhalten, traue sich aber nicht, diese Gefühle - zumindest vorsichtig - ihrer Freundin mitzuteilen: „Ich habe nie gelernt, über meine Gefühle zu sprechen." Stattdessen schreie sie manchmal vor „Hilflosigkeit, Trauer und Wut", wenn sie - nach den gemeinsamen Spaziergängen - allein im Auto sitzend wieder nach Hause fahre. Stunden später folge oft eine Migräneattacke: „Bei mir wird das alles zu Kopfschmerzen". Prinzipiell sehr ähnliche Situationen erlebe sie oft mit ihrem berenteten Ehemann.
Während der Erzählung von Frau U. berichtet eine andere Gruppenteilnehmerin über plötzlich auftretende, ihr wohlbekannte „nervöse Magenschmerzen", eine weitere entwickelt einen zwar milden, aber akuten Spannungskopfschmerz, zwei andere Patientinnen fühlen sich - identifikatorisch - „plötzlich innerlich total angespannt".
Die Gruppenleiter fokussieren das Gespräch inhaltlich zunächst auf die geschilderte Situation, greifen die spontanen körperlichen Reaktionen auf und helfen den Patienten, diese sich unmittelbar im aktuellen Kursablauf ereignenden psycho-somatischen Reaktionen wahrzunehmen und im Kontext zu verstehen. Auf diesem Wege wird den Patienten eine ganz neue Sichtweise auf emotional berührende Ereignisse als potentielle Auslösesituationen einzelner Migräneattacken oder auch anderer funktioneller körperlicher Reaktionen vermittelt: „Das sowas mit meinen Kopfschmerzen zu tun hat - da hab ich ja noch nie dran gedacht". In diesem Zusammenhang erweist es sich als hilfreich, dass die Patienten in den vorangehenden Kursstunden grundlegende Prinzipien über die Funktionsweise des menschlichen Organismus, speziell des ZNS (autonomes Nervensystem und Beeinflussung durch cortikale und subkortikale Regelkreise, Auswirkungen auf die Körperperipherie) kennengelernt haben und so die am eigenen Körper erlebten psychosomatischen Zusammenhänge vor diesem Hintergrund besser nachvollziehen können.

7. Sitzung (Schmerzbewältigung I)
   - PMR mit fortgeschrittener Imagination (Schmerz als Gegenstand / Ball, 15 min)
   - Besprechung der ersten individuellen Erfahrungen mit Aufmerksamkeitslenkungs - Hausaufgaben
   - Fortführung der Besprechung der Aufzeichnungen aus dem Schmerztagebuch mit Fokus auf Zusammenhängen der Schmerzwahrnehmung mit subjektivem Stressempfinden (Sensibilität für Umgebungsbedingungen/Gruppenkohäsion wird stärker)
   - Punktuelle Entwicklung alternativer Verhaltensstrategien beim Auftreten/zur Bewältigung der Beschwerden (evtl. Selbstsicherheitstraining im Rollenspiel, Ablenkungstechniken)
   - Hausaufgaben: Schmerz-/Stresstagebuch führen, PMR, KG-Übungen

Fallbeispiel

Diesmal berichtet Frau T., eine junge Sekretärin mit 2-3mal pro Woche auftretenden schweren Migräneattacken, dass sie erst im Rahmen der Tagebuchaufzeichnungen einen regelmäßigen Zusammenhang zwischen abendlichen „Kontrollanrufen" der Mutter und 1-2 Tage später (physiologisch bedingte Latenzzeit bei Migräne) auftretenden Migräneattacken bemerkt habe. Auf Nachfragen überwiegend der anderen Gruppenmitglieder berichtet sie von regelmäßig übergriffigen, abwertend-vorwurfsvollen und latent aggressiven Äußerungen der Mutter, denen gegenüber sie sich (seit ihrer Kindheit) „hilflos ausgeliefert, irgendwie sprachlos" fühle, dem sie nichts entgegenzusetzen habe, „es" fast jeden Abend „über mich ergehen" lasse. Hinterher fühle sie sich regelmäßig „total angespannt, irgendwie völlig aufgewühlt",

könne kein spezifisches Gefühl benennen, wisse aber genau, dass bald die nächste Migräneattacke komme.
Während ihrer Schilderung entsteht eine sehr dichte Gruppenatmosphäre, die anderen Teilnehmer sind spürbar betroffen, bemerken aber auch an sich die von der Patientin vermittelte schwere Betroffenheit und Hilflosigkeit angesichts einer - gemessen am üblicherweise ganz unauffälligen, positiven, psychosoziale Belastungen eher abwehrenden Auftreten der Patientin - überraschend schweren Beziehungspathologie. Wieder reagieren mehrere Gruppenteilnehmer spontan mit der Entwicklung akuter körperlicher Beschwerden (Muskelverspannungen, Kopfschmerzen, Magenbeschwerden) und teilen dies der Gruppe - z. T. mit ungläubigem Staunen - mit. Ebenso erreicht die Rückmeldung von der Patientin verleugneter bzw. abgespaltener (überwiegend aggressiver) Gefühle durch die Gruppenteilnehmer die Patientin und stößt ein vertieftes Verständnis der eigenen Situation an. Ebenso wird deutlich, dass zwar (wie in der Folge geschehen) das Erlernen gewisser Stressbewältigungstechniken der Patientin eine gewisse Hilfe bringt, die neurotische Ursache aber nicht hinreichend behandeln kann. Die Patienten selbst reagieren in initialer Verkennung der therapeutischen Zielsetzung fast vorwurfsvoll-empört, teilen den Gruppenleitern mit, dass man ein solch tiefsitzendes Problem doch nicht „mit einigen Stunden Gruppensitzung" behandeln könne. Nach Abschluss der Gruppe führt Frau T. eine ambulante Psychotherapie weiter.

8. Sitzung (Schmerzbewältigung II)
   - Weiter Besprechung der ersten individuellen Erfahrung mit Aufmerksamkeitslenkungs- und Selbstsicherheits-Hausaufgaben.
   - Fortführung der Besprechung der Aufzeichnungen aus den Schmerz- und Stresstagebüchern (Fokus: Interaktionelle Stressoren auf dem Boden der Tagebuchaufzeichnungen)
   - Rolle negativer Kognitionen, Formulierung eigener negativer Kognitionen
9. Sitzung (Schmerzbewältigung III)
   - PMR mit Auftauchen freien inneren Bildern (Schmerz und Gedanken)
   - Exemplarische Hilfe bei der Umformulierung negativer Kognitionen
   - Fortführung der Besprechung der Aufzeichnungen aus den Schmerz- / Stresstagebüchern
   - Punktuelle Entwicklung alternativer Verhaltensstrategien bei Auftreten / zur Bewältigung der Beschwerden am Beispiel einer individuellen Aufzeichnung. (evtl. Selbstsicherheitstraining im Rollenspiel, Ablenkungstechniken)
10. Sitzung (Abschluss)
   - Abschlussbesprechung; individuelle Überlegungen bzgl. einer evtl. weiterführenden / vertiefenden psychosomatischen Behandlung
   - Vereinbarung eines Termins für ein späteres Treffen (ca. drei Monate später)

Allgemeine Prinzipien psychoedukativer Motivations- und Behandlungsverfahren

Zusammengefasst beinhalten psychoedukative Kurzbehandlungsverfahren (z.B. für Patienten mit Somatisierungsverhalten) oder Krankheitsbewältigungsprogramme (z.B. chronischer Schmerz, in der Praxis fließende Übergänge zu Somatisierungsstörungen) im wesentlichen die folgenden Bausteine (Schüßler 1998):

- *Edukative Komponenten*: Informations- und Wissensvermittlung über die verschiedenen Aspekte eines chronischen Störungsbildes (z. B. Schmerz), über die pathophysiologisch-vermittelten Zusammenhänge zwischen Stress und körperlichen Vorgängen, über das Wirkungs- und Nebenwirkungsspektrum relevanter Medikamente etc.
- *Veränderung der Einstellung zur Beschwerdesymptomatik / Erkrankung:* z. B. Abbau sog. dysfunktionaler Gedanken (z. B. Katastrophisieren) und Verhaltensweisen, Aufbau und Erprobung (oft im Rollenspiel) alternativer, individuell passenderer Denk- und Handlungsabfolgen.
- *Vermittlung sozialer Unterstützung* durch andere Gruppenmitglieder (Kohäsionseffekt) und die Einbeziehung (und Schulung) von nahen Angehörigen.
- *Entspannungsübungen* (Progressive Muskelrelaxation nach Jacobson, Autogenes Training) mit Übergang in (z. T. störungsspezifisch adaptierte) vertiefende Imaginationsübungen sind meist essentieller Bestandteil.
- *Störungsspezifischere Übungen* wie Krankengymnastik, sporttherapeutische Elemente, Atemübungen etc.

Der langfristige Nutzen solcher Behandlungsangebote wird bislang v.a. in folgenden Bereichen gesehen (Petermann 1997):

- Verbesserte Eigenverantwortlichkeit/höhere Autonomie des Patienten.
- Verbesserte Lebensqualität des Patienten.
- Entlastung der Bezugspersonen.
- Kostenreduktion im Gesundheitswesen.

Nicht erwähnt wird in dieser Zusammenschau der aus unserer Sicht besonders wichtige Aspekt einer gerade erst durch einen solchen Kurs vermittelten *Einsicht in psychosomatische Zusammenhänge* und einer dadurch geweckten/vermittelten Motivation für eine weiterführende Psychotherapie.

Indikationsbereiche/Auswirkungen auf die Psychotherapiemotivation

Die Wirksamkeit derartiger Kurzbehandlungsprogramme ist für viele chronische Erkrankungen und chronifizierte Beschwerdebilder belegt (Übersicht bei Petermann 1997, Compas u. Mitarb. 1998). Speziell bei der Behandlung von Patienten mit Somatisierungsverhalten mittels kurzer psychoedukativer Gruppenprogramme konnte eine Verbesserung des psychischen Befindens sowie zusätzlich eine Verringerung der allgemeinen medizinischen Behandlungskosten um ca. 30% erreicht werden (Kashner u. Mitarb. 1995).

Die ausschließliche Behandlung eines Patienten mit Somatisierungsverhalten bzw. psychoreaktiv überlagertem chronischem Schmerz und nicht selten gleichzeitig bestehenden massiven intrapsychischen und interpersonellen Konflikten mit 8-10 Doppelstunden Krankheitsbewältigungstraining ist natürlich nicht ausreichend: Die psychische Störung des Betroffenen verhindert hier eine echte Veränderung des Bewältigungsverhaltens, da dysfunktionale Abwehrmaßnahmen die Symptomatik aufrechterhalten (Schüßler 1998) und das Ausmaß an psychischen Problembereichen den Zielbereich spezifischer Behandlungsprogramme weit übersteigt. Demgegenüber können Patienten mit chronischen (z. B. Kopf- oder Rücken-) Schmerzerkrankungen ohne wesentliche sog. funktionelle Überlagerung oft sehr gut von der alleinigen Teilnahme an einem solchen Schmerzbewältigungskurs profitieren, da in diesem Rahmen viele Techniken (s. o.) vermittelt werden, die von den Patienten nach Kursende mit Erfolg selbstständig weitergeführt werden können.

Dennoch kann es sinnvoll sein, auch Patienten mit zugrundeliegenden neurotischen Entwicklungen oder Persönlichkeitsstörungen die Teilnahme an einem ressourcenorientierten Bewältigungsprogramm anzubieten. Für einige Patienten kann die Teilnahme an einem „Krankheitsbewältigungskurs" einen ersten Schritt in Richtung der eigentlich indizierten, aber initial abgelehnten individuellen Psychotherapie bedeuten, gerade wenn andere psychotherapeutische Behandlungsmaßnahmen abgelehnt werden. Hier besteht noch ein erheblicher Forschungsbedarf.

Zur differentialtherapeutischen Frage, welche Patienten überhaupt für ein Krankheitsbewältigungstraining geeignet sind und welche Patienten durch ein solches auch für weiterführende psychotherapeutische Maßnahmen gewonnen werden können, liegen bislang nur sehr wenige Überlegungen (Leibing u. Mitarb. 1994), erst recht kaum empirische Untersuchungen vor.

Es existieren nur wenige Untersuchungen zu den Auswirkungen solcher Behandlungsprogramme auf die weiterführende Psychotherapiemotivation von Patienten mit Somatisierungsstörungen. Als wichtige Ergebnisse einer elf Einzelsitzungen umfassenden verhaltensmedizinischen Kurzintervention wiesen Patienten mit Somatisierungsstörungen nach Absolvierung dieser Intervention eine stärkere psychosomatisch ausgerichtete Krankheitssicht und Psychotherapiemotivation als die Kontrollpatienten auf (Lupke u. Mitarb. 1995,1996). Im 1-Jahres-Katamnesezeitraum leiteten diese Patienten häufiger psychotherapeutisch-psychiatrische Behandlungsmaßnahmen ein als die Kontrollpatienten (67% vs. 29%).

Diese Ergebnisse erlauben v. a. zwei Schlussfolgerungen.

1. Ein unter psychoedukativen Gesichtspunkten aufgebautes Kurzbehandlungsprogramm kann die Motivation zur individuell indizierten Psychotherapie von Patienten mit Somatisierungsverhalten bzw. psychoreaktiv überlagerten chronischen Schmerzerkrankungen deutlich erhöhen. Damit empfiehlt sich eine solche einleitende Behandlungsmaßnahme besonders dann, wenn die initiale Motivation für eine individuell indizierte ambulante oder stationäre Psychotherapie zunächst nicht ausreichend erscheint, gleichzeitig aber psychotherapeutischer Handlungsbedarf besteht (Brückenfunktion).

2. Zumindest für psychisch schwerer belastete Patienten reicht die alleinige Teilnahme an einem verhaltensmedizinisch aufgebauten Kurzbehandlungsprogramm nicht aus (Konermann u. Mitarb. 1994, Küchenhoff 1997). Die Kombination mit weiterführenden psychotherapeutischen Maßnahmen (psychodynamisch-psychoanalytisch; verhaltenstherapeutisch etc.) ist in der Regel erforderlich. Konfliktzentrierte psychoanalytische Verfahren sind besonders dann indiziert, wenn massive intrapsychische oder zwischenmenschliche Konflikte im Sinne einer Somatisierung zur Ätiologie und Aufrechterhaltung des Somatisierungsverhaltens beitragen (Söllner u. Doering 1997). Verlässliche Prädiktoren, welchen Patienten die Teilnahme an Kurzbehandlungskursen hilft und welchen nicht, sind empirisch bislang noch nicht ausreichend gesichert (Compas u. Mitarb. 1998).

Ideal erscheint daher nach jetzigem Stand die Kombination der mehr kurzfristig ressourcenorientierten psychoedukativen Behandlungsangebote mit einer im Bedarfsfall anschließenden oder parallel laufenden individuell indizierten Psychotherapie und anderen komplementären Therapieangeboten (z. B. Körper-, Sport-, Kunsttherapie) in Form maßgeschneiderter Therapiepakete. Aufgrund der dafür notwendigen verschiedenartigen fachlichen Kompetenzen lassen sich solche Behandlungsangebote am be-

sten in Krankenhäusern, spezialisierten interdisziplinären Ambulanzen und Rehabilitationskliniken verwirklichen. Einzelne Bausteine, gerade „abgespeckte" psychoedukativ ausgerichtete Kurztherapiekurse, können jedoch auch im Rahmen einer gestuften Versorgung von Patienten mit Somatisierungsstörungen im ambulanten Praxisbereich verwirklicht werden (Söllner u. Doering 1997).
Die Kosten solcher Schmerzbewältigungsprogramme bzw. Psychotherapie-Motivationskurse werden derzeit von einem Teil der Krankenkassen auf der Grundlage einer Einzelfallentscheidung teilweise erstattet, wobei aktuell innerhalb der Ersatzkassen auf Bundesebene (VDEK) über allgemeine Erstattungsrichtlinien diskutiert wird.

Literatur

Basler HD, Kröner-Herwig B (Hrsg.): Psychologische Therapie bei Kopf- und Rückenschmerzen. Ein Schmerzbewältigungsprogramm zur Gruppen- und Einzeltherapie. 2., akt. Aufl., Quintessenz-Verlag 1998

Compas BE, Haaga DA, Keefe FJ, Leitenberg H, Williams DA (1998): Sampling of Empirically Supported Psychological Treatments From Health Psychology: Smoking, Chronic Pain, Cancer, and Bulimia Nervosa. J Consult Clin Psychol 66,1: 89-112

Damasio AR (1998): Descartes' Irrtum. Fühlen, Denken und das menschliche Gehirn. DTV, München

Egle UT, Heucher K, Hoffmann SO, Porsch U (1992): Psychoanalytisch orientierte Gruppentherapie mit psychogenen Schmerzpatienten. Ein Beitrag zur Behandlungsmethodik. PPmP 42: 79-90

Flor H (1991): Psychobiologie des Schmerzes. Huber-Verlag, Bern - Göttingen - Toronto

Fink P (1992): The use of hospitalizations by persistent somatizing patients. Psychological medicine 22: 173-180

Gerber WD: Migräne. In: Psychologische Schmerztherapie. 3. Aufl., Springer-Verlag 1996

Guthrie E, Creed F, Dawson D, Tomenson B (1991): A Controlled Trial of Psychological Treatment for the Irritable Bowel Syndrome. Gastroenterology 100: 450-457

Kashner TM, Rost K, Cohen B et al (1995): Enhancing the health of somatization disorder patients : effectiveness of short term group therapy. Psychosomatics 36: 462-470

Kischka U, Spitzer M, Kammer T (1997): Frontal-subkortikale neuronale Schaltkreise. Fortschr. Neurol.Psychiat. 65: 221-231

Konermann J, Schüßler G, Weddige-Dietrich (1994): Schmerzbewältigung bei Patienten mit Fibromyalgie-Syndrom - Möglichkeiten und Grenzen einer Kurzzeit-Einzeltherapie. In: Schüßler G, LeibingE (Hrsg.): Coping. Hogrefe, Göttingen

Küchenhoff J (1997): Zur Psychodynamik und Psychotherapie von somatoformen Störungen. In: Rudolf G, Henningsen P (Hrsg.): Somatoforme Störungen. Schattauer, Stuutgart-New York

Leibing E, Schüßler G, Rüger U (1994): Prognosekriterien einer verhaltenstherapeutischen Schmerzbehandlung in Gruppen bei rheumatoider Arthritis. Psychther Psychosom Med Psychol 44: 46-52

Lupke U, Ehlert U, Hellhammer D (1995): Verhaltensmedizin im Allgemeinkrankenhaus: II. Behandlung des Somatisierungsverhaltens. Verhaltensmodifikation und Verhaltensmedizin 1: 3-35

Lupke U, Ehlert U, Hellhammer D (1996): Verhaltensmedizin im Allgemeinkrankenhaus: Verlaufsuntersuchungen an Patienten mit Somatoformen Störungen. Verhaltenstherapie 6: 22-32

Petermann F (Hrsg.): Patientenschulung und Patientenberatung. Ein Lehrbuch. Hogrefe, 2. Aufl. 1997

Schüßler G (1998): Krankheitsbewältigung und Psychotherapie bei körperlichen und chronischen Erkrankungen. Psychotherapeut 43:382-390

Söllner W, Doering S (1997): Psychologische Therapieverfahren bei chronischen nicht-radikulären Rückenschmerzen. Orthopäde 26: 535-543

17. Allgemeine Aspekte in der psychodynamischen Therapie somatoformer Störungen

Peter Joraschky

In den letzten 10 Jahren wird eine ständig steigende Zahl von Patienten mit somatoformen Störungen in den Fachkliniken für Psychotherapie und Psychosomatische Medizin behandelt. Inzwischen stellen diese Patienten die häufigste Diagnosegruppe in den psychosomatischen Kliniken dar, wobei gleichzeitig von einer hohen Komorbidität von somatoformen Störungen mit Angstkrankheiten und Depressionen auszugehen ist. Nicht nur die Häufigkeit, sondern auch der Schweregrad dieser Störungen mit zugrundeliegenden Persönlichkeitsstörungen führte dazu, dass, am individuellen Störungsspektrum orientiert, multimodale Therapieprogramme heute im Mittelpunkt stehen. Diese beziehen in die psychodynamische Therapie Erfahrungen kognitiv-behavioraler Schmerzbewältigungsprogramme, körperpsychotherapeutische Elemente und interpersonelle paar- und familiendynamische Ansätze mit ein. Im Umfeld psychodynamischer Ansätze haben sich Modifikationen der Grundtechnik etabliert, die sich v.a. am Strukturniveau des Patienten mit dem Hintergrund von frühkindlichen Traumatisierungsfaktoren orientieren. Im Mittelpunkt der Beschreibung stehen daher klinisch deskriptive Arbeiten, da kontrollierte Studien bisher wenig auf den Störungsgrad der Patienten Bezug nehmen und daher schwer vergleichbar sind.

Einleitung

In der differentiellen Indikationsstellung bei der Behandlung somatoformer Störungen haben psychodynamisch orientierte Psychotherapieverfahren in den letzten Jahren bei der Behandlung v.a. chronischer Schmerzpatienten zunehmende Bedeutung erlangt. Voraussetzung hierfür war die Bereitschaft, Standardverfahren zu verändern, bei somatisierenden Patienten sich am subjektiven Krankheitsmodell zu orientieren und damit auch einen Zugang zur Konfliktverarbeitung nicht vorauszusetzen, sondern als Ziel der Therapie anzustreben.

In kontrollierten Studien sind psychodynamische Therapieverfahren gegenüber den kognitiv-behavioralen bislang nur mit einer kleinen Anzahl von empirischen Untersuchungen (s. u.) vertreten (Egle u. Hoffmann 1989, Guthrie u. Mitarb. 1993, Loew u. Mitarb. 1998). Die in der klinischen Praxis dominierenden mittel- und langfristigen Anwendungen der Therapieverfahren lassen sich als kontrollierte Studien nur mit hohem Aufwand realisieren. Zielvariablen wären bei den psychodynamischen Verfahren z. B. die Rigidität der Konfliktauseinandersetzung und Persönlichkeitsstörung. Diese Komplexität ist ein Grund, warum Kurztherapieverfahren im Hinblick auf Symptomveränderung leichter und ökonomischer durchführbar sind. Auf der anderen Seite sind Langzeiteffekte, wie naturalistische Verlaufstudien und klinische Erfahrungen zeigen, mit Kurztherapien nur z. T. zu erzielen. Vor allem für die in der Versorgungspsychotherapie durchgeführten mittelfristigen Therapien von 40-100 Stunden sollten empirische Studien gefordert werden, da sonst die Gefahr besteht, dass die klinisch evidente Wirksamkeit von Langzeittherapien bei ich-strukturellen Störungen chronisch kranken Patienten vorenthalten wird.

Die Einbeziehung psychodynamischer Gesichtspunkte in die biopsychosoziale Schmerzdiagnostik als Grundlage für die psychodynamische Psychotherapie

Aus der deskriptiven Diagnostik des ICD Somatoforme Störungen leitet sich keine Handlungsanweisung für ein psychotherapeutisches Vorgehen ab. Von Egle (1993) wird betont, dass die internationale Klassifikation des Schmerzes (IASP) ganz überwiegend biologische und nur unzureichend psychosoziale Faktoren in der Entstehung und Aufrechterhaltung von chronischen Schmerzzuständen berücksichtigt. Im bio-psychosozialen Modell werden auch die emotionalen und kognitiv-evaluativen Ebenen der Schmerzwahrnehmung und -verarbeitung einbezogen. Die positive Psychodiagnostik einer Schmerzerkrankung interpretiert den Anteil des psychogenen Faktors, der nicht automatisch eine Geringschätzung des somatischen Faktors bedeutet. Die psychodynamische Diagnostik erfasst krankheitsauslösende und -aufrechterhaltende Faktoren, das subjektive Krankheitserleben, das Schmerzverhalten, unbewusste Konflikte sowie die Persönlichkeitsstruktur und den sog. Schmerzmodus.

Für die somatoformen Schmerzstörungen hat sich klinisch eine Klassifizierung des *Schmerzmodus* bewährt (Egle 1993).

- Am bekanntesten ist der Prozess der *Konversion*, wo die Symptomdarstellung einen Symbolisierungswert für psychisch unverarbeitete Konflikte gewinnt.
- Beim *affektiv-vegetativen Modus* werden innere Affektspannungen, v. a. Ängste und Depressionen, die sich über das vegetative Nervensystem ausdrücken, in ihren körperlichen Anteilen meist selektiv wahrgenommen, so dass der affektive Anteil in den Hintergrund tritt. So werden Ängste im Sinne einer Affektäquivalenz ausschließlich in Beschwerden durch Darmmotilitätsstörungen oder der Zunahme von Muskelspannung erlebt.
- Im Rahmen der *narzisstischen Regulation* kann der Schmerz Selbsterhaltungsaspekte gewinnen, elementare Bedrohungen des Selbstgefühls können durch Schmerzgefühle abgewehrt werden.
- Ergänzt werden können die psychodynamischen Ansätze im Schmerzmodus durch die Bedeutung von *Lernprozessen*. So können bei Chronifizierungsprozessen die konflikthaften Ursachen in den Hintergrund treten und die sekundäre Krankheitsverarbeitung, z. B. die durch die Schmerzsymptomatik ausgelöste Zuwendung im Umfeld, den Schmerz wiederum aufrechterhalten.

Neben dem Schmerzmodus (Hoffmann u. Egle 1989, Schüßler 1995) spielt v. a. für die Prognose und damit die einzusetzende Therapiedosis der Schweregrad der Störung, wie er orientierend z. B. mit dem bio-psycho-sozialen Belastungswert nach Schepank eingestuft wird, eine große Rolle. Daneben hat sich für die psychologische Diagnostik die operationalisierte psychodynamische Diagnostik (OPD, 1996) bewährt. Die Indikation psychodynamischer Verfahren war früher primär an den neurotischen Persönlichkeitsanteilen im Krankheitsgeschehen orientiert, d. h. fokussiert auf intrapsychische und interpersonelle Konflikte. Da bei Patienten mit somatoformen Störungen die neurotischen Anteile häufig durch die Somatisierung abgewehrt und damit schwer zugänglich sind, bezieht die Indikation v. a. auch die Art des Krankheitserlebens und -verhaltens ein. Insofern führen wir als Orientierungsrahmen auch bei Patienten mit somatoformen Störungen die OPD-Diagnostik im Rahmen der Indikationsstellung für Kurz- oder Langzeittherapie durch.

Hierbei werden folgende Störungsebenen betrachtet:

- Die OPD-Achse I beschreibt das Krankheitserleben und die Art der Beeinträchtigung durch die Beschwerden, die Einsichtsfähigkeit in psychosomatische Zusammenhänge und die Psychotherapiemotivation.
- Mit der OPD-Achse II wird das habituelle Beziehungsverhalten und die Ausprägung des Beziehungsmusters in der Arzt-Patienten-Beziehung beurteilt.
- Die OPD-Achse III erfasst die im Kontext zur Entwicklung der Erkrankung stehenden Konflikte in wesentlichen Lebensbereichen.
- Die OPD-Achse IV beschreibt die Persönlichkeitsstruktur, die Fähigkeiten bzw. Einschränkungen im Bereich des Selbst, der Abwehr, Bindung und Kommunikation.

Im Bereich der Therapiemotivation spielt die Therapieerwartung des Patienten (Faller u. Rudolf 1998) zunächst die zentrale Rolle. Wichtig ist, inwieweit im Rahmen des Ausmaßes der Chronifizierung ein regressiver Prozess, ein Schonverhalten, passive Versorgungswünsche mit sekundärem Krankheitsgewinn (Rentenbegehren, doctor-shopping) festzustellen sind. Insbesondere das Ausmaß des sozialen Rückzugs, des Medikamentenmissbrauchs bestimmt ein pragmatisches Vorgehen mit strukturierenden, aktivierenden verhaltenstherapeutischen Maßnahmen, Abstellen des Medikamentenabusus, evtl. medikamentöse Unterstützung und Zentrierung auf depressive Verarbeitungsstile. Die Therapie setzt am Krankheitsmodell (Küchenhoff 1998) des Patienten an, häufig haben Patienten auch einen seelischen Leidensdruck. Die somatisierte Depression ist in der Regel nur inkomplett, so dass parallel und abgespalten von den körperlichen Beschwerden seelische Belastungen angesprochen werden müssen.

Anpassung der psychodynamischen Therapie an das Störungsbild des Patienten

Die psychoanalytisch begründeten Behandlungsverfahren zeigen heute im Rahmen der Fokussierung meist eine kürzere Behandlungsdauer. Unbewusste intrapsychische Konflikte definieren den psychodynamischen Anteil der Psychotherapie (häufig auch tiefenpsychologisch fundierte Psychotherapie genannt). Die Klärung und Deutung unbewusster Konflikte als Verständnisansatz für die Probleme und Motive des eigenen Handeln werden vor dem Hintergrund der Beziehung des Erlebens zwischen Therapeut und Patient eingesetzt. In der Übertragungsbeziehung soll eine neue Beziehungserfahrung aufgebaut werden, das Verständnis des interpersonellen Grundmusters ermöglicht die Änderung des Erlebens und Verhaltens.

Die Therapieziele sind begrenzt, meist auf einen zentralen Beziehungskonflikt (Luborsky 1988) und die aktuelle Problematik des Patienten fokussiert. Im Gegensatz zu der, infantile Erlebnisstufen einbeziehenden, analytischen Psychotherapie geht die psychodynamische Therapie auf aktuelle interpersonelle Konflikte ein und bezieht die aktuelle Krankheitsverarbeitung des Patienten sowie die Arzt-Patient-Beziehung mit ein. Die Dauer der Therapie umfasst in der Regel 25-80 Stunden.

Diese für neurotische Patienten mit Konfliktverständnis entwickelte psychodynamische Kurzpsychotherapie muss jedoch bei somatoformen Störungen in der Regel modifiziert werden, um den Patienten in seinem Krankheitsmodell, seinem Krankheitserleben und -verhalten, welches durch die Fixierung auf ein überwiegend körperliches Beschwerdeerleben charakterisiert ist, zu erreichen. Die Qualität des somatischen Krankheitsmodells, die Rigidität der iatrogenen Fixierung auf ein körperliches Geschehen, die Persönlichkeitsstruktur, das Vorliegen alexithymer Elemente im Verarbeitungsstil sowie der Schmerzmodus verlangen ein individuell orientiertes, differenziertes psychotherapeutisches Vorgehen.

Besondere technische Schwierigkeiten ergeben sich aus der zwanghaften oder alexithymen Haltung somatisierender Patienten gegenüber einem psychischen Verständnis. Häufig sind auch regressive Wünsche, Versorgungs- und Abhängigkeitswünsche so massiv, dass die Patienten nach direkter Versorgung oder Tröstung, Schonung oder stationärer Aufnahme drängen. Besonders die orale Ansprüchlichkeit erzeugt aggressive oder ambivalente Gegenübertragungsgefühle. Das typischeÜbertragungsmuster von Patienten mit einem narzisstischen Modus der Schmerzverarbeitung (Egle 1993) ist der Wechsel von Idealisierung und Entwertung des Therapeuten, insbesondere bei Patienten, die Behandlungswanderer sind.

Folgende Besonderheiten ergeben sich für die ambulante psychodynamische Therapie somatoform gestörter Patienten:

- Aufgrund des häufig mechanistischen Verständnisses der Patienten von ihrer Störung und der damit verbundenen Angstabwehr kommt den Patienten ein stärker strukturiertes Vorgehen in der Behandlung entgegen
- Die Komorbidität, v. a. die Ausprägung der Depression und Angststörung bestimmt den Ablauf der Behandlungsphasen
- Ohne stärkere Einbeziehung der körperlichen Erfahrungsebene fühlt sich der Patient in der Regel in seinem Hauptanliegen nicht wahrgenommen (Kombination mit Körperpsychotherapie)
- Interpersonelle Faktoren und abgewehrte Konflikte können oft eher durch den Partner oder Angehörige mit eingebracht und benannt werden, so dass die interpersonelle Ebene für die Art der Auswirkung des Schmerzverhaltens einen wichtigen Zugangsweg darstellt
- In der Übertragungsbearbeitung spielen die Ausprägung passiver Versorgungswünsche, indirekte Entwertungstendenzen, der Umgang mit aggressiven Konfliktverarbeitungen sowie die zwanghafte Affektisolation eine wichtige Rolle für die psychodynamische Therapietechnik.

Von Uexküll und Köhle (1996) unterscheiden bei somatoformen Störungen pragmatisch Konfliktreaktionen, somatoforme Störungen auf einem neurotischen Strukturniveau (z. B. Konversionsstörung) und somatoforme Störungen bei denen eher alexithyme Charakteristika vorliegen, die in der Regel mit Persönlichkeitsstörungen einhergehen.

Somatoforme Störungen als Stressreaktion

Im Rahmen der psychosomatischen Grundversorgung findet v. a. bei Belastungsreaktionen, die den Patienten in der Regel zum Allgemeinarzt führen, eine einfache Situations-, Konflikt- und Problemberatung statt.

Fallbeispiel

Ein 46-jähriger Patient leidet seit drei Monaten unter Dyspepsie. Er berichtet, dass der Magen immer schon sein „seismographisches Organ" gewesen sei, emotionale Belastungen schlagen ihm schlimm auf den Magen. In der Regel hätten sich für ihn die Beschwerden nach der Belastung von selbst wieder aufgelöst. Gegenwärtig jedoch hätte sich die Qualität des Schmerzes, des Völlegefühls und der Übelkeit eher verstärkt, so dass er aufgrund des veränderten Symptomerlebens auch an Krebs gedacht habe. Außerdem möchte er eine Helicobacter-Infektion ausschließen lassen.

Nachdem die Gastroskopie bis auf eine diskrete Erosion keine Auffälligkeiten zeigte, spricht er über die aktuelle Lebenssituation, den Arbeitsstellenwechsel und die damit verbundenen Belastungen für Familie und v.a. für die Ehefrau, die vorübergehend ihre Tätigkeit aufgeben müsse und daher sehr depressiv sei. Hinzu kommen finanzielle Aufwendungen, die er in diesem Umfang nicht gehabt habe. Emotional jedoch ist für ihn die Trennung aus der gewohnten Arbeitsatmosphäre, die für ihn sehr viel Geborgenheit verkörperte, gravierend. Der Aufstieg brachte ihm nun wesentlich mehr Konflikte, Neid, Missgunst und die Mühsal des Vertrauensaufbaus. Überraschend erbrachte jedoch die Sicherheit der somatischen Abklärung bereits nach zehn Tagen eine Auflösung der Beschwerden mit sich. Der Patient konnte nun mit größerer Gelassenheit und zielgerichtet die Problembereiche angehen und erlebte sie als meisterbar, ohne eine Psychotherapie durchführen zu müssen.

Solche Konflikt- und Problemberatungen sind sicher die häufigste Form der Psychotherapie somatoformer Störungen leichteren Grades. Es wäre jedoch durchaus denkbar, dass der gleiche Patient im Rahmen einer längeren depressiven Erkrankung seiner Ehefrau sich emotional so hilflos gefühlt hätte, dass er selbst eine depressive Rückzugssymptomatik hätte entwickeln können. Insofern gibt es immer auch die pragmatische Indikationsstellung im Rahmen des Prozesses der Krankheitsauseinandersetzung.

Für die Konfliktberatung gibt es mittlerweile gut etablierte psychodynamische Kurzverfahren (Messer u. Warren 1995). In den psychodynamischen Kurztherapien wird der Konflikt in Form eines Fokus definiert, er muss für den Patienten als zentraler Beziehungskonflikt oder Konfliktmuster verstehbar sein.

Fallbeispiel

Eine 53-jährige Patientin, die wir ihm Rahmen unserer randomisierten kontrollierten 10-Stunden-Kurzpsychotherapiestudie bei Patienten mit Colon irritabile untersuchten (Jorascky u. Mitarb. 1997), beschrieb ihren Abhängigkeits-Autonomiekonflikt dergestalt, dass sie sich in allen Lebensbereichen aus Gründen der Abwehr von Trennungsängsten ihrem Ehemann unterwarf. Als es ihr nach wenigen ausführlichen beziehungsorientierten Gesprächen möglich war, in einer Schlüsselszene im Urlaub ihr ohnmächtig-folgsames Verhalten einzustellen, nämlich ihrem Mann beim Bergwandern immer nachzufolgen, ohne ihm sagen zu können, dass sie sich dadurch überfordert fühlt und auf eine für sie interessantere Tagesgestaltung verzichte, besserte sich ihre seit 20 Jahren bestehende Symptomatik schlagartig. Sie konnte nach dem Durchsprechen ihrer Abhängigkeitsthematik erstmals eigenständig Wege einschlagen und erleben, dass weder die befürchtete aggressive Eskalation mit dem Ehemann eintrat, noch dass dieser sich von ihr zurückzog. Im Gegenteil erreichte sie durch das eigenständige Auftreten sozial wesentlich mehr Anerkennung bei ihren Bekannten, so dass sich die Symptomatik schließlich auflöste und auch in der 5-Jahres-Katamnese nicht mehr aufgetreten war. Insgesamt konnten mit der Patientin in zehn Stunden nachhaltig die schon längst zur Lösung anstehenden Konflikte durchgearbeitet werden und sie konnte ihre guten Ressourcen zur Problemlösung effektiv einsetzen.

Somatoforme Störungen auf neurotischem Strukturniveau

In der Regel liegt eine längerfristige und belastende Konfliktgeschichte vor, und die Patienten sollten durch die Therapie in die Lage versetzt werden, wichtige Beziehungserfahrungen innerhalb und außerhalb der therapeutischen Beziehung durchzuarbeiten. Die

Durcharbeitung benötigt insofern einen größeren Zeitaufwand (meist 80-150 Stunden), da die Konflikte affektiv häufig schon in der Kindheitssituation gebahnt wurden und bei Chronifizierung eine ausgeprägte Rigidität vorliegt. Bei diesen Störungsbildern bestimmen klassische psychodynamische Strategien den Therapieverlauf.

Fallbeispiel

Ein 43-jähriger Patient mit zwanghafter Charakterstruktur und pedantischer Ordnungsliebe, ebenfalls aus der Studiengruppe mit Reizdarm, zeigte ein sehr expressives Symptomverhalten, indem er, ausgehend von dem Gefühl unvollkommener Darmentleerung, ein umfassendes Ritual seiner Toilettensitzungen inszenierte. Meist über zwei Stunden dauernd, thronte er mit Radio und Literatur auf der Toilette, erzeugte bei seiner Ehefrau und den zwei Töchtern ohnmächtig-resignatives oder -aggressives Verhalten, schließlich gehörte das Ritual seit zehn Jahren zur räumlich-zeitlichen Tagesgestaltung der Familie mit vielfältigen Funktionen. Der Patient erreichte damit ein eigenes Territorium, eine Abgrenzung, er „markierte" seinen Raum, der nur ihm gehört. Keiner konnte seine ritualisierte Ordnung, seine Eigenwelt stören, hier war er autark. Dem Patienten waren als psychische Hintergründe der Symptomatik lediglich die beruflichen Stressfaktoren, seine Überkontrolle bei Korrekturen und seine hohen Ansprüche an die Schulvorbereitung bewusst. Die Beziehungskonfklikte, die sich in Paargesprächen bearbeiten ließen, waren zunächst v. a. im Macht-Ohnmacht-Bereich zentriert. Die Symptomatik besserte sich erheblich, als es dem Patienten möglich war, aggressive Abgrenzungen direkter mit seiner Frau auszutragen, wobei sich eine enorme Wucht destruktiver Impulse entlud, die auch von wechselseitigen Trennungsepisoden durchzogen war. Schließlich konnte in der dreijährigen analytischen Psychotherapie der Hintergrund der Unerreichbarkeit des sicherheitsgebenden Objektes, die Verlassenheitsängste und Verschmelzungswünsche hinter der Inszenierung der territoralen Abgrenzung herausgearbeitet werden. Der Patient hielt sich seine Insel der Autarkie vor dem Hintergrund früher mütterlicher Trennungserfahrungen im Sinne der Identifikation mit dem Aggressor, indem er selbst für Stunden unerreichbar blieb und mit der Familie die Ausschließungserfahrungen reinszenierte. Hier konnte dann die neurotische Problematik mit dem depressiven Grundkonflikt in der psychodynamischen Therapie durchgearbeitet werden.

Funktionelle Beschwerden und Persönlichkeitsstörungen bei traumatischen Kindheitserfahrungen

Nach Fink sind persistierende somatoforme Störungen von einer Vielzahl von psychopathologischen Merkmalen begleitet (Fink 1995). Es handelte sich in 48% der Fälle um Sucht- oder Abhängigkeitskrankheiten, Borderline-Persönlichkeitsstörungen und narzisstische Patienten.

Bei Persönlichkeitsstörungen mit abgespalteten Affekten gehört die Motivationsarbeit, ein Psychogeneseverständnis beim Patienten herzustellen, zu den schwierigsten und anspruchvollsten Aufgaben des Psychotherapeuten. Hier sind die Teufelskreise der iatrogenen Fixierung, der malignen Inszenierung in der Arzt-Patient-Beziehung besonders zu beachten. Die Projektion psychischer Konflikte auf den Körper als stabile Abwehr stellt hohe Ansprüche an die Kunstfertigkeit psychotherapeutischen Vorgehens. Die Stabilisierung der Symptomatik durch den primären und sekundären Krankheitsgewinn wie auch durch die sozial akzeptierte Krankenrolle somatisch Kranker stellen die klassischen Widerstände beim Umgang mit somatisierenden Patienten dar.

Vor allem Somatisierungssyndrome mit einer frühkindlichen Traumatisierung stehen heute im Mittelpunkt analytischer Psychotherapien und insbesondere stationärer Psychotherapie. Vor allem bei somatoformen Schmerzpatienten fanden Egle u. Mitarb. (1991) sowie Lampe u. Söllner (1996) bei einer großen Zahl chronischer Schmerzpatienten frühe Traumatisierungen. Hieraus rühren besondere Affektverarbeitung, intrapsychische (insbesondere Schuldgefühle) und interpersonelle Konflikte. Häufig gewinnt die Somatisierung narzisstische reparative Funktion, so dass der Schmerz häufig die Funktion der Bindungssicherung vor dem Hintergrund einer frühkindlichen Täter-Opfer-Beziehung übernimmt. Die Patienten finden nur in einem langen vertrauensbildenden Prozess die Bindung zum Therapeuten, sind dann jedoch durchaus erfolgreich in einer psychoanalytischen Psychotherapie zu behandeln (Lampe u. Söllner 1996).

Nach Küchenhoff (1998) ist ein Grundprinzip jeder analytischen Psychotherapie mit Patienten, die chronifizierte somatoforme Störungen haben, die Unterstützung der Affektregulation. Beiträge hierzu kommen von Seiten der Selbstpsychologie, der Objektbeziehungstheorie, der Bindungstheorie und der Entwicklungspsychologie. Als Grundkonflikt beschreibt Rudolf die „depressive Somatisierung" vor dem Hintergrund von Beziehungserfahrungen, die sich um das Gehalten- und Getragenwerden, das Versorgt- und Geschütztsein drehen (Ermann 1987, Rudolf 2000). Die Grundstörung zeigt sich in mangelhafter Selbst-Objekt-Differenzierung, wo für die eigene Affektregulation keine ausreichende Ich-Steuerung entwickelt wurde. Im Sinne der Traumatisierung sind nicht „verdauliche" Affekte isoliert, wo eine „Affektabstimmung" (Stern 1992, 1996) in der Dyade unzureichend erfolgte. Folgende theoretische Überlegungen leiten sich daraus ab: Eigene Affekte können dadurch nicht vollständig wahrgenommen werden, bleiben aus Vorstellungsbereichen ausgeklammert und stellen sich damit vorrangig im körperlichen Erlebnisbereich dar. Hieraus resultiert häufig eine Monotonie des therapeutischen Gesprächs. Die Kenntnis wenig eingebundener Affekte bedeutet, dass massive Affektüberschwemmungen, die als überwältigend erlebt werden, von dem anderen ferngehalten werden müssen. Dies ist bei der Gegenübertragung von Affektisolierungen zu beachten. Wichtig ist, dass die Affekte in der Therapie benannt werden, Affektüberschwemmungen gemeinsam ertragen werden und an deren Verdauung gearbeitet wird. Zum therapeutischen Umgang mit daraus abgeleiteten Alexithymie-Phänomenen sind weitere Langzeitforschungen notwendig. Bedeutsam ist, dass der Therapeut bei abgespaltenen, nicht wahrnehmbaren Affekten affektzentriert und regulierend die Affekte bewahrt und dem Patienten zur Verfügung stellt.

In der Auseinandersetzung mit dem Symptom werden häufig Täter-Opfer-Inszenierungen wiederholt, die Körperklage kann als Dialog zwischen dem Selbst und den auf den kranken Körper projizierten Objekten verstanden werden. So reagierte z. B. ein Patient, der Gewalterfahrungen durch Schläge des Vaters auf den Rücken erlebt hatte, bei den morgens einschießenden Kreuzschmerzen wie der Vater gewalttätig und hasserfüllt auf seinen Körper und verspannte sich maximal. Bei vielen somatisierenden Patienten übernimmt das Symptom keine symbolische Funktion, es hat sich vielmehr eine Dissoziation von Vorstellung, Inhalt und körperlichem Erleben eingestellt. Als Haupthintergrund hierfür werden traumatische Affektüberschwemmungen gesehen, die es gilt, in kleinen Spuren wahrzunehmen, zu benennen, mit Erinnerungen anzureichern.

Fallbeispiel

Der 34-jährige Patient A., eingefallen, fahl, krank aussehend mit spitzer Nase, halonierten Augen, berichtet, dass er unter unerträglichen Schmerzen im rechten Oberbauch, gelegentlich Durchfällen, zeitweise Übelkeit und Erbrechen leide. Wegen Schmerzen an beiden Knien habe er die sportlichen Aktivitäten eingestellt. Daneben

bestehen häufig Kopf- und Rückenschmerzen. Seit einem Jahr schlafe er schlecht. Er verwehrt sich gegen die psychosomatische Untersuchung. Es müsse etwas Körperliches sein. Er hätte ja auch eine Vielzahl von Befunden, z. B. Laktoseintoleranz, er halte eine knallharte Diät. Er schlägt seinen Leitzordner auf, wo er akribisch die Befunde gesammelt hat. Es könne nicht von der Psyche kommen, er habe schon das halbe Leben diese Beschwerden und es sei heute schlimmer denn je, obwohl er ruhe und Diät halte. Er fragt, was ich ihm anbieten könnte, hinterfragt jeden meiner Sätze, bezweifelt sie, kritisiert und korrigiert sie. Ein weiterführendes Gesprächsangebot lehnte er im ersten Gespräch ab. Als er bei drei weiteren internistischen stationären Behandlungen jedesmal erneut vom verzweifelten Internisten zu mir geschickt wurde, überraschte es mich, wie bereitwillig er trotzdem zu mir kam. Wir besprachen die ihn quälende Ungewissheit. Er sah sich von den Ärzten im Unklaren gelassen, die Vielzahl verschiedener Befunde verwirrte ihn. Wir besprachen auch seine Hoffnungen und Zweifel, ob er die Kraft aufbringen könne, durch die „Wüstenwanderung" des Schmerzes zu gehen, ob er sich mit meiner Unterstützung selbst helfen und eigene Wege finden könne. Später, nach zwei Jahren und verschiedenen Klinikaufenthalten, kommt er wieder und erklärt sich dann bereit, mein Angebot aufzunehmen und bei einer Kollegin Funktionelle Entspannungstherapie zu machen (s. u.).
Anlass für die Krankenhausuntersuchungen war folgende Auslösesituation: Auf einer Urlaubsreise mit einem befreundeten Paar fühlte er sich, als diese sich von ihm verabschieden, auf dem Schiff völlig verlassen, entwickelte eine panische Angst, jeden Moment ohnmächtig zu werden und zu sterben. Mit den Schmerzen erlebte er Ängste, war karzinophob, aber v. a. hoffnungslos ohnmächtig, ohne die seelische Belastung wahrzunehmen.
Zur Kindheit berichtet er, dass er sich immer kleiner und schwächer gefühlt habe als andere, v.a. auch gegenüber seiner sehr aktiven, vier Jahre älteren Schwester. Er hatte sich sehr an die Mutter und Großmutter geklammert, aber auch viel allein gespielt. Seine Mutter hätte ihm aufgrund seiner körperlichen Zerbrechlichkeit auch wenig zugetraut, war immer der Meinung, dass er kaum lebensfähig sei. Aufgrund dieser Lebensmaxime hätte sie ihn überfürsorglich kontrolliert. Der meist abwesende, despotische Vater wurde von der Schwester sehr in Beschlag genommen. Durch ihre radikalen politischen Aktivitäten bestand in der Familie große Angst, dass die Tochter Terroristin werden könnte. Der Patient hatte immer schon häufige Magenverstimmungen, wegen eines angeborenen Wirbelsäulenschadens sei er nicht zur Bundeswehr gekommen. Er hatte mehrere Freundinnen, bei der Trennung von der letzten spielten die Körperbeschwerden eine große Rolle, diese hätten ihn auch während der Beziehung hilflos gemacht. Er erlebte seine Freundin als abhängig und unselbständig, was ihn belastete. Er konnte es nicht aushalten, dass sie so intensiv seine Nähe suchte. Auf der anderen Seite konnte er auch das Alleinsein nicht aushalten. Zusammenhänge zwischen Körperbeschwerden und Gefühlsbelastungen negiert er strikt. Seelische Schwierigkeiten könne er durchaus diskutieren, Zusammenhänge gebe es aber keine.
Auch im Gespräch wechselt ein Beziehungsmuster, wie er es zur Mutter beschreibt: Wenn er sich krank fühlt, sucht er große Nähe, ansonsten wünscht er sich Autarkie. Die Mutterbeziehung wird idealisiert. Der Vater habe nur auf Leistungen bestanden, die Mutter sich seinen Normen völlig unterworfen, ihm sklavisch gedient, ihren Lehrerberuf aufgegeben und den Leistungsdruck des Vaters an ihn weitergegeben. Oft erlebte er die Mutter wie abwesend, zurückgezogen, depressiv. Seine Schwester mache seit vier Jahren eine Psychoanalyse. Sie ist viel lebenslustiger, kämpferischer als er.

Seit der Krankheit gehe er mittags immer zu den Eltern zum Essen, sie hätten seither auch viel Verständnis und würden keinen Druck auf ihn ausüben. Neben der regressiven Abhängigkeit falle aber auch ein manipulatives, die Schuldgefühle der Eltern ausnutzendes materielles „Aussaugen" der Eltern auf.
Nach zwei Jahren, mit einer Vielzahl somatischer Abklärungen und mehreren Aufenthalten in verschiedenen Kliniken, kommt er wieder in unsere Abteilung und stimmt einer stationären Psychotherapie zu. Bevor er aufgenommen wird, kommt plötzlich seine Mutter spontan zu mir und bittet mich, dass in der Therapie das Thema des Großvaters, als ihres Vaters ausgespart bleibe. Sie vertraut mir an, dass er sich suizidiert habe.
In den zwei Familiensitzungen, bei denen auch der Brunder der Mutter einbezogen wurde, öffnete dieser überraschend ein Briefkuvert, welches den Abschiedsbrief des Vaters (mütterlicherseits) enthielt. Es gelang in den beiden Sitzungen, dieses Familiengeheimnis zu bearbeiten. Deutlich wurde, dass sich der Vater in tiefer Schuld und Angst um seinen gefälschten Arierausweis für die Familie opferte, da er befürchtete, ohne seine Selbstaufopferung würde die Familie seine Pension als Beamter verlieren und zugrundegehen. Die Mutter des Patienten, offensichtlich identifiziert mit dem Opfer, gab dieses Vermächtnis weiter, indem sie ihrem Sohn die Lebensfähigkeit absprach und ihn nur durch ihr Geld und ihre Zuwendung am Leben erhalten zu können glaubte. Im Sinne einer Trauma-Therapie konnten die affektiven Zusammenhänge mit dem Schweigen und den regelmäßigen Sonntagsspaziergängen an der Stelle, wo der Vater sich suizidiert hatte, wiederbelebt werden. Es gelang, dass die Mutter ihre schweren depressiven Phasen besser wahrnehmen konnte und selbst in Psychotherapie ging. Von diesem Zeitpunkt an konnte sich der Patient auf eine individuelle analytische Psychotherapie einlassen.

Bei chronifizierten somatoformen Schmerzpatienten ist die völlige Beseitigung der Schmerzerkrankung meistens ein unerreichbares Ziel und sollte dem Patienten nie zugesichert werden. Ziele sind vielmehr, negative affektive Prozesse wie Angst- und depressive Störungen in der Schmerzverarbeitung zu berücksichtigen und damit die Toleranzbreite zu erhöhen, wodurch ein Leben mit dem Schmerz ermöglicht wird. Dies bedeutet in der Regel, intensive Gefühle der Ohnmacht, Verlassen- und Verlorenheitsgefühle, die als existentielle Leere beschrieben werden, mit dem Patienten durchzuarbeiten und die Beziehungsfähigkeit, die Bindung zu erhalten. Dies bedeutet eine besondere Ausbildung des Schmerztherapeuten, weiterhin eine besondere Flexibilität des therapeutischen Ansatzes im Wechsel von bindungsstärkender und konfliktklärender therapeutischer Technik. Insbesondere bei traumatisierten Patienten gilt es ständig, die Affekte in der Therapiebeziehung anzusprechen und das Arbeitsbündnis als eine hilfreiche, von Zuversicht getragene therapeutische Beziehung zu stärken.

Kombination der psychodynamischen Therapie mit anderen Psychotherapieverfahren

Der Einsatz *multimodaler Therapien* im stationären Bereich in Form der Kombination von Einzel-Gruppentherapie, verhaltenstherapeutischen Elementen, Paar- und Familientherapie sowie Körper- und Kunsttherapie zeigt sich bei Schmerzpatienten unserer Erfahrung nach besonders erfolgreich. Die starke Affektintensivierung bei gleichzeitiger Möglichkeit, sich mit anderen Schmerzpatienten zu identifizieren, deren Konfliktauseinandersetzung mit zu begleiten und gleichzeitig auf verschiedenen Ebenen der Symbolisierung, der Körperwahrnehmung neue Erfahrungen zu sammeln, lässt sich besser tolerieren. Im Schutz der Station als sicherheitsgebendem Rahmen ist die Integration dieser Erfahrungen erleichtert. In gleicher Weise ist in der Regel bei Patienten mit ichstruktureller Störung eine Bearbeitung in der Dyade aufgrund der intensiven Verlassenheitserfahrungen nur über lange Therapiestrecken möglich. Gerade die Kombination mit der Gruppentherapie macht den Patienten auch ein Austragen der aggressiven Impulse besser möglich, ohne die schützende Funktion des Therapeuten potentiell zu gefährden. Dies betrifft v.a. Patienten, die im narzisstischen Modus der Schmerzverarbeitung auf Erhaltungsprinzipien der Bindung angewiesen sind. Ähnliches gilt auch für Schmerzpatienten auf Borderline-Persönlichkeitsstrukturniveau, wo die Gefährdungen durch Impulsivität, starke Ängste und brüchige Ich-Grenzen mit Identitäts- und Selbstwertproblemen durch erfahrene Therapeuten unter Einsatz von supportiven und expressiven Elementen tolerierbar gemacht werden können. Übereinstimmend wird die Aktivität des Therapeuten, die besondere Bedeutung der Klarifikation und realen Konfrontation und die Offenheit und Direktheit als Haltung des Therapeuten betont.

Gruppentherapie

Die wechselseitige Identifikation mit anderen Schmerzpatienten bei homogenen Gruppen wird heute häufig als Therapie der Wahl bezeichnet. In empirischen Studien haben sich sowohl strukturierte Therapien mit einer Dauer von 12-60 Stunden wie auch Therapien bis zu einer Dauer von drei Jahren bewährt und als wirksam erwiesen (Pilowsky u. Barrow 1990, Stenger 1992, Wahle 1992, Egle u. Mitarb. 1992). Traumatisierten Schmerzpatienten mit Missbrauchserfahrungen sollte jedoch eine Einzeltherapie nicht vorenthalten werden (Lampe u. Söllner 1996).

Die Einbeziehung der Angehörigen

Die Einbeziehung des Partners (Merkle u. Gaus 1993, Söllner 1995, Joraschky 1993) berücksichtigt die besonderen Interaktionsphänomene bei Chronifizierungsprozessen. In der Partnerschaft stellt sich durch das Schmerzverhalten häufig über Ohnmacht und Hilflosigkeit und eine zunehmende Distanzierung nach anfänglicher supportiver Zuwendung ein.

In der Mehrgenerationenbetrachtung können durch Einbeziehung der Familien häufig Auseinandersetzungen, Schmerzen körperlicher wie seelischer Art, abgespaltene Traumatisierungen oder die Bedeutung von Körperbeschwerden für die familiären Interaktien zurückverfolgt werden. Wie im Fallbeispiel dargestellt, werden hier häufig Möglichkeiten im Familiengespräch eröffnet, die Schmerzgeschichte in der Familie zurückzuverfolgen und die dahintersthenden affektiven Prozesse zu bewegen.

Körpertherapie

Für Patienten mit einem rigiden, auf eine organische Ursache fixierten Krankheitsmodell sind Zugangswege über den Körper in Form von Körpertherapien, wie wir sie in Kombination mit der Funktionellen Entspannung (FE) anwenden, ein Weg, die Körperwahrnehmung zu sensibilisieren, um sie dann über das Erleben mit Phantasien anzureichern (Joraschky u. Mitarb. 1997, v. Arnim u. Joraschky 1997, Loew u. Joraschky 1998).

Es geht bei der Kombination mit Körpertherapie um die Wiederentdeckung von verdrängten Gefühlen, um die Erlaubnis, verdrängte Konfliktanteile anzuschauen oder um das Aufdecken von früh erworbenen leiblichen Mustern, die als Überlebensstrategien für den Umgang mit bedrohlichen, missbrauchenden, vernachlässigenden Bezugspersonen aufgebaut wurden. Dabei geht die FE nicht von der Symbolsprache der Träume oder der Wiederinszenierung der alten Szenen in der Übertragung auf den Therapeuten aus. Vielmehr folgt sie den Affektspuren im Leib, setzt im Falle des Gelingens Bruchstücke wieder zusammen, bis eine sinnvolle Geschichte erzählt werden kann, bis der Sinn und der Ort des Festmachens, Verspannens und Blockierens verstehbar wird. In diesen Fällen kann und muss auf leiblicher Ebene entdeckt, aufgedeckt und umgelernt werden. Es gilt, bisher unbewusste Bereitstellungen für Flucht oder Kampf aufzuspüren, um dann zu lernen, wie man sich jetzt schützen und wehren kann. Es geht also um Haltungsveränderungen.

Wir gehen in diesem Sinne tiefenpsychologisch mit der FE um. Es genügt nicht, eine Veränderung auf leiblicher Ebene zu erzielen, das Gespräch gehört als unersetzlicher Teil zur Therapie (Joraschky u. Mitarb. 1997).

Die oft verschlungenen, verschiedene Therapieverfahren einbeziehenden Behandlungsstrecken somatoform gestörter Patienten sollen exemplarisch anhand der Katamnese des Patienten (4. Fallbeispiel) illustriert werden.

In seinem Rückblick auf fünf Jahre Klinikbehandlungen und Therapien kommt der Patient zu folgendem Schluss (Transkript):

„Mir geht es heute viel besser. Ich arbeite voll und erfolgreich. Ich fühle mich freier in Kontakten und Beziehungen. Die Schmerzen sind noch da, aber anders, insgesamt weniger und v. a. weniger stark. Ich glaube, v. a. habe ich keine Panik mehr vor ihnen. Vor allem glaube ich, hat sich diese Angst verändert. Aber mein Körper ist mein schwierigster Partner. Viel verdanke ich dem Internisten, der mir immer wieder erklärte, wie der Körper funktioniert, wie er als Maschine zu verstehen ist. Ich fühlte mich in sicheren Händen, gründlich untersucht, auch wenn ich nach der Paillotomie durch die Pankreatitis die schrecklichsten Schmerzen meines Lebens durchgemacht habe. Ich rechne auch Ihnen hoch an, dass Sie die körperliche Seite ernstgenommen haben, dass Sie auch mit Ihrer Geduld immer wieder mir die körperlichen Prozesse erklärt haben, das allein hat mir Sicherheit gegeben. Schlecht war, dass Sie mir sagten, dass ich wohl mit Schmerzen lebe müsse, wenn auch mit gelinderten. Dies nahm mir Hoffnung. Ich konnte mir nicht vorstellen, dass ich mit diesen Schmerzen überhaupt noch länger existieren konnte. Die Funktionelle Entspannung, ja, ich glaube, zu Beginn lag mir die Methode nicht. Die Vielzahl der körperlichen Untersuchungen - Sie mögen sagen, sie seien sinnlos gewesen - ich brauchte sie, sie hielten mich über Wasser. Auch die Akupunktur-Klinik, die chinesische Medizin hat sicher vielen Leuten Gutes gebracht, ich hatte davon gar nichts. Ähnlich war es in den anderen Kliniken.

Entscheidend geholfen hat mir dann die stationäre Behandlung bei Ihnen, das Miterleben der anderen Patienten, die ähnlich dran waren, aber auch, dass ich vielleicht erst jetzt an einem Punkt war, dass ich mir selber helfen musste, dass ich plötzlich nicht mehr erwartete, dass mir noch von außen geholfen werden kann. Erst vor zwei Jahren konnte ich überhaupt akzeptieren, dass seelische Aspekte bei den Schmerzen eine Rolle spielen. Insbesondere spürte ich, dass meine Ängste immer weniger wurden, die Krebsängste, die Ängste, mich in neue Situationen zu begeben; zuletzt konnte ich mich sogar in den Urlaub begeben, ohne die Angst zu haben, dass der Schmerz mich auffrisst. Der Schmerz ist wie ein Schacht ohne Boden. Ich habe lernen müssen, und da waren die Gespräche mit Dr. L. sehr wichtig, dass ich nie der Versuchung erliegen durfte, mich im Schmerz zu ertränken, den Schmerz zu hassen und Erlösung zu ersehnen. Ich musste lernen, dass ich mich, wenn der Schmerz kommt und mich in die Verlassenheit zieht, selbst rette, indem ich Bindung mit anderen aufnehme oder auch Halt in der Arbeit finde. Es kam dann immer wieder jetzt die Situtation mit der

Mutter, die mir den Schatten der Nichtlebensfähigkeit übergestülpt hatte und das Schuldthema, mit dem ich weiter noch nicht klarkomme. Ich glaube auch, dass es immer noch schwer ist, die Beziehung zu meiner Freundin nicht als verwirrend zu erleben, weil mich immer diese Verleugnung, dieses Fragen, dieses Zweifeln verfolgt hat. Entscheidend weiter hat mich im letzten Jahr neben der Therapie der neue Kontakt zum Vater gebracht, dass wir gemeinsam das große Hausprojekt angegangen sind, dass ich beruflich Erfolg habe und hier mich selbst auch bestätigt fühle. Aber die Vergangenheit ist für mich noch nicht verdaut, der Schmerz hat immer noch enorme Gewalt, mich runterzuziehen. Aber es war sehr gut von Ihnen, dass Sie meine Mutter in Therapie genommen haben. Wissen Sie, dass der Schmerz eine Geschichte hat, das braucht Zeit, und erst jetzt spüre ich, was ich eigentlich immer wusste, aber erst jetzt spüre ich es".

Literatur

Arbeitskreis OPD (1996): Operationalisierte Psychodynamische Diagnostik. Grundlagen und Manual. Bern: Hans Huber

Arnim, A von, Joraschk, P (1997): Körpertherapeutische Psychotherapieverfahren. In: Egle, U.T., Hoffman, S.O., Joraschky, P. (Hrsg.): Sexueller Mißbrauch, Miáhandlung, Vernachlässigung. S. 340-352. Stuttgart - New York: Schattauer.

Egle, U.T., Hoffmann, S.O. (1989): Psychotherapie und ihre Wirksamkeit bei chronischen Schmerzzuständen. Eine kritische Zwischenbilanz. Der Schmerz 3, 8-21.

Egle, U.T., Kissinger, D., Schwab, R. (1991): Eltern-Kind-Beziehung als Prädisposition für ein psychogenes Schmerzsyndrom im Erwachsenenalter: Eine kontrollierte, retrospektive Studie zu G.L. Engels „pain-proneness". Psychother Med Psychol 41, 247-256.

Egle, U.T., Heucher, K., Hoffmann, S.O., Porsch, U. (1992): Psychoanalytisch orientierte Gruppentherapie mit psychogenen Schmerzpatienten. Ein Beitrag zur Behandlungsmethodik. Psychother Med Psychol 42, 79-90.

Egle, U.T. (1993): Psychoanalytische Auffassungen von Schmerz. Historische Entwicklung, gegenwärtiger Stand und empirische Belege. Nervenarzt 64, 289-302.

Ermann, M. (1987): Die Persönlichkeit bei psychovegetativen Störungen. Berlin - Heidelberg - New York: Springer.

Faller H., Rudolf G. Die Bedeutung der therapeutischen Arbeitsbeziehung. Zschr Psychosom Med 1998. 44, 54-71

Fink, P. (1995): Psychiatric illness in patient with peristent somatisation. Br J Psychiat 166, 93-99.

Guthrie, E., Creed, FD., Dawson, D., Tommson, B. (1993): A randomised controlled trial of psychotherapy in patients with refractory irritable bowel syndrome. Br. J Psychiat 163, 315-321.

Hoffmann, S.O., Egle, U.T. (1989): Der psychogen und psychosomatisch Schmerzkranke. Psychother Med Psychol 39, 193-200.

Joraschky P (1993): Familiendynamische und systemische Ansätze zum Schmerzverständnis. In: Egle UT, Hoffmann SO, Hrsg. Der Schmerzkranke. Stuttgart New York: Schattauer, S 120-129

Joraschky, P., v. Arnim, A., Loew, T. (1997): Zur Wirkung körpertherapeutischer Interventionen bei funktionellen abdominellen Beschwerden. In: Herold, R., Keim, J., König, H., Walker, C. (Hrsg.): Ich bin doch krank und nicht verrückt. Tübingen: Attempto.

Küchenhoff, J. (1998): Psychodynamik und Psychotherapie von somatoformen Störungen. In: Rudolf, G., Henningsen, P. (Hrsg.): Somatoforme Störungen, S. 155 - 168. Stuttgart - New York: Schattauer.

Lampe, A., Söllner, W. (1996) Polipathie und sexueller Miábrauch. In: Egle, U.T., Hoffmann, S.O., Joraschky, P. (Hrsg.): Mißbrauch, Mißhandlung, Vernachlässigung: Erkennung und Behandlung psychischer und psychosomatischer Folgen früher Traumatisierungen, S. 213-224. Stuttgart: Schattauer.

Loew, T., Hartkamp, P., Leibing, E. (1998): Empirisch begründete Therapieansätze bei somatoformen autonomen Funktionsstörungen. Zsch psychosom Med 44, 108-126ä

Loew, T., Joraschky, P. (1998): Körpertherapeutische Ansätze bei somatoformen autonomen Funktionsstörungen. In: Rudolf, G., Henningsen, P. (Hrsg.): Somatoforme Störungen, S. 132-142. Stuttgart - New York: Schattauer.

Luborsky, L. (1988): Principles of Psychoanalytic Psychotherapy. Dtsch.: Einführung in die analytische Psychotherapie - Ein Lehrbuch. Berlin - New York: Springer.

Merkle, W., Gaus, E. (1993): Paatherapie bei Patienten mit chronischen Schmerzsyndromen. In: Egle, U.T., Hoffmann, S.O. (Hrsg.): Der Schmerzkranke. Grundlagen, Pathogenese, Klinik und Therapie chronischer Schmerzsyndrome aus bio-psycho-sozialer Sicht. Stuttgart: Schattauer.

Messer, S., Warren, L. (1995): Models of Brief. Psychodynamic Therapy. London, Guilford.

Pilowsky, I., Barrow, C.G. (1990): A controlled study of psychotherapy and amitryptiline used individually and in combination in the treatment of chronic intractable, „psychogenic" pain. Pain 40, 3-19.

Rudolf, G. (2000): Psychotherapeutische Medizin. und Psychosomatik. 4. Aufl. Stuttgart New york: Thieme

Schüßler, G. (1995): Psychosomatik/Psychotherapie systematisch. Lorch: Uni Med Verlag.

Söllner W (1995) Schmerz und chronische Schmerzsyndrome. In: Frischenschlager O„ Hexel M, Kantner-Rumplmair W et al.(Hrsg.): Lehrbuch der Psychosozialen Medizin, S. 167-188. Wien: Springer.

Stenger, E.M., (1992): Chronik back pain: view from a psychiatrist's office. Clin J Pain 8, 242-246.

Stern, D. (1992): Die Lebenserfahrung des Säuglings. 5. Aufl. Stuttgart: Klett-Cotta.

Stern, D. (1996): Ein Modell der Säuglingsrepräsentationen. Forum Psychoanal 12, 187-203.

Uexküll, T. von, Köhle, K. (1996): Funktionelle Syndrome in der Inneren Medizin. In: Uexküll T. von (Hrsg.): Psychosomatische Medizin, 5. Auflage, S. 475-491. München, Urban und Schwarzenberg.

Whale, J. (1997): The use of brief focal psychotherapy in the treatment of chronic pain. Psychoanalytic Psychotherapy 6, 61-72.

18. Besonderheiten der stationären psychodynamischen Psychotherapie von Patienten mit Somatisierungssyndromen

Rainer Schors

Die Psychotherapie von Somatisierungssyndromen bietet eine Fülle von Herausforderungen, die sich auf den ganzen Bereich von Entwicklung und Verlauf dieser Störungen erstrecken. Je nach Situation, in der sich der Patient befindet und abhängig vom Chronifizierungsgrad sind individualisierte therapeutische Interventionen erforderlich. Die stationäre Psychotherapie hat in dem Spektrum von Behandlungsmöglichkeiten einen besonderen Stellenwert, weil sie entweder oft den ersten Kontakt des Patienten mit der Psychotherapie überhaupt darstellt oder als Alternative zur ambulanten Psychotherapie indiziert ist. Diese Alternative kann aus zwei Gründen notwendig werden: Erstens, wenn der Patient nicht für eine ambulante Psychotherapie motiviert werden kann oder sie aus anderen Gründen nicht durchführbar ist. Zweitens, wenn die ambulanten Behandlungsmöglichkeiten bereits ausgeschöpft sind, ohne dass es zu einem befriedigenden Behandlungserfolg gekommen ist. Hier stellt sich für die stationäre Psychotherapie eine doppelte Aufgabe, nämlich bei den (mehr oder minder) motivierten Patienten die Behandlung durchzuführen oder aber bei den zunächst nicht für eine Psychotherapie motivierten Patienten eine Behandlungsmotivation herzustellen, d. h. die erforderliche Motivationsarbeit zu leisten. Viele dieser Patienten sind zunächst der Überzeugung, körperlich krank zu sein. Folgerichtig suchen diese Patienten deshalb zuerst und v. a. somatisch orientierte Ärzte auf und sind wenig geneigt, von sich aus psychotherapeutische Hilfe zu suchen. Aufgrund der Nähe zur technischen Medizin, wie sie zumindest bei den psychosomatischen Abteilungen in Allgemeinkrankenhäusern gegeben ist, kommt es deshalb eher zu einem Kontakt zwischen Patient und Psychotherapeut oder psychosomatisch orientiertem Arzt als in einer psychotherapeutischen Praxis. Unabhängig vom Krankheitsbild und der Symptomatik des Patienten macht deshalb die Tatsache, dass der konsiliarisch hinzugezogene Arzt zum Patienten in die Ambulanz bzw. auf die Station kommt (und nicht umgekehrt), Veränderungen in der Gesprächsführung, der Diagnostik und der Behandlungstechnik notwendig (Schors 1993a). Viele unserer Patienten machen nicht nur *eine* Psychotherapie, sondern bringen im Laufe ihrer Erkrankung bisweilen sowohl mehrere stationäre Aufenthalte hinter sich wie auch wiederholt ambulante Psychotherapien von kürzerer oder längerer Dauer.
In diesem Abschnitt sollen die Möglichkeiten dargestellt werden, die die stationären psychodynamischen Ansätze zur Behandlung dieser Patienten bieten. Eine vollständige Darstellung der stationären Psychotherapie ist nicht beabsichtigt und in diesem Rahmen nicht möglich, vielmehr sollen die für Somatisierungssyndrome bedeutsamen Aspekte hervorgehoben werden.

Allgemeines zur stationären Psychotherapie

Sowohl aus dem Krankheitsbild des Patienten wie auch aus der gegenüber körperlichen Krankheiten veränderten Situation für die Diagnostik und Therapie geht hervor, dass hier noch weniger als in anderen Situationen die gelegentlich noch anzutreffende psychotherapeutische Haltung vertretbar ist, zu fragen, ob ein Patient für die Psychotherapie geeignet sei oder nicht, sondern dem Psychotherapeuten kommt vielmehr die Aufgabe zu, den Patienten für die indizierten Behandlungsmaßnahmen - seien sie körperbezogen oder psychotherapeutisch - zu gewinnen und ein den Bedürfnissen und der Einsichtsfähigkeit des Patienten angemessenes Behandlungsangebot zu machen, damit er die Psychotherapie akzeptieren kann, trotz der Meinung, körperlich krank zu sein.

Hierbei ist zum einen besonders zu berücksichtigen, dass die Somatisierungssyndrome per se schon durch die Abwehr von unbewussten psychischen Konflikten bestimmt sind und die Patienten deshalb von sich aus wenig geneigt sind, eine Psychotherapie für sich in Betracht zu ziehen.

Zum anderen wird die Aufforderung, eine Psychotherapie zu machen, von vielen Menschen - nicht nur von Patienten mit Somatisierungssyndromen - als Kränkung empfunden, manchmal mit dem Vorwurf, verrückt zu sein gleichgesetzt. Deshalb muss dieses Angebot mit der entsprechenden Vorsicht und dem nötigen Taktgefühl in geeigneter Form vorgetragen werden, um den Patienten nicht schon im ersten Kontakt mit der Psychotherapie zu verschrecken.

Das diagnostische Interview kann sich deshalb nicht auf die Frage beschränken, welche Diagnose vorliegt, sondern es muss gleichzeitig und von Anfang an dem Patienten vermitteln, dass die Psychotherapie, trotz aller Schwierigkeiten, die damit verbunden sind, eine Hilfe und Entlastung sein kann. Diese Aufgabe schließt ein, dem Patienten in das Behandlungsangebot unter Umständen Brücken einzubauen, wie z. B. nicht eingreifende körperbezogene Maßnahmen wie physikalische Therapie oder Entspannungsverfahren, um seinen Vorstellungen von einer körperlichen Erkrankung entgegenzukommen und um eine evtl. brüskierende Konfrontation mit seinen psychologischen Irrtümern zu vermeiden. Der Patient kann aus psychodynamischen Gründen, die an anderer Stelle dargestellt sind (Schors 1989), zunächst nicht unterscheiden, ob ein Symptom körperlicher Natur oder psychogenen Ursprungs ist. Hier ist nicht nur die objektive Diagnose von Bedeutung, sondern v. a. auch die subjektive Krankheitstheorie des Patienten sowie psychodynamische Gegebenheiten wie Motivation, Abwehr und Widerstand. Der Psychotherapeut muss nicht nur Überzeugungsarbeit leisten, dass ein psychotherapeutisches Angebot für den Patienten notwendig und sinnvoll ist, sondern er muss ihn auch angemessen informieren, was ihn erwartet und welche Möglichkeiten und Risiken, aber auch welche Chancen in der Aufnahme einer stationären Psychotherapie liegen können, z. B. dass in aller Regel nicht rasche Symptomfreiheit erwartet werden kann, sondern dass sich die subjektive Situation, etwa durch Stimmungsschwankungen, zunächst auch verschlechtern kann. Das diagnostische Gespräch selbst ist ja bereits der Anfang der Psychotherapie und je nachdem, wie gut der Patient sich darin angenommen und verstanden fühlt, wird er seine Entscheidungen treffen. Bereits im ersten Kontakt mit der Psychotherapie muss der Patient das Gefühl haben, dass mit dem Angebot einer Psychotherapie etwas Gutes und Hilfreiches auf ihn zukommt, anderenfalls wird er sich in seinen (Vor-)Urteilen bestätigt sehen, dass das doch „nichts" ist. Leider liegen heute noch viele psychologische Hindernisse vor der Aufnahme einer Psychotherapie - z. B. wird sie wie schon erwähnt oft als Kränkung empfunden -, die nicht nur aus der individuellen Psychodynamik entspringen, sondern zum großen Teil auch aus gesellschaftlichen Vorurteilen, die auch innerhalb der traditionell konservativen Medizin gepflegt werden und sich mit der individuellen Pathologie zu einer manchmal unüberwindlichen Hürde verschränken (Schors, 1993a, Schors 1993b).

Die Stärken der stationären psychodynamischen Psychotherapie liegen in der Breite des Behandlungsangebotes im stationären Rahmen und in der Fülle von Kontakt- und Beziehungsangeboten sowie in den Möglichkeiten der Teamarbeit, die in dieser Dichte und Intensität im ambulanten Setting nicht erreichbar sind. Mit der Nähe zur technischen Medizin und der Verfügbarkeit ihrer diagnostischen und therapeutischen Möglichkeiten geht der Einsatzbereich der stationären Behandlung über das Angebot von Psychotherapie im engeren Sinne weit hinaus und ergänzt es durch die Möglichkeiten der technischen Medizin, die zur gleichen Zeit und am gleichen Ort eingesetzt werden können. Damit bietet die stationäre Therapie die Möglichkeiten zur psychosomatischen Behandlung im ursprünglichen Wortsinne, nämlich die gleichzeitige und gleichberechtigte Therapie von Psyche und Soma am selben Ort und zur selben Zeit. Diese Tatsache ist bei den Somatisierungssyndromen deshalb von großer Bedeutung, weil die Patienten von der Überzeugung getragen werden, körperlich krank zu sein. Der Arzt, der in der stationären Psychotherapie arbeitet, hat einen größeren Verantwortungsbereich als in der psychotherapeutischen Praxis. Er kann sich nicht auf die Psychotherapie im engeren Sinne beschränken und die Fragen der Lebensführung und die körperliche Betreuung dem Patienten selbst bzw. dem Hausarzt überlassen, sondern er ist auch verantwortlich für die Lebensbedingungen des Patienten auf der Station und v. a. in besonderer Weise für seine körperlich-medizinische Versorgung.

Auf die spezifischen psychotherapeutisch-behandlungstechnischen Probleme bei körperlich Kranken auf einer psychotherapeutischen Station und die notwendigen konzeptuellen und handlungspraktischen Konsequenzen hat in der Frühzeit der stationären Psychotherapie bereits Ruffler in zwei ausführlichen Arbeiten hingewiesen (Ruffler 1953/54, Ruffler 1956/57). Inzwischen gibt es eine umfangreiche Literatur über die stationäre Psychotherapie, auf die hier nur beispielhaft verwiesen werden kann (Ahrens 1990, Becker u. Senf 1988, Schepank u. Tress 1988, Tress 1992].

Wichtige Gesichtspunkte bei der Einleitung und Durchführung einer stationären Psychotherapie bei Patienten mit Somatisierungssyndromen zeigt Tab. 18.**1** im Überblick.

Tabelle 18.1 Gesichtspunkte bei der stationären Psychotherapie von Somatisierungssyndromen

Patientenseite	Therapeutenseite
• Probleme des Patienten, Symptomatik, Leidensdruck, Persönlichkeitsstruktur	• Verantwortung des Therapeuten in der stationären Psychotherapie, Behandlungsplanung
• Voraussetzungen für die Aufnahme in stationäre Therapie	• Indikationsstellung, Beratung zur Finanzierungssicherung
• Lebensbedingungen	• stationärer Rahmen, Fragen des Settings
• Körper	• technische Medizin
• Psyche	• psychotherapeutische Behandlungstechnik
• soziale Situation	• Sozialarbeit
• Angehörige	• Information, Beratung, Einbezug in die Behandlung
• Entlassung	• Vorbereitung der ambulanten Nachbehandlung
• psychosoziale Ressourcen	• Einbezug von Angehörigen, Arbeitgeber etc.
• ambulante Nachbehandlung	• Planung und Vermittlung

Indikation zur stationären Psychotherapie

Die Indikation zur stationären Psychotherapie stellt einen vielschichtigen und komplexen Entscheidungsprozess dar, in dem Patientenfaktoren, ärztliche Einflüsse und organisatorische Gegebenheiten eine Rolle spielen und die in jedem Einzelfall in unterschiedlichem Ausmaß wirksam werden. Hier stellen die somatoformen Störungen ein Musterbeispiel dafür dar, dass sowohl innerhalb der Medizin - technische Medizin vs. psychosomatische Medizin - wie auch aus der Sicht der Patienten unterschiedliche - oft sogar völlig konträre und einander ausschließende - Krankheitskonzepte und daraus resultierende Behandlungsvorstellungen existieren. Die Konkurrenzsituation zwischen tiefenpsychologisch orientierter und verhaltenstherapeutischer Sichtweise - die allmählich durch ein besseres gegenseitiges Verständnis abgelöst wird - sei dabei nur am Rande erwähnt. Gegenwärtige Forschungsprojekte zum Vergleich zwischen verhaltenstherapeutischen und psychoanalytischen stationären Behandlungen (z. B. in Bad Kreuznach) sind in Bezug auf nennenswerte Unterschiede eher enttäuschend (oder entlastend?). Wahrscheinlich werden sich auch die Hoffnungen auf eine einheitliche störungsspezifische Therapie nicht erfüllen, da es viele gute Gründe gibt, häufige Symptome wie Schmerzen und andere Funktionsstörungen als terminale polygenetische Reaktionsformen (Janzen 1969) einer langen Krankheitsentwicklung zu verstehen, deren Krankheitsursachen - im Gegensatz zur Monotonie der Symptomatik - durchaus komplex und unterschiedlich sein können. Wahrscheinlich ist auch das einer störungsspezifischen Psychotherapie zugrundeliegende gedankliche Konzept - Störung A führt zu Symptom B und muss deshalb mit Therapie C behandelt werden - zu schlicht, um der individuellen Vielfalt von Reaktionsformen und bewussten wie unbewussten Bedeutungen gerecht zu werden. Letztlich bedeutet dies, dass wir uns der Notwendigkeit einer individuellen Betrachtungsweise und einer den persönlichen Bedürfnissen des Patienten angepassten Indikationsstellung und einem ebenso individuellen Behandlungskonzept nicht werden entziehen können. Dieses Plädoyer für eine individuelle Würdigung der persönlichen Bedürfnisse des jeweiligen Patienten zu einem bestimmten Zeitpunkt seiner Erkrankung schließt aber nicht aus, gewisse Grundsätze und Regeln zu erarbeiten, die bei der Entscheidungsfindung nützlich sein können. Es schließt die Möglichkeit und die Notwendigkeit aber auch nicht aus, Therapiekonzepte und Behandlungstechniken in einem gewissen Maße zu standardisieren - wie wir es z. B. bei der Behandlung von Essstörungen, Persönlichkeitsstörungen oder der Krisenintervention in den letzten Jahren vorangetrieben haben -, um gerade aus der Antwort des Patienten auf das Behandlungsangebot Rückschlüsse auf individuelle Besonderheiten und persönliche Bedürfnisse ziehen zu können.

Die Indikationskriterien lassen sich in drei Gruppen zusammenfassen: körperliche, seelische und soziale Kriterien. Diese werden in jeweils unterschiedlichem Ausmaß und in wechselnder Gewichtung zur Entscheidung beitragen, ob ein Patient stationär behandelt werden muss (Tab. 18.2).

Körperliche Indikationskriterien

Die körperliche Situation der Patienten ist oft weniger dramatisch, als sie empfunden wird - insbesondere bei den somatoformen Störungen -, hier stehen meist schwere Angstanfälle oder Depressionen im Vordergrund verbunden mit der Vorstellung, körperlich lebensgefährlich erkrankt zu sein. Weitere häufige Gründe für die stationäre Aufnahme sind das Hinzutreten von schweren Depressionen und Suizidalität bei vorbestehenden, als körperliche Erkrankungen empfundenen somatoformen Symptomen. Patienten äußern regelmäßig den Verdacht, dass bei ihnen etwas übersehen worden sein könnte. Dieses Misstrauen hat im Grunde seine Berechtigung. Die bewusste Angst des Patienten bezieht sich darauf, dass ein körperlicher Befund nicht erkannt worden sein könnte, was ja letztlich nie ganz ausgeschlossen werden kann. Die Angst, es könnte etwas übersehen worden sein, hat ja bei den Kranken mit somatoformen Störungen weit mehr Berechtigung in Bezug auf die Tatsache, dass ihre psychische Situation, ihre Ängste, ihre Konflikte übersehen werden und dort, wo sie lediglich einer körperlich-technischen Untersuchung unterzogen werden, hat das Misstrauen der Patienten seine volle Berechtigung.

Tabelle 18.2 Indikationskriterien zur stationären Psychotherapie

Körperliche Indikation	• akute schwere Somatisierung, z. B. Schmerzen • Exacerbation einer chronischen Somatisierung • Auftreten körperlicher Funktionsstörungen oder pathologischer Laborwerte • schlechter Allgemeinzustand
Seelische Indikation	• akute Verschlechterung des Befindens, psychische Krisen (z. B. Erschöpfung) • Verstärkung bekannter oder Auftreten neuer Symptome (z. B. Depression, Angst) • Verschlechterung unter ambulanter Psychotherapie (negative therapeutische Reaktion) • Suizidalität
Soziale Indikation	• Extremer sozialer Rückzug, • eskalierende familiäre Auseinandersetzungen, • Verlust der Arbeitsfähigkeit, • Delinquenz, Fremdgefährdung, gerichtliche Therapieauflagen.
Regionale Indikation	• Verfügbarkeit von ambulanter bzw. stationärer Psychotherapie am Wohnort
Übernahme aus der technischen Medizin	• siehe Text

Psychische Indikationskriterien

In der Regel sind es akute und dramatische Verschlechterungen der psychischen (und damit auch der körperlichen) Situation, die eine stationäre Aufnahme notwendig machen. Die Verstärkung bereits bestehender Symptome oder das Hinzutreten von neuen Symptomen wie Angstanfälle, Depressionen, Erschöpfung, Kollaps sind der Anlass für eine stationäre Einweisung, weil es ambulant nicht mehr geht. Hier spielt natürlich auch die Anbindung an den Hausarzt, seine psychotherapeutische Kompetenz, seine Behandlungskapazität und dessen Einschätzung der Situation eine Rolle. Viele Patienten werden jedoch auch durch den Notarzt eingewiesen, der vor der Aufnahme häufiger, gelegentlich sogar mehrmals täglich in Anspruch genommen wurde. Psychische Krisen werden oft durch äußere Ereignisse ausgelöst wie partnerschaftliche Auseinandersetzungen, Partnerverlust (durch Trennung oder Tod) sowie den Verlust von nahen Angehörigen. Diese seelischen Krisen können sich dann als körperliche Symptome niederschlagen. Gelegentlich führt auch das Scheitern einer ambulanten Psychotherapie zu der Notwendigkeit einer stationären Behandlung. Dabei spielen sowohl Indikationsprobleme, Krisen in der Therapie von Patienten mit schweren Persönlichkeitsstörungen, die sog. „negative therapeutische Reaktion" (Grunert 1979) sowie nicht den Notwendigkeiten des Patienten angepasste Therapiekonzepte und Behandlungstechniken eine Rolle. Bei psychosomatisch Kranken (z. B. Asthma, Anorexie) führt oft die Verschlechterung der körperlichen Situation zur stationären Einweisung. Hier ist wegen der psychophysiologischen Kreisprozesse schwer zu entscheiden, ob die Verschlechterung eher durch psychische oder eher durch körperliche Veränderungen ausgelöst wurde.

Soziale Indikationskriterien

Es gibt auch soziale Gründe für eine stationäre Aufnahme, z. B. bei schweren Persönlichkeitsstörungen, unter denen die Umgebung manchmal mehr leidet, als der Patient selbst oder Fremdgefährdung. Auch die volkswirtschaftliche Lage hat Einfluss auf die Bereitschaft zur stationären Therapie. So ist es nachvollziehbar, dass in Zeiten wirtschaftlicher Schwierigkeiten oder großer Arbeitslosigkeit die Patienten weniger bereit sind zu einer stationären Behandlung, wenn z. B. der Verlust des Arbeitsplatzes droht. Auch die Versorgungsnotwendigkeit von Angehörigen, insbesondere von kleinen Kindern, stellt manchmal ein Hindernis für eine an sich indizierte stationäre Behandlung dar. Seltener kommt es zur Aufnahme aufgrund von behördlichen Therapieauflagen (Arbeitgeber, Gerichte), diese Behandlungen sind natürlich durch die starke Außenmotivation mit einer großen Hypothek belastet, damit aber nicht grundsätzlich prognostisch ungünstig.

Sog. regionale Indikationskriterien

Die Realisierung einer Psychotherapie ist natürlich abhängig von dem regionalen Versorgungsangebot. Die Indikationsstellung für eine ambulante Psychotherapie ist solange nicht realistisch, wie im weiten Umkreis des Patienten keine Behandlungsmöglichkeit zu finden ist. Hier kann die stationäre Psychotherapie eine Lücke füllen, solange das Angebot an Psychotherapeuten regional so unterschiedlich ist wie zur Zeit. Eine kurze stationäre Psychotherapie mit all ihren Vorzügen und Nachteilen ist in der Regel besser als gar keine psychotherapeutische Versorgung. So müssen manche Patienten stationär aufgenommen werden, wenn ambulante Behandlungsmöglichkeiten nicht zur Verfügung stehen. Diese Notwendigkeit wird aber mit der Verbesserung einer flächendeckenden psychotherapeutischen Versorgung zunehmend seltener.

Übernahme aus der somatischen Medizin

Die Überleitung von Patienten aus dem Bereich der technischen Medizin in den Wirkungsbereich der (stationären) Psychotherapie stellt ein besonderes Problem und eine Herausforderung an den Psychosomatiker dar. Der wichtigste Grund für die Schwierigkeiten stellt die Tatsache dar, dass es sich zumeist um unmotivierte Patienten handelt, die von sich aus keinen Psychotherapeuten aufgesucht hätten. Erschwerend kommt hinzu, dass diese Patienten - trotz eines für den Fachmann unübersehbaren Psychotherapiebedarfs - sich lange im Bereich der technischen Medizin aufhalten. Dort werden sie durch einen hohen Aufwand an Diagnostik und Therapie - meist mit unbefriedigendem Ergebnis - nicht nur in ihrer Abwehr stabilisiert, sondern diese wiederholten Untersuchungen verursachen auch finanziell hohe Kosten. Auf diesem Wege können die psychologischen Einflüsse der technischen Medizin zur Chronifizierung der Erkrankungen beitragen. Diese Tatsache wurde u. a. in dem umfangreichen Forschungsgutachten von Meyer u. Mitarb. (1991) belegt, welches auch eine der Grundlagen für das neue, am 1.1.99 in Kraft getretene Psychotherapeutengesetz bildete.

Zugangswege zur stationären Psychotherapie

Die Frage der Indikation zur stationären Psychotherapie kann aber nicht ohne Betrachtung von Selektionsprozessen und damit organisatorischer Vorgaben diskutiert werden, die außerhalb der psychosomatischen Klinik, ja außerhalb des Krankenhauses überhaupt liegen. Als ein Beispiel für die unterschiedlichen Zugangswege zur stationären Psychotherapie seien einige Daten eines Patientenjahrganges aus der Begleitforschung unserer Klinik angeführt (Tab. 18.3).

Tabelle 18.3 Überweisungswege (von Rad u. Mitarb. 1992); n=520

Patient selbst	33	(6,3%)
Niedergelassener Arzt	56	(10,8%)
Niedergelassener Psychotherapeut	15	(2,9%)
Psychotherapeutische Ambulanz	203	(39,0%)
Psychosomatischer Konsiliardienst	101	(19,4%)
Andere Klinik	104	(20,0%)
Sonstige	7	(1,3%)

Eine Betrachtung der Zugangswege unserer Patienten zeigt die typischen Überweisungsmodi einer Akutklinik. Die Lage unserer Abteilung in einem großen Münchener Allgemeinkrankenhaus bietet aus der Nähe zur technischen Medizin die Chance, dass wir über den Konsiliar- und Liaisondienst eine große Zahl von Patienten mit somatoformen Störungen sehen, bei denen eine Psychotherapie indiziert ist, die von sich aus aber nicht auf den Gedanken an eine Psychotherapie kommen würden.

Elemente der stationären Psychotherapie

In der stationären Psychosomatik steht die Psychotherapie im Vordergrund, die natürlich auch die Frage beinhaltet, ob und welche körperlichen Schäden vorliegen. Deshalb muss zunächst einmal die Frage geklärt werden, ob eine körperliche Erkrankung vorliegt und wenn ja, welchen Stellenwert sie in der psychischen Situation des Patienten hat. Bei den somatoformen Störungen liegt definitionsgemäß keine körperliche Erkrankung vor, die die Symptomatik erklären könnte, der Patient ist deshalb in erster Linie psychisch krank. Auf der anderen Seite kann eine körperliche Erkrankung, die die psychischen Verarbeitungsmöglichkeiten des Patienten überfordert, durchaus eine Indikation für eine stationäre Psychotherapie darstellen. Soweit die Situation nicht bereits vor der Aufnahme einer stationären Psychotherapie geklärt ist, ist es eine der diagnostischen Aufgaben, diese Klärung - d. h. das Verhältnis zwischen psychischer Störung einerseits und körperlicher Erkankung andererseits - herbeizuführen.

Aus praktischen Gründen wird die somatisch-technische Diagnostik von einem Arzt, die psychotherapeutische Diagnostik und Therapie von einem anderen Arzt (oder Psychologen) durchgeführt. Diese Aufteilung hat sich - obwohl sie dem Postulat von der psychosomatischen ganzheitlichen Betrachtungsweise zu widersprechen scheint, in der Praxis bewährt. Das Ideal der ganzheitlichen Betrachtungsweise schließt nicht aus, dass Entscheidungen in konkreten Einzelbereichen getroffen werden müssen und können, die Ganzheitlichkeit ist eine Haltung, aber keine Leitlinie für praktische Entscheidungen. Dieses Vorgehen schließt natürlich nicht aus, dass in Einzelfällen auch einmal beides in einer Hand bleibt, z. B. wenn die Handhabung einer körperlichen Erkrankung (wie z. B. Diabetes oder Hypertonus) durch den Patienten so stark von seinen Konflikten beeinflusst und überlagert wird, dass eine sachgerechte Compliance das vordringlichste psychotherapeutische Ziel darstellt. Umgekehrt stellt sich bei dem Kranken mit somatoformen Störungen die Aufgabe, seinen Aufmerksamkeitshorizont zu erweitern und ihm zu vermitteln, dass die allein auf den Körper bezogene Betrachtungs- und Handlungsweise Teil seiner Symptomatik und deshalb veränderungsbedürftig ist. Hier gilt die Regel, dass der Patient bevorzugt den Bereich vermeidet, der die Quelle der größten (unbewussten)

Angst ist. Der Patient mit einer körperlichen Erkrankung möchte sich und seine Umgebung davon überzeugen, es sei alles nur psychisch, der Kranke mit einer somatoformen Störung vermeidet die Beschäftigung mit inneren Spannungen und Konflikten mithilfe der Überzeugung, es sei alles nur körperlich. Diese Abwehrkonfiguration wird mit dem Patienten von vielen technisch orientierten Ärzten geteilt - meistens ohne dass es ihnen bewusst ist. In beiden Fällen birgt diese Abwehrkonfiguration große Gefahren. Die eine liegt in der Vernachlässigung gut behandelbarer körperlicher Erkrankungen, die andere liegt in der iatrogenen Schädigung von körperlich primär Gesunden, die durch körperbezogene diagnostische und therapeutische Maßnahmen sowohl in ihrer Abwehr bestärkt werden können als auch gelegentlich sekundär somatische Schäden davontragen, die rückwirkend einen neurotischen Irrtum zu bestätigen scheinen und dadurch in manchen Fällen nicht nur die Symptomatik chronifizieren, sondern die Erkrankung unbehandelbar werden lassen.

Der Arzt für die Seele

Die Basis der Behandlung stellt die *Arzt-Patient-Beziehung* dar und innerhalb dieser stellen sich alle Fragen, die sich auf das therapeutische Bündnis, die Handhabung von Übertragung und Widerstand und die angemessene Deutung von unbewusstem Material stellen. Zu diesen Themen sei auf die einschlägige Literatur zur Behandlungstechnik in der Psychotherapie verwiesen (Thomä u. Kächele 1985, Thomä u. Kächele 1988). Einige spezielle behandlungstechnische Schwierigkeiten bei der Psychotherapie von somatoformen Störungen wurden bereits angedeutet, dazu gehört auch die Handhabung somatisch-technischer Maßnahmen zur Diagnostik und Therapie.

Der Arzt für den Körper

Die Indikation für technische Maßnahmen sowohl in der Diagnostik wie auch in der Therapie von Patienten mit Somatisierungssyndromen kann nicht ohne Kenntnis und Berücksichtigung der Konfliktdynamik betrachtet werden. Die Situation in der stationären Psychotherapie ist dadurch gekennzeichnet, dass die körperliche Diagnostik und Therapie die psychische Situation des Patienten und seine bewussten und unbewussten Konflikte berücksichtigen muss und nicht einfach nach technischen Regeln über die Psyche hinweg durchgeführt werden kann. Die höchste Priorität gilt hier der Realitätsprüfung, die sich sowohl auf die körperliche wie auf die psychische Situation des Patienten bezieht. Die praktischen Konsequenzen sind im folgenden Abschnitt dargestellt.

Patienten mit Somatisierungssyndromen unterziehen sich oft wiederholten diagnostischen Eingriffen, obwohl wiederholt keine pathologischen Befunde erhoben werden konnten. In manchen Fällen stellen sie ultimative Forderungen nicht nur nach Diagnostik, sondern oft auch nach eingreifenden und sogar verstümmelnden Operationen. Das Motiv für diese Forderungen ist neben dem oft extremen Leiden unter den Symptomen die Hoffnung, dass ein körperlicher Eingriff die Beschwerden beseitigen würde. Der entscheidende Irrtum besteht darin, dass eine psychogene Erkrankung durch eine körperbezogene Maßnahme behoben werden könnte. Diese Hoffnung muss enttäuscht werden wegen der Tatsache, dass mit der diagnostischen Untersuchung und mit manchem körperlichen Eingriff die zugrunde liegende Angst nicht oder nur kurzfristig beeinflusst werden kann. Hier liegt eine der Wurzeln für die Chronifizierung somatoformer Störungen, weil der Patient seinen psychologischen Irrtum ohne psychotherapeutische Hilfe nicht erkennen kann. Stattdessen versucht er immer wieder auf die gleiche Weise, das Problem zu lösen. Das Misslingen dieser Bemühungen wird mit Begründungsversuchen

(„Vielleicht ist ja etwas übersehen worden") rationalisiert. Der (unbewusste) Gewinn für den Patienten liegt darin, dass erträgliche körperliche Schmerzen in Kauf genommen werden, um unerträglich scheinende psychische Schmerzen zu vermeiden. Psychodynamisch gesehen heißt dies, dass eine psychische Erkrankung abgewehrt wird durch die Vorstellung, körperlich krank zu sein, wobei diese Konkretisierung des Problems, für das der Patient bisher keinen Namen und keine Begründung hatte, für ihn die Hoffnung beinhaltet, dass das konkrete Problem besser einer Lösung zugeführt werden kann. Leider ist eine der möglichen Konsequenzen aus dieser Haltung die Tatsache, dass primär psychogene Symptome durch Operationen mit fragwürdiger oder falscher Indikation dann iatrogen ihre - körperliche - Rechtfertigung erhalten und sich so ein Teufelskreis etabliert, der manchmal - wenn er lange genug gedauert hat - auch durch Psychotherapie nicht mehr durchbrochen werden kann, weil das, was zunächst nur ein psychologischer Irrtum des Patienten gewesen ist, inzwischen durch ärztliche Interventionen eine körperliche Realität geworden ist. Unter diesen Patienten gibt es wohl einige, aus deren Anamnese man erst nachträglich erkennen kann, dass eine primär psychogene Symptomatik zu dem geschilderten Verlauf geführt hat.

Der Stationsarzt in der somatischen Medizin hat eine Schlüsselstellung für die Überleitung von Patienten mit Psychotherapiebedarf in die Psychosomatik. Von seiner Sichtweise des Patienten und von seiner Initiative hängt es ab, ob er den Psychotherapiebedarf des Patienten erkennt und rechtzeitig eine konsiliarische psychotherapeutische Untersuchung veranlasst oder nicht. Wesentlich begünstigt wird eine solche entscheidende Weichenstellung durch einen psychologischen oder psychosomatischen Konsiliar- oder Liaisondienst, wie er an einigen Kliniken realisiert wird. Über die Begleitung der täglichen Visite durch einen Psychotherapeuten können auch solche Patienten identifiziert werden, die Psychotherapiebedarf haben, aber sonst im Klinikalltag untergegangen wären. Leichter fällt die Überweisung zum Psychosomatiker oder zum Psychiater bei den Problempatienten, die von Anfang an durch eine lärmende Symptomatik auffallen oder durch unzureichende Einordnung in das Stationsmilieu und rahmensprengendes Verhalten besondere Aufmerksamkeit erregen. Bei diesen Patienten - mit häufig chronifizierten psychischen Erkrankungen - ergibt sich oft das Problem, dass der Psychotherapiebedarf von außen auch für den Laien leicht erkennbar ist, die Patienten jedoch oft durch ein entsprechendes Angebot schwer gekränkt sind und dies brüsk ablehnen. Hier erfordert es von Seiten des Konsiliarius viel taktvolles Einfühlungsvermögen nach beiden Seiten und eine gute Argumentation, um dem überweisenden Kollegen überzeugend zu vermitteln, warum eine stationäre (und jede andere) Psychotherapie gegen den Willen des Patienten nicht möglich ist und er deshalb nicht übernommen werden kann.

Wenn es gelingt, Patienten mit somatoformen Störungen durch entsprechend taktvolle und überzeugende Motivationsarbeit in die psychosomatische Klinik aufzunehmen, dann ergeben sich schon bei der körperlichen Untersuchung praktische und psychotherapeutisch-behandlungstechnische Probleme, die im folgenden skizziert werden.

Körperliche Diagnostik in der stationären Psychosomatik: Indikation für technische Untersuchungen als Konfliktfeld für Arzt und Patient

Eine gründliche Anamneseerhebung in Bezug auf frühere und aktuelle körperliche Erkrankungen sowie eine körperliche Untersuchung auf Facharztniveau sind bei der Aufnahme auch bei psychisch Kranken selbstverständlich und werden von den Krankenkassen verlangt (Adler u. Hemmeler 1989). Röhr u. Mitarb. weisen am Beispiel einer psychiatrischen Klinik darauf hin, dass ca. die Hälfte der aufgenommenen psychisch Kranken relevante somatische Befunde bieten (Röhr u. Mitarb. 1996). Die Frage, wann welche technischen Untersuchungen in welcher Reihenfolge bei welchen Symptomen indiziert sind, füllt ganze Lehrbücher. Hier soll diese Frage nur unter einem speziellen Gesichtspunkt diskutiert werden, nämlich ob und inwieweit eine körperliche Untersuchung oder die Ablehnung einer solchen die Motivation des Patienten für eine Psychotherapie beeinflussen kann. Welche Konfliktfelder sich hier ergeben können und wie die Entscheidungsmöglichkeiten aussehen können, soll im Folgenden skizziert werden.

Die Patienten legen wegen ihrer Symptome, ihrer Angst um den Körper und aus Gründen ihrer Abwehr oft sehr großen Wert auf die körperlich-technischen Untersuchungs- und Behandlungsmaßnahmen. Hier gilt es, regelmäßig die Notwendigkeit aus körperlicher Sicht genauso sorgfältig zu prüfen wie die Konsequenzen für die psychische Situation des Patienten. Wenn die Indikation für eine technische Untersuchung klar gegeben ist, ist die Entscheidung einfach. Wenn jedoch der Arzt eine Untersuchung nicht für notwendig und sinnvoll hält, die aber vom Patienten dringend gewünscht wird, dann ist ein interpersoneller Konflikt zu lösen. Hier ist es eine psychotherapeutische Entscheidung, ob man an dieser Stelle den Kampf mit dem Patienten aufnimmt und versucht, ihn von seinen psychologischen Irrtümern zu befreien, indem man ihm die Untersuchung verweigert. Häufig ist jedoch die Angst des Patienten so groß, dass er sich ohne diese Untersuchung garnicht auf einen psychotherapeutischen Dialog einlassen kann. So kann es durchaus vorkommen, dass eine technische Untersuchung aus *psychotherapeutischen* Gründen indiziert ist, nämlich weil erst ihre Durchführung es dem Patienten ermöglicht, sich auf eine andere Betrachtungsweise einzulassen. Hier können einfach unfruchtbare Machtkämpfe vermieden werden, die einer psychotherapeutischen Arbeit im Wege stehen. Die psychische Situation des Patienten muss daraufhin überprüft werden, ob das Arbeitsbündnis überhaupt schon belastbar genug ist, um ihm so einen Verzicht zuzumuten, oder ob erst die Erfahrung notwendig ist, dass er den Arzt zu einer Maßnahme in seinem Sinne bewegen kann.

Die Ablehnung einer medizinisch nicht indizierten körperlichen Untersuchung belastet den Arzt nur auf den ersten Blick und nur scheinbar mit einer größeren Verantwortung als ihre Durchführung, weil er sich damit gegen den Willen des Patienten stellt. Bei der Durchführung ist er genauso für die psychologischen Folgen verantwortlich wie bei der Ablehnung, nur geschieht die Durchführung im beiderseitigen Einvernehmen und in der technischen Medizin meist in beiderseitiger Unkenntnis der psychologischen Konsequenzen. Dies erspart beiden Beteiligten möglicherweise einen Konflikt, trägt aber unter Umständen - wenn die Unterlassung besser wäre - zur Chronifizierung der Erkrankung bei und geht damit langfristig auf Kosten des Patienten und der Versichertengemeinschaft.

Die ausführliche Diskussion der psychologischen Aspekte der körperbezogenen Diagnostik führt vielleicht zu der Frage: Wo bleibt denn die Therapie? Die Antwort ist einfach. Alle dargestellten Überlegungen sind bereits Teil der Psychotherapie von Patienten mit somatoformen Störungen und zwar ein ganz wesentlicher und oft entscheidender Teil. Die sachgerechte und patientengerechte Handhabung dieser Fragen entscheidet nicht nur darüber, ob ein Patient in der stationären Psychotherapie bleibt oder sie nicht etwa abbricht, sondern sie entscheidet auch darüber, ob der Patient sein bisheriges körperbezogenes Krankheitsmodell aufgeben kann oder nicht. Erst wenn es dem Patienten gelingt, seine subjektive, körperbezogene Krankheitstheorie in Frage zu stellen oder (im Verlauf der Psychotherapie) zu modifizieren, dann erst ist der Weg frei für den Kranken, sich mit den seelischen Aspekten seines Krankseins auseinanderzusetzen und den Affekten, Konflikten und Beziehungen zuzuwenden - eben all dem, was Psychotherapie im engeren Sinne beinhaltet. Die stationäre Psychotherapie ist besonders geeignet und in der Lage, sich mit dieser ersten - und besonders hohen - Hürde auseinanderzusetzen, die Patienten mit Somatisierungssyndromen in die Psychotherapie mitbringen. Im weiteren Verlauf wird es dem Patienten dann gelingen, mithilfe der weiteren Anwendung von verbalen und nonverbalen Behandlungsverfahren zunehmend Einsichten in seine psychische Situation zu gewinnen, die nicht direkt mit seinen körperlichen Symptomen verbunden scheinen, aber in einem inneren Zusammenhang mit ihnen stehen. Wenn die zugrundeliegenden bewussten und unbewussten Konflikte erkennbar und bearbeitbar werden, dann wird die körperliche Symptomatik als - defizienter - Versuch der Konfliktlösung entbehrlich und wird schwächer oder verschwindet im günstigen Fall. Der Blick in die Ebene der Beziehungen, Konflikte und Affekte wird erst frei, wenn das (phantasierte) Hindernis von der körperlichen Erkrankung beiseite geräumt ist. Die weitere Behandlung kann dann nach den anerkannten Regeln der Psychotherapie stationär oder ambulant fortgesetzt werden.

Die Pflege

Die Arzt-Patient-Beziehung ist jedoch nicht die einzige Dyade, die in der stationären Behandlung wichtig ist, sondern es gibt noch einige andere. Bei der von uns konzeptionell bevorzugten *Bezugspflege* gibt es eine enge Beziehung zwischen dem Patienten und seiner Krankenschwester oder seinem Pfleger, die / der in erster Linie sein Ansprechpartner für die Fragen des Alltags auf der Station, aber auch für persönliche Probleme ist. Durch Dienstpläne, Nachtschicht, Urlaube und Krankheit sind einzelne Personen zwar nicht ständig verfügbar, aber es bildet sich trotzdem durch Übertragungs- und Gegenübertragungsprozesse ein besonderes Vertrauensverhältnis heraus, das manchmal eine ähnliche Intensität wie zum Psychotherapeuten erreichen kann.

Teamkonferenzen

Durch die Tatsache, dass jeweils gleichzeitig mehrere Personen an der Behandlung beteiligt sind und verschiedene Verfahren simultan angewandt werden, ergibt sich die Notwendigkeit einer besonders guten und dichten Kommunikation zwischen den Beteiligten, um jeweils unterschiedliche Entwicklungen des Patienten in den einzelnen Therapieverfahren (Einzeltherapie, Gruppentherapie, Kunsttherapie, konzentrative Bewegungstherapie, Milieutherapie der Schwestern etc.) zu kennen, diese Informationen zusammenzuführen und das Behandlungskonzept auf die Bedürfnisse des Patienten und den individuellen Behandlungsverlauf abzustimmen. Deshalb hat die Kommunikation innerhalb des Behandlungsteams einen hohen Stellenwert, wie er sich in täglichen Teamkonferenzen ausdrückt.

Station als Lebensraum und Alltag

Ein weiteres Spezifikum der stationären Psychotherapie liegt in der Tatsache, dass Patienten und Therapeuten den Großteil des Tages auf der Station zusammenleben und dadurch nicht nur die innere Welt des Patienten - seine Phantasien, Ängste und Wünsche - sichtbar werden, sondern auch seine Verhaltensweisen. Das bedeutet, dass seine bewussten und unbewussten Konflikte nicht nur besprochen, sondern auch inszeniert werden. Es werden nicht nur die Gedanken, Gefühle, Einfälle und Phantasien des Patienten in die Diagnostik und Therapie mit einbezogen, sondern auch die bewussten und unbewussten Aspekte seines Verhaltens auf der Station und, soweit sie bekannt werden, auch außerhalb. Wenn bezüglich des Patientenverhaltens die Informationsquelle nicht nur der Patient selbst mit seinen Berichten und das Behandlungsteam mit seinen Beobachtungen bildet, sondern auch Berichte der Mitpatienten, stellen sich natürlich besondere Probleme hinsichtlich Vertraulichkeit und Diskretion, damit sich der Patient nicht „verpetzt" und der Informand nicht als „Verräter" fühlt. Diese Inszenierungen bieten den Stoff für die gemeinsame Teamarbeit, die u. a. die Aufgabe hat, diese Facetten des Verhaltens zu einem Bild zusammenzusetzen und für die Therapie nutzbar zu machen.

Stationsversammlung

Die Stationsversammlung mit Teilnahme aller Patienten und eines Teils des Behandlungsteams bietet den Rahmen für die Besprechung organisatorischer Fragen, die das Zusammenleben auf der Station regeln sowie ggf. die Diskussion von Regelverletzungen. Sie ist damit ein Kernstück der Stationskultur. Die Patienten sind dabei gefordert, Aufgaben im Interesse der Gemeinschaft zu übernehmen - z.B. Organisation einer gemeinschaftlichen Veranstaltung oder die Einführung von neuen Patienten durch einen „Paten" etc. - und bekommen die Möglichkeit, sich selbst und ihr Auftreten in einer größeren Gruppe und Gemeinschaft besser kennenzulernen.

Das Behandlungsteam

Das Spektrum der psychodynamischen Betrachtungsweise wird damit um die Verhaltensdimension erweitert, die in der ambulanten Psychotherapie für den Therapeuten so nicht zur Disposition steht, sondern - wenn sie denn Gegenstand der gemeinsamen Betrachtung wird - durch die Selbstbeschreibung des Patienten gefiltert ist. Der Therapeut auf der Station kann natürlich kein neutraler Beobachter bleiben, denn dessen Verhalten ist umgekehrt dem Patienten in ähnlicher Weise zugänglich und beobachtbar. Dieser Informationsgewinn für beide Seiten weist dem Therapeuten und dem Behandlungsteam eine besondere Verantwortung zu, weil das Team einerseits entscheiden muss, wie es die Informationen handhaben will, die nicht vom Patienten selbst stammen, andererseits muss sich das Behandlungsteam immer der Tatsache bewusst sein, dass es seinerseits stets Gegenstand neugieriger Beobachtung ist und die Patienten sich untereinander über ihre Erfahrungen mit dem Team und seinen einzelnen Mitgliedern austauschen. Die Kohärenz und die Kontinuität des Behandlungsteams haben natürlich auch einen entscheidenden Einfluss darauf, wie sich gruppendynamische Abläufe auf der Station auswirken, z. B. ob und in welchem Ausmaß bewusste und unbewusste Spaltungsprozesse wirksam werden können. Diese Tendenzen lassen sich oft wie durch eine Lupe in den gruppendynamischen Prozessen innerhalb des Behandlungsteams gut erkennen, so dass die Selbstreflexion des Behandlungsteams in seiner täglichen Arbeit einen wertvollen Beitrag zum Verständnis gruppendynamischer Prozesse und Material zu den unbewussten Inhalten auf der Station und in den verschiedenen Patientengrupen liefert.

Der Patient erkennt bald, dass das Behandlungsteam mehr Informationen über ihn verfügbar hat als er verbal mitteilt. Diese Tatsache löst ein Spektrum von Empfindungen und Übertragungsphantasien bei den Patienten aus, die von dem Gefühl von Sicherheit und Vertrauen über Beobachtetwerden bis hin zu paranoiden Ängsten reichen können. Der Therapeut bzw. das Team hingegen müssen damit rechnen, dass auch ihr Verhalten vom Patienten bewusst oder unbewusst auf die Kongruenz mit den verbalen Botschaften geprüft wird. Hier liegt aber auch eine Chance für die Therapie bei solchen Patienten, die verbalen Interventionen in bestimmten Bereichen nicht oder noch nicht zugänglich sind. Das therapeutische Team kann seine Interventionen auf der Verhaltensebene ausdrücken - z.B. durch die Vermittlung und Einhaltung bestimmter Regeln - und damit dem Patienten eine Handlungsbotschaft senden, z. B. durch Empfehlungen oder Verhaltensanweisungen, die in ihrer Wirkung einer Deutung unbewusster Inhalte gleichkommen können. Diese Verhaltenssteuerung ist v.a. bei solchen Patienten sinnvoll und notwendig, die nicht von sich aus eine Psychotherapie gesucht haben, sondern eher aufgrund der Umstände in eine psychosomatische Klinik gekommen sind. Dies sind v.a. auch Patienten mit Somatisierungssyndromen, deren Leidensdruck sich vordergründig nur aus der Symptomatik speist und die folgerichtig zunächst nur an der Beseitigung ihrer Symptome interessiert sind. Ein spontanes Interesse an ihrer seelischen Situation sowie die Bereitschaft, darüber offen und rückhaltlos Auskunft zu geben, kann bei ihnen nicht vorausgesetzt werden, sondern sind im günstigen Fall Ergebnisse einer gelungenen stationären Psychotherapie, die damit gute Voraussetzungen für eine sich anschließende ambulante psychoanalytische Psychotherapie bietet. Die Notwendigkeit für das therapeutische Team zu Handeln und die Diskussion über das Agieren kann hier nur angedeutet werden.*

Patientengemeinschaft

Ein weiterer wichtiger Gesichtspunkt in der stationären Psychotherapie ist die Betrachtung der Patientengemeinschaft. Hier sind schulenunspezifische Wirkfaktoren zu beobachten, die in der Forschung bislang noch nicht genug Berücksichtigung gefunden haben. Gemeint ist die Tatsache, dass sich die zu einem bestimmten Zeitpunkt zufällig zusammengewürfelten Patienten zu einer therapeutischen Gemeinschaft zusammenfinden müssen und dort ihre Konflikte und Schwierigkeiten miteinander austragen, aber auch ihre Stärken zur gegenseitigen Ermutigung und Unterstützung zur Geltung bringen können. Die therapeutischen Hitlisten aus unserer Begleitforschung, in denen die Patienten am Ende der Therapie die Rangordnung von Einflüssen nach ihrer subjektiven Bedeutsamkeit festlegen können, führen die Mitpatienten regelmäßig auf hohen Rängen. Allein schon die Tatsache, dass andere Menschen unter gleichen oder ähnlichen Beschwerden leiden und vergleichbare Probleme haben, führt zu einer großen Entlastung, weil die Patienten nicht mehr unter dem Irrtum leiden, sie seien die einzigen Menschen auf der Welt, die unter großen Lasten durch schwierige Probleme und Konflikte zu leiden haben. Außerdem wird den Patienten durch diese Gemeinschaft ermöglicht, ihre Einsamkeit zu verlassen, die sowohl als Ursache wie als Folge auch bei vielen Somatisierungssyndromen eine wichtige Rolle spielt. Solche Solidarisierungseffekte, wie sie auch durch Gruppentherapie gefördert werden, gehen oft sogar so weit, dass die Patienten sich fragen können, wo sind eigentlich die Normalen, in der Klinik oder außerhalb? Wenn diese Frage auftaucht, ist es den Patienten gelungen, ihre subjektive Symptomatik nicht als Störfaktor des normalen Lebens zu begreifen, sondern als Nein zu krankmachenden Lebensbedingungen zu verstehen.

* Unverzichtbar für jedes Team ist eine regelmäßige Teamsupervision duch einen externen Supervisor.

Nonverbale Behandlungsverfahren

Eine besondere Rolle bei der Behandlung von somatoformen Störungen und anderen Erkrankungen im stationären Bereich spielen die sog. nonverbalen Behandlungsverfahren, damit sind v.a. die Kunst- oder Gestaltungstherapie und die Konzentrative Bewegungstherapie gemeint. Beide Verfahren haben gemeinsam, dass in ihnen nicht das gesprochene Wort die Hauptrolle spielt, sondern nonverbale Abläufe.

Die Kunsttherapie setzt das bildnerische Gestalten, das Malen als wesentliches Mittel ein, die psychische Situation des Patienten - im wahrsten Wortsinne - anschaulich zu machen. Irgendwelche künstlerischen Fähigkeiten oder Erfahrungen werden - im Gegensatz zu häufigen Ängsten der Patienten - nicht erwartet und sind auch nicht erforderlich. Es geht darum, durch verschiedene Vorgaben des Kunsttherapeuten die innerliche Befindlichkeit des Patienten mit den zur Verfügung gestellten Materialien darzustellen und anschließend zu interpretieren. Der Vorzug dieser Methode, die sowohl im Einzelsetting als auch in der Gruppe durchgeführt werden kann, liegt darin, dass sie an der rationalen Kontrolle des Patienten vorbei seine Gestimmtheit und evtl. typische Konfliktsituationen zur Darstellung bringt, anschaulich macht und auf diesem Wege dem Patienten zu Einsichten verhilft, die er auf anderen Wegen nicht oder nur nach langer Zeit gewinnen kann. Diese Einsichten können sich nicht nur auf intrapsychische, sondern auch auf soziale Konflikte beziehen, die z. B. durch Farbinteraktionen unmittelbar dargestellt werden. Diese Umgehung der Abwehr birgt neben ihren großen Möglichkeiten natürlich auch Gefahren, die jedoch von den erfahrenen Kunsttherapeuten angemessen gehandhabt werden.

Die Konzentrative Bewegungstherapie nutzt die sinnliche Wahrnehmung eigener körperlicher Reaktionen, von Gegenständen, Haltungen, Verhaltensweisen im Raume und gegenüber anderen, z. B. bei Partnerübungen, um ähnlich wie in der Malerei unbewusste Verhaltensweisen und Einstellungen spürbar und sichtbar zu machen. Hier besteht gleichzeitig durch angeleitete Übungen die Möglichkeit, neue Erfahrungen zu machen und seine bewussten und unbewussten Verhaltensweisen zu verändern. Dies bezieht sich auch auf körperliche Beobachtungen und Reaktionen, wenn sich z. B. bestimmte Konflikte in verstärkten Spannungen des Bewegungsapparates äußern oder Ängste zu vegetativen Reaktionen führen.

Der gleichzeitige und gleichsinnige Einsatz von verbalen und nonverbalen Behandlungsverfahren kann mit der gegenseitigen Abstimmung der Berufsgruppen untereinander und der Festlegung von fokalen Konflikten und gemeinsamen Behandlungszielen in relativ kurzer Zeit zu wichtigen Erkenntnissen für den Patienten und zu raschen Veränderungen von Symptomen und Einstellungen führen.

Überleitung in die ambulante Psychotherapie

Die stationäre Psychotherapie ist in jedem Falle ein Kurztherapie. Insofern können ihre Behandlungsziele immer nur fokal und begrenzt sein. Manchmal besteht wie schon erwähnt das Behandlungsziel darin, einen Patienten für die Durchführung einer ambulanten Psychotherapie zu motivieren. Aber auch bei vielen Patienten, die schon mit einer Behandlungsmotivation gekommen sind, besteht die Notwendigkeit der Weiterführung der Psychotherapie im ambulanten Bereich. Deshalb ist es eine der Aufgaben der stationären Psychotherapie, einen Behandlungsplan für die Zukunft zu entwerfen und die Durchführung einer ambulanten Psychotherapie vorzubereiten. Hier hat die Erfahrung gezeigt, dass die persönliche Vermittlung eines ambulanten Behandlungsplatzes bei einem bestimmten niedergelassenen Psychotherapeuten, der den Patienten auch möglichst bald nach der Entlassung in Behandlung nehmen kann, wesentlich mehr Erfolg verspricht, als wenn der Patient mit der unbestimmten Empfehlung entlassen wird, er sollc sich draußen eine Psychotherapie suchen. Wir sehen unsere Verantwortung für die Patienten auch darin, die weitere psychotherapeutische Versorgung nach der Entlassung aus der Klinik so gut wie möglich sicherzustellen. Ein Mittel dazu ist die Möglichkeit, schon von der Klinik aus den Kontakt zu einer ambulanten Psychotherapie herzustellen, die möglichst im direkten Anschluss an die stationäre Behandlung stattfinden kann.

Literatur

Adler, R. und Hemmeler, W., (1989), Praxis und Theorie der Anamnese, G. Fischer, Stuttgart.

Ahrens, S., (1990): Entwicklung und Perspektiven der Psychosomatik in der Bundesrepublik Deutschland Berlin Heidelberg New York Springer.

Becker, H. und Senf, W., (1988), Praxis der stationären Psychotherapie, Thieme, Stuttgart.

Grunert U (1979) Die negative therapeutische Reaktion als Ausdruck einer Störung im Loslösungs- und Individuationsprozeß, Psyche. 33, 1-28.

Janzen, R., (1969), Epileptische Anfälle - Migräne als Beispiele für polygenetische terminale Reaktionsformen des Nervensystems, Mat. Med. Nordmark, 21, 1-8.

Meyer, A. E., Richter, R., Grawe, K., Graf v. d. Schulenburg, J.-M. und Schulte, B., (1991), Forschungsgutachten zu Fragen eines Psychotherapeutengesetzes, Universitäts-Krankenhaus Hamburg-Eppendorf, Hamburg.

Röhr, F., Schürmann, J. und Tölle, R., (1996), Körperliche Untersuchungen bei psychisch Kranken, Dt Ärzteblatt, 93, A-1899-1903.

Ruffler, G., (1953/54), Grundsätzliches zur psychoanalytischen Behandlung körperlich Kranker, Psyche, 7, 521-560.

Ruffler G (1956/57) Über die klinische Einleitung psychoanalytischer Behandlung, Psyche 10, 257-276.

Schepank, H. und Tress, W., (1988): Die stationäre Psychotherapie und ihr Rahmen, Berlin, Heidelberg, New York, Springer.

Schors, R., (1989): Unbewußte Phantasien bei chronischem Schmerzsyndrom, Werthmann, H.-V.: Unbewußte Phantasien. Neue Aspekte in der psychoanalytischen Theorie und Praxis, München, Pfeiffer, 271-282.

Schors, R., (1993a), Diagnostik aus der Sicht des Psychotherapeuten. In: Egle, U. T. und Hoffmann, S. O. (Hrsg.), Der Schmerzkranke. Grundlagen, Pathogenese, Klinik und Therapie chronischer Schmerzsyndrome aus bio-psycho-sozialer Sicht, Schattauer, Stuttgart, 251-265.

Schors, R., (1993b), Psychoanalytische Einzeltherapie bei Schmerz. In: Egle, U. T. und Hoffmann, S. O. (Hrsg.), Der Schmerzkranke. Grundlagen, Pathogenese, Klinik und Therapie chronischer Schmerzsyndrome aus bio-psycho-sozialer Sicht, Schattauer, Stuttgart, 369-379.

Thomä, H. und Kächele, H., (1985), Lehrbuch der psychoanalytischen Therapie, Grundlagen, Springer, Berlin.

Thomä, H. und Kächele, H., (1988), Lehrbuch der psychoanalytischen Therapie, Praxis, Springer, Berlin.

Tress, W., (1992): Psychosomatische Medizin und Psychotherapie in Deutschland, Rüger, U.: Beiheft zur „Zeitschrift für Psychosomatische Medizin und Psychoanalyse",Göttingen, Vandenhoek & Ruprecht, 14.

von Rad, M., Schors, R. und Finke, G., (1992), Psychosomatische Medizin und stationäre Psychotherapie in einem Allgemeinkrankenhaus - Ansprüche und Wirklichkeit. In: Tress, W. (Hrsg.), Psychosomatische Medizin und Psychotherapie in Deutschland., Vandenhoeck & Ruprecht, Göttingen, 167-177.

19. Kognitiv-verhaltenstherapeutische Ansätze zur Behandlung der Somatisierungssyndrome

Elisabeth Reisenzein und Winfried Rief

Schwierige Patienten, langwierige Diagnostik, unnötige Untersuchungen, hohe Kosten, häufige Arztwechsel, viel Ärger bei Ärzten und Patienten - so werden somatoforme Patienten in der Literatur häufig beschrieben. Und in der Tat verursachen Patienten mit ungeklärten Beschwerden mehr Kosten im Gesundheitswesen als viele andere Patienten, was unter dem Gesichtspunkt der Kostenersparnisse einen Druck zur Entwicklung effektiver Behandlungsprogramme erzeugt. Aus noch wichtigerem Grund als wegen der Kostenfrage erfordert das erhebliche Leid dieser großen Patientengruppe eine Abhilfe, wobei die Zusammenarbeit von Ärzten verschiedener Disziplinen, Psychologen, Psychotherapeuten und weiteren Mitarbeitern der Gesundheitsversorgung dringend notwendig ist.
Eine schwierige Arzt-Patienten-Interaktion entsteht mit somatoformen Patienten, da die Ärzte den Patienten meist nicht die erhoffte Erklärung und erfolgreiche Behandlung ihrer Symptomatik anbieten können. Da die Patienten jedoch die Beschwerden weiterhin als quälend und beeinträchtigend in ihrer Lebensführung erleben, reagieren sie verunsichert und frustriert; häufige Arztbesuche und Arztwechsel führen meist nicht zur Lösung, sondern tragen oft im Gegenteil zu einer Vergrößerung der Unsicherheit bei, da die Patienten mit unterschiedlicher oder nicht ausreichender Information konfrontiert werden. Die Ärzte stehen vor der schwierigen Aufgabe, in der kurzen Behandlungszeit, die ihnen in der Regel zur Verfügung steht, zu entscheiden, ob die Symptome des Patienten eher medizinisch oder psychisch bedingt sind, ob weitere Diagnostik erforderlich ist und/oder welche Behandlungsschritte eingeleitet werden sollen. Führen all diese Versuche nicht zu einer Erklärung und zu einer Remission der Symptome, so kommt es zu Unzufriedenheit und Schuldzuweisungen, ein negativer Kreislauf, der oft schwer zu unterbrechen ist.
Gerade die kognitiv-verhaltenstherapeutischen Ansätze der letzten Jahre haben sich darum bemüht, diese typischen Probleme in der psychotherapeutischen Behandlung von Personen mit somatoformen Störungen zu lösen. In verschiedenen Therapiestudien konnte gezeigt werden, dass im Gegensatz zu früheren Annahmen eine Behandlung von Personen mit Somatisierungssyndrom durchaus positiv verlaufen kann, wenn bestimmte Regeln eingehalten werden. Diese Regeln zur anfänglichen Motivationsphase, das symptom-orientierte Vorgehen sowie allgemeine psychotherapeutische Grundsätze werden in dem nachfolgenden Kapitel dargestellt.

Beschreibung der Somatisierungsstörung

Das besondere der kognitiv-verhaltenstherapeutischen Ansätze ist neben den Themen, die sie mit anderen Therapierichtungen teilen, eine stärkere Berücksichtigung syndromaler und klassifikatorischer Ansätze. Deshalb soll einleitend nochmals ein kleiner Überblick zur diagnostischen Erfassung gegeben werden.

Nach dem DSM-IV gehört die Somatisierungsstörung zu der Gruppe der Somatoformen Störungen. Diese umfassen sieben verwandte Störungsbilder: die *Somatisierungsstörung*, die *Konversionsstörung*, die *Schmerzstörung*, die *Hypochondrie*, die *Körperdysmorphe Störung* und zwei Restkategorien für Patienten, die nicht die vollen Kriterien einer der genannten Störungen erfüllen, nämlich die *Undifferenzierte Somatoforme Störung* und die *Nicht Näher bezeichnete Somatoforme Störung*.

Unter der Somatisierungsstörung versteht man ein Störungsbild mit vielen körperlichen Beschwerden, die vor dem 30. Lebensjahr begannen, über mehrere Jahre auftraten und zur Aufnahme einer Behandlung führten oder zu deutlichen Beeinträchtigungen in sozialen, beruflichen oder anderen wichtigen Funktionsbereichen. Um die Diagnose einer Somatisierungsstörung zu erhalten, wird im DSM-IV eine Gesamtzahl von acht Symptomen verlangt, die aus mindestens vier Schmerzsymptomen, mindestens zwei gastrointestinalen Symptomen, mindestens einem sexuellen und mindestens einem pseudoneurologischen Symptom bestehen. Keines der Symptome kann vollständig durch einen bekannten medizinischen Krankheitsfaktor oder durch die direkte Einwirkung einer Substanz erklärt werden oder die körperlichen Beschwerden oder daraus folgenden Beeinträchtigungen gehen über das hinaus, was aufgrund der Anamnese oder körperlichen Untersuchung oder Laborbefunde zu erwarten wäre. Desweiteren sollen die Symptome nicht absichtlich erzeugt oder vorgetäuscht werden.

Das ICD-10 verwendet eine andere Nosologie als das DSM-IV. An der Klassifikation der Somatoformen Störungen durch die beiden genannten Diagnosesysteme wurde viel Kritik geübt und verschiedene Verbesserungsvorschläge wurden erarbeitet (Rief u. Hiller 1998b). So sind z. B. die Kriterien für die Somatisierungsstörung so restriktiv, dass nur ein kleiner Anteil von Patienten mit multiplen körperlichen Beschwerden erfasst wird. Die meisten Patienten fallen unter die unspezifische Kategorie Undifferenzierte Somatoforme Störung (nach DSM-IV). Von Escobar u. Mitarb. (1987) wurde eine verkürzte Form der Somatisierungsstörung mit nur vier Symptomen für Männer und sechs Symptomen für Frauen vorgeschlagen. Jedoch sind diese Kriterien empirisch nicht gut belegt. Dasselbe gilt für den Vorschlag einer multisomatoformen Störung von Kroenke u. Mitarb. (1997). Rief u. Mitarb. (1996) wählten einen empirisch gewonnenen Zugang, der sieben oder acht Symptome (aus einer im DSM-III-R vorgeschlagenen Liste von 35 Symptomen) enthält und von den Autoren als *Somatisierungssyndrom* bezeichnet wird. Diese weniger strenge Kategorie hat den Vorteil, dass sie alle Patienten einschließt, die sowohl nach DSM-IV als auch ICD 10 bisher mit einer Somatisierungsstörung diagnostiziert wurden. Wir werden im Folgenden auch den Begriff Somatisierungssyndrom verwenden, was bedeutet, dass die Behandlungsansätze auch auf Patienten zugeschnitten sind, die nicht die notwendigen Kritierien für die Diagnose einer Somatisierungsstörung erfüllen.

Obwohl die Diagnosesysteme DSM-IV und ICD-10 für die Somatoformen Störungen sehr wichtige Klassifikationshilfen darstellen, ist es für die zukünftige Forschung unverzichtbar, eine verbesserte Version der Klassifikationssysteme zu erarbeiten. Dadurch können die Patienten noch genauer als bisher erfasst und einer entsprechenden Behandlung zugeführt werden.

Das Störungsmodell

In Zusammenhang mit der Entstehung somatoformer Störungen wird die Rolle von Persönlichkeitsfaktoren, Traumaerlebnissen, Komorbidität usw. diskutiert. Verschiedene Störungsmodelle wurden bereits in den Eingangskapiteln dieses Buches beschrieben. Im folgenden wird ein kognitiv-verhaltenstherapeutischer Ansatz vorgestellt, der für Patienten und Therapeuten wesentlich zum Verständnis der biologischen, psychischen und sozialen Prozesse und Wirkfaktoren sowie der unterschiedlichen Behandlungsschritte beitragen soll.

Teilkomponenten eines kognitiv-verhaltenstherapeutischen Störungsmodells

Die Vermittlung eines plausiblen Störungsmodells der Erkrankung wird als ein wesentlicher Bestandteil der Therapie gesehen. Bei dem im folgenden ausführlich beschriebenen kognitiv-verhaltenstherapeutischen Modell handelt es sich um einen multimodalen Ansatz, bei dem physiologische, kognitive, verhaltensmäßige und emotionale Faktoren eine Rolle spielen, die miteinander in Verbindung stehen und zur Entstehung wie auch Aufrechterhaltung der Störung beitragen.

Physiologische Komponente. Häufig zeigt sich bei Patienten mit somatoformen Störungen eine erhöhte physiologische Aktivierung mit einer erhöhten Herzrate, veränderten Cortisolspiegel und einer erhöhter Schweißdrüsentätigkeit (Rief u. Mitarb. 1998). Bei vielen Patienten kommt es zur Veränderung der Atemfrequenz und Atemtiefe (z. B. vermehrte Brustatmung und geringere Zwerchfellatmung bei Patienten mit chronischen Unterbauchbeschwerden). Deutliche muskuläre Verspannungen, v. a. in den Beschwerderegionen werden ebenfalls häufig festgestellt.

Kognitive Komponente. Es wird angenommen, dass kognitiven Prozessen (z.B. der Bewertung von körperlichen Symptomen als Zeichen einer Erkrankung) eine wichtige Rolle bei der Entwicklung und Aufrechterhaltung somatoformer Störungen zukommt. Man geht davon aus, dass manche körperliche Missempfindungen täglich auftreten (z.B. Druckstellen auf der Haut beim Sitzen, Schwindelgefühle beim Aufstehen, Herzrasen nach Kaffeekonsum oder Treppensteigen), und in den meisten Fällen gar nicht wahrgenommen werden. Werden sie dennoch bemerkt, so werden sie von den meisten Menschen als unbedeutend eingeschätzt und in der Folge ignoriert. Nur in seltenen Fällen kommt es dazu, dass körperliche Missempfindungen als so bedeutend oder beeinträchtigend bewertet werden, dass daraus ein Handlungsbedarf entsteht (z.B. Aufsuchen eines Arztes, Einnahme eines Medikamentes, Einhalten einer Diät usw.).

Patienten mit Somatisierungssyndrom neigen dazu, körperliche Missempfindungen bewusster wahrzunehmen, ihnen verstärkt Aufmerksamkeit zu schenken und sie als bedrohlicher wahr zu nehmen, als sie es tatsächlich sind. Allein durch die Aufmerksamkeitsfokussierung auf körperliche Missempfindungen werden diese in der Regel verstärkt („somatosensorische Verstärkung“ nach Barsky u. Wyshak 1990). Diese Aufmerksamkeitsfokussierung wird häufig von grundsätzlichen Überzeugungen unterstützt, wie z. B. der Annahme, dass Gesundheit die vollkommene Abwesenheit von körperlichen Missempfindungen bedeutet. Falsche Annahmen wie diese tragen wesentlich dazu bei, dass körperliche Missempfindungen nicht einfach als eine normale alltägliche Erscheinung toleriert, sondern als beeinträchtigend, nicht akzeptierbar oder bedrohlich eingeschätzt werden.

Eine weitere wichtige Grundannahme, die bei Patienten mit Somatisierungssyndrom häufig gefunden wird, ist die Überzeugung, „körperlich schwach und empfindlich" zu sein (Rief u. Mitarb. 1998). Dieses Selbstkonzept beinhaltet die negative Sichtweise eigener körperlicher Leistungsfähigkeit und Belastbarkeit.

Verhaltenskomponente. Auf der Verhaltensebene imponieren Patienten mit Somatisierungssyndrom durch häufige Arztbesuche und Arztwechsel, Einnahme von Medikamenten, häufiges Sprechen über körperliche Symptome sowie verschiedene Formen von sog. Vermeidungsverhalten in unterschiedlichen Bereichen. Dazu gehört z. B. Schonverhalten, da der Körper als nicht belastbar angesehen wird (z. B. keinen Sport mehr betreiben, Aufzug statt Treppe benutzen, körperlich anstrengende Arbeiten von anderen ausführen lassen). Häufig zeigt sich auch eine Aufgabe von einstmals angenehmen Freizeitaktivitäten sowie die Vermeidung sozialer Kontakte („alles ist zu anstrengend").

Patienten mit hypochondrischen Zügen tendieren dazu, ihren Körper nach Krankheitszeichen abzusuchen („checking behavior") oder sich Rückversicherungen bei Ärzten oder anderen Bezugspersonen einzuholen („Bin ich auch wirklich nicht krank?"). Manche beschäftigen sich stark mit krankheitsbezogenen Informationen (z. B. Lesen von medizinischer Fachliteratur); andere vermeiden dies eher.

Emotionale Komponente. Bei Patienten mit einem Somatisierungssyndrom finden sich häufig folgende Gefühle: Niedergeschlagenheit, eine gewisse Hoffnungslosigkeit, aber auch Angst, Sorgen, Frustration, Gereiztheit, Ärger und Wut. Watson und Pennebaker (1989) gehen von einem Konzept der „negative affectivity" aus.

Zusammenfassende Darstellung eines kognitiv-verhaltenstherapeutischen Störungsmodells

Das im folgenden dargestellte Störungsmodell enthält wichtige Anregungen aus dem Modell zu somatoformen Störungen und speziell zur Hypochondrie von Warwick und Salkovskis (1989), wurde jedoch entsprechend verändert und adaptiert für Patienten mit einem Somatisierungssyndrom (Abb. 19.**1**).

Es wird davon ausgegangen, dass aufgrund einer bestimmten Auslösesituation (sog. trigger) eine körperliche Veränderung eintritt. Auslösesituationen können allgemeine Erkankungen (wie z. B. eine Virusinfektion), minimale Dysfunktionen oder belastende emotionale Situationen sein, durch die es zum Auftreten körperlicher Missempfindungen oder Symptome kommt. Nachdem diese körperlichen Veränderungen wahrgenommen werden, kommt es zu einer Fehlinterpretation dieser Veränderungen als (bedrohliche) Krankheitszeichen, als nicht tolerierbar oder subjektiv wenig beeinflussbar.

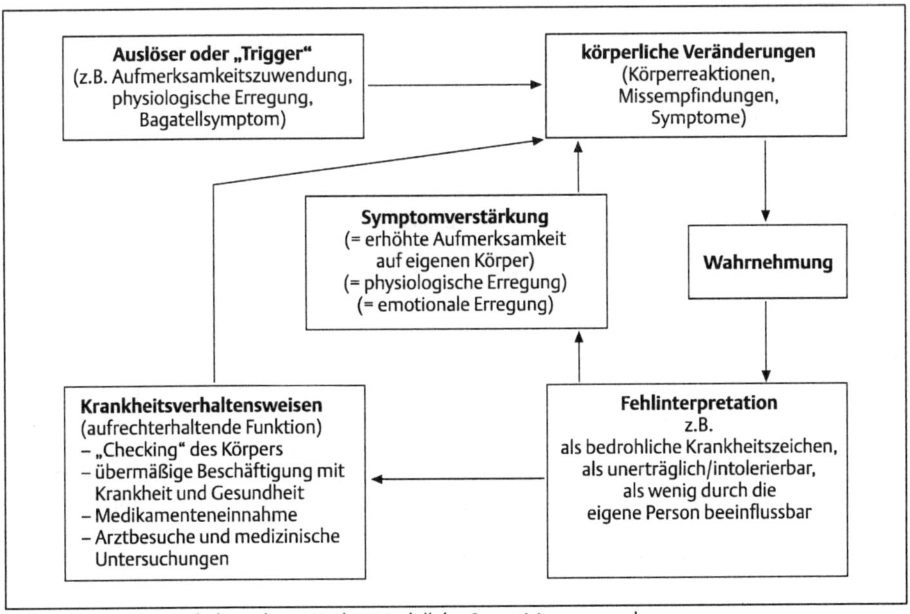

Abb. 19.1 Kognitiv-verhaltenstheoretisches Modell des Somatisierungssyndroms

Die Fehlinterpretation körperlicher Veränderungen als (bedrohliche) Krankheitszeichen, als nicht tolerierbar und subjektiv wenig beeinflussbar, führt zu einer erhöhten Aufmerksamkeitsfokussierung auf den Körper, zu einer Erhöhung des allgemeinen Anspannungsniveaus und dadurch zu einer Verstärkung der körperlichen Veränderungen (Symptome). Es ist nachgewiesen, dass durch eine verstärkte Lenkung der Aufmerksamkeit auch auf minimale und unbedeutende körperliche Veränderungen diese deutlich verstärkt werden können. Daher kommt einer selektiven Aufmerksamkeitslenkung eine wesentliche Bedeutung in diesem Modell zu (Barsky u. Wyshak 1990).

Wenn körperlichen Symptomen eine erhöhte Aufmerksamkeit geschenkt wird, dann werden diese noch belastender wahrgenommen, was zu Niedergeschlagenheit, Frustration und Gereiztheit (emotionale Erregung) führen kann. Ebenso kann es zu vermehrten Ängsten und Sorgen kommen, dass tatsächlich eine (bedrohliche) Krankheit vorliegt. Die erhöhte emotionale und physiologische Erregung führt dazu, dass auf der Verhaltensebene verschiedene Strategien von Patienten eingesetzt werden (sog. Krankheitsverhalten), um ihre Beschwerden unter Kontrolle zu bekommen sowie ihre Unsicherheit, Angst, Sorge und Frustration zu verringern. Dazu gehören häufige Arztbesuche und Arztwechsel (doctor shopping), ein sog. checking-Verhalten (das Untersuchen des Körpers nach möglichen Krankheitszeichen) oder die Einnahme von Medikamenten. Hinzu kommen verschiedene Vermeidungsstrategien, wie z. B. die Aufgabe sportlicher Aktivitäten, um den ohnehin schon kranken Körper nicht noch übermäßig zu strapazieren (Schonverhalten). Die genannten Verhaltensweisen führen meist nur kurzfristig zu einer Beschwerdenlinderung oder Reduktion von Angst und Sorge. Langfristig trägt dieses Krankheitsverhalten häufig zu einer Aufrechterhaltung und Chronifizierung der Symptomatik bei, indem

- das weitere Auftreten körperlicher Symptome begünstigt wird (z. B. Müdigkeit und Schwäche aufgrund geringer körperlicher Fitness, zusätzliche Symptome, die als Nebenwirkungen der Medikamenteneinnahme auftreten, Erröten einer Hautstelle aufgrund des häufigen Betastens)
- die Krankheitssorgen des Patienten verstärkt werden, wenn es trotz häufiger Arztbesuche und Arztwechsel nicht zu einer ausreichenden Erklärung, Behandlung und Heilung der körperlichen Symptome kommt
- iatrogene Schäden auftreten aufgrund häufiger Untersuchungen oder von sonstigen medizinischen Eingriffen.

Da es sich beim Somatisierungssyndrom um eine Vielzahl unterschiedlicher Beschwerden handeln kann, mag das dargestellte Störungsmodell nicht auf alle Patienten vollständig übertragbar sein. Unsere Erfahrungen zeigen, dass bei manchen Somatisierungspatienten hypochondrische Ängste sehr ausgeprägt sind (z. B. die Angst, dass ein körperliches Symptom eine bedrohliche Erkrankung bedeutet). Andere Patienten wiederum haben weniger Angst vor einer bedrohlichen Erkrankung, sondern zeigen ihren körperlichen Symptomen gegenüber wenig Toleranz oder erleben diese als subjektiv wenig beeinflussbar. Die vorherrschenden Gefühle sind dann oft Niedergeschlagenheit, Gereiztheit, Frustration oder Hilflosigkeit. Es ist wichtig, für die Behandlung des Patienten ein individuelles, auf ihn zugeschnittenes Störungsmodell zu entwickeln.

Psychologische Variablen, spezifische Persönlichkeitszüge und externale Faktoren können in jeder Phase der Entwicklung von dysfunktionalen Kognitionen und chronichen Krankheitsverhalten einen entscheidenden Einfluss nehmen. Es ist hilfreich, zwischen sog. *a) prädisponierenden, b) auslösenden* und *c) aufrechterhaltenden* Faktoren der Störung zu unterscheiden. Beispiele hierfür sind:

- *Prädisponierende Faktoren:* Genetische Faktoren, Persönlichkeitseigenschaften, aufgrund der individuellen Lerngeschichte entstandene Krankheitsüberzeugungen, Wissen und Erfahrungen in Umgang mit Erkrankungen, langandauernde belastende Lebensereignisse
- *Auslösende Faktoren:* Kleinere körperliche Dysfunktionen, Muskelverspannungen, Schlafmangel, Folgen von Diät oder Alkoholeinnahme, Hyperventilation, hormonelle Faktoren, psychologische Faktoren wie kritische Lebensereignisse, Stressfaktoren, wie z. B. Überforderung am Arbeitsplatz oder belastende soziale Beziehungen, mangelnde Bewältigungsstrategien, sonstige emotionale Krisen und Exazerbationen anderer psychischer Erkrankungen.
- *Aufrechterhaltende Faktoren:* Vermeidungs- und Schonverhalten, Krankheitsüberzeugungen, dauerhaft ungelöste Konflikte, zusätzliche psychische Störungen, Reaktionen von Familie und Freunden auf die Somatoforme Störung, negative Erfahrungen mit dem Gesundheitssystem.

Behandlung somatoformer Störungen

Therapeutische Grundvoraussetzungen

Die therapeutische Beziehung. Auch und gerade bei der Behandlung des Patienten mit somatoformen Störungen kommt der therapeutischen Beziehung eine überaus wichtige Rolle zu. Dies liegt daran, dass diese Patienten meist bereits eine Reihe von erfolglosen Arztbesuchen hinter sich haben (die häufig durch Unzufriedenheit auf beiden Seiten gekennzeichnet sind). Der Patient hat körperliche Beschwerden, die durch den Arzt nicht ausreichend erklärt und durch eine symptomatische Behandlung nicht behoben werden konnten. Häufige Arztwechsel haben zur Verunsicherung und zur Erhöhung von Ärger, aber auch Hilflosigkeit beigetragen. Der Patient hat unter Umständen ein gewisses Misstrauen Ärzten gegenüber entwickelt, von Psychiatern oder nichtärztlichen Therapeuten verspricht er sich jedoch ebenso keine Hilfe, da seine Beschwerden ja körperlich sind.

In dieser schwierigen Situation ist es besonders wichtig, den Patienten dort abzuholen, wo er ist, d.h. besonders viel Verständnis für ihn aufzubringen, indem man ihm zuerst zuhört und genügend Raum gibt, seine körperlichen Beschwerden, bisherigen Misserfolgserlebnisse, seine Enttäuschungen usw. darzustellen. Häufig äußern somatoforme Patienten den Wunsch, dass der Arzt ihnen mehr zuhört (Lipsitt 1996). Eine sorgfältige Diagnostik trägt dazu bei, dass der Patient sich in seiner Symptomatik ernstgenommen fühlt.

Wichtig ist es, dass der Patient in der Behandlung bleibt und es zu einer Unterbrechung der häufigen Arztwechsel kommt, um einem chronischen Krankheitsverlauf vorzubeugen. Befindet sich der Patient bei verschiedenen Behandlern (z. B. Allgemeinarzt und Psychiater oder Psychologe), so ist es wichtig, dass eine gute Zusammenarbeit zwischen den Kollegen besteht.

Die therapeutische Beziehung zum Allgemeinarzt. Auch für den Allgemeinarzt ist es wichtig, auf eine tragfähige Beziehung zum Patienten zu achten. Der Allgemeinarzt ist in der Regel die erste Anlaufstelle für einen Patienten mit somatoformen Störungen und ihm kommt damit eine ganz entscheidende Rolle für den weiteren Behandlungsweg zu. Im günstigsten Fall schafft es der Arzt, die notwendigen Untersuchungen durchzuführen, gleichzeitig falsche Diagnosen, unnötige Untersuchungen und Krankenhausüberweisungen zu vermeiden.

Um eine tragfähige Beziehung herzustellen, sollte der Arzt eine umfassende Diagnostik der körperlichen Symptome, deren zeitlichen Verlauf und begleitende Lebensumstände erfragen. Er sollte empathisch zuhören, die Symptome des Patienten als tatsächlich gegeben betrachten und zusätzliche psychiatrische Störungen erfragen. Wichtig ist es auch, den Patienten langfristig zu begleiten und ihn in regelmäßigen Abständen zu sehen (nicht abhängig von der Stärke der Beschwerden). Verschiedene Leitlinien wurden entwickelt, die dem Allgemeinarzt den Umgang mit somatoformen Patienten erleichtern sollen (Cuntz 1998, Lipsitt 1996, Smith u. Mitarb. 1995).

Für einige Patienten mit somatoformen Störungen wird die Behandlung durch den Allgemeinarzt ausreichen. Patienten, die einer speziellen Therapie bedürfen, sollten vom Allgemeinarzt an eine entsprechende Stelle überwiesen werden (z. B. Psychiater, Psychologischen Psychotherapeuten, Fachkliniken). In diesem Zusammenhang ist es wichtig, dass der Allgemeinarzt Motivation für eine spezifische Behandlung herstellt und Information darüber gibt, inwiefern eine psychotherapeutische Behandlung zur Verbesserung der Symptomatik beitragen kann.

Die therapeutische Beziehung zum Psychiater oder Psychotherapeuten. Kommt es zu einer Überweisung zum Psychiater oder Psychotherapeuten, so kann Widerstand von seiten des Patienten auftreten, weil er nicht versteht, warum seine körperlichen Beschwerden mit psychotherapeutischen Mitteln behandelt werden sollten. Es ist wichtig, dass diese Schwierigkeiten vom Behandler offen angesprochen werden und dass der Psychiater oder Psychotherapeut erklärt, wie er zur Lösung des Problems beitragen kann. Bei Patienten, die einer psychotherapeutischen Behandlung sehr skeptisch gegenüber stehen, kann es hilfreich sein, eine bestimmte Zeitspanne (einige Therapiesitzungen) zu vereinbaren, in der sie überprüfen können, ob ein psychotherapeutisches Vorgehen in ihrem Fall hilfreich sein könnte. Ansonsten gelten für Psychotherapeuten diesselben Regeln, die oben für den Allgemeinarzt erwähnt wurden.

Die verhaltenstherapeutische Behandlung sieht ein *kollaboratives Modell* zwischen Therapeut und Patient vor. Dies bedeutet, dass beide gemeinsam auf der Suche nach prädisponierenden, auslösenden und aufrechterhaltenden Bedingungen für die somatoforme Störung beteiligt sind und gemeinsam Lösungsmöglichkeiten erarbeiten.

Diagnostikphase

Zu Beginn der Behandlung sollte, wie bereits erwähnt, eine sorgfältige und ausführliche Diagnostik stattfinden. Diese sollte mehrere Bereiche beinhalten.

Erfassung der Symptomatik. Dazu gehört eine detaillierte Erfassung der körperlichen Symptomatik, inklusive Entwicklung, Verlauf, Qualität und Intensität, bisherige Behandlungsversuche, eine medizinische Untersuchung (falls dies als notwendig erachtet wird), eine Differentialdiagnose (um welche somatoforme Störung handelt es sich?), Erfassung möglicher komorbider Störungen (z. B. Angststörung, Depression), Erfassung des Leidens und der Beeinträchtigung in verschiedenen Funktionsbereichen, Erfassung des sog. Krankheitsverhaltens (z. B. Häufigkeit von Arztbesuchen, Einnahme von Medikamenten). Eine genaue Beschreibung der Symptomatik sollte auch auf der Mikroebene stattfinden. Hierbei werden anhand einer typischen Situation, in der Beschwerden auftreten, die entsprechenden emotionalen, kognitiven und verhaltensbezogenen Reaktionen herausgearbeitet. Zusätzlich ist es wichtig, nach kurz- und langfristigen Konsequenzen verschiedener Verhaltensweisen zu fragen, die möglicherweise zur Aufrechterhaltung der Störung beitragen.

Erfassung sonstiger Problembereiche. Erfassung sonstiger Problembereiche und deren zeitlicher Zusammenhang zu den Beschwerden (z. B. soziale Situation, Schwierigkeiten am Arbeitsplatz oder in sozialen Beziehungen).

Analyse der Entstehung der Symptomatik. Wie ist der Patient aufgewachsen? Welches Krankheitsverhalten hat er möglicherweise gelernt? Welche Erfahrungen hat er mit eigenen Krankheiten und Krankheiten anderer gemacht? Gab es traumatische Erfahrungen, kritische Lebensereignisse?

Erfassung des Health-Belief-Modells und bisheriger Umgang mit der Symptomatik. Was hat der Patient für subjektive Krankheitstheorien hinsichtlich seiner Störung? Sieht er psychologische Aspekte als bedeutsam im Zusammenhang mit der Störung an? Welche Selbsthilfemöglichkeiten hat er bisher erfolgreich/weniger erfolgreich angewandt? Welche Ressourcen hat der Patient?

Erfassung der Reaktionen von Seiten des sozialen Umfeldes. Wie reagieren Freunde, Bekannte, Verwandte, Nachbarn auf die Erkrankung des Patienten?

Durch die Diagnostikphase sollte der Therapeut ein umfassendes Bild vom Patienten bekommen und die Möglichkeit haben, erste Annahmen zu möglichen prädisponierenden, auslösenden sowie aufrechterhaltenden Bedingungen der Symptomatik zu entwickeln.

Als *Hilfsmittel* bei der diagnostischen Abklärung können strukturierte Interviews, Checklisten und Fragebögen eingesetzt werden. Zur Diagnosestellung sind Interviewverfahren (z. B. SKID, DIPS) oder Checklisten (IDCL, Hiller u. Mitarb. 1995) empfehlenswert. Um einen Überblick über die körperlichen Symptome zu gewinnen, eignet sich das Screening für Somatoforme Störungen (SOMS, Rief u. Mitarb. 1997). Der Whiteley-Index (WI) und die Illness Attitude Scales (IAS) erfassen hauptsächlich hypochondrische Ängste und Befürchtungen (Rief u. Mitarb. 1994). Ein wichtiges Instrument zur Identifikation von störungsrelevanten Kognitionen stellt der Fragebogen zu Körper und Gesundheit (FKG, Hiller u. Mitarb. 1997) dar. Als diagnostisches Hilfsmittel haben sich auch sog. Symptomtagebücher bewährt.

Einführung eines Symptomtagebuches

Nach Abschluss der Diagnostikphase sollte der Therapeut genügend Information haben um den Patienten ein plausibles Entstehungs- und Erklärungsmodell anbieten zu können. In diesem Zusammenhang erwies sich das sog. Symptomtagebuch als hilfreich, das neben den körperlichen Beschwerden des Patienten auch Information zur jeweiligen Situation enthält, in der die Beschwerden auftreten. Zusätzlich sollten die Gedanken, die Gefühle und Verhaltensweisen erfasst werden, die die körperliche Symptomatik begleiten. Hilfreich ist es zusätzlich die Reaktionen von wichtigen Bezugspersonen zu erheben, da diese wesentlich zur Aufrechterhaltung der Symptomatik beitragen können (Beispiel eines Symptomtagebuches in Rief u. Mitarb. 1997).

Die Information aus dem Tagebuch enthält wichtige Hinweise für die Therapie und dient dem Patienten, selbst Zusammenhänge zwischen dem Auftreten von Beschwerden und psychosozialen Belastungssituationen zu erkennen. Der Patient kann seine Fähigkeit zur Selbstbeoabachtung schulen und feststellen, dass seine Beschwerden nicht immer gleich stark, sondern bestimmten Fluktuationen unterworfen sind. Durch die Analyse des Tagebuches kann er erkennen, dass bestimmte Denk- und Verhaltensweisen zur Verbesserung oder Verschlechterung der Symptomatik beitragen können. Gleichzeitig beteiligt sich der Patient bereits aktiv an der Therapie (kollaboratives Modell) und übernimmt Eigenverantwortung durch seine Mitarbeit. Die Informationen aus dem Symtomtagebuch sind hilfreich für die Erstellung des individuellen Störungsmodells und enthalten häufig wichtige Ansatzpunkte zur Planung erster Veränderungsschritte.

Erarbeitung eines plausiblen Störungsmodells

Der Patient wünscht sich eine Erklärung für seine körperlichen Beschwerden. Normalerweise sucht er eine Erklärung, die auf eine körperliche Erkrankung hindeutet. Die Aufgabe des Therapeuten ist es, mit ihm gemeinsam alternative Erklärungsmöglichkeiten zu suchen. Viele Patienten sind skeptisch und daher ist es wichtig, sie für die Aufnahme neuer Informationen zu motivieren. Hierbei soll behutsam vorgegangen werden (ein häufiger Fehler ist, den Patienten zu früh mit psychologischen Erklärungsmöglichkeiten zu konfrontieren) und als Ausgangspunkt die subjektiven Krankheitstheorien des Patienten zu erfragen. Dann sollten nach einer Phase der Informationsvermittlung zusätzliche Erklärungsmöglichkeiten eingeführt werden, ausgehend von dem dargestellten kognitiv-verhaltenstherapeutischen Störungsmodell. Auf der Basis des theoretischen Modells wird gemeinsam mit dem Patienten ein für ihn verständliches individuelles Störungsmodell erarbeitet. Hierfür hat es sich als hilfreich erwiesen, auf die Information aus dem Symptomtagebuch zurückzugreifen.

Ein Störungsmodell sollte prädisponierende, auslösende und aufrechterhaltende Bedingungen mitbeinhalten. Die Akzeptanz eines Störungsmodells trägt entscheidend zur Therapiemotivation und zum Therapieerfolg bei. Wichtig ist, dass das Störungsmodell auf den Patienten zugeschnitten ist, dass er es versteht und daraus logisch die einzelnen Behandlungsschritte nachvollziehen kann.

Spezifische Behandlungselemente

Klärung von Therapiezielen. Die Zielvorstellungen der Patienten sind zu Beginn der Therapie häufig vage und global. Beispiele dafür sind „die Beschwerden sollen weggehen“ oder „ich möchte mehr Lebenszufriedenheit haben" usw. Daher sollte vor der Anwendung spezieller Interventionen eine Analyse, Klärung und Vereinbarung gemeinsamer Therapieziele erfolgen.

Der Patient sollte dabei unterstützt werden, globale und unklare Therapieziele in möglichst konkrete, erreichbare und operationalisierbare Ziele zu verändern. Es ist hilfreich, größere Therapieziele in kleine Schritte zu zerlegen und den Patienten darauf vorzubereiten, dass die Veränderungen graduell passieren. Dadurch kann bei Patienten, die überzogene Erwartungen haben, möglichen Enttäuschungen vorgebeugt werden, so dass sie auch kleinere Fortschritte für sich als positiv bewerten können.

Die Therapieziele können in *symptombezogene* und *symptomübergreifende* Ziele unterteilt werden.

Beispiele für symptombezogene Therapieziele sind:

- Erkennen von Zusammenhängen zwischen möglichen Auslösefaktoren und körperlichen Beschwerden
- Veränderung der Fehlinterpretation von körperlichen Missempfindungen als (bedrohliche) Krankheitszeichen durch das Finden alternativer Erklärungsmöglichkeiten
- Erreichen einer erhöhten Toleranz gegenüber alltäglichen körperlichen Missempfindungen
- Erreichen größerer Einflussmöglichkeiten auf körperliche Beschwerden und Förderung von bereits vorhandenen erfolgreichen Bewältigungsstrategien
- Abbau von Krankheitsverhalten (z. B. Schonverhalten - und Vermeidungsverhalten, Kontrollverhalten, unnötige Arztbesuche und Medikamenteneinnahme)
- Aufbau körperlicher Fitness
- Verbesserung der Entspannungsfähigkeit
- Förderung der Wahrnehmung positiver Körperempfindungen

Beispiele für symptomübergreifende Therapieziele sind:

- Aufbau von positiven Aktivitäten
- Förderung sozialer Kontakte
- Stärkung sozialer Kompetenzen (z. B. Ausdruck und Durchsetzung eigener Wünsche und Bedürfnisse, Stärkung der Konfliktbewältigungsstrategien, Förderung der Kommunikationsfähigkeit, Stärkung des emotionalen Ausdrucks)
- Stärkung des Selbstwertgefühls
- Abbau von Stress und Belastungssituationen (z. B. Veränderungen im Lebensstil, berufliche Veränderungen)
- Emotionale Ausgeglichenheit, Abbau von Negative Affectivity
- Stärkung der allgemeinen Genussfähigkeit

Zu Beginn der Therapie werden Ziele in Unterziele bzw. Teilziele zerlegt. Es empfiehlt sich, die Ziele und Teilziele schriftlich festzuhalten, damit Therapeut und Patient genauer erkennen können, welche Fortschritte schon erzielt worden sind. Dies fördert die Therapiemotivation des Patienten und stellt gleichzeitig für den Therapeuten eine Evaluation des bisherigen Vorgehens dar. Wichtig ist, dass sich Therapeut und Patient auf gemeinsame Ziele und ein gemeinsames Vorgehen einigen. Die Klärung und Analyse von Therapiezielen ist als ein dynamisches Vorgehen zu verstehen, bei dem im Therapieverlauf ursprüngliche Ziele modifiziert und neue Ziele mit aufgenommen werden können.

Spezielle Interventionsstrategien. Nachdem mit dem Patienten verschiedene Therapieziele vereinbart worden sind, kann mit der Behandlung begonnen werden. Diese orientiert sich im Wesentlichen an dem individuellen Störungsmodell des Patienten. Das Störungsmodell enthält, wie bereits erwähnt, verschiedene prädisponierende, auslösende und aufrechterhaltende Faktoren der Symptomatik. Mit Hilfe des hypothetischen Bedingungsmodells werden Faktoren erfasst, die vermutlich zur Störungsentwicklung beigetragen haben, womit der Therapeut dem Patienten eine Erklärungshilfe der Entstehung seiner Symptomatik anbieten kann. Wichtiger als Ansatzpunkt für die Behandlung sind die aufrechterhaltenden Faktoren der Symptomatik. Hierbei handelt es sich einerseits vorwiegend um bestimmte *kognitive Faktoren* (z. B. Fehlinterpretation körperlicher Missempfindungen als Krankheitszeichen, als bedrohlich, als subjektiv wenig beeinflussbar, Aufmerksamkeitsfokussierung auf körperliche Beschwerden, dysfunktionale Grundannahmen) und andererseits um bestimmte *dysfunktionale Verhaltensweisen* (z. B. chronisches Krankheitsverhalten, Schonverhalten, unnötige Arztbesuche und Medikamenteneinnahmen, Kontrollverhaltensweisen, Aufgabe positiver Aktivitäten, sozialer Kontakte usw.). Zusätzlich trägt das Verhalten wichtiger Bezugspersonen oft wesentlich zur Aufrechterhaltung und Verstärkung der Symptomatik bei. Da nachfolgend einzelne Interventionsstrategien nur kurz charakterisiert werden können, sei auf die ausführlichere Darstellung eines Interventionsleitfadens von Rief und Hiller (1998a) verwiesen.

Die Veränderung dysfunktionaler Kognitionen und Verhaltensweisen umfasst im Überblick folgende Bereiche:

- Veränderung der Fehlinterpretation von körperlichen Symptomen als (bedrohliche) Krankheitszeichen, als nicht tolerierbar, als subjektiv wenig beeinflussbar
- Veränderung der Aufmerksamkeitsfokussierung
- Veränderung dysfunktionaler Grundannahmen
- Abbau von chronischen Krankheitsverhalten (z. B. Schonverhalten; Kontrollverhalten, unnötige Arztbesuche und Medikamenteneinnahmen)
- Aufbau gesunder Verhaltensweisen (z. B. Aufbau körperlicher Fitness, ausreichend Schlaf, gesundes Essverhalten usw.)
- Veränderung der Unterstützung des chronischen Krankheitsverhaltens durch das soziale Umfeld

Veränderung der Fehlinterpretation von körperlichen Symptomen als (bedrohliche) Krankheitszeichen. Die Fehlinterpretation körperlicher Veränderungen als (bedrohliche) Krankheitszeichen (als nicht tolerierbar, subjektiv wenig beeinflussbar) stellt das Kernstück des Störungsmodells dar. Es muss sich hierbei nicht wie bei der Hypochondrie um eine gefährliche Erkrankung handeln, sondern es geht darum, dass der Patient bei der Wahrnehmung eines Symptoms vorwiegend an eine organische Erkrankung denkt (medizinisches Krankheitsmodell). Das Ziel der Therapie ist daher, den Patienten dabei zu unterstützen, verschiedene alternative Erklärungsmöglichkeiten für das Auftreten von körperlichen Symptomen zu finden. Wichtig ist, dass das medizinische Krankheitsmodell des Patienten nicht vollständig ersetzt wird (es ist ja nicht auszuschließen, dass medizinische Krankheitsfaktoren mit eine Rolle spielen können), sondern dass es durch psychophysiologische Erklärungsmöglichkeiten ergänzt werden soll.

Weitere Ziele bestehen darin, dem Patienten zu vermitteln, dass körperliche Beschwerden *beeinflussbar* und bestimmte alltägliche Missempfindungen *tolerierbar* sind.

Um die genannten Ziele zu erreichen können verschiedene Techniken eingesetzt werden. Bestehen beim Patienten Informationsdefizite über psychophysiologische Zusammenhänge, so können ihm diese durch Erklärungen vermittelt werden (verbale Mitteilungen, Broschüren, graphische Illustrationen). Als eine besonders effektive Strategie haben sich sog. *Verhaltensexperimente* erwiesen, bei denen der Patient am eigenen Körper erlebt, wie z. B. durch eine veränderte Atmung (Hyperventilationstest) körperliche Symptome, wie Schwindel, Benommenheit, Sehstörungen usw. ausgelöst werden können. Ebenso können durch körperliche Belastungen (z. B. Kniebeugen; Treppen steigen) Symptome wie Herzrasen, Atemnot oder Schmerzen in der Brust erzeugt werden.

Beeinflussbarkeit/Tolerierbarkeit körperlicher Beschwerden. Wenn es durch Hyperventilation zum Auftreten von verschiedenen körperlichen Symptomen kommt, so kann eine Veränderung des Atemmusters dazu beitragen, dass diese Symptome wieder weggehen. Der Patient lernt, dass er durch eine veränderte Atemtechnik (z. B. vermehrte Zwerchfellatmung statt Brustatmung) seine körperliche Symptomatik beeinflussen kann.

Ähnlich verhält es sich mit der körperlichen Belastbarkeit. Patienten mit Somatisierungssyndrom weisen durch die Vermeidung körperlicher Anstrengungen häufig einen schlechten Konditionszustand auf. In der Folge treten bereits bei geringer körperlicher Anstrengung (z. B. Treppen steigen) verstärkt körperliche Symptome auf, die dann fälschlicherweise als Krankheitszeichen bewertet werden. In der Behandlung geht es darum, dem Patienten diesen Zusammenhang deutlich zu machen und mit ihm durch den Aufbau körperlicher Fitness Einflussmöglichkeiten auf die körperliche Symptomatik zu erlangen.

Die Verhaltensexperimente sollen zusätzlich dazu dienen, dass der Patient eine gewisse Gewöhnung an körperliche Symptome erfährt und dass er diese in der Folge besser tolerieren kann. Ergänzend dazu kann mit dem Patienten anhand alltäglicher Beispiele (z. B. Schwindel durch schnellen Lagerungswechsel) heraus gearbeitet werden, dass bestimmte körperliche Missempfindungen ganz normal sind und zum Alltag eines jeden Menschen gehören.

Neben den Verhaltensexperimenten bieten die *Symptomtagebücher* wichtige Informationen um zusätzliche Erklärungsmöglichkeiten für das Auftreten körperlicher Beschwerden zu finden. Anhand der eigenen Verhaltensbeobachtung kann der Patient erkennen, dass seine Beschwerden nicht immer gleich stark sind, sondern bestimmten Fluktuationen unterliegen. Diese Fluktuationen hängen meist mit bestimmten angenehmen oder unangenehmen Ereignissen zusammen, wodurch es zu einer Verbesserung, Verschlechterung oder zur vollkommenen Remission körperlicher Symptome kommen kann. Andere Einflüsse können dazu dienen, dass die Beschwerden zwar weiter bestehen, jedoch nicht mehr im Mittelpunkt der Aufmerksamkeit stehen, so dass sie besser bewältigt werden können. Die Ereignisse, die als unangenehm bewertet werden, stehen häufig mit negativen emotionalen Zuständen (z. B. Ärger mit wichtigen Bezugspersonen) und dem Auftreten von körperlichen Beschwerden in Zusammenhang. Erkennt der Patient diesen Zusammenhang, so lassen sich daraus verschiedene Einflussmöglichkeiten auf körperliche Beschwerden ableiten (z. B. durch einen veränderten Umgang mit Ärger).

Besonders effektiv hat sich der Einsatz von *Biofeedback* erwiesen, um den Patienten Zusammenhänge zwischen Stress (Belastungssituationen) und körperlichen Beschwerden visuell zu verdeutlichen. Hierbei werden physiologische Parameter, wie z. B. Herzrate, Muskelverspannung, Hautleitfähigkeit oder Blutdruck abgeleitet. Währenddessen werden verschiedene Verhaltensexperimente (z. B. veränderte Atmung, Stressinduktion durch Kopfrechenaufgaben oder durch die Erinnerung an emotionale Belastungssituationen, Entspannungsübungen) vorgenommen. Der Patient kann beobachten, wie sensibel der eigene Körper auf veränderte Atmung, Stress usw. reagiert und wie er selbst durch Entspannung zu einer Veränderung seiner physiologischen Parameter beitragen kann. Das Biofeedback verdeutlicht zum einen, wie physiologische Veränderungen zustande kommen und stellt gleichzeitig eine effektive Methode zur Verbesserung der Entspannungsfähigkeit dar. Der Patient erkennt, dass er seine Symptomatik doch beeinflussen kann und dieser nicht hilflos gegenüber steht (Nanke u. Rief 1999).

Neben dem Biofeedback haben sich zusätzliche *Entspannungstechniken* (z. B. Progressive Muskelentspannung, Autogenes Training, Atmungsübungen) als effektiv zur Beeinflussung körperlicher Beschwerden erwiesen.

Veränderung der Aufmerksamkeitsfokussierung. Durch die Fokussierung der Aufmerksamkeit können körperliche Symptome verstärkt wahrgenommen werden. Dies kann man den Patienten am besten durch Verhaltensexperimente verdeutlichen, indem sie aufgefordert werden, ihre Aufmerksamkeit z. B. auf eine Druckstelle am Körper zu fokussieren. In der Regel führt das dazu, dass die Druckstelle verstärkt wahrgenommen wird. Ähnlich kann eine Imaginationsübung (z. B. sich vorstellen, in eine Zitrone zu beißen) vermehrten Speichelfluss und Schluckbewegungen auslösen. Die Patienten lernen verschiedene Strategien kennen, ihre Aufmerksamkeit von körperlichen Missempfindungen auf externe Reize zu lenken (z. B. durch angenehme Vorstellungen, aber auch durch Verhaltensweisen, wie z. B. interessante Gespräche führen, spannenden Film anschauen) und dadurch ebenfalls Einfluss auf die Wahrnehmung ihrer körperlichen Symptomatik zu erzielen.

Neben der Aufmerksamkeitsfokussierung auf externe Stimuli kann auch eine Aufmerksamkeitsumlenkung auf positive Körperwahrnehmungen erfolgen. Zur vermehrten Wahrnehmung positiver Körperempfindungen können unterstützend sportliche und bewegungstherapeutische Maßnahmen sowie Übungen zur Stärkung der Genussfähigkeit eingesetzt werden.

Veränderung dysfunktionaler Grundannahmen. Bei Patienten mit Somatisierungsyndrom finden sich häufig dysfunktionale Grundannahmen, wie z. B. die Vorstellung, dass gesund sein die vollkommene Abwesenheit von körperlichen Symptomen bedeutet oder dass jedes Symptom ein Anzeichen einer Erkrankung ist. Häufig findet sich ein Selbstbild von körperlicher Schwäche und geringer Belastbarkeit. Diese Grundannahmen beeinflussen wesentlich das emotionale Erleben des Patienten, wie z. B. Angst, Niedergeschlagenheit oder Hilflosigkeit und führen zu bestimmten Verhaltensweisen, wie z. B. einer extrem niedrigen Beschwerdetoleranz, das unmittelbare Aufsuchen ärztlicher Hilfe, ausgeprägtes Schonverhalten, häufige Fehlzeiten bei der Arbeit, Absuchen des Körpers nach möglichen Krankheitszeichen usw.

Ziel der Behandlung ist es, die dysfunktionalen Grundannahmen zu identifizieren und zu verändern. Als Hilfsmittel zur schnelleren Erfassung möglicher Grundannahmen kann der Fragebogen zu Körper und Gesundheit (FKG) eingesetzt werden. Die Veränderung von Grundannahmen stellt eine längerfristige therapeutische Aufgabe dar. Hierbei werden verschiedene kognitive Techniken eingesetzt. Beispiele sind das Finden von Evidenz für die Grundannahme im Vergleich zu alternativen Erklärungsmöglichkeiten, die wiederholte Kalkulierung von Wahrscheinlichkeiten, die Gegenüberstellung von Vor- und Nachteilen bestimmter Grundannahmen. Besonders effektiv ist es, wenn der Patient sich darauf einlassen kann, seine Grundannahmen anhand seiner täglichen Erfahrungen aktiv auf die Probe zu stellen, z. B. in dem er gegen seine Grundannahmen handelt. So könnte ein Patient, der überzeugt ist, dass sein Kopfschmerz nicht tolerierbar ist und der üblicherweise sofort ein Medikament einnimmt, die Erfahrung machen, dass der Kopfschmerz auch ohne Medikamenteneinnahme nach einer bestimmten Zeit ganz von alleine weggeht. Ein Patient, der von sich das Selbstbild hat, schwach, kränklich und nicht belastbar zu sein, könnte sich bereit erklären über einen bestimmten Zeitraum täglich an seiner Fitness zu arbeiten und bestimmte Aufgaben trotz seiner Beschwerden zu erfüllen, die er bisher vermieden hat. Dies könnte dazu führen, dass der Patient erkennt, dass er weitaus belastbarer ist als bisher angenommen und dass sein bisheriges Vermeidungsverhalten eher sein negatives Selbstbild gestützt hat.

Abbau von chronischem Krankheitsverhalten. Um das chronische Krankheitsverhalten zu verändern, hat es sich als hilfreich erwiesen, den Patienten nach kurzfristigen und langfristigen Konsequenzen seiner bisherigen Verhaltensweisen zu fragen. Das Resultat ist häufig, dass v. a. Schon- und Vermeidungsverhalten wesentlich zur Aufrechterhaltung somatoformer Störungen beiträgt. Das Ziel ist, dass der Patient sein Schon- und Vermeidungsverhalten abbaut, indem er z. B. seinen Körper wieder belastet und sukzessive die körperliche Fitness aufbaut (dies sollte graduell geschehen, da ansonsten eine Überforderung und deutliche Symptomverschlechterung eintritt, mit einer leichten Symptomverschlechterung muss anfangs allerdings gerechnet werden). Patienten mit hypochondrischen Zügen neigen dazu, den Körper häufig nach Krankheitszeichen oder Funktionseinschränkungen abzusuchen um sich zu vergewissern, dass keine schlimme Erkrankung vorliegt. Dazu gehört auch das Einholen von Rückversicherungen („Habe ich bestimmt keine körperliche Erkrankung?"). Ziel ist es, dieses sog. „Sicherheitsverhalten" abzubauen. Es hat sich gezeigt, dass das ständige Einholen von Rückversicherungen nur kurzfristig zu einer Erleichterung führt, langfristig jedoch eher die Beunruhigung verstärkt (Salkovskis u. Mitarb. 1986).

Das Schon- oder Vermeidungsverhalten kann sich auf verschiedene Lebensbereiche ausdehnen. Oft kommt es zur Delegation von unangenehmen Aufgaben an andere Menschen, aber auch zur Aufgabe positiver Aktivitäten und zu einem Rückzug aus sozialen Beziehungen. Diese Verhaltensweisen können kurzfristig zu einer Erleichterung beitragen, langfristig verfestigen sie die irrationale Annahme, nicht mehr belastbar zu sein und führen zusätzlich zu einer Stimmungsverschlechterung durch den erfolgten Verstärkerverlust. Nicht selten kommt es in der Folge zum Auftreten von affektiven Störungen.

Häufige Arztbesuche und Arztwechsel verstärken die Aufmerksamkeit auf körperliche Beschwerden und können durch die Vermittlung unterschiedlicher Informationen die Verunsicherung des Patienten erhöhen und das chronische Krankheitsverhalten verstärken. Durch die Einnahme verschiedener Medikamente, die oft unnötig sind, kann das medizinische Krankheitsmodell („ich habe doch eine Krankheit") verstärkt werden und eigene Problemlösemöglichkeiten werden erst gar nicht angewandt. Zusätzlich kann die Medikamenteneinnahme selbst durch Nebenwirkungen wieder zu einer Beschwerdeverschlechterung beitragen.

Veränderung der Unterstützung des chronischen Krankheitsverhaltens durch das soziale Umfeld. In manchen Fällen kommt es dazu, dass der Patient aufgrund seiner körperlichen Beschwerden von verschiedenen alltäglichen Pflichten befreit wird, indem ihm z. B. schwere körperliche Arbeiten abgenommen werden, er somit Ruhephasen und

Freiräume bekommt. Diese Reaktionsweisen von Angehörigen führen kurzfristig zu einer Erleichterung beim Patienten, langfristig tragen sie zu einer Aufrechterhaltung der Störung bei. Es ist wichtig, dem Patienten diese Zusammenhänge zu verdeutlichen. Geht es darum, dass der Patient sich z. B. mehr Freiraum in der Familie wünscht, so muss gemeinsam überlegt werden, wie er durch alternative Strategien an dieses Ziel gelangen kann, damit er nicht weiterhin für das Auftreten körperlicher Beschwerden belohnt wird. Dieser Prozess muss dem Patienten verdeutlicht werden (evtl. unter Miteinbeziehung von Ehepartnern, Familienangehörigen etc.), so dass er lernt, alternative Verhaltensstrategien einzusetzen. Eine Einbeziehung von nahen Angehörigen kann für eine Informationsvermittlung hilfreich sein, v. a., wenn Krankheitsängste und -überzeugungen bei Angehörigen bestehen und die Angehörigen den Patienten immer wieder beunruhigen oder zu Arztbesuchen drängen.

Aufbau gesunder Verhaltensweisen. Bei der Veränderung des chronischen Krankheitsverhaltens ist es wichtig, nicht nur dysfunktionale Verhaltensweisen abzubauen, sondern an deren Stelle alternatives Verhalten aufzubauen. Dazu gehören sämtliche Formen gesundheitsfördernder Maßnahmen, wie ausreichenden Schlaf und Erholungsphasen, sportliche Maßnahmen, gesunde Ernährung, positive Aktivitäten, Reduktion des übermäßigen Konsums von Nikotin und Alkohol usw.

Allgemeine Maßnahmen zur psychischen Stabilisierung. Aus der Verhaltensanalyse ergeben sich häufig wichtige Faktoren, die neben den bereits genannten zur Aufrechterhaltung der Störung beitragen. Beispiele dafür sind fehlende soziale Kompetenzen, die dazu beitragen, dass alltägliche Konflikte und Belastungen nicht adäquat bewältigt werden können und daher die Auftrittswahrscheinlichkeit körperlicher Symptome erhöhen oder zu einer Verstärkung bereits vorhandener körperlicher Missempfindungen beitragen. Je nach Einzelfall ist es wichtig, konkrete Behandlungsschritte einzuleiten. Diese können z. B. die Förderung des emotionalen Ausdrucks, Erlernen von Problemlösestrategien, Stärkung von Konfliktbewältigungsmöglichkeiten, Bewusstmachen eigener Wünsche und Bedürfnisse usw. beinhalten. In manchen Fällen sind Veränderungen des Lebensstils oder entscheidende Lebensumstellungen (privat und beruflich) notwendig. Belastende Lebensereignisse, interpersonelle Konflikte oder traumatische Erfahrungen, die nicht ausreichend bewältigt sind, können weitere Ansatzpunkte für die Therapie darstellen. Zusätzliche komorbide Störungen (z. B. Angst und Depression) müssen berücksichtigt werden. Diese zusätzlichen Problembereiche stehen häufig in einem entscheidenden Zusammenhang zur körperlichen Symptomatik und daher ist es notwendig, deren Bedeutung im Einzelfall zu klären und notwendige Behandlungsschritte einzuleiten.

Fallbeispiel

Die Patientin kommt in die Medizinisch-Psychosomatische Klinik aufgrund von multiplen körperlichen Beschwerden. Sie ist 41 Jahre alt, verheiratet und hat zwei Kinder (14 Jahre und 18 Jahre).

Im Vordergrund ihrer Beschwerden stehen Magenschmerzen, Blähungen, Übelkeit, Darmprobleme und eine Unverträglichkeit verschiedener Speisen. Die Magendarm-Beschwerden sind bereits diagnostisch abgeklärt worden, wobei kein organischer Befund feststellbar war. Zusätzlich berichtet die Patientin über häufige Rückenschmerzen, desöfteren habe sie Kopfschmerzen und Schwindel.

Die Patientin gibt an, dass sie schon immer einen empfindlichen Magen gehabt habe, vor ca. drei Jahren hätten sich die Magendarmprobleme jedoch deutlich verstärkt. Gleichzeitig seien depressive Verstimmungszustände aufgetreten. Sie sei oft traurig, hoffnungslos und müsse sich zu Unternehmungen zwingen. Sie fühle sich in ihren

häuslichen und familiären Aufgaben schnell überfordert, sei körperlich erschöpft und kraftlos. Aus ihrem Freundeskreis habe sie sich zurückgezogen. Im letzten Jahr habe sie etwa zwölfmal verschiedene Ärzte und fünfmal einen Heilpraktiker aufgesucht, was jedoch nicht zu einer Verbesserung der Symptomatik geführt habe. Eine leichte Verbesserung der Stimmung habe sie durch die Einnahme von Johanniskraut erzielt.
Zur Biographie: Biographisch ist erwähnenswert, dass die Patientin als vierte von neun Geschwistern aufgewachsen ist. Sie beschreibt ihre Mutter als eine fürsorgliche Frau, die jedoch durch die Erziehung der vielen Kinder sehr gefordert gewesen sei, so dass sie wenig Zeit für die Patientin gehabt habe. Sie und ihre Geschwister hätten schon als Kinder übermäßig im Haushalt mithelfen müssen. Der Vater sei streng und bestimmend gewesen. Er habe ihre Hausaufgaben kontrolliert und ihre Fehler kritisiert. Sie habe sich schwer in der Schule getan und sich bei schlechten Leistungen minderwertig gefühlt. Die Eltern bestimmten die Ausbildung der Patientin (Lehre als Verkäuferin). Eine enge Beziehung habe sie zur Großmutter gehabt. Diese sei verstorben (Magenkrebs), als die Patientin 13 Jahre alt war. Sie sei darüber sehr traurig gewesen und habe mit Magenschmerzen reagiert.
Mit 17 Jahren lernte die Patientin ihren jetzigen Ehemann kennen. Durch die Heirat mit 19 Jahren hatte sie die Möglichkeit, ihr Elternhaus zu verlassen. Sie sei sehr unzufrieden mit der Ehe, es gäbe häufig Spannungen und sie fühle sich von ihrem Partner wenig unterstützt.
Therapie und Verlauf: Im Aufnahmegespräch berichtete die Patientin sehr ausführlich über ihre körperlichen Symptome, insbesondere über die Magendarmbeschwerden. Diese führte sie teilweise auf eine mögliche körperliche Erkrankung („Magenkrebs wie meine Großmutter") und teilweise auf ihre „falsche" Ernährung (zuviel Süßes) sowie Nahrungsmittelunverträglichkeiten zurück. Obwohl die Patientin bereits organisch untersucht worden war, drängte sie sehr auf eine weitere Untersuchung. Für den Aufbau einer tragfähigen therapeutischen Beziehung war es wichtig, die Symptome der Patientin ernst zu nehmen und Verständnis für ihren Wunsch nach medizinischer Abklärung zu signalisieren. Es wurde mit ihr vereinbart, dass zu Beginn des Aufenthaltes eine Untersuchung durchgeführt wird (Sonographie) und dass im Falle eines negativen Befundes keine weiteren medizinischen Abklärungen während des stationären Aufenthaltes erfolgen. Stattdessen sollte als erstes Therapieziel nach alternativen Erklärungs- und Einflussmöglichkeiten für die körperlichen Beschwerden gesucht werden. Die Patientin war mit diesem Vorgehen einverstanden, zumal sie sich auch eine Erklärung ihrer körperlichen Beschwerden wünschte.
Gleich bei Aufnahme wurde die Patientin gefragt, ob sie bereit sei, zwei Wochen auf eine Umstellung der Ernährung zu verzichten (z. B. an üblichen Mahlzeiten teilnehmen, kritische Nahrungsmittel nicht weglassen) und für sich zu überprüfen, wie sich ihre Magendarmbeschwerden verändern. Die Patientin zeigte sich bereit, sich auf dieses zeitlich begrenzte Verhaltensexperiment einzulassen, das dazu diente, die Annahme der Patientin (Magendarmbeschwerden bestehen aufgrund einer Nahrungsmittelunverträglichkeit) zu überprüfen. Nachdem es bereits nach ca. zehn Tagen des stationären Aufenthaltes zu einer Verbesserung der Magendarmbeschwerden kam, verwarf die Patientin ihre Annahme der Nahrungsmittelunverträglichkeit und nahm weiterhin das reguläre Essen zu sich.
Die Sonographie ergab keine pathologischen Befunde. Die Ergebnisse wurden der Patientin vom Internisten genau erklärt, wobei sie dazu aufgefordert wurde, Fragen zu stellen und mögliche Sorgen anzusprechen. Durch Rückfragen wurde sicher gestellt, dass keine Missverständnisse bei der Informationsverarbeitung aufgetreten waren.
Nachdem die medizinische Abklärung für die Patientin zufriedenstellend erfolgt war, zeigte sie sich sehr motiviert, gemeinsam mit der Therapeutin nach alternativen Er-

klärungsmöglichkeiten der körperlichen Beschwerden zu suchen. Sie begann ein Symptomtagebuch zu führen, in dem sie ihre körperlichen Beschwerden und die damit in Zusammenhang stehenden Gedanken, Gefühle und Verhaltensweisen täglich protokollierte. Zusätzlich wurde sie aufgefordert, ihre jeweilige Stimmung anzugeben. Die Aufzeichnungen aus dem Tagebuch erwiesen sich sehr hilfreich bei der Erstellung eines individuellen Störungsmodells.

Mit Hilfe der Tagebuchaufzeichnungen konnte die Patientin erkennen, dass v.a. emotionale Belastungen (z.B. Streit mit Partner; Abschied von Mitpatientin) in Zusammenhang mit dem Auftreten von körperlichen Beschwerden stehen. Sie konnte auch feststellen, dass ihr anfängliches Verhalten (Rückzug ins Zimmer beim Auftreten von Beschwerden) nur kurzfristig zu einer Erleichterung führte. Langfristig kam es dazu, dass die Patientin im Zimmer ihre Aufmerksamkeit auf ihre körperlichen Symptome lenkte. Dadurch traten diese verstärkt auf und die Patientin dachte „Jetzt geht das schon wieder los", „Ich werde die Beschwerden nie los", „aufgrund meiner körperlichen Beschwerden kann ich mein Leben nie anders gestalten". Sie erlebte Gefühle von Einsamkeit, Traurigkeit und Hilflosigkeit sowie eine gewisse Gereiztheit. Sie machte selbst die Erfahrung, dass sich ihre Stimmung verbesserte und die Beschwerden nachließen, wenn sie positive Aktivitäten durchführte (z. B. Spaziergänge und Gespräche mit Mitpatienten, sportliche Maßnahmen). Mit Hilfe der Progressiven Muskelentspannung gelang es ihr ebenfalls, Einflussmöglichkeiten auf ihre körperliche Symptomatik zu erzielen. Besonders die Biofeedbacksitzungen erwiesen sich als hilfreich, um psychophysiologische Zusammenhänge zu verdeutlichen und die Kopfschmerzsymptomatik zu verbessern.

Ein besonders wichtiges Therapieziel lag in der Stärkung des Selbstvertrauens und der sozialen Kompetenzen. Die Patientin hatte starke Wünsche nach Zärtlichkeit, Unterstützung und gemeinsamen Unternehmungen mit ihrem Mann, konnte diese Wünsche jedoch nicht entsprechend artikulieren. Negative Gefühlte, wie Ärger und Enttäuschung hatte sie ebenfalls bisher kaum zum Ausdruck gebracht. Im Laufe des stationären Aufenthaltes schaffte sie es zunehmend mehr, auf ihre Gefühle zu achten, diese zuzulassen und auszudrücken (z. B. Trauer beim Abschied einer Mitpatientin, Wut auf den Partner). Körpertherapeutische und gestaltungstherapeutische Maßnahmen erwiesen sich beim Ausdruck von Gefühlen als unterstützend. Durch die Verbesserung der sozialen Kompetenzen und durch positive Rückmeldungen von Mitpatienten konnte die Patientin ihr Selbstvertrauen deutlich stärken.

Neben den Aufbau von Selbstsicherheit zeigten sich die Grundannahmen der Patientin (z. B. „Aufgrund meiner Beschwerden kann ich mein Leben nicht aktiv gestalten") als wichtiger Anhaltspunkt für die Therapie. Die Patientin hatte bereits erkannt, dass sie im stationären Rahmen zunehmend Einflussmöglichkeiten in Bezug auf ihre körperlichen Beschwerden bekam. Zusätzlich wurden weitere Beispiele aus dem Alltag der Patientin gesammelt, die gegen die Grundannahme sprachen.

Gegen Ende des stationären Aufenthaltes hatten sich die körperlichen Beschwerden der Patientin deutlich gebessert und traten zeitweise gar nicht mehr auf. Die Stimmung der Patientin hatte sich ebenfalls wesentlich gebessert und sie sah für sich mehr Möglichkeiten, ihr Leben aktiv zu gestalten. Sie verzichtete von sich aus auf die weitere Einnahme von Johanniskraut. Für zu Hause hatte sie geplant, positive Aktivitäten wieder aufzunehmen und soziale Kontakte aufzufrischen. Es gelang ihr, Wünsche und Bedürfnisse ihrem Partner gegenüber adäquater ausdrücken, wodurch es zu einer Verbesserung der Partnerbeziehung kam. Zu einer weiteren Stärkung sozialer Kompetenzen und Kommunikationsfähigkeiten wurde der Patientin die Aufnahme einer ambulanten Psychotherapie empfohlen.

Empirische Überprüfung

Noch in den achtziger Jahren war z. B. im angloamerikanischen Bereich Lehrmeinung, dass bei der Behandlung soamtoformer Störungen das Hauptziel sein muss, iatrogene Schädigungen zu verhindern. Weitergehende Ziele wurden als wenig aussichtsreich gewertet. Deshalb ist von besonderer Bedeutung, dass durch neuere Therapiestudien ein positiveres Bild der Behandlungsmöglichkeiten gezeichnet werden konnte. So konnten mehrere empirische Studien die Effizienz von kognitiv-verhaltenstherapeutischen Maßnahmen nachweisen.

Smith u. Mitarb. (1986) verfassten einen Brief für Allgemeinärzte und Internisten, in dem sie diese über Somatisierungssyndrome aufklärten und sie mit Leitlinien für die Behandlung in der Primärversorgung versorgten. Diese Leitlinien waren ähnlich zu den oben aufgeführten Empfehlungen. Allein durch diese schrifliche Empfehlung kam es zu einer deutlichen Reduktion der medizinischen Kosten, jedoch nicht zu einer klinisch bedeutsamen Verbesserung der körperlichen und psychischen Gesundheit.

Kashner u. Mitarb. (1995) konnten deutliche Effekte einer Gruppentherapie nachweisen, bei der es (nach subjektiver Einschätzung) zu einer körperlichen und psychischen Besserung kam. Allerdings gab es einen großen Anteil an Patienten, die nicht am Gruppentherapieangebot teilnehmen wollten.

Speckens u. Mitarb. (1995) führten ein intensives, kognitiv-verhaltenstherapeutisches Programm durch und konnten deutliche Therapieeffekte nachweisen bezüglich der Zahl der körperlichen Symptome, der Symptomintensität, der Schlafqualität und im Ausmaß der psychosozialen Beeinträchtigungen.

Bei Untersuchungen, die an der Klinik Roseneck durchgeführt wurden, zeigten sich ebenfalls deutliche Verbesserungen in den körperlichen Beschwerden, den hypochondrischen Merkmalen, den dysfunktionalen Einstellungen, der allgemeinen Psychopathologie und dem Grad der psychosozialen Versorgung (Leibrand 1997, Leibrand u. Mitarb. 1998).

Diese Studien sollen nur ausschnittweise belegen, dass die empfohlenen Behandlungsmöglichkeiten sowohl zu einer Reduktion der medizinischen und gesellschaftlichen Kosten führen als auch das körperlich-seelische Wohlbefinden verbessern. Weitere Forschungsergebnisse zu somatoformen Störungen sind in Überblicksarbeit von Hiller und Rief (1998) dargestellt.

Die kognitiv-verhaltenstherapeutische Behandlung von Personen mit somatoformen Störungen:
Zentrale Bedingung einer erfolgreichen Therapie ist, dass der Aufbau einer tragfähigen therapeutischen Beziehung gelingt.
Weitere Voraussetzung ist eine genaue Diagnostik der Symptome, Kognitionen, Verhaltensweisen, Umgebungsreaktionen, beteiligten Emotionen und körperlichen Veränderungen.
Die Erweiterung des subjektiven Krankheitsmodells der Patienten um psychosoziale Komponenten kann durch verschiedene Techniken gefördert werden.
Beispiele für symptomspezifische therapeutische Ansätze sind Erweiterung des subjektiven Krankheitsbegriffs durch kognitive Umstrukturierung und Verhaltensexperimente, Abbau von Schon-und Vermeidungsverhalten, Exposition an Körpermissempfindungen, Aufmerksamkeitsumlenkung, Biofeedback.
Daneben kommen auch je nach individueller Problemanalyse allgemeine Maßnahmen zur psychischen Stabilisierung zum Einsatz (z. B. Aufbau sozialer Kompetenz, Förderung des emotionalen Ausdrucks, Bearbeitung traumatischer Lebenserfahrungen, Lernen von Konfliktbewältigungsstrategien, Stressabbau u. a.).

Literatur

Barsky AJ, Wyshak GL (1990). Hypochondriasis and somatosensory amplification. British Journal of Psychiatry, 157, 404 -409.

Cuntz , U.(1998). Patienten mit Somatisierunssyndromen in der Arztpraxis - zwischen der Gefahr der Chronifizierung und der Chance zur Besserung. Verhaltenstherapie, 8, 94-100.

Escobar JI, Burnam M.A, Karno M., Forsythe A, Golding JM (1987). Somatization in the commu-nity. Archives General Psychiatry 44, 713-718.

Hiller, W., Rief, W., Elefant, S., Margraf, J., Kroymann, R., Leibbrand, R. & Fichter, M.M. (1997). Dysfunktionale Kognitionen bei Patienten mit Somatisierungssyndrom. Zeitschrift für Klinische Psychologie, 26, 226-234.

Hiller W, Rief, W. (1998). Therapiestudien zur Behandlung von Patienten mit Somatoformen Störungen: Ein Literaturüberblick. Verhaltenstherapie, 8, 125-136.

Hiller, W., Zaudig, M., Mombour, W. (1995). IDCL - Internationale Klassifikation psychischer Störungen, ICD-10, Kapitel V (F). Forschungskriterien. Bern: Huber.

Kashner MT, Rost K, Cohen B, Anderson M, Smith GR (1995). Enhancing the health of somatization disorder patients. Effectivesness of short-term group therapy. Psychosomatics 36:462-470.

Kroenke K, Spitzer RL, deGruy FV et al. (1997). Multisomatoform disorder. An alternative to undifferentiated somatoform disorder for the somatizing patient in primary care. Arch Gen Psychiatry, 54, 352-358.

Leibbrand, R. (1997). Therapieeffekte bei somatoformen Störungen in Abhängigkeit von zusätzlichen Vorliegen von Persönlichkeitsstörungen. Landau: Verlag Empirische Pädagogik.

Leibbrand, R., Schröder, A, Hiller, W. & Fichter, M.M. (1998). Komorbide Persönlichkeitsstörungen: Ein negativer Prädiktor für den Therapieerfolg bei somatoformen Störungen. Zeitschrift für Klinische Psychologie.

Lipsitt DR (1996). Primary care of the somatizing patient: a collaborative model. Hospital Practice, 6, 77-88.

Nanke A, Rief, W.(1999). Biofeedback bei somatoformen Störungen. In W. Rief, N. Birbaumer (Hrsg) Praktische Biofeedback-Therapie. Stuttgart: Schattauer.

Rief W, Hiller W, Heuser J (1997). SOMS- Das Screening für Somatoforme Störungen. Manual zum Fragebogen. Bern: Huber-Verlag.

Rief W, Hiller W (1998a). Somatisierungsstörung und Hypochondrie. Göttingen: Hogrefe.

Rief, W. & Hiller, W. (1998b). Somatization - Future perspectives on a common phenomenon. Journal of Psychosomatic Research, 44, 5, 529-536.

Rief, W., Heuser, J., Mayrhuber, E., Stelzer, I., Hiller, W. & Fichter, M.M. (1996). The classification of multiple somatoform symptoms. The Journal of Nervous and Mental Disease, 184, 680-687.

Rief W, Hiller W, Margraf J (1998). Cognitive aspects of hypochondriasis and the somatization syndrome. J Abnormal Psychology 107, 587-95.

Rief, W., Hiller, W. Geissner, E. & Fichter, M.M. (1994). Hypochondrie: Erfassung und erste klinische Ergebnisse. Zeitschrift für Klinische Psychologie, 23, 34-42.

Salkovskis, P.M., Warwick, H.M.C. (1986). Morbid preoccupations, health anxiety and reassurance: a cognitive-behavioural approach to hypochondriasis. Journal of Psychosomatic Research, 24, 597-602.

Smith, G.R., Monson, R.A., Ray, D.C. (1986). Psychiatric consultation in somatization disorder: A randomized controlled study. N Engl J Med, 314, 1407-1413.

Smith GR, Rost K, Kashner M (1995). A trial of the effect of a standarized psychiatric consultation on health outcomes and costs in somatizing patients. Archives General Psychiatry 52:238-243.

Speckens AEM, van Hemert AM, Spinhoven P, Hawton KE, Bolk JH, Rooijmans HGM (1995). Cognitive behavioural theapy for medically unexplained physical symptoms: A randomized controlled trial. BMJ 311, 1328-1332.

Warwick, H.M.C. & Salkovskis, P.M. (1989). Hypochondriasis. In J.Scott, J.M.G. Willians & A:T.Beck (Eds.). Cognitive therapy in clinical practice. London: Gower.

Watson CF, Pennebaker JW (1989). Health complaints, stress, and distress: Exploring the central role of negative affectivity. Psychological Review, 96, 234-254.

20. Psychopharmakologische Ansätze in der Therapie von Somatisierungssyndromen

Hans-Peter Volz

Die Gruppe der Somatoformen Störungen im heutigen Sinne wurde erstmals klar im DSM III (APA 1980) abgegrenzt. Insofern sind mittlerweile nahezu 20 Jahre vergangen, um ähnlich wie bei den damals ebenfalls erstmals klar operationalisierten Angststörungen (Panikstörung, Generalisierte Angststörung) die uns zur Verfügung stehenden Psychopharmaka auf deren Wirksamkeit bei somatoformen Störungen zu untersuchen. Dies ist insbesondere von Wichtigkeit, da diese Störungsbilder zu den häufigsten psychiatrischen Erkrankungen überhaupt gehören.
Der etablierte Untersuchungsaufbau zur Wirksamkeitsprüfung von Pharmaka ist die kontrollierte, randomisierte Doppelblindstudie, wobei es aber in der Regel nicht genügt, eine zu untersuchende Substanz gegen einen etablierten Standard zu testen. Zum eindeutigen Wirksamkeitsnachweis ist es vielmehr erforderlich, eine Placebogruppe einzuschließen. Der Vergleich gegen eine Placebogruppe ist der einzig gangbare Weg zum Wirksamkeitsnachweis, falls kein etablierter Behandlungsstandard vorhanden ist. Während für die Angststörungen, sowohl für die Panikstörung, die Generalisierte Angststörung als auch die soziale Phobie eine nahezu unübersehbar große Zahl von Untersuchungen, die den soeben kurz geschilderten Anforderungen genügen, vorliegen, ist dies für die somatoformen Störungen nicht der Fall. Hier gibt es nur vereinzelte Befunde über psychopharmakologische Behandlungsmöglichkeiten aus kontrollierten Untersuchungen, die Mehrzahl der Ergebnisse wurde in offenen und nicht-vergleichenden Untersuchungen gewonnen, sie sind also von sehr begrenzter Aussagekraft. In der nachfolgenden Übersicht werden zunächst diese letztgenannten Untersuchungen referiert. Anschließend wird auf die doppelblinden, kontrollierten Studien eingegangen.
Neben dem Mangel an kontrollierten Studien wurden häufig auch Patienten in die Untersuchungen eingeschlossen, die primär nicht an einer somatoformen Störung litten, bei denen aber im Sinne der Komorbidität Somatisierungssymptome vorlagen (Rief u. Mitarb. 1992). Auch diese Studien sind in der vorliegenden Arbeit berücksichtigt. Den Schluss bildet eine Zusammenfassung mit praktischen Therapiehinweisen.

Untersuchungen zu psychopharmakologischen Behandlungsmöglichkeiten der somatoformen Störungen

Offene Studien

Antidepressiva. Im häufigsten wurden Antidepressiva in der Behandlung somatoformer Störungen untersucht. So liegt für Amitriptylin eine Untersuchung an 20 stationären Patienten mit melancholischer Depression vor (Kellner u. Mitarb. 1986). Über ein Drittel der Patienten wiesen vor der Therapie hypochondrische Ängste auf. Nach vier Wochen (durchschnittliche Amitriptylin-Dosis 156,7 mg/d) reduzierten sich sowohl die depressiven als auch die hypochondrischen Beschwerden. Im Vergleich zu einer gesunden Vergleichsgruppe bestand aber weiterhin eine ausgesprochen depressive Symptomatik. Das Ausmaß hypochondrischer Ängste unterschied sich allerdings in beiden Gruppen nicht mehr. Angesichts des oben erwähnten Einschlusskriteriums ist es fraglich, ob überhaupt Patienten mit einer somatoformen Störung erfasst wurden oder ob es sich nicht primär um Patienten mit einer nach heutiger Nomenklatur (ICD-10) depressiven Episode mit somatischen Symptomen handelt.

Zu Opipramol liegen die meisten offenen Studien vor. Stroband (1988) behandelte ambulant 52 Patienten, die unter „funktionellen Organbeschwerden" (in erster Linie Magen-Darm-Erkrankungen und kardiovaskuläre Beschwerden) litten mit zumeist 100 mg Opipramol/d. Nach vier Wochen waren 98% der Patienten „gebessert", 52% „beschwerdefrei". Sieben Patienten gaben unerwünschte Arzneimittelwirkungen (viermal Schwindel, viermal Mundtrockenheit, einmal Müdigkeit) an, die nach spätestens zehn Behandlungstagen sistierten. Ähnliche Ergebnisse wurden von Adjan (1987) für Patienten mit funktionellen Herz-Kreislauf-Beschwerden vorgelegt. Nach einer Behandlung mit 50-200 mg/d Opipramol (häufigst verabreichte Dosis: 100 mg/d) über vier Wochen wurden 90% der insgesamt ebenfalls 52 Patienten als gebessert eingestuft. In dieser Studie traten nur bei vier Patienten leichtere unerwünschte Arzneitmittelwirkungen (je einmal Kopfschmerzen, Magenschmerzen, Mundtrockenheit, Übelkeit) auf. In beiden Untersuchungen wurde die Diagnose allerdings nicht standardisiert gesichert. Daher kann nicht ausgeschlossen werden, dass ein kleinerer Teil der von Stroband (1988) untersuchten Patienten und ein größerer Anteil der Erkrankten in der Studie von Adjan (1987) nicht an einer somatoformen Störung, sondern an einer Panikstörung mit im Vordergrund stehender kardiovaskulärer Symptomatik litt.

Für das Antidepressivum Maprotilin liegen Hinweise vor, dass es komorbide somatoforme Symptome bei primär depressiver Erkrankung vermindert. So schlossen Liebau u. Mitarb. (1981) 183 Patienten - bei 62% überwog die depressive, bei 36% die somatoforme Symptomatik - in eine 4-Wochen-Studie mit 75 mg Maprotilin/d ein. Insgesamt besserten sich die körperlichen Beschwerden deutlich, wobei eine besonders gute Wirksamkeit von Maprotilin auf Kopfschmerz / Kopfdruck, HWS-Beschwerden und gastrointestinale Symptome beobachtete wurde. Ähnlich günstige Resultate berichteten Vencovsky (1982) sowie Vachon u. Mitarb. (1986).

In einer Untersuchung (Valdes u. Mitarb. 1989) wurde die therapeutische Wirkung von Imipramin (100-175 mg/d) an 31 Patienten mit einer somatoformen Schmerzstörung (entsprechend DSM-III-R) erfasst. Als Hauptwirksamkeitskriterium diente eine visuelle Analogskala zur Erfassung der Schmerzen, daneben wurde auch die Hamilton Depressionsskala verwendet. Beide Sklalen zeigten im Behandlungsverlauf erhebliche Symptomreduktionen an.

Da zu Monoaminoxidase (MAO)-Hemmern in der Literatur nur zwei Fallberichte vorliegen (Rief u. Mitarb. 1992), ist zu dieser Substanzgruppe eine Aussage nicht möglich. Dies gilt auch für die modernen Antidepressiva (z.B. selektive Serotonin-Wiederaufnahmehemmer, selektive und reversible Hemmer der MAO-A).

Benzodiazepine. Benzodiazepine wurden lediglich als Vergleichssubstanz bei der Prüfung der Effektivität anderer Psychopharmaka eingesetzt. Somit ergibt sich eine lückenhafte Befundlage. Diese steht in deutlichem Gegensatz zum häufigen Einsatz der Benzodiazepine bei funktionellen Beschwerden in der Praxis, der wohl auf den ausgeprägten anxiolytischen und schlafanstoßenden Effekt dieser Präparate zurückzuführen ist.

Neuroleptika. In den siebziger und achtziger Jahren wurde für Neuroleptika das Konzept der Neuroleptanxiolyse, also der Gabe hochpotenter Neuroleptika in niedrigen Dosierungen mit anxiolytischer Wirkung, entwickelt: Untersucht wurden hierbei v. a. Depotpräparate, z. B. Fluspirilen (Imap). Dieser Ansatz erschien günstig, da die Anforderungen an die Compliance der Patienten bei Depotneuroleptika gering ist. Zudem besteht keine Abhängigkeitsgefahr wie bei den Benzodiazepinen. Im Rahmen der Evaluation dieses Konzeptes wurden auch Studien mit Neuroleptika bei psychovegetativen Syndromen durchgeführt. Die meisten Untersuchungen liegen über die Wirksamkeit von Fluspirilen vor, wobei die eingesetzte Dosis zwischen 1 und 3 mg/Woche betrug. So behandelten Pach u. Mitarb. (1973) 19 Patienten mit einer nicht näher spezifizierten „psychosomatischen Störung" zunächst über vier Wochen mit Fluspirilen-Injektionen, sodann für drei Wochen mit Placebo-Injektionen. Während dieser einfachblinden Studie (der Behandler kannte die zeitliche Abfolge der Verum-Placebo-Sequenz) waren die somatischen Symptome der Patienten während der Fluspirilen-Behandlung wesentlich geringer ausgeprägt als während der Gabe von Placebo. Ähnliche Erfahrungen wurden auch von Seufert und Speer (1978), Fischer (1981), Sebald (1982), Thilmann (1983) sowie von Lehmann (1989) berichtet, wobei v. a. Patienten mit funktionellen Herzbeschwerden untersucht wurden. Da bei einem hohen Anteil dieser Patienten nach heutiger Klassifikation wahrscheinlich keine somatoforme Störung, sondern eine Panikstörung diagnostiziert werden würde, kann aus diesen Beobachtungen nicht auf eine spezifische Wirksamkeit von Fluspirilen bei somatoformen Herzbeschwerden geschlossen werden. Neben Studien zur Wirksamkeit von Fluspirilen bei solchen Herzbeschwerden liegen auch positive Erfahrungen zu Fluspirilen bei Patienten mit „funktionellen" gastrointestinalen Symptomen (de Munter 1978) sowie hypochondrischen Beschwerdebildern (Kalis u. Mitarb. 1980) vor.

Kontrollierte Studien

Bisher wurden nur zwei kontrollierte Studien, die die Wirksamkeit von Psychopharmaka bei nach DSM III/III-R/IV oder ICD-10 diagnostizierten somatoforme Störungen prüften, publiziert (Zitman u. Mitarb. 1991, Volz u. Mitarb. 2000). In die Tabelle 20.**1** sind aus diesem Grund auch Untersuchungen verwandter Krankheitsbilder aufgenommen. Die Mehrzahl der eingeschlossenen Patienten zeigte Spezialformen (endogener) Depressionen mit deutlicher somatischer Symptomatik, wie beispielsweise eine larvierte Depression oder unterschiedliche Neurovegetative Bilder.

Von den Studien, die zwei aktive Substanzen ohne zusätzlichen Einschluss eines Placebo-Arms verglichen (Versuch des Nachweises einer Wirksamkeitsäquivalenz), können die Untersuchungen von Pach und Waniek (1976), Braathen u. Mitarb. (1977), Scholing und Clausen (1978), Dahl u. Mitarb. (1981), Jokinen u. Mitarb. (1984), Myers u. Mitarb. (1985), Lindenberg u. Mitarb. (1990) sowie von Zitman u. Mitarb. (1991) nicht berücksichtigt werden, da diese jeweils nur geringe Patientenzahlen untersuchten und somit der α-Fehler zu groß ist. Auch die placebokontrollierte Studie von van Houdendove u. Mitarb. (1992) ist zu einer Wirksamkeitsbeurteilung nicht geeignet, da durch die Aufteilung von 50 Patienten auf vier Gruppen und zwei konsekutive Behandlungssequenzen zuwenig Patienten pro Gruppe vorhanden sind, um einen Wirksamkeitsunterschied statistisch absichern zu können.

Auf die Metaanalyse von Overall (1984) wird, da Nomifensin vom Markt genommen wurde, ebenfalls nicht eingegangen.

Somit verbleiben aus den genannten v. a. methodischen Gründen nur die Untersuchungen von Deberdt u. Mitarb. (1980), Hassel (1985), Jochum und Kary (1989), Warnekke (1991), Fogari u. Mitarb. (1992) sowie Volz u. Mitarb. (2000). Diese Untersuchungen werden im Folgenden näher erörtert und zwar getrennt nach der jeweilig untersuchten Substanzklasse.

Tabelle 20.1 Kontrollierte klinische Studien bei somatoformen und verwandten Störungen (modifiziert und ergänzt nach Volz u. Mitarb. 1994 a,b, Volz 1998)

Erstautor (Jahr)	Diagnostische Klassifikation	Substanzen (mg/d, falls nicht anders angegeben) (N)	Design	Dauer (Wochen)	Parameter Wirksamkeit Verträglichkeit	Ergebnis Wirksamkeit Verträglichkeit
Pach (1976)	funktionelle Organbeschwerden mit ängstlich-depressiver Verstimmung und vegetativer Irritierbarkeit	1. Fluspirilen (1,5 mg/Woche) 2. Diazepam (15) ($N_{ges.}$=28)	Doppelblind, cross-over	8	FPI, SKAS	AE 1.=2. 1.=2.
Braathen (1977)	neurozirkulatorische Asthenie	1. Alprenolol (150) 2. Placebo ($N_{ges.}$=58)	Doppelblind, cross-over	8	Symptomliste	AE 1.≥2. 1.=2.
Scholing (1978)	Magensymptomatik bei vegetativer Dystonie	1. Fluphenazin (1 ml/3 Wochen) 2. Placebo ($N_{ges.}$=30)	Doppelblind, cross-over	6	Symptomliste, BS	? 1.≥2. ?
Dahl (1981)	Larvierte Depression (nicht näher spezifiziert)	1. Amitriptylin (150) (N=20) 2.Dothiepin (150) (N=20)	Doppelblind, Gruppenvergleich	6	HAMD, CPRS	Checkliste 1.=2. 1.<2.
Deberdt (1980)	ängstliche und asthenische Patienten mit funktionellen, v.a. gastrointestinalen körperlichen Beschwerden	1.Fluspirilen (1,2-1,5 mg/Woche) (N=65) 2. Placebo (N=59)	Doppelblind, Gruppenvergleich	10	GI, Symptomliste	AE? 1.>2. 1.<2.
Jokinen (1984)	Psychosomatische Störungen wie Spannungskopfschmerz, Herzneurose, Schwindel, Muskelverspannungen	1. Flupenthixol (1,46) (N=60) 2. Diazepam (7,2) (N=60)	Doppelblind, Gruppenvergleich	4	Symptomliste	AE 1.=2. 1.=2.
Overall (1984)	Depression, retrospektive Subtypisierung	1. Nomifensin (?) 2. Plazebo ($N_{ges.}$=151)	Metaanalyse von 13 Doppelblindstudien	mindestens 2, Obergrenze nicht angegeben	HAMD	? 1.>2. Somatisierungs-Subtypus: 1.=2. ?

Tabelle 20.1 *Fortsetzung*

Erstautor (Jahr)	Diagnostische Klassifikation	Substanzen (mg/d, falls nicht anders angegeben) (N)	Design	Dauer (Wochen)	Parameter Wirksamkeit Verträglichkeit	Ergebnis Wirksamkeit Verträglichkeit
Hassel (1985)	Psychoneurotische Störungen und neurosetypisches MMPI-Profil	1. Fluspirilen (1,5mg/Woche) (N=22) 2. Bromazepam (6) (N=23)	Doppelblind, Gruppenvergleich	6	GI, HAMA, ACL, SCL-90-R	GI, AE 1.>2. 1.=2.
Myers (1985)	Psychosomatische Symptome (psychogener Kopfschmerz, Herzneurose, funktionelle Kolonbeschwerden, Pruritis)	1. Flupentixol (0,5-2,0) (N=27) 2. Diazepam [2,5-10,0) (N=28) 3. Sulpirid (100-200) (N=55)	Doppelblind, Gruppenvergleich	4	GI	AE 1.=2.=3. 1.=2.=3.
Jochum (1989)	Verspannungen in der Nackenregion und Zervikalgien	1. Fluspirilen (1,5 mg/Woche) (N=42) 2. Temazepam (75) (N=41)	Doppelblind, Gruppenvergleich	8	Zielsymptomliste, HAMA, FBL, CGI	AE 1.>2. 1.>2.
Lindenberg (1990)	Angstsyndrome bei neurotischen oder psychosomatischen Störungen	1. D,L-Kavain (600) [20] 2. Oxazepam (20) [18]	Doppelblind, Gruppenvergleich	4	ZUNG, ASI, SAS, GI	GI 1.=2. 1.=2.
Zitman (1991)	Somatoforme Schmerzstörung (DSM III-R: 307.80)	1. Amitriptylin (75) (N=18) 2. Amitriptylin u. Flupenthixol (75 u. 3) (N=18)	Doppelblind, cross-over	5	ZUNG, HAMD, Schmerz-Tagebuch	AE, Check-Liste, EPS (GI), AIMS 1.=2. 1.=2.
Warnekke (1991)	Neurovegetative Dystonie im Klimakterium	1. Kava-Extrakt (300) (N=20) 2. Plazebo (N=20)	Doppelblind, Gruppenvergleich	4	HAMA, STAI, DSI, CGI, (Kuppermannskala*)	Fremdbeobachtungsskala, FSUCL 1.>2. (Kuppermann-Skala*) 1.=2.

Tabelle 20.1 *Fortsetzung*

Erst-autor (Jahr)	Diagnostische Klassifikation	Substanzen (mg/d, falls nicht anders angegeben) (N)	Design	Dauer (Wochen)	Parameter Wirksamkeit Verträglichkeit	Ergebnis Wirksamkeit Verträglichkeit
Fogari (1992)	Herzneurose	1. Bisoprolol (10) 2. Diazepam (10) (N_{ges}=40)	Doppelblind, cross-over	4	Selbstbeurteilung (30 items), HAMA	Checkliste (27 items) 1.>2. bei „psychischer Angst" (HAMA): 2.>1. 1.>2., v. a. Müdigkeit und Benommenheit
Van Houdenhove (1992)	1. Larvierte Depression 2. Organischer Schmerz 3. Organischer Schmerz und Major Depression 4. Major Depression	1. Mianserin (30-90) 2. Plazebo (N_{ges}=59)	Doppelblind, cross-over	6	BDI, HAMD, MPQ	? Response 2.>1.=3.=4. nicht angegeben
Volz (2000)	ICD-10: F45.0, F45.1, F45.3	1. Opipramol (200) (N=99) 2. Plazebo (N=101)	Doppelblind, Gruppenvergleich	6	HAMA-Subscore „somatische Angst", „psychische Angst", Gesamtscore, CGI, SCL-90-R-Gesamt-sore, „psychische" und „somatische Angst"	AEs, GI 1.>2. 1.=2.

ACL=Adjective Check List, AE=Adverse Events, AIMS=Abnormal Involuntary Movement Scale, ASI=Anxiety Status Inventory, BDI=Beck Depression Inventory, BS=Befindlichkeitsskala, CGI=Clincal Global Impression, CPRS=Comprehensive Psychopathological Rating Scale, DSI=Depression Status Inventory, EPS=Extrapyramidal-motorische Symptome, FBL=Freiburger Beschwerdeliste, FPI=Freiburger Persönlichkeitsinventar, FSUCL=Fischer Somatische Symptome oder unerwünschte Effekte Check List, GI=Global Impression, HAMA=Hamilton Angst-Skala, HAMD=Hamilton Depressions-Skala, MMPI=Minnesota Multiphasic Personality Inventory, MPQ=McGill Pain Questionnaire, N=Zahl der Patienten, SAS=Self-Rating Anxiety Scale, SCL-90-R=Self-Report Symptom Inventory 90 Items-Revised, SKAS=Skala zur Selbsteinschätzung der aktuellen Stimmungslage, STAI=State-Trait Anxiety Inventory, ZUNG=Depression Scale)

* Globaleindruck der klimakterischen Beschwerden

Antidepressiva. Eine umfangreiche Untersuchung wurde von Volz u. Mitarb. (2000) zu der Wirksamkeit von Opipramol durchgeführt. Patienten mit einer den ICD-10 Kriterien für eine somatoforme Störung entsprechenden Diagnose (F45.0, F45.1, F45.3) und einem HAMA-Subscore „somatische Angst" von mindestens 12 wurden entweder mit Opipramol (200 mg/d, N=99) oder Placebo (N=101) über sechs Wochen behandelt, nachdem sie eine siebentägige einfachblinde Wash-out-Periode durchlaufen hatten. Bei Studienbeginn musste der Subscore „somatische Angst" der Hamilton Angstskala (HAMA) mindestens 6 Punkte mehr als der HAMA-Subscore „psychische Angst" aufweisen, um v. a. Patienten mit somatischen Symptomen einzuschließen. Der Gesamtwert der Hamilton Depressionsskala musste kleiner als 25 sein, um keine ausgeprägt depressiven Patienten in die Studie einzuschließen. Sowohl in dem primären Effektivitätskriterum (HAMA-Subscore „somatische Angst") als auch in den weiteren Wirksamkeitsparametern erwies sich Opipramol gegenüber Placebo als statistisch signifikant überlegen (Abb. 20.**1** u. 20.**2**). Die Nebenwirkungsrate in beiden Gruppen war ähnlich (Tab. 20.**2**). Somit kann nach dem bisherigen Erkenntnisstand Opipramol als einzige Substanz mit nachgewiesener Wirksamkeit bei nach derzeit gültigen Klassifikationsschemata diagnostizierten somatoformen Störungen gelten.

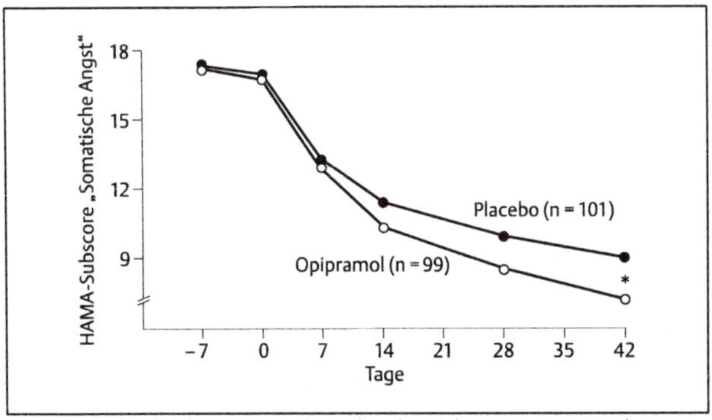

Abb. 20.1 Vergleich Opipramol vs. Placebo-Subscore „somatische Angst" der Hamilton-Angst-Skala (*p=0,013) (nach Volz u. Mitarb. 2000)

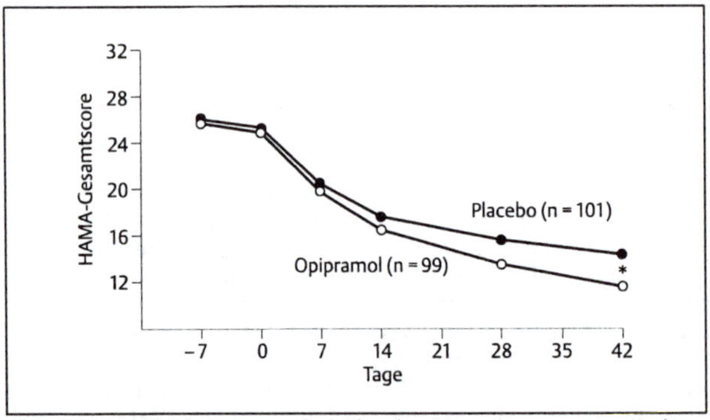

Abb. 20.**2** Vergleich Opipramol vs. Placebo-Gesamtscore „somatische Angst" der Hamilton-Angst-Skala (*p=0,013) (nach Volz u. Mitarb. 2000)

Tabelle 20.2 Opipramol vs. Placebo, Vergleich der unerwünschten Arzneimittelwirkungen (Mehrfachnennung möglich; N=Zahl der Patienten) (nach Volz u. Mitarb. 2000)

	Opipramol (N=99)	Placebo (N=101)
Zentrales oder peripheres Nervensystem	7	13
Schwindel	5	8
Gastrointestinales System	6	21
Gastroenteritis	0	6
Übelkeit	3	6
Muskel- und Skelettsystem	14	7
Rückenschmerzen	5	3
Unspezifisch	12	4
Müdigkeit	9	2
Gesamt	38	37

Benzodiazepine. Wie weiter oben bereits erwähnt, wurden die Benzodiazepine nicht primär auf ihre Wirksamkeit hin untersucht, sondern nur als Vergleichssubstanzen im Rahmen der Wirksamkeitsüberprüfung von anderen Pharmaka. So finden sich einzelne Studien zu Bromazepam vs. Fluspirilen (Hassel 1985), zu Temazepam vs. Fluspirilen (Jochum u. Kary 1989) sowie zu Diazepam vs. Bisoprolol (Fogari u. Mitarb. 1992). Bei allen diesen Untersuchungen waren die Benzodiazepine schlechter wirksam als die jeweiligen Vergleichssubstanzen.

Neuroleptika. Kontrollierte Untersuchungen zu der Wirksamkeit von Neuroleptika bei somatoformen Symptomen liegen ausschließlich zu Fluspirilen vor. So untersuchten Deberdt u. Mitarb. (1980) doppelblind placebokontrolliert Fluspirilen (1,2-1,5 mg i.m./Woche) über einen Zeitraum von zehn Wochen. Die Patienten wurden als emotional labil, unruhig, depressiv und müde beschrieben mit funktionellen, meist gastrointestinalen Beschwerden. Das Depot-Neuroleptikum erwies sich Placebo gegenüber als signifikant überlegen, sowohl in der globalen Wirksamkeitsbeurteilung durch den Arzt und den Patienten als auch entsprechend einer Symptomliste (Tab.20.3). Insgesamt traten in beiden Gruppen wenig Nebenwirkungen auf, am häufigsten wurde unter Fluspirilen Benommenheit beobachtet. Fluspirilen war in einer weiteren Untersuchung (Hassel 1985) bei Patienten mit nicht näher spezifizierten psychoneurotischen Beschwerden und einem neurosetypischem MMPI (Minnesota Multiphasic Personality Inventory)-Profil ohne Verfälschungstendenzen effektiver als Bromazepam. Die globale Wirksamkeitsbeurteilung und das HAMA-Subsyndrom „psychische Angst" ergaben eine Überlegenheit von Fluspirilen, während der Gesamtscore der HAMA, das HAMA-Subsyndrom „somatische Angst" und eine Angst-Selbstbeurteilungsskala keine Unterschiede zeigten. Die Verträglichkeit von Fluspirilen und Bromazepam war gut und vergleichbar. Bei Patienten mit muskulären Verspannungen in der Nackenregion und / oder Zervikalgien psychosomatischer Genese konnte nach acht Wochen durch Fluspirilen (1,5 mg/Woche) bei 87,5% der Patienten Symptomfreiheit oder eine wesentliche Besserung erreicht werden, die Vergleichssubstanz Temapezam (75 mg/d) erreichte 33,3% und zeigte einen späteren Wirkungseintritt (Jochum u. Kary 1989). Aus methodischen Gründen zu kritisieren ist allerdings, dass in beiden Guppen zusätzliche physikalische Therapien wie Massagen, Bäder und Wärmebestrahlung erlaubt waren. Die Nebenwirkungen waren unter Temazepam häufiger als unter Fluspirilen (in 36,6% vs. 23,8%). Unter Temazepam wurden v. a. Müdigkeit und Schwindel genannt, unter Fluspirilen Müdigkeit, Gewichtszunahme sowie Appetitsteigerung.

Tabelle 20.3 Vergleich Fluspirilen vs. Placebo, Veränderungen der Zielsyndrome (Deberdt u. Mitarb. 1980)

	N	% Patienten:		
		gebessert	gleich	verschlimmert
1. Emotionale Labilität*				
Fluspirilen	57	74	23	3
Placebo	48	60	36	4
2. Angst**				
Fluspirilen	48	81	19	0
Placebo	50	68	30	2
3. Unruhe*				
Fluspirilen	57	82	16	2
Placebo	51	57	35	8
4. depressive Stimmung				
Fluspirilen	54	78	20	2
Placebo	52	65	35	0
5. Versagensängste				
Fluspirilen	39	85	10	5
Placebo	39	49	46	5
6. Schlafstörungen				
Fluspirilen	55	71	24	5
Placebo	45	65	33	2
7. Müdigkeit*				
Fluspirilen	60	73	22	5
Placebo	53	55	38	7

*$p<.05$, **$p<.01$ (Mann-Whitney-U-Test); N=Patientenzahl mit entsprechendem Symptom

Phytopharmaka. Der Kava-Kava-Extrakt WS 1490 zeigte einem Placebo gegenüber eine überlegene Wirksamkeit bei Patientinnen mit neurovegetativer Dystonie mit Angst- und Unruhezuständen sowie Schlafstörungen in der Peri- oder Postmenopause (Warnecke 1991). Die Einschlusskriterien sahen u. a. einen HAMA-Gesamtscore größer als 18 vor. Somit ist anzunehmen, dass bei den Patientinnen Angst das führende Symptom war und nicht eine Somatisierung im engeren Sinne. In beiden Gruppen wurden nur wenige und geringgradige Nebenwirkungen genannt.

Betablocker. In einer Crossover-Prüfung nach vierwöchiger Auswaschphase (Fogari u. Mitarb. 1992) ergab sich bei Patienten mit einer Herzneurose eine Überlegenheit des Betablockers Bisoprolol über Diazepam in einer vorwiegend Herz-Kreislauf-Symptome erfassenden Selbstbeurteilungsskala und in der Subskala „somatische Angst" der HAMA. In der Subskala „psychische Angst" erwies sich Diazepam jedoch als überlegen, während der Verlauf des Gesamtscores der HAMA nicht zwischen beiden Behandlungsgruppen differenzierte. Bisoprolol war besser verträglich, v. a. begründet durch die hohe Inzidenz von Müdigkeit und Schläfrigkeit in der Diazepamgruppe. Fraglich bleibt, ob durch das Haupteinschlusskriterium Herzneurose nicht v. a. Patienten mit einer Panikstörung untersucht wurden.

Psychopharmaka der ersten Wahl zur Behandlung von Somatisierungssyndromen

Die Zahl der publizierten Studien über psychopharmakologische Behandlungsmöglichkeiten der somatoformen Störungen ist gering, was angesichts der Häufigkeit und der sozialmedizinischen sowie ökonomischen Bedeutung dieser Störung überrascht. Die am besten abgesicherten Erkenntnisse liegen für Opipramol und Fluspirilen vor. Beide Substanzen erwiesen sich auch als gut verträglich. Allerdings ist bei Fluspirilen bei längerfristiger Anwendung, wie sie bei somatoformen Störungen die Regel ist, die Gefahr der Spätdyskinesien besonders zu beachten, wenngleich Langzeitbeobachtungen vorliegen (Bandmann 1987, Tegeler u. Mitarb. 1990), die zeigen konnten, dass Spätdyskinesien unter Fluspirilen (1,5 mg/Woche) in einem Beobachtungszeitraum von 17,5 Monaten nicht häufiger auftraten als in einer mit Benzodiazepinen behandelten Kontrollgruppe (6,9% bzw. 8,3% der Patienten zeigten abnormale unwillkürliche Bewegungen). Dennoch ist diese Gefahr nicht vollständig auszuschließen, so dass Opipramol in der Behandlung somatoformer Störungen derzeit das Mittel der ersten Wahl darstellt. Diese Substanz wurde an Patienten, die nach ICD-10 an einer somatoformen Störung litten, placebokontrolliert geprüft und erzielte in einer Dosierung von 200 mg/d nach acht Wochen eine signifikant bessere Wirksamkeit.

Kontrollierte Daten über die Langzeitgabe von Psychopharmaka liegen bislang nicht vor.

Vergleicht man den Wissensstand über psychopharmakologische Behandlungsmöglichkeiten somatoformer Störungen mit jenen bei Depressionen oder Angststörungen, so erscheint dieser zum jetzigen Zeitpunkt deutlich limitiert.

Fallbeispiel

Eine 39-jährige Patientin wird in der chirurgischen Notaufnahme einer Universitätsklinik vom psychiatrischen Konsiliar untersucht. Sie hatte sich dort wegen heftiger Unterbauchbeschwerden selbst vorgestellt. An Bauchschmerzen leide sie seit langem, ungefähr seit vier Jahren, wobei allerdings die Lokalisation wechsele. So heftig wie heute seien die Schmerzen allerdings noch nie gewesen. Da ihr Hausarzt heute abend nicht zu einem Hausbesuch kommen wollte, da ihm die Beschwerden bestens bekannt seien und ihm eine erneute Abklärung nach den zahlreichen durchgeführten diagnostischen Maßnahmen unnötig erscheine, habe sie selbst die Initiative ergriffen. Der chirurgische Kollege berichtet, dass die Patientin neben der Bauchsymptomatik seit langem an Atemnot, Schlafstörungen, Muskelanspannung und „Herzschmerzen" leide, wofür ebenfalls - zu ihrer Empörung - bisher trotz Konsultation zahlreicher Fachärzte keine organische Ursache gefunden wurde.

Die Patientin lehnt eine Vorstellung und Behandlung in der psychiatrischen Poliklinik ab, auch einer stationären Übernahme stimmt sie nicht zu.

Am nächsten Tag erfolgt eine telefonische Kontaktaufnahme mit dem Hausarzt. Dieser erklärt, dass die Patientin sich selbst Fragen nach psychischen Symptomen verbitten würde, er könne sich nicht vorstellen, dass sie einer Psychotherapie zustimmen würde. Der Arzt wird über die medikamentösen Therapiemöglichkeiten aufgeklärt, ein Therapieversuch mit bis zu 200 mg Opipramol/d wird angeregt.

In einem späteren Telefonat nach ca. acht Wochen berichtet der Hausarzt, dass die drängende Bauchsymptomatik in den Hintergrund getreten sei, wenngleich weiterhin wechselnde Körperbeschwerden vorliegen. Die Medikation werde gut vertragen, eine vorher vorhandene allgemeine Ängstlichkeit und Unruhe habe nachgelassen.

Psychopharmaka sind angesichts der nur spärlich vorhandenen Wirksamkeitsstudien nicht Mittel der ersten Wahl zur Therapie von Somatisierungssyndromen. An erster Stelle stehen Aufklärung und Psychotherapie. Allgemein verbindliche Kriterien, wann Psychopharmaka eingesetzt werden sollen, existieren nicht. Folgende Indikationen sind rational begründbar:

- Keine adäquate Psychotherapie verfügbar.
- Der Patient ist für eine Psychotherapie nicht geeignet.
- Der Patient lehnt eine Psychotherapie ab.
- Psychotherapeutische Interventionen zeigen keinen (ausreichenden) Erfolg.

Allerdings wird sich bei dem spezifischen Krankheitskonzept der unter einem Somatisierungssyndrom leidenden Patienten die Aufklärung über eine indizierte Psychopharmakotherapie häufig schwierig gestalten, da ja gerade eine psychische Auslösung der Beschwerden von den meisten Patienten in Abrede gestellt wird. In einem solchen Falle kann nur das verständnisvolle Gespräch weiterhelfen. So kann z. B. bei Opipramol primär auf die Begleitwirkungen wie Schlafinduktion und allgemeine Entspannung abgehoben werden, um dem Patienten in seinem Bedürfnis nach einem organischen Krankheitsmodell zunächst näher zu kommen.

Literatur

Adjan, M.: Behandlung von funktionellen Herz-Kreislauf-Beschwerden mit dem trizyklischen Psychopharmakon Opipramol. Die Medizinische Welt 38 (1987) 147-150

APA: Diagnostic and Statistical Manual of Mental Disorders. American Psychiatric Association, Washington (1980)

Bandmann, H.: Nebenwirkungen von Fluspirilen bei einer ataraktischen Dosierung von 1,5 mg. Medizinische Dissertation, Universität Düsseldorf (1987)

Braathen, L.R., K. Gisholt, R. Hellebø, P. Schrøder, E.F. Svendsen, T. Albrektsen: Effect of alprenolol in patients with neurocirculatory asthenia: a controlled double-blind study in general practice. Pharmatherapeutica 1 (1977) 381-387

Dahl, L.E., S.L. Dencker, L. Lundin: A double-blind study of dothiepin hydrochloride (Prothiaden) and amitriptyline in out-patients with masked depression. Journal of Internal Medicine Research 9 (1981) 103-107

Deberdt, R., M. Thio-Siebling, D.J. Parlevliet: Treatment of functional complaints with a weekly injection of a low dose of fluspirilen in anxious and asthenic patients. A double-blind placebo-controlled evaluation. Current Therapeutic Research 28 (1980) 857-866

de Munter, W.: Imap (fluspirilene) as an injectable weekly tranquilizer in patients with neurovegetative disorders. Ars Medici 33 (1978) 1859-1872

Fischer, G.: Die klinische Anwendung von niedrig dosiertem Fluspirilen bei Patienten mit funktionellen Herzbeschwerden. Therapiewoche 31 (1981) 2938-2942

Fogari, R., A. Zoppi, L. Corradi, C. Pasoti, G.D. Malamani, R. Gradnik, D. Bokor, C. Gala: Comparison of bisoprolol and diazepam in the treatment of cardiac neurosis. Cardiovascular Drug Therapy 6 (1992) 249-253

Hassel, P.: Experimental comparison of low doses of 1,5 mg fluspirilene and bromazepam in out-patients with psychovegetative disturbances. Pharmacopsychiatry 18 (1985) 297-302

Jochum, J.J., K. Kary: Zur Psychosomatik des Schmerzes - alternatives Therapiekonzept bei der Behandlung psychosomatischer Affektionen im HWS-Bereich. Orthopädische Praxis 25 (1989) 497-597

Jokinen, K., T. Koskinen, R. Selonen: Flupenthixol versus diazepam in the treatment of psychosomatic disorders: a double-blind, multi-centre trial in general practice. Pharmatherapeutica 3 (1984) 573-581

Kalis, D., J.H.M. ten Oever, J.F. Erdmann: Fluspirilene in the treatment of psychosomatic complaints in hypochondriacal patients. Acta Psychiatrica Belgica 80 (1980) 321-328

Kellner, R., G.A. Fava, J. Lisansky, G.I. Perini, M. Zielezny: Hypochondriacal fears and beliefs in DSM-III melancholia. Changes with amitriptyline. Journal of Affective Disorders 10 (1986) 21-26

Lehmann, E.: The dose-effect relationship of 0.5, 1.0 and 1.5 mg fluspirilene on anxious patients. Neuropsychology 21 (1989) 197-204

Liebau, H., U. Binz, G. Wendt: Behandlung depressiver Verstimmungszustände in der Praxis mit Maprotilin. Zeitschrift für Allgemeinmedizin 34 (1981) 2403-2408

Lindenberg, D., D. Pitule-Schödel: D,L-Kavain im Vergleich zu Oxazepam bei Angstzuständen. Doppelblindstudie zur klinischen Wirksamkeit. Fortschritte der Medizin 108 (1990) 31/49-54/34

Myers C, Vranckx C, Elgen K. Psychosomatic disorders in general practice: comparisons of treatment with flupenthixol, diazepam and sulpiride. Pharmatherapeutika 4 (1985) 244-250

Overall, J.E.: Efficacy of nomifensine in different depressive syndromes. Journal of Clinical Psychiatry 45 (1984) 85-89

Pach, J., W. Waniek, D. Papaspyrou: Zur Tranquilizer-Wirkung des Langzeit-Neuroleptikums Fluspirilen. Pharmacopsychiatry 6 (1973) 198-206

Pach, J., W. Waniek: Vergleichende Untersuchung zum Tranquilizereffekt von Fluspirilen und Diazepam. Pharmacopsychiatry 9 (1976) 61-66

Rief W, Hiller W, Fichter MM. Therapie mit Psychopharmaka. In: Rief, W., W. Hiller: Somatoforme Störungen. Huber, Bern (1992), pp. 151-159

Scholing, W.E., H.D. Clausen: Therapieeffekt von Dapotum® D minor bei vegetativ bedingter Magensymptomatik. Medizinische Klinik 73 (1978) 293-297

Sebald, C.: Behandlung funktioneller Herzbeschwerden mit Imap 1,5 mg in der täglichen Praxis. Münchner Medizinische Wochenschrift 124 (1982) 698-700

Seufert, O., W. Speer: Im Test - Wochenneurolizer. DIA 6 (1978): 43-48

Stroband, T.: Opipramol bei funktionellen Organbeschwerden unter besonderer Berücksichtigung von gastrointestinalen Störungen. Die medizinische Welt 39 (1988) 1487-1490

Tegeler, J., E. Lehmann, A. Weiher, K. Heinrich: Zur Verträglichkeit einer Langzeit-Neuroleptanxiolyse mit Fluspirilen 1,5 mg/Woche. Pharmacopsychiatry 23 (1990) 1-7

Thilmann, J.: Leitsymptom Angst und Spannung und dessen somatische Begleiterscheinungen. Fortschritte der Medizin 101 (1983) 1676-1678

Vachon, A., M. Evreux, P. Jean-Louis: Étude controlée à double insu de l'amineptine et de la maprotiline dans le traitement des dépressions masquées en gastro-entérologie. Psychologie Medicale 18 (1986) 1285-1298

Valdes, M., L. Garcia, J. Treserra, J. de Pablo, T. de Flores: Psychogenic pain and depressive disorders: an empirical study. Journal of Affective Disorders 16 (1989) 21-25

Van Houdenhove, B., D. Verstraeten, P. Onghena, H. De Cuyper: Chronic idiopathic pain, mianserin and masked depression. Psychotherapy and Psychomatics 58 (1992) 46-53

Vencovsky, E.: Ambulante Behandlung larvierter Depressionen mit Maprotilin. Activ nerv sup (Praha) 24 (1982) 69-72

Volz, H.-P., R.-D. Stieglitz, K. Menges, H.-J. Möller: Somatoform disorders - diagnostic concept, controlled clinical trials, and methodological issues. Pharmacopsychiatry 27 (1994a) 231-237

Volz, H.-P., R.-D. Stieglitz, H.-J. Möller: Somatoforme Störungen. Diagnose und Behandlung. Psychopharmakotherapie 1 (1994b) 2-5

Volz, H.-P.: Psychopharmakologische Behandlungmöglichkeiten der Somatoformen Störungen - Ergebnisse kontrollierter Studien. In: Margraf, J., S. Neumer, W. Rief (Hrsg.): Somatoforme Störungen. Ätiologie, Diagnose und Therapie. Springer, Berlin 1998, 107-114

Volz,H-P, Möller HJ, Stoll KD. Opipramol for the treatment of somatoform disorders. European Neuropsychopharmacology. 2000; 10: 211-217

Warnecke, G.: Psychosomatische Dysfunktionen im weiblichen Klimakterium. Klinische Wirksamkeit von Kava Extrakt WS 1490. Fortschritte der Medizin 109 (1991) 119/65-70/122

Zitman, F.G., A.C.G. Linssen, P.M. Edelbroek, G.M.J. Van Kempen: Does additon of low-dose flupenthixol enhance the analgetic effects of low-dose amitriptyline in somatoform pain disorder? Pain 47 (1991) 25-30

21. Physikalisch-therapeutische Ansätze bei der somatoformen Schmerzstörung

Peter Schöps und Anna Maria Friedle

In der Physikalischen Medizin wird die Indikation physikalischer Therapieverfahren zur Behandlung somatoformer Schmerzstörungen unterschiedlich beurteilt: Zum einen wird eine Behandlung weitgehend abgelehnt, da es sich um ein psychisches bzw. psychosomatisches Problem handelt und kein organpathologisches Korrelat oder eine Funktionsstörung vorliegen, die als therapeutische Ansätze dienen könnten. Dabei wird auf entsprechende psychotherapeutische und/oder psychopharmakologische Therapiekonzepte verwiesen. Andererseits wird nahezu das gesamte zur Verfügung stehende Therapieangebot balneo-physikalischer und manueller Methoden und Techniken eingesetzt und über, jedoch vorwiegend auf Beobachtungen basierenden, Therapieerfolgen berichtet. Es liegen keine gesicherten prospektiven und kontrollierten Studien oder Therapieergebnisse vor, die Hinweise auf den Einsatz und die Wirksamkeit entsprechender physikalischer Therapieverfahren liefern könnten.
Nach einer Übersicht über Definitionen und Begriffe zur physikalischen Therapie, Krankengymnastik, Ergotherapie sowie zum Schmerz und Schmerzerleben werden der Einfluss und die Bedeutung von Bewegung in der Therapie somatoformer Schmerzstörungen erläutert. Aus den Erfahrungen der Autoren werden physikalische Therapieverfahren und Konzepte vorgestellt, die sie bei Patienten mit somatoformer Schmerzstörung einsetzen und für Gruppen- oder Einzelsitzungen geeignet halten.

Definition und Begriffsbestimmung

Unter physikalischer Therapie versteht man die Anwendung von Krankengymnastik, Ergotherapie, Massage, Thermo-, Hydro- und Kryotherapie sowie Elektrotherapie zur Beeinflussung, Kompensation und Korrektur von Schäden, Funktionsschwächen und -verlusten, die aus Erkrankungen, Verletzungen und Funktionsstörungen resultieren. Die Aufgabe der Rehabilitation ist es, Patienten den Ausgleich gestörter Funktionen, die Adaptation an den Verlust der gesundheitlichen Integrität und damit die Kompensation irreversibler Schäden zu ermöglichen und ihnen die individuelle Aktivität, soziale Interaktion und berufliche Wiedereingliederung zu erleichtern (Schmitt u. Ott 1995).

Aus dem breit gefächerten Spektrum balneo-physikalischer Therapieverfahren werden von den Autoren zur Behandlung somatoformer Schmerzstörungen v. a. Verfahren und Methoden der Krankengymnastik und Ergotherapie eingesetzt.

Die Krankengymnastik, die sowohl aktive als auch passive Maßnahmen, Atmungstherapie und Entspannungsverfahren beinhaltet, hat sich in der Psychosomatik und Psychiatrie in den letzten Jahren gewandelt, von einem nur auf die Organfunktion fokusierten Therapieverfahren zu einem Verfahren, das die psychische und psychosoziale Verfassung eines Patienten stärker miteinbezieht und auf interdisziplinäres Therapiemanagement ausgerichtet ist. Die Bezeichnung Krankengymnastik, die mit den Worten krank und Gymnastik eher negative Assoziationen bei Patienten, Ärzten und Pflegepersonal hervorrief, hatte sich dabei als ungünstig erwiesen und wurde durch den Begriff Bewegungstherapie ersetzt (Blankenburg 1998). Neben der Bewegungstherapie spielt die

Ergotherapie (Synonym: Beschäftigungs- und Arbeitstherapie) eine wichtige Rolle im Gesamtbehandlungsplan chronischer Schmerzsyndrome. Die Ergotherapie ist charakterisiert als funktionsorientierte Bewegungstherapie unter Einschluss einer speziellen Hilfsmittelversorgung mit dem Ziel der Optimierung oder Kompensation gestörter sensomotorischer, neuropsychologischer und psychosozialer Funktionen (Gehlke u. Mitarb. 1998). Zu den Methoden der Ergotherapie zählen das Funktions- und Selbsthilfetraining, die Versorgung mit Hilfsmittel, der Gelenkschutz, das neuropsychologische Training, ablenkende Übungsbehandlungen sowie die Anpassung und Ausrichtung der häuslichen und beruflichen Umgebung an die individuellen Bedürfnisse des Patienten.

Die Bedeutung und die Effektivität, die die Bewegungs- und Ergotherapie in einem Gesamtbehandlungsplan einnehmen, steht und fällt mit der speziellen Ausbildung, Begabung und Empathie der Therapeuten.

Schmerz und Schmerzerleben

Aufgrund der Vielschichtigkeit des Schmerzerlebens wurde versucht, Schmerz mit wenigen Worten treffend zu beschreiben. Nach der Definition der International Association for the Study of Pain (IASP 1979), ist Schmerz ein „unangenehmes Sinnes- und Gefühlserlebnis, das mit aktuellen oder potentiellen Gewebeschädigungen verknüpft ist oder mit Begriffen solcher Schädigungen beschrieben wird." Diese Charakterisierung weist darauf hin, dass Schmerz mehr als eine reine Sinnesempfindung ist, nämlich ein Sinnes- und gleichzeitig ein meist unlustbetontes Gefühlserlebnis. Sie beinhaltet weiter, dass Schmerzen auftreten, wenn Körpergewebe so stark gereizt wird, dass es zerstört zu werden droht. Außerdem besagt der letzte Abschnitt der Definition, dass zwar alle Schmerzen so erlebt werden, als ob Gewebe zerstört wird oder zerstört zu werden droht, dass es aber für das Schmerzerleben unwichtig ist, ob eine solche Gewebeschädigung tatsächlich stattfindet. Mit diesem letzten Teilaspekt der Schmerzdefinition wird v. a. gewährleistet, dass in einem organmedizinisch orientierten Gesundheitssystem auch die Schmerzen von Patienten mit somatoformer Schmerzstörung als leidvolle Empfindung anerkannt werden.

Schmerz ist, so wie er individuell erlebt wird, die aktive Antwort des menschlichen Organismus auf einen pathophysiologisch begründbaren oder auch ohne erkennbare Ursache bestehenden, wie auch immer gearteten, schmerzhaften Reiz. Diese Antwort ist in erheblichen Maß abhängig von den individuellen Erfahrungen mit Schmerzen und setzt sich immer aus folgenden Komponenten zusammen (Jänig 1993):

- Eine schmerzhafte Reizung erzeugt subjektive Schmerzempfindungen. Der Ort, die Dauer und die Intensität der Reizung spiegeln sich in diesen Empfindungen wieder. Diese sog. nozizeptiven Empfindungen und die ihr zugrunde liegenden Mechanismen werden unter dem Begriff sensorisch-diskriminative Komponente des Schmerzes zusammengefasst.
- Die Kategorisierung der schmerzhaften Empfindungen in Raum, Zeit und Intensität stellt die Voraussetzung für die adäquate Bewertung des Schmerzes in der Gegenwart (aktuelles Ereignis), in der Vergangenheit (Erfahrung und Gedächtnis) und in der Zukunft (Erwartung) dar. Diese Bewertung wird als kognitive Komponente des Schmerzes bezeichnet.
- Die kognitive Schmerzverarbeitung setzt affektive Prozesse in Gang, die dem Ereignis Schmerz erst die typische, individuelle Ausprägung verleihen (affektive Komponente).

- Somatomotorische und vegetative Reflexmechanismen folgen der kognitiven und affektiven Komponente und charakterisieren die individuellen Haltungs-, Bewegungs- und Gebärdenmuster während eines aktuellen Schmerzereignisses (Verhaltenskomponente).

Das individuelle Schmerzverhalten resultiert aus dem Zusammenwirken dieser vier Komponenten. Das Phänomen Schmerz, unabhängig von der Ursache, betrifft daher den ganzen Menschen. Therapeutische Ansätze, wollen sie erfolgreich sein, müssen diese Komponenten berücksichtigen und die anzuwendenden Behandlungsmethoden und -techniken auf sie abstimmen.

Therapieansätze und -ziele der physikalischen Therapie

Patienten mit somatoformer Schmerzstörung weisen neben dem Hauptsymptom chronischer Schmerz, der als schwer lokalisierbar, wandernd, in der Tiefe sitzend und durch Therapiemaßnahmen wenig beeinflussbar, erlebt wird, häufig weitere mehr oder weniger stark ausgeprägte Beschwerden oder Beeinträchtigungen auf, die als therapeutische Ansätze dienen können. Der eigene Körper und körperliche Prozesse werden mit einer vermehrten Aufmerksamkeit genau beobachtet und dabei häufig in Richtung Verstärkung der Krankheitssymptome fehlinterpretiert bzw. fehlbewertet. Die Symptome werden gleichsam als schicksalhaft, unbeeinflussbar und wenig kontrollierbar erlebt. Die Aufmerksamkeitsfokusierung auf den Schmerz bzw. das Auftreten von Schmerzen kann bereits unter den Bedingungen geringster Alltagsbelastungen zu Schonhaltung und Schonverhalten führen, wodurch zwar häufig eine vorübergehende Besserung der Symptomatik erreicht wird, insgesamt jedoch die zunehmende körperliche Dekonditionierung in Form von Muskelschwächen, Koordinationsstörungen, Ausdauerdefiziten und Einschränkung der Beweglichkeit die Schmerzsymptomatik verstärkt. Mit der erneuten Zunahme der Schmerzen ist oftmals ein sozialer Rückzug mit Niedergeschlagenheit, Hoffnungslosigkeit und depressiver Verstimmung verbunden, der mit noch weniger Ablenkung von den Beschwerden die Aufmerksamkeit auf die Schmerzen intensiviert und in einem circulus vitiosus den Krankheitsverlauf verstärkt.

Die physiotherapeutischen Behandlungsziele müssen auch aus Sicht des Patienten realistisch, seinem Belastungsniveau angepasst sein, evtl. beginnend im Sinne einer medizinischen Trainingstherapie mit sehr leicht zu erzielenden Ergebnissen. Eine Steigerung der Belastung sollte langsam in regelmäßig stattfindenden Therapiesitzungen erfolgen. Auch wenn Verbesserungen auftreten, sollten die Therapieeinheiten beibehalten, allenfalls auf einmal pro Woche reduziert werden. Damit soll erreicht werden, dass der Patient nicht nur bei Verschlechterung seines Zustandes behandelt wird.

Mit Ausnahme von schwer depressiven Patienten und Patienten mit ausgeprägten Muskelschwächen oder erhöhten Muskeltonus sowie mit zusätzlichen regionalen, auf eine Ursache zurückzuführende Beschwerden und Schmerzen, ist auch in der Bewegungs- und Ergotherapie die Gruppensitzung der Einzelbehandlung vorzuziehen.

Physikalisch-medizinische Therapieverfahren

Im folgenden werden nur die physikalischen Therapiemaßnahmen beschrieben, die uns für Patienten mit somatoformer Schmerzstörung geeignet erscheinen - ohne dabei den Anspruch auf Vollständigkeit zu erheben. Therapieverfahren und Methoden zur Behandlung zusätzlicher, organpathologisch begründbarer, struktureller und / oder funktioneller Beeinträchtigungen oder Störungen sind der entsprechenden Fachliteratur zu entnehmen (Hüter-Becker u. Mitarb. 1998, Frisch 1996, List 1996).

Einfluss und Bedeutung von Bewegung in der Therapie somatoformer Schmerzstörungen

Durch die Gewöhnung an eine schmerzinduzierte Immobilisierung, z.B. im Rahmen einer fortgeschrittenen Hüftgelenksarthrose, verkümmert die gedankliche Repräsentation sinnvoller und ökonomisch arbeitender Muskelaktionsfolgen. Dies wird jedoch vom Patienten nicht bewusst wahrgenommen. Der therapeutische Ansatz ist, über eine Ganzkörperbelastung die Rekrutierbarkeit von Motoneuronen reflektorisch zu steigern, d. h. über die Reizung möglichst vieler Propriozeptoren der Muskel- und Sehnenspindeln und Rezeptoren in Faszien, Gelenken und tiefen Bindegewebe den Einstrom von Informationen ins zentrale Nervensystem zu erhöhen.

Mit der Betonung der Ganzkörperbelastung ist auch der Trainingsgedanke verbunden: Spezifische Reize induzieren spezifische Anpassungsvorgänge, vorausgesetzt, dass durch Überschreiten einer definierten Reizschwelle die Adaptationsmechanismen angestoßen werden. Unter Adaptation versteht man hierbei eine morphologische, funktionelle und/oder psychische Verbesserung der Leistungsvoraussetzungen, d. h. durch gezieltes, der eigenen Leistungsfähigkeit angepasstes Training können Morphologie und Struktur des muskuloskeletalen Systems positiv beeinflusst werden. Gelenke, Muskeln, Sehnen und Bänder können sich sowohl qualitativ als auch quantitativ den zunehmenden Beanspruchungsbedingungen anpassen und somit die Koordination und Harmonisierung der Bewegungsabläufe fördern. Die Erholungsphase nach einer Trainingsbelastung muss in einem adäquaten Verhältnis zur Beanspruchungsgröße stehen, d. h. regelmäßige und bewusste Entlastungspausen sollen in das Trainingsprogramm integriert sein. Dabei ist zwischen aktiver und passiver Entlastung zu unterscheiden. Diese Differenzierung ist insofern von Bedeutung, da häufig der Begriff Entlastung gedanklich mit Passivität und/oder Ruhe gleichgesetzt wird. Die Entlastung der sog. passiven Strukturen (z. B. Sehnen, Bänder etc.) ist jedoch nur durch ein aktiv beteiligtes, koordinatives Muskelspiel möglich. Durch rhythmisch-dynamische, v. a. kleinamplitudige Bewegungsübungen über eine längere Zeit werden die einzelnen Strukturen im raschen Wechsel be- und wieder entlastet.

Ein die gesamte Muskulatur und das Gleichgewichtsverhalten forderndes Ausdauertraining vermindert zudem die Gefahr der einseitigen und einförmigen Belastung von Bändern, Bandscheiben, Wirbeln und Muskulatur. Ein primäres Krafttraining würde dagegen den Bedürfnissen des muskulären Haltungsauftrages und des arthromuskulären Gleichgewichtes nicht entsprechen: Da beim aufrecht stehenden Menschen einerseits die Unterstützungsfläche beider Füße sehr klein ist, andererseits der Körperschwerpunkt im oberen Becken liegt, entsteht, physikalisch gesehen aufgrund des unvermeidbaren Schwankens des Schwerpunktes, eine labile Gleichgewichtssituation. Bei jeder sich anbahnenden Verlagerung des Schwerpunktes über die kleine Unterstützungsfläche hinaus, setzt ein differenziertes Muskelspiel ein, um die Gleichgewichtslage wiederherzustellen. Die Gleichgewichtsreaktionen finden ständig statt und jede aufrechte Haltung ist während der gesamten Zeit des Sitzens bzw. Stehens muskulär aktiv-dynamischer Art. Aus diesem Grund wird die Haltemuskulatur weit weniger auf Kraft, als mehr auf Ausdauer beansprucht.

Alle genannten Mechanismen laufen parallel ab und induzieren eine durch Gleichzeitigkeit, Überlappung und Rückwirkungsschleifen gekennzeichnete Interaktion psychischer und physiologischer Vorgänge.

Ein Therapieverfahren, das alle genannten Gedanken zur Bewegungstherapie bei somatoformer Schmerzstörung berücksichtigt, ist im Konzept multimodaler Behandlungsprogramme verankert.

Multimodale Behandlungsprogramme

Bei nahezu jedem tumorbedingten und nicht-tumorbedingten Schmerzsyndrom werden heute balneo-physikalische Maßnahmen vorrangig oder flankierend eingesetzt. Zwischen den häufig beschriebenen und berichteten Therapieerfolgen einerseits und den Ergebnissen kontrollierter Studien andererseits bestehen jedoch erhebliche Diskrepanzen. Anhand einer umfangreichen Literaturrecherche zur Wirksamkeit physikalischer Therapieverfahren bei chronischen muskuloskeletalen Schmerzen zeigte sich (Feine u. Lund 1997), dass die meisten angewandten Methoden und Techniken keinen anhaltenden Erfolg aufwiesen bzw. Langzeiteffekte nur dann auftraten, solange die Patienten selbständig weiterübten oder weiterbehandelt wurden. Die besten Therapieergebnisse erzielten diejenigen Patienten, die mit verschiedenen, jedoch auf einander abgestimmten Therapieverfahren - im Sinne eines multimodalen, intensiven z. T. täglich stattfindenden Trainingsprogramms - behandelt wurden.

Der Grundgedanke dieser Konzepte beruht auf der Hypothese, dass chronische Schmerzen durch die Beeinflussung und Wechselwirkung von biomechanischer Dysfunktion, physischem Konditionsabbau und psychosozialen Stressoren zur chronischen Beeinträchtigung bzw. Behinderung führen. Vordringliches Therapieziel ist es, neben der Wiederaufnahme körperlicher Aktivität und der Übernahme von Verantwortung durch die Betroffenen, Analgetika sowie die Inanspruchnahme medizinischer Leistungen zu reduzieren und letztlich die berufliche Tätigkeit wieder aufzunehmen. Dementsprechend sollen durch das Programm Beweglichkeit, Kraft, Ausdauer und Koordination verbessert, Kenntnisse über ergonomisches Verhalten am Arbeitsplatz und im Alltag vermittelt, die psychische Beeinflussung und Belastung durch den Schmerz und seine Folgen verringert und die allgemeine Aktivität soweit gestärkt werden, dass soziale Kontaktaufnahme gefördert und eine Rückkehr an den Arbeitsplatz möglich wird. Es geht darum, dass nicht einzelne Therapieelemente für sich stehen, sondern eingebunden sind in ein vernetztes Modell. Das für Patienten mit somatoformer Schmerzstörung entwickelte und im folgenden dargestellte Programm erstreckt sich über vier Wochen und dauert täglich jeweils von 08.30-16.00 Uhr mit einer einstündigen Mittagspause (Tab. 21.**1**).

Die Patienten erhalten während der Programmeinheiten allgemeinverständliche Informationen zu folgenden Themen: Anatomie des Bewegungsapparates und des Nervensystems, Schmerzphysiologie, psychologische Faktoren der Schmerzwahrnehmung, Krankheitsbilder, Stress und seine Beziehungen zu Körperreaktionen, Entspannungsverfahren, physiologische Grundlagen des Kraft- und Ausdauertrainings, Theorie der medizinischen Trainingstherapie, Schmerzmedikamente und ihre Wirkungen.

Die jeweils zu Beginn einer Woche ermittelte individuelle Maximalkraft, deren limitierender Faktor der Schmerz oder Ausweichbewegungen sind, wird um 30-40% reduziert und als sog. Trainingskraft für die jeweilige Woche herangezogen. Die Maximalkraft wird jede Woche neu bestimmt, um eine Leistungsveränderung zu erfassen. Zur Steigerung der Ausdauer wird die Anzahl der Wiederholungen der einzelnen Übungssequenzen erhöht. Durch das Ausdauertraining soll eine Verbesserung der kardiopulmonalen Ausdauer, der Körperwahrnehmung und der Koordination erreicht werden. Weiterhin wird die Eigenkontrolle der Patienten hinsichtlich ihrer individuellen Belastungskapazität gesteigert. Dieses Training wird täglich, mit einer halbstündigen Erholungspause, 21/2 Stunden durchgeführt.

Tabelle 21.1 Multimodales Wochenprogramm

Uhrzeit	Montag	Dienstag	Mittwoch	Donnerstag	Freitag
8.30 - 9.00	Aufwärmen	Aufwärmen	Aufwärmen	Aufwärmen	Aufwärmen
9.00 - 10.30	Kraft-Ausdauer	Kraft-Ausdauer	Kraft-Ausdauer	Kraft-Ausdauer	Kraft-Ausdauer
10.30 - 11.00	Pause	Pause	Pause	Pause	Pause
11.00 - 12.00	Ausdauer	Schwimmen	Ausdauer	Schwimmen	Ausdauer
12.00 - 13.00	Mittagspause	Mittagspause	Mittagspause	Mittagspause	Wochen-diskussion
13.00 - 14.00	Arbeitstraining	Arbeitstraining	Arbeitstraining	Arbeitstraining	
14.00 - 16.00	Psychologie/ Entspannung	Psychologie/ Entspannung	Sprechstunde	Psychologie/ Entspannung	

Im Rahmen des von der Ergotherapie durchgeführten Arbeitstrainings (Work-hardening) werden die individuellen Haltungen und Bewegungen im Haushalt und am Arbeitsplatz trainiert, wobei dafür eigens konstruierte Arbeitswände bzw. Arbeitsplatzsituationen zur Anwendung kommen, an denen alltägliche Arbeitsbewegungen simuliert werden können. Zusätzlich erhalten die Patienten theoretischen Unterricht, um u. a. die Unterscheidung zwischen statischer und dynamischer Arbeit, ergonomisches Verhalten am Arbeitsplatz, Arbeitsplatz- und Zeitorganisation zu erlernen. Ganz entscheidend ist es dabei den Patienten nicht Vermeidungsregeln zu vermitteln, sondern zu versuchen, wie man im Alltagsleben unvermeidliche Arbeiten trotz Schmerzen ausführen kann. Die Patienten erhalten ein speziell erarbeitetes Heimprogramm zur Fortführung der erlernten Übungen, um selbständig ihr Aktivitätsniveau beizubehalten bzw. zu verbessern. Die Ziele der psychologischen Gruppenbehandlung - in Vernetzung mit der körperlichen Bewegungstherapie - liegen in einer Erhöhung des Aktivitätsniveaus, dem Abbau eines inadäquaten Schmerz- und Krankheitsverhaltens, Steigerung der Kontrollfähigkeit, Abbau von Gefühlen der Hilflosigkeit und damit eine Verminderung von Angst und Depressivität. Diesem Ziel dient das Training kognitiver Schmerzbewältigungsstrategien, Verhaltensübungen im Umgang mit Schmerzen und schmerzverstärkenden Situationen sowie ein Training zur Verbesserung der allgemeinen Stressbewältigung. Darüber hinaus erlernen die Patienten die Technik der progressiven Muskelentspannung nach Jacobson und den Einsatz des Myobiofeedbacks.

Myobiofeedback

Unter Biofeedback versteht man allgemein Informationen über Veränderungen von Körperfunktionen mittels biophysiologischer Instrumente und Techniken an die Sinnesorgane des erzeugenden Organismus zurückzumelden. Die Rückmeldung kann über optische oder akustische Signale erfolgen, die durch variable Intensitäten, Farben etc. ein aktuelles, für den Patienten leicht verständliches Zustandsbild der entsprechenden Organfunktion ermöglichen.

Von praktischer Bedeutung ist in der Schmerztherapie das Biofeedback mittels Oberflächen-EMG, das sog. Myobiofeedback. Zur Steuerung der akustischen bzw. optischen Signale dienen die gleichgerichteten, integrierten und verstärkten Summenpotentiale des Oberflächen-EMGs bestimmter Muskeln oder Muskelgruppen. So wird dem Patienten der augenblickliche Kontraktions- bzw. Spannungszustand der betreffenden Muskulatur gemeldet. Das Ziel dieses Verfahrens ist es, den Patienten zu befähigen, neuromuskuläre Reflexmechanismen willkürlich zu kontrollieren, d. h. im wesentlichen reflektorisch induzierte Muskelanspannungen über visuelle oder akustische Signale im Körperschema zu lokalisieren, die Intensität der Anspannung zu erspüren und sie mittels bewusster zentralnervöser Aktivation zu beeinflussen. Die gewünschte Muskelanspannung bzw. -entspannung zeigt das Myobiofeedback-Gerät über Leuchtdioden oder Summtöne an, so dass ein systematisches, selbstständiges, täglich durchzuführendes Training ermöglicht wird. In Anlehnung an biologische Regelkreise lässt sich die Signalwiedergabe geräteintern so einstellen, dass die Anzeige erst ab einer vorgegebenen Schwelle entsteht.

Die klinische Anwendung und Wirksamkeit des Myobiofeedback-Trainings setzen voraus, dass der Patient in der Lage ist, die während der Biofeedback-Behandlung erlernten Fähigkeiten auf Situationen im Alltag zu übertragen, d. h. auch außerhalb der Therapiesitzungen eine bewusste Kontrolle der entsprechenden Willkürmotorik auszuüben (Turk u. Mitarb. 1982, Kröner-Herwig u. Sachse 1988, Rief u. Mitarb. 1996).

Sensomotorische Muskelaktivierung

Die im Verlauf eines chronischen Schmerzsyndroms sich langsam einschleichende Veränderung im skeletomotorischen System fördert Haltungsstereotypien und Bewegungsabläufe, die sich entweder verstärkend auf das Schmerzgeschehen auswirken, oder auch Ausgangspunkt eines neuen Schmerzfokus sein können. Die gesamte Körperhaltung ist in das Schmerzgeschehen mit einbezogen. Bei der sensomotorischen Muskelaktivierung besteht der therapeutische Ansatz darin, den Patienten zum Aufbau ökonomisch arbeitender Muskelaktionsfolgen zu verhelfen und verschüttete Bewegungsprogramme durch Verbesserung der zentralen Kontrolle wieder zu erschließen. Der Weg zur normalen motorischen Automatisierung führt über verschiedene Arten von Hilfsmechanismen, die den funktionellen Einsatz der gesamten, an der Aufrichtung und Stabilisierung des Körpers beteiligten Muskulatur erleichtern. Physikalische Therapieverfahren, die die Durchführung von Bewegungsmustern erleichtern, sind beispielsweise die Techniken der propriozeptiven neuromuskulären Fazilitation (PNF). Dabei bedeutet Fazilitation Begünstigung bzw. Erleichterung von Reaktionen des neuromuskulären Systems durch Reizung der Muskel- und Sehnenspindeln sowie der auf Druck oder Zug reagierenden Rezeptoren. Die komplexen Bewegungsmuster, auch pattern genannt, bestehen jeweils aus einer Sequenz von drei ineinander übergehenden Teilbewegungen: Extension oder Flexion kombiniert mit Abduktion oder Adduktion kombiniert mit Innen- oder Außenrotation. Mit taktilen und akustischen Reizen wird das gesamte sensomotorische Nervensystem aktiviert. Die gesetzten Stimuli sind in koordinierte Bewegungsabläufe synergistisch arbeitender Muskelgruppen eingebettet. Sie werden aus verschiedenen Ausgangsstellungen gegen einen dosierten, d. h. den Patienten angepassten manuellen Widerstand geführt. Diese Technik wird nur in Einzeltherapiesitzungen angewandt. Das Ziel dieser Technik ist, die Harmonisierung funktioneller Bewegungsabläufe zu fördern sowie Kraft, Ausdauer und Bewegungsgeschwindigkeit zu verbessern (Feldkamp u. Senn 1989).

Fallbeispiel

Im März 1999 stellte sich Frau A., 53 Jahre, wegen seit Jahren bestehender Schmerzen im Rücken-, Gesäß- und Beinbereich in der Schmerzambulanz vor. In der Körperschemazeichnung des Patientenaufnahmebogens wurden beide Knie und das Becken mit weit über die Umrisse hinausgehenden X-Markierungen gekennzeichnet. Die Patientin schrieb dazu, dass sie nur noch zehn Minuten gehen und die alltäglichen Arbeiten nicht mehr verrichten könne. Der Chronifizierungsgrad (nach Gerbershagen 1986) wurde anhand der Patientendaten dem Stadium II zugeordnet. Die von der Patientin beigefügten Unterlagen enthielten drei radiologische Befundberichte über röntgenologische Untersuchungen der Wirbelsäule und des Beckens, jeweils ohne pathologischen Befund und zwei Berichte über stationäre Behandlungen in orthopädischen Kliniken mit den Diagnosen „Somatisierung" und „lavierte endogene Depression". Im Anamnesegespräch gab die Patientin an, dass die Schmerzen in den Knien gebessert seien, der Hauptschmerz jedoch jetzt im Beckenbereich liege, der sich wie „blockiert" anfühle. Sie klagte darüber, „das ganze Leben von Erkrankungen geplagt" zu sein. Sie war sehr enttäuscht darüber, dass durch ihre Berentung keine Linderung sondern eine Verschlechterung eingetreten sei. Sie habe Sehausfälle; die Zunge schwelle ihr an, so dass sie Angst habe zu ersticken; sie fühle sich am Morgen steif, so dass sie wegen Schmerzen nicht aus dem Bett komme. Am liebsten möchte sie „Schluss machen", wolle dies jedoch den 90-jährigen Eltern nicht antun.

Aus der Vorgeschichte ist bekannt, dass sie erstmals 1968 wegen Depressionen stationär behandelt wurde. Es folgten 1969, 1973, 1990, 1994 und 1997 mehrwöchige stationäre Behandlungen in psychosomatischen Kliniken, wegen Depressionen, Magengeschwüren, Migräne und Rückenschmerzen; 1980 wurde eine Hysterektomie, 1990 eine Strumaoperation und 1997 eine Laserung im Lendenwirbelsäulenbereich durchgeführt. Sechs zusätzliche Krankenhausaufenthalte erfolgten wegen Schmerzen des Bewegungsapparates, ohne dass pathologische Befunde oder Ursachen festgestellt werden konnten. Eine zweijährige ambulante Verhaltenstherapie wurde 1983 durchgeführt, nachdem der Sohn nach einem Urlaub verschollen blieb. 1990 wurde sie wegen einer Bipolaren Störung auf Lithium-Depotmedikation eingestellt.

Aufgrund der mitgebrachten zahlreichen schriftlichen Vorbefunde der behandelnden Kliniken und Ärzte sowie der Röntgen- und Magnetresonanzbilder wurde auf eine erneute Diagnostik verzichtet.

Lebensgeschichte: Frau A. ist einzige Tochter. Die Eltern waren bereits zehn Jahre verheiratet, als sie geboren wurde. Die Eltern hatten ursprünglich keine Kinder gewollt, als die Mutter jedoch älter wurde, habe sie den Vater überredet. Die Mutter sei liebevoll, adrett und sehr tüchtig gewesen. Die Patientin hatte den Vater erst im Alter von fünf Jahren kennengelernt, als er 1947 aus russischer Gefangenschaft nach Hause kam. Die Mutter hatte sie sehr positiv auf den Vater vorbereitet. Nach seiner Rückkehr war der Vater jedoch auf die Tochter sehr eifersüchtig. Er war despotisch, unvermittelt hat er ihr eine „runtergehauen", wenn sie seiner Meinung nach etwas Falsches sagte - dies bis zu ihrem 18. Lebensjahr - zuletzt, weil sie mit einer Freundin in einer Wirtschaft eine Cola getrunken hatte. Sie hörte häufig den Satz „Mädchen sollte man mit dem Bade ausschütten!" Der Vater war mit fünf Schwestern aufgewachsen und hätte kein Mädchen bzw. gar keine Kinder gewollt. Die Mutter ordnete sich dem Vater immer unter, forderte dies auch von der Tochter. Die Eltern seien ein Herz und eine Seele gewesen, sie sei sich dabei häufig überflüssig vorgekommen. Sie wurde geschimpft, weil sie einen o-beinigen Gang hatte. Die Patientin hat oft gebetet „Lieber Gott, lass die Eltern sterben." Weil die Eltern häufig sagten „Du bist ein böses Mädchen!", habe sie selbst auch geglaubt, dass sie böse sei. Die Patientin sagt, sie habe

den Vater bis nach der Geburt ihres Sohnes abgelehnt. Sein liebevoller Umgang mit dem Enkel habe sie jedoch mit ihm wieder versöhnt.
Sie absolvierte eine Banklehre. Mit 18 Jahren lernte sie einen Mann aus dem arabischen Raum kennen, der in seinen Ferien in Deutschland am Bau arbeitete. Er gab vor, dass er in seinem Heimatland Bauingenieurwesen studiere und im nächsten Jahr fertig sei. Im Nachhinein kam sie drauf, dass er zum damaligen Zeitpunkt das Studium noch nicht begonnen hatte. Acht Jahre lang kam er in den Sommerferien nach Deutschland und besuchte sie, jedesmal mit einer anderen Ausrede, warum sein Studium noch nicht beendet sei. Mit 23 Jahren heiratete sie diesen Mann, wobei ihr Ehemann noch im Ausland lebte. Ein Jahr nach der Hochzeit kam der Sohn zur Welt. Als ihr Ehemann im Sommer darauf wieder zu Besuch kam und den Sohn das erste Mal sah, sagte er: „Der sieht mir gar nicht ähnlich, wer weiß, wer der Vater ist“. Damals erfolgte der erste stationäre Aufenthalt wegen einer Depression.
Die Patientin blieb immer ganztags berufstätig und ihre Mutter betreute den Sohn. 1972 kam ihr Mann entgültig nach Deutschland. Das Zusammenleben gestaltete sich zunehmend schwieriger. Er habe sie immer wieder belogen und betrogen und sie nur wegen der Aufenthaltsgenehmigung geheiratet. 1982 sei sie mit dem Sohn aus der gemeinschaftlichen Wohnung zu einem neuen Partner gezogen. 1983 fuhr der mittlerweile 15-jährige Sohn mit einem Freund und seinem Vater nach Italien in Urlaub. Von einer Bootsfahrt mit dem Freund kamen die Jugendlichen nicht mehr zurück und gelten seither als verschollen. Dieser Schicksalsschlag löste erneut eine ca. zwei Jahre dauernde depressive Episode aus, an der auch die neue Beziehung scheiterte. 1987 erfolgte die Trennung. Seitdem lebt die Patientin alleine, hat wechselnde Männerbekanntschaften, von denen sie sich jedesmal enttäuscht zurückzieht, weil die Männer versuchen würden, sie auszunützen. 1995 wurde sie 49-jährig berentet. Seit der Berentung verbringt sie die meiste Zeit bei Ärzten, in Kliniken und bei medizinischen Abklärungen. Sie kauft medizinische Bücher und fordert die dort gelesene Diagnostizierung. Mittlerweile sind alle apparativen und bildgebenden Verfahren, die neurologische, orthopädische, Rheuma-, Osteoporose- und Allergiediagnostik sowie die Naturheilverfahren und sogar Methoden der traditionellen chinesischen Medizin (TCM) ausgeschöpft worden, ohne dass weder eine organisch begründbare Ursache ermittelt noch eine Beschwerdebesserung erzielt werden konnte.
Diagnosen: Anhaltende somatoforme Schmerzstörung (ICD 10 F 45.4) und Mittelgradige depressive Episode (ICD 10 F 32.11)
Therapieplanung: Bedingt durch die momentane Krisensituation wurde der Patientin eine Behandlung in einer auf somatoforme Schmerzstörungen spezialisierten psychosomatischen Klinik vorgeschlagen, was sie jedoch ablehnte. Sie wollte nur ambulant behandelt werden, so dass folgender Therapieplan entworfen wurde:

- Teilnahme an dem vierwöchigen multimodalen Therapieprogramm der Schmerzambulanz für Patienten mit somatoformen Schmerzstörungen (s. o.)
- Ambulante, einmal wöchentlich stattfindende Psychotherapie (psychologische Schmerztherapie und tiefenpsychologisch fundierte Psychotherapie)
- Anknüpfen an frühere Behandlungserfolge in den psychosomatischen Kliniken und Psychotherapien, als Neuansatz für psychosomatische Zusammenhänge
- Eigene Einflussmöglichkeiten auf die Beschwerden kennenlernen: Auffrischen der Entspannungs- und Visualisierungstechniken, neu soll die Selbsthypnose eingeführt werden
- Auslöser und Verstärker für die Schmerzen ausfindig machen
- Bei Bedarf krankengymnstische Maßnahmen in Einzelbehandlung
- Aufbau einer befriedigenden Tagesgestaltung

- Einzelergotherapie wegen starker Schmerzen in beiden Händen, die Behandlung soll in Form eines sensorischen Trainings erfolgen, z. B. Knetübungen im warmen Sand, in warmer Moorerde etc.

Behandlungsverlauf: Im März 1999 begann die psychotherapeutische Einzelbehandlung, mit einer Frequenz von einmal wöchentlich stattfindenden Therapiesitzungen. Im April 1999 wurde Frau A. wegen starker Schmerzen in beiden Händen zusätzlich ergotherapeutisch behandelt. Im Mai 1999 nahm Frau A. an dem vierwöchigen Gruppentherapieprogramm teil.

Frau A. war anfänglich besonders der Diagnose (somatoforme Schmerzstörung) gegenüber sehr ablehnend und hatte weiterhin somatische Abklärungen gefordert. Es gelang jedoch eine gute therapeutische Beziehung durch das Verständnis für ihren Leidensdruck aufzubauen. In der Selbsthypnose befasste sie sich mit dem Gefühl der „Steifigkeit" und konnte sich in der Zeitreggression an ein geschmeidiges Körpergefühl erinnern, als sie noch eine Aufgabe hatte und Freude am Leben, wenn sie mit ihrem Sohn spielte. Danach nahm sie wieder aktiv ihre Tagesgestaltung mit Spaziergängen, Kontakten und Lesen auf. Sie konnte sich darauf einlassen, ein differenziertes Tagebuch, auch über Tagesablauf, Ereignisse, Gespräche, Gedanken und Gefühle zu führen. Da die Schmerzen immer nachts auftraten, dann tagelang anhielten, befasste sie sich mit ihren Träumen. Es waren dies wiederholt Träume von Bekannten, in denen sie auf diese Personen zugeht, die jedoch ausweichend und gleichgültig ihr gegenüber reagierten. In der Realität hatte die Patientin mit diesen Personen häufig Streit. Sie fühlte sich von ihnen beherrscht, unterdrückt und ausgenützt. Dadurch konnte sie lebensgeschichtliche Bezüge zu den Erfahrungen mit dem herrschsüchtigen Vater herstellen und erste Bezüge zu den Auslösern der Schmerzen kennenlernen: Wenn sie sich von anderen dominieren ließ, Dinge tat, die sie nicht wollte, sich sehr darüber ärgerte, trotzdem aus Verlustangst schwieg. Vorsichtig und anfänglich mit starken Schuldgefühlen verbunden, konnte sie ihren aggressiven Impulsen auf die Eltern und Bekannte Ausdruck verleihen, es folgten Therapiestunden mit Schimpfen auf unsorgfältige Ärzte, die sich nicht bemühten, ihre Krankheit festzustellen und auf die alten Eltern, die mit 90 noch am Leben sind und um die sie sich kümmern musste, wodurch sie nicht frei ist. Sie wünschte ihnen den Tod. Auch konnte sie erkennen, dass sie sich immer mit Menschen umgab, die sie wie der Vater unterdrückten und sie selbst auch diese Eigenschaft an anderen auslebte, andere häufig bedrängte, was richtig und falsch ist. Dies führte immer wieder zu Streitigkeiten, in deren Folge sie sich deprimiert zurückzog. Wenn die Schmerzen auftraten, verbrachte die Patientin die Tage zu Hause, machte Entspannungsübungen und meditierte die meiste Zeit. Nach drei Tagen ging es ihr meistens besser.

Nach der Stabilisierung konnte die Patientin von Literatur über eine positive Lebenseinstellung, die sie bereits viele Jahre sammelte, sehr viel profitieren. Jetzt geht sie wieder regelmäßig zum Sport, lädt Bekannte zu sich ein und hat sich eine Aufgabe gesucht. Sie hat sich einer Vertriebsgesellschaft von Persönlichkeitsentwicklungsseminaren angeschlossen, schreibt dazu Texte, geht zu den Treffen und möchte in Zukunft dadurch ihre bescheidene Rente aufbessern. Sie hat ihre Fähigkeit kennengelernt, hervorragend schreiben zu können und erhält dafür viel positive Rückmeldung. Die Patientin ist sehr erfreut, dass sie seit dem Sommer 1999 keine Psychopharmaka mehr nimmt. Regelmäßige Entspannungs- und Meditationsübungen bringen ihr bewusst Regeneration und Erholung. Sie hat gelernt, sich durch die Schmerzbewältigungstechniken Linderung zu verschaffen und die Auslöser bewusst zu handhaben. Die Therapie wurde nach 28 Stunden Ende November 1999 abgeschlossen.

Durch das ausgeprägte Schon- und Vermeidungsverhalten von Patienten mit somatoformer Schmerzstörung kommt es zu einer körperlichen Dekonditionierung in Form von Muskelschwäche, Koordinationsstörung, Ausdauerdefiziten und Einschränkung der Beweglichkeit. Eine Umkehr dieser ungünstigen Prozesse ist das Ziel der physikalisch-medizinischen Behandlung. Als Therapiemaßnahmen sind multimodale, täglich stattfindende, mehrwöchige Behandlungsprogramme und Maßnahmen der medizinischen Trainingstherapie in Gruppensitzungen oder spezielle Methoden in Einzelsitzungen wie die sensomotorische Muskelaktivierung, die Ergotherapie oder die Anwendung des Myobiofeedbacks geeignet. Die physikalische Therapie muss in ein Gesamtkonzept eingebunden sein, gleichsam von diesem getragen werden. Sie entspricht den kognitiv-verhaltensmedizinischen Ansätzen einer therapeutischen Beeinflussung: Selbstkontrolle über das Symptom in Abhängigkeit von gängigen Alltagsbelastungen („selfmonitoring"), Einsatz von Symptomtagebüchern, Aufbau von Aktivität, Steigerung der körperlichen Belastbarkeit, allgemeine Muskelkräftigung, Förderung der Koordination und Ausdauerbelastung, Aufzeigen von Ressourcen, Abbau von Vermeidungsverhalten, Verstärkung von selbstverantwortlichem Handeln.

Literatur

Blankenburg W.: Psychatrie. In: Hüter-Becker A., Schewe H., Heipertz W. (Hrsg.), Physiotherapie. Thieme, Stuttgart 503-564 (1998)

Feine J.S., Lund J.P.: An assessement of the efficacy of physical therapy and physical modalities for the control of chronic musculoskeletal pain. Pain 71:5-23 (1997)

Feldkamp M., Senn E.: Neurophysiologische Verfahren. In: Drexel H., Hildebrandt G., Schlegel K.F., Weimann G. (Hrsg.), Physikalische Medizin. Bd.2 Krankengymnastik und Bewegungstherapie. Hippokrates, Stuttgart 27-38 (1989)

Frisch H.: Programmierte Therapie am Bewegungsapparat. Springer, Berlin (1996)

Gehrke A., Oelze F., Gutenbrunner Ch.: Konsensuskonferenz Fachgebiet Physikalische und Rehabilitative Medizin. GFBB, Bad Kösen (1998)

Gerbershagen U.: Organisierte Schmerzbehandlung - Eine Standortbestimmung. Internist 27, 459-469 (1986)

Hüter-Becker A., Schewe H., Heipertz W.: Physiotherapie. 14 Bände. Thieme, Stuttgart (1998)

International Association for the Study of Pain: Pain Terms: A list with definition and notes for usage. Pain 6:249-252 (1979)

Jänig W.: Biologie und Pathobiologie der Schmerzmechanismen. In: Zenz M., Jurna I. (Hrsg.), Lehrbuch der Schmerztherapie. Wissenschaftliche Verlagsgesellschaft, Stuttgart 15-33 (1993)

Kröner-Herwig B., Sachse R.: Biofeedbacktherapie. Kohlhammer, Stuttgart (1988)

List M.: Physiotherapeutische Behandlungen in der Traumatologie. Springer, Berlin (1996)

Rief W., Heuser J., Fichter M.: Biofeedback - ein therapeutischer Ansatz zwischen Begeisterung und Ablehnung. Verhaltenstherapie 6:43-50 (1996)

Schmidt K.L., Ott V.R.: Aufgaben und Wirkprinzipien der Physikalischen Medizin in Prävention, Therapie und Rehabilitation. In: Schmidt K.L., Drexel H., Jochheim K.-A. (Hrsg.), Lehrbuch der Physikalischen Medizin und Rehabilitation. Fischer, Stuttgart 3-6 (1995)

Turk D.C., Meuchenbaum D.H., Berman W.H.: Die Anwendung von Biofeedback bei der Schmerzkontrolle: Ein kritischer Überblick. In: Keeser W., Pöppel E., Mitterhuser P. (Hrsg.), Fortschritte der klinischen Psychologie 27: Schmerz. Urban und Schwarzenberg, München 350-372 (1982)

Sachregister